AF154155

Karl Friedrich von Posern-Klett

Urkundenbuch der Stadt Leipzig

Karl Friedrich von Posern-Klett

Urkundenbuch der Stadt Leipzig

ISBN/EAN: 9783743319837

Hergestellt in Europa, USA, Kanada, Australien, Japan

Cover: Foto ©ninafisch / pixelio.de

Manufactured and distributed by brebook publishing software
(www.brebook.com)

Karl Friedrich von Posern-Klett

Urkundenbuch der Stadt Leipzig

CODEX DIPLOMATICUS

SAXONIAE REGIAE.

IM AUFTRAGE

DER

KÖNIGLICH SÄCHSISCHEN STAATSREGIERUNG

HERAUSGEGEBEN

VON

E. G. GERSDORF

UND

K. FR. VON POSERN-KLETT.

ZWEITER HAUPTTHEIL.

VIII. BAND.

LEIPZIG
GIESECKE & DEVRIENT.
1868.

URKUNDENBUCH

DER

STADT LEIPZIG.

IM AUFTRAGE

DER

KÖNIGLICH SÄCHSISCHEN STAATSREGIERUNG

HERAUSGEGEBEN

VON

K. FR. VON POSERN-KLETT.

I. BAND.

MIT EINER TAFEL.

LEIPZIG

GIESECKE & DEVRIENT.

1868.

VORBERICHT.

Eine der Hauptaufgaben des sächsischen Urkundenbuches soll in Sammlung der Urkunden der sächsischen Städte bestehen; es wird deshalb gestattet sein, an der Spitze des Bandes, welcher den ersten Beitrag zu Lösung dieses Theils der Gesammtaufgabe bringt, in der Kürze die Grundsätze anzugeben, welche bei der Zusammenstellung desselben befolgt worden sind. — In früheren Zeiten wurde das urkundliche Material zur Städtegeschichte entweder als Beigabe zu den Chroniken einzelner Städte, oder in Sammelwerken als Beiträge zu einer künftigen Stadtchronik publicirt, abgesehen von demjenigen, was in den biographischen Werken von Schöttgen, Horn, Wilke und in den Scriptorensammlungen von Mencke, Schöttgen und Kreysig u. A. vereinzelt und gelegentlich zur Mittheilung kam. Da man nun vordem von dem Lokalhistoriker nächst den annalistisch an einander gereiheten Bränden, Selbstmorden, Wasserfluthen und andern Unglücksfällen vorzugsweise die Baugeschichte der Kirchen, Verzeichnisse der kirchlichen Erwerbungen, der Altäre und Seelengeräthsstiftungen, Geschichte der städtischen Behörden und möglichst vollständige Listen der Geistlichen, Schuldiener, Bürgermeister, Rathsherren und sonstigen „gelehrten Stadtkinder" verlangte, so wurden auch die den Chroniken beigefügten oder für künftige Chronikanten bestimmten Diplomatarien mit besonderer Berücksichtigung dieser Hauptforderungen angelegt. Bei so äusserlicher Auffassung der dem Lokalhistoriker gestellten Aufgabe konnte es nicht fehlen, dass die Geschichte der einzelnen Städte fast durchweg dieselbe Physiognomie zeigt, so dass es im einzelnen Falle auch dem schärfsten Auge kaum möglich wird, einen charakteristischen Unterschied in der Entwickelung einer grossen und bedeutenden Stadt und einer gewöhnlichen Landstadt zu entdecken. Zuweilen bietet noch der spätere Glanz eines Ortes einen ganz ungehörigen Massstab für Beurtheilung der Vergangenheit. Wer würde z. B. aus Weck's oder Hasche's Büchern über Dresden abnehmen können, dass diese Stadt noch im 15. Jahrhundert viel geringer als Zwickau war und mit Rochlitz in gleichem Range stand (Tittmann Heinr. d. Erl I. S. 362), dass ihr noch immer einige Reste alter Hofhörigkeit anhafteten? — Trotz der grossen Zahl der Chroniken sächsischer Städte werden doch nur die Arbeiten von Hoffmann (Oschatz), Herzog (Zwickau) und insbesondere Lorenz (Grimma) ihrer Aufgabe gerecht.

Die sächsische Städtegeschichte bedarf dringend einer tiefer gehenden Behandlung als ihr bisher zu Theil geworden ist, und um eine solche für die Zukunft zu ermöglichen, werden die Herausgeber des sächsischen Urkundenbuchs bestrebt sein, in den Diplomatarien der einzelnen Städte, insoweit sich solche zusammenstellen lassen, Alles zu vereinigen, was sich auf die äussere wie die innere Entwickelung des betreffenden Ortes bezieht, auf die eigenartige Ausbildung der kirchlichen Verhältnisse, der städtischen Verfassung, der Innungen und Zünfte, auf die finanzielle und militärische Leistungsfähigkeit der Bürger. Selbstverständlich kann hierbei der Urkunden im engern Sinne, welche auch zum Theil schon von den Bearbeitern der Städtegeschichte benutzt worden sind, nicht entrathen werden, aber ebenso wichtig sind die bisher

gar nicht oder nicht ausgiebig benutzten Stadt- und Schoffenbücher, die Zins- und Geschoss-
register, die Rathscorrespondenzen. Den Herausgebern muss es überlassen bleiben, das Maass
dessen, was aus diesen Quellen zur Aufnahme in das Urkundenbuch geeignet ist, festzustellen.
Denn so Manches, was für die Lokalgeschichte von Wichtigkeit ist, kann für das Urkundenbuch
nicht verwerthet werden, z. B. Notizen über einzelne Gebäude, Geschlechter, Personen, Strassen-
namen, Polizeistrafen, Statistisches aller Art.

Die Reihe der städtischen Urkundenbücher eröffnet der Zeitfolge der Bände nach das
der Stadt Leipzig in zwei Bänden. Da bei der Zusammenstellung die Chartularien der vier
städtischen Klöster und der dem Thomaskloster unmittelbar unterstehenden Kirchen und Capel-
len (zu S. Thomä, Nicolai, Petri, Katharinen und Marien) ein sehr reiches Material ergaben,
schien es angemessen, dieselben zugleich mit dem Urkundenbuche der Universität in einem
zweiten Bande vereinigt zu geben, dem ersten Bande dagegen ausschliesslich die Urkunden
zur Geschichte der Stadt, des Stadtregiments, des Handels und der Innungen zuzuweisen und
hier die der vorstädtischen Kirchen zu St. Georgen, Johannis und Jacobi einzureihen. Das
städtische Archiv zu Leipzig bot für diesen ersten Band leider nicht die gehoffte reiche Aus-
beute. In Folge einer wie es scheint im Ausgange des siebenzehnten oder zu Anfange des
achtzehnten Jahrhunderts vorgenommenen Scheidung der Archivalien haben nur die die Erwerbung
und den Besitz der städtischen Güter sowie die wichtige Privilegien und Freiheiten der Stadt
betreffenden Documente sorgfältige Aufbewahrung unter mehrfachem Verschluss gefunden, wäh-
rend Zins- und Rechnungsbücher, Raths- und Stadtbücher, Correspondenzen u. A. ausgeschieden,
später in einzelnen Bodenkammern niedergelegt und dort ohne genügende Aufsicht einem unge-
wissen Schicksale anheimgegeben wurden. Und bereits in einer Urkunde von 1292 gedacht, aber dieses Buch ist sammt
Vieles durch Liebhaber von Alterthümern entfremdet, Vieles auch bei neuem Nachschub und
eintretendem Raummangel vernichtet, wie denn noch im letzten Jahrzehnt bei einem innern Um-
baue des Rathhauses eine grosse Partie alter Literalien und Akten auf Anordnung eines völlig
unbefähigten Hentheilers als werthlos zur Einstampfung verurtheilt worden ist. — Eines Liber
Civium, eines Buches, in welches die vor den Schöffen vorgenommenen Besitzübertragungen ver-
zeichnet wurden, wird bereits in einer Urkunde von 1292 gedacht, aber dieses Buch ist sammt
allen Fortsetzungen spurlos verschwunden und die Schöffenbücher, welche jetzt im Archiv des
K. Bezirksgerichts aufbewahrt werden, beginnen erst mit dem J. 1422. Ueber die Schicksale
eines 1350 angelegten Stadtbuches, welches durch ein glückliches Ungefähr wenigstens der Stadt
erhalten worden ist, hat Gersdorf in den Mittheilungen der deutschen Gesellschaft I. S. 109
berichtet. Aus einem anderen Stadtbuche, welches mit dem letzten Viertel des 14. Jahrhun-
derts begonnen haben mag und auch Vogel an einigen Stellen seiner ungedruckt gebliebenen
Leipziger Chronik (MS. der Stadtbibliothek zu Leipzig) erwähnt, hat der im J. 1816 verstorbene
Gerichtsschreiber Karl Gottfried Barthel einzelne Einträge in sein eine Reihe von Foliobänden
füllendes, werthvolles Diplomatarium Lipsiense (MS. im Leipziger Rathsarchiv) aufgenommen
und dieselben so der Vergessenheit entrissen; denn von dem Stadtbuche selbst wurde nur noch
ein losgerissenes Blatt mitten unter werthlosen, z. Th der neuern Zeit angehörigen Papieren
aufgefunden. Ein drittes auch von Vogel erwähntes Stadtbuch aus der ersten Hälfte des
15. Jahrhunderts mag gleichfalls abhanden gekommen oder vernichtet worden sein; ein aus dem-
selben herstammendes Fragment enthält die Verhandlungen über Aufnahme des Juden Abraham
(No. 188 u. 189). — Die im Rathsarchiv noch aufbewahrten Kämmereirechnungen beginnen erst
mit der zweiten Hälfte des fünfzehnten Jahrhunderts. Nachforschungen nach älteren Jahrgängen
ergaben das Resultat, dass nur einige der auf Wachstafeln geschriebenen Rechnungen, offenbar
als historische Curiosa, dem gemeinen Loose entgangen und dem Hunden sammelnder Lieb-
haber in die Zerstreuung gelangt sind, theils nach Schulpforta (Corssen in den N. Mittheill. d.
Thür.-Sächs. Vereins X. I. S. 145), theils nach Dresden (Falkenstein Beschreib. d. K. öffentl.
Bibl. z. Dresden S. 375), theils endlich in die Stadtbibliothek und in die Sammlungen der
Deutschen Gesellschaft zu Leipzig, möglicherweise auch noch an andere Orte. — Auch das

Nachforschen nach ältern Geschoss- und Zinsregistern blieb ohne Erfolg; von der Rathscorrespondenz hat sich weniges, darunter aber durch das persönliche Interesse eines frühern Archivars eine wichtige Sammlung von Briefen aus den Jahren 1425 u. 1426 erhalten, welche ich von No. 140 an vollständig mitgetheilt habe. Briefbücher treten erst mit dem Ausgange des 16. Jahrhunderts auf.

So sind in Folge jahrhundertelang fortgesetzter Verwahrlosung des städtischen Archivs der wissenschaftlichen Erforschung der Geschichte Leipzigs Quellen von unschätzbarem Werthe entzogen worden. Wenn ich, trotz allen jenen Verwüstungen im Stande gewesen bin, vieles Neue und namentlich für die Geschichte des fünfzehnten Jahrhunderts Werthvolles mitzutheilen, so lässt dies einen Schluss auf die Reichhaltigkeit dessen thun, was im Laufe der Zeit dem Unverstand und der Sorglosigkeit zum Opfer gefallen ist.

Mit rühmenswerther Bereitwilligkeit wurde mir von dem verehrten Stadtrathe, welcher dem Entstehen und Wachsen dieses Buches ein lebhaftes Interesse zu Theil werden liess, die Durchsuchung der Bodenräume und entlegensten Winkel des Rathhauses gestattet und auch von Seiten der sämmtlichen Herren Rathsbeamten war man bemüht, meinen Wünschen und Gesuchen, welche sich während einer längern Reihe von Monaten vielfach wiederholen mussten, stets auf das zuvorkommendste und bereitwilligste zu entsprechen, wofür auch an dieser Stelle meinen Dank auszusprechen mir angenehme Pflicht ist. Durch Ausbeutung der auf diesen Wanderungen durch die obern Räume des Rathhauses gewonnenen Materialien (ausser den oben bezeichneten Correspondenzen bestehen diese namentlich in zwei um die Mitte des 15. Jahrhunderts angelegten Rathsbüchern) wurde es möglich einen umfassenden Einblick in die Entwickelung der Stadt und ihre Beziehungen zu den Landesfürsten während des fünfzehnten Jahrhunderts zu gewähren und so die im Eingange bezüglich der Anlegung unserer sächsischen Städtediplomatarien aufgestellten Grundsätze in einer praktischen Verwerthung der Beurtheilung der Sachkenner vorzulegen. Bleibt in seiner jetzigen Gestalt das Leipziger Urkundenbuch ein in seinen Theilen ungleicher Torso, so ist doch die Hoffnung nicht ausgeschlossen, dass veranlasst durch die Veröffentlichung des gegenwärtigen Bandes einzelne noch in Privathänden befindliche Documente und Schriftstücke aus dem Dunkel hervortreten und Veranlassung und Gelegenheit zu recht zahlreichen Verbesserungen und Ergänzungen der ersten Publikation bieten werden.

Kein billig Denkender wird an den Herausgeber eines Urkundenbuches die Forderung stellen, dass er die Hauptresultate, welche aus den von ihm erschlossenen Quellen sich ergeben, in eingehender Darstellung vorführe. Ich bitte deshalb festzuhalten, dass die nachfolgenden Erörterungen blos bezwecken, auf einige Momente aus der frühesten Geschichte der Stadt, für welche Urkunden entweder gänzlich fehlen oder doch nur in ungenügender Zahl vorliegen, aufmerksam zu machen, nicht aber die älteste Entwickelungsgeschichte im Zusammenhange darstellen sollen.

Nach einer alten Lokalsage (Peifer Memorabb. Lips. III. §. 2) gründete Bonifacius zwischen Elster und Pleisse die S. Jacobskirche, und bis in die neuere Zeit herein bezeichnete die lebendige Tradition einige sehr alte Bäume in der Nähe der Stadt als diejenigen, unter welchen der Apostel der Thüringer den heidnischen Sorben das Evangelium verkündigt habe. Allein diese Erzählungen sind nicht als dunkle Nachklänge geschichtlicher Ereignisse anzusehen; die Wirksamkeit des Bonifacius reichte etwa bis an die Unstrut (Rettberg Kirchengesch. Deutschl. II. 366), und auch die, welche nach seinem Tode das Bekehrungswerk fortsetzten und die Einrichtung kirchlicher Formen in Thüringen veranstalteten, werden nur ganz vereinzelt die Wohnsitze der obersalischen Slaven betreten haben. Unter diesen nahm erst nach Errichtung der Bisthümer Merseburg, Naumburg und Meissen eine systematisch betriebene Bekehrung ihren Anfang, wenn auch seit den Erfolgen des Königs Heinrich gegen die Dalaminzer durch die herbeiziehenden sächsischen und thüringischen Colonisten das Christenthum zwischen Saale und Mulde bereits eine Stätte gefunden hatte. (Vgl. auch Fraustadt, d. Einführ. d. Reform. im Hochst. Merseb. S. 1 fg.)

Es würde an sich nicht unzulässig erscheinen, in diese Zeit auch die Gründung der Jacobskirche durch schottische Mönche an der aus Thüringen nach dem Osten führenden Strasse zu setzen, wenn nicht das Schottenkloster zu Erfurt, welchem die Jacobsparochie zustand, erst im Jahre 1036 gestiftet worden wäre[1]); auch die Annahme, die frühere Gründung sei erst später dem Schottenkloster zu Erfurt unterworfen worden, dürfte kaum Beifall verdienen. Im Uebrigen ist bei der Untersuchung über die ersten Anfänge der Stadt die Beantwortung der Frage nach der Entstehungszeit der Jacobsparochie von nicht allzu grosser Bedeutung; denn nicht diese war, wie zuweilen angenommen wird, der Kern, aus welcher die Stadt erwuchs, sie bestand vielmehr neben der letztern von Anfang her und bis zum J. 1484 (vgl. No. 527, 528 u. 530) als besondere Nachbargemeinde, deren Beziehungen zur Stadt durch Verträge geregelt wurden.

Von Einzelnen ist der älteste Anbau am nordwestlichen Ende der heutigen Stadt in der sogen. Altenburg gesucht worden; an der Stelle, wo noch vor Kurzem die Pleisse bis zu dem Punkte, wo die Parde einfiel, einen Bogen oder Winkel bildete, soll König Heinrich eine „Burgwarte" erbaut haben, deren Vertheidigung den, wie angegeben wird, schon zu den Zeiten der Karolinger bestellten fabelhaften Grafen von Pleissen obgelegen habe. Die Hauptautorität für diese Annahme ist David Peifer in seinen Memorabb. Lips. p. 73 u. 74. Obwohl die von ihm beigebrachten Gründe äusserst schwach sind, haben doch alle Spätern, auch noch Gretschel, die Burg am Zusammenflusse der Pleisse und Parde ohne weitere Prüfung als historische Thatsache hingenommen. Allein diese Annahme ist unerwiesen und unerweisbar; mag die Altenburg älter als die Stadt sein oder mit dieser gleiches Alter haben, auch sie ist während des Mittelalters nicht zur Stadt im engern Sinne gerechnet worden; ihren Bewohnern kam höchstens die Eigenschaft von Pfahlbürgern zu. Übrigens bildeten sie eine besondere Gemeinde (Nachbarschaft) unter einem eigenen Richter. (Vgl. die Bem. zu No. 195.)

Ein befestigter Ort (urbs[2]) Libzi wird zum ersten Male von Bischof Thietmar von Merseburg in seiner Chronik zum Jahre 1015 (VII. 18) erwähnt; hier starb am 20. Dec. d. J. Bischof Eid von Meissen. Die Kirche zu Libzi verlieh Kaiser Heinrich II. bei seiner Anwesenheit in Alstädt am 3. Nov. 1017 zugleich mit den Kirchen in Olscuizi und Gnsna dem Bischof und Stift zu Merseburg.[3]) Da nun, wie bemerkt, die Parochie S. Jacobi während des Mittelalters nicht zu Leipzig gehört hat, unter diesem Namen auch nicht mit inbegriffen worden ist, die zweite angeblich älteste Gründung aber, die Altenburg, nie eine eigene Pfarrkirche gehabt hat, so unterliegt es keinem Zweifel, dass die dem Stift Merseburg übergebene ecclesia in Libzi die dem heiligen Nicolaus geweihte Kirche war, in deren nächster Umgebung die ältesten Bestandtheile der Stadt zu suchen sind, der durch die klösterlichen Bauten der Dominikaner später umgestaltete Altmarkt[4]), dann alte Neumarkt (jetzt Universitätsstrasse), die Nicolai- und Ritterstrasse.

---

[1]) Chron Sampetrinum Mencke SS. III. 202: Aedificatum est monasterium Scotorum in Erfordia per dominam Baltherum de Glisberg: ibidem sepelitur. — Nicol. de Siegen chron. ecclesiast. ed. Wegele p. 220: monasterium Scotorum construitur Erfordiae atque fundatur a. d. 1036 per generosam dompnam Waltherum de Glisberg, qui et tandem ibidem sepultus fuit.

[2]) Ueber die Bedeutung von urbs vgl Waitz Jahrbb. d. deutsch. Reichs unter K Heinrich I Exc X. namentlich S 231 fg. Zu dem, was dort über urbs und burc bemerkt wird, vgl. auch meine Abhandlung Zur Gesch. d. Verfassung d. Markgrafschaft Meissen S. 104 u. 105

[3]) Thietmar VII. 48. Eine Verleihungurkunde ist nur bezüglich der Kirche zu Gusua bekannt; die Abdrücke, (welche irrthümlich Gnsne haben), sind bei Schultes direct. dipl. I. S 141 verzeichnet. Gusua ist Gensa. die Urk. bezeichnet es ausdrücklich als im Hassegau gelegen, Olscuizi aber nicht wie noch die Auszabe in den Monumenten annimmt Oelzschau, sondern das untergegangene Dorf Olschwitz, auf massiger Erhöhung zwischen Probsthaida und Connewitz gelegen; in der Nähe des sogen Marienborns wird die Kirche des Orts, eine vielbesuchte Wallfahrtskirche, gestanden haben.

[4]) Dieser Name soll hier nicht einen Platz bezeichnen, auf welchem Gegenstände zum Verkauf feil gehalten werden. Der Sachsenspiegel gebraucht die Bezeichnung market für einen mit Marktrecht versehenen Ort (vgl. Homeyer Sachsensp. I. Th. S. 459), und nichtjuristischen Schriftstellern des 12. und 13. Jahrhunderts scheint market und stat für ziemlich gleichbedeutend gegolten zu haben. Im Gegensatz zu dem Altmarkt, der alten Stadtanlage, steht der Neumarkt, der später entstandene und in die Stadt gezogene Anbau. In diesem Sinne heisst

Man darf aus dem Umstande, dass der Kaiser dem Hochstift Merseburg die Kirche zu Leipzig überliess, mit Recht schliessen, dass der Ort selbst, auch nachdem der denselben auf allen Seiten umgebende Forst[5]) an Merseburg übergegangen war, noch unvergeben bei dem Reichsgut verblieben war und auch jetzt zunächst noch dabei verblieb. Wie und zu welcher Zeit er von diesem abkam und gleichfalls an Merseburg gelangte, ist eine schon vielfach erörterte aber bis heute noch nicht genügend beantwortete Frage.

Das Hochstift stützte, wie sich aus der Urkunde des Königs Rudolf von 1284 (No. 11) ergibt, seine Ansprüche auf eine im Merseburger Stiftsarchiv aufbewahrte angebliche Schenkungsurkunde Kaiser Heinrichs II. vom 5. Oct. 1021 (No. 1.), über deren Unächtheit kein Zweifel herrschen kann. Wurde auch dieses Document, welches die königliche Kanzlei 1284 für ächt hielt, frühestens in der zweiten Hälfte des 12. Jahrhunderts angefertigt, so ist doch nicht denkbar, dass der Schreiber ein geschichtlich nie bestandenes Verhältniss willkürlich erfunden haben sollte, die Fälschung geschah vielmehr wie in vielen anderen Fällen, um ein gefährdetes Recht, zu dessen Begründung die erforderlichen Documente fehlten, zu schützen. Welchen Erfolg hatte sich auch die Merseburger Kirche versprechen können, wenn sie, ohne die im Falsifikate zugesicherten Rechte thatsächlich lange Zeit und über Menschengedenken ausgeübt zu haben, plötzlich in der zweiten Hälfte des 12. Jahrhunderts dem Markgrafen mit der kaiserlichen Schenkungsurkunde gegenüber getreten wäre?

Die sächsischen Geschichtschreiber und Leipziger Specialforscher nehmen an, dass wenn nicht schon Markgraf Konrad, doch sicherlich Markgraf Otto († 1190) Leipzig von Merseburg zu Lehn getragen habe, da durch ihn die Bewidmung der Stadt mit Halleschem und Magdeburger Recht erfolgt sei. Dieser Schluss ist nicht richtig. — Das Osterland, in welchem Leipzig liegt, wurde bis zur Ländertheilung Markgraf Heinrichs staatsrechtlich zur Markgrafschaft Meissen gerechnet[6]), in welcher der Markgraf die landesfürstlichen Rechte, also ausser dem Heerbann vornämlich die Gerichtsbarkeit, Münzen, Zölle, Berghoheit ausschliesslich besass, insoweit nicht kraft besonderer königlicher Verleihung auch Stifter und Klöster eines oder das andere der nutzbaren Rechte erworben hatten. Nur wer innerhalb eines Territoriums die höchste richterliche Gewalt hatte, also in der Markgrafschaft der Markgraf, konnte die Genehmigung zur Erhebung neuer Städte und Märkte ertheilen[7]), und nur auf Grund dieses landesfürstlichen (richterlichen) Rechtes verlieh Markgraf Otto Leipzig Stadtrecht. In vielen einzelnen Fällen war der Territorialherr, welcher einen Ort mit Stadtrecht bewidmete, zugleich der Grundherr desselben; dieses Zusammentreffen fand bezüglich Leipzigs nicht statt, und es bedarf wohl kaum der Bemerkung, dass bei den Worten des Ottonischen Privilegiums: Lipz aedificandam distribuit sub Hallensi et Magdeburgensi iure nicht an eine wirkliche Vertheilung, sondern an ein Aussetzen zu den genannten Rechten zu denken sei.

Die einzelnen Bestimmungen der Urkunde des Markgrafen Otto (No. 2) betreffen zunächst theils die Stellung der Stadt zu dem Markgrafen, theils das in ihr zur Anwendung gelangende Recht. Zu der ersten Classe gehören die Festsetzung der Abgabepflicht und die Nachlassung eines ausgedehnten Nutzungsrechtes an dem markgräflichen Walde Luch[8]), zu der

---

auch z. B. in Merseburg der auf dem rechten Saalufer liegende Theil der Stadt Neumarkt. Kaiser Heinrich II. gestattete 1195 dem B. Eberhard von Merseburg ut — ultra pontem iuxta ecclesiam beati Thomae martyris intra duos pontes de novo forum instituat. Schultes direct. dipl. II. 370.

[5]) Urk. v. 30. Aug. 974. Höfer Zeitschr. I. 153. Vgl. Thietmar VIII. 10.

[6]) Vgl. v. Posern-Klett Z. Gesch. d. Verfass. d. Markgrafsch. Meissen S. 7 u. 9.

[7]) Sachs. Landr. II. 26. §. 4. Niman ne mut market noch monte erheven ane des richteres willen binnen des gerichte it leget. (Ueber die Bedeutung von Richter in diesem Zusammenhange s. Homeyer S. 471). — Rechtsbuch nach Distinctionen VI Cap. 20 D. 2: Man en sal ouch keyne burg noch stad buwen noch festen mit blancken noch mit muren noch mit muneze bestellen noch berg noch werde buwen in dorffen ane des lantrichters orlob.

[8]) Ipsam vero silvam quam Luch dicimus ad usum civium tam in gramine quam lignis et pascibus collocavit. Es wird von dem Markgrafen den Bürgern nur ein Nutzungsrecht, das Recht Brenn- und Bauholz, Gras

b*

zweiten die Bestimmung der Weichbildgränzen, das Verbot der Anlegung eines Marktes inner-
halb der Bannmeile*), die Bestätigung der in Magdeburg herkömmlichen Mühlenabgabe[10]), der
Satz, dass der Bürger, welcher Lehn oder Erbe kauft, dieselben nach Weichbildrecht (secundum
fori conventionem) besitzen soll, endlich ein sehr summarisches von dem Magdeburger abwei-
chendes Verfahren gegen säumige Schuldner[11]), welches durch Markgraf Friedrich von Landsberg
1287 ausdrücklich bestätigt wurde (No. 14). — In der die Ausübung der Gerichtsbarkeit betref-
fenden Bestimmung bestätigte der Markgraf nur Hergebrachtes, neue Anordnungen wollte und
konnte er in dieser Beziehung nicht geben. Leipzig musste, bevor es Stadtrecht erhielt, doch
wenigstens die Verfassung einer villa gehabt haben, und aus dieser sind der Decan (Schultheis)
und der von dem Immunitätsherrn, dem Bischof von Merseburg bestellte Erbvogt (Iudex, advo-
catus civitatis) herübergenommen worden. Die Urkunde bestimmt: Et quam diu suo decano[12])
inobedientes non invenirentur, ne aliud sequerentur iudicium imperavit. Suo etiam iudici sub-
ditos esse eos edocuit, et sibi in bonis suis iniuriare volentibus ut se communiter opponerent
suo solamine compulit. Hiernach könnte es scheinen, als habe dem Schultheissen die Gerichts-
barkeit in ihrem vollen Umfange zugestanden und die Bürger seien nur für den Fall des
Ungehorsams an das Gericht des Vogtes, (welcher ja ausdrücklich als ihr Richter bezeichnet
wird) gewiesen gewesen. An eine solche Deutung aber ist wohl kaum zu denken; wahrscheinlich
waren dem Vogte, wie in Magdeburg dem Burggrafen, gewisse Fälle vorbehalten[13]) und die
Bestimmung der Urkunde bezieht sich nur auf den Ungehorsam der Bürger innerhalb der dem
Decan (Schulthels) zugewiesenen Rechtssphäre. Die Vogtei befand sich in dem Besitz eines
edlen nach in Leipzig angesessenen Geschlechts, welches sich nach seinem an der Halle-Leip-
ziger Strasse gelegenen Stammsitze de Scudiz (Schkeuditz) nannte.[14]) Nachdem die Stadt als
bischöfliches Lehn an die Markgrafen von Meissen gelangt war, trat in diesen Verhältnissen

---

und Streu aus dem Walde zu holen, in dem durchfliessenden Strome zu fischen eingeräumt, ohne dass der Mark-
graf sich seines Besitzrechtes begeben hätte. — Auch ich bin der Meinung, dass der Wald Luch die Burgaue sei, [...]
wie Gretschel Heitr. z. Gesch. Leipz. S. 91 annimmt, wenn ich auch nicht abmachen vermag, woher derselbe weiss,
dass Lyeh soviel als Ebene bedeute. Ich denke an mhd. lô, lôch (lucus, Wald), welches nicht nur niedriges Holz,
Busch (Mhd. Wörterb. I. 1041), sondern auch einen wirklichen Wald bezeichnet. (Vgl. Hieffenbach Nov. glossar.
240: Lucus dicker walt, wohl, lôch, poschs.) Auch hat die Stadt in der Folge diesen Wald nicht wieder verloren
(wie Gretschel a. a. O will), weil sie ihn nie besessen, sondern erst im J. 1367 von dem Ritter Haus Pezak, der
ihn vom Markgrafen zu Lehn trug, durch Kauf erworben (No. 69).

*) Infra spatium vero miliaris unius a civitate ut nullus haberetur fori tractatus civitati socivus con-
stituit. Vgl. Sächs. Landr. III. 66 § 1 Man ne mut neuen market buwen deme anderen ene mile na.

[10]) Ad los vero molendini octoderimam mensuram constituit. Vgl. Rechtsweisung der Magdeburger
Schöffen an Herzog Heinrich von Schlesien (Tzschoppe und Stenzel Urkb. S. 272.): Ius molendini apud nos tale est
et ab antiquo servatum, ut quilibet adveniens et molere volens decimam octavam partem annonae quam attulerit
molendinario praesentabit.

[11]) Si vero quidquam honorum suorum cuiquam concederent, quem ad solvendum non benivolum inveni-
rent, assumpto marchionis nuntio eum vadiabant et ad solvendi inducias nihil ultra XIIII noctes administrabunt
Vgl. hiermit die Magdeburger Rechtsweisung nach Breslau 1261 § 25, nach Görlitz 1301 § 64 u. Sächs. Weichb.
Art. 74 § 2, 3 (ed. Daniels.)

[12]) Die gewöhnliche Ansicht, beide seien landesherrliche Beamte gewesen, erklärt sich daraus, dass
man in der angef. Stelle irrthümlicher Weise suus auf den Markgrafen bezog, anstatt auf die Bürger. Decanus
war in der frühesten germanischen Zeit wie unter den fränkischen Königen der Schultheis in einer Dorfgemeinde
oder auch ein herrschaftlicher Beamter auf den grössern Besitzungen des Königs, einer Kirche oder eines Pri-
vaten. Vgl. Waitz Verfassungsgesch. II. s. 317 und III S. 340 (der an der letztern Stelle A. 3. gegebenen Deutung
ist jedoch in ihrer Allgemeinheit nicht beizustimmen). Merkwürdig ist das Vorkommen dieser Bezeichnung
für den Richter, welche sich in Dorfwirthschaften aus rein deutschen Gegenden findet (vgl. Maurer Dorfverf. II.
S. 28—30), in Osterlande und auf ehemals slavischem Boden; es gewinnt dadurch die Annahme, dass Leipzig in
ziemlich früher Zeit als eine auf deutsche Weise organisirte Colonie unter den Sorben gegründet wurde, an
Glaubwürdigkeit.

[13]) Vgl. Rechtsweisung nach Breslau 1261 § 8, nach Görlitz 1301 § 4. Sächs. Weichb. Art. 42 § 3 (Daniels).

[14]) Unter den nobiles fährt den Godescalcus de Zeuthitz auf eine Urk. Markgraf Conrads v. 301. Nov.
1156, zuletzt gedruckt bei Köhler das Kloster des h. Petr. auf d. Lauterberge S. 47, unter den laici liberi 1168

insofern eine Veränderung ein, als von da an die bisherigen Inhaber der Gerichtsgewalt Schult-
heissenthum (der, Name decanus wich dem dem sächsischen Rechte geläufigen scultetus),
und Vogtei vom Markgrafen zu Lehn empfingen und im Erbgange auf ihre Descendenten brach-
ten, ohne dass eine von der Natur des Gerichtslehns abweichende Specialität zu eingehender
Ausführung Veranlassung böte. Nach dem Aussterben des Geschlechtes, welches die Erbvogtei
besass, fiel diese dem Markgrafen heim, wurde aber, soviel aus Urkunden ersichtlich wird, nicht
wieder zu Lehn gegeben, sondern es wurden fortan Vögte amtsweise bestellt. Diese Verän-
derung scheint in der zweiten Hälfte des dreizehnten Jahrhunderts vor sich gegangen zu sein.

Ueber die Beziehungen der Bürger zu dem Grund und Boden innerhalb des Weichbildes
enthalten die ältesten Urkunden nur wenige Andeutungen, welche indessen verbunden mit später
sich kundgebenden Erscheinungen die rechtliche Natur dieses Verhältnisses mit genügender
Deutlichkeit erkennen lassen.

Zunächst berechtigt keine Ausserung des Ottonischen Privilegiums oder des Sühne-
documents von 1216 (No. 3) dazu, dem Markgrafen einen Antheil an dem Grundeigenthum
zuzuschreiben, da keine Spur eines an ihn zu entrichtenden Bodenzinses aufgefunden werden
kann. — Die städtischen Grundstücke sind entweder Lehen (beneficia) oder Erbe (hereditates),
diese ohne Zweifel Eigengüter.[11] Die Bürger, welche Güter zu Lehn tragen, sollen nur ihrem
Lehnherrn Hulde zu leisten verpflichtet sein (et ne alicui nisi a quo essent beneficiati hominium
facerent vetavit).

Die den ältesten Anbau bildenden Strassen an welche die neue Stadt sich anschloss
(S. X) bestanden aus einer Anzahl Höfe (curiae), welche im Eigenthum edeler und freier Grund-
besitzer sich befanden. Diese Höfe waren Mittelpunkte einer landwirthschaftlichen Thätigkeit
mit Hofgenossenschaften, daher auch mit Wohnhäusern für die hörigen Ackerknechte und Hand-
werker, mit Vorrathshäusern, Scheunen und Viehställen besetzt; häufig schlossen sich noch Nutz-
gärten an, Feld- und Waldantheile, auch Wiesen in der Gemarkung gehörten zu ihnen. Der
landwirthschaftliche Betrieb wurde entweder für Rechnung des Grundeigenthümers geführt oder
der Gutscomplex oder getheilt zu Lehn ausgethan, letzteres namentlich in dem Falle, wenn
der Eigenthümer zu den grossen Grundbesitzern zählte und zahlreiche Ländereien an verschie-
denen Orten zerstreut besass. Auch zerlegte wohl im einzelnen Falle der Herr des Bodens sein
Eigen in kleinere Theile und verlieh diese an freie Leute gegen einen Grundzins (census) zu
erblichem Besitz und zur Bewirthschaftung auf eigene Rechnung. (Vgl. v. Posern-Klett, z.
Gesch. d. Verfass. der Markgrafsch. Meissen S. 6.)

Die Rechtsverhältnisse an Grund und Boden waren im Allgemeinen an grössern geschlos-
senen Orten und auf dem platten Lande die gleichen bis zu dem Momente, wo ein Ort Weich-
bildrecht erhielt; mit dem Verschwinden der Hörigkeit aus den Stadtmauern und in Folge des

---

eine ungedruckte Urkunde B. Udo's von Naumburg in einem stiftszeitzischen Copialbuche; unter den Edeln erscheint
er wieder in der Stiftungsurkunde des Kl. Zschillen v. 1174 (Orig. im K Haupt-Staatsarchiv) und in Urk. der
Markgrafen Otto und Dietrich v. 28. Juli 1181 bei Köhler a. a. O. S. 52. — Berchta von S. begann die Stiftung
des Nonnenklosters Heusdorf bei Apolda, welche ihr Sohn Otto Probst zu Halberstadt vollendete; dessen Bruder
Wernher von S. hatte die Klostervogtei. Urk. den Erzb. Adalbert von Mainz v. 1140, vgl. Schultes Direct. dipl. II.
S. 17 f. Rein Thur. sacra II. 113 f. — Bei der Zerstückelung der Merseburger Diöcese durch Erzbischof Giseler
von Magdeburg 981 wurde Schkeuditz mit andern Orten zum Magdeburger Sprengel geschlagen (Thietmar III. 9),
gelangte aber 1015 mit Taucha, Püchau und Wurzen an Merseburg zurück (Thietmar VII. 16). — Die Verhält-
nisse der Markgrafen und Bischöfe zu Schkeuditz während des 13. Jahrh. würden sich aus der Grund einer
Reihe noch ungedruckter Urkunden des Hochstifts Merseburg erörtern lassen.

[11] Et si quod beneficium vel hereditatem quisquam civium emeret, secundum fori conventionem
possideret. Ueber die mehrfache Bedeutung von Erbe vgl. Arnold zur Gesch. d. Eigenthums in den deutschen
Städten S. 58. Da in der angezogenen Stelle hereditas dem beneficium gegenübergestellt wird, erscheint die An-
nahme der weitesten Bedeutung: Grundbesitz im Allgemeinen gegenüber der Fahrniss unzulässig. Eher noch
könnte man an ein im Erbgange letztlichen geliehenes Besitzrecht denken, allein auch so würde man nur um
eine Stelle weiter, auf Grundeigenthum geführt werden, von welchem der erbliche Besitz hergeleitet wird, und die
städtischen Grundstücke würden doch nur aus Lehen und Eigengütern bestanden haben.

XIV

lebhaften Zuzugs in die Städte bildete sich in diesen eine Mannigfaltigkeit des Verkehrs aus und trat eine grössere Bewegung im Grundbesitz ein. Dass die letztere Erscheinung auch in Leipzig nach dem Ottonischen Privilegium hervortrat, lässt sich nur vermuthen, nicht im Einzelnen nachweisen, da selbst noch aus der ersten Hälfte des 13. Jahrhunderts nur wenige Urkunden vorliegen. Neben den Höfen, welche von dem Hochstift Merseburg zu Lehn rührten, gab es andere von diesem Lehnsnexus freie, deren Zahl nicht gering gewesen sein kann. Die Marienkapelle war von Gertrudis der Wittwe des freien Herrn (ingenui viri) Ulrich von Vrideberc auf ihrem am Ausgange der Ritterstrasse in den Brühl gelegenen Hofe gestiftet worden (Urk. v. 8. Febr. 1262 bei Schöttgen u. Kreysig dipl. Nachl. I, 55[*]); zu derselben gehörte noch 1398 ein an der Stadtmauer gelegener Hopfengarten, von welchem die Besitzer jährlich 8 Groschen Grundzins zu entrichten hatten. Im J. 1231 wurde den Dominicanermönchen eine einzelne Hofstatt (area) von Heinrich von Warin überlassen (Horn Henr. III. p. 206), woraus geschlossen werden mag, dass dieses Geschlecht auf der heutigen Universitätsstrasse einen ausgedehnteren Grundbesitz hatte. — Schöffenbarfreie und ritterbürtige Geschlechter, welche Stadtgüter von der Merseburger Kirche zu Lehn trugen, empfingen, nachdem die Markgrafen in Bezug auf Leipzig Vasallen der Bischöfe geworden waren, aus den Händen jener die Belehnung; in diese Verhältnisse wird der zweite Band des Urkundenbuches einen Einblick gewahren. So übereignete, um hier nur Einiges anzuführen, Bischof Heinrich dem Thomaskloster eine von Gertrudis Wittwe Hermanns, genannt von Grimmis, Bürgers zu Leipzig überwiesene halbe Hufe vor dem Petersthore neben der Sandgrube und einen dazu gehörigen Freihof (curiam, quae a custodiis vigiliis et exactionibus civitatis Lipz est exempta) in der Stadt, welche vordem Albert von Rosswein von Landgraf Dietrich, dieser aber von der Merseburger Kirche zu Lehn getragen hatte. Im J. 1285 liess Markgraf Dietrich von Landsberg dem Bischof Heinrich gegen Empfang von 60 Mark Silber einen Hof auf, welcher vordem der Hof des Vogts von Schkeuditz genannt worden war und welchen der Markgraf lehnsweise von der Kirche hatte (No. 12). Zu diesen bischöflichen Lehnstücken wird die an das Kloster Altzelle gelangende Hofstätte (area) in der Parochie S. Thomä gehört haben, welche der edle Meinher von Vitzenburc[*]) vom Markgrafen zu Lehn trug (No. 4). (Ueber den Umfang dieses Grundstücks vgl. die Bemerk. zu No. 137.) — Auch einen unvergebenen Hof besass der Bischof in der Stadt (1262. Acta — Lipzk in curia domini episcopi. Schöttgen u. Kreysig dipl. Nachl. I. S. 57).

Bezüglich der Höfe in den die älteste Stadtanlage bildenden Strassen (S. X) tritt noch im fünfzehnten und sechszehnten Jahrhundert der ursprüngliche Charakter, die Bestimmung zum Betriebe der Landwirthschaft deutlich hervor; den Hofraum umgeben, nächst dem Herrenhause, Vorrathsräume, Viehställe, Gesindewohnungen, und Gärten, zuweilen von ziemlicher Ausdehnung, schliessen sich daran. Ein Blick auf den Altmarkt (Universitätsstrasse) mag dies zeigen.[*]) Der „goldene Bär" No. 18) war 1500 noch Vorwerk mit Scheune, das Haus No. 17 gehörte dem Kloster Neuwerk bei Halle und das Haus No. 16 wurde auf einem vom Hause No. 18 losgetrenn-

---

[*] Die Capelle lag vielleicht an der Stelle des jetzt der Commun gehörigen Hauses No. 27 auf der Ritterstrasse, zu welchem das Haus No 38 im Brühl als Miethhaus gehörte; das Haus No. 37 auf der Ritterstrasse wird bezeichnet als bei der Frauencapelle gelegen.

[*] Die Markgrafen erwähnten schon seit der zweiten Hälfte des 13. Jahrhunderts bei einzelnen Vergabungen die Oberlehnsherrlichkeit des Bischofs nicht mehr, aus hier nicht weiter zu erörternden Gründen; auch die Bischöfe erklärten nicht mehr regelmässig ihre Genehmigung zu den Besitzveränderungen in Bezug auf jene Urkunden.

[*] Der bereits erwähnte ehemalige Gerichtsschreiber Barthel hat eine aus den Schöffenbüchern gezogene Zusammenstellung aller Häuser der innern Stadt seit dem 15. Jahrhundert hinterlassen, welche im Rathsarchiv aufbewahrt wird und aus welcher die folgenden Notizen genommen sind. In uneigennütziger Weise, ohne Förderung und äussere Anerkennung hat D. mit langjährigem unausgesetztem Fleiss und Eifer, unter der Last eines siechen Körpers sein schon oben erwähntes Diplomatarium Lipsiense und jenen mehrere Foliobände füllenden Conspectus zusammengetragen und durch diese Arbeiten der wissenschaftlichen Erforschung der städtischen Geschichte nutzbringender vorgearbeitet, als die zahlreichen Leipziger Geschichtsschreiber und Topographen zusammengenommen. Der verdienstvolle Mann starb am 20. Juli 1846.

ten Gartenstück später erbaut. Aus den heutigen Strassennummern 14°, 14ᵇ und 15 bestand des Bürgermeisters Hans Leimbach Vorwerk (1512), welchem noch ein anderes landwirthschaftlichen Zwecken dienendes Grundstück zustand (h. z. T. „Dresdner Herberge", Kupfergasse No. 7), zu welchem das Haus Magaziugasse No. 11 und 6 kleine Häuschen in der Kupfergasse bis an die Ecke des Neumarkts als Pertinenzstücke gehörten. Den Bestand eines Vorwerks bildeten auch die Häuser No. 10 und 11, die Strassenseite eines anderen No. 12 und 13; dieses letztere reichte bis an die Stadtmauer und die auf der südlichen Seite desselben in späterer Zeit erbauten kleinen Häuser (Magazingasse No. 33 bis mit 43) wurden erst 1563 mit Genehmigung des Raths einzeln verkauft. Die Häuser No. 1, 2, 3 und Grimmaische Strasse No. 14 waren Bestandtheile eines Hofes, während No. 4, 5, 6 und 7 als Miethhäuser, Hintergebäude und Scheunen zu einem grossen Hofe auf dem Neumarkte (No. 41 u. 42) gehörten.[18] —

In anderen Stadttheilen, in welchen in hervorragender Weise Handel und Gewerbe ihren Sitz aufgeschlagen hatten, war um diese Zeit der landwirthschaftliche Charakter verschwunden und auf dem Grund und Boden des einzelnen Hofes waren kleine Häuser (Miethhäuser) entstanden, in welchen die Handwerker ihre Gewerbe betrieben, ihren Hausstand hatten und ebenso wie Leute, welche „gasteweise" ohne eigenes Erbe in der Stadt sich aufhielten, zur Miethe wohnten. Diesen Charakter trägt z. B. der Preusser'sche Hof auf der Petersstrasse (vgl. die Bemerk. zu No. 1961, zu dessen Areal die eine Häuserreihe die daran stossenden Preussergässchens fast vollständig gehörte; der Hof in der Grimmaischen Strasse der Dingbank gegenüber[19]) mit drei Miethhäusern auf dem Neumarkte, das Waldheimische Haus am Markte (jetzt No. 9) mit sechs Miethhäusern (Barfussgässchen No. 1 bis 5 und Kleine Fleischergasse No. 6), der Reichenbachische Hof (Markt No. 10) mit 8 Miethhäusern in dem Barfussgässchen (No. 6 —13) und einem Hinterhause in der Klostergasse (No. 7). Die Hausmiethe hatte in den deutschen Städten schon im 14. Jahrhundert eine grosse Bedeutung erlangt, wie die sehr ins Einzelne gehenden Bestimmungen einiger Stadtrechte zeigen (vgl. bes. Göschen, die Goslar. Statuten S. 20—25; Rechtsb. u. Distinct. II. Cap. 4 ed. Ortloff). Zwischen den Insassen des Miethhauses und dem Herrn (dem Vermiether) bestand ein rein obligatorisches Verhältniss. Im Uebrigen waren die Höfe und Häuser in der Zeit, aus welcher diese Nachrichten stammen, längst Stadtgüter geworden und zu Entrichtung der herkömmlichen städtischen Abgaben verpflichtet, und es kam im einzelnen Falle nicht mehr nachgewiesen werden, ob sie anfangs Eigen einzelner Geschlechter gewesen oder ob sie vom Bischof und Markgrafen zu Lehn gegangen waren. Eine Ausnahme bildeten nur noch wenige Freihöfe und die Pflug'schen Lehnhäuser in der Grimmaischen Strasse, und auch die letzteren wurden von dem Rathe, welcher 1475 die Lehen von dem Pflug'schen Geschlechte durch Kauf erwarb (No. 486), den Besitzern zu Lehn gereicht (No. 497.)

Ausser den beiden oben geschilderten Hauptgattungen städtischer Grundstücke gab es in der innern Stadt auch einige Erbzinsgüter. Diese entstanden dadurch, dass der Herr des Bodens ein Trennstück zu erblichem Besitz (iure hereditario possidere) gegen die Verpflichtung einen Grundzins zu entrichten abtrat. Dieser Zins, ursprünglich ein wirklicher Bodenzins, nahm später vielfach den Charakter einer dem Eigenthümer zuständigen Rente an und der erbliche Besitz ging in ein von dem wahren Eigenthum nur noch wenig entferntes Rechtsverhältniss über. — In Leipzig setzte namentlich das Thomaskloster einen Theil seines umfangreichen Areales zu Zinsrecht aus, aber schon frühzeitig suchte die Stadt, welche gleich vom Anfang an, wie zu

¹⁸) Dieses Grundstück besassen bis zum J. 1411 der Bürgermeister Conrad Behr und dessen Erben, von welchen es Paul von Grunau erwarb; 1444 erscheint als Besitzer der Stadtrichter Heinrich Steube und von dessen Wittwe, welche sich mit Heinrich Berngershain vermählte, gelangte es an diesen; die Familie Berngershain besass es noch 1503. Im J. 1513 wurde es „zum goldenen Kreuz" genannt, 1655 kommt zum erstenmale der Name „zur Feuerkugel" vor.
¹⁹) Auerbachs Hof. Die drei Miethhäuser auf dem Neumarkte sind in der Folge zu einem Gebäude mit der Strassennummer 7 vereinigt worden.

zeigen sein wird, der Ausbreitung dieser klösterlichen Stiftung sich nicht günstig erwies und in der Folge wenigstens weitere Erwerbungen an Grund und Boden zu hindern wusste (Rathsbeschluss von 1345. No. 36), das Zinsverhältniss ihrer Bürger zu dem Kloster zu beseitigen und dieses auf den Grundbesitz zu beschränken, welcher entweder kirchlichen Zwecken diente oder von den Chorherren selbst benutzt und bewirthschaftet wurde, (wie z. B. das Klostervorwerk am Thomaskirchhofe). Nachdem länger andauernde Streitigkeiten zwischen dem Rathe und dem Kloster obgewaltet hatten. setzte Markgraf Wilhelm als gewillkürter Schiedsmann im J. 1373 fest vnbe die czinse, die die — heren die regelere yn der mure yndewenig der stat gebabt habin, daz der rat vnde dy burgere — den selbin heren sullin geben vor die — czinse vf den nehestin sende Michels tag acht schog ezwelf groschen Fribergischer groschin vnde sechs phennynge vnde denne forwartir alle iar bis also lange, daz die burger gut gekouffen, da die selbin heren also viel czinses vzgenemen mogen, also vorgeschribin ist —. Vnd wenn daz geschiet, so sullin die burgere von den regelern mit den cziusen sin enprochin vnd die regelere sullin sich ouch fortmer yn die czinse, die also in der stat gelegen sint, nicht mer werren nach seczezen yn keyne wiis. Wenne ouch die burgere sulche gulde — gekouften, die sullin vnde wollin wir eygen vnde bestetigen ezu dem obgnanten der regelere goczhuse ane voreczog. Ouch scheidin wir daz die burgere alle erbe reichen vnde lihen sullin vnde czinse durvz nemen, die yndewenig der muren — gelegin sint, vzgenomen die kempuate, die bie dem clostirhoue liet vnd den hof, der darezu gehort, die custerye bie sende Thomas kirchin vnde daz erbe allirnehest do bie, die den regelern bliben sullen mit allin nuczezen fry vnde ledig von allir statrechte vnde geschozze (Urk. bei Gretschel Beitr. z. Gesch. Leipz. S. 157, hier verbessert aus dem Orig. im städtischen Archiv). Das Thomaskloster sollte also diesen Bestimmungen gemäss seine Grundzinse innerhalb der Stadtmauern an die Stadt (die burgere) abtreten, diese aber die Zahlung einer Summe von 8 Schock 12 Gr. 6 Pf. jährlich bis zu dem Zeitpunkt, wo sie dem Kloster ausserhalb der Stadt einen Grundbesitz mit einem dem abgetretenen entsprechenden Ertrage erworben haben würde, als eine gemeine Last übernehmen; die Censualen traten aus jeder Beziehung zu dem Kloster und empfingen von der Stadt, der nunmehrigen Eigenthümerin des Grundes und Bodens ihre Häuser und Höfe mit Rechten und Oblasten, welche in der Natur der Leihe begründet waren. Das Abkommen trat nun auch in Kraft, aber der Rath unterliess es, einen andern Grundbesitz mit entsprechendem Zinse für das Kloster zu erwerben und dieses traf im J. 1390 Anordnungen über die Verwendung der 8 Schock 12 Gr. 6 Pf., quos eives de consistorio dant ac singulis dabunt annis pro censu nobis ac nostro monasterio per quandam compositionem et transmutationem per illustrem principem dominum Wilhelmum et — per — dominum Fridericum episcopum Merseburgensis ecclesiae factam. Ja es scheint fast, als ob dieses Verhältniss bis zur Reformation fortbestanden habe, denn nach dem im Auftrage des Herzogs Heinrich und der Landschaft 1541 aufgenommenen Verzeichnisse der Güter und Gefälle des Thomasklosters ist der Rath mit 10 Schock 2 Gr. 6 alten Pf. jährlich „auf die Kirhmiess" angesetzt: hiervon kommen besage einer andern Zusammenstellung 1 Sch. 20 Gr. auf der Bayerin Garten (vor dem Thomasthore) und 30 Gr. auf die Sandgrube, bleiben 8 Schock,12 Gr. 6 alte Pf., die in Markgraf Wilhelms Schied 1373 festgesetzte jährlich zu entrichtende Geldsumme. — Aus der angef. Urkunde von 1390 wird übrigens ersichtlich, dass das Kloster innerhalb der Stadtmauern vordem Grundzinse erhoben hatte von Häusern auf dem Neumarkt, dem Neukirchhofe (circa fratres minores), von einigen Gebäuden und dem Schulhause am Nicolaikirchhofe.

Die Zinse von Schragen und Bänken (Schuh-, Brot-, Lederbänken u. a.) folgen der Natur aller andern Grundzinsen ohne besondere Eigenthümlichkeiten (vgl. z. B. Rechtsb. u. Distinct. II. 4. d. 2, d. 16, d. 18. — Göschen Goslar. Stat. S. 225.); auch sie wurden dem Herrn des Bodens entrichtet, und es kann somit nicht auffallen, dass ihrer wie der Bodenzinse überhaupt in der Urkunde des Markgrafen Otto keine Erwähnung geschieht. Sie gelangten in der Folge mit andern Gütern und Rechten von der Merseburger Kirche lehnsweise an die Markgrafen und wurden von diesen zum Theil an das Thomaskloster vergabt, zum Theil auch weiter zu Lehn gegeben. Wie weit aber die Stadt in ihrem Bestreben, den städtischen Boden von der Zinspflicht an Nichtbürger, selbst an die Markgrafen, zu befreien schon um die Mitte des 14. Jahrhunderts vorgeschritten war, lehrt das älteste Stadtbuch (Mittheill. d. Deutsch. Gesellsch. I. S. 116 fg.); nach diesem erhob sie 2 Schock Groschen von 9 Kammern der Gewandschneider unter dem Rathhause, 4 breite Groschen von einer Tuchscheererbude hinter den Krämen, 15 schmahle Groschen von einer Fleischbank, die Krämerzinse. Zufolge des durch Markgraf Wilhelm zwischen dem Rath und dem Thomaskloster abgeschlossenen Vergleiches gelangten im J. 1373 an die Stadt 1 Schock von den Tuchkammern (de cameris pannorum), 20 Schillinge von den Fleischbänken und das Schuhhaus, welches jährlich 1 Talent zinste. Schon 1363 war der Marktzoll erworben worden (No. 63), mit Ausnahme eines Theiles des Marktzolles, welcher zunächst noch als markgräfliches Lehn in den Händen städtischer Familien verblieb; später kamen auch noch die Budenzinsen im Oster- und Michaelismarkte hinzn.[21] Gegen Ausgang des 14. Jahrhunderts erhob die Stadt, mit Ausnahme eines Theiles des Marktzolles, sämmtliche Bank- und Budenzinse.[22]

Die Besprechung des Ottonischen Privilegiums und der daran angeschlossene kurze Ueberblick über die Geschichte des Eigenthums in Leipzig haben gezeigt, dass die Markgrafen von Meissen nie Grundherren der Stadt gewesen sind, dass ihr Besitz nur ein vom Hochstift Merseburg hergeleiteter Lehnbesitz war und dass es mindestens sehr fraglich bleibt, ob auch dieser bereits dem Markgrafen Otto zugeschrieben werden kann. Es bleibt jetzt noch die Aufgabe, die Entwickelung des Lehnsverhältnisses zu Merseburg in Verbindung mit den frühesten Schicksalen der Stadt darzustellen.

Leipzig, schon bei seinem ersten Eintritt in die Geschichte 1015 ein befestigter Ort (S. X), in welchem Dienstmannen mit Verpflichtung zum Burgdienst wohnten[23], galt gegen Ausgang des 12. Jahrhunderts als der wichtigste militärische Stützpunkt zwischen Saale und Mulde. Hierher floh Markgraf Albrecht, als er von Landgraf Hermann 1194 bei Reveningen besiegt worden war (Chron. Mont. ser. ed. Eckstein p. 60), hier hoffte er einen sichern Zufluchtsort zu finden (In quo tanquam in fido asylo se recipere cogitavit), als er 1195 von der erfolglosen Reise nach Italien zu Kaiser Heinrich VI. zurückkehrte und Angesichts eines sich entwickelnden Kampfes mit zahlreichen Feinden seine sämmtlichen Vesten zu schleifen beschloss, Leipzig ausgenommen; denn er setzte Vertrauen in die militärische Tüchtigkeit und Leistungsfähigkeit der Bürger.[24] Auch in frühern Kämpfen zwischen Markgraf Albrecht und Landgraf Hermann wird Leipzig genannt: bis hierher war der Landgraf nach der Eroberung von Cam-

---

[21]) Das älteste Stadtbuch in den Mittheill. d. Deutsch. Gesellsch. führt sie noch nicht auf. Das Registrum marchionum Misnensium v. 1378 berechnet das Ius nundinarum des Markgrafen auf 26—30 Schock (valet XXVI sexagenas magis vel minus et aliquando plus et XXX sexagenas); es bleibt aber fraglich, ob damals das Budengeld noch von den Markgrafen erhoben wurde oder ob es ganz oder zum Theil an die Stadt übergegangen war, so dass unter dem Ius nundinarum andere Gefälle, z. B. Antheile an dem Waagegelde zu suchen sein würden. Den Zweifelsgrund bildet namentlich der geringe Betrag dieses markgräflichen Ius nundinarum: denn schon im ersten Jahrzehnt des 15. Jahrhunderts erhob die Stadt laut der Pförtner Wachstafeln allein im Ostermarkt 76 Schock von den Marktbuden: — der Michaeliszins ist nicht angegeben (N. Mitth. d. Thür.-Sächs Ver. X. S. 179; ober das Alter der Tafeln vgl. die Bemerkk. zu No. 123 u. 125), 1426 im Ostermarkt 76 Schock 10 Groschen, im Michaelismarkt 51 Schock 9 Gr. (Kammereirechnung bei Schäfer Sachsenchronik I. S. 40 u. 41.)

[22]) In Halle ging noch 1364 der Marktzoll von Busse Edelem von Schraplau zu Lehn Urk. bei v. Dreyhaupt Saalkr. S. 677. Auch aus den sehr guten Zusammenstellungen bei v. Dreyhaupt S. 679 ergibt sich, wie in dieser Beziehung wenigstens Halle von dem jüngeren Leipzig überholt worden war.

[23]) Ob die Veste Libuse, welche Herzog Lothar 1128 nach dem Rückzuge der Böhmen und Mahren und der Flucht Wiprechts von Groitzsch belagerte (Annalista Saxo ad h. a.) Leipzig war, wie Gretschel Beitr z. Gesch. Leipz S. 5 annimmt, bleibt mindestens sehr zweifelhaft. Jaffé Lothar S. 22 nimmt eine Burg Libus an.

[24]) Vgl. die Erzählung der Annal. Reinhardsbr. ed. Wegele p. 68. Wege gibt diesen civitatis habitatoribus iniunxerat, ut eam armaturis suis die praefixa ipsi solemniter exhiberet, quatenus eorum experiretur audaciam et non ignoratam de eis videretur habere fiduciam. Die Chron. Mont. Ser p. 61 nimmt von dem Zerstörungsplane ausser Leipzig auch Camburg und Meissen aus.

burg vorgedrungen, als der Markgraf Anfang des J. 1192 mit Friedensanträgen hervortrat (Annal. Reinhardsbr. p. 63), und die Unterhandlungen wurden ohne Zweifel in der Stadt gepflogen. Fürstliche Zusammenkünfte hatte diese schon früher in ihren Mauern gesehen: 1190 fand ein Familientag des Wettinischen Geschlechts statt, auf welchem sich Markgraf Albrecht und Dietrich Graf von Weissenfels, Conrad Markgraf von Landsberg und Dietrich Graf von Sommerschenburg, Ulrich Graf von Wettin und Friedrich Graf von Brehna einfanden; auch erschienen die Bischöfe von Naumburg, Merseburg und Meissen, die Aebte von Pegau und Pforta und zahlreiches ritterliches Gefolge. Bei dieser Gelegenheit erhielt der Graf von Sommerschenburg vom Kloster Altzelle für das verkaufte Altranstädt 300 Mark Silber ausgezahlt und er bestätigte in Gegenwart seiner Seitenverwandten, welche dem Vertrage ihre Genehmigung ertheilten, nochmals feierlich den Verkauf auf den Heiligen (debita donatione et oblatione super reliquias. Urkk. des Markgrafen Conrad und des Grafen Dietrich in König Adelshistorie II. S. 128 u. 268. Origg. im K. Haupt-Staatsarchiv zu Dresden). —

Alle diese Momente deuten darauf hin, dass Leipzig am Ausgange des 12. Jahrhunderts wohl befestigt, ausgebaut und zu Abhaltung von Fürstenversammlungen geeignet war, im Uebrigen lässt sich aus ihnen nur ein Beweis für die überhaupt nicht zweifelhafte Unterwerfung der Stadt unter die markgräfliche Amtsgewalt (vgl. auch S. XI f.) herleiten, während sie zu Annahme einer durch Bande der Lehnspflicht bedingten Abhängigkeit keinen Anhalt bieten. Eine solche ist aber ohne Widerspruch unter Markgraf Dietrich dem Bedrängten eingetreten, wie sich dies zuerst aus einer in seiner Stadt (in nostra civitate) Leipzig am 10. Juli 1200 ausgestellten Urkunde (Mencke SS. II. 452) ergibt. Wilhelm mit dem Beinamen Spilman, sein Bürger (civis noster) zu Leipzig habe, so berichtet der Markgraf, drei im Weichbild der Stadt gelegene Hufen (tres mansos ipsi civitati contiguos; das Orig. trägt von gleichzeitiger Hand die Aufschrift de tribus mansis in Lipz) von Heinrich von Warin zu Lehn getragen und diesem aufgelassen. Heinrich von Warin habe darauf dieselben ihm aufgelassen, da er sie von ihm zu Lehn besessen; dann hätten sie sämmtlich jeder zu seinem Antheil diese Hufen dem Kloster Altzelle überwiesen. Da diese jedoch als Lehngüter nicht mit voller Freiheit verschenkt werden könnten, sei ein Zins auf sie gelegt und sodann der Abt mit dem erblichen Besitz und dem Nutzungsrechte, aber unter Verpflichtung zu Entrichtung eines jährlichen Zinses beliehen worden.[8]) — Zu vollem Eigen konnte der Markgraf die Güter nicht verschenken, weil er nur einen Lehnbesitz hatte, und eine den Vorschriften des Lehnrechts gemässe Auflassung an seinen Herrn den Bischof verbunden mit dem Gesuche um Uebereignung an das Kloster konnte oder wollte er aus unbekannten Gründen nicht vornehmen

Durch den in Folge des neubegründeten Lehnsverhältnisses zwischen dem Markgrafen und der Merseburger Kirche eingetretenen Herrenwechsel erfuhr die rechtliche Stellung der Bürger zu den Stadtherren zunächst keine durchgreifende und fühlbare Veränderung. Ueber die Aufnahme des neuen Herrn durch die Stadt schweigen die Quellen; hat von Anfang herein ein gutes Einvernehmen zwischen beiden bestanden, so ist dieser friedliche Zustand jedenfalls von kurzer Dauer gewesen. Schon in dem ersten Jahrzehnt des 13. Jahrhunderts schritt der Markgraf zur Ausführung seines Planes, die kirchlichen Verhältnisse der Stadt durch Errichtung eines Augustiner-Chorherrenstiftes vollständig umzugestalten; allein diesem Beginnen setzten die Bürger lebhaften Widerspruch entgegen[9]), schädigten die neue Stiftung in aller Weise, zerstreuten

---

[8]) Verum quoniam eadem bona ex integro libertate donari non poterant utpote beneficialia, placuit ea heri nobis censualia, et ipsum censum dimidiam scilicet marcam praefato Henrico de Warin concessimus, reliquos usus et ipsam hereditatem ecclesiae supradictae perpetuo iure contulimus, ablatum ipsum dominium Matheum pileolo nostro investivimus. Ich habe früher (z Gesch. d. Verfass. d. Markgrafsch. Meissen S. 16—17) diese Stelle mit Zuziehung einer auf den Vorgang bezüglichen Notiz in der Altzellischen Erwerbungsliste (in dem Ber. d. Deutsch. Gesellsch. z. Leipz. 1860. S. 35) zu erklären versucht, damals aber mit Unrecht die drei Hufen zu den reichslehnbaren Gütern der Markgrafen gerechnet.

[9]) Das Folgende nach dem Chron. terrae Misn. bei Mencke II. 343. verbunden mit den wahrscheinlich

die zum Ausbau der Klostergebäude zugerichteten Hölzer und vertrieben den vom Markgrafen zum Probst ernannten bisherigen Pleban in Olschwitz Namens Conrad, indem sie diesem die Schuld an den zwischen ihnen und dem Markgrafen entstandenen Misshelligkeiten beimassen. /.*ℊ Nach einiger Zeit (post aliquod tempus) wurden diese Irrungen ausgeglichen und die Stadt gelobte unter Bürgenstellung*) dem zurückkehrenden Probste Ersatz des zugefügten Schadens, kam aber dann freilich dem Versprechen nur in unvollkommener Weise nach. Probst Conrad versammelte einige Brüder zu gemeinschaftlichem klösterlichen Leben, denen jedoch die Strenge der Regel, welcher er selbst sich willig fügte, nicht zusagte; er entfernte sich deshalb, nachdem er das Amt des Probstes einige Zeit geführt hatte, heimlich aus dem Kloster und ging nach Halle. Die Brüder, welche nun ihr Unrecht einsahen, vermochten ihn durch Bitten zur Rückkehr in das Kloster, welchem er dann in lobenswerther Weise bis an seinen Tod vorstand. Alle diese Ereignisse von der Stiftung des Klosters an bis zum Tode des ersten Probst Conrad fallen vor das Jahr 1213. Nach Conrads Tode wählten die Brüder kraft des vom Markgraf Dietrich ihnen ausdrücklich zugestandenen Wahlrechts den Chorherrn Wernher von S. Moritz in Halle zum Probst, welcher, nachdem der Markgraf noch im J. 1213 dem bis dahin nur dürftig ausgestatteten Thomaskloster einen reichern Güterbesitz zugewendet hatte, im J. 1214 die Amtsführung übernahm.**)

Um diese Zeit entstanden neue Misshelligkeiten zwischen Markgraf Dietrich und der Stadt, welche einen weit ernsteren Charakter annahmen als die vorausgegangenen. Veranlassung gaben ausser dem Klosterbau vielleicht auch Versuche des Markgrafen, die durch die bischöfliche Belehnung erlangten Rechte unter Nichtachtung der im Ottonischen Privilegium den Bürgern zugesicherten Freiheiten und zu Ungunsten der Stadt zu erweitern. Und doch wären alle Gründe der Unzufriedenheit der Bürger nicht vermögend gewesen, eine offene Auflehnung der Stadt und eine mehrere Jahre andauernde***) Fehde mit dem Markgrafen herbeizuführen, wenn man nicht der Unterstützung der Gegner Dietrichs, insbesondere also der welfischen Partei in Voraus sich versichert gehabt hätte.****) Kaiser Otto war nach dem Uebergange des Landgrafen

im Thomaskloster selbst entstandenen Aufzeichnungen bei Mencke III, 165 sq., in welchen sich aber nur vereinzelte und nicht immer zuverlässige chronologische Angaben finden.

*) Duos rives personales posuerunt pro fidejussoribus. Der Ausdruck ist nicht passend gewählt, da in Leipzig zu Anfang des 13. Jahrhunderts noch kein Rathscollegium bestand.

**) Gretschel Sachs. Gesch. II. S. 79 gibt, obwohl die in Frage kommenden Urkunden und Quellenschriften seit langem Jahren und auch ihm wohl bekannt waren, eine durchaus verwirrte Darstellung der Anfänge des Thomasklosters. — Die Geschichte des Probst Conrad erzählen die Annal. Thomani bei Mencke III. p. 165. Die Urk. aber die freie Probstwahl bei Wilke Tieremannus Cod. dipl. p. 18 vgl. mit der Stelle bei Mencke l. l.: Post hunc (Conradum) fratres ac domini ibidem collecti elegerunt sibi praepositum dictum Wernerum, sub quo margravius dotavit et beneficiavit monasterium; zu diesen letztern Worten gibt die Urk v. 1213 bei Schöttgen und Kreysig Obers. Nachl. I. S. 40. die Erläuterung. 1214 kam der neue Probst nach Leipzig: Chron. Mont Ser. ad h. a (p. 1011): Wernherus de ecclesia sancti Mauritii Hallensis praepositus primus Lipzke missus est. Er war der erste Probst nach der Ernennung und Erweiterung, welche das Kloster nach des Probst Conrad Tode erhielt. — Die Bestätigungsurkunde des Kaisers Otto vom 20. März 1212 (nicht 1213, wie Schöttgen u. Kreysig a. a. O.) zu Frankfurt an demselben Tage ausgestellt, an welchem der Markgraf seinen Frieden mit dem Kaiser machte (Mon Germ. Leg. II. 418), bestätigt das bereits früher gestiftete Kloster und Hospital (monasterium et hospitale, quae ipse apud Liburg fundavit et dotavit legitima consensu) und sprach die Genehmigung zu weiteren Zuwendungen, welche dann 1213 erfolgten, im Voraus aus.

***) Duobus annis marchionem — molestabant. Annal. Pegav. Mon. Germ. 88. XVI. 268. Ihre Fehde muss 1214 begonnen haben, da das Sühnedocument vom 20. Juli 1216 ist.

****) Cf. Annal. Pegav l. l. Quia (adversarii marchionis) civitatem Lypzck vel imperatori Ottoni vel archiepiscopo Magdeburgensi aut aliis adversariis marchionis, qui pro tunc multi erant tradere disponebant. Erzbischof Albrecht, obwohl zu den aufgeforderten Anhängern des Staufers und somit zu den Parteigenossen des Markgrafen zählend, war mit diesem wegen Angriffen auf erzstiftische Besitzungen in Differenzen gerathen und hatte die Diöcesen Meissen und Naumburg mit dem Interdict belegt. So erzählt die zwischen 1277 und 1285 verfasste (vgl. Cohn die Peg. Ann. S 56) Fortsetzung der Pegauer Annalen, welche auch die einzige schon mit sagenhaften Zügen versetzte Darstellung der leipziger Ereignisse bringt; der Zeit nach näherstehende Quellen, die Chronica Montis Sereni und die Annales Reinhardsbrunnenses schweigen über dieselben

Hermann von Thüringen, später auch des Markgrafen Dietrich (1213) zu König Friedrich aus der Verbindung zu Thüringen und der Markgrafschaft Meissen getreten, durch die Niederlage von Bouvines und die Erfolge des Königs Friedrich im Jahre 1214 verlor er auch den Besitz des Niederrheins und der niederlothringischen Gebiete mit Ausnahme der Städte Köln und Aachen. Seit dem Herbst dieses Jahres sah er sich nur noch in der Lage von seinen Erblanden aus Streif- und Fehdezüge gegen seine Wiedersacher zu unternehmen. Aber um eben diese Zeit knüpfte er auch wieder Unterhandlungen mit dem Landgrafen Hermann an und dieser, von jeher schwankend und unzuverlässig, liess sich geneigt finden, gegen Empfang einer Geldsumme wieder zur welfischen Partei überzugehen. (Vgl. Winkelmann Gesch. K. Friedr. d. Zweiten S. 67.) König Friedrich erhielt Nachricht von diesen Vorgängen in Metz, wo er im December 1214 einen Hoftag abhielt, wahrscheinlich durch den schleunig herbeigeeilten Markgrafen Dietrich. (Dieser ist Zeuge in einer zu Metz im December ausgestellten Urk. Böhmer R. I. p. 79.)

Es kann kaum zweifelhaft sein, dass entweder durch den Kaiser selbst oder durch den Landgrafen ein Einverständniss mit den Unzufriedenen in Leipzig erzielt worden war und dass der Aufstand der Stadt noch gegen Ende des Jahres 1214 und vor der Reise des Markgrafen nach Metz erfolgte.[31] Die Aussicht auf eine Erhebung des Landgrafen zu Gunsten Ottos und der mit diesen Bestrebungen in Verbindung tretende offene Widerstand der militärisch bedeutendsten Stadt im Meissnischen Osterlande, an welche sich die edlen und ritterlichen Gegner des Markgrafen anschlossen, war wohl geeignet, der staufischen Partei ernste Besorgniss, den kaiserlich Gesinnten neue Hoffnungen zu erwecken. Um einer bedenklichen Wendung der Dinge rechtzeitig entgegenzutreten, eilte der König in den ersten Tagen des Januar 1215 zugleich mit Markgraf Dietrich von Metz nach Thüringen und war am 21. Jan. zu Erfurt. Die Kunde von seinem Herannahen genügte, wie es scheint, den wankelmüthigen Landgrafen bei der staufischen Partei festzuhalten; schon in Gelnhausen (12. Jan.), dann in Erfurt ist er Zeuge in königlichen Urkunden (Winkelmann a. a. O.) Der König hielt sich noch während des Februars in unsern Gegenden auf, war am 4. und 5. d. M. in Altenburg, am 11. und 13 in Halle (Böhmer R. I. p. 80) und wendete sich später nach Franken, ohne dass von Versuchen, mit seiner Unterstützung die aufständische Stadt zu unterwerfen, berichtet würde. Während der Jahre 1215 und 1216 unternahmen die Bürger und ihre Verbündeten Streifzüge gegen den Markgrafen und dessen Anhänger, welche dann ihrerseits wieder bis unter die Mauern der Stadt zogen, die ausserhalb derselben gelegenen Güter der Bürger und Bundesgenossen verheerten und brannten; auf beiden Seiten wurden bei Gelegenheit derartiger Züge Gefangene gemacht, welche geschatzt und gegen bezahltes oder versichertes Lösegeld frei gegeben wurden. Verschiedene zu Beilegung des Zwistes unternommenen Versuche blieben ohne Erfolg und der Markgraf, welcher durch seine Parteinahme für den König gerade in dieser Zeit in heftige Kämpfe gegen die Anhänger des Kaisers verwickelt war (— in das J. 1215 wird die erste vergebliche Belagerung von Aken an der Elbe fallen, Repgow. S. 459 —), sah sich endlich genöthigt, die Vermittelung des Erzbischofs Albrecht von Magdeburg, des Bischofs Ekkehard von Merseburg und des Grafen Friedrich von Brehna anzunehmen, welche am 24. Juli 1216 einen Vergleich mit der Stadt aufrichteten. Die Hauptbestimmungen dieser Urkunde (No. 3) sind folgende: den Bürgern werden alle in den Privilegien des Markgrafen Otto[32] zugesicherten

---

[31] Die Annal. Pegav. bringen die Erzählung des Aufstandes, welcher nach ihrer Angabe 2 Jahre anlanerte, und späterer Ereignisse sämmtlich zum J. 1215. Bemerkenswerth ist indessen, dass sie dem Ausbruch des Aufstandes einen zu Eisenberg am 5. Dec. unternommenen Anschlag und das Leben des Markgrafen unmittelbar vorausgehen lassen. Sicherlich wird dieser auf den 5. Dec. 1214 zu setzen sein, dann erfolgte der Aufstand, und der Markgraf eilte sofort nach Metz, wo wir ihn noch im December antreffen. — Das Jahr 1212, zu welchem die Annal. Vet. Cell. (SS. XVI. 43) und die Repgowische Chronik (S. 479) zwei Momente der Aufstandsgeschichte erzählen, kann durchaus nicht in Betracht kommen

[32] Nur hieraus ersehen wir, dass Otto ausser dem unter No. 2 mitgetheilten privilegium de institutione et iure civitatis noch ein privilegium super theloneo viarum et pontium gegeben hatte. Das letztere ist nicht aufgefunden worden

Rechte bestätigt und gewährleistet; der Markgraf will keine Befestigungen in oder vor der Stadt anlegen; Schaden soll gegen Schaden stehen: der Markgraf wendet seine Gnade den Leipzigern und deren Begünstigern wieder zu, schwört für sich, seinen Sohn[34]) und seine Blutsfreunde Urfehde; 50 Edele und Dienstmannen leisten für ihn Bürgschaft. Der Markgraf wird in seinen Landdingen zu Colm (Colmitz) und Schkählen, zuletzt auch vor dem Reiche zu den einzelnen Punkten der Sühne sich bekennen und dieselbe mit seinem Siegel versehen. — Nachdem, wie man voraussetzen darf, auch dieser letzten Form Genüge geleistet worden war, wurde die Stadt Ausgang September oder im Oct. 1216 an den König Friedrich übergeben, aus dessen Händen sie der Markgraf zurückerhielt.[35])

Markgraf Dietrich hatte, von den Verhältnissen gedrängt, einen für das Ansehen seiner fürstlichen Würde höchst ungünstigen Vertrag mit den Leipzigern abschliessen müssen und erwartete nur eine Gelegenheit, die ihn drückenden Fesseln abzustreifen; erneuerte Widerstandsversuche der Bürger boten ihm eine solche ziemlich bald.[36]) Nur mit wenigen Begleitern, so berichten die Pegauer Annalen, kam der Markgraf mit König Friedrich in die Stadt, denn ein zahlreicheres Gefolge wollten die Bürger nicht einlassen. Aber auf Veranstaltung Dietrichs kamen die Ritter allmälig und einzeln durch die verschiedenen Stadtthore herein, so dass endlich Bewaffnete in ziemlicher Anzahl in der Stadt versammelt waren, welche sich vorsichtig in ihren Herbergen hielten. Auf ein vorher verabredetes Signal versicherte sich jeder Ritter der Person seines Wirthes und legte Beschlag auf dessen Habe. Ein Warnungsruf an die Bürger durch die Sturmglocke war unmöglich —: der vorsichtige Markgraf hatte den Klöppel herausnehmen und sicher verwahren lassen. So wurde die Stadt durch List gewonnen; der Markgraf liess die Mauern in ihrem ganzen Umfange niederlegen und erbaute, um Auflehnungen der

---

[32]) Die gewöhnliche Annahme, dass Markgraf Heinrich, Dietrichs Sohn erst 1218 geboren worden sei, gründet sich wesentlich auf die von den Pegauer Annalen gebrachte Angabe, dass derselbe beim Tode seines Vaters (1221) wenig über zwei Jahr alt gewesen sei (qui tunc parum amplius quam bimus erat); es müsste also der Sohn des Markgrafen, welchen die Annalen selbst bei Erwähnung des leipziger Aufstandes erwähnen (marchionem mortuum divulgaverunt, promittentes civibus quod civitatem marchionissae et filio eius parvulo conservarent), sowie der Sohn des Sühnedocuments vom 20. Juli 1216 zu den im früher Jugend wieder verstorbenen Kindern Dietrichs gehört haben; eine Annahme, welche um vieles willkürlicher sein würde, als die, dass die gelegentlich gemachten Angaben der Annalen über das Alter Heinrichs auf einem Rechnungsfehler beruht. An anderer Stelle gedenke ich eingehender diese Frage zu behandeln und will dann auch nachzuweisen versuchen, dass der Berechnung Tittmanns (Heinr. d. Erl. II. S. 147), Heinrich sei zwischen dem 21. Mai und 29. Oct. 1218 geboren, eine unzulässige Interpretation der von ihm angezogenen Urkk. zu Grunde liegt.

[34]) Der König war am 26 Sept zu Altenburg (Böhmer R. I. p. 88) und am 26. Oct. stellte er in Leipzig eine Urk aus. Böhmer Cod. diplom. Moenofrancofurt. I. 25. Huillard-Bréholles Hist. dipl. Frid. I. 2. p. 485. Vgl. auch Cohn d. Peg. Ann. S 59. A. 22. Die Uebergabe der Stadt an den Markgrafen, welche die Annal. Vet. Cellens. (Mon. Germ SS. XVI. p. 43) irrthümlich ins J. 1212 setzen, erfolgte, bevor dieser die Belagerung von Aken wieder aufnahm Winkelmann Kais. Friedr. S. 88 u. 89 verlegt beide Ereignisse mit Unrecht in das J. 1217; das Richtige bis jetzt bekannt gewordene Urkunde, welche Dietrich in der wiedergewonnenen Stadt ausstellte, ist vom 7. März 1217. (Schlegel de Vet. Cella p. 39. Beyer Altzelle S. 324 No. 45 mit der falschen und zugleich unmöglichen (der Sühnevertrag ist vom 20. Juli) Jahrzahl 1216; auch die Indiction (V.) weist auf 1217 hin.)

[35]) Nach der einzigen eingehenden Darstellung in den Pegauer Annalen müssen eine erste und eine zweite Unterwerfung der Stadt genau von einander geschieden werden, was von Tittmann II. 148 nicht beachtet worden ist, welcher die Ereignisse unter Zugrundelegung der sinnlosen Zeitangaben in den Menckeschen Altzeller Annalen (vgl. auch Cohn die Peg. Ann S 58 A. 21) durchaus unrichtig darstellt. Der erforderlichen Klarheit ermangeln die Darstellungen von Gretschel I. S. 80 und Flathe in der neuen Ausgabe des Böttiger'schen Handbuchs der Sächs. Gesch. I. S. 169. — Wahrscheinlich bringt die aus dem letzten Viertel des 13 Jahrhunderts stammende Erzählung nur in Folge einer Verwechselung des König als passiven Theilnehmer in Verbindung mit dem Schauspiele, welches der Markgraf in Scene setzte. Der Antheil Friedrichs an der ersten Unterwerfung steht durch unverdächtige Zeugnisse fest; sollte er bei der zweiten als Zuschauer gegenwärtig gewesen sein, so müsste diese in die letzten Monate des Jahres 1217 fallen. Er urkundete am 17. Nov. in Altenburg (Huillard-Bréholles I. 2. p. 525. Cod. dipl. Saxon. II. 1. p. 82), am 29. Dec. in Nürnberg (Böhmer R. I. p. 91); in der Zwischenzeit könnte wenigstens sein Aufenthalt in Leipzig stattgefunden haben

Bürger für die Zukunft unmöglich zu machen, drei Vesten (castra), die eine auf einem spaterhin zum Besitzthum der Predigermönche gehörigen Platze (in fine praedicatorum fratrum; am ende des gartens der prediger Mencke II. 403), die zweite auf dem spätern Kirchhofe der Barfüsser (Neukirchhofe) und die dritte da, wo sie noch zur Zeit des Berichterstatters stand, am Ausgange der Burgstrasse.

Die Hauptmomente dieser Erzählung beruhen unzweifelhaft auf historischen Thatsachen, nur wird, da kein anderer Bericht vorliegt, das sagenhafte Beiwerk sich nicht ausscheiden lassen. Sicher ist, dass der Markgraf die Stadtmauern umreissen liess [*) und den Bestimmungen des Vertrags vom 21. Juli 1216 entgegen (nullam munitionem faciet in civitate vel extra, quod virtuen dicitur) Befestigungen innerhalb der Stadt anlegen liess, wenn diese auch nicht Schlösser oder schlossähnliche Bauten, sondern einfache Wikhäuser waren, starke Thürme mit Wohnungen für die zur Vertheidigung eingelegte Mannschaft.

Weitere Attentate wider den Sühnevertrag scheint der Markgraf nicht unternommen zu haben; dafür, dass er im Uebrigen die zugesagte Bestätigung des Ottonischen Privilegiums aufrecht erhielt, spricht schon der Umstand, dass das Vertragsdocument noch jetzt in dem Besitz des Rathes vollkommen wohlerhalten und ohne Spuren äusserer Verletzung sich vorfindet; auch die Siegel sind nicht abgerissen worden, sondern im Laufe der Jahrhunderte abgefallen. — Nach Wiederherstellung der landesfürstlichen Autorität schritt auch der Ausbau des Thomasklosters vorwärts, um dessen Förderung Probst Wernher, welcher noch kurz vor Ausbruch des Aufstandes nach Leipzig gekommen war (S. XVIII f.), sich grosse Verdienste erwarb; er starb am 14. Febr. 1222. Markgraf Dietrich hatte bis an sein Lebensende (er lebte nach der zweiten Unterwerfung der Stadt noch drei Jahre) mit Widerwärtigkeiten aller Art zu kämpfen. Seine Dienstmannen erhoben sich zu neuem Kampfe mit zahlreicheren Streitkräften als früher und im Bunde mit Erzbischof Albrecht von Magdeburg, welcher mit starkem Heere in das Land drang und im J. 1220 in der Nähe Leipzigs die Burg Taucha erbante (Chron. Mont. Ser. 126. Annal. Pegav. 269); sein Nachfolger Albrecht (starb 1234) umgab dann auch den dabei gelegenen Flecken mit einer Mauer (Ann. Pegav.) Die Leipziger Bürger haben indess, wie es scheint, diesmal an der Fehde gegen Dietrich nicht theilgenommen.

Markgraf Dietrich starb am 17. oder 18. Febr. [**) 1221, an beigebrachtem Gift, wie nur die Pegauer Annalen berichten. (Doner aemulis suis procurantibus a quodam medico suo, qui centum marcis argenti, quarum iam quinquaginta acceperat, corruptus fuerat, veneno sibi propinato interiit). [***) Landgraf Ludwig von Thüringen, der Bruder der Markgräfin Jutta, übernahm

---

*) Lljoke — dat tôbrak he. Repgowische Chron. S. 459. Civitatem Lipzeke, quae ab eo diverterat, obtinuit et penitus destruxit. Hist. imperat. Mencke III, 120. Aber diese Beseitigung der Stadtmauern fand nicht nach der ersten vertragsmaessigen Uebergabe 1216 statt

**) Wie Tittmann II, 149 aus den Worten der von ihm angeführten Urk: Acta sunt haec — XV Kal Aprilis in tricenario sine memoriae Misnensis et Orientalis marchionis, den 12. Febr. herausrechnen konnte, ist unbegreiflich, da durch Berechnung der 17. Febr. sich ergibt, welchen auch die Chron. Mont. Ser. p. 126 als Todestag nennt. Das Necrologium Veterocellense (Bericht d. Deutsch. Gesellsch. a Leipz. v 1841. S. 2) hat den 18. Februar; XII. Kal. Martii. Otto marchio Misnensis fundator Cellae sanctae Mariae et Theoderici filius eiusdem. Wahrscheinlich beging man das Andenken beider im Februar verstorbenen Wohlthäter des Klosters gemeinschaftlich an einem Tage; Markgraf Otto starb 1190 am 28. Februar; s. Necrolog. p. 2. II. Kal. Martii Otto marchio fr. (fundator?).

***) Gretschel Sachs. Gesch. I. S. 81 findet in einer „noch spätern Quelle" (aber welcher? einem Schriftsteller des 16. oder 17. Jahrhunderts?) „diese Urbelthat geradezu den Leipzigern Schuld gegeben." (Obwohl nun keiner der von Tittmann II. S 149 angeführten fast sämmtlich auf die Fortsetzung der Pegauer Annalen fussenden Berichte, welche doch zum Theil erst dem 15. und 16. Jahrhundert angehören, auch nur die leiseste Andeutung eines solchen Verdachtes ausspricht, haben Stichart und Machatschek in ihren Handbüchern der Sächsischen Geschichte dem von Gretschel überflüssigerweise überhaupt erwähnten, übrigens von ihm selbst durch die Worte „nach einer noch spätern Quelle" als nicht glaubwürdig bezeichneten Bericht ihrer Darstellung zu Grunde gelegt Machatschek S. 64: „Er starb, wie man sagt, an Gift, welches ihm sein von den Leipziger Bürgern bestochener Leibarzt in einem Glase Wein reichte." Noch schlimmer Stichart S. 30. Es würde kaum der Mühe lohnen, beide

die Vormundschaft über den jungen Markgrafen Heinrich, dem Wunsche des Verstorbenen entsprechend und mit voller Zustimmung der Wittwe. Die guten Beziehungen zwischen beiden wurden jedoch bald getrübt, es trat an deren Stelle eine Entfremdung, welche noch gesteigert wurde, als Jutta ohne Wissen und Billigung ihres Bruders am 30. Dec. 1222 in der Thomaskirche zu Leipzig mit Graf Poppo VIII. von Henneberg sich vermählte. Als der Landgraf im Januar 1223 auf dem Wege nach Döbeln zu seiner Schwester Leipzig berührte, erhoben die Bürger einstimmig Klage über eine Veste in der Stadt (S. XXII), welche vordem dem Dietrich von Schladebach anvertraut gewesen, nach dessen Tode aber von der Markgräfin ohne Wissen des Landgrafen mit ihr ergebenen Leuten belegt worden war. In Voraussicht der aus der Vermählung der Markgräfin folgenden Zerwürfnisse hegten die Bürger wegen des Einverständnisses, welches zwischen Jutta und der Besatzung herrschte, Besorgnisse für sich und ihre Stadt und baten den Landgrafen um Sicherung. Dieser war damit einverstanden, dass die Veste gebrochen werde, und während die Bürger nach eigenem Erbieten von der Stadtseite her zum Angriff sich anschickten, bereitete die kriegskundige ritterliche Begleitung des Landgrafen einen Sturm von der andern Seite ausserhalb der Mauern vor, von wo aus der Angriff gefährlicher und schwieriger war. Als die so Eingeschlossenen sahen, dass ihnen kein Weg zum Entweichen gelassen war, übergaben sie den Thurm an den Landgrafen, welcher ihn, wie er versprochen hatte, niederreissen liess (Annal. Reinhardsbr. p. 173—175; die Zeitangabe nach Cohn Die Pez. Annal. S. 60 u. 61). — In der That folgten aus diesem raschen Vorgehen ernste Zerwürfnisse zwischen dem Landgrafen und seiner Schwester, von denen jedoch Leipzig zunächst nicht berührt wurde.

Bald wurden von anderer Seite her Ansprüche auf den Besitz der Stadt erhoben. Markgraf Dietrich hatte Besitzungen und Güter zwischen der Saale und Mulde von der Merseburger Kirche zu Lehn getragen, ausser Leipzig auch Naunhof, Grimma, Borna und Groitzsch. Bischof Ekkehard forderte nun, wie dies nach Lehnrecht ihm zustand, die Uebertragung der Lehnsvormundschaft in Betreff dieser Güter und die Nutzniessung während der Lehensunmündigkeit des Markgrafen.[*] Da der Auslieferung der stiftischen Lehne verweigert wurde, sprach der Bischof über Markgraf Heinrich und dessen Rathgeber (qui ipsum puerum tanquam consiliarii regebant) den Bann aus und belegte das Land mit dem Interdict. Nachdem dieser Zwiespalt längere Zeit gewährt hatte und mehrfache Ausgleichungsversuche gemacht worden waren, erklärten schliesslich Probst Dietrich, Cantor Albrecht und andere Merseburger Domherren die Bereitwilligkeit des Bischofs, gegen Empfang von 800 Mark Silbers auf alle aus seinen lehnherrlichen Rechten resultirenden Ansprüchen auf die Vormundschaft und Früchtziehung zu verzichten, die ausgesprochenen Kirchenstrafen aufzuheben und die Belehnung mit den stiftischen Lehnen ohne Weiterung vorzunehmen. So wurde auch dieser Streit, die Chronik sagt nicht in welchem Jahre, beigelegt. (Chron. episcop. Merseb. in Mon. Germ. X. 190.)

Wir brechen hier die Erzählung der äusseren Schicksale Leipzigs ab, um in der Kürze noch einige Hauptrichtungen anzudeuten, nach welchen hin das durch Markgraf Ottos Privilegium begründete städtische Gemeinwesen im Laufe des 13. Jahrhunderts sich weiter entwickelte.

---

klägliche Bücher hier aufzuführen, galte es nicht an einem recht drastischen Beispiele zu zeigen, was man noch h. z. T. der sächsischen Jugend für vaterländische Geschichte bietet!

[*) Vgl. die Darstellung der Grundsätze des sächs. Lehnrechts bei Homeyer Des Sachsenspiegels zwei. Thl. II. S. 485 fg. Aus gleichem Rechtsgrunde konnte auch das Reich die Vormundschaft wegen der Reichslehen beanspruchen und Kaiser Friedrich II. erklärte mit voller Berechtigung die Uebertragung der Vormundschaft und Nutzniessung an Landgraf Ludwig als Akt der Liberalität Cf. Encyclica d. d. Capuae VI. Dec. 1227 (Huillard-Bréholles III. 36): Qui random marchiam ex iure imperii simili modo tenere possemus valentem ultra XX milia marcarum argenti per annum.]

Bereits aus den weiter oben (S. XIII) beigebrachten Momenten hat sich ergeben, dass die ältesten Besitzverhältnisse in der Stadt von denen des platten Landes nicht charakteristisch unterschieden waren. Auch in der Stadt fand sich der Herrenhof (curia) mit seinen Feldern in der Stadtflur, mit seinen in verschiedenen Graden abhängigen Bewohnern, trat der entschiedene Gegensatz zwischen Lehn und Eigen hervor, und wie hier und dort edele Geschlechter neben Freien und Ministerialen mit Grundbesitz angesessen waren, so nahm der Wanderzug nicht nur in die Stadt seine Richtung, sondern von dieser aus auch wieder in die Rittersitze und Herrenhöfe der Dörfer. Noch im 13. Jahrhundert standen der civis oder urbanus und der miles nicht in einem principiellen Gegensatze zueinander, nur musste der civis um ein Lehngut erwerben und besitzen zu können, auch ein ritterliches Leben führen. In Leipzig war zur Zeit als der Friede zwischen Markgraf Dietrich und der Stadt hergestellt wurde, eine Veränderung in den Rechtsverhältnissen an Grund und Boden, zu deren Schilderung das Privilegium des Markgrafen Otto Anlass bot, noch nicht eingetreten (ipsi Lipzenses in omnibus bonis suis tam urbanis quam rusticis libertate fruentur, quae temporibus patris sui et tenuit et viguit): in der Stadt waren angesehene Geschlechter mit zahlreicher Clientel angesessen, welche in Verbindung mit ihren ausserhalb begüterten Geschlechtsangehörigen und Blutsfreunden im Stande waren, dem Markgrafen einen zwei Jahre andauernden erfolgreichen Widerstand entgegenzustellen.[*] Nach und nach verlor die Stadt diesen, wenn man sagen darf, ritterlichen Charakter, wahrscheinlich in Folge des Aufblühens des Handels und der Ausbreitung der bürgerlichen Gewerbe. Denn die Betreibung der Kaufmannschaft oder eines Gewerbes machten unfähig zur Erwerbung eines Ritterlehns (vgl. auch Homeyer Des Sachsp. zw. Thl. 2. S. 289), und wenn auch früh schon die in dem Sächsischen Lehnrecht (— dasselbe erkennt selbst Art. II, § 2, 3 Ausnahmen von der Regel an —) gezogene Schranke zu Gunsten der Heerschildlosen überschritten worden ist, wenn auch in der zweiten Hälfte des 13. Jahrhunderts in Meissen (Tittmann I. 266 u. 267) wie anderwärts (z. B. Stendal 1279, Riedel Cod. dipl. Brandenb. I. 15 p. 21, Braunschweig 1296, Urkb. d. St. Braunschw. I. S. 19) Stadtbürger im Besitz von Ritterlehnen begegnen, so ist in allen diesen Fällen anzunehmen, dass die Erwerber, auch wenn sie fortab in den Städten wohnen blieben, doch das bürgerliche Gewerbe aufgaben und ein ritterliches Leben führten, wodurch dann ihre Descendenz im zweiten Gliede wirklich in die Zahl der ritterbürtigen Geschlechter übertrat (z. B. auch Ficker Vom Heerschilde S. 218). Das in den Handbüchern der Sächsischen Geschichte und sonst vielfach besprochene Privilegium Kaiser Ludwigs des Baiern vom 24. Juni 1329 (v. Ludewig Rell. Manuscr. IX. 680) bezweckte nur die Stadtbürger in dem seit Menschenaltern ausgeübten Rechte zu schützen gegenüber den Prätensionen der landsassigen rittermässigen Geschlechter, welche anfingen, als geschlossener Stand sich zu betrachten und bestrebt waren, die Bürger von der Erwerbung der Ritterlehne auszuschliessen. Diesen Bestrebungen entgegentretend sprach der Kaiser den Bürgern die Fähigkeit zur Erwerbung zwar zu, sah aber doch den bürgerlichen Geburtsstand als durch Recht und Herkommen anerkannten Unfähigkeitsgrund an, welcher erst durch das Privilegium aufgehoben werde (nobilitans praefatos cives ac opidanos universos ad quaelibet bona feudalia, supplentes auctoritate nostra in eis omnem defectum quem a iure vel consuetudine possent habere vel pati aliqualiter viderentur). Durch die Standeserhöhung kamen die bürgerlichen Erwerber jedenfalls in die Lage, Ritterdienste leisten zu können, wenn auch das Privilegium zunächst nur von dem Besitze und dem Vollgenuss der Früchte des Lehngutes spricht; keinesfalls aber dachte der

---

[*] Vgl. Urk. v. 20. Juli 1216: Restituet etiam idem marchio omnibus parentibus istorum, qui aliae sui sunt urbani, omnes curias et beneficia eorum, sufficienti recepta cautione quod ipsi fideliter serviant. Et quaecunque feoda vel propietates eis vel eorum fautoribus abstulit, et hoc notorium sit, marchio restituet. Wenn die Peguauer Annales einzelne Ritterbürtige als das eigentlich bewegende Element des leipziger Aufstandes anzusehen scheinen, so wird diese Auffassung durch das Sühnedocument, welches hier den Ausschlag geben muss, durchaus nicht gerechtfertigt; nach diesem sind die Stadtbewohner als Hauptpartei zu betrachten. Tittmanns Ansicht (II. 148: „dass Leipzig selbst nicht zur Empörung sich erklärt habe", wird durch die Annalen und die Urkunde widerlegt.

Kaiser daran, die Bedingungen, unter denen die Nachkommen eines ritterlich lebenden Bürgers im zweiten Grade in die Zahl der ritterbürtigen Geschlechter übertraten, also vor Allem Aufgabe des bürgerlichen Gewerbes Seitens des Erwerbers durch einen Act kaiserlicher Gnade aufzuheben.

Ueber die Anfänge des Leipziger Handels fehlen glaubhafte Nachrichten. Was man in früherer Zeit, gestützt auf die Autorität Dressers (de urbibus Germaniae) von Niederlagsprivilegien des Markgrafen Conrad († 1157) erzählt hat, verdient, wie der Gewährsmann, keinen Glauben, und eine nähere Beziehung Conrads zu Leipzig[40]) lässt sich überhaupt nicht nachweisen. Nur eine durch den Glauben an die Wirkungen absoluter Fürstengewalt befangene Zeit konnte auf den Gedanken kommen, die Begründung des Handels an bestimmter Stelle der Kraft eines fürstlichen Privilegiums zuzuschreiben: im Mittelalter gewährte die fürstliche Huld ihre schützenden Privilegien erst nachdem der Verkehr, begünstigt durch die Lage eines Ortes und durch äussere wie innere fördernde Umstände Fuss gefasst und Ausdehnung und Bedeutung gewonnen hatte.

Das Emporblühen Leipzigs, in welchem sich, nachdem es Stadtrecht erlangt hatte, schnell ein ansehnliches Gemeinwesen entwickelte, erklärt sich zum guten Theil aus seiner Lage inmitten Deutschlands auf dem Knoten- und Kreuzungspunkte zweier Hauptstrassen des Reiches. Vielleicht schon vor Unterwerfung des Gaues Dalaminze, jedenfalls aber spätestens im 10. Jahrhundert führte eine Heerstrasse von Merseburg aus nach Osten durch den grossen Wald zwischen den Ganen Siusili und Plisni an der Burg Medeburun (Magdeborn) vorüber an die Mulde, überschritt dieselbe bei Grimma und zog sich dann, Mügeln berührend auf Meissen, von wo aus Strassenzüge nach Böhmen und Polen (Schlesien) sich abzweigten.[41] Von Merseburg aus, einem schon zu Thietmars Zeiten ansehnlichen Handelsplatze (Thietm. III. 1 Quicquid Merseburgensis murus continet urbis cum iudaeis et mercatoribus et moneta etc.) zog sich eine Strasse über Schafstedt und Allstedt nach Wallhausen (Frankstadt Die Wahlstatt v. Keuschberg S. 12 A. 1), eine andere führte südwestlich auf das in der Nähe des Zusammenflusses der Saale und Unstrut gelegene Gross-Jena, Familienbesitz und Begräbnissstätte des Ekkehardinischen Geschlechts, von Alters her Sitz des Handels, welcher sich von hier aus aber schon in der ersten Hälfte des 11. Jahrhunderts nach dem aufblühenden von Kaiser Conrad II. mit einem forum regale begnadeten Naumburg wendete (Lepsius Ueb. d. Alterth. u. d. Stifter d. Doms z. Naumb. S. 46. Ders. Bischöfe v. Naumb. S. 1, 12, 17 f., 138, 198 f); von Grossjena resp. Naumburg aus nahm sie die Richtung auf Erfurt.

In der Nähe der von Leipzig aus nach Süden führenden Strasse, zum Theil auch von derselben berührt, lagen Eythra (Iteri[42]), Zwenkau (Zuenkouua civitas), welches 974 an das

---

[40]) Das zuerst von Laurentius Peccenstein angeführte „alte Pegauische Zeitregister" existirt nicht und die angeblich aus demselben entlehnte Stelle „Lipzk pagus in Orientali terra a marchione Conrado cognominato Praecellenti in formam urbis redactus et aggere munitus" erweist sich sofort als grobe Fälschung. Mit guten Gründen bekämpft schon der alte Schottgen im Leben Conrad d. Grma S. 44 diese von Schneider, Schoch, Vogel u. auch neuern „Leipziger Scribenten" mit Vorliebe angezogene Beweisstelle.

[41]) Thietm. IV. 4 (ad ann. 984): Posthaec Heinricus (dux Bavariae) Buziaunm ducem Boemiorum — cum suis adiit honorificeque ab eo susceptus cum exercitu eiusdem a finibus suis per Nisoni et Deleminci pagos usque ad Mogeliui ducitur. Deinde cum nostris obvium sibi pergentibus ad Medeburun proficiscitur. Weitere Andeutungen über den Zug dieser Strasse gibt Thietmar nicht, und es wäre an sich nicht unmöglich, dass sie, wie Einzelne auch angenommen haben, mit Umgebung Leipzigs südlich von der Pleisse geführt hätte. Allein weit wahrscheinlicher ist es doch, dass sie schon vor dem dreizehnten Jahrhundert (aus dem J. 1222 liegt ein urkundliches Zeugniss vor im Cod. dipl. Sax. II. 1. p. 86) von Magdeborn aus die Richtung nach Nordwesten auf Hauda (Probsthaida) nahm und an Obsinzi (Olschwitz) vorüber auf Leipzig führte. Nicht abschiet darf auch der Umstand bleiben, dass Bischof Eid von Meissen, welcher im September 1015 von dem Kaiser mit einer Sendung an Herzog Bolizlav betraut wurde war, (Thietm. VII 14) auf einer von seinem Bischofssitze aus unternommenen Reise begriffen, in Leipzig am 20. Dec. d. J. starb (vgl. S. XI. Der Ort musste also doch von der Heerstrasse berührt werden. — Ueber die Bedeutung Grimma's für diese Strasse vgl Lorenz Stadt Grimma S. 389 fg.

[42]) Ich möchte dies von Thietmar VI. 29 erwähnte Iteri oppidum, welches zur Merseburger Diöcese

Hochstift Merseburg gelangte (Urk. d. d. Frosa III. Kal. Sept. im stiftischen Archiv, gedr. bei Höfer Zeitschr. I, S. 153) und der Ort und die Burg Groitzsch (Groiska municipium), ein Besitzthum des Markgrafen Udo von Stade, welches durch Tausch an Graf Wiprecht überging; in Zeitz zweigte sich von der Hauptstrasse, welche durch den Gau Geraha nach dem Süden führte, eine die Elster überschreitende Strasse (auf der Brücke wurde ein Zoll erhoben: Lepsius Bisch. v. Naumb. S. 48) nach Naumburg ab. Bezüglich der Strasse durch die Gaue Pliszni, Zwicowa und Dobena über Altenburg, Zwickau, Plauen fehlen für die ältere Zeit noch sichere Anhaltspunkte. Die südliche Heerstrasse trat durch das Petersthor in die Stadt ein, führte über den Neumarkt und durch die Reichsstrasse zum Hallischen Thore, wo sie die Stadt wieder verliess; sie zog sich dann weiter über Schkeuditz nach Halle, Magdeburg und dem Norden des Reichs. Noch in der Urkunde des Königs Rudolf von 1284, welche die stiftmerseburgischen Lehne der Markgrafen aufzählt (No. 11), wird dieser Strassenzug durch die Stadt ausdrücklich ausgenommen und als zum Reiche gehörend bezeichnet (civitate Lipzk cum suis pertinentiis una strata, quae ad imperium pertinet, dumtaxat excepta), und noch h. z. T. führt ein Theil dieser Strasse den Namen der Reichsstrasse.[11] Am Hallischen Thore wurde von den durchgehenden Waarenzügen ein Durchzoll erhoben, welchen die Stadt 1352 von Heinz von Ende, der damit von dem Markgrafen beliehen war, erwarb (No. 45). Die westöstliche Strasse berührte wahrscheinlich die innere Stadt nicht, sondern wendete sich an der Johanniskirche und dem Hospital der Sondersiechen vorüber rechts nach der Querstrasse (die Twerstrâze erwähnt auch das älteste Stadtbuch, Mittheill. d. Deutsch. Gesellsch. I. S. 112) und mündete dann in die nach Norden und Westen führenden Heerstrassen ein.

Die Messen entwickelten sich aus gewöhnlichen Jahrmärkten, wie solche auch in andern Meissnischen Städten abgehalten wurden, und der Eifer früherer Zeiten, die königliche oder landesfürstliche Bewidmung mit Messprivilegien wenn nicht zu beweisen, doch wahrscheinlich zu machen, konnte keinen Erfolg haben.[12] Die Urkunde des Markgrafen Dietrich von Landsberg vom 1. März 1268 (No. 6) zeigt, dass Leipzig damals bereits ein viel besuchter Handelsplatz war, an welchem fremde Verkäufer und Einkäufer zu Zeiten sich einfanden, und so sind auch die Märkte stätig gewachsen und haben an Bedeutung die anderer Meissnischer Städte überholt[13], aber zunächst hat doch nur der jüngste Markt, der im J. 1458 durch die Landesfürsten

gehörte und zweifellos Eythra an der Elster ist, nicht mit dem von demselben Schriftsteller IV. 6 genannten Iteri identificiren, wie noch Giesebrecht Gesch. d. deutsch. Kaiserz. I. 621 gethan hat. Die Worte der letztern Stelle: Interim 'autorem' regis Willehelmum comitem — in Wismari possidentes comperto rinsdem adventu, illo festinant ac juxta villam quae Iteri dicitur convenientes castra metati sunt crastino contra eum bellaturi, scheinen doch wohl auf eines von Weimar nicht sehr entfernt liegenden Ort bezogen werden zu müssen; sollte man nicht an ein später untergegangenes Dorf denken, an dessen Namen noch Ettersburg (urkundlich auch Eyteresburg) erinnert? — Fraustadt d. Wahlstatt v. Keuschberg S. 12 führt die oben besprochene westöstliche Strasse von Magdeborn aus unter Berufung auf Thietmar IV. 6 über Eythra nach Grosscorbetha an der Saale. Es ist aber doch zu bedenken, dass, selbst wenn dieses Iteri wirklich Eythra wäre, die Anhänger des Königs dem Herzog Heinrich auf der Gera und Zeitz berührenden Strasse bis Iteri entgegengezogen sein würden und dass somit aus ihr Erwähnung des Ortes an dieser Stelle ein Beweis für die Richtung der von Osten nach Westen führenden Strasse nicht zu entnehmen ist.

[11] Nur als Curiosum führe ich hier an, dass Vogel deren Namen von einer Familie Reiche herleitet, von welcher aber nichts weiter bekannt ist, als dass Margaretha Reiche für sich und ihren Ehemann Hans 1459 bei den Augustiner Chorherren zu S. Thomas ein Jahrgedächtniss stiftete. Urk bei Vogel Leipz. Chron. S. 86. Von einem alten Grundbesitz der Familie Reiche in der Reichsstrasse ist keine Spur vorhanden.

[12] Tittmann Heinr. d. Erl. II. S. 66 wiederholt eine weitere Prüfung der Quelle aus Schneider Leipz. Chron, S. 353 die aus der Luft gegriffene Behauptung, Markgraf Conrad habe in Leipzig Märkte für Salz und Getreide errichtet, seit Markgraf Otto seien auch der Oster- und Michaelismarkt abgehalten worden. Gegen den ersten Theil dieser Behauptung hat mit guten Gründen bereits vor 123 Jahren Schöttgen in seinem Markgraf Conrad S. 44 sich erklärt.

[13] Eine Vergleichung der landesherrlichen Bezüge von den Jahrmärkten in den einzelnen Meissnischen Städten gibt deshalb kein sicheres Resultat, weil die Markgrafen an einigen Orten wohl nur Bruchtheile des Stättegeldes, hier grössere dort kleinere, bezogen. Im Jahre 1378 war die Maximalsumme, welche von den Jahrmarktsbuden in Grossenhain fiel, 5 Schock (der Gast zahlte für die Bude 15 Gr.), in Meissen die Einnahme vom Jahr-

verliehene Neujahrsmarkt im J. 1466 die kaiserliche Bestätigung erhalten (No. 398) und erst Kaiser Maximilian I. bestätigte 1497 alle drei Märkte (Pragmat. Handlungsgesch. d. Stadt Leipz. S. 46). Spuren der thatsächlichen Ausübung des Niederlagerechtes finden sich seit dem 15. Jahrhundert (nicht schon unter Heinrich dem Erlauchten, wie Tittmann II, 69 will), und Kaiser Maximilian I. verlieh dann 1507 Stapel und Niederlage sammt den damit zusammenhängenden Verbietungsrechten innerhalb eines Umkreises von 15 Meilen. Gestützt auf das neue erworbene Recht zog nun die Stadt mit ebenso grosser Umsicht als Beharrlichkeit einen ansehnlichen Theil des Binnenhandels an sich, ja versuchte selbst, wenn auch ohne Erfolg, den böhmischen Elbhandel in den Bereich ihres Stapels hereinzuziehen. (Gute Darstellung der Leipziger Handelspolitik bei Falke Gesch. d. Deutsch. Handels II. S. 52 f. 57).

Ueber den eigenen Handel der Leipziger Bürger während des 13. Jahrhunderts fehlen Nachrichten. Aus dem J. 1218 werden die Namen zweier Kaufleute genannt (Godefridus et Ripertus mercatores de Lipz. Beyer Altzelle S. 530). Nur ab und zu gedenken die Urkunden der Hansestädte, namentlich die Hamburger Zollrollen (Lappenberg Hamb. Urkb. S. 542—47) der Kaufleute aus Meissen, es ist aber nicht zulässig, dieselben ohne Weiteres für Leipzig in Anspruch zu nehmen, da auch mittelst der Schifffahrt Seiten der Elbanwohner ein reger Verkehr mit Hamburg stattfand. — Die für die Handelsgeschichte Leipzigs relevanten Urkunden beginnen erst mit der zweiten Hälfte des fünfzehnten Jahrhunderts, und wenn auch die aus ihnen sich ergebenden Gegenstände, Gebiete und Wege des Handels zum Theil schon für frühere Jahrhunderte nachgewiesen werden können, so muss doch eine eingehende Erörterung mit Rücksicht auf den hier gestatteten Raum für eine spätere Zeit vorbehalten bleiben.

Ein Kramer wird zuerst 1278 erwähnt (No. 10); 1292 wendeten Ulrich Bayer und dessen Ehefrau ihr Erbe unter den Kramern (hereditatem inter justitores) dem Thomaskloster zu (Orig. im K. Haupt-Staatsarchiv zu Dresden). 1349 hatten die Kramer bereits Innungsrechte erlangt (vgl. No. 39), das Amt eines Kramermeisters wurde als nutzbares Recht vom Markgrafen zu Lehn gegeben, und als der Kramermeister mit den Kramern wegen seines Jahrzinses und Geweltes in Streit gerathen war, fand zwischen ihnen 1361 ein Vergleich statt (No. 60). Die Kramer handelten vorzugsweise mit Pfeffer, Saffran, Nelken, überhaupt mit Gewürzen und Spezereien, nur sie durften Seidengewand und seidene Waaren, Schwäbische gefarbte und ungefarbte Leinwand, baumwollene und halbwollene Stoffe, Barchent und Beuteltuch nach dem Ausschnitt verkaufen, während den Einkgern und Sammtkäufern nur der Engroshandel mit diesen Artikeln nachgelassen war. Sie allein hatten den Detailhandel mit Venetianischer Seife, Kölnischen Waaren, Borten, Beuteln, Wachs u. A.[*], doch war den Handwerkern gestattet, einzelne dieser Artikel, wenn sie von ihnen selbst gefertigt worden waren, auch zu verkaufen. Wenn den Tuchmachern untersagt war, ihr selbstgefertigtes grauweisses Tuch anders als im Ganzen zu verkaufen (Urk. v. 6. Nov. 1341. No. 34), so geschah dies Verbot zu Gunsten der Gewandschneider, nicht der Kramer. — Die Kramer hatten auch den Handel der Partirer und landfahrenden Kramer (Schotten) in und ausser den Jahrmärkten zu überwachen (Rechtsb. u. Distinct. a. a. O. Dist. 24. Kramerordnung v. 1484. No. 526. S. 436).

markte 14 Schock, in Leipzig 26 — 30 Schock (ins et fructus nundinarum valet XXVI sexagenas magis vel minus et aliquando valet XXX sexagenas). Vgl. jedoch S. XVII. — Dieselbe Quelle (Registrum marchionium Mispensium d. a. 1378 im K. Haupt-Staatsarchiv zu Dresden) verzeichnet auch das an den einzelnen Orten fallende Geleitsgeld und gewährt damit einen unträglichen Massstab zur Beurtheilung des daselbst herrschenden Verkehres. Dasselbe betrug in dem bezeichneten Jahre in Leipzig 304 Schock (1377 nur 274 Schock), in Grimma 101 Sch. 48 Gr., in Altenberg 92 Sch., in Grossenhain 65 Sch. 3 Gr., in Delitzsch 66 Sch., in Torgau 60 Sch., in Pegau 50 Sch., in Borna 42 Sch., in Dresden 3 Sch.!

[*] Vgl. die Kramerordnung v. 4. März 1484, welche, wie zur Vergleichung mit den Bestimmungen des Rechtsbuchs nach Distinctionen V Cap. 9 zeigt, in der Hauptsache wahrscheinlich altherkömmliche Vorschriften enthält. Die zum Theil abweichenden Handelsartikel des Rechtsbuchs (die Namen der Zeuge und Stoffe sind aus den Goslarischen Statuten herübergenommen), erklären sich aus den verschiedenen Bedürfnissen und Bezugsquellen der einzelnen Handelsplätze. Auffallend ist, dass in der Leipziger Kramerordnung Zucker, Reis und Mandeln nicht besonders aufgeführt, sondern, wie sich vermuthen lässt, unter den Spezereien mit inbegriffen sind.

Den Platz für Aufstellung der Krambuden bestimmten die Localstatuten [1]; in Leipzig und Halle hatten diese ihren Stand auf dem Markte (vgl. No. 34 Anm.), während in Freiberg kein Kramer auf dem Markte feil halten durfte (Freib. Stadtr. Art. 46). Durch Beschluss der drei Räthe wurde am 22. Jan. 1466 festgesetzt No. 397), dass es fortan frei stehen solle, Krauwaaren auch ausserhalb der Kramen in den Bürgerhäusern zu verkaufen und laut der Kramerordnung von 1484 waren die Kramer übereingekommen, dass keiner aus ihrer Innung täglich, sondern nur an den beiden Markttagen auf dem Markte feilhalten solle; in der Hauptsache war also schon der vordem auf einem Platze vereinigte Kramhandel vom Markte weg in die Bürgerhäuser gezogen.

In Magdeburg hatte Erzbischof Wichmann († 1192) den Kramern und Gewandschneidern Innungsrechte verliehen (ipse fecit primo uniones institorum, pannicidarum. Chron. Magdeb. Meibom 88, II. 329; cf. Schöppenchron. bei Boysen Allgem. hist. Magaz. II. 175), welche unter Erzb. Ludolf auch die Schilder, sowie unter Erzb. Otto 1330 die Brauer und Bäcker erwarben (Chron. Magdeb. 329 u. 339). Halle hatte im J. 1235 ausser der Schuhmacherinnung, welche seit Erzb. Wichmann bestand, auch Innungen der Bäcker und Fleischer.[2] Die Innungen der Kramer und Gewandschneider in Magdeburg und der Schuhmacher in Halle entstanden kurze Zeit vor oder erst nach der Bewidmung der Stadt Leipzig mit Halle-Magdeburgischem Rechte (die Urkunde No. 2 ist aus den in der Anm. angegebenen Gründen zwischen den Jahren 1156 bis 1170 angesetzt worden). und möglicher Weise blieb dieser Fortschritt in der städtischen Entwickelung nicht ohne Einfluss auf die Tochterstadt.[3] Das höchste Alter hat auch hier nachweisbar die Schuhmacher- und Gerberinnung, welcher Markgraf Friedrich am 25. März 1352 die Innung mit allen Rechten und Ehren bestätigte, wie sie dieselbe von den alten Fürsten her und bis auf diesen Tag besessen hätte (No. 42). Wollte man die alten Fürsten (antiqui principes) selbst erst von dem dritten oder vierten Vorfahren des Markgrafen, von Friedrich von Landsberg an rechnen, so würde die Entstehung dieser Innung immer noch vor das Jahr 1250 fallen. Wie in Magdeburg und Halle bildeten auch in Leipzig Schuhmacher und Gerber eine Innung, bis Markgraf Friedrich (der Streitbare) am 30. März 1414 den Gerbern besondere Corporationsrechte verlieh (No. 120). Die Kramerinnung ist 1349, die Bäckerinnung 1364 (Martinus Rottowe magister pistorum) zuerst urkundlich nachweisbar, doch bestanden beide wahrscheinlich schon früher. Dagegen hatten die Fleischer (in Halle bestand die Fleischerinnung bereits 1235) im J. 1368 noch keine eigene Innung, sondern Gerber und Schuster übten bis ins 15. und die Flickschuster (altbuzer) eine Gerichtsgewalt aus und hatten das Recht, in das Handwerk aufzu-

[1] Das Rechtsb. u. Distinct. V. Cp. 9. D 25 bespricht nur den Fall, wo die Buden in einer Strasse einander gegenüber (eyne keyn der andern) aufgestellt sind; bemerkenswerth ist hier die Bestimmung: an den ecken sal keyne lade sten

[2] Die Urk. des Erzb. Wichmann v. J. für die Schuhmacher auf Magdeburg zu beziehen (Hoffmann Gesch. d. St. Magdeb. I 191) liegt, namentlich bei dem Schweigen des Chron. Magdeb. kein Grund vor; ich beziehe sie deshalb mit Aeltern und Neuern auf die Stadt Halle, in deren Rechtsmittheilung an Neumarkt in Schlesien 1235 (Tzschoppe und Stenzel Urkb. S. 286 immune pistorum, carnificum, sutorum aufgeführt werden. Freilich führte Hallische Localsage die sogen. 6 alten Innungen, ausser den angeführten auch die der Kramer, Leinweber und Schmiede auf Erzb. Wichmann zurück. Vgl. die Aufzeichnung der Rechte dieser sechs Innungen, welche neuerdings Lambert in den Neuen Mittheill. d. Thüring. Sächs. Vereins XI. 424 nach einer Handschrift des K. Provinzialarchivs in Magdeburg hat abdrucken lassen (sie war jedoch schon früher, in theilweise anderer Fassung, aus Struve's Histor. polit. Archiv V. S. 297 ff. bekannt). Diese Zusammenstellung der Statuten kann unmöglich, wie Lambert S. 412 vermuthet, in den letzten Jahrzehnt des 12. oder im Anfange des 13. Jahrhunderts erfolgt sein, da drei der in ihr genannten Innungen im J. 1235, wie die Rechtsweisung nach Neumarkt zeigt, noch nicht bestanden.

[3] Nicht mit Nothwendigkeit. Die Bewidmungen mit dem Recht anderer Städte bezogen sich wesentlich nur auf das in diesen geltende Civilrecht und Prozessverfahren; Rechte und Freiheiten, welche sonst auf specieller Verleihung durch den Landesherrn beruhten und in dem Angeben eines verhältnissmässigen Theils bestimmter Befugnisse bestanden, wurden wohl nicht ohne Weiteres durch generelle Bewidmung mit dem Rechte einer Stadt von dieser aus übertragen. Beispiele aus schlesischen Städten scheinen die Annahme dieser Beschränkung zu rechtfertigen.

nehmen (opera mechanica dandi et locandi); dafür erhielten sie von den Fleischern jährlich
15 Schillinge Denare (No. 34). Noch 1368 gab es einen magister sutorum carnificum et sar-
donum in Leipzig. Die Schneider erhielten durch Markgraf Friedrich 1386 ihre Innung (No. 93).
— Hiernach darf man mit ziemlicher Sicherheit annehmen, dass die ältesten Leipziger Innungen
die der Kramer, Schuhmacher (und Gerber) und der Bäcker waren. Nur die alten Artikel der
Schneider sind erhalten. (In Magdeburg wird die Innung der Schneider zuerst 1333 erwähnt,
aber nicht zu den fünf *grossen und alten Innungen gerechnet.) — Durch die Ertheilung von
Innungsrechten erhielten diejenigen, welche gleiches Handwerk betrieben, das Recht, als Genossen-
schaft unter einem Meister ihre Handwerksangelegenheiten selbst zu verwalten, Handwerks-
gerichte abzuhalten und das Handwerk an Aspiranten zu ertheilen (opera mechanica dandi et
locandi). Freilich gab es nach dem Masse der bei Ertheilung der Innungsprivilegien gemachten
Vorbehalte noch immer Verschiedenheiten; denn während z. B. den Hallischen Schuhmachern nach
Erzbischof Wichmanns Privilegium vollständige Freiheit in der Wahl des Meisters zugestanden
war und auch die Leipziger Schneider jährlich ohne Beschränkung einen Meister wählen konn-
ten, wurde das Kramermeisteramt in Leipzig von dem Markgrafen zu Lehn gegeben (No. 39). —

Neben den Schöffen, welchen von Anfang herein Rechtspflege und Verwaltung oblegen
hatte[31], erscheinen an einigen Orten schon im zwölften, in der Mehrzahl der Städte aber erst
während des dreizehnten Jahrhunderts auch Rathmannen (consules), in Magdeburg urkundlich
zuerst 1244, in Halle 1258 (Lambert d. Hall. Patric. S. 58), in Leipzig 1270 (No. 7).[32] Die
Geschichte einzelner deutschen Städte hat mit der Frage sich zu beschäftigen, welche Factoren
zusammenwirken mussten, um das Collegium der Consuln zu schaffen, sie hat von Streitigkeiten
zwischen Schöffen und Rath, wie von dem spätern Kampf der Zünfte um den Eintritt in den
aristokratischen Rath zu berichten; das zur Geschichte Leipzigs vorliegende Quellenmaterial bietet
zur Erörterung dieser Fragen keine Veranlassung. Hier war die Zahl der Consuln 12, den Vorsitz
führte der Schultheiss[33], bis urkundlich zuerst 1292 an die Spitze der Consuln ein Bürgermeister
(magister civium, consulum magister et rector, magister burgensium) auftritt. Ueber die Ver-
fassung und Bestellung des Raths lässt sich, da alle und jede statutarischen Aufzeichnungen
fehlen, nur Folgendes bemerken[34]. Der Rathswechsel, d. h. der Rücktritt des alten und der
Eintritt des neugewählten Rathes fand schon gegen Ausgang des dreizehnten Jahrhunderts am
Montag nach Invocavit statt[35]: dies ergibt sich daraus, dass in einer Urk. vom 30. Juni 1294

---

[31] Magdeb. Weisthum für Herzog Heinrich von Schlesien (Tzschoppe und Stenzel S. 272): Item ad
tuendum civitatis honorem solum duodecim scabini, qui ad hoc electi sunt et statuti et quia civitati iuraverunt fre-
quentius consedere debent et studere. Es lässt sich hieraus abnehmen, dass diese undatirte Urkunde an Herzog
Heinrich I. († 1238) gerichtet ist.

[32] Corssen in den N. Mittheill. d. Thür. Sachs. Ver. X. 1 S. 151 irrt entschieden, wenn er die Worte
des Schönsdocuments v. 1216 (No. 3): Privilegium patris super institutione et iure civitatis dahin versteht, dass
Markgraf Otto der Bürgerschaft städtisches Recht und städtische Verfassung mit gewähltem Rath und Bürger-
meister verliehen habe anstatt des alten erblichen Schöffenregiments, und somit die Entstehung des
Leipziger Raths noch vor das Jahr 1190, Otto's Todesjahr, ansetzen muss. — Auf andern Irrwegen wandeln Gret-
schel (Beitr. z. Gesch. Leipz. S. 28 u. Sachs. Gesch. I S. 260), welcher die Schöffen „in ihrem Vereine den Rath
(consules) bilden" lässt Hoilaufig: nach Gretschel soll der sonst als magister burgensium oder consulum bezeich-
nete Bürgermeister zuweilen auch magister curiae genannt werden. Diese Behauptung beruht auf ganz unzuläs-
siger Herbeiziehung der Urk. No. 8, in welcher die Reihe der ritterlichen Zeugen der nicht bei seinem Namen
genannte markgräfliche Hofmeister (magister curiae) schliesst

[33] Symoni scultheto nostro una cum duodecim consulibus (No. 7). Dies Verhältniss bestand noch 1287;
eine das Nonnenkloster zu S. Georgen betreffende Urkunde (Orig. im Rathsarchiv) stellen Symon der Schultheis
und 12 mit Namen aufgeführte Consuln aus. Eine ungenaue deutsche Uebersetzung aus späterer Zeit, welche Vogel
in seiner Chronik S. 139 nach dem Registrum copiarum etc. monasterii s. Thomae fol XIII° mittheilt, hat aus
Missverständniss nur die Namen von 11 Consuln aufgenommen.

[34] Auch die ausführlicheren Localstatuten sprechen sich nicht immer eingehend über die Rathsverfassung
aus, wie die Beispiele von Lübeck und Hamburg (Frensdorff Stadt- u. Gerichtsverf. v. Löb. S. 100) und Goslar
zeigen Es bedurfte für die Zeitgenossen keiner ausführlichen Darstellung, da der Hergang Allen von Alters her
bekannt war.

dieselben Rathsherren genannt werden, wie in einer andern vom 21. Jan. 1295; derselbe Rath
sass nämlich vom 8. März 1294 bis 21. Februar 1295.[54]) Die Zwölfzahl der Consuln steht für
die älteste Zeit nicht fest, ihre Zahl schwankt vielmehr zwischen 12 und 14: es erklärt sich
dies daraus, dass der Burgermeister des Vorjahrs in den neuen Rath (als dreizehnter) wieder
eingetreten zu sein scheint (vgl. auch Anm. 56.) Im J. 1294 ist Martinus de Grimmis Burger-
meister, welcher auch 1293 consulum magister atque rector war, 1292 bekleidet dieses Amt Si-
mon Ekstete, während in einer andern mit höchster Wahrscheinlichkeit aus diesem Jahre stam-
menden undatirten Urkunde Johannes Vurman Burgermeister genannt wird; einer von beiden
war sicherlich der Burgermeister des Jahres 1291 gewesen. Im J. 1309—1310 findet sich
Nicolaus de Grimmis als Burgermeister, 1311—1312 Rulo de Berngershain, in dem Rathe von
1311 aber auch Nicolaus de Grimmis. Ohne Zweifel beruhte der Uebertritt des Burgermeisters
des Vorjahrs (oder auch der Burgermeister zweier Vorjahre) in den neuen Rath auf einer nur
vorübergehenden Einrichtung. Nach 1287 war der Vorsitz im Consulncollegium von dem mit
den Erfordernissen der städtischen Verwaltung vertraut gewordenen, weil ständigen Schultheissen
an einen je nach Jahresfrist wieder abtretenden Burgermeister übergegangen, welcher häufig als
unerfahrener Neuling in das Collegium eintrat; durch Beigesellung des vorjährigen Burgermeisters
wurde ihm aber die Möglichkeit geboten, die in frühern Jahren gemachten Erfahrungen für die
Geschäftsleitung zu verwerthen. In der Folge finden sich stets 11 Consuln unter dem Vorsitze
des zwölften, consulum magister. — Bis in das erste Jahrzehnt des vierzehnten Jahrhunderts
war die Einsetzung dreier Räthe noch nicht erfolgt[57]), die Erneuerung des Rathes wiederholte
sich jährlich. Aber auf welche Weise erfolgte dieselbe? — Es liegen nur in vier einzelnen Fällen
Rathsherrenverzeichnisse aus zwei auf einander folgenden Jahren vor, aus welchen sich folgendes
Verhältniss ergibt: 1294 sind in dem Rathe 3 Mitglieder aus dem Rathe von 1293, 1311 6 aus
dem Rathe von 1310, 1312 5 aus dem Rathe von 1311 und 1316 2 oder 3 aus dem Rathe von
1315. Das Vorkommen derartiger Unregelmässigkeiten schliesst von vornherein die Zulässigkeit
der Annahme aus, es sei jährlich ein bestimmter Bruchtheil (die Hälfte, ein Drittel) der Raths-
herren ausgeschieden und der Rath habe sich durch Cooptation, auch nur in der beschränkten
Weise wie in Freiberg (Stadtr. A. 48) wieder ergänzt. Die Wahl erfolgte vielmehr in der älte-
sten Periode nur durch die Stadtgemeinde[58]) und der abtretende Rath hatte keinen Anspruch auf
den Wiedereintritt eines Theiles seiner Mitglieder in den neuen Rath; dies schloss jedoch nicht
aus, dass einzelne Personen, welche sich besonders bewährt hatten, Seiten der Gemeinde durch

[54]) Vgl. Schneider Chron. Lips. p. 229. Auch noch zu der Zeit, mit welcher das Urkundenbuch abschliesst,
ging der Wechsel an den angegebenen Tage vor sich: 1476 am 27. Febr. (No. 488) zeigte der Rath den Landes-
herren die erfolgte Wahl an (nachdem wir uff disse zceit nach alder gewonheit einen rath pflegen zcu kiesen) und
bat um fürstliche Bestätigung. Der Antritt des neuen Rathes fiel in diesem Jahre auf den 4. Marz. Der Wechsel
nach Bartholomai (vgl. Schneider a. a. O.) gehört einer spätern Periode an.

[56]) In zwei Urkunden des Thomasklosters, welche beide kein vollständiges Rathsherrenverzeichniss geben.
(Die Namen bei Schneider a. a. O. p. 227 sind z. Th. arg entstellt). Urk. v. 30. Juni 1291: 1. Martinus de
Grimmis magister buriensium. 2. Johannes de Lubenice. 3. Symon Ecstete. 4. Conradus de Nova Civitate. 5. Til-
mannus Cellerarius 6. Conradus Pellicil. 7. Wernerus de Wida 8. Thomas de Novo Foro. 9. Johannes de Wesin.
10. Ulricus Bawrus. Hiervon hat die Urkunde vom 21. Jan. 1296, welche überhaupt 8 Namen der Consuln anführt,
die obigen 2 4. 5 u. 6, dazu aber 4 neue Namen: 11. Waltherus de Grimme. 12 Heinmannus Curva. 13. Theodo-
ricus Strum. 14. Heinmannus de Dore, allein der Ueberschuss der zwei Namen wird sich leicht erklären lassen,
da wir wissen, dass Johannes von Lubenitz der Burgermeister der Jahres 1294, Martin von Grimme der Burger-
meister des Jahres 1293, Symon Ekstete Burgermeister des Jahres 1292 war.

[57]) Unbegreiflich ist, wie Gretschel Beitr. z. Gesch. Leipz. S. 29 und Sächs Gesch. I. 261 unter Berufung
auf die bei Schneider a. a. O. abgedruckten Rathslisten die Existenz der drei Räthe für das 13. Jahrhundert
behaupten konnte. Das Richtige haben Tittmann I. 355 u. Corssen in den N. Mittheil. d. Thür. Sächs. Ver.
X. 5. 155.

[58]) Auch in Halle scheint bis zum J. 1316. wo nach einem Beschluss der Bürger ein steter Rath (d. h
ein Rath von 36 Personen mit bestimmten Turnus) gewählt wurde, eine jährliche Neuwahl durch die Bürger statt-
gefunden zu haben. Vgl. auch v. Hagen die Stadt Halle II. S. 147.

Wiederwahl ausgezeichnet und öfter in den Rath gebracht wurden. So finden sich z. B. 1296
zwei aus dem Rathe von 1294, drei aus dem von 1293; 1311 drei aus den Räthen von 1309
und 1310, drei nur aus dem Rathe von 1310; 1312 einer aus den Räthen von 1309, 1310 und
1311, einer aus dem Rathe von 1310, zwei aus den Räthen von 1310 und 1311, zwei aus dem
Rathe von 1311; 1315 einer aus den Räthen von 1309, 1310 und 1311, einer aus dem Rathe
von 1312; 1316 zwei oder drei aus dem Rathe von 1315, einer aus den Räthen von 1310, 1311
und 1312, einer aus den Räthen von 1312 und 1315, einer aus dem Rathe von 1312, und dazu
sechs Namen, welche in den Rathslisten bis dahin überhaupt noch nicht begegneten. — In
wie weit das active Wahlrecht beschränkt war, wissen wir nicht: das passive war es insofern,
als höchstens zwei Rathsherren aus dem Handwerkerstande genommen werden durften. (Man sal
ouch uß deine hantwercke wol kisen czwene erber manne; obir czwene sal man nicht kisen an
den rad, durch daz daz sy ore innunge nicht sterken. Rechtsb. u. Distinct. Cap. 1 D. 1.) Mit
hinreichender Deutlichkeit werden als aus den Handwerkern gewählte Rathsherren bezeichnet 1293
und 1296 Hartmannus colorator (Färber), 1301 und 1304 Arnoldus funicularius (Seiler), 1310
Merkellinus sartor (Schneider). 1312 Johannes sarworhte (Panzermacher) und Sifridus faber
(Schmied), 1315 Apez carnifex (Fleischer), H. de Brandeiz wahrscheinlich auch Fleischer (vgl.
1335) 1316 Ot. sarworhte, 1335 Andreas pellifex (Kürschner) und Hermannus de Brandeys car-
nifex (Fleischer), 1342 Reynoldus carnifex (Fleischer). Wenn in Leipzig in der Folge der Rath
mehr und mehr fast nur aus Personen gebildet wurde, welche durch Güterbesitz oder bürgerliche
Stellung hervorragten [20]) (nie jedoch ging der Rath aus einer beschränkten Zahl von Geschlechtern
hervor), machte sich in armen und zurückgebliebenen Orten wie Dresden ein Ueberwiegen des
Handwerkerstandes im Rathe geltend, so dass dort 1471 durch Ausspruch der Landesherren der
alten Bestimmung, dass in jeder Rathscurie nur zwei Handwerker sitzen sollten, von Neuem
Geltung verschafft werden musste. Vgl. v. Langem Albr. d. Beh. S. 367.

Das älteste Stadtbuch erwähnt zum ersten Male nach dem J. 1345, aber vor 1361 drei
Räthe (Mittheill. d. deutsch. Gesellsch. z. Leipz. I. 112 u. No. 57. des Urkbs.), eine Urkunde
von 1352 (No. 45) zuerst mehrere Bürgermeister. Diese Veränderung ist in den Jahren 1316 bis
1352 vor sich gegangen. Das gesammte Rathscollegium bestand somit damals aus 36 Personen,
von denen jährlich ein Drittheil den sitzenden, die andern zwei Drittheile den ruhenden Rath
bildeten; die abtretende Rathscurie übernahm erst nach Ablauf zweier Jahre wieder die Leitung
der Geschäfte. Die ruhenden Räthe wurden in allen wichtigen städtischen Angelegenheiten,
namentlich auch bei Abänderung statutarischer Bestimmungen oder Abfassung neuer Will-
küren zugezogen, wie sich aus vielen Stellen des Urkundenbuchs ergibt. Beim Rathswechsel
übernahm der Bruchtheil des ruhenden Raths, welchen nunmehr die Reihe traf, nicht in seiner
bisherigen Zusammensetzung die Leitung der städtischen Geschäfte, sondern ein Theil desselben
schied vorher aus und wurde durch vom sitzenden Rathe gewählte neue Mitglieder ergänzt.
Ueber die Zahl der Ausscheidenden steht nichts fest, da die wenigen vorliegenden Rathsurkunden
keine sichern Schlussfolgerungen gestatten. Für das 14. Jahrhundert ist eine Vergleichung ganz
unthunlich. Wenn 1443 aus dem Rathe von 1440 4 Mitglieder, 1450 aus dem Rathe von 1447
nur 3 ausgeschieden sind, so kann man fragen, ob der Abgang nicht durch den seit der letzten
Sitzungsperiode eingetretenen Tod oder durch freiwilligen Verzicht der betr. Rathsmitglieder
wegen Alter, Krankheit u. s. w. herbeigeführt worden sei. Aber gleichwohl ist auch noch in
dem J. 1476 (No. 488) von einer Wahl die Rede, was doch kaum möglich gewesen wäre, wenn

---

[a]) Zu dieser gehörten allerwärts die Münzpächter und die Münzmeister, und weil sie auch zugleich
angesehene Leute waren, wurden sie jeweilig in den Rath gewählt, nicht auf einen Anspruch hin, der durch ihr
Amt gewährt worden wäre. Die Ausführungen Gretschels in den Beitr. z. Gesch. Leipz. S. 29 u. 36 fg., sowie
Sächs. Gesch. I. 254 beruhen auf starken Missverständnissen, welche schon zum guten Theil durch meines sel.
Vaters Darstellung in Nachweis Münzen im Mittelalt. I. S. 143 als widerlegt angesehen werden können. Doch ver-
mag ich auch den letztern Ansicht, dass die landesherrlichen Münzmeister ebenso wie die Schaltheissen Raths-
mitglieder gewesen seien, für richtig nicht anzuerkennen.

man das Amt eines Rathsherrn rechtlich bereits als lebenslängliches wofür es z. B. in Lübeck galt) angesehen hätte. Thatsächlich freilich war auch Leipzig damals von dieser Entwickelungs-phase nicht weit mehr entfernt.

Die städtische Bevölkerung vermehrte sich nach Ausweis der Urkunden im 13. Jahrhundert vorzugsweise durch den Zuzug aus Dörfern und Städten des Osterlandes; die Anziehungskraft Leipzigs wirkte stärker auf die Bevölkerung zwischen Saale und Mulde als auf die zwischen Mulde und Mittelelbe. Auch schon damals veranlasste der Zug der Handelsinteressen Einzelne von fernher kommende zur Niederlassung. (Th. de Paris, Tilmannus Parisiensis 1293, Rude-gerus de Basilea 1298 u. 1304 in Urkk. des Thomasklosters). Die folgenden Jahrhunderte wei-sen unter den hervorragenden Stadtbewohnern immer nur wenige auf, welche einer in der Stadt von Altersher angesessenen Familie angehören: — es war eben eine Eigenthümlichkeit der Stadt geworden, dass die Bevölkerung durch Zuzug aus der Fremde sich fortwährend erneuerte. Männer verschiedener Berufsstände, zumeist jedoch durch die aufblühende Universität oder durch Handelsvortheile angezogen, fanden an dem fremden Orte eine zweite Heimath und viele unter ihnen bethätigten ihre Dankbarkeit für die hier erzielten Erfolge durch reiche Stiftungen im Interesse der Darbenden: Stiftungen, denen der nie rastende Wohlthätigkeitssinn späterer Generationen einen Umfang und eine Bedeutung verlieh, welche die Bestrebungen anderer Meissnischer Städte auch nicht annähernd erreicht haben. Durch die unablässige Versetzung der städtischen Be-völkerung mit neuen Elementen, aber auch durch den vielfachen Verkehr der Einheimischen mit Ausländern in der Stadt selbst und auf Reisen herrschte unter der Bürgerschaft eine gewisse Beweglichkeit und geistige Rührigkeit, welche auf die Entwickelung des städtischen Gemeinwesens und der lokalen Gesetzgebung einen sehr wohlthätigen Einfluss ausübten. Im Gegensatz zu der an andern Orten zur Erscheinung gelangenden kurzsichtigen Selbstzufrieden-heit und dem durch keinen Zweifel gestörten Glauben an die Vortrefflichkeit der heimischen Ein-richtungen wendeten die Leipziger Bürger ihr Augenmerk stets auch auf die Entwickelung der Gesetzgebung in andern bedeutenden Städten und waren bestrebt, das Stadtwesen durch Aufnahme des auswärts Erprobten im Gleichgewicht mit den Forderungen der Zeit zu erhalten. Man nahm gern Kaufleute in den Rath auf, „„denn die sind weit gewandert und wissen, wodurch andere Städte in Handel und Einkommen gediehen, und trachten, solch Gedeihen und Zuneh-men hier auch aufzurichten."" (Conclusum omnium trium consulatuum d. d. 7. März 1513). So konnte es nicht fehlen, dass nicht nur die mannichfach lokale Ausbildung, welche das Sachsenrecht in Leipzig gefunden hatte, sondern auch das Handwerkerrecht und die Polizei-gesetzgebung die statutarischen Bestimmungen anderer Meissnischer Städte vielfach durch-drangen, ja in einigen Fällen in diesen vollständig recipirt wurden.

Das Urkundenbuch führt die Entwickelungsgeschichte der Stadt während des Mittel-alters zu Ende. Unter der theilnehmenden Fürsorge der Fürsten aus dem Stamme Albrechts des Beherzten nahmen Handel und Gewerbe einen neuen Aufschwung, war die Bedeutung der Stadt in stetigem Zunehmen begriffen. Mit wohlbegründetem Selbstgefühl konnten die drei Räthe in einem Beschluss aus dem J. 1513 als Erfolg ihrer Verwaltung ansehen, „dass die Stadt itzunder Gottlob im Zunehmen und merklich an Gebäuden, Bürgern u. A. gemehrt" erschien, aber auch Cochlaus war im Rechte, wenn er, Angesichts der wachsenden Bedeutung der löblichen Stadt, welcher „im ganzen Reiche keine Fürstenstadt (damit keine verachtet) im Zunehmen gleich ist in Gebäuden, im bürgerlichen Regiment und Wesen, in Gottesdienst, in der Universität, in Kaufhändeln", der wohlwollenden und umsichtigen Regierung des Herzogs Georg einen gebührenden Antheil an diesen Erfolgen zugeschrieben wissen wollte!

Dresden, im Juni 1868.

K. FR. von POSERN-KLETT.

SIEGEL-ABBILDUNGEN.

BERICHTIGUNGEN.

S. 2. Z. 3 v. o. Komma nach oxxri zu streichen

S. 10. Urk. No. 11. letzt auch gedruckt Böhmer Acta imperii selecta p. 311

S. 11. Urk. No. 13. letzt vollständig gedruckt in den N. Mitth d. Thür.-Sächs. Ver. XI. (1867) S. 117

S. 14. Z. 19 v. u. 4 Jan. l. 4 Juni

S. 24. Z. 19 v. u. (nördlicher) l. (südlich)

S. 32. Z. 8 v. u. Nebae l. Sihus

S. 33. Z. 7 u. 9 v. o. Schue l. Sihus

S. 44. Z. 7 v. o. nach virginam (consecratam)

S. 70. Z. 12 v. o. Kelner l. helmer

S. 123. Z. 11 v. u. ilohstitze l. (lestize

S. 171. Z. 18 r. u. entschdigin l. enthedigin

S. 106. K. 15 v. u. refragerium l. refrigerium

S. 176. Z. 15 v. u. storrcig l. abekerig. ?)

S. 145. Z. 6 v. o. differt l. differre

S. 219. Z. 4 v. o. 13 l. 13e

S. 220. Z. 17 v. u. differre l. deferre

S. 229. Z. 9 v. u. Die Worte der Gewandschneider zu streichen

S. 253. Z. 16 v. u. gwanter l. gnanten

S. 336. Z. 8 v. u. nach diesem l. nach diesen dem

S. 351. Z. 8 v. u. loe l. eua

S. 354. Z. 9 v. u. Bartholomeui l. Bartholomaei

S. 375. Z. 11 v. o. die l. sin

S. 385. Z. 6 v. u. sunderliche l. sunderliche

S. 396. Z. 11 v. u. rwbe alle habe l. alle halm

S. 401. Z. 17 v. u. gnahaftig l. gnschaftig

S. 427. Z. 8 v. u. gewerben bey, l. gewerben; bey

S. 437 Z. 9 v. u. rayues l. ryyuues

LEIPZIG

GIESECKE & DEVRIENT

MDCCCLXVIII

TAFEL I.

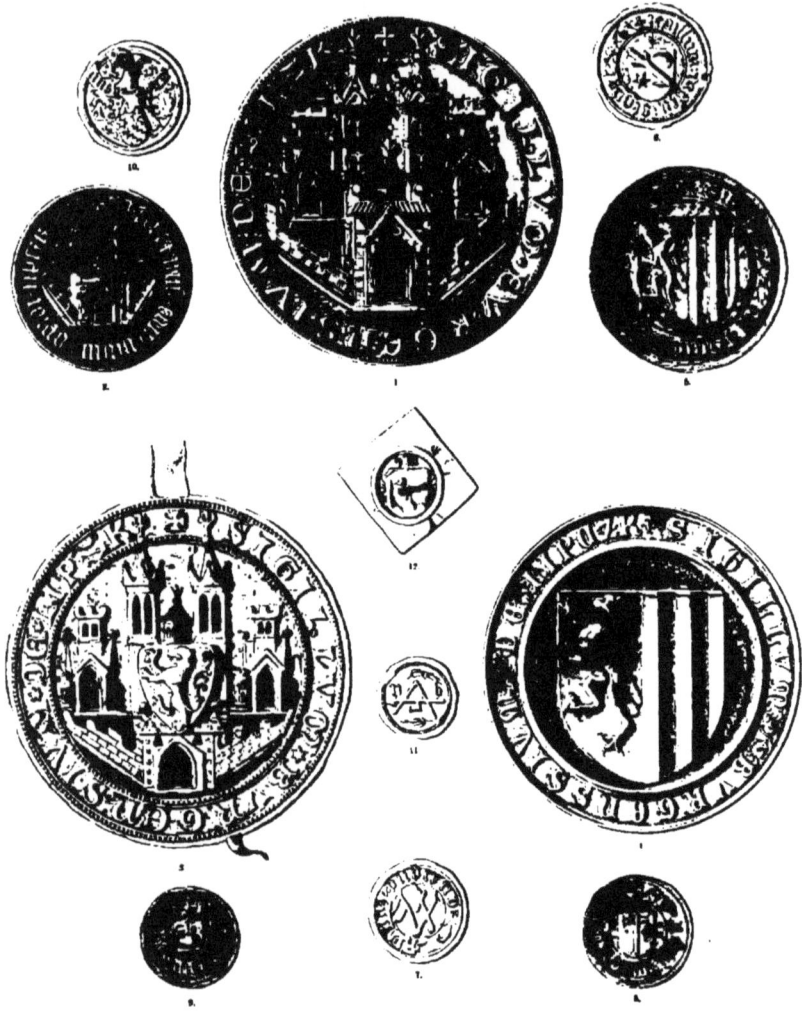

Kaiser Heinrich II. schenkt dem Bischof Thietmar und der Merseburger Kirche die zwischen Elster Pleisse und Parde gelegene Stadt Leipzig.

In nomine sanctae et individuae trinitatis. Heinricus divina ordinante providentia rex. Si ecclesiarum dei loca alicuius dono incremento meliorare vel ditare studuerimus, nobis nostrique regni statui id proficere minime dubitamus. Quapropter noverit omnium Christi nostrorumque fidelium praesentium scilicet ac futurorum industria, qualiter nos pro remedio animae nostrae parentumque nostrorum nec non dilectissimae contectalis nostrae Chunegundis videlicet imperatricis augustae Merseburgensi ecclesiae in honorem sanctae dei genitricis Mariae perpetuaeque virginis nec non sancti Johannis baptistae sanctique Laurentii martyris a parente et antecessore nostro Ottone primo imperatore augusto constructae postea vero peccatis exigentibus destructae per nos autem divina propitiante gratia recuperatae unum oppidum Libzik nominatim situm inter Alestram Plisnam et Pardam fluvios cum omnibus pertinentiis suis terris cultis et incultis agris areis aedificiis silvis venationibus aquis aquarumque decursibus piscationibus molendinis pratis pascuis viis et inviis exitibus et reditibus quaesitis et inquirendis mancipiis utriusque sexus et omnibus quae quomodolibet nominari vel scribi possunt utilitatibus ad idem oppidum pertinentibus per hanc imperialem nostram paginam donamus concedimus atque largimur praefatae Merseburgensi ecclesiae ipsiusque venerabili Dicthmaro episcopo, et de nostro iure ac dominio in eius ius et dominium omnino transfundimus ea videlicet ratione, ut eiusdem ecclesiae antistes sibique succedentes liberam habeant de praefato oppido suisque pertinentiis potestatem quicquid sibi inde placuerit faciendi. Et ut haec nostrae donationis auctoritas stabilis et inconvulsa omni posthinc permaneat tempore, hoc praeceptum inde conscriptum sigilli nostri impressione praecepimus insigniri.

Signum domini Heinrici Romanorum invictissimi imperatoris augusti. (L. M.)

Gunthcrius vice Aribonis archicappellani recognovi.

Acta III°. Non. Octobris indictione IIII°. anno dominicae incarnationis M°. XXI°. Anno vero domini Heinrici secundi regni autem XX. Actum Merseburch.

Nach dem Orig. im Stiftsarchiv zu Merseburg. Die Urkunde, deren Aechtheit schon Schulten Direcue. diplom. I. S. 142 bezweifelte, ist wahrscheinlich in der zweiten Hälfte des 12. Jahrhunderts angefertigt. Die Gründe für die Unächtheit sind von Wilmans in Pertz Archiv XI. S. 156 f zusammengestellt; vgl. auch Stumpf die Reichskanzler II. S. 143. Psifer Memorabilia Lipsiensia p. 104. Vogel Leipz. Annalen S. 18. De Mont Corps diplom. I. p. 42.

No. 2. Zwischen 1156 und 1170.

Markgraf Otto setzt Leipzig nach Magdeburgischem und Hallischem Rechte aus, bestimmt die Weichbildgränzen und die Rechte und Verpflichtungen der Bürger.

Quia per scripturarum evidentiam antecessorum acta posteris reducuntur in memoriam, scripturae commendavimus, quod dominus O. dei gratia Misnensis marchio Lipz aedificandam distribuit sub Hallensi et Magedeburgensi iure addito pietatis

1

promisso constituit. A civibus vero eiusdem civitatis se nullum petitionis munus, requirere promisit, nisi necessitate superveniente ad imperatoris transmontana iturus esset, servitium et tunc sine civium gravamine modicum quid peteret. Iuris etiam sui, quod wicbilede dicitur, signum petentibus unum in medio Halentrae, secundum in medio Pardae, tertium ad lapidem qui est prope patibulum, quartum trans fossam qua lapides fodiuntur demonstravit. Ipsius vero silvam quam Lvch dicimus ad usum civium tam in gramine quam lignis et piscibus collocavit. Et ne alicui nisi a quo essent beneficiati hominium facerent vetavit. Infra spatium vero miliaris unius a civitate ut nullus haberetur fori tractatus civitati nocivus constituit. Et si quod bene-ficium vel hereditatem quisquam civium suorum emeret secundum fori conventionem, possideret; si vero quidquam bonorum suorum eniquam concederent, quem ad solven-dum non benivolum invenirent, assumpto marchionis nuntio eum vadiabunt et ad solvendi inducias nihil ultra XIIII noctes administrabunt[1]). Ad ius vero molendini octodecimam mensuram constituit. Et quam diu suo decano inobedientes non iveni-rentur, ne aliud sequerentur iudicium imperavit. Suo etiam iudici subditos esse eos edocuit et sibi in bonis suis iniuriare volentibus ut se communiter opponerent suo solamine compulit. Huic iuri dato aderat episcopus Johannes, Godescalcus de Scudis civitatis advocatus, Fridericus de Leznicz, Heinricus burgravius de Donin, Lof de Kamburc, Heinricus Kiteliz, Albertus de Pores, Waltherva de Misne marchionis capellanus, quem haec scripsisse profitemur.

Nach dem Orig. im Rathsarchiv zu Leipzig. An zwei schmalen von der Urkunde selbst losgetrennten Pergamentstreifen hängt das an einigen Stellen beschädigte Siegel des Markgrafen mit wohl zu erkennender Umschrift. Schneider chron. Lips. p. 691. — Vogel Leipz. ... S 61. — Lünig R.A. Pars spec. cont. IV. pars II. p. 560. — Die Abfassung dieser Urkunde, welche man früher irrthümlich in die Jahre 1174 oder 1175. 1180 oder 1182 setzte (s. Schultes Director. diplom. II. S. 167) fällt in die oben angegebene Zeit, da 1156 Markgraf Otto nach seines Vaters Rücktritt die Regierung der Markgrafschaft übernahm und der an erster Stelle aufgeführte Zeuge Bischof Johann von Merseburg im Jahre 1170 verstarb. (S. Wilmans' Regesta episcop. Merseburg. in Perta Archiv XI. S. 177.) Auch die übrigen Zeugen ... zum grössern Theile in Urkunden dieser Zeit; so Godo-scalcus de Scudis 1156, 1161 u 116... (Personen...ter bei Schultes unter Kudice), Burggraf Heinrich von Donin 1144 (Schultes) 1156, 1160, 1161 (Origg im K. Haupt-Staatsarchiv zu Dresden) 1169 (Schultes) 1168 (Haupt-Staatsarchiv), Lof von Kambure von 1140 an (Schultes und Haupt-Staatsarchiv) 1145 (Haupt-Staatsarchiv) 1147. 1150, 1154 (Schultes), 1156 mit einem Sohne gleichen Namens (Haupt-Staatsarchiv), Heinrich Kiteliz 1160 (Haupt-Staatsarchiv.)

1) Das Original hat vadiabunt — administrabunt.

No. 3. 1216. 20. Juli.

Erzbischof Albert von Magdeburg und Bischof Ekkehard von Merseburg errichten eine Sühne zwischen Markgraf Dietrich von Meissen und der Stadt Leipzig.

Albertus dei gratia sanctae Magdeburgensis ecclesiae archiepiscopus et Eke-hardus Merseburgensis episcopus universis Christi fidelibus, ad quos pagina praesens pervenerit, salutem in domino. Noverint universi fideles Christi has litteras inspecturi, quod nos una cum Friderico comite de Brenin de prudentium virorum consilio discor-diam, quae vertebatur inter illustrem marchionem Misnensem et Lippenses et eorum fautores per arbitrium tali modo sopivimus, fide et iuramento ipsius marchionis et quinquaginta nobilium recepto, quod idem marchio privilegium patris super institutione et iure civitatis, item super theloneo viarum et pontium, sicut ipsorum privilegiorum tenor declarat, per omnia conservabit et ipsi Lipzenses in omnibus bonis suis tam |⁾ urbanis quam rusticis libertate fruentur, quae temporibus patris sui et tenuit et viguit. Item marchio nullam munitionem faciet in civitate vel extra, quod Firbuen dicitur, /⁾ neque peiorabit eam nec in fraudem alienabit. Item eorum, quae Fikbilde contin- /⁾ gunt, nullus iudicabit practer advocatum et schulthetum; villicus tamen marchionis, /⁾ si voluerit, causas in ea provincialium tractabit. Item omnes, qui huic facto inter- fuerunt, curias quas habuerant obtinebunt, restitutis curiis hominibus marchionis, quas prius habebant. Praeterea omnes captivi et eorum fideiussores, quorum dies solutionis ex conventione non praeteriit, liberi erunt. Dampni etiam dati tam ex parte mar- chionis et sibi servientium quam ipsorum Lipzensium et qui eis favebant par habea- tur compensatio, salvo iure omnium treugarum aliis etiam iniuriam passis plena /⁾ exhibeatur satisfactio. Item marchio gratiam suam Lipzensibus et eorum fautoribus ex integro contulit et pro se et pro filio suo et omnibus amicis suis sub praedicto iuramento et fide spopondit omni rancore postposito veram et perpetuam concordiam, quod vulgo vrvede dicitur. Restituet etiam idem marchio omnibus parentibus istorum, qui alias sui sunt urbani, omnes curias et beneficia eorum sufficienti recepta cautione, quod ipsi fideliter servient. Et quaecunque feoda vel proprietates eis vel eorum fau- toribus abstulit, et hoc notorium sit, marchio restituet et de bonis ipsorum, quae in sua marchio habet warandia, eis conquerentibus finalem faciet iustitiam secundum ius fidelium suorum. Item Dietholdo soluto satisfiet rebus suis sibi restitutis et ipse et frater suus Sifridus versa vice satisfacient marchioni. Item quos Sifridus de Mugelin captivavit absolventur cum restitutione bonorum suorum. Item quicquid Cunradus pincerna et alii officiati marchionis a Lipzensibus crediderunt, marchio promovebit, quod solvetur ad iustitiam vel amicitiam infra dimidium annum, postquam marchio fuerit ingressus civitatem. Hanc concordiam nemo infringet, nisi solus marchio ex una parte et tota civitas Lipzensium ex altera quia si quis in eam singulariter com- |, miserit, ipsa concordia stabili permanente, iusto iudicio ab ipso marchione punietur. Quod si ipse marchio aliquid in contrarium fecerit et ad ammonitionem Heinrici de Warin et Ottonis de Liechtinhagin infra sex ebdomadas infra provinciam manens vel infra duodecim ebdomadas extra provinciam positus non correxerit, vel de aliquo excedente debitam poenam non sumpserit, tunc ad praeceptum archiepiscopi Magde- burgensis et episcopi Merseburgensis qui pro tempore fuerint illi quinquaginta fideius- sores, quorum nomina subiecta sunt, Hallis intrabunt nec sine licentia ipsorum exi- bunt neque ab hac obligatione per aliquam marchionis sententiam absolventur. Hanc nostram ordinationem marchio in provincialibus placitis aniis Chulme et Zcolin et ultimo coram imperio in signum suae perfectae voluntatis et consensus cum omnium eorum, quae supra dicta sunt, protestatione sigilli sui munimine roborabit. Et nos ea cum sigil- lorum nostrorum impressione sub banno nostro confirmamus, in contrarium venientes et haec nostra statuta observare nolentes perpetuo anathemate et maledictione aeterna in nomine patris et filii et spiritus sancti usque ad condignam satisfactionem ferientes.

1*

Acta sunt haec anno dominicae incarnationis M°.CC°.XVI°. XIII°. Kal. Augusti, indictione quarta.

Comes Burchardus de Manruflt.	Cristanus de Ditein.	Heinricus de Lindenowe.
Comes Heinricus de Sarzburc.	Rodolphus de Zwochowe.	Sybodo de Choyne.
Comes Fridericus de Bichelingin.	Sifridus List.	Fridericus de Zchudia.
Erkinboldus de Gyizlav.	Heinricus dapifer.	Vlricus castellanus de Witin.
Gebehardus de Zutbeke.	Hartungus de Rideburch.	Hermannus castellanus de Witin.
Marschalcus senex.	Heinricus de Trebezin.	Heinricus Struz.
Cunradus de Landisberc.	Rudolphus de Wolfheim.	Johannes de Rocheliz.
Reimbertus de Horburc.	Cûnemanus.	Hartmannus de Crime.
Otto de Liechtinhagen.	Castellanus de Oibchinstein.	Johannes de Kinz.
Heinricus de Braintenboch.	Fridericus de Crozuc.	Ramvoldus de Polenzke.
Albertus de Drogaz.	Johannes de Pak.	. . adolf de Kuiz.
Heinricus de Warin.	Heinricus de Vesta.	Hermannus de Butiz.

Nach dem Orig. im Rathsarchiv zu Leipzig. Das Pergament ist durch Moder ziemlich angegriffen, die Schrift aber nur an wenig Stellen schadhaft geworden. Die drei an rothseidenen Schnüren befestigt gewesenen Siegel sind bis auf ein an der mittleren Schnur zurückgebliebenes unbedeutendes Bruchstück abgefallen. Auf der Rückseite steht von einer noch dem 13. Jahrhundert angehörenden Hand: Littera civium in Lyzzk.

Schneider Chron. Lips. p. 406. — Vogel Annal. S. 22. — Lünig RA. Pars spec. Cont. IV. Abth. IX. Th. II. S. 601. — Du Mont corps dipl. I. p. 156.

No. 4. 1255. 8. Nov.

Markgraf Heinrich beurkundet, quod cum nobilis Meinherus de Vitzenbarc aream unam cum suis aedificiis sitam in parochia sancti Thomae Lipzk infra muros[1] a nobis iure feodali teneret, sibi a Heinrico dicto de Cleberc qui eandem aream iure supra memorato tenuerat resignatam, *dictus nobilis aream saepe dictam nobis liberaliter resignavit, und dass er auf Nachsuchen desselben dieses Grundstück mit Genehmhaltung seiner Söhne Albert und Dietrich dem Kloster Altzella geeignet habe.* Datum Grimmis — sexto Idus Novembris.

Liebel anfällige Nachlese zu Heinrichs den Erleucht. Lebensbeschr. S. 67. — Vgl. Beyer d. Clsterc Stift u. Kloster Alt-Zella S. 550.

1) In der Vlolerburgwsse.

No. 5. 1263. 30. Jan.

Markgraf Dietrich von Landsberg befreit die Leipziger Bürger von der Gerichtsbarkeit seiner Vögte.

Nos Theodericus dei gratia marchio de Landesberc recognoscimus tenore praesentium et notum esse cupimus universis, quibus praesens scriptum fuerit recitatum, quod omnibus civibus nostris in Lipz talem donavimus libertatem, quod nullus advocatorum nostrorum debet ipsos compellere, ut ipsi pro aliqua causa respondeant coram ipso; sed si quis adversum eos aliquam habuerit querimoniam, ille debet praedictos nostros cives in civitate nostra Lipz coram sculteto ipsorum et coram civibus convenire. Si vero coram sculteto et civibus non potuerit terminare suam querimoniam, tunc ipsam ad nostram praesentiam deferat nosque sibi iustum iudicium faciemus.

Ut autem haec rata permaneant praesentem kartam conscribi fecimus et sigilli nostri testimonio roborari. Testes huius rei sunt Thimo de Otolfestorf, Thimo de Cygerowe, Berchtherus dictus List et Meinherus et Cunradus nostri scriptores, Gotschalcus dictus Smol, Wernherus de Bore, Heinricus de Monte, Theodericus de Grimmis et alii quam plures. Datum Lipz anno domini M°. CC°. LXIII°. III° Kalend. Februarū, indictione VI°.

Nach dem Orig. im Rathsarchiv zu Leipzig mit dem zerbrochenen Reitersiegel des Markgrafen an Fäden von grüner und gelber Seide.
Peifer Memorab Lipsiens. p. 128. — Schneider Chron. Lips. p. 294. — Vogel Leipz. Annal. S. 29.

1 b.

No. 6. 1268. 1. März.

Markgraf Dietrich von Landsberg verspricht den fremden nach Leipzig kommenden Kaufleuten unbedingte Sicherheit für ihre Personen und Güter, selbst für den Fall eines Krieges mit ihren Landesherren.

1 e

Theodericus dei gratia marchio de Landisberch universis, quibus exhibitum fuerit praesens scriptum, salutem et omne bonum. Multitudo tractatuum et varietas temporum sic humanam infirmant memoriam, ut ea, quae humanis geruntur sensibus, plerumque oblivionis obfuscantur caligine, nisi scripturarum testimonio et subscriptione testium fuerint stabilita. Nos igitur ad perpetuam memoriam omnium futurorum recognoscimus et tenore praesentium publice protestamur, quod dilectis nobis civibus de Lypzk, quos speciali prosequimur gratia et favore, necnon in honorem civitatis nostrae Lypzk iam dictae speciale dedimus privilegium libertatis, ita videlicet, quod omnes mercimonia habere volentibus vel habentibus in civitate nostra iam dicta, undecunque fuerint mercatores, etiam si nos cum dominis dictorum mercatorum[1] manifestam werram habere contigerit, in ipsa nostra civitate non molestabimus seu bona ipsorum occupabimus vel occupari ab aliquo patiemur. Ipsos enim mercatores, quicunque fuerint, qui nostram civitatem iam dictam et nos in hoc honoraverint, quod mercimonia ad ipsam civitatem duxerint, quantum possumus protegere volumus et tueri. Ut autem id, quod liberaliter facimus, firmum et stabile perpetuo maneat et ut nullo oblivionis scrupulo valeat obfuscari, praesentem litteram sigilli nostri munimine fecimus roborari. Huius rei testes sunt nobilis vir dominus O. de Lodeburch, dominus Wychandus de Hersteyn, dominus C. de Luppe, dominus Th. de Otolvisdorf, Cunradus notarius et alii quam plures fide digni. Datum Lypzk anno domini M° CC° LXVIII°, Kalendas Martii.

Nach dem Orig. im Rathsarchiv zu Leipzig. Das an Fäden von rother und gelber Seide befestigt gewesene Siegel ist abgefallen.
Peifer Memorab Lipsiens. p. 313. — Schneider Chron. Lips. p. 351. — Vogel Leipz. Annales S. 30.

1) Im Orig. nochmals gen.

No. 7. 1270. 20. Aug.

Markgraf Dietrich von Landsberg ertheilt dem Schultheiss und den zwölf Consuln die Befugniss, gegen Ruhestörer, Uebertreter der städtischen Willküren und sonst Widerspenstige Freiheitsstrafen und Arrest zu verfügen oder dieselben ihm selbst zur Bestrafung zu überweisen.

Th. dei gratia marchio de Landisberc universis, ad quos praesens scriptum pervenerit, salutem et omne bonum. Notum esse volumus tam praesentibus et futuris, quod de diversis quaerimoniis nobis saepius prolatis vehementer excitati ad conpescendas rebellium enormitates nec non ad confirmandam pacificam conversationem et quietam habitationem civitatis nostrae Lipzk Symoni scultheto nostro una cum duodecim consulibus largam contulimus cum iudicio potestatem, ut si quis non solum de ipsorum familia sed etiam advena nullo excepto nocturno tempore errabundus non solum mox deprehensus sed etiam viris fide dignis infamatus fuerit, nihilominus si quis statuta eorum infregerit aut verbis aut factis se recalcitrando opposuerit in omni loco reverenter incedendo in rebus et corpore mox detinebitur corrigendus aut nostrae adducetur praesentiae strictius iudicandus. Insuper volumus iudicari omnes contra honorem et profectum nostrae civitatis cum violentia laborantes. Ut autem haec praescripta efficaciam obtineant in futuro praesentem litteram in testimonium sigillo nostro fecimus roborari. Datum Lipzk anno M°° CC septuagesimo XIII°° Kal. Septembris.

Nach dem Orig. im Rathsarchiv zu Leipzig mit dem zerbrochenen Reitersiegel an einem Pergamentstreifen.

No. 8. 1273.

Markgraf Dietrich von Landsberg eignet der Stadt das Münzwerk, die Grube genannt.

Theodericus dei gratia marchio de Landisberch universis hanc litteram inspecturis salutem in perpetuum. Multitudo tractatuum, varietas temporum sic humanam infirmant memoriam, ut plerumque ea quae geruntur in tempore oblivionis obfuscantur caligine, nisi scripturarum testimonio et subscriptione testium fuerint stabilita. Nos igitur huic defectui consulere volentes provide et mature recognoscimus et tenore praesentium publice protestamur, quod ad magnam instantiam burgensium nostrorum de Lipzk opus fabrile monetae, quod grube vulgariter appellatur, post liberam et voluntariam resignationem Johannis Abreckeri, qui receptis centum marcis argenti ipsum in manus nostras dedit solutum, ipsis nostris burgensibus contulimus et civitati praedictae proprietatis titulo perpetuo possidendum, nibil nobis sive nostris heredibus iuris sive emolumenti reservantes, sed omne ius sive proprietatem, quae nobis vel cuiquam in ipso competere videbatur, totaliter in ipsam transtulimus civitatem, nolentes ut quisquam in posterum sibi iuris aliquid vendicet in eodem. Pro eo autem quod in libertatem redegimus idem opus, XXX. marcas argenti a burgensibus nostris

recepimus supra dicta. Ne vero ea quae liberaliter agimus ab iniquis et dolosis per-
versoribus iustitiae, quorum proprium est nocere, processu temporis mutationem vel
calumpniam patiantur, praesentem literam de iussu et voluntate nostra confectam
scribi fecimus et nostri sigilli munimine roborari, cum annotatione testium subscripto-
rum Illustri domino Hermanno comite de Orlamunde, nobili viro domino O. de Ar...
...hoge, domino Genebardo de Quernvorde, Th. de Otolfied., Conrado de Luppe, Th.
de Cygerowe et magistro curiae nec non aliis quampluribus fide dignis. Datum
Groyts anno domini M° CC° LXXIII°.

Nach dem Orig. im Rathsarchiv zu Leipzig. Das an einem Pergamentstreifen befestigt gewesene Reiter-
siegel ist abgefallen, in Bruchstücken aber noch vorhanden.
Vogel Leipz. Annales 8. Bl. — v. Posern-Klett.

No. 9. 1277. 25. Juli.

Markgraf Dietrich von Landsberg eignet dem Kloster Altzella ein Alod in Wynleybin | quod nos
militi nostro Theoderico dicto de Hunsberg contuleramus habendam a nobis iure feodali post
decessionem dominae relictae Arnoldi de Burnis quondam civis nostri in Lipzk, quam
dictum allodium possidebit tantum temporibus vitae suae, praefato milite nostro Theoderico
renuntiante omni iuri —, in restaurum proprietatis allodii ipsorum siti ante valvam sancti Petri
civitatis nostrae Lipzk et duarum marcarum de ipso allodio annis singulis ipsis provenientium.
Datum in civitate nostra Lipzk — VIII° Kalendas Augusti.

Orig. im K. Haupt-Staatsarchiv zu Dresden. Das Siegel ist abhanden gekommen.
Beyer d. Cisterc. Stift u. Kloster Alt-Zelle S. 557.

No. 10. 1278. 27. Aug.

*Probst und Capitel des Thomasklosters eignen den Sondersiechen (im Johannishospital) vier Mor-
gen Landes vor dem Grimmaischen Thore, welche Walter der Krämer (institor) von ihnen durch
Kauf erworben und jenen weiter verkauft hat.*

Nos Petrus dei gratia praepositus, Johannes prior totumque capitulum beati
Thomae apostoli in Lipzk recognoscimus et praesentibus profitemur, quod dominus
Walterus institor civis in Lipzk emit a nobis duos mansos sitos in villa quae voca-
tur Rudeniz[a]) in hereditariam possessionem sibi et filiis ac posteris suis, de quibus
dabunt in censu unam marcam argenti nostrae ecclesiae annuatim, sed quia prae-
dictorum duorum mansorum iugera dispersa erant in diversis locis, quatuor ex eis
iugera, quae sita erant prae foribus civitatis ante valvam Grimmensem, idem Wal.
vendidit leprosis citra residentibus pro quinque marcis argenti, quibus venditis veniens
ad nos cum uxore sua nomine filiorum suorum ea nobis libere resignavit. Quo facto
quidam nostrorum burgensium petiverunt a nobis humiliter et devote et cum maxima
instantia, ut praedictis leprosis daremus proprietatem IIII^or iugerum eorundem et in
signum huius donationis tres marcas argenti nostrae ecclesiae tradiderunt. Nos ita-
que permoti precibus ipsorum multimodis et diutinis de consensu totius capituli nostri

a) Rudeniz. Par. Schönefeld.

damus saepe dictis leprosis IIII^{or} iugera praememorata in proprietatem iure perpetuo possidenda. Ne autem tale factum valeat irritari, praesentem paginam couscribi fecimus et sigillorum nostrorum appensionibus roborari. Datum Lipzk anno domini M°.CC°.LXXVIII°. VI. Kal. Septembris coram positis his quorum nomina sunt subnotata. Petrus praepositus, Johannes prior Heinricus Albus, qui et hanc litteram conscripsit Theodericus de Hallis Christianus Heinricus de Fine Heinricus Jageboc, Johannes Kriz Baldewinus, Heinricus capellanus, Conradus, Johannes presbyteri ecclesiae nostrae Symon scultetus senior, Walterus, Hermannus de Pomezin cives Lipzcenses.

Nach dem Orig. im Rathsarchiv zu Leipzig mit den Siegeln des Probst Petrus und des Capitels an Pergamentstreifen.

(Seeburg) Nachträge z. Gesch. Leipzigs. I. (Lps. 1836) S. 22.

No. 11. 1284.

König Rudolf bestätigt zu Eger dem Bischof Heinrich von Merseburg die Privilegien Freiheiten und Besitzungen seiner Kirche, mit namentlicher Aufführung der Stücke, welche die Markgrafen von Meissen von dieser zu Lehn tragen, u. A. der Stadt Leipzig.

In nomine domini amen. Rodolfus dei gratia Romanorum rex semper augustus universis tam praesentis quam futuri temporis inspectoribus praesentis scripti in perpetuum. Tunc regnantis extollitur solium, tunc praeeminentia domini grata redditur universis, cum benemeritos fideles suos remunerat et eorum obsequia dignae retributionis commercio favorabiliter recompensat. Nos itaque fidelium et devotorum imperii eorum praecipue, qui se nobis obedientes exhibent et devotos, cupientes obsequia retributione meritoria compensare respiciendo eosdem privilegio gratiae specialis recognoscimus et ad notitiam universorum tam praesentium quam futurorum volumus pervenire, quod nobis constitutis in Egra fidelis et devotus nobis et imperio venerabilis H. Merseburgensis episcopus ad nos ibidem veniens suaque regalia de manu nostra suscipiens suo et ecclesiae Merseburgensis nomine nobis humiliter supplicavit, ut privilegia et libertates ecclesiae Merseburgensis ab antecessoribus nostris divis imperatoribus ac regibus traditas ratificare approbare ac confirmare divinae remunerationis intuitu dignaremur. Nos vero ipsius precibus devotis et humilibus annuentes universa privilegia instrumenta libertates et donaria, quas quidem in literis suis feodalibus vidimus et audivimus quibusdam privilegiis sigillis imperialibus signatis nibilo-minus nobis exhibitis, quae piae recordationis Otto fundator ecclesiae et Heinricus eiusdem ecclesiae reformator imperatores Merseburgensi ecclesiae donaverunt, ratificamus approbamus auctoritate regia confirmantes. Ut autem maior horum sit firmitas idem episcopus omnia feoda, quae marchiones Misnenses qui pro tempore fuerunt ab antecessoribus suis episcopis et ab ipso babuerunt et habent titulo feodali, nobis nominaliter declaravit. Sunt autem haec feoda forestum sive nemora inter Salam et Mildam Plisnam et Siusilam fluvios sita, quae successione temporis ad agri culturam et ad usus magis utiles sunt redacta, quae Th. marchio princeps imperii partim cum iudiciis castris villis et districtibus civitate Lipzk cum suis pertinentiis, una strata quae ad imperium pertinet dumtaxat excepta, nec non cum castro nova curia") cum suis pertinentiis silvis villis venationibus et iudiciis ad ipsum castrum pertinentibus ab antiquo ac bonis aliis nobis ab ipso domino episcopo nominatis et per suas literas feodales expressis, quae omnia et singula praedictus Th. marchio se suosque progenitores a Merseburgensi ecclesia tenuisse et adhuc tenere suis patentibus literis est confessus, quam quidem protestationem gratam habentes et ratam ipsam auctoritate praesentium confirmamus. Ne vero super his quae liberaliter agimus sinistrae interpretationis aut oblivionis incommodum locum sibi valeat vendicare praesentem literam de speciali iussu et voluntate nostra conscriptam sigillo nostro regio fecimus communiri. Huius rei testes sunt magister Heinricus de Clignenberg curiae nostrae vice cancellarius, Fridericus burgravius de Nuremberch, comes Euerhardus de Catcenelboche, comes de Ottigen fideles imperii. Datum apud Egram anno domini M°.CC°. LXXX quarto regni vero nostri anno undecimo indictione XI.

Nach dem Orig. im Stiftsarchiv zu Merseburg mit dem beschädigten Siegel des Königs an einem Pergamentstreifen.

Böhmer, welcher diese Urkunde in den Januar 1285 setzt (Regesta Rudolfi p. 125 No. 808), bemerkt dazu: in dieser Gestalt wohl sicher unächt, obgleich nach einer ächten gemacht. Vgl. nach Wilmans Regesta episcop. Merseburg. in Perts Archiv XI. S. 156. Wilmans hält (S. 157) Nova curia irrthümlicher Weise für Freiburg im Kr. Querfurt.

a) Handahof, Eyb. Ortenau.

No. 12. 1285. 8. Nov.

Markgraf Friedrich von Landsberg verkauft dem Bischof Heinrich von Merseburg seinen Hof zu Leipzig, vordem Hof des Vogts von Schkeuditz genannt.

Nos Fridericus dei gratia marchio de Landesberc universis Christi fidelibus hanc paginam inspecturis volumus esse notum, quod venerabili in Christo patri domino Heinrico Merseburgensi episcopo ementi nomine Merseburgensis ecclesiae curiam nostram in Lipzk, quae quondam curia advocati de Sckudiz vocabatur, cum pomerio ante eandem curiam sito et duobus hortis extra muros Lipcenses sitis eidem curiae attinentibus pro sexaginta marcis argenti vendidimus, quam summam pecuniae nobis recognoscimus integraliter persolutam. Eandem itaque curiam, quia ipsam cum pomerio et hortis praemissis ab ecclesia Merseburgensi titulo tenuimus feodali, praedicto domino episcopo et ecclesiae Merseburgensi resignavimus et ex nunc in his scriptis libere resignamus. In venditionis igitur nostrae et resignationis praedictae memoriam sempiternam praesentem paginam conscribi iussimus et ipsam sigilli nostri munimine roborari. Datum Wissenvels anno domini M°.CC°. LXXXV°. VI°. Idus Novembris, praesentibus testibus infrascriptis domino Theoderico Merseburgensis ecclesiae praeposito, Conrado eiusdem ecclesiae canonico, Gevehardo de Querenvorde, Bartholomeo de Livenowe, Heinone et Timone dictis Knut, Heinrico de Slatebach, Heinone de Kirchdorph, Heisone de Mersburg militibus et aliis quam pluribus fide dignis.

Nach einer neueren Abschrift im K. Haupt-Staatsarchiv zu Dresden, da das Orig. im Stiftsarchiv zu Merseburg z. Z. nicht zugänglich war.
COD. DIPL. SAX. II.

No. 13. 1285. 7. Dec.

Markgraf Friedrich von Landsberg eignet dem Stift Merseburg anstatt der dem St. Clarenkloster zu Seuslitz überwiesenen stiftischen Lehnstücke, der Mühle und des Dorfes Naundorf vor der Stadt Leipzig, das Dorf Scetz.

In nomine domini amen. Nos Fredericus dei gratia marchio de Landesberc omnibus hanc paginam inspecturis volumus esse notum, quod quia venerabilis in Christo pater dominus Henricus Merseburgensis ecclesiae episcopus proprietatem molendini siti prope muros Lipzenses apud fratres minores[a]) et villae Nuendorf[b]) eidem molendino adiacentis cum attinentiis suis, quae omnia ad decem et novem marcarum redditus aestimantur et quae nos ab ecclesia Merseburgensi titulo tenuimus feodali, post liberam nostram resignationem ad manus eiusdem domini episcopi factam ad laudem dei omnipotentis et precum nostrarum intuitu de voluntate et consensu totius capituli ecclesiae Merseburgensis monasterio sororum in Suseliz ordinis sanctae Clarae perpetuo possidendam donavit, ne ipsa Merseburgensis ecclesia aliquod pateretur ex donatione huiusmodi detrimentum de proprietate nostra quatuordecim mansos in villa Scetz[c]) quorum Guntherus de Predele tres et dimidium solventes quinque marcas, Wernerus de Kroznewitz tres et dimidium solventes quinque marcas, Theodericus de Ghozonue tres et dimidium solventes quinque marcas, Guntherus de Dubene tres et dimidium similiter solventes annuatim quinque marcas a nobis tenent iure feodali, praedictae ecclesiae Merseburgensi dedimus in restaurum et eosdem mansos cum areis et aliis attinentiis suis ex nunc in ius et proprietatem eiusdem ecclesiae Merseburgensis transferimus in his scriptis. Datum anno domini M°. CC°. LXXXV°. VII°. Idus Decembris, praesentibus testibus infra scriptis videlicet domino Heinrico de Trebecin, domino Heinone Knut, domino Themone Knut, domino Heinrico de Slatebach magistro curiae et aliis quam plurimis fide dignis. In huius igitur rei evidentiam sempiternam praesentem litteram nostri sigilli munimine fecimus roborari.

Nach dem Orig. im Stiftsarchiv zu Merseburg mit dem sehr beschädigten Siegel an einem Pergamentstreifen. Drei weitere auf diesen Vorgang bezügliche Urkunden vom 20., 29. und 30. Jan. 1286 sollen im Urkundenbuche des Klosters Seuslitz mitgetheilt werden.

a) Die Barfüsermühle. b) Das Naundörfchen. c) Rotzsch bei Hohenossig im Kreise Wittenberg?

No. 14. 1287. 29. Sept.

Markgraf Friedrich von Landsberg bestätigt den Bürgern von Leipzig das von Alters hergebrachte Schuldverfahren und fordert thätige Beihülfe des Schultheissen.

Nos Fridericus dei gratia marchio de Landsberc recognoscimus tenore praesentium publice protestantes, quod nostris civibus sive burgensibus in Lipzk liberam quam antiquitus suorum habuerunt debitorum exequendi dedimus facultatem, volentes etiam ut scultetus iam fatae civitatis eisdem in iure sui iudicii cooperetur nullatenus obmittendo. Ne igitur super huiusmodi donatione ulla possit ambiguitas in posterum suboriri | praesentem paginam desuper conscriptam eisdem dari iussimus nostri sigilli |, munimine roboratam. Datum Lipzk anno domini M°. CC°. LXXXVII° in die beati Michaelis archangeli.

Nach dem Orig. im Rathsarchiv zu Leipzig. Das an einem von der Urkunde selbst zum Theil losgetrennten Pergamentstreifen befestigt gewesene Siegel ist abhanden gekommen.

No. 15. 1287. 4. Nov.

Markgraf Otto von Brandenburg bezeugt, es sei ihm bekannt, dass von seine\ Verwandten (avunculus) Friedrich Markgraf ron Landsberg und dessen Schwester (Gerdrudis, jetzt Schwester des S. Claremordens, der Kirche der Nonnen diesers Ordens in Weissenfels namentlich aufgeführte Güter zu Eigenthum überwiesen worden seien| u. A. in Ranstete forensi) quinque talenta et sex solidi, — in civitate Lipz una curia sita iuxta ecclesiam sancti Nicolai, iuxta pontem eiusdem civitatis villa dicta Bets*), in villa Trenowe*) decem et septem marcae, in villa Buch*) V talenta et VII solidi, iuxta parvum Scochere*) quaedam ligna et unum pratum —. Diese Schenkung sei erfolgt in Gegenwart zahlreicher glaubwürdiger Zeugen am 13. Oct. 1285.*

Datum Wizenuels anno domini M°. CC°. LXXXVII. pridie Nonas Novembris hoc est in die sanctorum martyrum Vitalis et Agricolae.

Orig. im K. Haupt - Staatsarchiv zu Dresden.

a) Markraustädt. b) Jetzt die Peltzeller Mark, Wüstung vor dem Gerberthore. c) Thräna, Pat. Belgershain. d) Graevbach, Eph. Grimma. e) Kleinzschocher, Eph. Leipzig.

No. 16. 1288.

Vergleich zwischen Laurentius Abt des Schottenklosters zu Erfurt und den Bürgern von Leipzig bezüglich der Niederlassung und Rechtsverhältnisse zweier Wollenweber und eines Bäckers in der Parochie zu St. Jacob.

Notum sit universis Christi fidelibus hanc litteram inspectaris, quod discordia quae vertebatur inter dominum Laurencium abbatem Scothorum in Erfordia ex una parte et inter burgenses Lyzpenses ex parte altera sedata est amicabiliter et sopita sub hac forma, ut duo textores lanei operis et unus pistor sint in dote et in parrochia ecclesiae beati Jacobi apostoli sita iuxta Lipzk, qui omnem iuridictionem et formam texendi et pistandi servent quemadmodum textores et pistores infra muros Lipzenses commorantes observare consueverunt. Praeterea habebunt facultatem et liberum arbitrium vendendi et emendi sine telonio et omni aggravatione[1] postposita, sicut illi qui sunt in civitate Lipzensi hereditati. Insuper sciendum, quod saepedicti viri videlicet pistor et textores secundum possibilitatem et facultatem eorum subvenient civitati in exactionibus et collectis. Huic autem compositioni interfuerunt viri venerabiles et devoti scilicet dominus Petrus praepositus sancti Thomae apostoli in Lipz, frater Ludolphus prior praedicatorum, frater Theodericus gardianus fratrum

1) Gr. aggravatione.

2*

minorum, qui sigillis suis cum sigillo domini abbatis et sigillo burgensium ad haec statuta in perpetuum observanda hanc litteram duxerunt firmiter roborandam. Datum anno domini M°. CC LXXX VIII° in Erforde.

Nach dem Orig. im Rathsarchiv zu Leipzig mit den Siegeln des Abts, des Probsts (zerbrochen), des Priors und des Gardians, sämmtlich an Pergamentstreifen, welche von der Urkunde selbst x. Th. losgetrennt sind. Das Stadtsiegel scheint nicht angebracht worden zu sein.

Die *los des Schottenklosters zu Erfurt bestand aus den Häusern und Höfen der ehemals Schotten-gässchen, h. z. T. Naundörfchen genannten Strasse. Auf dem westlichen Theile des Ranstädter Steinwegs zur linken Hand befand sich die Kirche, der Kirchhof, die Pfarre mit Garten und die Schule, welche letztere, ebenso wie der Kirchhof, an das Wasser reichte mithin das Areal der jetzt sogenannten kleinen Funkenburg ein-*** Dass aber wesentlich der nach Osten zu gelegene Theil des Ranstädter Steinwegs und das Schotten-gässchens bis an die Pleisse aus den Häusern und Höfen der Pfarrleute von S. Jacob bestand, zeigt schon der am 2. Sept. 1239 in Betreff der zwischen S. Thomas und S. Jacob streitigen Pfarrgränzen von B. Eckard von Merse-burg gethanen Ausspruch, dass zu S. Jacob gehören sollen curiae sive areas *** inter orientalem partem cimi-terii x. Jacobi et opidum Lipzk — sitae Die Behauptung Vogels in seinem unvollendeten Chronicon S 196, die Jacobskirche habe der Anger- oder Jacobsmühle gegenüber gestanden, ist unbegründet; urkundlich wird sie nur als nahe dabei (iuxta) gelegen bezeichnet.

No. 17. 1291. 14. Nov.

Landgraf Albrecht von Thüringen und Markgraf Otto von Brandenburg leisten in Folge Ver-abredung mit Bischof Heinrich von Merseburg auf die Lehn an der Stadt Leipzig und an den vier Gerichtsstühlen bei der Steingrube vor der Stadt, in Rötha, Ranstädt und Lützen zu Gun-sten des Bischofs und Stifter Verzicht und geloben unter unterpfändlicher Einsetzung genannter Schlösser dem Bischof zu Erlangung des Besitzes der Stadt und der vier Bezirke so wie gegen etwaige Widersacher beiständig zu sein.

Nos Albertus dei gratia Thuringorum lantgravius Saxoniae comes palatinus et nos Otto eadem gratia Brandeburgensis et de Landesberch marchio recognosci-mus tenore praesentium publice protestamur, quod placitavimus cum venerabili domino nostro Heinrico Merseburgensi episcopo pro feodo civitatis Lipzk quod nobis conferre promiserat, quod de illis ipsum dicimus absolutum renunciantes eidem civitati Lipzk, iudiciis et universis ad ipsam civitatem pertinentibus, nihilominus faventes eidem, quod illam civitatem cum quatuor sedibus iudicialibus videlicet in fossato ante civi-tatem Lipzk°), in Rotowe°), Ranzatete°) et Luczin°) habeat et obtineat sibi et eccle-siae suae perpetuo possidenda cum omnibus bonis hominibus liberis et infeodatis ad praedictam civitatem pertinentibus et iudiciis praenotatis. Si autem cives praedictae civitatis ipsam civitatem sibi praesentare nollent vel quicunque ipsam in hac inpe-diret vel se de illa intromitteret in praeiudicium sui et suae ecclesiae contra illos impeditores cuiuscunque conditionis fuerint praedicto domino nostro episcopo manuale praestabimus toto posse auxilium et iuvamen, quousque praedicta omnia videlicet civitatem Lipzk et quatuor sedes iudiciales cum suis pertinentiis adeptus fuerit pleno iure. Nullam etiam concordiam sive treugas habere debemus cum iis, qui ipsum inpediunt vel se intromiserint de praedictis, nisi de sui fuerint voluntate. Praedicta

a) Auf dem Zusatz, wie sich mit Bestimmtheit aus einem Eintrage in das älteste Stadtbuch ergibt: kam beim eastmplexen indasd dann saat heredilatau, qui locka Gallust af dem rõss. Gersdorf Stadtbuch von Leipzig vom J. 1546 in den Mittheil. d. Deutsch. Gesellsch. in Leipzig I. S. 117. Grotosbul verlegt (Beiträge x. Gesch. Leipz. S. 48. A.) mit Unrecht die Gerichtsstätte nach der alten Burg. b) Rötha, Eph. Leipzig. c) Markranstädt, Eph. Pegau. d) Lützen im Kreise Merseburg.

13

quoque omnia supradicto domino nostro firma servare promisimus et iuravimus factis
sacris et super eo nostras munitiones obligavimus et his praesentibus obligamus, nos
Albertus Thuringorum lantgravius castrum Arnishouge et civitatem dictam Nuen-
stadt*), nos Otto marchio de Brandeburch Lobstete et Schapowe*) cum ipsorum per-
tinentiis, quas Bartholomeo de Liuenowe praesentavimus nomine pignoris retinendas,
ita quod quicunque nostrum praedicta infregerit et infra mensem postquam ammonitus
fuerit non retractaverit praefatus Bartholomaeus illius munitiones domino episcopo
sine omni vara praesentabit sibi et suae ecclesiae perpetuo possidendas. Omnia quo-
que praedicta successori domini nostri episcopi si ab hac vita decesserit in omnibus
conditionibus firma servabimus et illaesa. Nos etiam post concordiam gwerrae prae-
sentis habitam saepedicto domino nostro et suae ecclesiae fideliter astare promisimus
domino nostro ex merito ut tenemur, quod etiam ipse nobis faciet vice versa, super
quo praesentem literam conscribi fecimus et nostrorum sigillorum munimine roborari.
Testes huius rei sunt nobilis vir Geuehardus de Querenvorde, Guntherus de Slatheim,
Bartholomaeus de Liuenowe, Otto de Ileburch dictus Went, Albertus de Clepz, Fri-
dericus de Oztrowe, Otto de Vipense, Conradus de Redere, Heyso de Schapowe,
Vlricus de Zweym, Mattias Nuenburgensis ecclesiae canonicus Alwardus nostrarum
curiarum prothonotarii. Actum et datum Yleburch anno domini M°. CC°. XC°I°. XVIII.
Kal. Decembris.

Nach dem Orig. im Stiftsarchiv zu Merseburg mit den Siegeln an Pergamentstreifen; das des Markgr.
Otto ist abgefallen.

*) Arnshaugh und Neustadt an der Orla im Grossherzogth. Sachsen. †) Erzbischof bei Merseburg. ‡) Lob-
stein und Lodstein und die Stadt Lanchstädt im Kreise Merseburg zu verstehen sein.

No. 18. 1291. 14. Nov.

*Landgraf Albrecht von Thüringen und Markgraf Otto von Brandenburg setzen alle in den vier
Gerichtsstühlen Rötha, bei der Stringrube vor Leipzig, Lätzen und Ranstädt Wohnenden und
Angesessenen von der mit dem Bischof Heinrich von Merseburg getroffenen Verabredung in
Kenntnis und fordern sie auf, dem Bischof zu huldern und ihre Lehne von ihm zu empfangen,
versprechen alle Förderung im Falle des Gehorsams, sind aber im andern Falle zu Unterstützung
desselben verpflichtet.*

Datum Ileburck anno domini M CC X CI. quarta feria post diem Brixii.

Orig. im Stiftsarchiv zu Merseburg.
Peiters memor. Lipsiens. p. 130. — Vogel Leipz. Annal. S. 34. — Wilkii Ticemannus. Cod. dipl.
p. 96. — Buchholtz Gesch. d. Churmark Brand. Th. IV. Urk. Affb. S. 121. — Riedel cod. dipl. Brand. II.
Bd. 1. S. 198. —
Eine zweite Ausfertigung in demselben Archive, zu Eilenburg ohne Tagesangabe ausgestellt, stimmt
rücksichtlich der Formalien im Wesentlichen mit No. 19 überein.

No. 19. 1291.

Landgraf Albrecht und Markgraf Otto fordern den Schulthriss, Rath und die Bürgerschaft von Leipzig auf, die Stadt dem Bischof von Merseburg zu übergeben und demselben zu huldern. | m. 1

Albertus dei gratia lantgravius Thuringiae comes palatinus Saxoniae, Otto eadem gratia marchio Brandenburgensis et de Landesberc honorabilibus et discretis viris scultheto et consulibus ac communitati civitatis Lipzk salutem et omne bonum. Universitati vestrae innotescimus praesentibus, quod cum reverendo domino nostro Hinrico Merseburgensis ecclesiae episcopo placitavimus et vidimus et cognovimus re vera, ius suum iuri omnium, qui civitatem Lipzk et ipsius attinentias inpetunt longius et melius praevalere, quocirca universitatem vestram duximus studiosissimis precibus exorandàm et exhortandam desiderio quo possumus ampliori, quatenus deum et eius iustitiam cordis oculis intuentes et totius nostri intuitu servitii et amoris vestram civitatem eandem praefato domino episcopo praesentetis facientes eidem et suae ecclesiae omagium, quod hulden in teutunico dicimus, obedientes benivole eidem ut vestro domino de iure tenemini obedire, scientes si in hoc nostris obtemperaveritis precibus et monitis, ita quod praefato domino nostro episcopo ipsam civitatem praesentaveritis et omagium feceritis, quod tunc statim abrenunciavimus et abrenunciamus omni iuri et omni inpetitioni, quam habuimus et habemus super vos et super vestram civitatem huc usque, volentes ad haec promotioni vestrae omni tempore intendere tamquam nobismet ipsis omagium fecissetis. In praedictorum omnium evidentiam praesentem nostram apertam literam vestrae universitati mittimus sigillorum nostrorum appensione roboratam. Data sunt haec Ylburg anno domini M·CC·LXXXX primo. Si vero praefata omnia facere renueritis quod non speramus, tunc scire vos cupimus, quod praefatum dominum nostrum episcopum deserere non possumus nec volumus, sed astare eidem fideliter toto posse. Unde super eo et super praemissis omnibus nobis vestram remandari petimus subiectionis voluntatem.

Nach dem Orig. im Stiftsarchiv zu Merseburg mit den beschädigten Siegeln des Landgrafen und des Markgrafen an Pergamentstreifen.

No. 20. 1292. 4. Jan.

Elena Wittwe des Markgrafen Dietrich und Katharina Wittwe des Markgrafen Friedrich beurkunden, dass Bischof Heinrich von Merseburg der Tochter des Markgrafen Friedrich Elisabeth die Stadt Leipzig mit den vier Gerichtsstühlen und den unerlehnten Gütern in der Stadt zu Leibgedinge geliehen habe.

Nos Elena dei gratia relicta Theoderici marchionis de Landesberc nosque eadem gratia Katherina relicta Friderici quondam Misnensis Orientalis et de Landesberc marchionis bonae memoriae recognoscimus tenore praesentium protestantes, quod hominum et fidelium nostrorum mediante consilio cum venerabili domino Heinrico Merseburgensi episcopo tractavimus, quod idem dominus episcopus suo et ecclesiae suae nomine civitatem Lypzk cum districtibus iudiciorum quatuor aedium iudicialium videlicet aedis ante civitatem Lypzk super fossato quod steingrube dicitur, aedis in Rotowe, aedis in Ranstete sedisque in Luzin et bonis solutis in Lypzk et in prae-dictis districtibus sitis, quae omnia illustris princeps Fridericus marchio Misnensis, Orientalis et de Landesbere a praedicto domino Heinrico episcopo tenuit et postulavit conferri/ filiae suae Elyzabeth ipsi domicellae Elyzabeth nostrae filiae praedilectae contulit eo iure sive titulo, quod lypgedinge volgariter nuncupatur, quod eadem bona pacifice possideat temporibus vitae suae, postquam autem debitum carnis exsolverit Elyzabeth memorata, omnia praedicta civitas et iudicia cum bonis solutis ad prae-dictum episcopum sive successorem suum et ad ecclesiam Merseburgensem libere revertentur, bonis tamen infeodatis sitis in civitate et iudiciis praedictis nec non fas-sallis et hominibus sibi et ecclesiae suae nichilominus reservatis. Ne vero super praemissis cuiquam dubium oriatur praesentem litteram de iussu et voluntate nostra conscriptam sigillorum nostrorum munimine dedimus roboratam. Huius rei testes sunt dominus Heyno, dominus Cunradus et Thymo fratres dicti Knuth, dominus Theodericus praepositus Merseburgensis, dominus Cunradus archidiaconus dictus de Strele, dominus Heinricus scolasticus, Cunradus Hevestrid canonici Merseburgenses, dominus H. de Slatebach, dominus Th. Pubsh et dominus Volfmarus de Hayn et dominus Cunradus de Luppe et quam plures alii fide digni. Actum et datum Wizen-uels in domo fratrum minorum anno domini M°. CC°. nonagesimo II°. Nonas Junii.

Nach dem Orig. im Stiftsarchiv su Merseburg mit einem zerbrochenen Siegel an einem Pergamentstreifen. Ein zweites ebenso befestigt gewesenes Siegel ist abhanden gekommen.
Förstemann s. Mittheill. III. Hft. 2. S., 78.

No. 21. 1292. 26. Aug.

Landgraf Albrecht lässt in Folge eines andersweit mit dem Bischof von Merseburg abgeschlossenen Vertrages die Gerichtsstühle Ranstädt und Lützen auf, und gelobt für Leipzig, die andern zwei Gerichtsstühle, Naunhof und Grimma, welche ihm unter gewissen Verabredungen auf Lebenszeit überlassen worden sind, 2000 Mark Silbers in vorgeschriebenen Zahlungsfristen und mit unter-pfändlicher Einsetzung von Freiburg und Eckartsberga zu bezahlen.

Nos Albertus dei gratia Thuringorum lantgravius et Saxoniae comes palatinus recognoscimus et universis hanc literam intuentibus cupimus esse notum, quod cum venerabili domino nostro .. Mersaburgensi episcopo placitavimus in hunc modum, quod dictus dominus episcopus et ecclesia Merseburgensis duas sedes iudiciales scilicet Ranstete et Lucin cum hominibus, bonis liberis et infeodatis castris curiis et uni-versis bonis quocunque censeatur nomine in his iudiciis contentis retinere debent perpetuo possidendas. Has quidem sedes iudiciales cum praenominatis bonis, quas praefatus dominus noster episcopus nobis in feodo contulerat, in manibus suis resigna-vimus et his praesentibus liberaliter resignamus, renunciantes omni iuri quod nobis in iam dictis bonis quomodolibet conpetebat vel conpetere videbatur, nihil iuris penitus nobis in eisdem in posterum vendicantes. Praeterea praefato domino episcopo et ecclesiae Mersaburgensi duo milia marcarum argenti solvere tenemur in terminis infra scriptis pro eo, quod nobis contulit civitatem Lipzk cum duobus iudiciis in Rotowe

videlicet et in foszato Lipzk, castrum quoque Novam curiam*) et civitatem Grimme
cum universis praedictarum munitionum pertinentiis, quae illustris princeps Fridericus
Missensis marchio bonae memoriae patruus noster a dicto domino episcopo et ecclesia
Mersfburgensi in feodo tenuerat et habebat. Nos siquidem bona praefata a iam dicto
domino episcopo recepimus ad vitae nostrae tempora possidenda hoc proviso, quod
dominus episcopus eadem bona conferet/cui ipsa voluerimus conferenda/et ut ille super
praemissis iudiciis Ranstete videlicet et Lucin et universis bonis in his iudiciis con-
tentis domino episcopo et ecclesiae Mersburgensi praestet consimilem cautionem. De
praedicta vero pecunia a festo beati Martini proximo ad annum mille marcas argenti,
deinde in festo beati Martini subsequente mille marcas eidem domino episcopo et suae
ecclesiae persolvemus, talis videlicet argenti quod cum marca et lotone marca puri
argenti poterit comparari. Si vero dicta pecunia in praenotatis terminis soluta non
fuerit dominus episcopus ipsam sub usura recipere poterit et debebit, ita quod super
singulas quinque marcas loto supercrescet singulis septimanis et sic stabit a festo
beati Martini proximo usque ad tres annos proxime subsequentes, et si tunc iam
dictam pecuniam cum usura in termino praenotato non solverimus, ex tunc illustris
princeps Otto marchio Brandeburgensis eandem domino episcopo et ecclesiae Mers-
burgensi solvet et ipsam super obligata sibi pignora conputabit, quae pignora domi-
nus episcopus ex tunc sine omni suspicione praefato marchioni praesentabit et ea
volumus perdidisse. Ista sunt pignora quae domino episcopo et ecclesiae Mersbur-
gensi pro iam dicta pecunia obligavimus, videlicet Novum castrum cum civitate Vri-
burg b), Ekkardesberge cum civitate et cum iudiciis et universis bonis liberis et infeo-
datis, quae ad munitiones pertinent supradictas, excepto conductu quod geleide dicitur
per Thuringiam, quem nobis volumus reservari. Insuper saepe dictam pecuniam
Mersburg praesentabimus et solvemus eam pondere, quod in camera domini episcopi
extitit ab antiquo. A praenominato quoque domino episcopo civitatem Grimme cum
universis suis pertinentiis iusto feodali titulo recepimus, sicut Fridericus Missensis
marchio felicis memoriae patruus noster ipsam ab eodem episcopo dicitur tenuisse.
Hoc addito, quod si dominum iam praefatum medio tempore quod absit decedere
contingeret, dictam pecuniam domino Bartholomaeo custodi et Cunrado Hebestreit
canonicis Mersburgensis ecclesiae, domino Heysoni de Scapowe et Ulrico de Zweim
militibus praesentabimus et solvemus sub conditionibus supradictis. In cuius rei
testimonium hanc praesentem literam conscribi iussimus et nostri sigilli munimine
roborari. Nos quoque Otto dei gratia Brandeburgensis et de Landesberch marchio
praenominati principis precibus inclinati huic literae nostram sigillum duximus appo-
nendum. Testes huius rei sunt Gefehardus de Quertnvorde, Hermannus de Myla,
Guntherus de Slatheym, Conradus de Redere, Otto de Povch, Conradus Hebestrit
canonici Mersburgenses, Alwardus praepositus in Repin, Heyso de Mersburg, Ulricus
de Zweim milites et alii quam plures fide digni. Actum et datum Mersburg anno domini
M°. CC°. nonagesimo secundo in tertia feria post festum beati Bartholomaei apostoli.

Nach dem Orig. im Stiftsarchiv zu Merseburg. Beide Siegel sind abgefallen.
Peiferi Memorabl. Lipsiens p. 134.

a) Naufhof, Eph. Grimma. b) Schloss und Stadt Freiburg. Erste Querfurt

No. 22. 1292. 26. Aug.

Deutsche Urkunde in Betreff derselben Verabredungen.

Wie Albrecht von gotes gnaden lancgreue zv Duringen vnde phallenzgreue zv Saxen bekennen an dieseme offen brieuen, daz wie geteidinget haben mit vnseme herren deme bischofe von Merseburch alse hie nach gescrieben stet. Vnse herre der bischof sal behalde die gerichte Ranstete vnde Lucin vnde alle die dorf vnd alle die lute vor lent vnde vnuorlent vnde hus vnde houe vnde alle daz gut innehabe swie iz heizet daz da inne lit; daz hatte vns vnse herre der bischof von Merseburch geliegen, nv habe wiez ime wider vf gelazen, vnde swaz wie gutes in den gerichten hatten daz habe wie ieme vnde sime gotshus gegeben vnde vor zien vns alle des rechtes, daz wie dar ane hatten, also daz wie da inne nicht behalden. Wie geben oich vnseme herren deme bischoue zwei thusent marc silbern alsogetanes silbers, des man eine lotige marc mit einer marc vnde eime lote gezvge mac, durch daz daz he vns geliegen hat. Lipzic vnde den Nuwenhof*) vnde alle daz gut, daz vnse vettere marcgreue Friderich von Misne von ieme vnde sime goteshus hatte, daz habe wie inphangen zv vnseme libe vnde sal daz lie zv rechteme lene sweme wie wollen, die ieme also getane gwisset tu, alse wie ieme getan haben vmme die gerichte zv Ranstete vnde zv Lucin vnde vmme alle daz gut, daz da inne liget. Des vorgenanten silbern des sul wie ieme na zv senthe Mertins tage vber ein iar thusent marc leisten, dar nach aber zv senthe Mertins tage vber ein iar sal man aber thusent marc ieme leisten also getanes silbern alse hie vor gescriebet stet; leiste man daz erste vnt daz ander silber nicht, daz sal man vf schaden gewinne, also daz vf vumf marc ein lot ge zv der wochen, vnde sal sten von sente Mertins binnen vort vber drn iar, vnde in gebe wie nicht daz selbe silber in der zit, so sal iz vnse neue der marcgreue von Brandenburch gebe vnde sal iz vf die phant slan vnde sulle wie die da vor vorlorn habe. Dit sint die phant: die Nuwenburch daz hus, vnde Vriburch*) die stat, Echartsberge hus vnde stat, vnde alle die gerichte vnde alle daz gut vor lent vnde vnuorlent daz da zg gehoret; aue daz geleite, daz zv Duringen zv gehoret, daz in setze wie nicht. Dit silber sul wie leiste zv Merseburch, gewegen mit vnses herren des bischouen gewichte, daz von aldere in siner kameren gewesen is. Vnse herre der bischof hat vich vns geliegen Grimme de stat mit alle deme daz da zv gehoret zv rechteme lene, als iz vnse vettere marcgreue Friderich von ieme hatte. Gienge vnse herre der bischof hinnen dieser rede abe, dit silber als iz getedinget is, sul wie leiste hern Bartholomeus deme kustere, Cunrade Hebestrite den tum herren, hern Heinen vnde hern Vlriche sinen ritteren. Daz wie alle diese rede stete vnde ganz halden des gebe wie diesen brif besigelt mit vnseme insigele, mit gezvge hern Gebhartes von Querenuorde, hern Hermannes von Myla, Guntheres von Slatheim, hern Conrades von Redere, heren Otten von Pone, Conrades Hebestrites des tumherren zv Merseburch, hern Ailwardes des probestes von Rupin, hern

---

a) Ranstdof, Eph. Grimma. b) Stadt und Schloss Freiburg, Kreis Querfurt.
1) Or. rechne.
GEO. DIPL. SAX. II. 8.

3

Heisen von Merseburch, hern Vlriches von Zwem vnde andere biderfe lute. Dit is gescchen zv Merseburch, nach gotis geburt thusent iar zwei hundert iar in deme zwei vnde nunziegesteme iare an deme dinstage nach senthe Bartholomeus tage. Wie *17.18.* haben oich gebeten vnsen neuen von Brandenburch, daz he durch cine gewisseit ain *17.'r* insiegel oich henge mit vnseme an diesen brief.

Nach dem Orig. im Stiftsarchiv zu Merseburg. Von den beiden an Pergamentstreifen befestigt gewesenen Siegeln ist das eine abhanden gekommen.

No. 23. 1293. 20. Sept.

Heyno Knut. verkauft sein Besitzrecht an der Barfussmühle und dem Naundörfchen an die
Schwestern des St. Clarenordens (zu Seuslitz.) Vgl. No. 22.

Universis in Christo fidelibus hanc litteram inspecturis Heyno Knût salutem in domino sempiternam. Recognoscimus et tenore praesentium protestamur, quod molendinum situm iuxta murum civitatis Liptzig et villam adiacentem quae dicitur Newendorf, quam possederant dominus Johannes de Branden senior et filius eius Johannes cum omnibus attinentiis et iudiciis tam molendini quam villae, nos iam dictum molendinum et villam memoratam eodem iure per plures annos possidentes, vendidimus ecclesiae sororum ordinis sanctae Clarae cum omnium attinentium et iudiciorum pleno iure. Datum Wisanfels anno domini M CC XCIII. XII Kalendas Octobris. Sigillum non habuimus, idcirco sigillum venerabilis dominae Elenae marchionissae praesentibus duximus apponendum.

Nach einer Abschrift auf Papier aus dem 16. Jahrhundert im Rathsarchiv zu Leipzig.

No. 24. 1299. 16. Nov.

Landgraf Dietrich bekennt, die Stadt Leipzig sowie die Gerichtsstühle zu Rötha und bei der
Steingrube vor Leipzig gleich seinen Vorfahren von der Merseburger Kirche zu Lehn zu tragen,
an welche sie auch nach seinem kinderlosen Absterben zurückfallen sollen.

Nos Theodericus dei gratia iunior Thuringorum lantgravius, Orientalis et Lusaciae marchio in praesentibus recognoscimus et ad universorum tam praesentium quam futurorum notitiam cupimus lucide pervenire, quod civitatem sive opidum Lype cum omnibus suis iuribus et perfinentiis et duas sedes iudiciales seu iurisdictiones videlicet sedem iudicialem in Rothowe et sedem iudiciariam circa fossata eiusdem *li,i* civitatis Lypz iure feodali tenemus et in feudo possidere debemus a venerabili domino nostro Mersburgensi episcopo et ab ecclesia sua Mersburgensi, quemadmodum clarae memoriae progenitores nostri ab eisdem domino episcopo et ecclesia Mersburgensi ab antiquis temporibus eodem iure quiete et libere possederunt, addiicientes et volentes quod si nos sine heredibus quod absit decedere contigerit omnia supradicta tam civitas quam sedes iudiciales cum suis pertinentiis ad iam dictum dominum episcopum et ecclesiam suam iure proprietatis redire debeant libere possidenda. Et ne

super eo dubium aliquod oriatur|sigillum nostrum|praesentibus in testimonium duximus
apponendum. Huius rei testes sunt nobilis vir comes Henricus de Sthalberg, Johannes de Gelynowe, Albertus Knuth fideles nostri, dominus Heyzo de Schapowe, dominus Vlricus de Zweme, magister Johannes notarius noster, Conradus notarius dicti domini episcopi Mersburgensis et alii quam plures fide digni. Datum et actum Lypz anno domini M·CC· nonagesimo nono feria secunda post diem sancti Martini proxima.

Nach dem Orig. im Stiftsarchiv zu Merseburg mit dem sehr beschädigten Siegel des Landgrafen an Fäden von rother und grüner Seide.

No. 25. 1305. 14. Aug.

Heinrich, Th. und Conrad Kämmerer von Gnandstein beurkunden, dass die Aussätzigen des Convents zu S. Johannis vor Leipzig sieben und einen halben Acker aus eigenen Mitteln erkauft haben.

Nos Henricus et Th. et Cunradus camerarii de Gnannenstein praesentibus recognoscimus et ad notitiam omnium volumus pervenire, quod leprosi seu infirmi conventus ecclesiae sancti Johannis prope Lipzk septem agros et dimidium suo conventui pro suis denariis compararunt et hoc nostro favore et Heinekonis filii strenui militis fratris nostri Alberti beatae memoriae benivole accedente. Super quo nostras patentes literas ipsis dedimus pro cautela. Datum Lipzk anno domini M·CCC.V·. in vigilia assumptionis beatae Mariae virginis. Testes hi sunt C. Papa magister consulum, Thomas de novo foro, Symon Ekstet, Jo. de Yleburg et quamplures alii fide digni.

Nach dem Orig. im Rathsarchiv zu Leipzig mit dem beschädigten Siegel des Kämmerers Heinrich von. 6. an einem von der Urkunde selbst z. Thl. losgetrennten Pergamentstreifen.

(Seeburg) Nachträge z. Gesch. Leipzigs I. (Lpz. 1835) S. 23.

No. 26. 1312. 25. Apr.

Der Rath huldet auf Befehl des jüngern Markgrafen Friedrich von Meissen den Markgrafen Woldemar und Johann von Brandenburg und Landsberg.

Nos Rulo de Beringershain, Waltherus de Turgouc, Johannes dictus vorm Zinen, Theodericus de Gyten, Theodoricus de Saletke, Hermannus de Vriberg, Johannes garworchte, Johannes de Grimniz, Johannes de Buntstorf, Syfridus faber, H. de Trenoue, Johannes de Rumilhart consules in Lipzig tenore praesentium recognoscimus fideliter protestantes, quod ad mandatum et iussum domini illustris Friederici marchionis Missnensis iunioris ad manus illustrium principum videlicet domini Woldemari de Brandenburg et de Landisberg marchionis et domini Johannis nobili domino Friderico de Strele et strenuis militibus domino H. de Rochowe et domino H. de Kokeritz omagium fecimus, consensu nostrorum communium concivium in genere accedente. Super quo sigillum civitatis nostrae praesentibus appendimus pro cautela. Datum Lipzig anno domini M.CCC.XII., in die beati Marci ewangelistae.

Riedel cod. dipl. Brand. U. Bd. I. S. 391 nach dem Copialbuche C. I. 4. f. 33 im Geh. Kabinets-Archiv in Berlin.

3*

No. 27. 1312. 4. Mai.

Die Markgrafen Friedrich Vater und Sohn von Meissen bekennen, dass Haus und Stadt Leipzig den Markgrafen Woldemar und Johann von Brandenburg um 2000 Mark mehr, als in den Sühnebriefen angegeben sei, zu Pfande stehe und dass diese Summe zugleich mit dem andern Gelde zu den festgesetzten Terminen bezahlt werden solle.

Wi Friderich der eldere unde wi Friderich sin sun marcgreuen zcu Misne unde in deme Ostirlande bekennen an diseme offenen briefe, daz Liptzk hus unde stat unde daz dar zcu gehört stet unsen liben vetterin marcgreuen Woldemare unde marcgreuen Jane von Brandenburg zcweitusint marke mer uber daz gelt, als in den sunebrifen geschriben stet, di si uns sint geligen habn unde di wir in geldin schullen uf di selben tage, als nach den sunebrifen wi schullen geldin daz andere gelt, unde gebn den disen brief vorsigilt mit unsin ingesigeln. Dirre brief ist gegebin zcu Schirwist nach gotis geburt tusint iar drihundert iar in deme zwelftin iare an der uffart unsis herrin.

Gercken cod. dipl. Brand. I. p. 186. — Gercken verm. Abh. I. S. 146. — Höfer alt. Urk. Deutsch. Spr. S. 96. — Riedel cod. dipl. Brand. II. Bd. I. S. 329.

Wegen der Verpfandung der Stadt Leipzig vgl. die Urk. vom 14. April bei Riedel a. a. O. S. 319.

No. 28. 1314. 18. Juli.

Markgraf Woldemar zu Brandenburg, Lausitz und Landsberg eröffnet dem Rathe und der Bürgerschaft, dass er die Bürger Ticmann und Conrad, die Söhne des frühern Schultheissen, mit dem Schultheissenamt belehnt habe.

Woldemar dei gratia Brandinburgensis Lusatiae et de Landisberg marchio prudentibus consulibus, scabinis et universis civibus civitatis Lipczensis gratiam suam et omne bonum. Noveritis quod honestis civibus Ticzmanno et Conrado, filiis quondam sculteti Lipczensis, officium praefecturae vestrae Lipczensis civitatis contulimus eorumque veris heredibus praesentibus conferimus iusto feodali titulo possidendum eo iure, ut eorum progenitor et cuncti praedecessores dictum officium dinoscuntur possedisse. Mandamus igitur vestrae sinceritati volentes, ut eisdem secundum dicti officii honestatem obtemperetis coram ipsis iuri stando et depositiones iurium in omni reverentia et honore acceptando[1]. Datum Sandow in die beati Arnolfi confessoris anno domini M°. CCC°. XIIII°.

Nach (Johann Christian Barthel's) Diplomatarium Lipsiense II f. 19.b und einer alten Abschrift aus dem 14. Jahrhundert im Rathsarchiv zu Leipzig.

1) acceptando fehlt in der alten Abschrift.

No. 29. 1316.

Die Brüder Tammo und Friedrich genannt von Oelzschau (Elzkowe) eignen bei Unterbringung ihres Bruders Albert im Convent der Aussätzigen zu S. Johannis eine Wiese bei Oetzsch.

In nomine domini amen. Nos Tammo et Fridericus fratres dicti de Elzkowe una cum H. patruo nostro praesentibus litteris fideliter protestamur, quod cum Alberto fratre nostro dilecto, quem infirmitate sua proh dolor exigente apud fratres leprosos ecclesiae sancti Johannis locavimus, pratum quoddam villae Euschiz*) adiacens ipsis fratribus leprosis donavimus et appropriavimus ad ipsorum couventum et collegium, non obstante heredum seu amicorum nostrorum quorumcunque impetitione quiete et pacifice perpetuis temporibus pertinendum. Et ne super huiusmodi donatione et appropriatione dubium aliquod apud posteros oriatur sigillum nostrum pro cautela praesentibus duximus appendendum. Testes huius sunt providi et discreti viri Johannes Cine magister consulum cum ceteris iuratis et consulibus in Lipzk, Th. de Nuwenstat, H. de Trenowe, Jo. Rumlart, Th. de Zwerza, Her. de Vriburg, Ot. sarworchten, Jo. de Kemerie, Pezoldo Pudernoz, Hen. de Pesna, C. Calvo et Th. Episcopo, de quorum favore sigillum praedictae civitatis Lipzk una cum dicto nostro sigillo praesentibus est appensum pro robore sempiterno. Datum Lipzk anno domini M°. CCC. XVI°.

Nach dem Orig. im Rathsarchiv zu Leipzig mit dem sehr wohl erhaltenen Siegel Friedrichs von Elscowe und dem grossen Stadtsiegel an Pergamentstreifen.

(Seeburg) Nachträge z. Gesch. Leipzigs I. (Leipz. 1835) S. 23.

*) Oetzsch, Pat. Goenzsch.

No. 30. 1318. 24. Aug.

Markgraf Friedrich belehnt Johann von Mockau Bürger zu Leipzig mit dem Rosenthal.

Nos Fryd. dei gratia Thuringorum lantgravius Mysnensis et Orientalis marchio dominusque terrae Plysnensis omnibus in perpetuum praesens scriptum intuentibus volumus esse notum, quod fideli nostro Johanni de Mockow civi in Lypez et suis heredibus contulimus atque praesentium litterarum serie concedimus agros et rubeta prope civitatem Lypez sita, quae vulgariter daz Rosintayl nuncupantur, cum omni iure sicut a nostris praedecessoribus in feodo tenuit et possedit iure hereditario perpetuis temporibus possidenda. In cuius concessionis testimonium praesentem litteram dari fecimus sigillo nostri principatus roboratam, praesentibus et testibus Walthero praeposito ecclesiae Mysnensis protonotario nostro, Hartmudo de Bulewicz, Ebirhardo de Malsleybin militibus, Wolfhardo civi in Wysinvels, Tyloni de Swerez, Henrico Hardrat civibus in Lypez et aliis quam pluribus fide dignis. Datum Wysinvels anno domini M°. CCC°. XVIII° in die beati Bartholomei apostoli.

Nach dem Orig. im K. Haupt-Staatsarchiv zu Dresden. An einem Pergamentstreifen hängt ein grösseres Bruchstück des Reitersiegels.

No. 31. 1324. 17. Juli.

Burggraf Albrecht der ältere von Leisnig eignet eine von Thammo von Orlzschau aufgelassene Wiese bei Ortzsch den Aussätzigen zu S. Johannis. Vgl. No. 29.

Nos Albero dei gratia senior burgrauius de Lysnik recognoscimus universis Christi fidelibus visuris vel audituris praesentem literam, quod pratum, quod Thammo de Olschowe a nobis in feodo habuit, situm prope Euschitz nobis libere resignavit, rogando quod idem pratum infirmis ad sanctum Johannem prope civitatem Lypzk conferremus. Nos autem petitioni suae benivole annuentes praedictum pratum infirmis eisdem ob honorem omnipotentis dei et suae matris Mariae virginis gloriosae nec non omnium sanctorum atque in remedium animarum nostrarum salutare conferimus et donamus et appropriamus iure perpetuo possidendum. In cuius rei testimonium sigillum nostrum praesentibus duximus appendendum. Datum Lysnik anno domini .?. M°. CCC. XXIIII. feria sexta ante diem Mariae Magdalenae.

Nach dem Orig. im Rathsarchiv zu Leipzig mit dem beschädigten Siegel des Burggrafen an einem von der Urkunde selbst z. Thl. losgetrennten Pergamentstreifen.
(Seeburg) Nachträge z. Gesch. Leipzigs. I. S. 24.

No. 32. 1335. 22. Mai.

Bürgermeister und Rath bezeugen, dass in ihrer Gegenwart der Bürger Johannes von Mochau (Mokkowe) seiner Schwester Kuneguulis Nonne im Kloster Nimbschen eine halbe Mark von einer Wiese bei Gohlis auf Lebenszeit überwiesen habe.

Nos Jo. de Luybenicz magister civium, Jo. de Pyguuia, Ciratanus de Lindinowe, Jo. de Rotowe, Jo. de Vydritsch, Her. de Stokheym, Andreas pellifex, Conr. de Acie, Petrus de Ruydenicz, Petrus Adolfi, Her. de Brandeys carnifex, Conr. de Ekehartsberge consules et cives opidi Lipczensis tenore praesentium recognoscimus publice protestantes, quod discretus et legalis vir Johannes dictus de Mokkowe noster concivis matura et bona deliberatione praehabita devotae et religiosae sorori suae Kunegundi sanctimoniali in Nymtschen coram nobis ac nostri in praesentia de suo prato in pago villae Golus*) sito, quod inquam pratum a vulgo longum pratum dicitur, suae animae et omnium antecessorum suorum animarum in salutem mediam marcam argenti tollendam et recipiendam nomine et titulo testamenti pie et benivole ad spatium suae vitae habendam assignavit et dotavit, ita videlicet quod praefatus Johannes .. suae sorori praedictae iam recitatam mediam marcam annis singulis circa festum vel in festo Michahelis per se donabit et praesentabit, si autem saepedictum Johannem ab hoc saeculo migrare contingeret quod absit sui heredes modo simili recitatam mediam marcam ipsi Kunegundi super praefixo termino nt praemissum est omni semoto impedimento erogabunt. Praeterea cum praenotata Kunegundis viam

a) Gohlis, Par. Eutritzsch.

universae carnis transierit ex tunc/ Johannes praescriptus vel sui heredes tunc viventes saepe dictam mediam marcam tollent et sibi ipsis in usus suos iugiter conservabunt. In cuius rei stabilitatem ad validas preces praefati Johannis hanc litteram per appensionem sigilli nostrae civitatis fecimus firmiter communiri. Actum anno domini millesimo Č.Č.Č.XXXV° feria secunda in septimana rogationum.

Nach dem Orig. im K. Haupt-Staatsarchiv zu Dresden. An einem Pergamentstreifen hängt das beschädigte grosse Stadtsiegel.

No. 33. 1335. 25. Mai.

Bürgermeister und Rath machen ein Stück Holz zwischen dem Wegeholze und dem Mühlgraben, dem Richter Soyko zu Weissenfels gehörig, schossfrei.

Wir Joh. von Luybenicz burgermeyster, Joh. uon Pygowe, Cirstan Jon Lyndenowe, Joh. uon Rotowe, Her. uon Stokheym, Joh. uon Vydritsch, Andreas khursener, Peter uon Ruydenitz, Peter Adolf, Her. uon Brandeis, Conr. von Ekhartsberge, Cunr. uon der Ekke rat luyte vnde czu wi gemeinen burgere von Lipczik dun khunth vnde wislich allen den, di disen brief gesehn odir in gehorin lesin, das wi mit gutem willen unde mit bedachtim muete deme erberin vnde clugin manne Her. Zoykin deme richtere czu Wissinuels vnde sinen erbin vnde da nach sinen nachkumelingen habin czu einer widerstatunge snlchis schadin, also he[1]) vnsir stat hatte, ein holcz, daz da uor Lipczik sczwischin dem Wegeholcze²) vnde deme mulgrabin lit, ledik vnde vri gegebin ewikfichin allis geschossis, das he dauon solde gebin nach der stat rechte. Wer dich, daz he ymande das selbe holcz hi nach vor khoyfe, der aal iz oich von vnsir stat wegin schos vri besiczin eweklichen von vns vngehindirt. Das wi dise rede stete vnde gancz haldin wollen vnuorandirt darumme babe wi vnsir stat ingesigil gehangin an disin brief czu eime vrkunde. Dirre dinge sint geczuyge her Herman der rittir uon Haldeke, Rudolf uon Buynowe der da unse uogit was, her Weydeman von Haldek, Her. uon Dornburg des aptis uogit von Pygowe, Th. Subirlieh eyn barger von Pygowe, Gerbotc burger czu Wissinuels, Thicz von der Nuwinstat vnde Joh. uon Mokowe burgere uon Lipczk vnde andere uil luyte erin wirdik. Gegebin uon gotis geburte vbir tusint iar vbir dri hundirt iar in deme vunf vnde drisegistem iare in sente Vrbans tage des heyligen bischonis.

Nach dem Orig. im K. Haupt-Staatsarchiv zu Dresden mit dem beschädigten Stadtsiegel an einem Pergamentstreifen.

Das Holz war bereits im J. 1336 an die Dominikaner zu Leipzig übergegangen.

---

1) Hier fehlt im Orig. ein Wort, wie, von oder dgl.
2) Das Wegeholz, acht Acker Holz nächst der Ziegelscheune vor dem Randstädter Thore, hat der Rath im J. 1682 niederschlagen lassen, und vielleicht dabey wissen, die sich dortinnen haben zugetragen.

Markgraf Friedrich vererbt auf Vermittlung des Priors der Dominikaner Dietrich Musolf den — Tuchmachern das Haus am Loche neben den Krämern unter Festsetzung gewisser Beschränkungen für den darin stattfindenden Tuchverkauf.

Nos Fridericus dei gratia Thuringiae lantgravius Myznensis et Orientalis marchio dominusque terrae Plyznensis recognoscimus, quod moti sinceris instantiis viri religiosi devoti nostri fratris Theoderici dicti Musolf prioris conventus fratrum praedicatorum in Lypezk suo et eiusdem conventus sui nomine nobis humiliter supplicantis Hermanno dicto Crfieziger, Heysoni de Querinfurte, Henr. de Bunsdorf, Kûnoni de nova platea, Johanni dicto Lantgreue et aliis eorum in hac parte complicibus pannificibus Lypcensibus domum quandam sitam iuxta institores eiusdem nostrae civitatis super via, quae in vulgo dicitur das Loch, ut inibi pannos duplicis tantum *p.299* coloris grisei videlicet et albi, integros solummodo et non cum scissura ulnae et qui per ipsos fiunt vendere valeant, hereditario iure possidendam contulimus et conferimus in his scriptis, ita tamen quod ex collatione huiusmodi iuri nostro, si quod in domo tali vel circa eam aut eius officium ut praedicitur competeret in praesenti aut competere nobis et nostris successoribus posset in futuro, in nullo penitus derogetur, sed salva nobis remaneat auctoritas de dicta domo aliter et ad placitum quandocunque oportunum videbitur disponendi. In quorum evidentiam praemissorum hanc litteram sigilli nostri patrocinio duximus muniendam, praesentibus et testibus viro nobili comite Henrico de Swarczburg capitaneo terrarum nostrarum generali, Arnoldo de Herauelt milite et Alberto dicto Puster. Actum et datum Lypezk anno domini M°CCC° XLI° feria tertia ante Martini.

Nach dem Orig. im Rathsarchiv zu Leipzig mit dem kleinern Siegel des Markgrafen an einem Pergamentstreifen.

Die Umgebung dieses ältesten Gewandhauses ist im Laufe der Zeiten den grössten Veränderungen unterworfen gewesen. Das Rathhaus stand wenigstens schon im 11. Jahrhundert auf der jetzigen Stelle, hatte aber nach Süden zu eine weit geringere Ausdehnung. Das (nördliche) Eckzimmer des alten Hauses bildete die Rathsstube, welche 1567 neu hergestellt und ausgeschmückt wurde; an derselben Ecke, zu ebener Erde und im Freien befand sich die Dingbank. Im J. 1474 beschloss der Rath, einen neuen Thurm vor das Rathhaus und für die treppin, also itezunt die schoppenstoben stehet, erbauen zu lassen. Auf dem Haum, welchen jetzt der südliche Flügel des Rathhauses einnimmt, stand zunächst ein Haus mit Hofraum, welches bisweilen als das Haus bei dem Thurme (Rathhausthurm) bezeichnet wird, neben diesem das Haus der Tuchmacher, welches Markgraf Friedrich laut obiger Urkunde diesen 1341 überlassen hatte und im J. 1469 der Rath erwarb. Vogel in den Annal. S. 60 gibt die Lage dieses Hauses richtig an: am Rathhaus, wo jetzo die Rathsstube ist. Die südliche Hälfte des heutigen Marktplatzes bildete eine vertiefte Fläche, das Loch genannt, welche mit Krambuden bedeckt war. (Die krame in dem loche gebin italichir VI grosser, zcu den verteilen in dem iare. Stadtbuch v. 1350 S. 119.) Mit Rücksicht hierauf brauchen Urkunden und Rathsbücher in Betreff der Lage der beiden oben bezeichneten Häuser auch die Ausdrücke hus in den kremen, In den kremen vnter dem rathuse (unterhalb des Rathhauses), hus uber dem loche, vor dem loche in den kremen, domus iuxta institores super via, quae in vulgo dicitur das loch. Durch den Durchgang des Rathhauses, welcher ganz nahe am südlichen Ende des Gebäudes sich befand, gelangte man in das Loch, das Rathhaus selbst lag wohl nicht mehr am Loche; daher werden auch die im Erdgeschoss desselben befindlichen Kammern (kameren, kaufkameren) näher bezeichnet als die erste, die andere, dritte, vierte u. s. w. vom Loche (z. B. die andere vom loche, also man in den cramen gehet zcu der rechten hant. Rathsbuch 1463.) Der dritten Kammer gegenüber befand sich ein scheergadem, ein kleines Gebäude, worin die Tuchscherer ihre Werkstätte aufgeschlagen hatten. (Conradus et Laurentius fratres de Merica panni rasores tenentur dare omni anno de boda in qua pannum radent *retro institores* 11 latas grossos. Stadtbuch v. 1350 S. 118.) Diese Kammern oder Gewölbe, welche der Rath gegen einen jährlichen Zins vererbte und von denen im J. 1329 die Gewandschneider acht innehatten, werden 1457 die Kammern unter den bönen (Buhnen) genannt, wahrscheinlich deshalb, weil sie mit einem aus Zimmerwerk bestehenden Vorbau mit Bedachung (mhd. bün, tabulatum, contignatio) versehen waren.

No. 35. 1343. 17. Juli.

Nicolaus Pfarrer zu S. Jacob gelobt dem Abt des Schottenklosters zu Erfurt Gehorsam, bauliche Verbesserung der Gebäude der Parochie und Förderung der Pfarrleute.

Noverint universi praesentium inspectores et maxime hi quorum interest vel qui sua crediderint interesse, quod ego Nycolaus rector parrochialis ecclesiae sancti Jacobi extra muros Lypzensis opidi Merseburgensis diocesis venerabili in Christo patri ac domino domino .. abbati Scotorum monasterii sancti Jacobi Erfordensis Moguntinensis diocesis fecisse obedientiam et debitam subiectionem tamquam capellanus domino suo promisi, et promitto praesentibus dominum meum abbatem iam dictum suosque fratres conventuales promovere iuxta meam facultatem velle toto posse, parrochiam sancti Jacobi extra muros Lypzensis opidi aedificiis et structuris emendare debere, censuales homines eiusdem parrochiae promovere velle ipsosque nolle indebite molestare vel aliqualiter impedire, pro excessibus huiusmodi voti si excessero quod absit correctionem[1] venerabilis in Christo patris ac domini domini .. abbatis Scotorum mei domini praedicti velle subire devote et humiliter sustinere. Ut haec rata grata atque firma observentur, haec vobis et omnibus quorum interest vel interesse contigerit sigillis honorabilium virorum videlicet domini Guntheri praepositi sancti Augustini Erfordensis canonicorum regularium Moguntinensis diocesis nec non domini Johannis praepositi dicti Zuckelose canonicorum regularium sancti Thomae Lipzensis opidi Merseburgensis diocesis cupio fore notum.

Et nos Guntherus dei gratia praepositus sancti Augustini canonicorum regularium Erfordensis Moguntinensis diocesis necnon Johannes praepositus dictus Zuckelose canonicorum regularium sancti Thomae Lypzensis opidi Merseburgensis diocesis recognoscimus ad preces domini Nycolai rectoris parrochialis ecclesiae sancti Jacobi extra muros Lipzenses Merseburgensis diocesis nostra sigilla pro evidenti testimonio omnium praemissorum praesentibus appendisse. Datum et actum anno domini M°CCCXLIII° feria quinta proxima post Margaretae virginis et martyris.

Nach dem Orig. im Rathsarchiv zu Leipzig

11 Or. correctioni.

No. 36. 1345.

Willkür wegen der den Orden und geistlichen Personen in Folge letztwilliger Verfügung zufallenden Grundstücke.

Nach Christi geburt dritzehenhundert iar in deme vinuf vnde vyerzeigesten iare, do Johannes von der Heyde burgirmeyster waz, do wart gewilkort von geheyze

COD. DIPL. SAX. II. A   4

vnseris genedigen herren hern F. maregreven zcü Myßne, daz kayn geystlich ordo
noch keyn geystlich man erbe noch gut vnder im haben sal vbir iar vnde tag, daz
zcû dem wichbilde der stat zcü Lipzk gehore ader dar an gelegen sy, daz en zcé
selgerete gegeben wirt.

Stadtbuch f. 1 im Besitz der Deutschen Gesellschaft zu Leipzig.
Mittheil. d. Deutsch. Gesellsch. I. S. 112.
Vgl. Peifer Memorabb. Lips p. 174. — Schneider Chron. Lips. p. 237.

No. 37.   Um 1346.   19. Nov.

Markgraf Friedrich verpfändet Werther von Witzleben und andern Bürgern zu Erfurt das Geleite zu Leipzig.

Wir Fridr. zc. bekennen zc. das wir mit deme wisen bescheiden manne Wern-
her von Wiezzeeleiben burgere zcu Erforte, Cour. sinem sune, Hanse von Tannenrode,
Hanse von ..., H. von Hermanstat vnde Gunther von Rokstet burgern da selbins
also getedinget haben vnde obireyn komen sint, das wir ym vnser geleite zcu Lypez ⁵⁵/ ³⁷⁄
mit alle sinen geuellen nuezzeen vnde rechten gelassen haben von diseme hutigen
tage ober eyn ganez iar vinne dryhundert mark lotiges silbers Erfordischer were
vnd gewichtes also bescheidenliche, daz der selbe Wernher vnde sine frunde vor-
genant vns an den dreuhondert marcken vnde dry vnde sechzcich marcken, dy wir
deme selbin Wernher schuldig sin, dy dryhondert marck, da vor wir ym vnser
geleite zcu Lypez yezenut seezzeen, abeslahen sullen, vnde di dry vnde sechzeig
marck, di wir ym dar ober schuldig bliben, da sollen sie das selbe vnser geleite zcu
Lypez von [vns] haben also lange, bis das .. sy dy selbin dry vnd sechzcig marck
da von vf genomen haben; wenne das beschiit, so sal vnser geleite zcu Lypez von
yn loz vnd ledig sin vnde an vns vnde vnser erbin lediglich wider gevallen. Were
aber das wir vnser geleite wider habin woldin wenne das iar vz queme, so sullen
wir den vorgenanten Wernher sine sone vnde frunden die vorgeschribenen dry vnde
sechzcig marck gereite geben vnde bezcalen. Vnde das wir dise vorbeschribene
rede stete vnde ganez vnde vnvorbrochehenlich halden sollen vnde wollen, das gelobe
wir vor vns vnde vnser .. erbin in guten truwen an diseme brife. Diser dinge sint
tedingere gewest vnde ouch gezenge Th. Vieztom von Appolde, Vl. von Slathebach,
Alb. von Maltiez, Lutolf von Alrestete, Frid. von Poniez rittere, Heinr. Truchsesse,
Conr. prothonotarius. Dat. in die beatae Elyzabeth

Nach dem Copialb 25 fol. 12 im K. Haupt-Staatsarchiv zu Dresden. Die Schrift ist an einzelnen Stellen fast vollständig verblichen.

No. 38.   1349.

Rechte und Gerichtsbefugnisse der Gerber und Schuster.

Item cerdones et sutores civitatis Lipzeensis habent iudicium super carnifices
et sutores antiquorum calciorum dictos altbuzer excepto iudicio sanguinis, opera

mechanica dandi et locandi facultatem. Item de carnificibus annuatim in subsidium huiusmodi XV solides denariorum usualium et cotidianum iudicium. Item magister horum potest adiudicare et reddere iustitiam omnibus ipsorum iudicium quaerentibus.

Nach Markgraf Friedrichs Lehnbuch (Cop. 24) fol. 33ᵇ im K. Haupt-Staatsarchiv zu Dresden.

No. 39. 1349.

Grundstücke, Aemter, Gerichte und Gefälle in und bei Leipzig, welche von dem Markgrafen zu Lehen gegeben werden.

Item Albertus [de Maltiez] habet a domino in feodum de textoribus in Lipzcik I sexagenam reddituum grossorum praecisorum (Fol. 6). — Item Johannes Porzeik miles habet — in districtu Lipzcig — villam Golaz*) cum suis attinentiis et molendino. Item I mansum prope Lipzcik —. Item curiam in civitate Lipzcig et tabernam (Fol. 26). — Item Karolus dictus vom Haine habet in villa Nuendorf I marcam reddituum. Item prope Lipzcik XXXVI agros pratorum et lignorum. — Otto Phlug miles habet — Golaz, Nuwendorfflichin"—. Ericus de Sultz IIJ mansum in Gozerstote*) districtus Ekirsperg cum LXX agris lignorum. Item ius castrense in Lipzcik. — Nycolaus de Rotow* opidanus Lipzcensis I mansum IIII agros arabiles. Item X agros lignorum prope villam Gutschatz*). Item officium dictum berkmeisterampt. — Item Martinus et Petrus de Grimme habent IIIJ marcam reddituum et indicium super residentes vf der Aldenburg extra muros civitatis Lipzcik. — Nycolaus Lamperti I marcam reddituum in Zcabentz. Item IIIJ marcam in Wochow*.⁴) Item XXI agros lignorum prope pascuam pecudum.*) — Nycolaus et Hermannus filii Fritzeonis monetarii opidani Lipzcensis I marcam reddituum in Olswitz.⁷) Item magistratum super institores. — Item Petrus Marscal et Heinricus dictus Slik habent IIJ marcam in villa Golus. (Fol. 30.) — Conradus et Symon sculteti habent scultetiam et curiam libertatam in Lipzcik. — Item Johannes de Ilburg XXXII talenta denariorum usualium de cerdonibus corium vendentibus. — Item Wernherus de Halle et Johannes de Tammenhain villam Itakwicz districtus Deltsch. Item I marcam reddituum de manso in Golus. (Fol. 33*). — Haec sunt bona Heinrici de Haldeken militis dicti Weidemans et suorum heredum quae habent a domino. — Item theolonium in foro Lipcz et ibidem I curiam. Item Rudenitz*) cum iudicio. Item in Cratendorf*) V marcas reddituum. Item in Schonenfelt XXVIII modios tritici (Fol 34). Hermannus de Friburg civis ibidem LX agros lignorum in Valle rosarum¹) et tertium denarium in iudicio et scalas schrotleitern (Fol. 35).

Aus Markgraf Friedrichs Lehnbuche (Copiale 24) im K. Haupt-Staatsarchiv zu Dresden.

a) Gohlis, Par. Eutritzsch b) Herrengosserstedt, Kreis Eckartsberga. c) Gautzsch, Gph Leipzig. d Warkau, Par. Cröbern. e) Die Viehweide vor dem Ranstädter Thore. f) Ein verschwundenes Dorf, auf der Höhe zwischen Connewitz und Probstheida gelegen. g) Rendnitz, Par Schönefeld. h) Crottendorf. Par. Schönefeld. l) Rosenthal.

No. 40. 1350. 30. Nov.

Markgraf Friedrich weist den Rath an, 40 Schock Groschen jährlich an die von Liebenau zu bezahlen und trifft Anordnungen in Betreff der Wiedereinlösung der verkauften Rente.

Wir Friderich von gotes gnaden lantgrave zcu Düringen, marcgrave zcu Myßn, in dem Osterlande vnde zcu Landisperg, grave zcu Orlamünde vnd herre des landes zcu Plyßn bekennen offenlich, daz wir vnsern lieben getrüwen dem rate vnd den

burgern gemeinlichen vnser stat zcu Lipzcig fierzeig schog breiter groschen, da mit
wir sie an die von Libenow" gewiset haben, also daz sie in der vf sent Walpurg
tag der schirst kunet zcweinzeig schog vnde darnach vf sent Michels tag zcwein-
zeig also alle iar geben sullen, an den anderthalp hundert schog vnser ieriger gulde
ane widerrede fnde hindernizze abeslahen sullen vnde wollen als lange, daz wir den
vorgenanten von Libenow" drihundert schog smaler groschen bezcaln vnde wider-
geben, di° vberigen hundert schog vnde zcehen sullen di° vorgenanten vnser burger
selber in neinen vnde sammen als lange, daz sie die selben drihundert schog da von
wider geben vnde di° vorgenanten gulde abe gekoufen mugen. Wenne ouch daz
geschen, so sullen [sie] der von den obgenanten von Libenow sin enprochen vnde
sich da mit wider an vns halden. Geben zcu Lipzk nach Cristi geburt drizcen-
hundert iar in dem funfzcigsten iar an sent Andreas tage.

Nach dem Orig. im Rathsarchiv zu Leipzig. Das an einem Pergamentstreifen befestigt gewesene Siegel
des Markgrafen ist abgefallen, aber noch vorhanden.

No. 41. 1352. 25. Jan.

*Markgraf Friedrich belehnt Weruher von Halle, dessen Ehefrau und Johann von Tammenhain,
dessen Eidam sammt Ehefrau mit dem von Conrad dem Schultheissen erkauften halben Schult-
heissenamte unter Vorbehalt des Einlösungsrechts nach Ablauf von zwei Jahren und bestimmt, dass
wenn binnen dieser Zeit Simon der Schultheiss, Besitzer der andern Hälfte des Schultheissenamts
sterben würde, dessen Antheil in ihren Pfandbesitz übergehen solle. An demselben Tage belehnt
der Markgraf die genannten Personen mit dem von dem Schultheissen Conrad erkauften
Grundstücke.*

Der herre bekennet, daz er gegunst habe, daz Wernher von Halle, syn wirtin
Elyzabeth, Johans von Tammenhain syn eidem vnde des selben wirtin Margaretha
vnde der selbin kindere burgere zcu Lipzk das halbe teil dez schultheizzinamptes
vnde gerichtes der stad da selbis vnde Conrade schultheizzin vor hundirt schog
breiter iezund bezcalt haben gekoufft vnde yn funfezig schog breiter geligen haben
bereite, den selben personen vorgeschriben der vorgnant herre daz schultheizzinampt
vnde gerichte mit allin synen geuellin vnde czugehorungen erblich hat geligen fride-
lichin ezu besiczen, sulchen vnderscheide doch darunder gesazt, daz der herre von
vnser frouwen tage lichtmesse der nest komit nbir czwei iar vnde nicht elir daz
selbe schultheizzinampte vnde gerichte losen mag wen er wil vor hundert vnde fun-
ezig schog vorgnante. Ob abir Symon schultheizze, der daz andir teil des schult-
heizzinamptes vnde gerichtes besiezeet, bynnen der ezlit den louff dieses geinwertigen
lebins volente, so sullen die vorgnanten Wernher mit synen frauden vorgnanten des
Symons teil mit dem teile, daz vor vmbe Conrade gekomfft ist, phendlich behalden,
also doch daz der herre nach vorfallunge der vorgnanten zceweier iar nug czu ym
daz halbe teil des schultheizzinamptes vnde gerichtes vorgnant oder ganez miteinan-
der nach gruze°) des geldes losen nach der wilkür synes willen. Des sind gerzuge

1) Die lateinische Fassung hat: *secundum placitum*

dy edeln grafen Henrich der elder von Swarczpurg, Gunther syn bruder, Dyther. von Honstein, Thime von Koldicz, Kerstan von Wiezeleiben. Gegeben czu Lipezk an der mittewochen nach Vincentii anno Lij°.

Nach dem Cop. 31 fol. 61ᵇ im K. Haupt-Staatsarchiv zu Dresden. Eine lateinische Fassung findet sich in den Copialen 26 fol. 6ᵇ und 30 fol. 50ᵇ.

Item dominus contulit Wernhero de Hallis, Elizabeth conthorali, Johanni de Tammenhain, Margaretae uxori suae civibus in Lipzcig curiam apud Conradum ... ibidem rationabiliter comparatam cum omnibus suis proventibus et attinentiis iusto hereditario titulo perpetuis temporibus pacifice possidendam et habendam. Zengen wie oben. Datum Lipzcig feria IIII⁴ post Vincentii.

Cop. 25 fol. 50ᵇ.

No. 42. 1352. 25. Febr.

Markgraf Friedrich bestätigt die Innung der Schuster und Gerber.

Item dominus contulit omnibus sutoribus et cerdonibus in Lipczk innungam cum omnibus iuribus et honoribus sicut eandem ab antiquis principibus et suis progenitoribus actenus habuerunt. Datum Lipcz — (sabbato ante Walpurgis.)

Nach dem Cop. 25 fol. 55ᵃ im K. Haupt-Staatsarchiv zu Dresden.

No. 43. 1352. 25. Febr.

Markgraf Friedrich befiehlt dem Vogte zu Leipzig Besitzstücke an Johann Stuz herauszugeben.

Item dominus commisit suo advocato in Lipczk, ut Johanni dicto Stuz inquilino Lipczensi XII agros pratorum et lignorum reddere debeat de quibus se intromisit, nec vult ut quisquam advocatorum de cetero ipsum vel suos heredes in praemissis bonis debeant aliqualiter impedire. Datum — (Lipcz sabbato ante Walpurgis.)

Nach dem Cop. 25 fol. 55ᵇ und 29 fol. 123 im K. Haupt-Staatsarchiv zu Dresden.

No. 44. 1352. 28. Oct.

Markgraf Friedrich weist die Bürger H. von Freiburg und Nicolaus von Löbnitz an seinen Marschall Tymo von Colditz als an ihren Lehnsherrn und belehnt diesen an demselben Tage mit der Judenschule zu Leipzig.

Item dominus contulit nobili Tymoni de Colditz marschalco suo dilecto omnia bona per H. de Friburg et Nycolaum de Lubenitz cives Lipezenses possessa iusto feodi titulo habenda mandans eisdem seriose, ut se cum praedictis bonis ad ipsum marschalcum tamquam ad verum dominum feudi teneant et anhelant. Datum — (Aldenburg an sende Symonis et Jude tage.)

Item contulit ipsi marschalco scolam Judaeorum in Lipczk perpetue habendam et ad suos usus vendendo vel ut melius sibi placuerit convertendam. Datum Aldenburg ut supra.

Nach dem Cop. 25, fol. 57 im K. Haupt-Staatsarchiv zu Dresden.

No. 45. 1352. 9. Dec.

Markgraf Friedrich belehnt die Stadt mit dem Durchzoll im Hallischen Thore.

Wir Friderich von gottis gnaden landtgraue zw Dhoringen, marggraf zw Meissen, in dem Osterlandt vnnd zw Landisberg[1]), graue zu Orlamundt vnnd herre des landes zw Plyssen bekennen — das wir den beschaiden lewten den burgermaistern, dem rathe vnnd der gemeinde der stadt zw Leipzck vnnsern libenn getrawen den durchzolh, der zw dem Hellischen thore daselbst zw Leipzck außgehet, den sie vmb den gestrenngen Heintzen vom Ende ritter[2]) vnnsern liben getrawen recht vnnd redlichen gekoufft habenn, mit allen rechten als er den gehabt hadt gedihenn habenn zw rechtem lehene von vnns vnnd vnnsern erbenn ewiglichenn vnd geruwiglichen zuhalden vnnd zw habenn, vnnd leihen ine den auch an disem selben brine, den wir inen zw vrkunden daruber mit vnnserm furstlichen insigel vernestent haben. Darbey seindt gewest vnnd seindt auch gezewgen die edeln Heinrich graue vnnd herre zu Schwartzburg, Thime von Colditz vnnser marschalgk, Friderich von Wangenheim[3]) vnnser hawptman, Kirstan von Witzlewhen vnnser homerichter, Arnold Judeman[4]) vnser camermeyster, Nickel vom Endt ritter, Vlrich von Thennestett vogt zw Aldenburg. Nach Cristi geburt dreyzehnhundert iare inn denn zwey vnnd funfzigstenn iare an dem sontag nach vnnser frawen tag der letztenn.

Nach dem (im sechzehnten Jahrhundert angelegten) Copialbuche I. fol. 19 im Rathsarchiv zu Leipzig.

1) Or Landisberg. 2) Or. rittere. 3) Or. Wangenheim 4) Or. Judemulor.

No. 46. (1354). 25. März.

Markgraf Friedrich versetzt der Stadt das Vogtding.

Wir Frederich &c. bekennen offinlichen daz wir vnsern burgern zcu Lipczk vnser voitding vorsaczt haben nach deme als ez loz wirt vor hundert schog breiter gr., da vor sie vns redelichen koste gewinnen sullen, ab wir der dürfen wurden; gesche dez nicht, so sullen sie vns hundert schog vf sende Michels tag der schirst komit zcu Lipczk in der stat ledigen, so sie hin gewiset wurden, vnde sullen vns daz selbe voitding vor hundert schog zcu lozen geben wenne wir wollen. Geben zcu Wizzinfels am dinstag nach Laetare.

Nach dem Cop. 25 fol. 8 im K Haupt-Staatsarchiv zu Dresden. Nach erfolgter Wiedereinlösung wurde dieser Eintrag durchstrichen.

No. 47. 1354. 3. Dec.

Erzbischof Otto von Magdeburg beurkundet, dass er zufolge der durch Ludwig den Römer Markgrafen von Brandenburg und Rudolf den jüngern Herzog von Sachsen zwischen ihm und Markgraf Friedrich von Meissen und dessen Brüdern Balthasar, Ludwig und Wilhelm errichteten Sühne den genannten Markgrafen u. A. auch Tuch[a]) mit allem daz dar zcü gehoret und die

a) Taucha. Kgb. Leipzig.

Helsche brugghe[b]) die vor Lipczk liet *zu Lehn gereicht habe.* Gegeben — zu Mersbürch — an sente Barbaren abende der heyligen iungfrouwen.

Orig. mit dem kleineren Siegel des Erzbischofs im K Haupt-Staatsarchiv zu Dresden.

b) Die gewöhnliche Bezeichnung für die heutige Gerberstrasse.

No. 48. 1356. 9. Juni.

Die Markgrafen Friedrich und Balthasar versprechen der Stadt Leipzig solche Bete, wie diese jetzt zur Abtragung ihrer Schulden gegeben, fernerhin nicht wieder zu fordern.

Wir Friderich vnd Balthazar von gots gnaden lantgrauen zeu Duringin, marc-grauen zeu Myßne, in dem Ostirlande vnd zeu Landisperg, grauen zeu Orlammnde vnd herren des laudis zeu Plysne bekennen offinlichen fur vns, vnser bruder Ludi-wige vnd Wilhelme, vnser vnd ir erben vnd tun kunt allen den, dy° disen brif sehen hören oder lezsen, daz wir von den bescheiden lüten den burgern gemeinlichen zeu Liptzk vnsern liben getruwen vnd der stat da selbens sulcher bete, alz sie vns izeunt zeu stüre vnser schülde erloubet vnd gegeben haben, nymmerner eweglichen gene-men noch geuordern sullen noch sie hinnenuort mit sulcher bete in keinerwiis besweren wollen, vnd haben globt vude globen in daz in guten truwen von vnsern, vnser egenanten bruder, vnser vnd irer erben wegiñ ane argelist stete gantz vnd vnuorbrochlichen zeu haldene, vnd haben wir Friderich vnd Balthazar obgenanten vnsere furstlichen grozsen Insigele zeu gezeügnizse merer sicherheit an disen brif lazsen hengin, dar vuder sich vnser egnanten bruder Ludwig vnd Wilhelm vorbun-den haben. Diser brif ist gegeben zeu Aldinburg nach Crists geburte drizcen-hundert iar in dem sechs vnd funfzeigsten iare an dem dornstage vor dem heiligin phingistage.

Nach dem Orig. im Rathsarchiv zu Leipzig mit den wohlerhaltenen Reitersiegeln der Markgrafen Frie-drich und Balthasar an Pergamentstreifen.

No. 49. 1358. 25. Oct.

Markgraf Friedrich befiehlt dem Rathe, von den zu leistenden Jahrenten 150 Schock breiter Groschen an die Grafen Heinrich und Ernst zu Gleichen zu zahlen.

Fridricus dei gratia Thuringorum laudtgrauius, Mißnensis et Orientalis marchio. Vnuser gnade vnnd alles gut znuor. Lieben getrawen burgermeister vnnd rathlewt der stat zw Leipzek. Wenne wir den edeln Heinrich vnnd Ernst gebru-dern grauen zu Gleichen vnnsern lieben getrawen anderthalbhundert schogk breyter grosehen an vnser rechten iarpfleg vff den nehsten sandt Walpurg tag funfczig schog vnnd vff sant Michels tag darnoch komende hundert schog beweist vnnd vorschriben habenn, hirumb heissen wir euch vnnd wollen ernstlich bey vnusern hulden, das ir inn die obgnante summa geldes vff die vorgeschribenn tagczeit zugeben globt, vorbriuet vnnd also vorgewisset, das in gnug. Wen das geschicht, so sagenn

32 —

wir euch desselbenn geldes denn als uns queidt, ledig vnnd lose mit vrkundt diß
brines, der gegeben ist zu Mersebargk nach gots geburt dreyzehnhundert iar in
dem acht vnnd funfzigsten iare am donnerstag vor sant Simonis vnnd Jude tag, vor-
festent mit vunserm insigel.

Nach dem Copialbuch I. fol. 72 im Rathsarchiv zu Leipzig.

Schon am 5. Januar (fritag vor dem obirsten tage) desselben Jahres wiess Markgraf Friedrich die beiden
Grafen von Gleichen wegen obiger Schuldforderung (sie sie von vnser vater seligen oder von vns her gewachsen,
der sie briefe haben oder nicht) an den Rath zu Leipzig. Cop. 26 fol. 19b im K. Haupt-Staatsarchiv zu Dresden.

No. 50. 1359. 8. März.

*Markgraf Friedrich belehnt Wernher von Halle und Hans Tammenhain die Richter zu Leipzig
und des letztern Töchter mit dem Rosenthal.*

Wir Fridrich bekennen, daz wir den bescheiden Wernher von Halle vnde
Hanse Tammenhain sinem eidem richtern*) zcu Liptzig vusern lieben getruwen vnde
des selben Hanses erbin waz im der got beschert Annen vnde Elsin sinen tochtern,
die wir von sunderlichen gnaden vnde vaser furstlicher gewalt zcu knechten vnde
lehuber gemacht haben, also daz sie glich den knechten lehen haben mugen, den
Rosental, der etteswenne Heinr. von Mockow burgers zcu Lipczig gewest ist*), den
sie wider vns redelichen gekouft haben, mit wizewachse, eckern, holeze, hoppfgarten,
erbin, mit den wege, der durch die Angermul get vude allez [daz] darczu gehoret,
wie daz namen mag gehaben, besucht vnde vnbesucht, schozzes vnde alles statrechtes
fri vnde ledig zcu rechtem lehen geligen haben vnde lichen in daz ouch gnediglichen
an disem brive. Datum Lipczig anno LIX° feria VI° ante dominicam Invocavit.

Nach Cop 25 fol. 94 im K. Haupt-Staatsarchiv zu Dresden.

Im J. 1367 am 7. Marz belehnen die Markgrafen Friedrich und Wilhelm Nicolaus genannt Lamprecht
zu Leipzig mit der Muhle in Schönefeld (welche Wernher von Halle und Johann Tammenhain mit andern Gütern
daselbst von jeder Belastung frei besessen hatten) und dem Rosenthal cum pratis agris et cis quae transit mollen-
dinum dictum die Angermul et aliis suis pertinentiis et luribus, prout prius Jo. Tammenhain obtinuit et possedit
iure hereditario possidendum. Cop. 25 fol. 137 im K. Haupt-Staatsarchiv zu Dresden.

a) Vgl No. 44 b) Vgl No. 28.

No. 51. 1359.

Raths- und Gemeindebeschluss in Betreff der Schmiedewerkstätten.

In hoc anno constitutum est per Johannem Schus suosque socios et totam
communitatem civitatis, ne de cetero aliquis faber domum suam variare praesumat
in civitate, ubi ignem et incum habeat, sed si mutare voluerit extra muros civitatis
mansionem sibi procurabit, et si advena vel alienus sibi in ista civitate unionem et
ius civile acquireret seu procuraret etiam sibi mansionem extra muros civitatis ordinabit.

In hoc anno praenotato consules civitatis hi fuerunt Tetzemannus de Syver-
dishayn, Johannes de Tammenhayn, Johannes de Berngershayn, Otto de Lobenitz,
Conradus de Nova Civitate, Heynich de Betz, Nycolaus Oczing, Conradus de Hallis,

Heynrich de Vrobûrg, Johannes de Ylebûrg et Conradus de Greten cum praescripto Johanne Schus magistro civium.

Nach dem Stadtbuch fol. 1 im Besitz der Deutschen Gesellschaft zu Leipzig.
Mittheill. d. Deutsch. Gesellsch. I. S. 111—112.
Vgl. Peifer Memorabb. Lips. p 175.

No. 52. 1359.

Raths- und Gemeindebeschluss, dass kein Bürger oder Einwohner Vorsprche eines Ordens oder Klosters in der Stadt sein solle.

In eodem praescripto anno constitutum est per Johannem Schus magistrum consulum suosque socios et totam communitatem civitatis, ne aliquis huius civitatis civis vel inquilinus praesumat de cetero esse procurator alicuius ordinis vel claustri huius civitatis, nisi eorum sit praebendarius et inhabitator claustri, sub poena quinque marcarum. Et si aliquis pro amico suo peteret eandem poenam mitigari, tunc petens similem solveret et incideret poenam.

Nach dem Stadtbuche fol. 1 im Besitz der Deutschen Gesellschaft zu Leipzig.
Mittheill d. Deutsch. Gesellsch. I. S. 112.
Vgl. Peifer Memorabb. Lips p. 174.

No. 53. 1359.

Verpflichtung umliegender Dörfer zum Wege- und Brückenbau.

In deme iare nach gotis gebûrt thûsent drihûndert in deme nûen vnde vinuftzigesten iare, do Hensil Sthûs bûrgermeister was vnder deme diz bûch gemachet wart, alse vore in disem bûche geschriben ist, do waz man erre wûrden vnde waz in vârgessenheyt komen vmme die Helleschen brücken vnde ouch vmme andere brücken vnde wege der stat zeû Lipczk, dar vil gebûre vnde dorfere vmme in der solbin stat zeol vri von vnserm akklem herren gemacht sint. Do wûrden de solbin gebûre vnde dorfere, de da zeol vry sint, besant vor den solbin raet der stat; alda benanten ir eyn teil, waz itlicher vnde itlich dorfschaft machen adir geben sal nach deme alse hir nach geschriben ist; doch bleib ir eyn teil vnschriben vmme kriges willen, de sprachen, se weren vri von iren vrien sadelhouen vnde von anderen wederreden, de doch ungelouplich waren.

Von erst bekanten de gebûre von Schusen*), daz se sûlen machen de ersten rôten *von deme vlize zeû deme thore wert, sûnde die lantueste die sal die stat machen wenne iz noit ist. Die gebûre von Synerdishayn*) bekanten ezû machene die anderen roten, die gebûre von Voxhole°) de dritten, die gebûre von Holtzhûsen⁴) die vierden, die gebûre von der weinigen Pezen°) de viunften.

a Sehausen. Par Gronowicleitzsch, b Selferstchaim, Eph arimms c Fuchshain. Par Seifersthain d Holtz
ausen. Par Probstheida c Kleimpössna. Par Seifersthain
com lars aat it s

Dar nach bekanten die gebûre von Zcûkelowen'), daz sc sollen machen eyne
ruten von deme vlieze zen der stat wert vor Hechtes hûbe vnde deme Hirz, daz
etteswenne waz Tetzen von den Greten. Die gebûre von Wachowe*) de bekanten
zen machene die anderen röten vor Heusilz hûsc von Vderitz. [Dy gebuer von Wol-
c nishayn*) bekantin dy drytte rute ezu machin.] Die gebûre von der Heyde') bekanten
der nûnten rûten von deme vlize zeû der stat wert zeû machene. Die gebûre von
Hersnelt*) bekanten zeû machene eyne röthen vor deme hûse, daz etteswenne waz
Jenchin Swartzen. Die gebure von Baldewinstorf') bekanteu eyner röthen zeû
machene vor deme hûse, daz etteswenne waz Henninges von der Pezen vnde vor
'r deme hûze Tetzen Meynhart.

Die gebûre von der Trenow*) bekanten zeû machene die anderen röthen von
der Pardebrücken kegen deme vsensten thore wert. Die gebûre von der grozen
Pezen*) de dritten rothen dar nach. [Die gebur von Gossowe*) bekanteu die
virden roten.]

r   Die gebûre von Gosehalkisnûwendorf vnde von Schûmanznûwendorf*) de
sollen hûlfen dar zeû vnde geben, wenne iz noit ist daz man de steynbrücken
machen mûz vor deme Ranstedischen thore, nach der burger genaden. Die gebûre
von der Tyehle*), von Blesin') vnde von Nytz'ı die sollen machen die ersten brücken
bie der angermolen mit deme wege, itlich dorfschaft siben vûze. Der augermol-
x nere sal decken de Lemannesbrucken. Die gebûre von Golisch') de sollen machen
de Schottenbrücken von deme grunde vf vnde decken. Die selben bekanten ouch
in deme vorgeschribenen rathe vf die tichbrucken zeu machene vor deme wege-
holtze*). Die gebûre von Mokerene') de sûllen decken die winbrücken. De gebûre
von Lindenow*) de sollen halb machen de Lindenoweschen brücken von grûnde vf
rr kegen der stat wert.

Die gebûre von Mokerene geben alle iar zeû sente Jacobs tage dri schillinge
breyter phenninge zeû wege gelde. Die gebûre von Rudenitz de geben alle iar zeû
deme vorgeschribenen tage eynen schilling breiter phenninge. Die gebûre von Milt-
zene') geben alle iar an sente Jacobz tage zewene schillinge breyter phenninge. Die
ıo gebûre von Mockow*) geben alle iar an sente Jacobz tage vinnf schillinge breyter
phenninge [adir XV gr.] De gebûre von Vderitz'ı geben alle iar zewene schillinge
breyter phenninge an sente Johannis tage baptisten. Die gebure von Nytz geben
alle iar vierezendenhalben breyten phenning an der vorgeschribenen tagezeit. Die
ıı gebure von der Techele geben alle iar an derselben tagezeit achtzehen breyte phen-
ır ninge. Die gebûre von Blesin geben alle iar vf de selben tage achtzehen breyte phen-
ninge. Die gebûre von Melkow**) geben alle iar an der selben tagezeit eynen schil-

f) Zcrkelhausen, Par. Probstheita. g) Wachau, Par. Cröbern. h) Wolfshain, Par. Beucha. i) Probstheida. Eph.
Leipzig. k) Hirschfeld, Par. Engelsdorf. l) Baalsdorf, Eph Leipzig. m) Threna, Par. Belgershain. n) Grosspösna, Par.
Liebertwolkwitz. o) Göldengossa, Eph. Leipzig. p) Wahrscheinlich Englandsdorf, Par. Engelsdorf, aus der Vereinigung beider
Dörfer entstanden. q) Untergegangenes Dorf, dessen Name noch in der Thonlak irche im Volksmunde Tschelkirchel fortlebt. Vgl.
Gersdorf Mittheil. d. Deutsch. Gesellsch. I. S. 111. A. K. r) Plösen, Par. Cleuden. Neutsch. Par. Cleuden. t) Gohlis, Par.
Knautz-b. u) Ueber das Wegeholz vgl. No. 31. Der Teich — piscina prope et late valvas Ranstedtsensem (Stadtbuch v. 1359
S. 117.) wird öfters erwähnt; er befand sich in der Nähe des Predigerholzes und wurde den Dominikanern im J. 1453 überlassen.
1575 gaben die Herzöge Ernst und Albert ihre Ansprüche auf ein haus gnant vf dem tiche zu Gunsten der stadt auf. v) Möckern,
Par. Eutritzsch. w) Lindenau, Par. Leutsch. x W. M. im 16. Jhdt als Melwitter Mark mit Säntteritz vereinigt. Gersdorf Mittheil.
* 152. A 1 Herzog Nachweist über Marken im Arch. f. d. Sachs. Gesch. II. S 91. y) Mockau, Par. Cleuden. z) Eutritzsch. Eph.
Leipzig. aa) Molkau, Par. Baalsdorf

ling breyter phenninge. Die clostervrowen[bb]) geben alle iar an sente Johannes tage bapt. sechs smale grossen ader V breyten grossen [V. sol. den.] Die[1]) von Stosen[cc]) sullen gebin alle iar vff Jacobi sechs grossen zcu brugkegelde. Winter von der Kain sal geben aller iar dry grossen czu wege gelde. Die gebüre von Klewdemar geben alle iar IX große swertgroschen.

Nach dem Stadtbuch fol 53 fg. Im Besitz der Deutschen Gesellschaft zu Leipzig. Mittheill. I. S. 120 fg.

bb) Des Nonnenklosters zu S. Georg Benedictinerordens vor Leipzig cc) Stösser, südlichen im Weissenfelser Kreise. 1) Die in eckige klammern gestellten Worte und die folgenden Einträge rühren von verschiedenen Händen des 15 Jahrhunderts her.

No. 54. 1360. 29. März.

Markgraf Friedrich eignet 5 Mark jährlicher Gefälle zu Schlis, welche der Rath von Erich von Sulze zu Ausstattung eines Altars auf dem Rathhause erkauft hat.

Wir Fridrich von gotes gnaden lancgrafe zcu Duringen, marcgrafe zcu Myssen, in dem Osterlande vnd zcu Landesperg, grafe zcu Orlamunde vnd herre des landes zcu Plyssen bekennen offenlichen an disem geinwertigem briefe vnd tun kunt allen den die in sehen oder horen lesin, daz wir mit gutem vorrate vnser heimelichere sunderlichen durch got, vnser eldern, vnsern selbins vnd vnser erben selikeit den bescheiden lüten den burgermeystern, den reten vnd den burgern gemeinlichen zcu Lipezig vnser liben getruwen vmbe manigneldigen redelichen dinst, den sie vns getan haben vnd nach furbaz tun sullen, funf mark geldes ierlicher gulde, die sie wider Erich von Sulcze recht vnd redelichen gekouft haben gelegen zcu Scliez[a]) des gerichtes zcu Tuch vf daz rathus zcu Lipezig zcu eynem selgerete vnd einen alter damite zcu wydemen vnd zcu machen, gegebin vnd als eygens recht ist geeygent haben gernwglichen zcubehalden vnd zcubesiczen, also daz dieselben burgere den alter ewiglichen liehen vnd reychen sullen, vnd gebin vnd eygen in ouch die egnanten gulde gnediglichen mit vrkunde diez briefes. Da bi sint gewest vnd sin ouch geczuge die edeln grafe Diethrich von Honstein, Gebehard von Quernfurte, Fridrich von Wangeheim, Cunrad von Tannrode vnd die strengen Kristan von Wierzeleiben honerichter, Heinrich von Kothewicz canceler, Diethrich von Holczhusin vnd ander frumer lute gnug. Gegeben zcu Wizzenfels nach Cristi geburte driczenhundert iar in dem sechezigesten iare an fritage vor Palmen, mit vnserm furstlichen insigel vornestent daran gehangen.

Nach dem Orig. im Rathsarchiv zu Leipzig mit dem Reitersiegel an einem Pergamentstreifen.

a) Schliz, Par. Dewitz.

No. 55. 1360. 4. Dec.

Markgraf Friedrich bekennt, dass er Naunhof, die Städte Grimma und Leipzig und die Gerichts-stühle bei der Steingrube vor Leipzig und zu Rötha gleich seinen Vorfahren von dem Bischof und dem Stift zu Merseburg zu Lehn trage.

Nos Fridericus dei gratia Thuringiae lantgravius, Misnensis, Orientalis et in Landesberg marchio, comes in Orlamunde dominusque terrae Plysnensis recognoscimus et ad universorum tam praesentium quam futurorum deducimus notionem, quod ob divinae remunerationis meritum humilitatisque causa quae mater virtutum exstitit castrum nostrum dictam Novam curiam nec non civitates nostras sive opida videlicet Grymmis et Lipezig et duas sedes indiciales seu iurisdictiones videlicet sedem indiciariam circa fossata eiusdem civitatis Lipezk et sedem iudicialem in Rottow cum omnibus suis iuribus et pertinentiis universis iure feodali tenemus et in feudo possidere debemus a venerabili domino Fridrico Merseburgensi episcopo et ab ecclesia sua Merseburgensi, quemadmodum clarae memoriae progenitores nostri ab eisdem domino episcopo et ecclesia Merseburgensi ab antiquis temporibus eodem iure quiete et libere possiderunt. Et ne oblivio interveniat aliqualis quae mater erroris existit, praesentem paginam scribi nostrique principatus maioris sigilli munimine iussimus solidari, praesentibus et testibus nobilibus ac strenuis Ulmanno comite et domino in Honstein, Fridrico de Schonenburg domino in Gluchow, Kristano de Wiezleybin indice curiae nostrae, Heinrico de Kothewicz cancellario nostro, Arnoldo Judemanno, Jan de Lengeueld militibus et Nycolao notario nostris secretariis et fidelibus dilectis. Actum et datum Lipezk anno domini millesimo CCC°. LX°. in die Barbarae virginis gloriosae.

Nach dem Orig. Im Stiftsarchiv zu Merseburg mit dem Siegel an einem Pergamentstreifen.

No. 56. 1360. 6. Dec.

Item dominus contulit Jo. Stuz civi Lipcensi et suis heredibus *parrum thedoneum quod quondam ibidem in Lipezk ad mouutam pertinebat.* Datum anno LX° die beati Nycolai.

Copiale 25. fol. 105 und 27. fol. 53 im K. Haupt-Staatsarchiv zu Dresden.

No. 57. Vor 1361.

Vnsere bürgere vnde dy dri rete haben vbirtr(a'gen mit deme geleytismanne vnsir stat nach aldir küntschaft, *daz vnsere bürgere von irem güte, noch dy' de turerstraze varen adir rechte keyn geleyte en gebin, sunder was dy' gebin, dy' kegen Halle nach sultze varen.*

Nach dem Stadtbuch fol. 1 im Besitz der Deutschen Gesellschaft zu Leipzig.
Mittheil. d. Deutsch Gesellsch. I. S. 112.

No. 58. 1361. 7. Juni.

Markgraf Friedrich erlässt im Einvernehmen mit seinen Brüdern Balthasar und Wilhelm der durch Brand heimgesuchten Stadt auf fünf Jahre die Jahrbete, behält sich aber die Heerfahrtsdienste vor.

Wir Fridrich von gotes gnaden ꝛc. [bekennen], daz wir mit willen vnd wizzen hern Balthazara vnd hern Wilhelme vnser lieben brudere vnd mit gutem vorrate vnsere heimelichere den bescheyden burgern gemeinlichen zcu Lipczk vnser lieben getruwen von brandes vnd schaden wegin, der die stad daselbens vbergangen hat, irer rechten iarbete, die ie des iares leuft vf anderthalb hundert schog breyter groaschen, von sende Michels tage der schirst kunet furbaz vber funf gancze iar nebst nacheinander volgende friheyt gegeben habin vnd sagen sie derselben iarbete die egnante zeiit ouch ledig vnd los mit vrkunde ꝛc., doch also, daz sie vns zen herferten vnd zcu andern vnsern notlichen geschefden glicherwiis als andere vnser stete volgen vnd dynen sullen anc allen vorezog vnd widerrede. Datum Gotha anno LXI° feria secunda post Bonifacii.

Nach dem Cop. 26 fol. 31 im K. Haupt-Staatsarchiv zu Dresden.

No. 59. 1361.

Willkür in Betreff des Verkaufs städtischer Aecker und Güter an Fremde.

In dem tusent drihundert in dem eyn vnde sechtigesten iare nach Christi gebürt, do waz Tetzeman von Syuerdishayn bürgirmeyster, vnder dem wart gewulbürtet daz vor gewilkoret waz by alder zeit, daz man keynen acker noch keyn güt sal vor koufen von der stat noch vz der stat, iz en were der stat wille.

Nach dem Stadtbuch fol. 1 im Besitz der Deutschen Gesellschaft zu Leipzig.
Mittheill. d. Deutsch. Gesellsch. I. 8. 112.

No. 60. (1361.)

Beilegung des Streites zwischen dem Kramermeister und den Kramern um des erstern Jahrzins und Gewette.

Da Tyczman von Syfridishayn burgermeystir was, do schuldigete der kramermeystir dy kramere vmme syne gewette vnde iarczins mer denne sy bekantin. Do behilden sy uf den heyligin, daz sy ein nichemer pflichtig wern czu gebene, denne ierlichin eyn pfunt Lypeziger pfennige vnde sechs pfennige [zu] dem gewette vnde idem gewerke dry pfennige. Daby ist gewest Johannes Husang, Pudernas, Volrad in keginwertikeyt dryer rete ꝛc.

Nach dem Stadtbuch fol. 2 im Besitz der Deutschen Gesellschaft zu Leipzig.
Mittheill. d. Deutsch. Gesellsch. I. 8. 113.

No. 61. Nach 1361.

Bestätigung der städtischen Willkür wegen der heimlichen Verlobungen.

Wir Johannes Lyndenow bürgirmester, Johannes Sthůs, Johannes von Tammenhayn, Nykel Otzing, Otto von Lobenitz, Nykel Adolf, Conrad von Halle, Johannes von Yleburg, Heynrich von Vroburg, Conrad von den Greten, Johannes von Kollisene vnd Johannes Lange ratislůte der stat zců Lipzk bekennen offentlichen in dezem bůche, daz dye sache, dye etteswenne gewillkoret waz, dye hir nach gescribin stet, by vns vulliglichen gevůlbůrtit ist vnde bestetiget in kegenwertikeyt vnde willen drier rete vnde anderir vnser myteburgere gemeyne. Wilch besessen beerbit vnsir burgere adir sin son auspricht eyne vngenannete adir vnbestatete iůnevrowen zců der ee, vnde wirt dye mayt geforderit vnde blibit nach der e rechte yenne, deme se dye e gelobit hat ane irer nesten frůnde willen, dye iůnevrowe hat ir erbeteyl vorloren, gerade sal ir abir volgin. Vůlbrengit her iz abir nicht yener, der dye iůneurowen angesprochen had, nach der e rechte, so sal her růmen vz deme wichbilde vnde sal vzwendig der stat syn hand irt iar vnde iar vnde tag. Were iz abir eyn vnbesessen bůrger adir eyn inkomen man, der eyne iůneurowen also auspreche vnde des nicht vůlqneme, der sol des halsis sin bestanden.

Nach dem Stadtbuch fol. 1b im Besitz der Deutschen Gesellschaft zu Leipzig.
Mittheil. d. Deutsch. Gesellsch. I. S. 113.
Die städtischen Statuten, deren älteste z. Z. vorliegende Aufzeichnung aus dem 16. Jahrhundert stammt, enthalten unter 1: Welche Jungfrau oder junger Gesell, Bürgers Söhne oder Töchter, sich selber verloben ohne ihrer Eltern Wissen und Willen, die haben ihr Erbtheil bis auf ihre legitimam verloren. Das sollen die Eltern ihre Kinder mit Fleiss berichten, dass sie sich mit keiner Unwissenheit zu entschuldigen haben mögen. Vgl. Schneider Chron. Lips. p. 241.

No. 62. 1362. 5. Jan.

Landgraf Friedrich eignet mit Genehmhaltung seines Bruders Balthasar dem Kloster Altzelle auf Bitten des Abtes daselbst Johannes von Mockow daz zeinsgut, daz da heizzet Phaffendorf) zcu Lipczig vor der stat vnd dem vorgnanten apte anerstorben ist, mit ackern holczern wysen vnd allez daz dar ezu gehoret, also als iz sin vater Hannes von Mockow dem got gnade vormals gehabt vnd vorczinset hat gein dem geystlichen hern .. probiste von sende Thomas daselbens zcu Lipczig vnd ouch gen dem strengen hern Otten Phluge, vnd darezu vier steyne vusleides ierlichs zcinses, die man alle iar gibt vnd geben sal dem vorgnanten clostere zcu der Celle vz dem kuttelhome*) zcu Lipczig —. Gegeben zcu Dresden nach gots geburt driczenhundert iar in dem zcwey vnd sechezigsten iare an mitewuchen vor dem obirsten.*

Orig. mit wohlerhaltenem Siegel im K. Haupt-Staatsarchiv zu Dresden.

a) Das Ratherorwerk Pfaffendorf. Par. St. Thomä zu Leipzig   b) Wahrscheinlich am Fleischerplatze an der Mühle oder in der Nähe der Schlachthöfe gelegen

No. 63. 1363. 20. Aug.

Markgraf Friedrich belehnt die Stadt mit dem von Thimo von Kolditz aufgelassenen Marktzoll.

Wir Friderich von gotes gnaden lantgraue zcu Doringen, marggraue zcu Missen, in dem Osterlande vnd zcu Landisberg, graue zcu Orlamunde vnd herre des landes zcu Plissen bekennen —. Als der edile Thime von Colditz der eldere vnser lieber getruwer fur sich, sinen vetter hern Thimen vnd ire erben den margtzol in der stad zcu Lipcz von vns zcu lehen gehabt vnde vns die selben lehen in vnser geinwertikeit williglich hat vfgelazzen vnd gebeten, den selben zcol den burgern gemeinlichen der stad daselbins zcu lihinde, daz wir mit wolbedachtem mute, in geinwertikeit mit willen vnd wissen vnsers lieben bruder ern Wilhelms vnd vorrate vnser heimlicher den egnanten ratisluten vnd burgern gemeinlichen zcu Lipczk vnsern lieben getruwen denselben margtzol zcu rechtem lehen geligen haben von vns vnd vnsern erben geruwiglich zcu behalden vnde zcu besiczen, vnd lihen in ouch den egnanten zol gnediglichen mit vrkund dises briues. Hirby sint gewest vnd sint ouch gezeugen die edeln grawe Diterich von Honstein, Gebhart von Quernfurt herre daselbins vnd die strengen Heinrich von Kothewitz canczler, Diterich vom Honsperge marschalk, Kristan von Wiczleuben, Johan von Lengenfelt, Heinrich von Brandenstein ritter vnd mer guter lute den wol ist zcuglouben. Geben in der Phorten nach Cristi geburt drizcehenhundert iar darnach in dem drei vnd sechzcigesten iare am nesten sontag vor sente Bartholomei tage, benestent mit vnserm sigil daran gehangen.

Nach dem Copialbuch I. fol. 19ᵃ im Rathsarchiv zu Leipzig. Mit Zuziehung des Cop. 25 im K. Hauptstaatsarchiv zu Dresden, welches auf Blatt 121 den groisten Theil der Urkunde enthalt, sind die Auswelchse in der Schreibung des 16. Jahrhunderts beseitigt worden.

No. 64. 1363. 4. Dec.

Die Markgrafen Friedrich und Wilhelm berechnen sich mit Hans und Heinrich Hosang, welche für sie Darlehen aufgenommen haben, und weisen sie mit der nach Abrechnung der aus dem Geleite erhobenen Beträge verbleibenden Restforderung an die Landlete und das Geleite zu Leipzig.

Wir Friderich vnd Wilhelm ꝛc. bekennen ꝛc. daz wir den bescheiden Hanse vnd Hinrich Hosange genant burgern zcu Lipczk vnser lieben getruwen vns gewinnes wegen, den sie vns alle czit biz her getan vnd redelichen in geinwertikeit vnsers houerichters vnd schribere berechint haben, nach allen abeslegen aue von dem suntage noch Katherinen nest vorgangen*), von der czit sie vns von dem geleite her rechen sullen, schuldig sint vnd bliben fier hundirt schok zcwei vnd funfezik schok sibin vnd zewenezik gr. breiter vnd sibin phennige, die selben summen geldiz haben wir in vnd irn erben mit gutem vorrate vnd wolbedachtem mute bewiset vnd bescheiden an vnser geleite vnd lantbete zcu Lipezk zcu allen cziten vfzuheben vnd inzcen-

*) 20 November.

nemen nne allen vorezok vnde hindirnizze alzo lange, biz daz sie die egenanten smumen geldiz nach redelichen rechenungen gar vnd gancz ufgenomen haben. Were onch, daz wir in ir gelt in kurezer frist bewisten nu andirn steten, daz in dar an gnugete, odir in an gereitem gelde ire schulde beezalten, so solde die obgenante bewisunge vorbaz nicht mer craft haben noch behalden. Ouch sullen wir in die egenante bewisunge nymmir gegrifen noch genallen noch niemande gestaten, der sie in dheinewiz von vnser wegen dar an hindere. Datum anno LXiij° die beatae Barbarae.

Nach dem Cop 26 fol. 16ᵇ im K Haupt-Staatsarchiv zu Dresden.

Bei anderweiter Berechnung am 21. Febr. (feria quarta ante Mathiae) des folgenden Jahres stellte sich, nach Abrechnung der seit dem 26. Nov. 1363 aus dem Geleite erhobenen Summen, in Folge erneuerter Geldanfnahmen eine Forderung der beiden Ilosang in der Höhe von 595 Schock 46 Gr. 7 Pf. heraus, mit welcher sie (vnd ezu irre hand Hannis Taumenhain vnd Henczel Gunthers purger daselbens) wiederum an das Geleite und an die Landhrте zu Leipzig gewiesen wurden. Cop. 26 fol. 8 im K. Haupt-Staatsarchiv.

No. 65. 1364. 28. Apr.

Markgraf Friedrich befreit den Juden Benjamin und dessen Angehörige nuf zwei Jahr von der allgemeinen Judensteuer und bestimmt die Leistungen und Rechte derselben.

Wir Fridrich bekennen, daz wir Benyamyn, sines wibes muter, Eliaz[ar] synen schulmeister vnd Jacob sinen knecht vnsere besezzen iuden zeu Lipez von sunderlicher gnade vz der gemeynen sture vnde bete, die vns andere vnsere iuden phlegen zengeben, vzgescheiden vnd gnumen haben von sende Michels tage schiirst kumende zewei ganeze iar nest noch einander volgende, vns selbir in vnsere kamere zeu dienen¹). Darumb sullen sie vns vf ý daz iar der egnanten zeweiger iar funfezig guldin geben vnd beezalen ane vorezog vnd widerede. Ouch sullen wir sie vorteidingen zeu irme rechten vnd sie dar bie behalden, wo in des not wurde. Wer sie onch hette zeu beschuldigen, der sal sie mit irme indischen rechte danon kumen lazzen vnd furbaz nicht endringe. Gesche ouch, daz sie ymand gein vns selbir besaite, worumb daz were, so sullen wir sie vor vns kumen lazzen vnd ir antwort selbir von in horen. Wenn ouch die zewei iar vorloufen, so sul ir gedinge furbaz sten zeu vnsern gnaden. Datum — [Lipezk dominica ante Philippi et Jacobi.]

Nach dem Cop. 26. fol. 50 im K. Haupt-Staatsarchiv zu Dresden.

1) Gr. neudinne

No. 66. 1364. 19. Juli.

Aufnahme der Juden Samson, Aaron und Isaak in die Städte Leipzig und Altenburg.

Item dominus suscepit subscriptos indaeos videlicet Samsonem et Aaron in civitatem Lipezk et Ysaac in civitatem Aldinburch sub ea protectione, qua et alii indaei utuntur, conducturus eosdem extra terras suas si fuerit oportunum. Ob hoc dicti iudaei scilicet Samson et Aaron LX° et Ysaac L florenos solvere debent camerae dicti domini ad festum Michaelis proximum inprotraete. Datum anno LXIIII° sexta feria post Arnolfi.

Nach dem Cop. 26. fol. 51ᵇ im K. Haupt-Staatsarchiv zu Dresden.

Die Judengasse (iudenburc), zu welcher eine besondere Pforte (valva) fuhrte, nahm einen Theil des Fleischerplatzes von der Barfussmuhle an der Pleisse hin ein (Stadtbuch v 1359 S. 116 molendinum in Jüdelnbrg prope fratres minores.) Hier wird also auch die Judenschule (No. 44), welche mit einem Vorhof versehen war, zu suchen sein.

No. 67. 1364.

Der Geleitsmann Johannes Hosang sucht zum Nachtheil der Stadt nach dem Ableben des Schultheissen Simon wegen des Schultheissenthums die Lehnsvormundschaft über dessen Kinder bei den Markgrafen zu erlangen.

Do man zealte nach Christi gebürt dviczehen hundirt iar in dem vier vnde sechstigesten iare, do Tetzeman von Syfirdishayn bürgirmeystir waz, do bewarb sich Johannes Hosang, der do zcü der zeit geleytisman waz*), by vnsern herren den maregreven vmme vormundeschaft des gerichtes an Symons schultheyzen kinderen, der do vorscheyden waz, vnde zcoch dy stat da mete czü kosten vf zcwenzig breyte schog vnde sechz vnde vierzeig grossen, vnde zcog dye stat vf andere groze argbeyt, da her daz gerichte der stat mete entvromden wolde, daz von beginne der stat erblichen in der stat gewesit ist.

Stadtbuch fol. 17 im Besitz der Deutschen Gesellschaft zu Leipzig.
Mitthril. d. Deutsch. Gesellsch. I. S. 116.

*) Vgl. No. 64

No. 68. 1366. 27. Oct.

Kaiser Karl IV. bestätigt dem Bischof Friedrich und dem Stift Merseburg sechs ihrem Wortlaute nach eingerückte Schenkungsurkunden, zwei Kaiser Ottos II., drei Kaiser Heinrichs II. (unter denselben auch die Leipzig betreffende vom 5. Oct. 1021. [No. 1.]), und eine von Karl selbst als Römischem König am 3. Dec. 1348 ausgestellte.

Datum Nurembergae — indictione quarta VI Kalend. Novembris, regnorum nostrorum anno vicesimo primo, imperii vero duodecimo.

Orig. im Stiftsarchiv zu Merseburg.

No. 69. 1367. 6. Mai.

Die Markgrafen Friedrich, Balthasar und Wilhelm belehnen den Rath und die Stadtgemeinde mit 500 Acker Holz (Burgaue) bei Wahren, welche diese vom Ritter Hans Porczk erkauft haben.

Wir Friderich, Balthazar vnd Wilhelm von gots gnaden lantgrauen in Duringen, maregrauen zcu Myszen in dem Osterlande vnd zcu Landesperch, grauen zcu Orlamunde vnd herren zcu landez zcu Plizsen bekennen vnd tun kunt vffenlich an desem brife allen den dy in sehen horen oder lezen, daz wir mit wolbedachtem mute vnd gutem vorrate vnser heymlichere den bescheiden .. purgermeyster, .. reten vnd der stad gemeynlichen zcu Lipzk vnsern lieben getruwin von sunderlicher gunst vnd gnade vnd ouch durch eczlicher merglicher gebrechen willen, die dy selbe vnser stad von barne holzees wegen hat gehabit, fumfhundert acker holzees gelegen hinder deme hofe zcu Warin gein der stad Lypezk, dye wye wyder den strengen ern Hansen Porezken rittere vnsern lieben getruwin vnd syne erben recht vnd redelich

COD IMPL. SAX. II. 8   6 gekouft haben, mid allen rechten eren gewonheyten vnd nuezen, alz die der selbe er Hannus vormalz von vns herbracht hat vnd besezzen, zen rechtem lehen gelygen haben von vns vnd allen vnsern erben vnd nochkumlingen geruwiglich zeubehalden vnd ane allez hindernizze zeu besiezene ewiglichen, vnd lihen in ouch dye egnanten fumfhundirt acker holzees mit allen rechten vnd gewonheyten alz obengeschriben stet guediglich mit kraft diez bryfes, der gegeben ist vnder vnseru hanginden insigeln noch gots geburde drizcenhundert iar donoch in deme sybin vnd sechzeigisten iare am dornrstage noch sende Walpurgen tage. Daby sint gewest vnd ouch gezeuge die strengen er Nycel Kuchemeyster, er Heuzee von Kokeriez, er Offe von Slywin, Syffrid vnd Syfrid von Schonfelt ritter, Hold von Ottendorf, Heinrich Scharroch, Friezolt von der Nazsaw vnd ouch ander guter lute gnug den wol ist zenglaubin.

Nach dem Orig. im Rathsarchiv zu Leipzig mit den Reitersiegeln der Markgrafen Friedrich, Balthasar und Wilhelm an Schnüren von rother und grüner Seide.

No. 70. 1370. 23. Aug.

Thiczeman von Syfirdisheyn burgirmeyster, Henning von der Pezne, Nycol Adolf, Volkmar von Lummehu, Conrad von der Nvenstat, Johans Schuman, Nycol von Vderiez, Johans von Wochow, Herman vz der Mvnzee, Hans Vulrad, Hans Lange vnde Nycol Lamprechcz ratislute versprechen den erbern hern ern Johans von Eckirsberge tumprobiste, hern Heinrich Droysker techande, ern Hermanue von Eczilstorf, ern Peter von Madla, ern Nycole Smolner tumhern zeu Czicz vnde dem capitel gemeynlichen da selbens *jährlich 12 Schock Freiberger Groschen (und zwar 6 Schock uuf Michaelis und 6 Schock uuf Walpurgis), welche die Markgrafen an das genannte Capitel für 120 Schock Freiberger Groschen auf Wiederkauf verkauft haben, von der herkömmlich zu entrichtenden Jahrgülte zu bezahlen.*

Gegeben — in deme heiligen abende sente Bartholomeus des heiligen zewelfboten.

Orig. mit dem beschädigten grossen Stadtsiegel im K. Haupt-Staatsarchiv zu Dresden.

No. 71. 1372. 1. Apr.

Markgraf Wilhelm belehnt Johann Ileburg mit einer Wiese, einer Hufe Landes und Gefällen aus den Lederbänken.

Dominus Wilhelmus contulit honesto Jo. Yleburge civi in Lipczk et suis heredibus bona subscripta, videlicet pratum iacens retro silvam molendini dominarum claustralium*) cum viis sibi annexis. Item 1 mansum agri apud hospitale sancti Johannis. Item 1 sexag. et XXVII gr. annui census Friburgensis monetae in scampnis coriorum in Lipczik et contulit sibi praescripta bona in feudum omni iure consuetudine et utilitate, prout pater suus antea a nobis in feudum habuit et possedit. Datum anno LXXII° feria V° in festo Paschae.

Nach dem Cop. 30 fol. 30° im K. Haupt-Staatsarchiv zu Dresden.

*) Die Wiese, welche hier als hinter dem Nonnemühlthore gelegen bezeichnet wird, heisst sonst auch die Wiese hinter dem Schlosse, hinter dem Thiergarten oder auch die Eilenburger Wiese.

No. 72. 1373. 14. Nov.

Markgraf Wilhelm verleiht den Flickschustern (Rosbrm) eine besondere Innung.

Wir Wilhelm von gots gnaden lantgraue in Doringen vnd marggraue zu
Meissen bekennen offentlich vnd thun kunt mit dissem briue, das wir den beschey-
den alden schoworchen gnant die reseler in vnser stat Lipezk die gunst vnd gnade   *(marginal note)*
getan haben vnd haben sie genommen von der innunge der schoworchen daselbens
vnd in sunderlichen eine innunge gegeben vnd bestetiget, also das sie sunderlichen
einen eygen meister haben sollen vnd mogen, vnd mogen ires hantwerges gebrauchen
mit allem dem rechte vnd gewonheit, das von rechte zu irem hantwerge gehort, vnd
sollen ire innunge ewiglich behalden, dar zu wir sie bestetigen beschutzen vnd vor-
teydingen wollen vnd sie da bey behalden. Darumbe auch vns vnd vnsern erben
die obgnanten die des hantwergs gebrauchen vnd genissen alle iar vff weynachten
zwey schog groschen Freiberger muntz vnuorzoglichen reichen vnd geben sollen
ane alle widderrede. Vnd haben des zu vrkunde vnser insigel an dissen offenbrieff
lassen hengen, der do gegeben ist zu Lipezk nach gots geburt dreyzehnhundert iar
in dem dreynndsibenczigsten iare am montage nach sant Mertens tage.

Nach einer Abschrift aus dem Ende des 15. Jahrhunderts in einem Stadtbuche des Rathsarchivs
zu Leipzig.

No. 73. 1374. 16. Aug.

*Markgraf Wilhelm belehnt den Priester Conrad von der Widere und dessen Brüder mit 10 Schock
j. Z. in Wöls bei Landsberg, welche sie von Eckehart von Lichtenhain und dessen Brudeskindern
erkauft haben, behält sich die Wiedereinlösung vor und verspricht für den Fall, dass diese wäh-
rend Conrads Lebenszeit erfolgen sollte, demselben die auf dem Schlosse zu Leipzig zu stiftende
und mit den 10 Schock zu bewidmende Capelle zu übertragen.*

Wir Wilhelm von gotis gnadin zc. bekennen —. Alz der erbar er Conrad von
der Widere vnser capelan dem gestrengen Eckehart dem von Lichtenhain vnde Be-
ringer seligen sines bruder kinden hat abegekouft ezehen breite schogk ierliches
czinses gelegin in dem dorffe vnd flore ezu Vloße vnd in der phlege ezu Delezsch
vor acht vnd virezig schog guter nuwer groschen Friberger muneze, daz wir dem
selbin ern Conrad von der Widere, ern Ditherich vnd er Gerlache pristern, Otten
vnd Ditteriche sinen brudern vnd iren erbin dy obgnanten ezehen schog ierlichs
czinses gelegin habin mit alle den rechten vnd gerichten vbirsten vnd nydersten, mit
allen iren nuczen gewonheyten vnd gemeynlichen mit allen ezugehorungen, alz daz
der egnante Beringer von Lichtenhain seliger vnd sine erbin von vns ynnegehabt
hat vnd beseßin, vnd lihen ouch dy obgnanten gut den egnanten ern Conrad von
der Widere, sinen brudern vnd yren erbin gnediglichen in alle der maze alz obin
geschrebin stet, doch alzo daz wir vnd vnser erben dy obgnanten ezehen schog gel-
dis wider wederkouffen vnd losin mogin vor dy obgnanten achtvndvirezig schog
Friberger muneze wanne wir mogen, vnd wenne wy en dy gar vnd ganez bezalt
hetten, so sullen sy vns dy ezehen schog geldis vnvorezogelichen wider vff luzzin

6*

— 44 —

ane alle wider sprache. Vnd wanne wir dy alzo wider kouften vnd losten dy wyle
der egnante er Conrad lebete, so sullen vnd wullen wir dy ezehen schog geldis ezu
Vlosse eygen widemen vnd gebin ezu eyner ewigen messen vnd ezu eyner capellen,
dy wir vff vnsirm huse ezu Lipezk stifften vnd machen wullen, vnd sullen noch
enwullen dy selbe capelle, wenne wir dy alzo gestiftet vnd gewidemet hettin,
nymande andirs lehen noch da mitte belehenen wan den egnanten ern Conrad von
der Widere, vnd habin dez ezu orkunde vnsir insigil an dissen briff lazzin hengen.
Dar by sint gewest .. Gegebin ezu Wymar noch gotis geburd dryezenhundirt iar
in dem virvndsebinezigesten iare an der mittewochen nach vnsir vrowentage wurczewy.

Nach dem Cop. 30. fol. 84b im K. Haupt-Staatsarchiv zu Dresden.

No. 74. 1375. 4. Mai.

Die Markgrafen Friedrich, Balthasar und Wilhelm beurkunden, dass Rath und Bürgerschaft
zu Leipzig nach ihrem Gekeisse an die Brüder Heinrich und Dietrich Hartung Bürger zu Er-
furt 75 Pfund Erfurtischer Pfennige jährliches Zinses an dem rathuse vnd an vnser stad zcu
Lipezk vnd an allen iren guten zeinsen vnd renten um 750 Pfund Erfortischer wer genger vnd
geber verkauft haben.

Datum anno LXXV° feria sexta post Walpurgis.

Nach dem Cop. 26. fol. 131b im K. Haupt-Staatsarchiv zu Dresden.

No. 75. 1375. 17. Nov.

Item dominus contulit honesto Cyriaco de Pesne civi in Lipezik in feodum bona infra-
scripta, videlicet in villa Mylczen*) IX marcas annui census, XXIJ agros lignorum cum pratis
iacentes apud pratum, quod vulgariter dicitur der fleyschouwir vyweyde b). Item I molendinum
in Golus cum omnibus bonis iuribus ac attenentiis — in feodum pacifice possidendum. Datum
anno LXXV° in die Dyonisii.

Item dominus Wilhelmus contulit nomine dotalitii honestae Katherinae discreti Cyriaci
de Pesne legitimae conthorali I molendinum in villa Golus. Item XXIX agros lignorum iacentes
apud pratum quod vulgariter dicitur der fleyschouwir vyweyde iusto dotalitii titulo pacifice ad
tempora vitae suae possidendos, dans eaedem in rerum tutorem honestum Tyczmannum extra
monetam civem in Lipezik. Datum anno LXXV° ut supra.

Nach dem Cop. 39 fol. 42 im K. Haupt-Staatsarchiv zu Dresden.

a) Vgl. No. 53 An. b) Vor dem Randschtter Therr.

No. 76. 1376. 1. Febr.

Item dominus Wilhelmus contulit Joh. de Wochow, Jo. filio suo et Jo. filio filiae suae
magisterium super piscar.¹) in Lipez cum omni iure et pertinentiis, prout Johannes Rotow a
domino habuit et ex antiquo usque huc venit, hereditarie possidendum.

Datum in vigilia purificationis anno LXXVI°.

Nach dem Cop. 29 fol. 85b im K. Haupt-Staatsarchiv zu Dresden.

1) Es muss unentschieden bleiben, ob piscariam oder piscaries .Fischhändler: zu lesen sei Da das Cop viele Incorrectheiten
aufweist, ist selbst Vermuthsetzung von r und t nicht unmöglich und vielleicht piscat oras) zu lesen.

No. 77. 1376. 19. Sept.

Markgraf Wilhelm macht die Töchter Heneczhel Ilburgs lehnfähig.

Wir Wilhelm bekennen ic. daz wir durch bete vnd sonderliche gunst willen dem bescheiden Heneczeheln Ileburg burger zeu Lipczk vnser liben getruwin di gnade getan haben, daz Gele, Clere, Agnese vnd Alheyte sine tuchtere an allen den guten, di der vorgnante Heneczchil Yleburg von vns zcu lehene hat, rechte volge vnd lehen haben sullen in alle der mazzee, alz ab si knechte geborn werin vnd mannes entphangen hetten, vnd nemen in ouch abe von vnsir furstlichen gewalt allin meitlichen gebrechen, der si an den selben guten gehindern adir geerren muchte, vnd machin sie lehenwerdig an den obgnanten guten, alzo daz di vorgnanten Gele, Clare, Agnese vnd Alheyte di obgeschrebin gut von vns vnd vnsirn erben geruwiglichen besiezin vnd behaldin sullen ane hindirnizze. Dez zcu orkunde ic. Datum Lipczk feria VI⁰ post Lamperti anno LXXVI⁰.

Nach dem Cop. 29 fol. 186 im K. Haupt-Staatsarchiv zu Dresden.

No. 78. 1377. 23. Febr.

Item dominus contulit honesto Petro Gotschalko civi in Lipczk suisque heredibus VIII marcas annuae [pensionis] sitas in Holczhusen et in Fuchshol*) [in] districtu Nuwenhofe, quas¹) nunc Johannes de Nuwenstad eius privignus tenet et possidet, ita quod post mortem dicti Johannis praedicta pensio ad dictum Petrum suosque heredes libere devolvi debet. Datum Lipcz feria II⁰ post Reminiscere Anno LXXVII⁰.

Nach dem Cop. 29 fol. 187b im K. Haupt-Staatsarchiv zu Dresden.

a) Holzhausen. Par. Probstheida und Parbsheln. Par. Seifertshain
1) Or. quem

No. 79. 1379. 30. Sept.

Markgraf Wilhelm gelobt, die Stadt Leipzig, welche er um 100 Schock Groschen an die edele Frau Jutta von Ilburg verpfändet hat, wieder zu lösen und schadlos zu halten.

Wir Wilhelm von goczs gnadin lantgraue in Duringen vnde marcgraue zcu Mizzen bekennen vnde tun kunt mit disem geinwertigen briue. Als wir die ersamen vnser burgermeister, rad vnde burgere gemeinlichin zcu Lipczk vnsere liebin getruwin vorsaczt vnde vor vns globet habin gein der edeln frowen Jutten der Wendynnen von Ilburg, iren sonen, iren erbin vnde iren getruwenhendern vor vyrhundirt schog groschen Friberger münze, daz wir yn globet habin vnde globin an disem briue, daz wir sie der vorsaczunge vnde globdes gutlichin losen vnde abenemen wullen ane schadin, vnde habin des zcu orkunde vnser insigel an disen brif lazzin hengin, der gegebin ist zcu Lipczk nach goczs geburt dryczenhundirt iar in dem nunvndesybinczigsten iare am frytage nach Michuelis.

Nach dem Orig. im Rathsarchiv zu Leipzig mit dem kleinern Siegel des Markgrafen an einem Pergamentstreifen.

No. 80. 1379. 30. Nov.

Die Markgrafen Friedrich, Balthasar und Wilhelm genehmigen, dass der Rath und die Bürger
zu Leipzig die 75 Pfund jährlich, mit welchen sie dieselben an Heinrich und Dietrich Hartung
zu Erfurt gewiesen haben (No. 74), um 750 Pfund einlösen und unter den bisherigen
Bedingungen wieder versetzen.

Wir Friderich, Balthazar vnde Wilhelm von gotes ꝛc. bekennen vnde tun
kund ꝛc. Als wir die bescheidin lute ratismeistere rat vnde burgere gemeynlich
vnser stat Lipczk vnser lyhin getruen gein Henrich vnd Ditherich Hartungis bur-
gern zcu Erfford mit funf vnde sybinczig phunden geldis Erffortischer phenge vor
achtehalbhundirt phund Erffortischer phenge vorsaezt vnd si mit den funf vnde sybin-
czig phunden ierlich zcnreychen an die egnanten burger zcu Erfford gewist habin,
daz wir den selbin vnsern burgern zcu Lipczk die gunst vnd vnsern willin dorczu
gegebin vnde geheizin habin, alzo daz sie die egnanten funf vnde sybinczig phund
von Henrich vnde Ditherich obgnant vor achtehalb hundirt phund losin sullen vnde
mogin, vnde sullin ouch von vns gute macht haben, die funf vnde sybinczig phund
geldis andern luten vort ye eyn phund vor zcen phund Erffortischer phenge zcuuor-
seczene; vnde wenne sie die gulde vorseczzen eder vorschribin zcureichene, daz ist
vnser guter wille vnde geheize vnde wollin yu keine wiis doryn grifen noch vallen,
noch sie keiner wiis doran hindere noch nymant von vnsern wegin, doch also, wenne
die obgnanten vnser burgere die egnante gulde vnde rente vorseczzeen, daz sie vns
vnde vnsern erbin ye eyn phund vor zcen phund Erffortischer phenge zcnlosene sul-
len gebin ane widerrede, wenne eder wilche zciit wir eder vnser erbin die wider-
losin wollin vnde an yn muten. Vnde wenne wir die losunge tun wollin, daz sullen
wir yn eyn virteyl iars vor send Michels tage vore vorkundigin vnde sullen ouch
die beczalunge tun vor dem selbin send Michels tage, ab wir der losunge muten
vnde tun wollen. Ouch alle die wile wir die obgnanten funf vnde sybinczig phund
Erffortischer phenge von yn eder von den, den sie die vorsaezt vnde vorschribin
hetten nicht losten, so sagin wir sie der ierlichin die zciit qnid ledig vnde los mit
orkunde dises briues, doran wir vnser insigel wizzintlich habin lazin hengin. Dor-
bie sint gewest vnde sint gezcugen die edeln er Gebehard here zcu Querford, er
Friderich von Schonburg here zcu Gluchow, die gestrengin er Ditherich von Wiezce-
loubin, er Friderich von Kotewicz, er Henrich von Louchn, er Henrich von Malticz
vnde ander lute gnug ꝛc. Datum in die sancti Andreae anno LXXIX*.

Nach dem Cop. 31 fol. 6ᵇ im K. Haupt-Staatsarchiv zu Dresden.

No. 81. 1380. 29. Aug.

Vertrag zwischen den Gerbern und Schuhmachern.

Wir ratzlute nnnd gesworenen der [stat zcu] Liptzk aller dreyer rethe beken-
nen offentlich, das die erbarn Jacob Meinhart der gerbermeister mit allen seynen

gewercken an der einen seyten vnser mitburger vnnd der bescheydenn Titze Hers-
felt der schustermeister mit allen seinen gewereken auch vnnser mitburger an der
andern seythen alle öre vfflonffte zwytracht vnd kryge, die sie vnder einander biß-
daher gehat haben, williglichenn mit wolbedachtem muthe, sie beyderseyt zu ent-
scheyden, uff uns gegangen sint vnnd wir sie der alle mit rate unnser dreyer rethe
gutlich vnd freuntlich voreynet gesonnet vnd gescheydenn haben nachdeme als hienach
geschrieben stehit. Zeum ersten scheyde wir sie also, das man keyme man, her sy
vnser burger ader froumbde, gar leder inn vnser stat durch das gantze iar zuvor-
keuffen, den obgnanten gerberen vnseren burgeren[1]) zu schaden, nicht brengen sall,
sunder ußgeschloßen vnnsers iarmarckts, so mag ein yderman, her sy vnnser burger
ader nicht, uff seyne abenthenre her in vnsere stat zuvorkouffene leder brengen, und
das sall er by gantzen techere[n] vorkeuffenn nnnd nicht allentzen²) by huten. Were
aber das vnser burger keyner, schuster ader ein ander man, gar leder bey techerun
inn vnserne iarmarckte kouffte, das sall er selber vorarbeiten vnnd nicht allentzen
andern seinen gewercken vorkönffenn ader sal is forthyn wegfuren nß unser stat
nnnd vorkouffen nach seynem willen. Darnach ensallen die obgnanten gerber keynn
naß leder zn vnserm marckte tragen, aber inn iren hnßern nnnd nßewendig nnnser
stat mogenn sie es vorkouffen als sie konnen. Vnnd sollen auch keyne gesetze
widder die schuster ,vom borgis wegenn nnder sich haben, wenn itzlich gerber sall
vorkeuffen nnnd borgen wene er will, nachdeme als ym das beqwemlich nnd lustende
ist. Auch ensall widder gerber noch keyn man schue durch das gantze iar vnsern
obgnanten schusteren²) zn schaden inn vnser stat brengen noch samptskouffs vor-
kouffen ader kouffenn, sundern in vnserm iarmarckte so mag brengen vnnd vor-
keuffen schue ein yderman, er sey burger ader nicht, nach seiner lust vnnd eben-
thure. Were aber das der obgnanten gerber, schuster ader vnnser burger keyner
ader froumbde konffman diß briefs scheydunge in dekeynre³) wyß bruchhafftig wurde,
der solde vnser stat zu irne gebewde vnnd beßernnge sundern allen ablas, bethe
vnnd widderrede X marck guter silber gr. geben vnnd vorfallenn seynn. Geschrie-
ben nach Cristi geburt dreyzehenhundert iar darnach inn dem achtzigsten iare, do
Johannes Heburg burgemeister was, an sanndt Johannes tage als er enthoubt wart.

Nach Barthel's Diplomatar. Lips. II. fol. 48 im Rathsarchiv zu Leipzig.
Vgl. Peifer Memorabb. Lips. p. 229.

11 der obgnante gerbere vnsere burgere Barthel — Ri eusere — schustere Barthel — 3) der keynere Barthel
4) Für alezntrn d. i. einzeln.

No. 82. 1381.

*Der Rath stellt den freien Brotmarkt ab, nachdem die Bäcker gelobt haben, wider der Stadt
Willen keine besonderen Vereinbarungen unter einander zu treffen, und bestimmt eine Strafe für
den Fall erneuerten Ungehorsams.*

In dem iare alz man schribet nach Cristi gebort driezenhundert iar darnach
an dem eyn vnde nehezigesten iare, do Johannes Hosang burgermeistir was, habin

dy becker gemeynlich beyde rich vnde arm gewilkoret vnde gelabit an eydis stat,
das sy keyne gesecze sullen noch wollin habin kegin der stat willen, nach dem mal
alz ôn der vrye margt voreziten gebottin was, das der wider abegelegit wart, vnde
sy sich nue widir dy statt myt iren sunderlichen geseczen obir gesaczt hatten, dar-
vmme sy dy obgnante pyne geledin habin. Vnde sullen al ire sachin haldin nach
der stat rate vnde redelich brot backen. Wenne daz von ôn nicht gehaldin wert,
so sullen sy czen marg der stat voruallen syn vnde man sal ôn eynen vryen margt
widir haldin, so lange daz sye gebusen vnde czu genade der stat widir kummen.

Nach Barthel's Diplomatar. Lips. III. fol. 17b im Rathsarchiv zu Leipzig.

No. 83. 1381. 3. Aug.

*Die Markgrafen Balthasar und Wilhelm, Friedrich, Wilhelm und Georg belehnen den Rath zu
Leipzig mit dem von Rudolf von Bünau zu Erdmannshain und dessen Brüdern erkauften
Dorfe Eutritzsch.*

Wir Balthazar vnde Wilhelm, Friderich, Wilhelm vnde Jorge von gocz gna-
din lantgrauen in Duringen, maregrauen zeu Mizsen, in dem Ostirlande vnde zeu
Landisperg, grauen zeu Orlamunde vnde herren des landis zen Plizsen bekennen
vffinlichin vnde tun knnt mit disem geinwertigen briue, daz wir den ersamen wisen
luten burgermeister, ratisluten vnde burgern gemeinlichin vnde nemelichin der gan-
czen gemeyne riche vnde arm zen Lipczk vnsern liebin getruwin, allen iren erbin
vnde nachkomen daz dorf Vdericzsch by Lipczk vor dem Hellisschen tore gelegin
mit alle dem rechte eren wirden vryheyten zeyusen gulden muezen dinsten obleyen,
mit dem kirchlehene vnde vorlehenten guten des dorfis, daz gerichte in dem dorfe,
mit ackern wysewachse holczern wassirlouften vnde gemeinlichin mit allir zengeho-
runge besucht vnde vnbesucht nichtis vzgenomen, wie man daz entsemtlich adir
besandern ymmer genennen mag, in sulcher mazze als daz vorgenante dorf Vde-
riczsch die gestrengin Rudolf von Bunow vnde sine brudere geseczen zen Ertmars-
hayn vore von den edeln Meiher vnde Bertoldus buregrauen zeu Mizsen zeulehene
gehabet habin, wider die selbin von Bunow daz ouch die egenanten vnsere burgere
recht vnde redelichin gekouft habin, die selbin lehen wir ouch von den vorgenantin
buregrauen au vns bracht habin, gelegen habin vnde lihen ouch daz obgenante dorf
mit alle siner zengehorunge als obgeschribin stehet den obgenanten vnsern liebin
getruwin gnediglichin von vns vnsern erbin vnde nachkomen geruwiglichin vnde
erblichin ewiglichin zeu rechtem lehene zeuhabene vnde zeu gebruchene in allir
mazze, als vorgeschribin stehet, vnde habin des zen orkunde vnde merer sicherheit
vnsere insigele an disen brif lazzin hengin. Vnde wir obgenanten maregrauen Wil-
helm vnde Jorge gebruchin des rgenanten maregrauen Friderichs vnsers bruder
insigel, wenne wir eygener nicht enhabin. Darby sin gewest vnde sint geezuge die
edeln Gebehard herre zen Queruferte, Friderich von Schonburg herre zen Gluchow,
Conrad von Taurode herre da selbis, die gestrengin er Heinrich von Loucha, er
Ditherich von Wiczeleyben, er Friderich von Palenczk vnde andere lute gnug den

wol ist zeugloubin. Gegebin zcu Jhene nach goezs geburt dryczenhundirt iar in dem einvndeachezigsten iare am sunabinde nach vincula Petri.

Nach dem Orig. im Rathsarchir zu Leipzig mit den Siegeln der Markgrafen Balthasar und Wilhelm an Pergamentstreifen; das gleichfalls an einem Pergamentstreifen befestigt gewesene Siegel des Markgrafen Friedrich ist zum grössern Theile abgefallen.

Horn Leben Friedrichs d. Streib. S. 652 (nach dem Cop. 28 fol. 46 im K. Haupt-Staatsarchiv zu Dresden.)

No. 84. Zwischen 1382 und 1401.

Bestimmungen in Betreff des Weinhandels.

Vme sunderlichis fromen vnd besserunge willen vnser stat Lipczk dry rethe mit gunst, volbort vnd wissende der hochgebornen fursten hern Frederichen, hern Wilhelm vnd hern Jurgen gebrudern margreven ezū Mißin vusirn gnedigen herren syn eyn geworten, wyn ezū schenken nach diser nachgeschriben wise. Czū dem ersten, daz keyn man vorkauff sal thun an wyne vnser stat ezū schaden, es en sy denne, daz deme, der den wyn veyl hat, orloff sy gegebin von den wynmeistern vnd daz her dry tage markt habe gehalden nach vuser stat gewonheit vusern burgern ezū fromen, vnd in den dren tagen en sal keyn gast noch fromet man wyn kouffen vnsern burgern ezū schaden, her en habe denne myt dem wyne sinen markt vz gehalden. Ouch so en sal keyn man bestellen vnd vorwort habin, wyen ezū brengen adir ezū senden, her en sende denne syne habe vnd gut adir sinen gebrodeten knecht darnach uff sinen schaden vnd fromen adir czey darnach myt sins selbis lybe.

Nach dem Stadtbuch fol 2b im Besitz der Deutschen Gesellschaft zu Leipzig.
Mittheill. d. Deutsch. Gesellsch. I. S. 114.

No. 85. Zwischen 1382 und 1401.

Iuramentum der radfrunde.

Alsus geyt der eyd, den der burgermeyster myd sinen kumpanen thun sal ezu dem rathe: Das ich myner herren ere vnde der stad Lipczk fromen werben wille vnd des raths heymlikeit nicht offenbaren, vnd wyl siezen dem armen glich alz dem richen, vnd wyl dez nicht lasen dorch leyp noch dorch leyt noch dorch mynes selbis mez vnd fromen wyllen, alz myr got so helfe ɔc.

Nach dem Stadtbuch fol. 2b im Besitz der Deutschen Gesellschaft zu Leipzig.
Mittheill. d. Deutsch. Gesellsch. I. S. 114.

No. 86. 1384. 21. Juni.

Markgraf Wilhelm eignet dem Johannishospital Getreide, Hühner und Geldzinsen zu Fuchshain und überträgt dem Rathe die rechtliche Vertretung und Vertheilung derselben.

Wir Wilhelm von goezs gnadin marcgraue ezu Mizsen, in dem Ostirlande vnde ezu Landisperg bekennen offinlich vnde thun kunt mit disem briene, daz wir

lutirlich dorch got, vnser eldern, vnser vnde vnser nachkomen selen czu selikeit
vnde czu troste eyn vnde czwenczig scheffil korns, eyn vnde czwenczig scheffil
hafern, czwelf scheffil gersten Lipczs nuss, die da geuallin vnde legen an sechs hufen
landis, die da gelegin sint in dem felde vnde flure des dorffis zcu Fuchzhal in der ⁊⁊.
phlege czum Nuenhofe, vnde darezu an den egnanten sechs hufen landis an ie der
hufe nun groschin, czwelf hunre vnde czwene schillinge phennynge allis ierliche
gulde mit sulchin wirden nuczezen friheiten vnde eren, als die egnanten gulde vnde
czinse der bescheiden Nickel Selniez burger czu Lipczk vnser liebir getruwer von
vns bis her gehabt gebrucht besezzin vnde vns die williglich in vnser hende vfge-
lazzin vnde sich der vorezigen had, dem spitalle vnde den armen sichin die dorynne
sint zcu sente Johanse vor dem Grymmischin thore gelegin vor der stat zcu Lipczk
williglich geeygent vnde ggebin habin vnde eygen vnde gebin ouch die obgnanten
gulde vnde czinse von vnser furstlichin gewalt zcu dem vorgnanten spitalle zcu
sende Johanse vnde den armen sichin gnediglich mit disem briefe, gerugiglich vnde
ewiglich dorhie zcu blibin vnde dorezu czu volgende in alle der mazze, alzo obge-
schribin stehet vnde eygens recht ist. Vnde vmbe daz, daz den selbin armen sichin
die selbin czinse egnante deste redelichir vorgestandin vnde ordelich gereicht werdin,
habin wir von sundirlicher gunst vnde gnadin den bescheidin luten dem rate czu
Lipczk die iczunt sint adir czu gecziiten werdin vnsern libin getruwin die vormunde-
schaft obir die egnante czinse bephalin vnde sie den armen sichin obir die megnan-
ten gulde vnde czinse czu ewigen vorstehern ggebin, die die armen sichin mit der
gulde getruwelich vorstehen vnde in die reichin sullin nach dem als sie derkennen,
daz iz den armen sichen nod vnde bequemelich sie ane geuerde, vnde habin des zcu
orkunde vnde merer sichirheit vnde czu ewigem gedechtnis vnser ingesigel wizsint-
lich an dißen brief lazzin hengin. Hie bie sint gewest vnde sint geczuge der edel
vnde die gestrengin Albrecht buregraue von Lizzenig herre czu Penig, er Ditherich
vnde er Friderich von Wiczleibin, er Thamme Phlug, er Otte Phlug, Conrad von
Brysenicz, Otte von Birkech vnde ander lute gnug den wol ist zcu glouben. Gege-
bin czu Rochliez nach goczs geburd driczenhundert iar dornach in dem vier vnde
achezigsten iare am dinstage vor sente Johans tage baptisten.

Nach dem Orig. im Rathsarchiv zu Leipzig mit dem beschädigten Reitersiegel an einem Pergamentstreifen.

No. 87. 1384. 22. Juni.

*Friedrich von Polenczk, Tamme Phluk und Nickel von Czosnitz, Vogt zu Leipzig, von der Mark-
gräfin Katharina und deren Söhnen mit Beilegung der zwischen dem Barfüssmüller und Anger-
müller obschwebenden Streitigkeiten beauftragt, verkünden die durch beiderseits angenommene
Schiedsrichter ausgesprochenen mühlenrechtlichen Entscheidungen und die von den Fürsten
festgesetzte Strafe der Ungehorsamen.*

Wyr her Friderich von Polenczk vnde her Tamme Phluk vnde Nyckil von
Czosnicz voyt czu dem mole czu Lypezk bekennen offenlich yn dysim keynwertigen
brife allen, dy yn sen, hören adir lezen, daz wir von geheyse der hochgebornen

vrauwen Katherinen maregrenynnen von Mysen vnde der ediln heren maregreuen
Friderichs vnde hern Wilhelmis vnde hern Jórgen yrre kyndere vnde von súnder-
lichir bete Tyezen von der Muneze vnde Nyclaus us der Muneze erb heren der An-
girmól vns vndir wondin haben ezu scheyden vmme dy brůche der ezweyer móln
gelegen ezu Lypezk, dy eyne dy do ist der hochgebornen iunevrauwen Beatricen
eptischynnen ezu Súzeliez, kwester vnser hern der fürsten von Mysen, vnde eyn
eygin der ganezen samenunge*), vnde der Angirmól, dy do ist Hannus Rúschers
vnde syner erbin. Nu tu wir kunt allen gelónbigen, daz bruder Friderich von Ilyns-
uelt gardian vnde procurator ezu Súzeliez vnde syn mólueyster von des clostirs
weyn vnde der vorgenante Hannus Rúscher, vnde syne erbin sich vórlas vor wille-
kórt haben yn Hannus Homangix hós búrgermeyster ezu dem móle ezu Lypezk yn
keynwertikeyt vil vromir gutir lúte, stete vnde ganez ezn halden an allirleye arge-
list, waz dyse heysen adir teyln, dy hyrnoch geschrebin sten; vnde daz ist gewest
ezum erstin Heynrich von Czwenvórten⁶) vnde Petir Kuwerbach von Bichin⁷) vnde
Olbrecht von Czemyn⁴) vnd Andrewis von Heynchyn⁹) vnde Claus Rockynbrot von
Lypezk vnde Claus Hanwer gesessin ezu wenyngen Czochir⁵), dy haben geteylt
alsust. Czum ersten, wenne daz wassir yn rechtim stade get, so sal is syn dryer
vóze hoch óbir dem vach boyme an der mól ezu Golos⁴), vnde dor noch sal daz
ertrich an dem óbir valle dez tammis by der egenanten Angirmól syn eyner hant
breyt hóchir óbir daz selbe wassir ezu Golos, vnde nicht hóchir, vnde der óbir val
an dem vorgenanten tamme by der Angirmól sal syn eyn vnde drysie elen wyt an
allirleye hyndirnis, vnde der ezun, der an beyden enden ist dez egenanten tammis,
sal abe gen alz verre alz der vorgenante obirval ist, vnde owene noch nedewene
des dicke genanten obirvallis sal man keynen ezun vórbas me ezúnen uswene den
alden wyden, wen der vorvult der yeznnt ist. Onch haben dy vorgeschreben mólner
geteylt, daz der vachboym an der vlutrynnen by sente Jacofe sal legen glich dem
vachboyme der vorgenanten Angirmóle, vnde dy schñezeze bret an der selbin vlut-
rynnyn súllen syn alzo hoch, alz dy schnezeze bret an der selbyn Angirmól, vnde
dy schuezeze bret an der dickegenanten vlut rynnen sal man nicht uf ezyn, is en
sy denne grose ys vart adir gros wassir, daz dy vorgenanten móln beyde nicht
gemaln mógyn, so sal man dy schnezeze bret uf ezyn mit wissin beydir mólner vnde
mit rate andirre vromir gutir lúte, dy daz irkennen; vnde daz Czygilwer sal man
haldin drysig elen wyt, glich den schñezeze breten an der hó by der vorgenanten
Angir mól, vnde daz Dypwer, daz do lyt uf dem eygen dez vorgenanten clostirs
ezu Súzeliez, sal her machen so her beste mag noch aldir gewonheyt. Vf daz daz
dyse ezweyunge vórbas nymme gesche, so wil dy vorgenante hochgeborne vrauwe
Katherina vnde dy ediln fúrstin ere kynder vnde ir rat, wer dy vor geteylten stúcke
vnde artikel bricht vnde nicht enhelt, der sal vorvallen syn ezwenczic schog Mys-
nischir muneze der herschaft vnde ezen schog der selben muneze den, dy dy sune
geteydingit han. Dirre vorgeschryben stucke synt geezúge her Johannes von Eckern-
perge techant von Núwenburg vnde her Hartune von Erphu vnde her Offe von Sly-

*   · lxf. bien.

wyn vnde grose Heyneze vôrster yn dem Rosental vnde Petir Rosenhayn vnde Petir Knôyphil vnde Dyterich us dem Boymgarten vnd Dyterich Gotschale vnde andir vrômir gutir lûte vil. Daz dyse vorgeschrebene rede stucke vnde artikel stete vnde ganez gehalden werden, des habe wir vorgenantyn her Friderich von Polenezk vnde her Tamme Phlnk vnde Nyckil von Czosniez eyn voyt ezn dem môle ezn Lypezk vnse ingesigel gehangen an dysen keynwertigen brif, der do gegeben ist ezn Lypezk noch Cristis gebôrte dryczenhundirt iar dor noch yn dem vyr vnde achezigisten iare an der nesten mittewochen vôr sente Johannes tage des tôufers vnsirs hern.

Nach dem Orig. im Rathsarchiv zu Leipzig mit den drei Siegeln an Pergamentstreifen.

Die in vorstehender Urk. gegebenen Entscheidungen treffen mehrfach mit den Bestimmungen zusammen, welche das Rechtsbuch nach Distinctionen II. V. Cap. 4 (ed. Ortloff S. 285 fg.) über das Verhältniss mehrerer an einem Strome gelegenen Mühlen zu einander anstellt.

No. 88. 1384. 24. Oct.

Markgräfin Katharina und die Markgrafen Friedrich, Wilhelm und Georg ihre Söhne beurkunden, dass sie die Entscheidung der Streitigkeiten zwischen dem Müller und der Mühle des Jungfrauenklosters zu Seusslitz (Harfnssmühle) und dem Muller und der Mühle, welche die Angermühle genannt wird, den gestrengen Rittern Friedrich von Polenezk, Tamme Phlug und Nigkel von Quasniez (Czosniez No. 87) Vogt zu Leipzig aufgetragen haben und dass diese laut der zu Leipzig an der Mittwoch vor S. Johannis Tage des Täufers ausgestellten (aud ihrem Wortlaute nach eingerückten) Urkunde (No. 87) ihm ihnen gewordenen Auftrage nachgekommen sind. Czu vrkunde vnde geczugnissedieses gehuizzes vnde euphelunge dieser scheidunge habin wir Katherina marcgrafin vorgnante vnser insigel vnde wir Friderich ir son vorgnanter vnsir secrete, der wir Wilhelm vnde Jürge mitgebruchin, an diesen brieff lazin hengen, der gegebin ist zcu Lipezk nach Crists geburt driczenhundert iar darnach in dem vier vnde achezigesten iare am mautage nach sente Seuers tage des heiligen bischoffis.

Orig. im Rathsarchiv zu Leipzig mit dem beschadigten Siegel der Markgräfin und dem kleinern Siegel des Markgrafen Friedrich an Pergamentstreifen.

Horn Leben Friedr. d. Streitb. S. 665, nach dem Cop. 28 fol. 57 im K. Haupt-Staatsarchiv zu Dresden.

No. 89. 1384. 28. Dec.

Herzog Wenzlaus von Sachsen und Landgraf Balthasar legen die zwischen den Markgrafen Friedrich, Wilhelm und Georg und dem Rathe und der Stadt zu Leipzig nach dem Tode der Kinder des Schultheissen Simon über das den Markgrafen angefallene halbe Gericht entstandenen Irrungen als beiderseits gewillkürte Schiedsrichter bei und Bürgermeister und Rath geloben, dem Spruche nachzukommen.

Wir von gotis gnadin Wenezelaw herczoge zcu Sachsen vnde zcu Lüneburg vnde Balthasar lantgrafe in Doringin vnde marggrafe zcu Mißen bekennen vnde thun kund vffintlich mit disim brine, daz wir vmbe die gebrechin, die die hochgehorn er Friderich, er Wilhelm vnde er Jorie gebrudere landgrafin in Doringin vnde marggrafin zcu Mißen vnser lybin ohemen vnde vettern hatten gein dem rate vnde stat zcn Lipezk vmbe daz halbe gerichte, daz den gnanten vnsern ohemen

vnde vettern von tode Symons schultheizzin kindern*) zeu Lipezk was angeuallin
vnde ledig wordin, mit der selbin vnser ohemen vnde der stat Lipezk gutem wizzin
vnde willen geteydingit habin, also daz die egnanten vnser ohemen vnde vettern
daz selbe halbe gerichte Thomas von Grymme burger zeu Lipezk zeu rechtem lene
zeu syme libe die wile er lebit, doselbyns den armen vnde den richen recht zeu
richtene, geligin habin, wenne aber er mit dem tode voruellit, so sal daz gnante
halbe gerichte vnsern gnanten ohemen vnde vettern, iren erbin oder wer dan zeu
Lipezk eyn herre ist ledig vnde los syn, vnde sullin vnde mogin dan daz bestellin
noch irme nuzzze vnde bestin, wie sie daz irdenken vnde in bequemelich ist, doryn
yn ouch der ratismeyster, der rat, die ganeze gemeyne der stat zeu Lipezk noch
ichein burger bysundern sprechin noch sie doran hindern noch erren sullin mit wortin
noch mit werken dheinewiis ane alliz geferde, vnde habin des vnser innsegele mit
der stat Lipezk insegele zeu orkunde diser teyding an disin briff wizzintlich laz-
zin hengin.

Vnde wir Hans Hosang burgermeyster, Ciriacus von der Pezzene, Hans
Lange, Nigkel Selniez, Otte Cruezeger, Hans Nuwendorff, Nigkel Vderiez der innge,
Nigkel vz der Muneze, Johannes Pellifex, Niczsche Schuman, Coneze Nerlich vnde
Lorencz Pudernas rathute zeu Lipezk vnde die ganeze gemeyne doselbyns bekennen,
daz die obgeschribin rede vnd teyding mit vnserm guten willin vnde wizzin also
geteydingit vnde geschen syn, vnde globin die vor vns vnde vnser nochkomen stete
vnde ganez zeu haldene ane alliz geferde, vnde habin des vnser stat insegel vor
vns vnde vnser nochkomen mit der irluchten fursten ern Wenczelaus herczogin zeu
Sachsin vnde zeu Luneburg vnd ern Balthasar lantgrafin in Doryngin vnde marg-
grafin zeu Mißen vnser gnedigin hern insegeln zeu orkunde vnde stetikeit an disin
briff wizziulich lazzin hengin, der gegebin vnde geteydingit ist zeu Lipezk noch
Cristi geburd driezzcenhundirt iar in dem funf vnde achezigistem iare an der mitte-
wochin noch dem unwen iare.

Nach dem Orig. im Rathsarchir zu Leipzig mit den Siegeln des Herzog Wenzeslaus, des Landgrafen
Balthasar und dem kleinern Stadtsiegel an Pergamentstreifen. Eine zweite gleichlautende und nur in der Schrei-
bung abweichende Ausfertigung mit drei Siegeln befindet sich im K. Haupt-Staatsarchiv zu Dresden.
Horn Leben Friedr. d. Streitb. S. 666.

a) Vgl. No. 67.

No. 90. 1385. 26. Sept.

*Markgraf Wilhelm belehnt den Rath und die Stadtgemeinde mit der Teichstatt vor Eutritzsch und
dem Dorfe, die sie von ihm gekauft haben. Vgl. No. 83.*

Wir Wilhelm von goczs gnadin maregrafe zeu Mizsen, in dem Ostirlande
vnde zeu Landisperg bekennen vffinlichen vnde tun kunt mit disem geinwertigen
brife, daz wir den ersamen wisen luten den burgermeistern, ratisluten, rate, den
burgern gemeinlichin der stad zeu Lipezk vnde allen iren nachkomen die vischstad
vor Vderiezsch mit dem dorfe Vderiezsch recht vnde redelichin vorkouft habin, daz
gelt, dauor wir yn die habin vorkouft, sie vns ouch genezlichin vnde zeu male

beezalt habin, des selbin konfis wir ouch eyn gewere sin sullen vnde wullen also recht ist, vnde wir habin ouch den obgenantin burgermeistern, ratisluten, reten vnde burgern gemeinlich zcu Lipezk vnde allen iren nachkomen die vorgenantin tichstad vor Vderiezsch vnde daz dorf zcu Vderiezsch mit allir zcugehorunge mit guten wizzen zcu rechten lehen geligen vnde lihen yn ouch daz egenante dorf vnde tichstad zcu rechten lehen mit disem brife gnediglichin von vns vnde vnsern erbin gernwiglich vnde ewiglich zenhaben vnde zcubesiezen. Die egenantin burgermeistere, ratislute, rete vnde burgere gemeinlichin der stad zcu Lipezk vnde alle ire nachkomen sullen ouch von dem mergenantin dorfe Vderiezsch vnde von der tichstad vor Vderiezsch vnser, vnsir erbin vnde allir vnser nachkomen gehulte gesworne man sin vnde sullen vns danon getruwe vnde gewere sin, als eyn man eime herren zcu rechte sin sal ane argelist vnde generde, vnde habin des zcu orkunde uerer sicherheit vnde ewigem bekentnizse vnser insigel an disen geinwertigen brif wizsintlichin lazzin hengin. Darby sin gewest vnde sint geezuge der edele er Albrecht burcgrafe von Lizsenig, herre zcu Rogksberg, die gestrengin er Ditherich vnde er Friderich von Wiezeleyben, er Tamme Phlug, er Heinrich von Bunow, Conrad von Breseniez vnde andir lute gnug den wol ist zeughonbin. Gegebin nach goczs geburt dryezenhundirt iar in dem fnufvndeachezigsten iare am dinstage vor Michaelis des heiligen erczengels.

Nach dem Orig. im Rathsarchiv zu Leipzig. Das an einem Pergamentstreifen befestigt gewesene Siegel ist bis auf ein kleines Bruchstück verschwunden.

No. 91. 1385.

Beschluss der drei Räthe die Stadthauptlente betr.

Nach Cristi gebort xiij iar darnach in dem lxxxv iare, do Tiezman in der Muneze eyn burgermeystir was, habin dry rete myt der ganczen gemeyne willen vnde wissen der stat Lypezk gekort vnde gelobit an cydin stat, durch der stat bestes vir heutlute czu habene vnde dy czu kisene vs dry reten alle iar vf wynachten by fünf marg; welchir der heutlute eyn dy kore widursprechin, der sal der stat Lypezk fünf marg ane alle widurspruche gebin vnde dorin vorvallin syn. Vnde den vir heutluten sal man idem manne jerlichin von jdem virteyle der stat bestes czu werbin eynen man czu hulfe gebin, sundirn alle widirspruche by der obgeschrebene buse.

Nach Barthel's Diplomat. Lips. III. fol. 18 und desselben Vermischten Nachrichten von Leipzig fol. 3bb im Rathsarchiv zu Leipzig.

No. 92. 1386. 21. März.

Landgraf Balthasar meldet dem Rathe und den Geschworenen seine Bemühungen um Ausgleich der Irrungen zwischen ihnen und seinen Vettern und fordert sie auf, falls sie gleich diesen geneigt sein sollten, die Sache durch ihn als Schiedsrichter austragen zu lassen, ihren Entschluss den Markgrafen nach Altenburg kund zu geben.

Balthasar lantgraue in Duringen vnde margraue czu Mißen.

Lieben getruwen. Alz ir vns geschriben hat, habin wir uwir meynunge wol vornomen. Nû habin wir von vns selbis mit vnser swestir vnde vettern*) vmbe die sache die vnsern laßin reden vnde schin gerne, daz die ding gutlich gescheiden wûrden. Dorczu haben vns vnsir vettern laßin antwerten, daz sie gerne allir sache rechtes vnde bescheidinheit by vns bliben; wolt ir ôû daz ouch tun, so wollen wir gerne dorczû riten vierczentage adir dry wochen noch ostern by uch gein Lipezk vnde mit fliße vorsuchen, ab wir vnsere vettern vnde uch mit bescheidinheit oder mit rechte gescheiden mûgen. Vnde ist uch daz also behegelich vnde wolt ir deme also volgin, so last daz vnsern vettern wißn uff den nestin suntag gein Aldinburg, so haben wir mit vnsern vettern laßin reden vnde sie gebeten, daz sie die gerichte doruff abe tûn. Geben czu Wymar an der mittewochen noch Reminiscere anno LXXXVI°.

Dem rate vnde gesworn czu Lipezk vnsern liben getruwen.

Nach dem Cop. 31 fol. 64 im K. Haupt-Staatsarchiv zu Dresden.

*) Die Markgrafen Friedrich, Wilhelm und Georg. Söhne Markgraf Friedrichs des Strengen.

No. 93. 1386. 23. Mai.

Die Markgrafen Friedrich und Wilhelm ertheilen den Schneidern eine Handwerksordnung.

Wir Friderich vnde Wilhelm gebrudere ꝛc. bekennen ꝛc. daz wir dem handwerke den snydern zcu Lipezk ynnunge gegeben habin alse hirnach geschriben stet, die wir ouch widderrnfen vnde abetun mugin, wenne wir wollen. Zcu dem ersten, so sullen sy alle iar einen meister vnder yn kiesen ubir daz handwerg, der vns vnde dem handwerke bequeme sy, der ein iar daran syn sal vnde sal haben macht zcurichten ane orteil, waz sich von schulden adir von scheltworten vnder yn virloiffit; andire sache ubir, ab dy zewischen yn weren adir worden, die sal man bringen an gerichte, da sie hen gehoren. Erkente man ouch, daz ir meister, den sy also gekoren hetten, nicht bequemelich were, den mugin wir andern mit rate der handwerkisgnoßen, wi digke sich daz heischet adir not wurde. Es sal ouch ichein snyder zcu Lipezk in der stat adir vor der stad daz handwerg erbeiten, er enhabe dy innunge czu dem handwerke gewonnen, vnde wilch snyder dy innunge gewinnen wil, der sal dem handwerke darumbe gebin vier phund wachses, dy sal man machen vnde wenden an des handwerkes kerzcen, dy burnen sullen ierlich an vnsers hern

lichamen tage vnde wochlich alle sunabinde zeu vnser lieben frowen messe in sente
Thome kirchen, vnde darezu ein virteil birs vnde einen breiten virdung dem hand-
werke; der virdung vns ouch von iglichem, der daz handwerg gewinnet, sal halb
genallen, daz gelt ouch der meister von vusir wegin sal ynnemen vnde vns adir
wem wir daz befelen alle ierlich sal antwerten uff sente Michels tag. Vnde wilches
snyders son daz handwerk selbir erbeiten wil, der sal dy ynnunge ane losunge
haben, sundern daz er sal zeu den kerezen gebin zewei phund wachses; nymt abir
eins snyders tochter, der ynnunge hat, einen snyderknecht, wil der ynnunge haben,
der sal sy gewynnen vmbe zewei phund wachses zeu den kerezen, vmbe ein halb
virtel birs vnde vmbe einen halben virdung, an dem gelde wir ouch vnsern halbin teil
sullen haben vnde vns sal genallen alse oben geschriben stet. Wilch iunger ouch
daz handwerg lernen wil, der sal gebin zewei phund wachses zeu den kerezen. Ouch
sal ichein snyder noch snyderknecht erbeiten an viertagen adir an viernachten; wil-
cher daz tud, ist er ein snyder, so sal er geben ezu den kerezen ein phund wachses,
ist er ein snyderknecht, so sal er daezu gebin ein halb phund wachses. Ouch wer
dem meistere nicht gehorsam were von suche wegin, dy daz handwerk anruren, alse
digke daz gesche sal yn der meister lazen phenden vor sechs phenge bnße; wer
sich abir mit der buße nicht wolde twingen laßen, dem sal man daz handwerg vor-
biten vnde nydderlegen, daz er daz nicht erbeite alse lange er sich mit dem meistere
vnde handwerke berichte. Gesche ouch, daz ein snyder adir snyderknecht, der
nicht ynnunge hette, daz handwerk erbeite in der stat odir vor der stat, in wilchen
hnsen daz were, den sal daz handwerk phenden vor vier phund wachses, die man
sal wenden zen den kerezen; wolde ers abir darnbir nicht lazen, so sal yn vnsir
voit mit vnsern gerichte daezu twingen, daz ers laze, vnde dem handwerke bezzern
vnde bußen alse obin geschriben stet, alse daz vnser voit mit dem meistere erkennet.
Czu orkunde xc. Datum Lipezk ferin quarta post Cantate anno domini MCCCLXXXVI.

Nach dem Cop. 31 fol 65 im K Haupt-Staatsarchiv zu Dresden.

No. 94. 1386. 20. Dec.

Die Markgrafen Friedrich, Wilhelm und Georg eignen dem Johannishospitale das von Otte Pflug
aufgelassne Vorwerk zu Dösen und übertragen dem Rathe die Verwaltung desselben.

Wir Friderich, Wilhelm vnde George gebruder von gots gnaden landgrauen
zeu Duringen vnde marcgrauen zeu Missen bekennen vnde tun knut uffelichin mit
diesem brine, daz wir sunderlich durch got, zen lobe vnde zeu eren der lobelichen
nuter vnde mayt Marien vnde des heiligen herren sente Johans des touffers, vnsir,
alle vnsir elderu, vorfarn vnde nachkomen zcu cyme ewigen gedechtnisse, selen seli-
keit, zen troste vnde gnaden daz vorwerk gelegen in dem dorffe Dösen*) des gerich-
tes zeu Lipezk mit den zeinsluten vnde hofen daryune, mit agkern wiesen holczern
puschen weiden vnde mit allin synen nuczen dynsten vnde zeugehorungen besucht

a) Dösen, Par Prolofarbis

vnde vnbesucht, vnde nemclich mit eyme drittenteyle eyns lehinpherdes daz wir dar-
uffe gehabt habin, alse die alliz der gestrenge ritter er Otte Phlug vnsir lieber
getruwer biz her von vns zculeben herbracht, gehabt hat vnde besezzen vnde vns
die ouch williglich in vnsir hende hat uffgelazen, dem spitale zcu sente Johanse des
touffers vor dem Grynimeschen tore vnsir stat Lipczk gelegen vnde den armen sie-
chen, die darynne synd, zcu rechtem eigen gegeben geeigint vnde gefriet habin,
eigenen vnde fryen ewiglich darczu zcugehoren zcuuolgen vnde daby zcublieben in
allir wirde vnde maze, alse vorgeschriben stet vnde alse eigens recht vnde gewon-
heit ist. Vnde vmbe daz, daz denselben armen siechen die egnanten guter nueze
vnde czinße deste redelichir vorgestanden vnde ordenlich gereicht werden, habin wir
von sunderlichir gunst vnde gnaden den bescheiden luten dem rate zcu Lipczk, die
da iezund synt adir denn da zcu gecziten syn werden, vnsern lieben getruwen die
vormundeschafft ubir die egnanten guter nueze vnde czinße beuolen vnde beuelen, so
daz sie die siechen damite getruwelich vorstehin vnde yn die redelich reichen sullin,
als sie gote, vns, vnsern erbin vnde nachkomen daz getruwen zcuuorantwerten. Vnde
habin des zcu orkunde vnde merer sicherheit wir Friderich vnser sigel, des wir Wil-
helm vnde George obgnanten syne bruder zcu diesem mal mit ym gebruchen, wizzintlich
an diesen brieff lazin hengen. Daby synt gewest alse geezuge die gestrengen vnsir
lieben getruwen er Thamme Phlug, er Offe von Sliwen, er Jan von Hugewicz ritter,
Otte Phlug der elder, Nigkel von Ertmarstorff vnde mer fromer lute den wol ist
zcuglouben. Gegebin zcu Lipczk am dornstage sente Thome abinde des heiligen
zewelfboten nach gots gebort driczenhundert iar darnach in dem sechsvndachczi-
gesten iare.

Nach dem Orig. im Rathsarchiv zu Leipzig mit dem Siegel an einem Pergamentstreifen

No. 95. 1387. 18. Mai.

*Peter Mantil von Wiederitzsch und dessen Brüder erkaufen das Vorwerk zu Dösen zu einem
rechten Erbe.*

Alz man schreib nach gotis gebort driczenhundert iar darnach in dem sebin
vnde achczigisten iare, do Hincz Honulonbin burgermeister waz, am sunabende noch
vnssern herin uffart obirnam Petir Mantil von Wederas mit Conrad, Jacob, Michil
vnd Nyckil sinen brudern vnd koufte daz vorwerk czu Dosen mit nekern, wesen
vnd holcze czu eyme rechtin erbe vmme vierzig schok groschin, vnd sal dez geldis
czwenczig schok beczalen uf sente Michils tage obir eyn iar vnd dy andern czwen-
czig schok groschen darnach abir obir eyn iar, alzo daz dy vierzig schok von sente
Michils tage neest czukunftigen obir czwey iar genczlich bezalt werden; davor sint
burgin Nickel Pincz, Hans Botcher, Daniel Nuwenstat, Jacob Molberg mit gesamptir
hant als sachewalder.

Nach Barthel's Diplomatar. Lips. II. fol. 215 im Rathsarchiv zu Leipzig.
CODE DIPL. SAX. II. 5.

No. 96. 1389. 11. März.

Die Markgrafen Friedrich, Wilhelm und Georg geloben, den Rath und die Stadt, welche sich mit ihnen und für sie den Grafen von Schwarzburg wegen 1000 Schock Groschen als Selbstschuldner verschrieben haben, schadlos zu halten.

Wir Friderich, Wilhelm vnde George gebrudere zc. bekennen zc. alse vnsirelieben getruwen der ratsmeister, ratmanne — vnde die ganeze gemeine — der stat Lipezk keyn den edeln grauen Gunthere von Swarezpurg hern ezu Ranys, grauen Henrich vnde grauen Gunthere von Swarezpurg hern ezu Arnstete vnde zen Sundershusen vor vns vor tusind schok guter groschen Friberger muneze, die iczund alse dieser brieff gegeben ist in vusir vettern vnde vnsern landen genge vnde geneme syn, selbschuldigen worden synt uff den nehsten zeukomenden sente Walpurgetag ubir eyn iar zeubezezalene, daz wir sie der tusind schokke vunorezoglichin ane iren schaden nach vzwisunge des briues, darynne sie selbschuldigen mit vns worden synt, ledigen vnde losen wollin, vnde globin yn daz — mit crafft dieses briues, der mit vnserin Friderichs anhangenden insigel ist versigeld, des wir Wilhelm vnde George zc. Datum feria quinta post Invocavit anno LXXXIX°.

Nach dem Cop. 31. fol. 73ᵇ im K. Haupt-Staatsarchiv zu Dresden.

No. 97. 1391. 10. Jan.

Bürgermeister und Rath nehmen Albrecht Pfarrer zu Pomssen zu Vorsteher, Verweser und Hofmeister im Johannishospital an.

Wir Johann Alberni burgermeistir, Otto Crueziger, Conrad Czwenkow, Johann pellifex, Martin Rotow, Nickel vz der munez der elder, Heinrich Czomer, Nicolaus Czweppman, Johann Vtthusen vnd Ditherich Bog ratmanne der stad Lipezk bekennen offenlichen — daz wir mit gutem vorrate wissin willen vnd volbort allir drey rete vnd der ganezen gemeine eintrechtiglichen den ersamen hern ern Albrecht pharrer ezu Pomssen ezu einem vorsteher vorwesir vnd hofemeistir in s. Johannis hospital vnd hof vor vnser stad Lipezk willigliehin genomen vnd empfangen haben, also daz er mit hulfe vnd anwisung eines ratmannes, der ime von vns oder vnsern nachkomenden burgirmeyster vnd ratmannen von iar ezu iar ezu einem spitalmeystir wird gegebin, den gnanten s. Johannis hof mit allen ezinßen muezen vnd fruchten, dy daezu gehoren, sal vorstehen vnd vorweßin mit phlege, nemlich den armen siechen, als er gote dem hern vnd vns mit siner rechnung, dy er von iar ezu iar von einem rate ezu dem andern tun sal, sich getrauet zu verantworten. Wenn aber der gnante her Albrecht des hofes von krankheitswegen seines leibes nicht langer zu vorwesin vnd vorezustehin vormochte, so sal ime ezur widerstatunge siner guter, dy er in den hof kuntlichin geben vnd bracht hat, eyn schok ierlichin ezinsis von des hofes gewißen ezinsin ezu sinem libe vnd dywil er lebet in dem hofe ledigliehin

folgin; och sal er woununge vnd phrunde dywil er lebit in dem gnante hofe habin
vnd mit eynem hofemeystir, der nach ine gesaezt wird, teglichin ezu tische gehen,
als das teglichin gewoulich were. Geschee abir, daz guunter er Albrecht in s. Jo-
hannis houe vorstirbe, das got lange wende, adir ane not vnd redeliche sache von
deme houe ezoge, was er dan gut vnd laudhabe in den hof bracht hette, das sal
dem houe ezu siner selen selikeyt geuezlichin bliben vnd folgin vnd anders nymand.
Datum dinstags nach epiphan. 1391.

Nach Barthel's Diplomatar. Lips. III fol. 57 im Rathsarchiv zu Leipzig.

No. 98. 1391. 10. Oct.

*P. Bonifacius IX. bewilliget dem Rathe die Errichtung einer Capelle auf dem Rathhause, die
Anstellung eines Weltgeistlichen bei derselben und das Patronatsrecht.*

Bonifacius episcopus servus servorum dei dilectis filiis . . proconsulibus et
consulibus opidi Lipzk Merseburgensis diocesis salutem et apostolicam benedictionem.
Exigit vestrae devotionis sinceritas, quam ad nos et Romanam geritis ecclesiam, ut
votis vestris illis praesertim, quae ad vestrarum salutem animarum et divini cultus
augmentum cedere valeant, quantum cum deo possumus favorabiliter annuamus.
Exhibita siquidem nobis nuper pro parte vestra petitio continebat, quod pro eo, quod
vestrae universitatis opidi Lipzk Merseburgensis diocesis negotia in theatro dicti opidi
vos oportet frequentius pertractare, missis et aliis divinis officiis dum ea in parro-
chialibus aut aliis ecclesiis eiusdem opidi pro tempore celebrantur non potestis com-
mode interesse, quamobrem vos zelo devotionis accensi ac volentes terrenea in
coelestia et transitoria in aeterna felici commercio commutare de bonis propriis et
huiusmodi communitatis ad laudem divini numinis nec non ad honorem et sub voca-
bulo gloriosae virginis Mariae quandam capellam in eodem theatro in loco ad hoc
congruo et honesto de novo construere ac illam pro uno presbytero seculari, qui in
illa missam et alia divina officia teneatur pro tempore celebrare, competenter dotare
et in ea pro tempore huiusmodi missas et alia divina officia desideratis audire, si ad
id sedis apostolicae accedat assensus. Quare pro parte vestra nobis fuit humiliter
supplicatum, ut vobis praemissa faciendi licentiam impertiri et etiam ius patronatus
eiusdem capellae vobis et successoribus vestris in proconsulatus et consulatus officiis
eiusdem opidi inperpetuum reservare de speciali gratia dignaremur. Nos igitur
huiusmodi supplicationibus inclinati vobis, ut capellam praefatam construi facere in
loco praedicto illamque pro huiusmodi presbytero pro tempore in illa in eisdem
divinis ut praefertur domino servituro dotare, diocesani loci et alterius cuiuscunque
super hoc licentia seu consensu minime requisitis, quodque in ea vos et iidem suc-
cessores vestri cum familiaribus vestris et suis missas et alia divina officia huius-
modi libere et licite valeatis audire, auctoritate apostolica tenore praesentium de
speciali gratia indulgemus, ius patronatus huiusmodi sive praesentandi eundem pres-
byterum sive rectorem pro tempore ad ipsam capellam postquam constructa et dotata

fuerit ut praefertur vobis et eisdem successoribus auctoritate praedicta de uberioris
dono gratiae imperpetuum reservantes, iure tamen parrochialis ecclesiae in omnibus
aliis semper salvo. Nulli ergo omnino hominum liceat, hanc paginam nostrae con-
cessionis et reservationis infringere vel ei ausu temerario contraire. Si quis autem
hoc attemptare praesumpserit, indignationem omnipotentis dei et beatorum Petri et
Pauli apostolorum eius se noverit incursurum. Datum Romae apud sanctum Petrum
VI. Idus Octobris pontificatus nostri anno secundo.

Pro T. de Nyem.
Franciscus.

Nach dem Orig. im Rathsarchiv zu Leipzig. Das an Faden von gelber und rother Seide befestigt gewe-
sene Bleisiegel ist abhanden gekommen.

No. 99. 1391. 10. Oct.

*P. Bonifacius IX. ertheilt dem Rathe die Befugniss, in der neuerrichteten Rathhauscapelle auch
im Falle eines über die Stadt verhängten Interdicts in der Stille Messe lesen und andere
gottesdienstliche Handlungen verrichten zu lassen.*

Bonifacius episcopus servus servorum dei dilectis filiis .. proconsulibus et ..
consulibus opidi Lipzk Merseburgensis diocesis salutem et apostolicam benedictionem.
Devotionis vestrae sinceritas promeretur, ut votis vestris in his praesertim quae ad
vestrarum salutem animarum cedere valeant quantum cum deo possumus favorabiliter
annuamus. Hodie siquidem nobis pro parte vestra exposito, quod pro eo, quod
negotia universitatis opidi Lipzk Merseburgensis diocesis in theatro dicti opidi vos
oporteret frequentius pertractare, missis et aliis divinis officiis dum ea in parrochia-
libus aut aliis ecclesiis eiusdem opidi pro tempore celebrarentur non possetis com-
mode interesse, quamobrem vos zelo devotionis accensi ac volentes terrena in coe-
lestia et transitoria in aeterna felici commercio commutare de vestris et huiusmodi
communitatis bonis ad laudem divini numinis nec non ad honorem et sub vocabulo
gloriosae virginis Mariae quandam capellam in huiusmodi theatro in loco ad hoc
congruo et honesto de novo construere ac illam pro uno presbytero seculari, qui in
illa missam et alia divina officia teneretur pro tempore celebrare, competenter dotare
desideraretis; nos hoc vobis, ut capellam praefatam construi facere in loco praedicto
illamque pro huiusmodi presbytero, qui missam et alia divina officia huiusmodi tene-
retur in dicta capella ut praemittitur celebrare, in qua vos et iidem successores vestri
missas et alia divina officia huiusmodi pro tempore audire diocesani loci et alterius
cuiuscunque super hoc licentia seu consensu minime requisitis libere possetis, aucto-
ritate apostolica per nostras litteras duximus indulgendum, ius patronatus eiusdem
capellae seu praesentandi eundem presbyterum seu rectorem ad eandem capellam
postquam constructa et dotata foret ut praefertur vobis et successoribus vestris in
proconsulatus et consulatus officiis pro tempore in opido praedicto nihilominus reser-
vantes, prout in ipsis litteris plenius continetur. Nos igitur praemissorum intuitu vos
paterno prosequentes affectu ac potioribus gratiis et favoribus communire volentes

vestris in hac parte supplicationibus inclinati vobis et successoribus ipsis, ut si in
dictum opidum ecclesiasticum quacunque auctoritate generaliter vel specialiter poni
contigerit interdictum vos et iidem successores aut maior pars vestrum et eorum, cum
huiusmodi consiliis vos seu eos contigerit interesse, in eadem capella ianuis clausis
excommunicatis et interdictis exclusis non pulsatis campanis et summissa voce in
vestrum et eorundem successorum ac vestrorum et successorum familiarium huius-
modi praesentia missam et alia divina officia huiusmodi coram vobis seu eis libere
et licite perpetuis temporibus possitis facere celebrari, dummodo vos vel illi causam
non dederitis interdicto aut id vobis vel illis non contigerit specialiter interdici,
auctoritate apostolica tenore praesentium de speciali gratia indulgemus. Nulli ergo
omnino etc. Si quis autem etc. Datum Romae apud sanctum Petrum VI. Id. Octo-
bris pontificatus nostri anno secundo.

Pro T. de Nyem.
Franciscus.

Nach dem Orig. im Rathsarchiv zu Leipzig. Das an rothen und gelben Fäden befestigt gewesene Blei-
siegel ist abhanden gekommen.

No. 100. 1392. 24. Apr.

*Conrad Stuez bekennt, dass anderthalbhundert Schock Groschen zu Wiedereinlösung des ihm und
seinen Brüdern um diese Summe versetzten halben Gerichtes Namens der Markgrafen Friedrich,
Wilhelm und Georg ihm ausgezahlt worden sind.*

Ich Conrad Stuez burger ezu Lipczk bekenne vnde thu kunt uffelich mit
diesem briue, daz mir alse hute der erber man Heneze Kelner ezu Aldenburg gewez-
zen anderhalbhundert schok Friberger groschen beezalt hat von der hoechgeboren
fursten hern Friderichs, hern Wilhelms vnde hern Georgen gebrnder landgrauen in
Duringen vnde marcgrauen ezu Missen myner gnedigen herren wegen von des hal-
ben gerichtes vnde schultheißen amptes wegen ezu Lipezk, daz myne bruder vnde
ich vor dy gnanten summen geldes biz her yunegehabt habin, vnde sage dy gnan-
ten myne guedigen herren derselbin summen geldes anderhalbhundert schokke quiit
ledig vnde los von myner bruder vnde myner wegen mit crafft diez briues. Gege-
ben ezu Lipezk an der mittewochen nach Quasimodogeniti vnder myns vater insigele,
des myne bruder vnde ich hirane gebruche, anno domini ꝛc. XCII°.

Nach dem Orig. auf Papier im K. Haupt-Staatsarchiv zu Dresden. Das aufgedruckt gewesene Siegel
ist abgefallen.

No. 101. 1393. 28. Aug.

*Die Markgrafen Friedrich und Wilhelm erlassen mit Beirath ihrer Heimlichen eine Ordnung für
die Bäcker in Betreff des Brotverkaufs und der Schweinemast.*

Nach gotis geburt driezenhundert dry und nunczig iar am nehstin mantage
nach Bartholomei haben dy hochgebornen fursten er Fredrich vnd er Wilhelm marg-

grauen czu Missen vnsse liebin gnedigen herrn vnd gnedige vrouwe ..¹) mit rate
des edilu ern Fredrich grauen von Orlamunde, ern Jans von Hugewicz, ern Ditherich von Kempnicz vnd ern Ticzken Talheyms irer heymelichen gesaczt geschicket
vnd geordent czwischin dem rate, der gemeyne czu Lipczk vnd den becken da selbins, daz der voit mit dem sieziuden rate sol gehn in dy brotbenke tag bie tag vnd
sullen czu sehn, daz man backe phennigwert vmb eynen phennig, nach deme alz
das getreide uf adir abe slet des markt tages an dem kouffe. Wer denn, daz
vnglich kouff adir zen cleyne brot by den becken fmuden wurde in dem hase adir
in den benken, daz brot sal der voit vnd der rat czu snyden vnd in den spetil
senden vnd der becker, by dem das brot funden wirt, sal vnßn gnedigen herrn nach
gnadin darvmb wandiln. Ouch sal eyn iezlich becker nicht mer swyn haldin denn
czwelfe, vnd wenn er dy gemest, so sol er dy swyn vußn gnedigen herrn adir den
burgern in der stat vorkouffin vnd andirs nymande, vnd sal ouch der nicht wegtriben, vnd wenn er dy also vorkouft hat, so mag er andere czwelfe kouffen vnd
mer nicht. Ouch sal eyn iezlich becker des tages syne brotbank besiczin; wer denn
daz der voit mit dem rate yndirt eyne brotbank des tages ane brot funden vnd
welchis beckers dy bank ist, der sal daz vnßn gnedigen herrn nach gnadin lassen
vnd dem rate nach gehorsame wandiln. Dis ist gesaczt von vußn gnedigen herrn
alz Johannes Albern burgermeister waz nach gotis gebort alz obin stet geschrebin, in
keinwertikeit Knnczen Hornbeckers, Petir Beyers, Hans Bussen vnd Nickel Panczsch.

Nach Barthel's Diplomatar. Lips. III fol. 17 und desselben vermischten Nachrichten von Leipzig fol. 7
im Rathsarchiv zu Leipzig.

1. Barthels Meister, vielleicht Katherina?

No. 102. 1391. 5. Mai.

*P. Bonifacius IX. gestattet dem Rathe, die auf dem Rathhause errichtete Capelle bei fernerem
Widerspruche des Pvabsts zu S. Thomas durch einen beliebigen Bischof weihen zu lassen.*

Bonifacius episcopus servus servorum dei dilectis filiis .. proconsulibus et ..
consulibus opidi Lipzk Merseburgensis diocesis salutem et apostolicam benedictionem.
Ad ea ex apostolicae servitutis officio libenter intendimus, per quae sublatis praepediis animarum salus et divini cultus augmenta recurrentiumque in his ad apostolicae sedis auxilia Christi fidelium consolatio valeant provenire. Dudum siquidem pro
parte vestra nobis exposito, quod pro eo, quod vestrae universitatis negotia in theatro
opidi vestri Lipzk oporteret vos frequentius pertractare, non poteratis missis et aliis divinis
officiis quae in parrochialibus aut aliis ecclesiis dicti opidi pro tempore celebrabantur
commode interesse, nos vobis fundandi et construendi in dicto theatro quandam capellam ad laudem divini nominis ac ad honorem et sub vocabulo beatae Mariae virginis
dei genitricis gloriosae de propriis et universitatis praedictae bonis, in loco tamen ad
hoc congruo et honesto, et capellam ipsam sufficienter dotandi de bonis eisdem pro
uno presbytero seculari missam et alia divina officia huiusmodi celebraturo in ea pro
tempore diocesani loci vel alterius cuiuscunque licentia seu consensu super hoc minime

requisitis, et quod in eadem capella vos vel successores vestri cum vestris et suis familiaribus missas et officia ipsa libere et licite possetis audire per nostras litteras duximus indulgendum, ius patronatus seu praesentandi eundem presbyterum seu rectorem pro tempore ad eandem capellam, postquam ut praemittitur constructa et dotata foret, vobis et eisdem successoribus perpetuo reservantes, iure tamen parrochialis ecclesiae in omnibus aliis semper salvo, prout in dictis litteris plenius continetur. Cum autem sicut exhibita nobis nuper vestra petitio continebat, licet vos capellam huiusmodi in theatro et loco praedictis dictarum litterarum vigore de bonis praedictis iam aedificari feceritis assignata per vos eidem capellae sufficienti dote praedicta, tamen dilecti filii .. praepositus et conventus monasterii sancti Thomae in Lipzk per praepositum soliti gubernari ordinis sancti Augustini Merseburgensis dioecesis, qui parrochiales et alias ecclesias dicti opidi se in proprios usus tenere praetendunt, quominus eadem capella consecrari possit ac missa et alia praedicta officia per huiusmodi presbyterum coram vobis ibidem valeant celebrari contra iustitiam impedire praesumunt, pro parte vestra fuit nobis humiliter supplicatum, ut vobis super hoc providere de oportuno remedio de benignitate apostolica dignaremur. Nos itaque huiusmodi supplicationibus inclinati vobis consecrari faciendi hac vice duntaxat dictam capellam per aliquem catholicum episcopum gratiam et communionem dictae sedis habentem de quo vobis videbitur, etiam si idem episcopus pontificalia officia extra suas civitatem et dioecesin de mandato apostolico minime valeat exercere, constitutionibus et ordinationibus apostolicis ac aliis contrariis non obstantibus quibuscunque tenore praesentium indulgemus. Nulli ergo omnino hominum etc. Si quis autem etc. Datum Romae apud sanctum Petrum III. Non. Maii pontificatus nostri anno quinto.

R°
Eckardus.

Nach dem Orig. im Rathsarchiv zu Leipzig. Das an Faden von rother und gelber Seide befestigt gewesene Siegel ist abhanden gekommen.

No. 103. 1394. 17. Juli.

Drei Bischöfe ertheilen denen, welche bussfertig die Capelle auf dem Rathhause in Andacht besuchen, vierzigtägigen Ablass.

Nos Nicolaus Cathosiensis, Luppoldus Lauacensis et Johannes Lidoricensis dei et apostolicae sedis gratia ecclesiarum episcopi omnibus Christi fidelibus, ad quos praesentes nostrae litterae pervenerint, praesentibus et futuris salutem et sinceram in domino caritatem. Quoniam ut ait apostolus omnes stabimus ante tribunal Christi recepturi prout in corpore gessimus sive bonum fuerit sive malum, oportet nos ideo diem messionis extremae misericordiae operibus praevenire et aeternorum intuitu seminare hic in terris, quod reddente domino cum multiplicato fructu recolligere debeamus in coelis, firmam spem fiduciamque tenentes, quoniam qui parce seminat parce metet et qui seminat in benedictionibus de benedictionibus et metet vitam aeternam. Cupientes cappellam in theatro Lipcensi sitam et in honore gloriosissimae virginis Marine et beatorum Johannis baptistae et Georgii ac Katherinae, Barbarae, Dorotheae et Margarethae virginum beatarum spiritualium nostrorum numerum prosequi largitate ad preces providorum virorum magistri consulum, consulum et iuratorum ibidem dictae cappellae fundatorum/omnibus vere poenitentibus confessis et contritis, qui missarum officiis et aliis divinorum solempniis interfuerint, orationes suas devote profuderint aut tria pater noster, orationem dominicam et toties salutationem angelicam videlicet Ave Maria cum devotione dixerint, de omnipotentis dei misericordia et beatorum Petri et Pauli eius apostolorum confisi suffragiis quilibet nostrum de suo ultra indulgentias dictae cappellae in eius consecratione et alias concessas de iniunctis poenitentiis XL dies indulgentiarum et unam carenam, dummodo tamen consensus diocesani ibidem accesserit, misericorditer in domino impertimur. In cuius rei testimonium sigilla nostra praesentibus sunt appensa. Datum et actum Misnae anno domini millesimo CCC° nonagesimo quarto die XVII mensis Julii.

Nach dem Orig. im Rathsarchiv zu Leipzig mit den drei an Pergamentstreifen hangenden wenig beschädigten Siegeln.

No. 104. 1394. 30. Juli.

B. Nicolaus von Kathosien weiht die Rathhauscapelle.

Anno domini M°CCC°XCIIII° die tricesima mensis Julii consecrata est cappella in praetorio per reverendum in Christo patrem et dominum dominum Nicolaum episcopum Kathosiensem[a]) ex indulto speciali sanctissimi in Christo patris et domini domini nostri Bonifacii papae IX in honore gloriosae virginis Mariae, Katherinae, Barbarae, Margretae, Dorotheae, sancti Jo. baptistae, Jeorrii et omnium sanctorum et dedicatio huius cappellae per praedictum patrem posita est dominica infra octavas visitationis beatae Mariae virginis gloriosae ac idem praedictus pater XL dies indulgentiarum de autoritate sua misericorditer donavit, dummodo consensus et voluntas ordinarii ad id accedat.

Nach dem Stadtbuch fol. 2 im Besitz der Deutschen Gesellschaft zu Leipzig. Mittheill. d. Deutsch. Gesellsch. I. S. 113.

a) Nicolaus Bischof von Kathosien Weihbischof zu Meissen. Vgl. Cod. dipl. Sax. II. § N 3r°. 316, 326, 334, 336, 376, 390.

No. 105. 1395. 7. Jan.

Der Rath und die Stadtgemeinde sichern Johann von Wulffen dem alten Stadtschreiber eine Leibrente von 4 Schock Gr. für 64 Sch. Gr. Capital auf seine Lebenszeit frei von jeder Abgabe zu.

Wir Tiezmann von Syferdishain vnd andern ratislute vnd gesworne gemeynlichin vnd dar czu dye burger gemeynlichin der stad zu Lipczk bekennen offentlichin mit dissem keginwertigen briffe — daz wir dem vorsichtigen manne Johanse von Wulffen vnsserm aldin stad schriber[a]) recht vnde redelichin uorkouft habin achte

a) Bareits 1378 erscheint Hans von Wulffen der alte Stadtschreiber als Zeuge in einer Urkunde im K. Haupt-Staatsarchiv.

schog gutir Missner gr. alz sye genge vnd gebe sin ierlicher gulde vnd czinsses czu syme lybe vnd lebene vnd habin yм die gegebin vmb vir vnd sechzig schog gr. der uorgnanten were, der er vns nuezlichin vnd wol beczalt hat vnd dy wir in vnsser stad gemeyne nutz vnd frommen kuntlichin gewant habin. Dez vorgnanten czinses globin wir yм vir schog gr. czu leistene vnde czu beczalne uff den nesten sente Johannestag tzu mittin sommir der schirst kumpt vnd vir schog gr. uff des heiligen Cristes tag der nest darnach volgit, vnd denne vorwartir alle iar die wile er lebt uff die selbin tagecziit, vnde enwullin noch ensullin des nicht lassin durch keins gebotis noch vorbytens willin von geistlichin adir werltlichin gerichten. Ouch enwullin wir noch ensullin yм von disen uorgnanten renthen vnd czinsen keyn geschoz noch phlege, wy dy vmir gesin mochte, ou geheischen noch fordern, sundern er sal dise rente vry habin die wile er lebt, wenne abir er gesterbit, so sal sye vns wedir werdin quit ledig vnd los. Das wir vnde alle vnse nachkomlinge dise vorschrebin rede vnd globde stede gantz vnd unuorbrochin wollin haldin an alles arg, des habin wir vnsser stad grosse ingesigil czu eyn gewissin orkunde vnd geczugnisse lassin hengen mit vusserm gutin wissen an disen keginwertigin briff. Datum anno domini Mᵒ. CCCᵒ. XCVᵒ. feria septima post circumcisionis domini.

No. 106. 1395. 11. März.

P. Bonifacius IX. gestattet dem Rathe, am Nicolaikirchhofe oder sonst innerhalb der Parochie des h. Nicolaus eine Knabenschule zu errichten.

Bonifacius episcopus servus servorum dei ad perpetuam rei memoriam. Sincerae devotionis affectus, quem dilecti filii proconsules consules et universitas opidi Lipzk Merseburgensis diocesis ad nos et Romanam gerunt ecclesiam, promeretur ut votis eorum illis praesertim, quae divini cultus augmentum conspiciunt, quantum cum deo possumus favorabiliter annuamus. Hine est quod nos ipsorum proconsulum consulum et universitatis in hac parte supplicationibus inclinati eis, ut in cimeterio vel alias infra limites parrochialis ecclesiae sancti Nicolai praedicti opidi in loco ad hoc congruo et honesto pro eruditione scolarium in gramatica et aliis primitivis scientiis ac artibus liberalibus scolas construere ipsique proconsules et consules ac eorum successores proconsules et consules dicti opidi qui fuerint pro tempore magistros scolarum huiusmodi ad hoc habiles et idoneos, qui per se vel alium seu alios cum scolaribus ipsarum scolarum missis et aliis divinis officiis in ecclesia praedicta decantandis dominicis et aliis festivis diebus iuxta morem partium illarum interesse debeant, pro tempore deputare ipsosque magistros, quotiens eisdem proconsulibus et consulibus videbitur, removere valeant, praepositi pro tempore existentis et dilectorum filiorum conventus monasterii sancti Thomae dicti opidi per praepositum soliti gubernari ordinis sancti Augustini, qui praefatam ecclesiam in proprios usus tenere dicuntur, aut alicuius alterius consensu vel licentia super his minime requisitis, auctoritate apostolica tenore praesentium de speciali gratia indulgemus; non obstantibus, quod in uno solo duntaxat loco infra praefatum opidum videlicet apud ecclesiam dicti monasterii huiusmodi scolae hactenus fore et earum magistri cum suis scolaribus missis et aliis divinis officiis in ecclesia monasterii praedicta interesse ac per praepositum et conventum praefatos deputari et amoveri consueverint, et quibuslibet privilegiis indulgentiis ac litteris apostolicis generalibus vel specialibus quorumcunque tenorum existant, per quae praesentibus non expressa vel totaliter non inserta effectus earum impediri valeat quomodolibet vel differri et de quibus quorumque totis tenoribus habenda sit in nostris litteris mentio specialis. Nulli ergo omnino hominum liceat etc. Si quis autem hoc attemptare praesumpserit etc. Datum Romae apud sanctum Petrum V. Id. Martii pontificatus nostri anno sexto.

Pro G. Weert
Jo. de Lyns.

Nach dem Orig. im Rathsarchiv zu Leipzig mit dem Bleisiegel an Faden von rother und gelber Seide. Schneider Chron. Lips. p. 86. — Vogel Leipz. Annales S. 47.

No. 107. 1395. 28. Apr.

Markgraf Friedrich belehnt Johann Albern Bürger zu Leipzig mit 7 Ackern Landes bei der Thongrube.

Wir Friderich von gotis gnaden huuegraue in Duringen vnde marcgraue czu Mißen bekennen —, daz wir dem bescheyden manne Johanne Albern[a]) burgere czu Lipezk vnserm liebin getruwen vnde alle synen erben, dy er gereyte hat adir nach mag gewynnen iz syn knechte adir meyde, czu rechtem lehene gelegen habin syben acker landes, dy gelegen sint vor der obgnanten stat Lipezk by der Tangruben[b]), vnde liben yn ouch die selbin acker landis czu rechtem lehene mit allen iren nuczen wirden fryheyten gewonheyten vnde rechten gnediglich geruwiglich czu besiczen vnde der czu genißen mit orkunde diz bryfes. Da by sint gewest alse geczuge dy gestrengin vnde bescheyden er Jan von Hugewicz ritter vnser hofemeyster, Frydehelm Rabil, Tamme von Kalkrute, Ludewig, Conrad vnde Nigkel Stnez vnser heymelicher vnde liebin getruwen vnde mer vnser manne. Daz[1]) diße lehen von vns vnde vnsern nachkomen gancz vnde vnuorrugket gehalden werden, habin wir vnser secret czu orkunde an diessen briff wißintlichin laßen hengen, der gegeben ist czu Lipezk nach Cristo geburte driczenhundert iar vnde darnach in dem funfvndennezigisten iare an der mittewochen nach dem suntage nach ostirn, alz nun in den heiligen gotis kirchen singit Misericordia domini.

Nach dem Cop. 28 fol. 85b im K Haupt-Staatsarchiv zu Dresden.

a) Im J. 1348 Stadtschreiber (Orp 38 fol. 82 Im II.-M.-A. zu Dresden), 1390, 1388, 1398, 1399 Bürgermeister (Barthel Verm. Nachr. z Leipz fol. 70b b) Hee Thonberg
I Cnrig Dp

No. 108. 1395. 22. Juli.

*Die Markgrafen Friedrich, Wilhelm und Georg nehmen Heinrich Scherer, Bürger zu Leipzig zu
ihrem Büchsenmeister an.*

Wir Friderich, Wilhelm vnde George gebrudere von gots gnaden landgrauen in
Duryngen vnde marcgrauen czu Mißen bekennen —, daz wir Henriche Scherer
burger czu Lipczk czu diner vnd gesynde vnd czu vnserm buchsemmeister enpfangen
vnd genomen habin, vnsir buchsen czu wartin vnd die czu vertigen vnd vns damite
czu dynen alle die wyle er lebit, wenne vnd wo wir des bedurffen; darvmbe wir
ym ouch alle iar czu Lipczk von vnsir landbete uff send Michels tag vier schok
groschen vnd eyn malder korns ufczuheben vorheißen habin, vnd heißen ouch dauon
vnsern schosser der iczunt da ist adir czu geeziten da sin wirt, lieber getruwer, daz
du ym die gnanten vir schok vnd eyn malder korns von vnsir landbete alle iar uff
send Michels tag langes vnd reiches. Dar czu wir im ouch eyn hofegewand alle
iar uff pfinksten geben wollen. Were abir, daz er vnsir vnd vnsir buchsen vnd
dinstes nicht enwartte alse mogelich were vnd also vorgeschriben stet, so habin wir
daz czu widderruffen. Czu vrkunde haben wir in diesen brieff mit vnserm Fride-
richs secret, des wir Wilhelm vnd George gebruchen, vorsigelt gegeben czu Alden-
burg nach Crists geburt dryczenhundert vnd in dem funfevndenuynezigesten iare am
donrstage send Marien Magdalenen tage.

Nach dem Copiale 31 fol. 87 im K. Haupt-Staatsarchiv zu Dresden.

No. 109. 1396. 11. Apr.

*Markgraf Wilhelm eignet dem Johannishospital ein von Jan von Schlawtiez, Otto Kreuziger und
Lorenz von Brandis zugewendetes Stück Holz.*

Wir Wilhelm von gots gnaden marggraff zu Meyßen, in dem Osterlande vnde
zu Landißberg, lantgraff in Doringen vnd phalezgraff zu Sachssen bekennen —.
Wan die erßamen vnßr liben getrewen Jan von Schlawtiez, Otto Krenziger vnd
Lorenez von Brandis burger zu Leipezig ein holez genant das Niderholez, gelegen
gein dem Steinberge*), das formals gen Brandis gehort hat, das sie von vns bis her
zu lehen gehabet haben, zu dem hospital sant Johannes vor dem Grimmischen thore
vor Leipezig gelegen durch got gegeben vnd das vor vns auffgelassen vnd sich des
genezlichen vorezigen haben vnd vns inniglichen gebeten, das wir dasselbige holez
zu dem hospital furder eygen vnd geben woltten, darvmb haben wir dem almech-
tigen gote, seiner liben muter sant Marien der reinen iungfrawen, dem heiligen hern
sant Johannes vnd allen gotes heiligen zu lobe vnd zu eren, vnßr eldern, vnßer vnd
aller vnßer nuchkommen selen zu trost vnd zu seylikeit nu dasselbige holez mit

a Die bei dem Hospt Kleinzschocher, südlich von Brandis, gelegene Anhöhe.

allen zugehorungen zu demselbigen hospital sant Johannes vor Leipezig geeygent vnd gegeben, alzo das der burgermeister vnd burger zu Leipezig vnßr liben getrawen, die ieznnt seint ader hernach kommen werden, dem holcz von des hospitals wegen vorstehen vnd den hospital damit enthaltten sollen ane vnßr, vnßer erben vnd aller vnßr nachkommen hinderniß, vnd eygen vnd geben auch das obgeschriben holcz von vnßr furstlichen gewalt gnedigliche mit disem brieffe zu dem egenannten hospitall —. Des zu eime vrkunde vnd ewigem bekentniß — haben wir vnßr insigel wissentliche an disen brieff lassen henngen. Hie bey seint gewest vnd seint geezeugen der edele vnd die gestrengen graffe Gunter von Schwarezpurg, herre zu Ranis, her Offe¹) von Sliwin, er Otto Pflug, er Conrad von Kokericz vnd andere leute gnung den wol ist zu glawben. Geben nach gotes geburth dreyczehundert iare darnach in dem sechs vnd neunezigsten iahre an dem nehesten dinstag nach dem sontage als man singet nach ostern Quasimodogeniti.

Nach einer Abschrift aus dem 16. Jahrh im Rathsarchiv zu Leipzig.

1. Ortg. Kefs.

No. 110. 1396. 25. Mai.

Burgermeister und Rath vermitteln einen Vergleich zwischen Johann dem alten Stadtschreiber und Johann dem Schreiber.

Wir Johannes Alberni burgermeister, Hinrich Hunlebin, Otte Cruezieger, Hans von Holczhusen, Hans Hüter, Hinrich Czoymer, Ditherig Hug, Ditherig Pincz, Ditherig von der Peßin, Nickel Rudeniez, Nickel Stuys vnd Frenezel Czochir ratislute bekennen, daz geteidinget ist vnd wir geteidinget habin czwuschen Johanse dem alden stadschriber vnde Johanse schriber vnd sie gutlich vnd fruntlich entsaezt vnd entricht habin vmb alle sachin vnd geschefte, welcherleie die mogen gesin, die sie mit ein ander vor der geselschaft, in der geselschaft vnd nach der geselschaft gehat habin, also daz Johannes schriber vnd alle sine erbnemen alz verre sin erbe wendet sollen gebin vnd reichen Johanse dem alden stadschriber die wile daz er lebt alle iar uff sente Michelis vier schog Fribergischer gr. czu siner czerunge hulfe, vnd darczu hat Johannes schriber dem gnanten Johanse alden stadschriber gegebin vol vnd al beczalt nunezig schog Fribergischer groschen vnde vir schog gr. vnd ein halb fulmordes tuch. Mit desen vorgnanten librenthe groschen vnd gewande ist Johannes schriber von dem aldin stadschriber egnant geneczlich entbrochen vnd entlediget aller geschefte vnd sachin, dye sie y mit einander gehat habin welgerleye die gewest sin. Dis ist gescheen nach Cristi gebort driczenhundirt am sechs vnd nunezigsten iare am dunrstage in der phingisten.

Nach Barthel's vermischten Nachrichten von Leipzig fol. 74 im Rathsarchiv zu Leipzig.

deputato idem Johannes auditor ad
. Scriuani ad dandum et per alteram
. quos dare vellent in causa huius-
. rtum terminum peremptorium compe-
. Johanne auditore in indicio comparens
. contumaciam accusavit et in eius contu-
, . parte sua in huiusmodi causa dedit idem-
instantiam praedictum Johannem Scriuani
dicendum contra eosdem articulos quicquid
itari fecit ad certum terminum peremptorium
um huiusmodi dilecto filio magistro Lodouico
palatii praedicti auditori ex certis causis usque
ne auditoris ad eandem curiam audiendam connui-
in praefato termino in iudicio comparens praedicti
os contumaciam accusavit, idemque Lodouicus auditor
edictum Johannem Scriuani ad producendum et per
cui omnia iura et munimenta, quibus partes ipsae uti
per quendam cursorem nostrum citari fecit ad certum
tentem. In quo dictus Jacobus coram eodem Lodouico
praedicti Johannis Scriuani non comparentis contuma-
tumaciam nonnulla litteras autenticas instrumenta publica
quibus pro parte sua in huiusmodi causa uti voluit, pro-
neus auditor ad dicti Jacobi instantiam praefatum Johannem
ntra huiusmodi producta quicquid vellet per quendam curso-
rit ad certum terminum peremptorium competentem, in quo
praefato Nicolao episcopo tunc auditore ad praedictam curiam
icio comparens praedicti Johannis Scriuani non comparentis contu-
Et deinde praefatis Jacobo et Johanne Scriuani coram eodem
tunc auditore in iudicio comparentibus ipsoque Jacobo in huiusmodi
petente memoratus Nicolaus episcopus tunc auditor cum eodem Jacobo
causa concludente conclusit et habuit pro concluso in certo termino ad
ac eisdem Jacobo et Johanne Scriuani coram eodem Nicolao auditore in
parentibus ipsoque Jacobo diffinitivam in huiusmodi causa sententiam ferri
a certa die ad hoc praefixa saepedictus Nicolaus episcopus tunc auditor,
diligenter inspectis omnibus et singulis actis actitatis habitis et productis in
huiusmodi ipsisque cum diligentia recensitis et examinatis ac facta super his
us consulitoribus suis dicti palatii relatione plenaria et fideli, de ipsorum coau-
rum consilio et assensu per suam diffinitivam sententiam decrevit et
claravit, prout haec omnia in dicto libello pro parte dictorum proconsulum in huius-
modi causa exhibito petita fuerant, oppositiones molestationes perturbationes inquieta-
tiones et impedimenta praedicta fuisse et esse temeraria illicita et praesumpta,
dictoque Hermanno de et super oppositionibus molestationibus perturbationibus inquie-
tationibus et impedimentis praedictis perpetuum silentium imponendum fore et imposuit,

apostolicam benedictionem. Petitio dilectorum filiorum Ciriaci de Petzma[1]) et Johannis Alber proconsulum laicorum opidi in Lipezyk Merseburgensis diocesis nobis exhibita continebat, licet ipsi fuerint et sint viri bonae famae et conuersationis honestae ac aliquo et praecipue homicidii crimine minime irretiti, tamen Hermannus Oldenbrugge qui se gerit pro clerico Verdensis diocesis falso asserens, ipsos proconsules dudum quondam Johannem Wrede clericum ipsius Hermanni auunculum in opido praedicto cepisse ipsumque incarcerasse ac diris tormentis exposuisse et tandem eundem Johannem de aliquo crimine non convictum nec confessum temeritate propria igni concremasse, ac eisdem proconsulibus se opponens eos super praemissis multipliciter impedivit molestavit perturbavit inquietavit ac etiam impetiit, ortaque propterea inter eosdem proconsules et Hermannum super praemissis et ipsorum occasione materia questionis, nos venerabili fratri nostro Bertrando episcopo Eugubinensi tunc capellano nostro et causarum palatii apostolici auditori ad praedicti Hermanni instantiam commisimus, ut eundem Hermannum ad prosecutionem causae iniuriarum huiusmodi admitteret ac causam huiusmodi audiret et fine debito terminaret; non obstante quod causa ipsa de sui natura ad Romanam curiam legitime devoluta et apud eam tractanda et finienda non esset, et deinde, postquam per dictum episcopum tunc auditorem ad nonnullos actus in causa huiusmodi inter partes ipsos processum fuerat, nos causam huiusmodi venerabili fratri nostro Nicolao episcopo Ferentinatensi tunc etiam capellano nostro et causarum dicti palatii auditori ex certis causis primo et successive, cum ipse Nicolaus episcopus tunc auditor se a praedicta curia absentasset, dilecto filio magistro Johanni Prene capellano nostro et causarum praedicti palatii auditori usque ad reditum eiusdem Nicolai episcopi tunc auditoris ad eandem curiam audiendam commisimus. Coram quo quidem Johanne auditore magistris Jacobo de Subinago substituto per magistrum Nicolaum Cruger procuratorem proconsulum, prout ad hoc ipse Nicolaus Cruger ab eisdem proconsulibus sufficiens mandatum habebat et praedicto Johanni auditori apud acta causae huiusmodi legitime constabat, et Johanne Seriuani procuratore Hermanni praedictorum in indicio comparentibus et per quemlibet eorum quodam pro parte sua in huiusmodi causa dato libello in certo termino ad hoc dato, in quo quidem libello per dictum Johannem Seriuani dato idem Johannes Seriuani proposuit, quod iidem proconsules dudum praefatum Johannem Wrede ceperant incarcerarant tormentis exposuerant necnon concremarant ut praefertur eidem Hermanno in praemissis graviter iniuriando ac petiit pronunciari decerni et declarari, captionem incarcerationem tormentationem et concremationem praedictas fuisse et esse temerarias illicitas iniustas et iniquas, praedictisque proconsulibus talia facere non licuisse eosque propterea fuisse et esse homicidas et sacrilegos ac maioris excommunicationis sententia innodatos ipsosque condemnari et compelli ad dandum et solvendum eidem Hermanno certam florenorum auri summam tunc expressam ratione iniuriarum praedictarum. Deinde vero Jacobo et Johanne Seriuani praedictis coram eodem Johanne auditore in indicio comparentibus ac lite per nos legitime contestata et per praedictum Jacobum de calumnia et veritate dicenda in ipsius Johannis auditoris praesentia praestito iuramento, dicto Johanne Seriuani tunc huiusmodi iuramentum

1, Für Grau

praestare non curante, in certo termino ad hoc deputato idem Johannes auditor ad
eiusdem Jacobi instantiam praedictum Johannem Scriuani ad dandum et per alteram
partem dari videndum positiones et articulos, si quos dare vellent in causa huiusmodi, per quendam cursorem citari fecit ad certum terminum peremptorium competentem, in quo dictus Jacobus coram eodem Johanne auditore in iudicio comparens
praedicti Johannis Scriuani non comparentis contumaciam accusavit et in eius contumaciam quosdam positiones et articulos pro parte sua in huiusmodi causa dedit idemque Johannes auditor ad eiusdem Jacobi instantiam praedictum Johannem Scriuani
ad respondendum dictis positionibus et dicendum contra eosdem articulos quicquid
vellet per quendam cursorem nostrum citari fecit ad certum terminum peremptorium
competentem. Deinde vero nos causam huiusmodi dilecto filio magistro Lodouico
Aber capellano nostro et causarum palatii praedicti auditori ex certis causis usque
ad reditum dicti Nicolai episcopi tunc auditoris ad eandem curiam audiendam commisimus, coram quo dictus Jacobus in praefato termino in iudicio comparens praedicti
Johannis Scriuani non comparentis contumaciam accusavit, idemque Lodouicus auditor
ad dicti Jacobi instantiam praedictum Johannem Scriuani ad producendum et per
alteram partem produci videndum omnia iura et munimenta, quibus partes ipsae uti
vellent in causa huiusmodi, per quendam cursorem nostrum citari fecit ad certum
terminum peremptorium competentem. In quo dictus Jacobus coram eodem Lodouico
auditore in iudicio comparens praedicti Johannis Scriuani non comparentis contumaciam accusavit et in eius contumaciam nonnulla litteras autenticas instrumenta publica
aliaque iura et munimenta, quibus pro parte sua in huiusmodi causa uti voluit, produxit praefatusque Lodouicus auditor ad dicti Jacobi instantiam praefatum Johannem
Scriuani ad dicendum contra huiusmodi producta quicquid vellet per quendam cursorem nostrum citari fecit ad certum terminum peremptorium competentem, in quo
dictus Jacobus coram praefato Nicolao episcopo tunc auditore ad praedictam curiam
tunc reverso in iudicio comparens praedicti Johannis Scriuani non comparentis contumaciam accusavit. Et deinde praefatis Jacobo et Johanne Scriuani coram eodem
Nicolao episcopo tunc auditore in iudicio comparentibus ipsoque Jacobo in huiusmodi
causa concludi petente memoratus Nicolaus episcopus tunc auditor cum eodem Jacobo
in huiusmodi causa concludente conclusit et habuit pro concluso in certo termino ad
hoc praefixo ac eisdem Jacobo et Johanne Scriuani coram eodem Nicolao auditore in
iudicio comparentibus ipsoque Jacobo diffinitivam in huiusmodi causa sententiam ferri
petente in certa die ad hoc praefixa saepedictus Nicolaus episcopus tunc auditor,
visis et diligenter inspectis omnibus et singulis actis actitatis habitis et productis in
causa huiusmodi ipsisque cum diligentia recensitis et examinatis ac facta super his
omnibus conditoribus suis dicti palatii relatione plenaria et fideli, de ipsorum coauditorum consilio et assensu per suam diffinitivam sententiam pronunciavit decrevit et
declaravit, prout haec omnia in dicto libello pro parte dictorum procouulium in huiusmodi causa exhibito petita fuerant, oppositiones molestationes perturbationes inquietationes et impedimenta praedicta fuisse et esse temeraria illicita et praesumpta,
dictoque Hermanno de et super oppositionibus molestationibus perturbationibus inquietationibus et impedimentis praedictis perpetuum silentium imponendum fore et imposuit,

praefatosque Ciriacum et Johannem Alber ab impetitione dicti Hermanni absolvendos
fore et absolvit, ipsumque Hermannum in expensis in huiusmodi causa legitime factis
condemnandum fore et condemnavit, ipsarum expensarum taxatione sibi imposterum
reservata. A qua quidem sententia pro parte dicti Hermanni fuit ad sedem aposto-
licam appellatum nosque causam appellationis huiusmodi dilecto filio Johanni electo
Lubucensi tunc capellano nostro et causarum palatii praedicti auditori audiendam
commisimus et fine debito terminandam, qui ad instantiam praedicti Jacobi coram eo
in iudicio comparentis praefatum Johannem Scrinani ad dandum et recipiendum libel-
lum ac ad praestandum et per alteram partem praestari videndum iuramentum de
calumnia et de veritate dicenda necnon ad dandum et per eandem alteram partem
dari videndum positiones et articulos, si quos dare vellent in causa huiusmodi, per
quosdam cursores nostros successive citari fecit ad certos terminos peremptorios
competentes. In quibus dictus Jacobus coram eodem electo tunc auditore in iudicio
comparens praedicti Johannis Scrinani non comparentis contumaciam accusavit et in
eius contumaciam quendam dedit libellum et praedictum in ipsius electi tunc auditoris
praesentia praestitit iuramentum necnon quosdam positiones et articulos tradidit pro
parte sua in causa huiusmodi in dictis terminis ad haec statutis, idemque electus
tunc auditor ad dicti Jacobi instantiam praedictum Johannem Scrinani ad responden-
dum dictis positionibus et dicendum contra eosdem articulos quicquid vellet per quen-
dam cursorem nostrum citari fecit ad certum terminum peremptorium competentem,
in quo dictus Jacobus coram eodem electo tunc auditore in iudicio comparens praedicti
Johannis Scrinani non comparentis contumaciam accusavit. Deinde vero praefatis
Jacobo et Johanne Scrinani coram eodem electo tunc auditore in iudicio comparenti-
bus ac per eundem Jacobum nonnullis litteris autenticis instrumentis publicis aliisque
iuribus et munimentis quibus pro parte sua in huiusmodi causa uti voluit productis
ipsoque Johanne Scrinani tunc aliqua iura pro parte sua in huiusmodi causa pro-
ducere aut aliquas exceptiones contra producta huiusmodi dare non curante in certis
terminis ad haec assignatis et successive praedictis Jacobo et Johanne Scrinani coram
eodem electo tunc auditore in iudicio comparentibus ipsoque Jacobo in huiusmodi
causa concludi petente, memoratus electus tunc auditor cum eodem Jacobo in huius-
modi causa concludente conclusit et habuit pro concluso in certo termino ad hoc sta-
tuto, ac eisdem Jacobo et Johanni Scrinani coram eodem electo tunc auditore in
iudicio comparentibus ipsoque Jacobo diffinitivam in huiusmodi causa sententiam ferri
petente, in certa die ad hoc praefixa saepedictus electus tunc auditor, visis et dili-
genter inspectis omnibus et singulis actis actitatis habitis et productis in causa huius-
modi ipsique cum diligentia recensitis et examinatis ac facta super his omnibus
coauditoribus suis dicti palatii relatione plenaria et fideli, de ipsorum coauditorum
consilio et assensu per suam diffinitivam sententiam pronunciavit decrevit et decla-
ravit, per praefatum Nicolaum episcopum tunc auditorem in huiusmodi causa bene et
legitime fuisse et esse processum sententiatum et diffinitum ipsiusque sententiam con-
firmandam fore et confirmavit, et pro parte dicti Hermanni ab eodem Nicolao episcopo
tunc auditore et eius sententia male fuisse et esse appellatum ipsumque Hermannum
in expensis coram eo in huiusmodi causa legitime factis condemnandum fore et

condemnavit, ipsarum expensarum taxatione sibi imposterum reservata. Et subsequenter Nicolaus episcopus tunc coram se in quadraginta et electus tunc auditores praefati coram eo factus expensas huiusmodi in triginta octo florenis auri de camera boni et iusti ponderis in contumaciam dicti Johannis Scriuani, de mandatis Nicolai episcopi tunc et electi tunc auditorum praefatorum ad videndum taxari expensas huiusmodi ad instantiam dicti Jacobi per quosdam cursores nostros ad certos terminos peremptorios competentes successive citati et non curantis comparere, praefato Jacobo in eisdem terminis coram Nicolao episcopo tunc et electo tunc auditoribus praedictis successive in iudicio comparente et praedicti Johannis Scriuani non comparentis contumaciam accusante et in eius contumaciam expensas ipsas taxari petente, successive providis moderationibus taxaverunt eiusdem Jacobi super expensis ipsis iuramentis secutis, prout in instrumentis publicis inde confectis Nicolai episcopi tunc et electi tunc auditorum praedictorum sigillis munitis dicitur plenius contineri. Nos itaque ipsorum proconsulum supplicationibus inclinati, quae super his ab eisdem Nicolao episcopo tunc et electo tunc auditoribus provide facta sunt rata habentes et grata, discretioni vestrae per apostolica scripta mandamus, quatinus vos vel duo aut unus vestrum per vos vel alium seu alios praemissa executioni debitae demandantes dictasque sententias, ubi et quando expedire videritis, auctoritate nostra solemniter publicantes faciatis eisdem proconsulibus de praedictorum florenorum summis pro dictis expensis iuxta praefatorum instrumentorum earundem condemnationum et taxationum tenores plenam et debitam satisfactionem impendi, contradictores per censuram ecclesiasticam appellatione postposita compescendo. Datum Romae apud sanctum Petrum III. Non. Martii pontificatus nostri anno nono.

Pro B. de Benevento
Adolphus.

Auf der Rückseite, oben in der rechten Ecke: Ita pronunciandas expensas taxavi. Jo. de Horsulez.

Nach dem Orig. im Rathsarchiv zu Leipzig mit dem Bleisiegel an baumener Schnur.

No. 114. 1399. 21. Febr.

Markgraf Friedrich reicht neun Acker Holz zu Leutsch und zehn Acker Landes vor dem Peters-thore Cunz Smalkalden Bürger zu Leipzig zu Lehen und der Mutter desselben zu Leibgedinge.

Wir Friderich ꝛc. bekennen ꝛc., daz wir mit willen vnde wißen vnser lieben bruder hern Wilhelms vnde hern Jurgen dem bescheiden Cunezen Smalkalden burgere zeu Lipezk vnsere liebin getruwen nuyn agker holczes zeu Lutsch vnde zcehen agker landis vor sente Petirs tore zeu Lipezk gelegen zeu rechtem lehene, vnde durch vlißiger bete willen des gnanten Cunezen der erbern frouwen Felicen syner muter zeu rechtem lipgedinge gelegen habin, — zeu besiczene, zeu behaldin vnde zeu genißene in allir wirde vnde maße, alß dy dez gnanten Cunezen vater von vns zeu lehene herbracht hat vnde besißin med crafft diez bryues, vnde haben der vorgnanten frouwen darubir zeu vormunde gegeben dem bescheiden Johanse Albern burgere zeu Lipezk, der sy an dem selben irem lipgedinge getruwelich sal vormunden vnde vorteydingen —. Da by synt gewest ulß grezuge dy ersamen vnde gestrengen er Petir thumprobist ezu Mersebnrg, er Jan von Hugewicz ritter, Fridehelm Rabil vnser bonemeister, meister Joh. Melczer vnser nbirster schriber vnser lieben getruwen heimelicher vnde mer vnser manue vnde dyner. Vnde des zeu orkunde vnde merer sicherheit habin wir vnser secret wißintlich an desen briff laßen hengen, der gegeben ist zeu Lipezk nach gots gebnrt ꝛc. XCIX am fritage nach dem suntage in der vasten ulß man singet in den heiligen gotes kirchin Invocavit.

Nach dem Cop 31. fol. 103ᵇ im K. Haupt-Staatsarchiv zu Dresden.

No. 115. 1399. 28. Apr.

Markgraf Wilhelm entscheidt einen Streit zwischen dem Thomaskloster und dem Rathe wegen dem Johannishospital zuständiger Getreidezinsen zu Holzhausen.

Wir Wilhelm von gotis gnaden marcgrane zeu Missin, lantgrane in Doringen vnde pfalczgrane zeu Sachsen bekennen —. Alz wir vormals Nigkel Schuicz burgere zeu Lipezk dem got gnade vorwesere des hospitals sente Johannes vor Lipezk vor dem Grymmesschin there gelegen ezu getruwir hand des selbin hospitals disse nachgeschrebin ezinse andirthalb schog vnde dry grosschen, virezehen scheffil korns, achte scheffel gerste, ezwene scheffil weys vnde ezwelff scheffil hnfern Lipezisebs maßes in dem dorffe ezu Holzhusen gelegin, die von vns zeu lehen gingen, gereichet vnde gelehin hattin, darnach die ersamen vnde innigen probist vnde convent regeler ordins ezu sente Thomas ezu Lipezk die selbin ezinse wider den selbin Nigkel Schuicz konfften vnde wir yn die furbaz geeygent vnde gegebin haben, vnde die selbin ezinse die ersamen burgermeister vnd ratislute ezu Lipezk von des gnanten spitels wegin mit den selbin probiste vnde convente ezu sente Thomas biz her in tedingen gewest sin vnde sie darvmbe angereichit habin, vnde sin der sache beidersiit nu an vns gegangin vnde sie darvmbe ezu scheiden vnde ezwischen yn vczusprechin bie vns blebin. Dar vmb habin wir gescheiden vnde ezwisschen in vzgesprochen, alzo daz der probist vnde convent ezu sente Thomas ezu Lipezk dem hospitale sente Johanse vnde den burgern ezu des hospitals hand vmbe sulche ansprache vnde furderunge, die sie an den ezinsen bizher gehabt habin, virezig schok grosschin durch got vnde ezu eyner widerstatunge reichen vnde gebin sullen, vnde das hospital vnde die burgere ezu Lipezk noch nymande von des hospitalis wegin, wan dem hospitale die virezig schog bezalt werden, sullen furbazmer keyne ansprache noch vorderunge daran habin in dheinewiz. Vnd habin des ezu orkunde vnser insigel wißintlichin an disen brieff lassen drngken, der gegebin ist ezu Grymme nach gotis geburte driczehenhundert iar darnach in dem nnyn vnd nunezigisten iare am mantage nach dem suntage alz man singet in der kirchen gotis Cantate domino.

Nach dem Cop 30 fol. 12ᵇ und dem Registrum copiarum omnium iurium libertatum privilegiorum atque omnium bonorum — monasterii sancti Thomae fol. 26ᵇ im k. Haupt-Staatsarchiv zu Dresden.

No. 116. 1399. 19. Juli.

Der Rath bekennt den Empfang der von dem Thomaskloster nach dem Schiedspruche vom 28. Apr. d. J. zu zahlenden 40 Schock Groschen.

Wir rathman vnd gesworne zeu Lipczk bekennen —, das die erwirdigen herrn probist vnd conuent der regeler sent Thomas zeu Lipczk vns gegebin vnd beezalt haben virczig schog grossen Fribergischer muneze zeu des spitals hant vor dem Grymmeschen thore nach vßwisunge deß vzspruches, den der hochgeborne furste vnd herre her Willehm zeu Missen margraue yn syme brif had gethan vmb dy czinse, dye der egnant spital vormals in dem dorffe zeu Holczhusen sal haben gehad, dár sie biß her in tedingen vmb syn gewest; der virczig schog gr. sagen wir yn von deß spitals wegen quid ledig vnd loß. Gegeben vnder vnserm secred am sonabinde vor Marie Magdalene anno XCIX°.

Nach dem Registrum copiarum etc fol. 27ᵇ im K. Haupt-Staatsarchiv zu Dresden.
Vozel Leipz. Chron. S. 141.

No. 117. 1403. 17. März.

Rath und Bürgerschaft beurkunden, dass sie auf Geheiss der Markgrafen Friedrich und Wilhelm den Landgrafen Balthasar, Friedrich und Wilhelm Erbhuldung geleistet haben.

Wir burgermeistere raczlute vnde ganeze gemeyne czu Lipczk bekennen offintlichin mit disem brieffe vor vns vnde alle vnsere nachkomen, daz wir von geheißis wegin vnser gnedigin herren hern Frederichs vnde hern Wilhelms gebruder lantgrafen in Doringin, vnde maregrafen ezu Missin den hochgeborn fursten hern Balthazar vnde hern Frederiche sinem sone vnde iren rechtin libes lehinserben vnde hern Willehme dem eldern vnde sinen rechtin libes lehinserben allen lantgrafen in Doringin vnde maregrafen ezu Missin eyne rechte erbhulde in trauwen an die hende globit vnde mit uffgeragkten vingern ezu den heiligen gesworen haben, globen vnde sweren geinwertiglichin in crafft dises brieffis, alzo geschege¹), daz die obingnanten vnser gnedigin hern er Friderich vnde er Willehm²) gebrudere lantgrafen in Doringin vnde maregrafen ezu Missin ane rechte libes lehins erbin abegingen, daz wir vns denn an sie halden vnde³) sie ezu vnsern rechten herren erkennen, haben, in gewarten vnde⁴) gehorsam sin sollen vnde wollen nach vswisunge der brieffe, die die obingnanten vnser gnedigen herren alle eynandir darobir gegebin habin, ane alle argelist vnde geuerde, vnde haben des eznorknnde vnser stad insigel an disen selbin⁵) brieff gehangen. Gegebin nach Cristi geburd vierezehenhundirt iar vnde⁶) darnach in dem dritten iare am nehstin sunabinde⁷) vor dem suntage in der vasten, alz man singet in der kirchen gotis Oculi⁸).

Nach dem Orig. im K Haupt-Staatsarchiv zu Dresden mit dem Stadtsigel an einem Pergamentstreifen.
— Eine zweite, am Tage vorher — den 16. Marz — ausgestellte, gleichfalls mit dem wohlerhaltenen Stadtsigel versehene Ausfertigung hat ausser den bemerkten Textesabweichungen manche Besonderheiten in der Schreibung.

1) *wera in* B. 2) *der jungere* B. 3) *vnde fehlt* B. 4) *vnde zu* B. 5) *selbin fehlt* B. 6) *iar vnde fehlt* B. 7) *statt am nehsten sunabinde hat B: der freitage. So als man in der heiligen kirchen gotis singet Oculi* B

No. 118. 1404. 6. Apr.

Die Markgrafen Friedrich und Wilhelm bekennen, dass die Stadt von den landesherrlichen Jahr-
renten auf ihr Geheiss 15 Mark Silber und 30 Rhein. Gulden an den Naumburger Dompropst Johann
von Eggiersperge auf Wiederkauf verkauft und die erlangte Kaufsumme ihnen ausgezahlt hat.

Wir Friderich vnde Wilhelm gebruder von gotsgnaden landgrauen in Doringen
vnde marcgrauen zcu Missen bekennen —, daz wir mit gutem willen vnde willen
habin geheißen die ersamen vnde bescheiden die rete burgere vnde ganeze gemeyne
vnsir stat Lipczk vorkouffen vff eynen widderkouff vnsir iarrente, die wir an der-
selben vnsir stat habin, funtezchen mark silbers Erffurtisches gewichtes vnde wiße
vnde drißig Rynische gulden geldes alliz ierlicher gulde halb zcureychen uff Wal-
purgis vnde halb uff Michahelis dem erbern ern Johanse von Egirsperge thumpro-
biste zcu Nuemburg vor czweyhundert czweivndrißig marg silbers der vorgnanten
wiße vnde gewichtes vnde vor funfhundert vnde achtevndezweuczig guter Rynischen
gulden, abe daz die bryne, die sy ime darnbir gegeben habin, vbwisen; dasselbe
silber vnde gulden sy vns geantwertet vnde bezalt habin vnde wir yn vnsern nucz
wißintlich gewandt. Wir wiesen ouch dieselben vnsir burger mit denselben zcinsen
an den gnauten ern Johanse, im die ierlich czureichene vnde zengebene von vnsern
renten, vnde sagen sy der quiit vnde los abe digke sy ime die reichen vnde geben
mit cruft dieses brines vnde also lange, daz wir dy widdergekouffin adir yre briue
widdergeschigken aue generde. Vnde habin des zcu orkunde vnser secret wißintlich
an diesen brieff lazen hengen, der gegeben ist nach Crists gebort virezenhundert iar
vnde darnach in dem vierden iare am suntage nehst nach Ambrosii.

Nach dem Orig. im Rathsarchiv zu Leipzig mit dem kleinern Siegel des Markgrafen Friedrich an einem Pergamentstreifen.

No. 119. 1404. 16. Nov.

Albrecht und Georg von Kolditz Herren daselbst belehnen den erbaren weisen .. Thomel Bürger
zu Leipzig mit fünfzehalb Mark Gebles jährlicher Zinsen in dem Dorfe Schönfeld, mit 30 Schock
Eiern, 21½, Rauchhuhn und 1 Pfennig von jedem Kalbe, welches daselbst fällt, mit dem halben
Theil und einem Virdung j. Z. auf einer halben Hufe Ackers vor dem Halloschen Thore, mit einer
sedilhufe in Schönfeld und dazu gehörenden 2 Hufen Ackers und gesesse, mit Wiesewuchs,
Fischerei, Hopfgarten und Holz, das vmb den hoff leyt, mit dem Gerichte oberst und niderst
also weyt als die marck wendet czu Schonfeld, mit 13 Ackern Wiesewuchs und 6 Ackern Holz
gelegen in der Parda und mit der Fischerei halb in der Parda von Mockow bis kegen Leypczick.
Sie versprechen: Were auch, das [wir] von yhn ader synen erben lassen solden ader lassen
musten das got nicht engebe, so sollen wir sie lassen mit yrem guoten willen eynen vnseren
genossen ader eynem hochern vnd sollen sie mit nichte nyedern —. Auch bekennen wir — das
wir dem vorgenanten Thummel vnd seynen erben die vorgenanten guter — geliehen haben zcu
eynem rechten lehen —, also das sie die guter — haben vnd besitzen sollen — als er dieselbi-
gen von[1]) vnseren eltern den got gnade vnd von vnsern vorfaren gehabt hat[2]). Zeugen: her

1) ge Albecht 2) habes Albecht.

Heynrich von Donyn vnser pfarrer czu Kohlitz, Hans Almstroß, Ditterich von Stupitz, Conradt von Manstroß die czeyt heuptman czu Kohlitz, Nitzsche Schuman, Ludewig, Cunrad vnd Niclas gebruder genant die Stasse vnd Peter Ilenburgk burger czu Leypczick vnser vorlehent man —. Gegeben — des nhegsten sontags vor sanct Elisabeten tage der heyligen frawen.

Abschrift aus dem 16. Jahrhundert in den Akten uber einen Rechtsstreit der Gemeinde Muckau gegen die Thummel zu Schönfeld wegen der Fischerei in der Parde (1531–38) im K. Haupt-Staatsarchiv zu Dresden.

No. 120 [um 1405.]

Verzeichniss der vom Markgrafen Wilhelm dem Rathe zu Leipzig für das Johannishospital iberwiesenen Geld- und Naturalzinsen zu Fuchshain.

Dit ist der acker zcu Fuchczal*): VI hoffe dy czinsen XXI scheffele korns, XXI scheffele haffern, XII scheffele gerstyn Lipczks mos vnd yo de hoffe IX groschin vnd XII hunre, II schillinge phenge. Der korn czins vnd dy hunre II schillinge phenge daz gefellit czu sente Mertins tage vnd daz geld czu sente Walpurigen) tage; daz hat myn herre Wilhelm gelegin vnd geeigint der stad vnd deme rate rzu Lipczk, daz daz ewielich[in] volgin sal dem spetal vnd den seehen czu sente Johannes [g]elein vor deme Grimmisschen tore.

Niederschrift aus dem Anfange des 15. Jahrh. im K. Haupt-Staatsarchiv zu Dresden

*) Fuchshain. Für Seifershain.

No. 121. 1405.

Der Rath erkauft 30 Acker Holz und Wiesen zu Wahren von Thomas Thummel.

Alz Hans Schriber burgermeister was nach gotis geburt vyrczenhundert iar darnach am funfften iare had der rad Thomas Thummeln abegekoufft XXX acker holezes vnd wesen czu Warin gelegen, dy her myd Nickel Schumann vormals vngeteylt gehabt had, dy alzo dy stad vngeteylt von om had genomen, vnd had ome der rad danor gegeben czu den hundert schogken, dy ome vore daruff gelegen waren, IJ^c schogk gr., daz ist der acker vmb IX schog, dy dy stad ome gerete vnd wol beezalt hat.

Nach Barthel's verm Nachr. v. Leipzig fol. 27 im Rathsarchiv zu Leipzig

No. 122. 1406 oder 1407.

Die Kosten des Begängnisses für den verstorbenen Landgrafen.

Primo vor scheffen IX gr dt. Item vor XVI ℔. wachsen VI sex. VI gr. Item vor lesch J sex. dt. Item vor die stiffte XV gr. dt. Item vor daz schwarcze tuch I sex. VI gr. dt. Item den herren von sente Thomas I sex. dt. Item den lutern XXXVIII gr. dt. Item den nunnen V gr. dt. Item den predigern II sex. dt. Item den barvissen ½ sex. dt. Item pro

XXXII *fl.* teres IV sex. XVI gr. dt. Item rectori scholarum *J* sex. dt. Item dy licht ezu machen XXIIII gr. dt.

Aus den in Schulpforta aufbewahrten, auf Wachstafeln geschriebenen Leipziger Kammereirechnungen, nach Corssen's Bericht in den N. Mittheil. des Thür.-Sächs. Vereins IX. (1853.) Hft. 2. S. 192. Da diese Tafeln nicht, wie der Herausgeber annimmt, aus dem 14., sondern aus dem Anfange des 15. Jahrh. stammen (vgl. die Bemerkung zu No. 125), so kann die obige Berechnung nur das Begängniss des Landgrafen Balthasar († 1406) oder Wilhelms des Einaugigen († 1407) betreffen.

No. 123. 1407.

Der Rath kauft von Mathis und Berwig von Holzhausen 32 Acker Holz zu Wahren.

Der rad had abegekoufft Mathis vnd Berwige von Holzhusen XXXII acker holczes ezu Warin gelegen vngeteilt myd der stad holcze, dy Panels Aldinburgs gewest sint, vor II^c LX schog gr. Factum est anno domini *rc.* septimo.

Nach Barthels verm. Nachr. v. Leipzig fol. 27.

No. 124. 1408. 10. Juli.

Der Rath zu Gotha stellt dem Rathe zu Leipzig, welcher eine benannten Personen schuldende Summe zur Hälfte zurückgezahlt hat, eine Quittung aus, da die Gläubiger das Schulddocument zur Zeit verlegt haben.

Wir die ratismeister vnde rad der stad Gotha bekennen vnde thun kunth mit dissemc briefe also. Als er Johans Melezer selige vnde Gotschalk Leichberg vnde ir erbin yune gehad habin vnde noch haben eynen brieff der stad von Lipezig, der da heldit sechs vnde drißig marg lotiges silbirs Erffurtischs zceichins, daruff sie en alle iar dry marg ezu ezinse gegebin habin, der selbe brieff vorleyt ist, das sie en nicht fynden konnen, nu habin die ersamen wiesen lute burgermeister vnd radlute ezů Lipezig des obgenanten ern Johans Melezeris muter das halbe teil abe gelost vnde habin ir dar vor gegebin achezehen lotige marg silbers Erffurtischs zceichins mit deme ezinse, vnde sagen die burgermeister radlute vnde die ganeze stad der achezehn marg mit deme ezinse quiid ledig vnde los von des obgnanten ern Johans Melezers muter wegin vnd alle irer erbin wegin. Wer ouch ab der brieff wedir funden wurde, so redin vnde gelobin wir vor des vorgenanten ern Johans muter vnde alle ir erbin, das sie des honbtgeldis vnde ezinses vnde was daruff gegeben mochte nummer gefordern sullen ane argelist, vnde das der stad Lipezig brieff, der dor ubir gegebin ist, von der eziid, das dessair brieff dar ubir ist gegebin, quiid ledig vnde loß vnde tod syn sal, nummermer honbtgeilt adir ezinse da mete ezu fordern adir ezů manen; dor vor wir obgenanten ratismeister vnde rad ezů Gotha redin vnde gelobin, sie des gutlichin abe ezů nemen ane yren schadin an argelist. Des ezů orkunde habin wir vnsir stad Gotha ingesigil an dessin brieff gehangen, der gegebin ist nach Cristi geburte vierczenhundirt iar dar nach in denne achten jare am dinstage noch sendte Kilians tage des heiligen bischoffes vnde merterers.

Nach dem Orig. im Rathsarchiv zu Leipzig mit dem Siegel der Stadt Gotha an einem Pergamentstreifen

No. 125. 1409. 27. Juni.

*Der Rath verkauft dem Altaristen der Rathhauscapelle Paul von Grimma 1 Mark Silbers jährl.
Gefälle zu einer Gedächtnissstiftung und verpflichtet sich zu Aufrechthaltung der letztern.*

Wir Nigkell Stuez burgermeister, Mattis Lonchstete, Frenczel Czocher, Heinrich Muller, Hans Gernolt, Hans Wachow, Tam von Czerwist, Andreas Stobener, Heinrich Ouchße, Herman Maler vnd Henrich Fuchshal ratmanne zcu Lipczk bekennen an dessem offin brieue vor alle den, die on sehin ader horen lezen, das wir mit wolbedachtem mute vnde mit gutem vorrathe dryer rethe vmbe erbarkeyd willen eynis siezenden ratis vnde zcu eynem ewygen gedechtnisse nach vzwisunge desser nachgeschrebin rede recht vnde redelich vorkoufft habin vnde vorkouffen dem erwerdigen hern ern Pauwele von Grymme altaristen der. cappelle vff vnserme rathuze vyler lotige mark fynes silbers om alle iar die wyle er lebit zcureichene vnde zcugebene, vnde habin om die gegebin vor vyrczig mark lotigis silbers, die her vns gereyte vnde wol bezalt hat, die wir vorbas uff sulliche zcinse vzgelegin habin uff vnser rathuz alle iar dauon ezugebene vnde vorbas ern Paule die zcureichene, ezu den vyrczig marken doch der bescheiden Conradus Bere*) vnser statschriber vyer lotige mark silbers ggebin hat, darumbe das honbtgelt vnde ezinse nach ern Pauwels tode ezu eynem ewigen gedechtnisse vnde selgerete nach dessen nach geschrebin worten bestalt werde, ezuvolgene von vns vnde alle vnsern nachkomelingen ane argelist vnde geuerde, alzo das wir die vyer lotige marg silbers vnde vnsere nachkomelinge deme obgnanten ern Paule alle iar reichen vnde gebin sollen vnde wollen die wile er lebit, ezwu marg vff sente Michelstag der aller erst zcukomende ist vnd ezwu marg vff sente Walpurgentag der darnach volgit vnde denne vorbas vff dieselbin tagezciid alle iar die wile her lebit ane allen schaden vnde ane allis geuerde. Wenne ouch der obgnante er Pauwel abegegangen ist von todiswegen, so sollen die vorgnanten vyrczig lotige mark mit den ezinsen ewigelichin genallen zcu der cappelle vff deme rathuse, alzo doch das drye rethe mit dem siezczenden rathe want sollen habin, die virczig lotige mark an ewige ezinse zcu legen, wenne on nach bequemeligkeyd das vore mag genallen; vnde die wile on das nicht vore geuellit zcukouffene, so sollen sie darumbe konffen eynen mogelichen ezins alle iar zcugeben vff eynen wederkouff, nach deme als das die heilige kirche ezugelassen hat zcuthunde. Die selbin ezinse, die denne von den virczig marken ader von dem gute das darumbe gekonfft ist ierlichin genallen, sollen gehoren vnde geboren ewigelichen eynem yezlichem pristere, deme der siezczezende rat mit willen dryer rethe die cappelle vff dem rathuze zcu Lipczk dorch gotiswillen had gelegen in sollicher wise, das her alle iar ewigelichin eynem siezende rathe gebin vnde reichen sal vff sente Mertins abund sebin stobichen Elsessers, Frangkewin ader Koczbrodes, vnder welchen der dryer wyne eynir aller beste uff sente Mertins abund offin ist ader uffgethan wert zcuschenken, des wins dem burgermeistere eyn stobichen, iezlichem siner raczkumpane

a) War bereits im J. 1400 Stadtschreiber. Vgl. Barthel Vers. Nachr. v. Leipz. I-t. S.

eyn halb stobichin vnde dem statschribere ein halb stobichen vff den vorgeschrebin abint in ore lusere von eynem vorstehere der cappelle alle iar ewigeliclien gesant sal werden. Ouch so sal der selbe altariste der gnanten cappelle alle yar ewigeliclien reichen vnde gebin vff mitvasten den armen siechen in den spital czu sente Johanse heringe vor eynen Vngerischen gulden, vnde sal ouch uff die selbin cziit gebin vnde teylen eynen Vngerischen gulden in die klostere czu den predigern vnde zcu den barbissen, vigilien vnde selmesse allen Cristen selen besundern vnde den zelen die das gedechtenis gemacht habin czutroste danor zcuhaldene, vnde denne darnach alle yar ewigeliclien vff den guten frytag sal her gebin eynen Vngerischen gulden den alterluten czu sente Niclaufße, danor sie bestellen sollen, das der salter am guten fritage, als man das crucze in das grab leyt, bys an die ostermacht, als man das crucze vz dem grabe nympt, von acht personen herlichen werde gelezen. Was denne darobir blybet, das sal her behalden vnde sal darvor alle iar halden vigilien vnde selmessen alle wichnasten allen cristenzelen vnde bysundern den zelen, die die gedechtenis gemacht habin, czu hulffe vnde czutroste. Alle vorgeschrebin rede vnde artikele vnde yczlichen besundern globin wir vorgnanten burgermeister vnde ratmanne vor vns vnde alle vnsere nachkomelinge ane argelist stete vnde gancz zcuhaldene vnde ouch vestigelichen czubestellen czu ewigen gecziiten, das der cappellan ader altariste, dem wir ader vnsere nachkomelinge die cappelle habin gelegen, alle vorgeschreben stugke gar vnd gancz halden sal ane wedderrede vnde ane allis geuerde. Des czu eyme orkunde vnde warem bekeutnisse habin wir egnante burgermeister vnde ratmanne vnser stat Lipczk grosse ingesigel gehangen an dessen offinen briff, gegebin nach gotis geborte vyrczenhundert iar dar nach am muenden iare am dornstage nach sente Johannestage des heiligen touffers.

Nach dem Orig. im Rathsarchiv zu Leipzig mit dem beschadigten grossen Stadtsiegel an einem Pergamentstreifen.

Die Stiftung des Altaristen Paul von Grimma erwähnen auch die Mörtner Wachstafeln (vgl No. 122) N. Mittheill. IX. 2. S. 152: Pauel had geweben czu der cappelle uff daz radhus uff vyr mark syllers alle iar davon czu geben XL lotige mark.

No. 126. 1410.

Domini contulerunt Lodewige Stuysse opidano in Lipczk et heredibus suis III mansos minus III agris arabilibus sitos in campo Elmestorff ante opidum Lipczk feudi tytulo possidendos. Etiam praedictos III mansos domini contulerunt Ilsen legitimae uxori suae illos nomine dotalitii possidendos. Tutor Jorge Kammermeister opidanus in Lipczk. Datum Lipczk feria tertia post Invocavit.

Domini contulerunt Petro de Luczczen opidano in Lipczk pratum situm ante opidum Lipczk emptum ab Ulrico Grossen de Friberg feudi titulo possidendum. Etiam domini contulerunt dictum pratum Sofiae uxori legitimae praedicti Petri nomine dotalitii possidendum. Datum Lipczk anno domini M°. CCCC°. X°°.

Item domini contulerunt Conrado Beer notario in Lipczk XIJ gr. annuae pensionis super molendino in Gretin[a]) prope Grymmis emptos a Johanne Volrade feodi titulo possidendos. Datum Lipczk anno domini M°. CCCC°° X°°.

a) Grethen, Par. Grombardau

Item domini contulerunt Annae uxori legitimae Johannis Geruodi de Lipezk medium
mansum agri situm ante opidum Lipezk prope altam crucem[b]) dotalitli titulo possidendum.
Datum Lipezk anno domini M°. CCCC°°° X°.

Nach dem Cop. 31. fol. 127 u. 127b im K. Haupt-Staatsarchiv zu Dresden.

b) Vor dem Peterschore

No. 127. 1410. 9. Sept.

Rath und Bürgerschaft leisten dem Landgrafen Friedrich dem jüngern Erbhuldung.

Wir burgermeister, ratzlute vnde ganeze gemeyne ezu Lipezk bekennen offint-
lichen mit dißem briene vor vns vnde alle vnser nachkomen, das wir von geheyßen
wegen der hochgebornen fursten hern Frederichs vnde ern Wylhelm lancgrauen in
Doringen vnde marcgrauen ezu Missen vnser lieben gnedigen hern dem hochgebornen
fursten ern Frederiche dem iungern lancgrauen in Doringen vnde marcgrauen zcu
Missen geluldet vnde globet vnde eyne nuwe rechte erbhuldunge in truwen an dye
hende vnde mit uffgeragkten fingern ezu den heiligen gesworen habin, globin vnde
sweren geinwertigelichin incrafft desses brienes, alzo were das die obgnanten vnsere
gnedigen hern er Frederich vnde er Wilhelm ane rechte lybes lehinserben von todis-
wegen gebreche, vns ezulalden an den gnanten hochgebornen fursten ern Frederiche
den iungern vnd ane syne rechten liebis lehinserbin nach vzwisunge der briene, die
dye obgnanten vnser gnedigen hern alle eynander darober gegebin habin, dye selben
briene, da wir so uff geluldet vnde gesworen habin, wir vnde alle vnsere nachkomen
an allen yren stugken vnde artikelen ouch geneztlichen halden sollen vnde wollen
ane arg vnde ane alles generde. Des ezu orknnde habin wir vnser stad groß inge-
sigell an dessen briff laßen hengen. Gegebin nach gotisgeborte vyrczehnhundert iar
darnach am ezenden iare am dinstage nach Nativitatis Mariae.

Nach dem Orig. im K. Haupt-Staatsarchiv zu Dresden mit dem sehr beschadigten grossen Stadtsiegel an
einem Pergamentstreifen.

No. 128. Zwischen 1412—1430.

*B. Nicolaus von Merseburg ersucht den Rath um Angabe der Namen derjenigen bischöflichen
Beamten, welche unrechtmässige Forderungen an auf Leipzig fahrende Fuhrleute gestellt haben.*

Nicolaus von gotis gnaden bischoff zcu Merseburg. Vnsern grus zcuuor.
Ersamen wisen libin bisundern. Als ir vns geschrebin habit, das die furlute clagen,
wie sie vnser amptlute benemen vnd besweren, die ueh zcuforen, also begern wir,
das ir vns die amptlute die das tun vnd auch die also benomen vnde beswerit sint
namhafftig machit, das wir mogen mit den vnsern darvmbe gereden. Wenne was
wir ueh konden zcu willin vnd fruntschafft getun, das tetin wir y° allezciit gerne.
Geg. zcu Mers. am mantage nach Ambrosii.

Den ersamen wisen rate vnd gesworn zcu Lipezk vnsern libin bisundirn.

Nach dem Orig im Rathsarchiv zu Leipzig

No. 129. 1411. 30. März.

Markgraf Friedrich gibt den Gerbern Innungsartikel. Vgl. No. 81.

Wir Friderich der elder von gotesgnaden landgrawe zu Doringen, marcgrawe zcu Missen unde pfaltzgrawe zcu Sachssen bekennen —, das wir den gerwern zu Lipczk vff vnsir widderruffen ynnunge gegebin haben als ernach geschrebin stehit: Czum ersten sal kein man er sie burger adir fremde gar leder in die stad Lipczk durch das gancze iar zcuvorkouffen nicht brengen, sundirn die zcewene jarmarckte vnd zcewen ablas so mag ein yederman, er sie burger adir nicht, uff syn ebenture in die stad Lipczk zcuvorkouffene leder brengen vnd mag das so er beste mag vorkouffin. Were abir das ein schuwerchte adir ein andir man gar leder bie techirn in dem iarmarckte kouffte, das sal er selbir vorarbeiten vnd nicht enczeln seynen gewerekin vorkouffin, adir sal das us der stad enweg faren vnd nach synen willen vorkouffen. Sie sullen ouch leders gnug schicken, daz des kein gebruch sie vnd sullen ouch das in redlichen und czydlichen kouffe gebin. Ouch sullen die genanten gerwer kein naß ledir zcu dem margte tragen, abir in iren husirn vnd uswendig der stad mogin sie es vorkouffin ab sie konnen; vnd sullen ouch kein geseeze widdir die schuster von borgeswegen vndir sich habin, wenn iezlich gerwer sal vorkouffin vnd borgen wem er wil nach dem alß ym das bequemlich ist. Ouch sullen sie alle iar einen meister andir yn kisen vbir das hantwerg, der vns vnd dem handwerke bequeme sie, der ein iar daran syn sal vnd sal habin macht, ab ymand vndir yn leder gerwete das nicht toglich were, das er dorvmb straffte. Were ouch das sich ire en teil vndir enandir mit worten zeweiten vnd schulden, vmb solliche scheldwort mogin sie sich vndir einandir richten, abir andir suche ab die zewischen yn weren adir wurden, die sal man brengen an gerichte, do sie hingehorin. Erkenten man ouch, das ir meister, den sie also gekoren hetten, nicht bequemlich were, den mogen wir mit rate der handwerggenossin andirn, wie dicke sich das heischet adir nod wurde. Es sal auch kein gerwer zcu Lipczk in der stad adir vor der stad das handwerg erbeiten, er enhabe denn die ynnunge zcu dem handwerke gewunnen, vnd wilch gerwer die ynnunge gewynnen wil, der sal dorumb dem handwerke vier pfund wachß gebin, die sal man machin vnd wenden an des handwerkis kerezin, die da burnen sullen zcu gotes dinste, vnd dorezu ein vierteil biers vnd einen nuwen firdung dem handwerke; der firdung vns ouch von itlichem, der das handwerg gewynnet, sal halb genallen, das geld ouch der meister von vnsir wegin sal ynnemen vnd vns adir wem wir das bevelen alle ir vff sente Michelstag antwerten. Vnd wilches gerwers son das handwerg selbir arbeiten wil, der sal die ynnunge ane losunge habin, sundern das er sal zcu den kerezin geben zcewei pfund wachs, nymet abir eyns gerwers tochter, der ynnunge had, einen gerwer knecht, wil der ynnunge habin, der sal sie gewynnen vmb zcewei pfund wachs zcu den kerezin, vnb eyn halb viertel biers vnd vmb einen halben firdung; an dem gelde wir ouch mißn halben teil habin vnd vns sal gevallen alß obingeschrebin stehit. Wilch iunger ouch das handwerg lernen wil, der sal gebin zewei pfund wachs zcu den kerezin. Ouch sal kein gerwer nach gerwerknecht arbeiten an vier tagen adir an vier naehten; wilcher das darubir tete, were der ein gerwer, so solde er ein pfund wachß, were er aber ein gerwerknecht, so solde er ein halb pfund wachß zcu den kerezin geben. Gesehee is auch, das ein gerwer adir ein gerwerknecht, der nicht ynnnuge hette, das handwerg erbeite in der stad adir vor der stad zcu Lipezk, in wilchen hussern das were, den sal das handwerg pfenden vor vier pfund wachß, die man wenden sal zcu den kerezen; wolde ers abir dornbir nicht lassen, so sal yn vnßir voit mit vnserm gerichte dorczu twingen, das her das lasse vnd dem handwerke bessere vnd busse alß obingeschrehin sted, also das unsir voit mit dem meistere erkennet. Vnde des zcu orkunde vnd merer sicherheit habin wir unser secret wissintlich an diesen briff lassin hengin, der gegebin ist zcu Lipezk nach gotes gebord vierezen hundirt iar darnach in dem vierezenden iare am fritage nach Judica.

Nach Barthel's Diplomatar. Lips. II. fol. 41b im Rathsarchiv zu Leipzig.
Horn Leben Friedr. d. Streitb. S. 810. nach dem Cop. 34 fol. 5b im K. Haupt-Staatsarchiv zu Dresden.

No. 130. 1416. 4. Jan.

Apel Kuhar nimmt vor dem Rathe ein der Rathhauscapelle zinspflichtiges Erbe auf dem Straussberge auf.

Apel Kuhar had uffgenommen eyn erbe gelegen uff dem Strusberge vnder der Nusuen mulen[a] alzo das her vnd sine erben alle iar uff das radhus czinßen sullen uff Walburgis czwey pfunt wachses czu der cappellen uff dem radhuse, vnd wann her adder sine erben das erbe vorkoufften, so sal das erbe wedder czinßen uff das radhus alz Apels vorvarihe den czins vore gebin habin, das sint czwolff gr. ierliches czinßes. Ouch so had per gnante Apel Kuhar die helffte des selbin erbis Geodrute siner elichin wirtynne laßen reichen czu habene czu yrer lybe. Factum est anno domini M°. CCCC°. XVI° sabbatho ante Epiphanias domini.

Nach Barthels verm. Nachr. v. Leipzig fol. 71b im Rathsarchiv zu Leipzig.

a) Nach einer Anmerkung Barthels fand sich zu seiner Vorlage von späterer Hand hinzugeschriebn: Ist Hannsengens erbe bey der neuen mueli gewest den wamwar. Auch Herzog George Weichbild-Beschreibung von Leipzig erwähnt dieses Grundstück (vgl. Heydenreich, Leipz. Chron. S. 35). Die Grenzen geben — bies uff die oberste brücken, die auff die schwein welde gehet, niederwendig dem acker der Kolisch, so das Bochers gewest und van dem rath vorvekat ist, gelegen vnd sammt derselben brücken auff der schweinwelde, so ferne der vnd eigenthumb, sich wendet, blos zu das wasser vnd herab, da als Ihre siegel erden graben, zusampt Ihren teich-dammen, telchen vnd Geuengen erde vnd garten daran gelegen, das alß nachdem mit unsrer beschlossen ist, leit an die Nonnenmüle u. s. w. Hieraus ergibt sich, dass das obige Erbe auf dem Straussberge das h. z T. Schafgärtens Garten genannte Grundstück ist. Die in der Nachbarschaft derselben befindlichen Teiche entstanden, zum Theil wenigstens, an stolle verlassener Ziegelgruben.

No. 131. 1417. 16. Oct.

Markgraf Friedrich sichert dem Rath und der Bürgerschaft, welche sich auf sein Geheiss dem Ritter Friedrich von Hopfgarten mit 80 Mark Silbers von den landesherrlichen Jahrrenten verschrieben haben, vollständige Schadloshaltung zu.[1]

Wir Friderich von gotes gnaden der elder lantgraue in Doringen vnd marcgraue zcu Missen bekennen — als sich der rat vnd dy gancze gemeyne der stat

1) Unter demselben Tage verkauft und übereignet der Markgraf dem Ritter Friedrich von Hopfgarten und dessen Gottesnändern

11*

zcu Lipczk vnser liben getruwen gein dem gestrengen ritter ern Frideriche vom Hoppfegarten, synen erben vnd getruwenhendern von vnsern geheißes wegen vor drissig mark lotiges silbers Erffurdisches ezeichens vnd gewichtes ierliches ezinses von vnsern iarrenten, die wir ierlichen bye zu haben, zeureichen vorschreben haben, dauor wir sie uff eynen widerkouff vorsaczt haben nach lute der briffe, die wir vnd dy selben vnser burger darobir gegeben haben, also reden vnd geloben wir mit crafft dises briffes, daz wir die genanten vnser burger von Lipczk der vorschribunge vnd gelobde gutlichen vnd ane allen iren schaden benemen wollen ane alles geuerde, vnd alz offte als sie die drissig mark lotiges silbers ierliches ezinses von vnsern iarrenten beczalen, also dicke sagen wir sie so vil geldes, als sie uff ierzlich iar dauor geben werden, quyt ledig vnd loz. Des zcu orkunde haben wir vnser insigel wissentlichen an disen briff hengen lassin, der gegeben ist nach gotes geborte virczenhundert iar darnach in dem sibenczenden iare am sunabunde sente Gallen tage.

Nach dem Orig. im Rathsarchiv zu Leipzig mit dem kleinern Siegel des Herzogs an einem Pergamentstreifen.

Jacob von Wangenheim, Hermann Worin and Hermann von Gräfein wegen einer Schuldforderung von 300 Mark Silbers 30 Mark von den Jahrrenten zu Leipzig, unter Beziehung auf eine dem dazigen Rath ertheilte Anweisung, die genannte Summe jaarlich Michaelis zu Erfurt oder Mühlhausen auf eigene Kost und Gefahr zu zahlen. Coplate No f. 13b bis k. Haupt-Staatsarchiv zu Dresden.

No. 132. 1419. 11. Jan.

Vergleich des Rathes mit dem Schuhmacher-Handwerk wegen des um Markte gelegenen Schuhhauses.

Dy dry rethe sin eyn worden myd den meistern vnd dem ganczen hantwercke der schuwerchten umb des schuhus am marckte, daz der rath gebuwet, alzo das die schuwerchten des huses vndene gebruchen sullen alle marcktage uff den bengken ore schue ezu vorkouffen, vnd in den iarmarckten sullen sie treten vnd schue veil habin uff dem marckte vnd der rad mag dene das hus vnd die bengke lusen den korssnern adder andern luten nach oren willen, vnd was denne danon gevellit, das sal volgen dem rathe vnd sal in der stad nucz gewant werden ane geuerde. So mogen ouch die rethe des huses obene gebruchen vnd ezu lyben vorkouffen myd eynem vryhen vz vnd ingange, daryn die schuwerchten nicht sullen sprechen; die kellere sullen ouch blyben bye der stad ezu uncze oren schenghuse adder wye man das der stad ezu nucze allerbest wyrt irkennen. Worden ouch die rethe irkennen, das man myd dem huse bessern frommen mochte ubir oben, daryn sullen sich die schuwerchten nicht seczen noch keynewys legen, sundern dye stad sal on eyn ander hus buwen lasen nach dem alz denne alder bequemest den rethen uff die eziit wyrt bevallen. Dauor haben sie alle vnd ierzlicher besundern gereit vnd globit den rethen, das iezlicher, der das hantwergk trybet, ierlichen reichen vnd gebin sal uff das rad-hus syben gr. uff Bartholomei vnd acht gr. vff Wynachten, die ore meister ierlichen von on innemen vnd in eyner summen uff das radhus brengen sullen ane geuerde. Dis ist geschen alz Nickel Stues burgermeyster was nach gotis gebort vyrczenhundirt iar dar nach am mncnczenden iare am mitwochen nach der heiligen dryer koninge tage.

Nach Barthels Diplomatar. Lips. II. fol 211 and desselben vermischten Nachrichten von Leipzig fol. 25 im Rathsarchiv zu Leipzig.

No. 133. 1419. 26. Juli.

P. Martin V. ertheilt mit gewissen Einschränkungen eine besondere Vergünstigung für den Fall, wenn Personen, die mit dem Kirchenbann belegt sind, nach Leipzig kommen und daselbst sich aufhalten.

Martinus episcopus servus servorum dei ad perpetuam rei memoriam. Honestis et humilibus supplicum votis illis praesertim, quae divini cultus augmentum et animarum salutem concernunt, libenter annuimus illaque favoribus prosequimur oportunis. Sane petitio pro parte dilectorum filiorum .. magistri civium consulum communis et parrochianorum parrochialis ecclesiae opidi Liptzk Merseburgensis diocesis nobis nuper exhibita continebat, quod saepe contingit excommunicationis vel interdicti aut suspensionis sententiis ligatos pro diversis causis ad dictum opidum declinare et in eo quandoque pernoctare seu aliquandiu residere vel diutius immorari dictumque opidum ac nonnullas villas extra muros eiusdem opidi propterea etiam post ipsorum excommunicatorum interdictorum et suspensorum ab eodem opido recessum per aliquod tempus quandoque vigore generalis observantiae seu constitutionum provincialium vel synodalium ecclesiastico subiacere interdicto, nec non legatos delegatos conservatores et alios indices auctoritate sedis apostolicae vel legatorum eius aut eorum subdelegatos seu episcopos Merseburgenses pro tempore existentes vel aliorum locorum ordinarios seu eorum officiales vel vicarios vel alios suis litteris dare in mandatis, quod excommunicatis vel interdictis aut suspensis in dicto opido existentibus missae et alia divina officia in eodem opido minime celebrentur ac interdictum servetur etiam post ipsorum excommunicatorum expulsionem ab eodem, propter quae inibi diminuitur divinus cultus et Christi fidelibus ecclesiastica non ministrantur sacramenta eorumque exinde apud deum lentescit devotio et fervor caritatis tepescit in animarum praeiudicium et scandalum plurimorum. Quare pro parte magistri civium consulum communis et parrochianorum praedictorum fuit nobis humiliter supplicatum, ut providere ipsis super hoc paterna diligentia curaremus. Nos igitur, qui divinum cultum augeri et animarum periculis obviare intensis desideriis affectamus, huiusmodi supplicationibus inclinati praefatis magistro civium consulibus communi et parrochianis, ut quam primum excommunicati interdicti vel suspensi praefati ab eisdem opido et villis recesserint aut expulsi fuerint, liceat clero opidi et villarum praedictorum inibi missas et alia divina officia etiam alta voce publice ianuis apertis celebrare ac ecclesiastica sacramenta ministrare, dummodo ipsi clerus magister civium consules communae et parrochiani causam non dederint interdicto nec id ipsis contigerit specialiter interdici et contra vel praeter eorum voluntatem excommunicati interdicti vel suspensi opidum intraverint antedictum, tenore praesentium de speciali gratia indulgemus, praedictis nec non apostolicis constitutionibus et aliis contrariis non obstantibus quibuscunque. Nulli ergo omnino hominum liceat hanc paginam nostrae concessionis infringere vel ei ausu temerario contraire. Si quis autem hoc attemptare praesum-

serit, indignationem omnipotentis dei et beatorum Petri et Pauli apostolorum eius se
noverit incursurum. Datum Florentiae VII. Kal. Augusti pontificatus nostri anno
secundo.

R^{ta} gratis.
A Fidelis.

Nach dem Orig. im Rathsarchiv zu Leipzig mit dem Bleisiegel an Fäden von rother und gelber Seide.

No. 134. 1422. 31. Juli.

*P. Martin V. erweitert das der Stadt hinsichtlich der mit dem Kirchenbann Belegten ertheilte
Privilegium (No. 133) und befiehlt den Äbten zu Pegau und auf dem Lauterberge, sowie dem
Probste zu St. Afra in Meissen für Aufrechthaltung desselben zu sorgen.*

Martinus episcopus servus servorum dei dilectis filiis .. abbati Pigauiensis
et .. Montis sereni Merseburgensis et Magdeburgensis dioc. ac .. sanctae Afrae Mis-
nensis per praepositos gubernari solitorum praepositis monasteriorum salutem et apo-
stolicam benedictionem. Hodie dilectis filiis nobili viro Friderico lantgravio Thurin-
giae et marchioni Misnensi nec non .. magistro civium, consulibus universitati et
parrochianis parrochialis ecclesiae opidi in Lipczk Merseburgensis diocesis litteras
nostras concessimus in haec verba: Martinus episcopus servus servorum dei ad per-
petuam rei memoriam. Honestis et humilibus supplicum votis illis praesertim, quae
divini cultus augmentum et animarum salutem concernunt, libenter annuimus illaque
favoribus prosequimur oportunis. Sane petitio pro parte dilectorum filiorum nobilis
viri Friderici lantgravii Thuringiae et marchionis Misnensis necnon .. magistri civium
consulum universitatis et parrochianorum parrochialis ecclesiae opidi in Lipczk Merse-
burgensis diocesis nobis nuper exhibita continebat, quod plerumque nonnulli tam ex
personis extraneis ad dictum opidum causa inibi comedendi vel bibendi seu etiam
pernoctandi aut alias quaevis sua vel aliorum negotia tractandi seu prosequendi pro
tempore declinantibus et nonnunquam inibi aliquandiu moram facientibus, quam etiam
ex habitatoribus et incolis opidi et quarundam villarum extra muros opidi et infra
parrochiam ecclesiae praedictorum consistentium ac aliis in illis lares foventibus vel
aliqua bona immobilia habentibus excommunicationis et interdicti sententiis sunt inno-
dati seu ipsis alias est ingressus ecclesiae interdictus, propter quorum ad dictum opi-
dum accessum vel moram huiusmodi seu quia incolae vel habitatores praedicti lares
fovent aut bona huiusmodi inibi tenent ut praefertur saepe contingit, opidum, in quo
studium litterarum viget generale et quod temporali dominio eiusdem lantgravii
subiectum esse dinoscitur, ac villas praedicta plerumque etiam post excommunicatorum
et interdictorum huiusmodi ab opido et villis eisdem recessum seu realem expulsio-
nem, quandoque per dies, interdum vero per menses aliquot, nonnunquam processuum
sive mandatorum diversorum iudicum a sede apostolica vel eius legatis deputatorum
vel eorum subdelegatorum seu conservatorum aut episcoporum Merseburgensium pro
tempore existentium seu aliorum locorum ordinariorum eorum vicariorum vel officialium
aut aliorum commissariorum apostolica vel ordinaria auctoritate deputatorum, interdum

vero generalis observantiae provincialium seu synodalium constitutionum vigore, absque tamen quavis culpa landtgravii magistri civium consulum universitatis et parrochianorum praedictorum, ecclesiastico subiici interdicto, propter quod inibi diminuitur divinus cultus et Christi fidelibus ecclesiastica non ministrantur sacramenta eorumque exinde apud deum lentescit devotio et fervor caritatis tepescit in animarum salutis dispendium et scandalum plurimorum; quare pro parte lautgravii magistri civium consulum universitatis et parrochianorum praedictorum fuit nobis humiliter supplicatum, ut providere ipsis super hoc paterna diligentia curaremus. Nos igitur, qui divinum cultum augeri, animarum periculis et Christi fidelium scandalis obviare intensis desideriis affectamus, huiusmodi supplicationibus inclinati, ut quam primum huiusmodi excommunicati et interdicti, quacunque etiam auctoritate excommunicati vel interdicti fuerint seu quibus huiusmodi ecclesiae ingressus ut praefertur interdictus est, ab eisdem opido et villis sponte recesserint aut expulsi fuerint, liceat dilectis filiis clero opidi et villarum praedictorum eo ipso inibi missas et alia divina officia resumere et etiam alta voce publice ianuis apertis, excommunicatis tamen et interdictis aliis etiam exclusis, celebrare ac eorundem opidi et villarum utriusque sexus personis ecclesiastica sacramenta ministrare, dummodo dictus lautgravius et eius successores in opido et villis praedictis temporale dominium pro tempore obtinentes nec non clerus magister civium consules universitas et parrochiani praedicti causam huiusmodi non dederint interdicto nec ipsi etiam causa huiusmodi accessus sive morae talium excommunicatorum et interdictorum fuerint neque id alias eis contigerit specialiter interdici, praefatis lautgravio clero magistro civium consulibus universitati et parrochianis auctoritate apostolica tenore praesentium de speciali gratia indulgemus, praedictis nec non apostolicis constitutionibus et aliis contrariis non obstantibus quibuscunque. Nulli ergo omnino hominum liceat hanc paginam nostrae concessionis infringere vel ei ausu temerario contraire. Si quis autem hoc attemptare praesumpserit, indignationem omnipotentis dei et beatorum Petri et Pauli apostolorum eius se noverit incursurum. Datum Tibure II. Kal. Augusti pontificatus nostri anno quinto. Cum autem sicut exhibita nobis pro parte dictorum lautgravii magistri civium, consulum, universitatis et parrochianorum petitio continebat, ipsi dubitent, ne forsan inposterum per iudices subdelegatos conservatores ordinarios vicarios officiales vel commissarios in dictis litteris comprehensos seu quosvis alios, quominus dictarum litterarum et in illis per nos eis factae concessionis commodum grata utilitate sentire illisque tranquille gaudere valeant, indebite molestari, pro parte dictorum lautgravii, magistri civium, consulum, universitatis et parrochianorum nobis fuit humiliter supplicatum, ut super hoc eis oportune providere de benignitate apostolica dignaremur. Nos igitur congruum censentes, ut favor apostolicus, qui se pronum reddidit in concedendo petita, etiam promptum se exhibeat in conservando praesertim ex rationabilibus causis concessa volentesque, ut litterae et concessio nostrae huiusmodi votivum sortiantur effectum, huiusmodi supplicationibus inclinati discretioni vestrae per apostolica scripta mandamus, quatinus vos vel duo aut unus vestrum per vos vel alium seu alios quociens opus fuerit et super hoc legitime fueritis requisiti concessionem huiusmodi iuxta earundem litterarum tenorem, dummodo aliud canonicum non obsistat et pro parte cleri praedictorum aut alias

aliquid rationabile in contrarium allegatum non fuerit vel ostensum, faciatis auctoritate
nostra firmiter observari, non permittentes lantgravium magistrum civium consules
universitatem et parrochianos praefatos ac etiam dictos clerum contra huiusmodi con-
cessionis et litterarum tenorem per iudices subdelegatos conservatores ordinarios vica-
rios officiales et commissarios aut quosvis alios quomodolibet molestari, molestatores
huiusmodi et alios quoslibet contradictores auctoritate nostra appellatione postposita
compescendo, non obstantibus omnibus, quae in eisdem litteris volumus non obstare,
seu si eisdem indicibus subdelegatis conservatoribus ordinariis vicariis officialibus
et commissariis vel quibusvis aliis communiter vel divisim ab apostolica sit sede
indultum, quod interdici suspendi vel excommunicari non possint per litteras aposto-
licas non facientes plenam et expressam ac de verbo ad verbum de indulto huius-
modi mentionem. Datum Tibure 11. Kal. Augusti pontificatus nostri anno quinto.

Arnoldus.

Nach dem Orig. im Rathsarchiv zu Leipzig mit dem Bleisiegel an hänfener Schnur.
Auch die inserirte Bulle, mit dem Bleisiegel an Faden von rother und gelber Seide wird in demselben
Archiv aufbewahrt.

No. 135. 1423. 24. Juni.

*Kurfürst Friedrich I. verkauft der Stadt die Gerichte für 1500 Rhein. Gulden unter Vorbehalt
des Wiederkaufs.*

Wir Friderich von gotis gnaden herczoge zeu Sachsen, des heiligen Romi-
schen richs erczmarschalk, lantgraue in Doringen vnd marcgraue zcu Missin beken-
nen —, das wir mit wolbedachtem mute vnd rate vnser radgeben vnd getruwen
heimlicher durch manigerhande getruwer dinste vnd volge willen, die vns die ersa-
men vnser liben getruwen burgermeister rete vnd die gancze gemeyne vnser stat
Lipczk in manicherleie sachen vnd stucken gethan vnd getruwiclichin bewiset habin
vnd nach furbas thun werden, ouch durch zcennemunge vnd besserunge der vorgnan-
ten burgermeister reten vnd ganczen gemeyne vnd ören nachkomelingen, der selbin
stad Lipczk recht vnd redelich vorkoufft habin vnd vorkonffen mit crafft diesis brieffes
alle vnsere gerichte in wichbilde daselbins zeu Lipczk obirste vnd nedirste, obir hals
vnd hant, vordingen vnde gerichte obir alle schult, mit allen bußin wettin geniessin
zeugehorungen zcinsen vnd renten, als wir vnd vnser voite daselbins von vnser
wegen das bißher gehalt besessin vnd gebrucht habin vnd in allir maße, als das
ouch vor vns die erbrichtere zcu Lipczk gehabt besessin vnd des gebruchit habin,
keins das zeu demselbin gerichte vormals gehort hat vnd gehorit vzgeslossin, vnd
habin yn das vorkoufft uff eynen widerkouff, der czu vns vnsern erben vnd erb-
nemen stehin sol, vor funffzcen hundert Rynische gulden gut an golde vnd swer
gnug am gewichte, die sie vns bereite ganez vnd wol beczalt haben vnd die wir
vorbaß in vnser herschafft vnd lande nucz vnd fromen kuntlich gekarl vnd gewant
haben. Dasselbe gerichte mit aller syner zeugehorunge vnd nuczen vorbenant haben
wir sie alreite lassin wisin vnd on das ingegeben, wiesen vnd ingebin mit crafft

dises brifis, vnd wollin heissin vnd gebiten von gewissir wissintschafft vnsern voiten
vnd amptluten daselbins zeu Lipezk keinwertigen vnd zeukunfftigen, das sie vnd ór
iezlicher sich in sulche obgnante gerichte nicht legen noch werren sollen in keyne
weiß, sondern die obgnanten burgermeister, rete vnd gemeinheit des vorbedachten
gerichtes mit allen sinen wirden gewonheiten nutezen vnde zeugehorungen gerugig-
lich ynne haben vnd gebruchen lassin. Geschege abir, das sich vnser voite amptlute
ader ymand anders in die vorgnanten gerichte, als wit als wichbilde zeu Lipezk
wendet vnd vzgesaezt ist, ader in ore vorbenante zeugehorunge legin setezen sprechen
ader werren welden, von wes wegen ader in welcher wiße sie das teten, so wollen
vnd sollin wir, vnser erben vnd erbnemen die egnanten vnser burger zeu Lipezk bie
den obgeschreben gerichten mit allen iren werden gewonheiten nuezen vnd zeugeho-
rungen behalden schutezen vestiglich vnd vortedingen vnd ernstlich darezu thun,
also das sie bie den gerichten in wichbilde zeu Lipezk in allirmaße als obingeschre-
bin stehit bliben, die ynne haben vnd der gebruchen ane allerleie hindernisse vnde
geuerde. Were ouch das wir, vnser erben ader erbnemen die vorbenante gerichte
zeu Lipezk von den vilgnanten burgermeistern, reten vnd der gemeine daselbins
weder keuffen wolden, so sullen vnd wollen wir on den widerkouff eyn virtil iars
vorkundigen vnd sagin vnd yn in dem nehsten virtil iares nach der vorkundigunge
funffezenhundert Rynische gulden gutes goldes vnd volkomendes gewichtes vor das
gnante gerichte in der gnanten vnser stad Lipezk vuuorsprechlich genezlich vnd wol
beezaln ader beezaln laßin ane allen intrag vnd geuerde. Die wile wir abir ader
vnser erben ader erbnemen das mergnante gerichte nicht widergekoufft noch den
burgern ezu Lipezk vorgnanten die obgeschreben funffezenhundert gute Rynische
gulden danor beezalt haben in allir maz als obgeschrebin stehit, so wollin vnd sollin
wir, vnser erbin vnd erbnemen keynerleie vornemen, das den gnanten vnsern bur-
gern zeu Lipezk an den gerichten ader sinen zeugehorungen ader an den obgeschre-
bin funffezenhundert guten Rynischen gulden hindernisse ader intrag brengen mochte.
Wenne wir abir vnser erben ader erbnemen das von yn widergekoufft vnd yn die
mergnanten funffezenhundert gute Rynische gulden danor genezlich vnd wol beezalt
habin als obgeschreben stehit, so sullin sie vns, vnsern erben vnd erbnemen des
gerichtis weder abetreten vnd vns das wider antwerten in allirmaße, als sie das von
vns entpfangen vnd ingenomen habin ane geuerde. Des zeu orkunde vnde waren
bekentnisse habin wir vor vns vnd vor alle vnser erben vnd erbnemen vnser inge-
sigil wissintlichen an disen offen brieff lassin hengen, der gegebin ist nach gotis
geburte virezenhundert iar darnach in dem drievndezwenezigisten iare am dornstage
sente Johannes tag des teuffers.

Nach dem Orig. im Rathsarchir zu Leipzig mit dem Siegel an einem Pergamentstreifen.
Horn Leben Friedr. d. Streitb. S. 879, nach dem Cop. 34 fol 15 im K. Haupt-Staatsarchiv zu Dresden.

No. 136. 1423. 1. Aug.

Kurfürst Friedrich I. ertheilt dem Rath und der Bürgerschaft eine Zusicherung wegen des auf sein Geheiss dem Markgrafen Wilhelm in Bezug auf den Zeitzer Vertrag geleisteten Eides.

Wir Friderich von gotes gnaden herczoge zcu Sachsen des heiligen Romischen richs erczmarschalk, lantgrane in Doringen vnd marcgraue zcu Missen bekennen — als die ersamen wiesen lute raczmeister, rete vnd die gancze gemeyne der stad Lipezk vnser liben getruwen dem hochgeborn fursten hern Wilhelme lantgrauen in Doringen vnd marcgrauen zcu Missen vnserm liben bruder von vnsers geheisses wegen gercd globet vnd liplichin zcun heiligen gesworn habin, were daz wir der richtunge vnd eynunge, die czwischen dem genanten vnserm liben bruder vnd vns nebst zcu Cicze bered vnd geteidinget worden ist, nicht hilden, das sich denne die genanten raczmeister, rete vnd die gemeyne zcu Lipezk an den genanten vnsern liben bruder halden sollen, als das unser brine, die wir darobir gegebin habin, vzwiesen, das wir die genanten raczmeister, rete vnd gemeyne zcu Lipezk, ab sie sich in sulcher maße an vnsern bruder halden wurden, darumbe vnbehabt vnd vnuerdacht lassen wollen ane geuerde; vnd habin des czubekentniß vnser insigel wissentlichin an diesin briff lassen hengen. Gegebin zcu Wissennels am suntage sente Peters tage ad vincula genant nach gotes gebort virczenhundirt iar vnd darnach in dem drievndczweneczigisten iare.

Nach dem Orig. im Rathsarchiv zu Leipzig mit dem Siegel an einem Pergamentstreifen.

No. 137. 1423. 23. Nov.

Abt Vincenz und der Convent zu Altzelle verkaufen Hans Bauczman und Hans Huter den Klosterhof bei den Barfüssern unter Vorbehalt eines jährlichen Zinses und des Vorkaufsrechts bei Weiterveräusserung.

Wir Vincencius apt zcur Celle, Petrus prior, Laurencius supprior, Petrus Kelner, Johannes bursarius, Petrus sichmeister, Andreas pfortmeister vnde die gancze sampnunge do selbist bekennen in dissem offen brine vor vns vnde vor alle vnser nochkomen allen, die on schen addir horn lesen, das wir mit guthem vorrathe vnde mit wolbedochtem mute den ersamen wiesen Hans Bauczman vnde Hanse Huter vnde iren rechten erben vnsers closters hoff, der in der stad Lipezk bie dem Barbissen clostir gelegen ist[a]), vorkoufft haben vnde haben den selbigen hoff den egenanthen Hanse Bauczman vnde Hanse Huter vnde allen iren rechtin erben gegeben vor nehezen guthe Rinische guldin sweres gewichtes vnde guthes goldes, die sie vns bereithe gancz gar vnde wol bezalt haben vnde die wir vorhus in vnsers clostirs nücz vnde frumen zo wir beste mochten knntlich gekard vnde gewand haben. So sullen onch die obgenanthen Hans Bauczman vnde Hans Huter ader ire rechtin

a. Vgl. No. 4.

erben vns Vincencio apte vnde der ganczen sampnunge des closters zcur Celle vnde
alle vnser nochkomen von dem hoffe alle iar ierlichen eyn schogk nuwer schildechter
grosschin zcu zcinse reichen vnde geben uff sentte Michels tag ane uffezog, vnde
sullen den hoff buhafftig bie allen friheiten behalden, als wir den bis her besessen
haben, do wollen wir on ouch zcen behulffen sein wanne sie das begernde sein von
vns. Were ouch das Hans Banczman vnde Hans Huter ader ire rechten erben den
hoff vmbe nottorfft willen wider vorkenffen musten adir snst den vorkouffen wulden,
so sullen sie vns Vincencio apte adir vnsirn nochkomelingen den hoff zcunu ersten
vnde vor andirn luthen anbiethen zcu kouffe, den wir denne vmbe sulch gelt, als sie
vns den geben wullen, ab¹) vns vnde vnsirm clostir das fugsam ist vnde bequeme,
kouffen mogen. Were vns abir der kouff vmbe sulch gelt, alz sie vns den geben
wolden, vns vnd vnserm clostir nicht bequeme vnde wir des vmbe eyn sulch gelt
nicht keuffen wulden, so mogen sie den hoff dornach vorkouffen vnde den gebin
andirn luthen zo sie tuerst mogen, vnde welchen personen sie denne den hoff vor-
keuffen adir vorkenffen wurden, die sullen den hoff vor nymande andirs uffnemen
denne vor eynem apte czur Celle, so sullen wir den personen, die den hoff denne
kenffen, gerne lihen mit sulchin wirden muczczen vnde friheiten, als den die obge-
nanthen Hans Banczman, Hans Huter vnde alle ire erben den von vns yne gehabt
besessin vnde des gebrucht haben in allerleiemasse als obingeschrebin stehit, doch
alzo das die, den sie denne den hoff vorkouffen wurden, vns megenanthen apte vnde
der ganczen sampnunge vnde allen vnsirn nochkomenden das egenanthe schogk gros-
schin zcinses, als das Hans Banczman vnde Hans Huter ader ire erben von dem
hoffe vns uff sulche tagezceit als obin geschrebin stehit gereichet vnde beczalt haben,
vns vnde vnsern nochkomen ouch reichen vnde beczalen sullen ane intrag vnde
geuerde. Vnde das alle stucke vnde artickel disses brines stete veste vnde vnnorbro-
chenlich gehalden werden, haben wir vnsir beider ingesigille vndene an dissen briff
gehangen, der gegeben ist noch Cristi geburt virezehenhundirt iar dor nach in dem
drivndeczweuczigisten iare an sentte Clementi tage dez heiligen merterers.

Nach dem Orig. im K. Haupt-Staatsarchiv zu Dresden mit den Siegeln des Convents und des Abts.
Beyer Alt-Zelle S. 665.

Den einen Theil des Altzellischen Hofes erwarb 1767 Hans Pauer von Linkart Golle und stellte dem
Abt Martin am 15. Sept. d. J ein Lehnsbekenntniss aus. Im J. 1520 kaufte der Rath Lehen, Zinsen und die
Gerichtsbarkeit über die Hauser dieses Hofes für 250 Gulden (Vgl Beyer S. 192.) 1529 reichte der Bürgermeister
Egidius Morch dem Bürger Kilian Reytwiser und dessen Ehefrau zu Erbzinsgute den eynen teyl ader dy helffte
des freyen hofes, welchen Ulrich Mordeyßen am iungsten vnd etwan Hans Pawer seliger von dem — alde zur
Crellen zur leben innengehabt — in der Flaschergassen hynder dem Barfusser closter — gelegin, stossinde au dye
stadtmauer vnd an den andern teyl desselben freyen hofes, so gnanter Reytwiser kurtzhieuor ouch gehabt vnd von
gedachtem alde zur leben getragen, aber itzund Christoff Lyntachers hausfrawe besiczt. (Concept des Lehnbriefes
im Rathsarchiv zu Leipzig.) — 1533 war Lucas Straube Besitzer des Grundstucks. Nach einer Notiz von B. (arthel)
in den Dresdner gelehrten Anzeigen v. 1800 S. 126 stehen die Hauser „zum grünen Schilde" und „zum goldenen
Schiff" (das letztere nur zum Theil) auf der Stelle des ehemaligen Zellischen Klosterhofes.

1) Or. ab er.

12*

No. 138. 1423. 1459.

Innungsartikel der Weissgerber.

Anno domini millesimo CCCC° XXIII°. Wyr burgermeister vnde rat man der stat Lypezk thvn kunt vnd gebyten vou vnserß geneydigen hern des herczogen weygen den ersammen meystern der weyßgerber bey gehorsam, das sy sich zcusammenfugen vnde balden sullen alzo sammentlichen vnserem geneoligen herren vnde der stat zcu dynen, wv vnde weu das not seyn wyrt, vnde geben dem opgenanten hentwercke noch gewönclicher weysse, also dy andern hantwerge phleygen zcu haben, czwene meister Nickel Reuen . .¹) vnd Andres Brawer, das sy bey der bnsse VI phennynge den andern meistern gebyten sullen vnde och ander meister kysen, dy der stat vnde des hentwerges noez vnde fromen erkennen mogen. —

Dyß ist das anbegyn vnser geselleschaft, dy vns gegeben ist von vnsern geneydygen hern den herczogen vnde von dreyen reten, also neymelich uf dy czeyt geweyst seynt burger meister dy ersammen myt namen Nickel Staus der alde, Kunradus Ber, Peter Ylbnrgk, myt wissen vnde folwort aller dreyer rette.

Dor noch vber etlich iar nemelich also man screp M° CCCC° dor noch in dem LVIIII iar hat das obgenante hentwerck der weyßgerber broche vnde erthvm, dy vnder yu enstenden seyn, erkent vnde vorbrocht, nemelichen vor dy burgemeister vnde rette, dy uf dy czeyt gesessen haben, mit namen doctor Jocuf, Hans Tömel, Renhart Goltsmyd vnde alle drey rette, dy denne an gesein haben des hentwergeß vorbrengune vnd zeugelossen haben sulche stucke vnde artykel, dy das hentwerckg vor das beste, der stat zeu eren vnde zeu redelickheyt vnde dem hantwerge zeunoeeze erkent het. Dy zeugebunge der genentten rete also lauten:

Wyr burgermeister vnde rotman der stat Lypezk thun zenwyßen in desen scryfften. Noch dem also dy ersame meister der weyßgerber ene ezedele der orkunde, dy von yn allen gefolbort ist worden, vorgehalden vnsern rot, dor zeu begert vnde gebeyten haben, yn sulche stucke vnde artykel zeu ezugeben vnde zeubestetegen, also habe wyr sulche artykel vnde gesceeze myt vorrote der eldesten vnde aller dreyer rette vorhort vnd gennelichen gemerket vnde geben yn zeu, sulche ordennnge zeu balden bas uf vnser wederruffen, vnd sulche artykel vnde seeeze luten, also her noch gescreben sten:

Item zeu dem ersten mol, wen der bote vmb lauf vnde kumet weder in des meisterß hauß, der yn auß gesant hot, so sal her uf stecken eyn licht enes fyngers lanck; wer nicht kömet er das licht außgeet, der sal bussen myt sechß phennygen. Item wer meister werden wyl, der sal das hantwerk mute uf czwu morgensproche, neymelich wen dy meister ir byr haben, vnde och sal her from vnde elich geborn sein vnde dem rote gute genock zeu enem burger. Item och sal her gefreyet haben elich zeusein, eß sey denne das her enes meysters son were. Item och sal enes iczliches meysters son seyn hentwerck frey vnde ledick haben, auß geslossen wachß

¹) *Ur. sulten.*

zcu geben vnde kerezen zeu warten, aber yr bote sal her nicht sein. Item och sal kein meister des andern gesinde serezen, her sei denne myt wissen[1]) gescheden des meisters, do her vor bey geweyst ist. Item och sal keyn meister uf den marcte fel koffen, dy her anß der stat vorkoffen wil, außgeslossen in dem iormarcte, bey busse einen halben stein wachß. Item wer do buß feldykg wyrt, der sal sy also balde geben bey ezwefehlyger busse. Item och sal kein meister den andern logen stroffen bey ezweyen phunden wachs, sundern wer was weder den andern [hette], der sal dy sache vor dy meister brengen, dy sullen dy sache scheden noch des hentwergiß erkentniß ap sy kunen. Item wen dy meister bey einander sein, so sal man kenerley spyl treyben bey einer busse ezwey phunt wachß. Item och sal kein meister noch meisterinne dem andern in sein koff fallen bey busse ezwey phunt wachß. Item wer dem andern sein gesinde entfremdet, den sal man hussen noch der meister erkenttnyß. Item wer eyn leych in seinem hausse hot, der sal iß den boten lossen wyssen, das her vmbe loft noch den gessellen vmle vorbot sy zcu der fylge ader selmesse; wer nich kumet zcu der ene, der sal bussen myt seychß phennigen. Item wer einen lerlungen uf nymmet, der sal den meistern ezwey phunt wachß geyben zeu den kerezen.

An sulchen geseeezen behalde wyr der rat vnßer macht, dy zcu engen ader zcu breten, abe ader zcu ezuthun ader dy gar ader eyn teil ganez abe zeuthun.

Nach einer Abschrift aus dem 15. Jahrhundert im Rathsarchiv zu Leipzig.

1) Orig *wissen des.*

No. 139. 1425. 8. Oct.

Der Rath erkauft GG Acker Holz zu Wahren.

Als man schribet nach gotis-gebort vierzenhundert iar darnach in dem funff vnd zewen-ezigisten iare. als Peter Ylburg ein burgermeister was, had der rat gekoufft der stat LXVI [arker] holezes zcu Warin gelegen, die Kerstan Prauandis vnd siner erben warin, vor XCIIII schog erblichen zcu haben. Factum est secunda feria post Francisci anno ut supra.

Nach Barthel's Verm. Nachr von Leipzig fol. 27 im Rathsarchiv zu Leipzig.

No. 140. 1426. 29. Jan.

Kurfürst Friedrich I. fordert den Rath auf, früherer Bestimmung gemäss dem Vogt zu Meissen auf dessen Verlangen 40 gewaffnete Schützen und 10 Handbüchsen zu senden und nach Aussig folgen zu lassen.[1])

Friderich herczog zeu Sachsen vnd marcgraue zcu Missen rc.
Liben getruwen. Als wir uch nesten, do wir an dem Ryeu waren, geschriben hatten. vnserm voite zcu Missen vierczig gewopente schuczen vnd zcehin hantbuchsen in vnserm abe-

1 Die nachfolgenden im Rathsarchiv zu Leipzig aufbewahrten Befehle und Schreiben zeigen nicht nur den Antheil, welchen die Stadt Leipzig an den kriegerischen Ereignissen des Jahres 1426 nahm, sondern sie enthalten auch die erwünschtesten Aufschlüsse über die Vorgänge in Böhmen selbst in einer bis jetzt vermissten Vollständigkeit und Zuverlässigkeit. Im K. Haupt-Staatsarchiv befinden sich keine Berichte über die Züge der meissnischen Hülfstruppen nach Böhmen bis an der vorhängnissvollen Schlacht bei Aussig.

wesen nach siner anwysunge vbezurichten vnd zcu senden, begern wir von uch mit ganczim ernste, wann uch der selbe vnser voit darvmb botschaff tun wirdet, das ir im dame dy vzrichtet vnd sendet vnd furdir nach siuir anewisunge gein Ausk folgen lassit; vnd siit deste flissigir iu vnserm abwesen, daran tut ir vns zcudancke. Gegeben zcu Wissinvels am dinstage nach Pauli conversionis.

Dem rate zcu Lipczk vnsern liben getruwen.

No. 111. 1426. 31. Jan.

Kurfürstin Katharina theilt dem Rathe bei Uebersendung des Schreibens ihres Gemahls (No. 110) einen aus Aussig an den Vogt von Meissen gelangten Brief mit und ordnet die sofortige Entsendung der Hülfstruppen an.

Catherina von gots gnaden herzogynne zcu Sachsen vnd marcgraffynne zcu Missen.

Liben getruwen. Als uch vnser liber herre vnd gemahel in dissem ingeslossenn brieffe schribet, den wir uffgebrochen haben, das wir vns dar noch wusten zcu richten, alse ist vns hynt ware botschafft kommen, vnd der voit zcu Missin ist bie vns gewesen vnd hat vns bericht, wie die ketczer Awsk bestallen vnd mit storme notigen wollen, als ir daz yn disset ingeslossenn czedilu werdet einteils vernemen. Dauon begern wir von uch mit ganczem ernsten fliesse, das ir euwer anczal von stundan ane sumenisse vbrieldet vnd bestellet, das dye morne uff den abend hie synt vnd uff dissen nehesten sontag gein Pyrne vff den abend gewisslichen kommen mogen, vnd dem voite zcu Missen do volgen vnd noch syner anewisunge halden, gliech ab er uch geschreben hette, wenn er uch durch der kurcze nicht konde geschriben. Vnd last das in keinenwieß, dar an tut ir vns wol zcudangke. Gegeben zcu Grymme am donrstage vor Purificationis Mariae anno etc. vicesimo sexto.

Dem rate zcu Lipczk vnsern liben getruwen.

Abschriftliche Beilage:

Vnsern dinst zcuuor. Lieber howptman. Wir lasen uch wissen, das vns heymlichen eigentlichen ware bodschaft komen ist, das sich die ketczerer sammen vnde gewislichen her vor vns willen haben vor Awsk, vnde die von Lutenbricz sullen ye uff dissen nehsten fritag zcu uelde rucken mit here. Ihr vmbe, lieber howptman, duncket vns wol geraten sien, das ir vns ane sumen er ye besser stercket mit honeluten vnde lub schutczen, so ir aller sterckest kunnet, wenn das wol not birynne ist, vnde besorgen vns, wo sy vns also vnde dy stad ane lute vmmelegen, dauon inyn gnediger herre vnde die von sinen wegen hynne legen vnde die stad grosen schaden dar ober möchte nemen, wenn ir wol wisset, das die stad mit so vel luten nicht zcubehaldene ist. Auch haben die ketczer das geschrey gein Metern gemacht vnbe des willen, das wir vns nicht besorgen sullen.[1] Hir vmbe sumet nicht. Gegeben vnder Caspar Rechenbergs ingesigel feria 2. post dominicam Circumdederunt. (28. Jan.)

Ditterich Pack, Caspar Rechenberg
vnsers gnedigen hern amptlute.

[1] Dieser Zug fand gleichwohl statt. Palacky Gesch. v. Böhmen III. 1 s. 400. Ueber das Hülfsgesuch der sächsischen Hauptrute in Aussig berichtet auch Zach. Theobald Hussitenkrieg I. Cap. 59.

No. 142. 1426. 12. Febr.

Kurfürstin Katharina befiehlt mit Rücksicht auf neuerdings aus Aussig eingetroffene Nachrichten beschleunigte Absendung der von der Stadt zu stellenden Schützen.

Catherina von gots gnaden herczogynne zcu Sachsen vnd marcgraffynne zcu Miessen.

Liben getruwen. Wenn vns abir warnunge vnd botschafft kommen ist, wye die ketczer sich groß sterken vnd sammeln vnd Awsk bestallen wollen, als ir das In dissem Ingeslossenn briffe werdet eintel vernemen, darvmbe begern wir von uch mit ganczem fliesse, das ir von stund euwer schutczen, die uch zeugesaczt sien, vbrichtet vnd bestellet, das die ye ane snmenisse uff dissen fritag gein Pyrne kommen vnd die uff das neheste ezihen lasset vnd mit allen sachen dar noch schicket, wenn wir uch ander botschafft thun werden, das ir mit ganczer macht gefolgen moget. Vnd vorhaldet das nicht, dar an tut ir vns wol zcudangke. Gegeben zcu Grynme am dinstage noch Estomihi anno ꝛc. vicesimo sexto.

Dem rate zcu Lipezk vnsern liben getruwen.

Abschriftliche Beifugen:

Vnsern vndertenigen willigen dinst. Hochgeborne furstynne, genedige vrouwe. Wir bitten uwer furstliche genade wissen, das sich dy Weyßen uu an deßem nesten fritage der haben haben vom Slan vnde czyhen vff Lune. vnde vns eygentliche botschafft kummen ist, daz sy vor vns vnd vns beruunen vnd belegen wullen czu der Awsig in dryen tagen, vnde dy von Lutenbritz vnde Sacz vnd andern eren steten iczlicher stat dy helffte vff geboten ist, dy iczczunt alle czu czyhen vnde sammeln sich by Lune. Dez selben glich wir dem heutmanne von Miessin ouch geschriben haben. Nu bitten wir uwer genade, daz ir von stunt bestellet mit uwern hunden vnd luten, so sterkest ir kunnet, daz sy ane sumen keyn Pirne kummen vnde da vnser botschafft harren, wenne wir doch vnser eygentliche botschafft by sy bestalt haben. Wo wir uu derfarn, da sy sich heu keru, daz wullen wir den uwern vort schriben keyn Pirne. Gegeben vnder Caspar Rechinberges ingesigel .. dominica Esto mihi (10. Febr.?)

Dytherich Porg, Caspar Rechinberg iczunt czu Awsig.

Der hochgebornen furstynne vnd vrouwen, vrouwen Catherynnn herczogynne czu Suchsin. lantgraffin in Doryngen vnde margraffin czu Miessin vnser genedigen fronwen.

Vnseren vndertenigen dinst zcuuor. Hochgebornu furstynn ꝛc. Wir bitten uwer gnade wyssen, das vns die ketczer vorrethere zcugeschikget hatten, vnde nach haben, dez wir von den gotis gnaden inne wurden synt vnde eynen begriffen habin, das sy sulden die stad an vier enden an geleget haben vff deseu nesten mantag in der vastnacht (11. Febr.), darvff sy sich alle bereyt vnd gericht habin mit buchßen vnd spise vnd mit anderem geczuge, ab daz fuer vff gehin wurde, das sye denn vonstaden mit storme zcu der stad czyhen welden, wenn daz fuer vff ginge; daz der vorrether bekant hat, den wir uuch in gefengkenisse habin. Vnd die Tabern sich alle her awß gekart haben vnd nicht verre von Brux legen. Ab yn das alles felet, so meynen sie yu zcu vns zcustormen drye tag vnd drie nacht, dar vmbe das sie meynen, das vns in der cziet nicht rettunge kommen mochte. Hir vmbe bitten wir uch ꝛc.

Hans von Sparremberg vnd Hans Korcz, amptlute zcu Brux.

No. 143. 1426. 12. Febr.

Nochmaliges Schreiben der Kurfürstin in derselben Angelegenheit.

Catherina herczogynne zcu Sachsen vnd marcgraffynne zcu Miessen.

Liben getruwen. Wir hatten vch hute geschreben vnd eczliche vßschriffte vorslossen in vnserm brife gesand, dar ynne vns warnunge vnd botschafft kommen was, wie die ketezer mit yrer macht sich sammeln vnd y° die stad Awsk belegen wollen, vnd wissen nicht, ab vch die briffe sien worden. Dar vmbe begern wir von vch mit ganczem flie-se, das ir die schutezen die vch zeustehen vßrichten, von stundan vßrichtet vnd mit den bestellet, daz die ane sumenisse vß dissen fritag zcu abande gein Pyrne kommen vnd noch vnsers voites von Miessen auwisunge do halden, vnd darczu schicket, das ir vns mit ganczer macht folge gethun moget, wenn wir vch ander botschafft thun werden. Vnd vorhaldet das nicht, dar an tut ir vns wol zcudangke. Geben zcu Grymme am dinstage noch Estomihi.

Dem rate zcu Lipczk vnsern lieben getruwen.

No. 144. 1426. 8. Apr.

Hans von der Gane, Vogt zu Meissen fordert den Rath auf, die vom Kurfürsten bestimmte Anzahl Schützen und Büchsen ohne Säumen nach Pirna abgehen zu lassen.

Minen frnntlichen dinst zcunor. Ersamen besundern liben vorderer. Vnbe so vil schut-ezin vnde buchsen, als vch myn gnediger herre kein Vbk zcuschickenn geschrieben hat, wenn ich vch botschafft darvmbe thun werde, heisse ich vch von myns gnedigen hern wegin, das ir die uff den nehisten fritag zcu abund gein Pyrne ane sumen schickit vnde das nicht vorhaldit. Ge-geben am mautage nach Quasimodogeniti vnder mynem ingesigel. Anno ⁊c. XXVI°.

Hans von der Gane voit zcu Missin.

Den ersamen vnde wolwisen burgermeister vnde rate zcu Lipczk mynen liben besundern gunstigen vorderern ⁊c.

No. 145. 1426. 13. Apr.

Kurfürst Friedrich I. verlangt vom Rathe, um die mit dem Hin- und Herziehen der leipziger Hülfstruppen verbundenen Unkosten zu vermeiden, die Stellung von 18 Schützen, welche zugleich mit den bereits nach Aussig entsendeten Schützen daselbst bis zu seiner Rückkehr von Nürnberg verbleiben sollen.

Friderich von gots gnaden herczog zcu Sachsen vnd marcgraue zcu Miessen.

Lieben getruwen. Nach dem als sichs iczund mit den keczern machet, das wir vch etwas digke vnd vil schriben, schutezen gein Awsk zcu schigkenn vnd die denne etwieuil wyd-derkeren mussen, haben wir besunnen, das vch das zcu swer ist, wenne ir von sulichen vil wydderkeren zcu grossen kosten vnd czerungé komet vnd doch wenig nucze ist. Dauon begern wir mit ganczem ernste, das ir vns achtczehen redeliche gewapente schutezen vbrichtet vnd die vff den nestkomen fritag gein Pirne schigket vnd mit yn bestellet, das sie furder gein Awsk zeyben vnd da zcufuße legen so lange, das wir widderheim von dem tage von Nuremberg komen, vnd die ir iczund da habit ouch bliben lasset. Vnd sumet damidte nicht, daran tut ir uns zcudangke. Gegeben zcu Aldemborg am sonnabunde nach Quasimodogeniti.

Dem rate zcu Lipczk vnsern lieben getruwen.

No. 146. 1426. 15. Apr.

Hans von der Gaue, Vogt zu Meissen verlangt die Absendung der aufgegebenen Anzahl Schützen und Büchsen nach Pirna.

Mynen fruntlichen willigen dinst zcuuor. Ersamen liben herren vnd vorderern. Vmbe so vil schuczen vnd buchßen, alse uch myn gnediger herre geschriben hat gein Ausczk zcu schickenn, wenne ich uch botschafft thun worde, heysse ich uch von myns gnedigen herren wegin, das ir dy uff deß in nehestin frytag zcu obende gein Pirne schicket vnde das yn keynwis vorhaldet. Gegebin am montage noch Misericordia domini vnder mynem sigil.

Hanß von der Gaue, voit zcu Missin.

Den ersamen vnde wolwysen burgermeister vnd rathmanne zcu Lypczk, mynen gunstigen herren vnd vorderern.

No. 147. 1426. 21. Apr.

Caspar Rechenberg, Hauptmann zu Aussig verweigert die Verabfolgung des leipziger Kriegsmaterials ohne speciellen Befehl des Kurfürsten und widerspricht den gegen den städtischen Diener Nicolaus Teschener erhobenen Anschuldigungen.

Mynen fruntlichen dinst. Ersamen wyesin liben frunde. Vmb daz gerete, daz ir hynne czu Awsig habet, daz ir dar vmbe bestalt habet, daz man uch heu heym furen sulde, alz laße ich uch wissen, daz ich dez geretes nicht tar weg laßen furen, ich sege denne myns genedigen hern briff, vnd gloube ich wol, daz ir mich dar vmbe nicht vordenket. Ouch habe ich derfarn, wy daz ir Nicklaus Theuchener in vordechtnis habet, der von uwern wegen by mir hynne lyt, alz laße ich uch wissen, daz ich in hynne mit willen behalden habe von myns genedigen hern wegen, durch dez willen, daz her mir .. vnde willig in allen sachen gewest ist von myns genedigen hern wegen, daz ich im gerne danke, vnde bitte uch, daz ir nicht gloubet, ab uch imandez anders von im sagete. Gegeben vnder mym ingesigel. Dominica ante Georgii czu Awsig.

Caspar Rechenberg, heutman czu Awsig.

Den ersamen vnde wyesen burgermeister vnde deme ganczen rathe der stat Lipczig, mynen besundern guten frunden.

Zeddel:

Ouch alz [sie] den selben uwern dyner bered haben von der armbroste wegen, dy hynne bleben sind, alz laße ich uch wissen, daz ich den selben uwern dyner Nicklaus mit namen geheissen vnde gebeten habe, dy selben besten armbrost hynne behalden vnd gloube uch wol, in nicht dor vmbe czu vordenkene.

No. 148. 1426. 24. Apr.

Kurfürstin Katharina befiehlt, die noch rückständigen Schützen ohne Verzögerung nach Altzelle abgehen zu lassen.

Catherina von gots gnaden herczogynne zcu Sachsen vnd marcgraffynne zcu Miessen.

Liben getruwen. Wenne vns ware botschaffe komen ist vnd yczund y⁰ vnd y⁰ kommet von Awsk vnd Brux, daz die ketczer zcu Behemen mit den Tabern von Merern vnd allir yrer macht die stete Bruxs vnd Awsk meynen zcu oberfallen vnd mit storme zcu benotigen, vnd yczund yre buchsen, bliden, leitern vnd anderen geczug geladen vnd einteil gein Belyn*) bracht haben, dauon begern wir von uch mit ganczem ernstem fliesse, daz ir euwer schuczen, die uch vnser liber herre zcu folge zcugeschreben hat, was ir der noch der czal nicht zcu Behemen hettet, von stundan ubrichtet vnd bestellet, daz die uf dissen nehesten fritag vf den abend in die Celle komen lasset vnd nach vnsers voites von Miessen anwisunge halden, vnd last daz in keinenweiß, wenne vnserm hern vnd synen landen grosse macht dar an gelegen syn; daran tut ir vns wol zcudangke. Gegeben zcu Coldicz am mittewochen nach Jubilate Anno 1c. XXVI⁰. Ouch wie wol uch vnser liber herre nehest nehezen schuczen zcugesagt hat, vnd meynete, dar an eyne genuge zcuhaben, so last uch nicht swer sien vnd richtet uch dye oberygen schuczen awß, daran tut ir vns zcu dangke. Gegeben ut supra.

Dem rate zcu Lipczk vnsern liben getruwen.

a) Bilin im Leitmeritzer Kreise.

No. 149. 1426. 6. Mai.

Wenzlaw, des Raths Diener zu Aussig theilt Nachrichten über die Fortschritte der Ketzer und über den Zustand der leipziger Hülfstruppen mit.

Meynen willigen vndertenigen dinst zcuvor. Ersamer weiser libir burgirmeistir. Ich thu euch wissen, daz dy rede hy zcu Ausk also geet vnd ist auch yn der worheit also, daz der Rohacz mit den sein Hensaw*) gewonnen hot vnd do selbist irmort bey drithalbhundert menschen vnd bey hundirten gefangen, vnd hot burgirmeistir, richtir vnd schepphen mit den fusen ufgehangen vnd kinder tod geslagen, waz obir XII jar gewest ist; vnd daz babin sy ausgebrant vnd sint vort geruckt vor dy Leipe vnd hern do selbist vmb dy stad vnd hetten do mer helfir. Auch sint dy Preger vnd dy Thabern mit andern iru helfern also un nehest an dem suntage zcu dem cleynen Bunczlaw of eynem tage gewest vnd wy sy sich do gescheiden haben, daz kunnen wir noch eigintlich nicht gewissen, sunder Preger geczewg also buchsen vnd bleiden dy steen zcu Prage allir geladen, vnde dy rede geet also, wen sy alle zcusamne komen, daz sy nyrne andirswo willen haben, deu vor Ausk. Auch libir burgirmeistir thu ich euch wissen, daz dy gesellen clagen, daz sy mit nichte sich mogen betragen hynne von der hofespeise, vnd haben mich vort angelanget vmbe geld, daz hab ich en gegeben an erem solde also vil, als ich mit mir herein brocht habe, vnd habe vort entleen zcu dem Reychen Puchl VI ß gr. Bete ich euch, daz ir bestelt, daz dy selben VI ß gr. of den nehesten dornsstag fru geschikt werden kein Delcz, do werden seyne knechte daz nemen vnd vort domete varen kein Halle. Auch hab ich gereth mit dem heutmanne eyne vart czwu drey vmbe den sloftrang, der spricht, her moge sein nicht vorantworten vnd gebe en auch andern steten nicht, vnd so moge her vns auch nicht gegeben. Gegeben am montage noch Crucis.

Wenczlaw itczunt zcu Ausk, ewer diner.

a) Bela (Weisswasser)? Vgl. Palacky Gesch. v. Böhmen III. 2. S. 410. Zacharias Theobald Hussitenkrieg I. Cap 30 (S. 304.)

Zeddel:

Auch libir burgirmeister wer ich gerne selbir heraus gerzogen vmbe dy ezerunge, dy **gesellen wolden** Tesschener[b]) yn keyner weize vmlirtau sein, so vorchte ich, daz icht cweitracht vndir en entstunde vnd habe den brif vmbe des willen heraus bestelt.

Dem ersamen weisen meyster Cunrad Bern burgirmeistir zeu Leipczk.

b) Vgl. No. 147.

No. 150. 1426. 16. Mai.

Kurfürstin Katharina verlangt die Absendung von zehn Schützen.

Catherina herczogynne zeu Sachsen vnd marcgraffynne zeu Missen ze. Liben getruwen. Wenne vns abir botschaft komen ist, wie die keczer in grosser sampnunge legen vnd meynen vor AwßK zenczihen, danon begern wir ernstlichen, das ir czehen redeliche gewopnte schuczen vzrichtet vnd die vf den dinstag in den pfingistheiligen tagen gein Pirne schicket vnd mit yn bestellet, das sie mit den vnsern, die sie da finden werden, furder czihen. Vnd damitte in keynewiß sumet, daran tut ir vns wol zcudancke. Gegebin zcum Tharande am dornstage octava Ascensionis domini.

Dem rate zeu Lipczk vnsern liben getruwen.

No. 151. 1426. 21. Mai.

Kurfürstin Katharina befiehlt dem Vogt und dem Rathe zu Leipzig, die wehrhafte Mannschaft der Stadt und Pflege zum Abzug und zum Entsatze von Aussig bereit zu halten und ermahnt zur Vorsicht vor husitischen Kundschaftern.

Catherina herczoginne zeu Sachsen vnde marcgrauinne zeu Missin. Liebin getruwen. Wenne die ketzer vor der Lype legen vnde vns warn warnunge komen ist, das sie von dannen vor die stadt AwßK rücken vnde die belegin wullen, die wir mit der hulffe gotis meinen zenrettenn, danon begern wir ernstlichn, das ir vch mit allen dingen darnach richtet, wenne wir vch andirweit botschaft thun werden, das ir vns denne mit ganczir macht folgit, vnde sumit damitte nicht; vnde vch ouch dorvff richtet, das ir etwas geharren mogit, vnd du voit daz vnsern manne in diner pflegen vorkundigist, daran tut ir vns zcudangke. Ouch begern wir, das ir czußehit, wen ir in vwir stadt laßet, wenn er Busse[a]) gestern einen gefangen hat, der von den keczern gesandt was, Friberg zcubeßchinde, wo is am allirbesten were. Gegebin zeu Missin am dinstage in den pfingist heiligen tagen.

Dem voite vnde rate zeu Lipczk vnsern libin getruwen.

a) von Vitzthum.

No. 152. 1426. 26. Mai.

Kurfürstin Katharina erfordert die leipziger Streitmacht und das Kriegsgeräth auf den elften Juni nach Dresden; der oberste Bürgermeister soll den Zug begleiten.

Catherina von gots gnaden herczogynne zeu Sachsen vnde marcgraffynne zeu Missen ze. Liben getruwen. Wenn die ketzer die Lype slos vnde stad gewonnen haben[a]), nu komet vns

a) Nach dem Schreiben vom 6. Mai No. 149 zogen die Husiten vor Leipa und verheerten die Umgegend der Stadt, am 21. Mai

13*

tegelich botschaft, wie sie vff dem wege sin vnde Brux adir Aubk meynen zcu belegen vnde zcugewynnen vnde denn furdir in vnser land zcuezüben, dieselbin stete wir mit der hulffe gotes dem almechtigen gote zculobe, der cristenheid zcu nuezre vnde fromen wol hoffen zcuretten. Donon begern wir ernstlich, das ir geritten vnde vff waynen mit ganczir macht vff den dinstag nach Bonifacii gein Dresden komet vnde hantbuchsen vnde tarrasbuchsen, puluer vnde ander gerete durezu vnde ouch die domitte konnen, so ir ymmer meiste moget, mitte nemet vnde uch mit spiise vnde andern dingen so doruff richtet, das ir virczentage zcu felde geharren moget, vnde uwern obirsten burgermeistir[b]) mitte eziihen lasset, vnde domitte mit nichte sumet, wenn ir wol irkennet, das is not ist. Doran thud ir vns wol zcudangke. Gegebin zcu Missen am sontage Trinitatis.

Dem rate zcu Lipezk vnsern liebin getruwen.

——

Ingva sio noch vor derselben (No. 151) und vrsi am 26. ist sio gefallen. Urrichtig meint Palacky III R. B. 410 die Eroberung auf den 1. Mai. Auch die Angabe desselben Schriftstellers (S. 412.), dass Anseig bald nach Ostern eingeschlossen worden sei, bedarf der Berichtigung; noch am 30. Mai lag, wie aus obigem Schreiben erhellt, kein Belagerungsheer vor der Stadt, es fanden noch fortwährend Zuzüge dahin statt und war das Oberlehri meldete vom Herannahen beabsichrher Heerhaufen, welche bestimmt sein sollten, Brüx oder Anseig zu belagern.

b) Conrad Ber.

No. 153. 1426. 30. Mai.

Kurfürstin Katharina widerruft den in Betreff des obersten Bürgermeisters ertheilten Befehl; an seiner Statt soll ein Rathsherr an dem Zuge theilnehmen.

Catherina von gots gnaden herczogynne zcu Sachsen vnd marcgraffynne zcu Miessen. Liben getruwen. Als wir uch neheste vmb die folge geschriben vnd in dem brieffe beruret hetten, daz ir euwern obersteyn burgermeister mit den euwern bestellen saldet ꝛc., haben wir nu yn vns selber wol betrachtet, ab ir uff sulche vnser schribunge vnsern briffen genug zcu thune meister Conradum Beher burgermeister mit bestellen wurdet, daz wir vnd ir syen in andern sachen, die do heyme vfzcurichtene stehen, nicht mogen ame der stad zcu Lipezk emperen. Dauon ist vnser meynunge vnd begern von uch mit besundern diesse, das ir den egnanten meister Conradum vnsern liben getruwen heyme bie uch zcu Lipezk bliben lasset vnd an syne stad eynen andern redelichen richtigen anß dem rathe, welcher uch darczu beqweme dungket, mit den euwern schicket vf die cziet, alse wir uch nehest haben geschreben. Vnd sendet dissen andern briff von stundan vnserm omben dem lantgrafen, vnd was dar uff antwert wirdet, das ir vns denn die her gein Miessen so erst ir moget sendet; dar an tut ir vns wol zcudangke. Gegeben zcu Missin am donrstage des hiligen lichnams tage.

Dem rate zcu Lipezk vnsern liben getruwen.

No. 154. 1426. 3. Juni.

Kurfürstin Katharina befiehlt die Absendung zweier Spriesseugen auf den elften Juni nach Gross-Bobritzsch. Denselben Tag und Versammlungsort soll der Rath auch den durch die Stadt ziehenden Hülfsvölkern anderer Städte in den Thoren ansagen lassen.

Catherina herczogynne zcu Sachsen vnd marcgraffynne zcu Miessen. Lieben getruwen. Als wir uch vorgeschreben haben, vns mit macht vff die ketczer zcu folgen, nochdeme also denn vusir briff vßwiset, nu besorgen wir vnd haben das ouch mit den vnsern geachtet, das wir so vil folkes gensiiten des waldes nicht konnen genug spiese vzgerichten. Dauon begern wir von

uch ernstlichen, das ir vns czwene redeliche spiesewayne mit voller ladunge vor die vnsern awb-
richtet vnd die uff den dinstag noch Bonifacii mit euwer macht, alse wir uch vor geschreben
haben, in eyn dorff gnant die grosse Bobriczsch[a]) eyne mile wegen gensiiten Friberg sendet vnd
die vnaorruckt vnsern gewaldigen antwertet, vnd das y° nicht lasset. Ouch begern wir, welcher-
leie stete durch euwer stad czihen werden, das ir an den torn bestellet vnd yn sagen lasset,
daz die vff den selben tag zcur grossen Bohriczsch sien. Ouch begern wir, das ir kleyne steyn-
buchsen mit uch nemet so meist ir moget; dar an tut ir vns wol zcu dangke. Gegeben zcu
Missen am mantage nach corporis Christi Anno ꝛc. XXVI°.

Dem rate zcu Lipczk vnsern liben getruwen.

a) Ober- und Niederbobritzsch, Kpb. Freiberg.

No. 155. 1426. 7. Juni.

*Kurfürstin Katharina trifft Awordnung wegen Beförderung der leipziger Mannschaft nach dem
bestimmten Versammlungsorte.*

Catherina von gots gnaden herczogynne zcu Sachsen vnd marcgraffynne zcu Missen.
Liben getruwen. Als ir Barthele uwern dyner zcu vns vnd den vnsern gesand vnd ouch mitte
geschriben habt vnd begert zcu irfaren, wy ez zcu Awßk sthehe, als hat vuser hofemeister den
selbin uwern dyner muntlichen wol vnderrichtet, wy es den von Awsk iczunt zcu stehet, der uch
des furder wol vorbrengin wirdet. Vnd begern von uch mit ernstem flisse, das ir dye uwern
zcu pferden, so meist ir der vßgerichten vnd vßbrengin mogit, vf soliche tagezciit als uch vor-
schriben ist by Friberg in das futer brengit vnd y° cleyne steinbuchsen so meist ir mogit mit
uch brengit, vnd domitte nicht svmet; daran tut ir vns zcudancke. Gegeben zcu Missen am
fritage noch octavas corporis Christi.

Dem rate zcu Lipczk vnsern liben getruwen.

No. 156. 1426. 17. Juni.

*Kurfürstin Katharina entbietet, nach der Niderlage vor Aussig, den Rest der leipziger Streit-
kräfte nach Freiberg, zum Schutz der Städte Freiberg, Pirna und Dresden.*

Catherina herczogynne zcu Sachsen vnd marcgraffynne zcu Missen ꝛc. Liben getruwen.
Wenne die vusern leider vor Awßk eyne verlust genomen habin[a]), dauon begern wir ernstlichin.
was ir noch werbafftiger lute daheyme habt, das ir die vonstund ane sumeniß gerytten, vf way-
nen vnd zcu fusse her gein Friberg sendet, also daz wir die stete Friberg, Pirne vnd Dresden
bemannen vnd behalden mogen; daran tut ir vns zcudancke. Gegeben zcu Friberg am man-
tage nach Viti.

Dem rate zcu Lipczk vnsern liben getruwen.

a) Die Schlacht bei Aussig fand am 16. Juni statt.

No. 157. 1426. 28. Juni.

Kurfürst Friedrich I. fordert, unter Versicherung seines Beileids wegen der von der Stadt in dem Streite vor Aussig erlittenen Verluste, den Rath auf, den Abgang an Kriegsmaterial mit möglichster Beschleunigung wieder zu ersetzen.

Friderich von gotes gnaden herczog zcu Sachsen vnd marcgraue zcu Missen. Liben getruwen. Wir meynen, das ir vaste schadens an den vwern vnd vwer habe in dem strite nest vor Awsk gescheen genomen habt, das vns getruwenlich leyt ist, doch hoffen wir zcu dem almechtigen gote, er werde das zcu allem glucke keren. Darum begern wir ernstlichin von vch mit ganczem vliße, das ir getrostet syt vnd widdrumb vch anrichtet, rustig machet, harnasch vnde pferde zceuget an voreziben vnd die vndir vch sereczit, damitte ir vus genolgen vnd so des not sin wirdet gedinen moget, das wollen wir gnediclichin gein vch irkennen, des nicht vorgessin vnd vch des sunderlich gerne dancken. Geben zu Friberg an sente Petirs vnd Pauwels abende.

Dem rate zcu Lipczk vusern liben getruwen.

No. 158. (1426.)

Der Rath zu Rochlitz warnt den Rath zu Leipzig vor zwei im Sold der Husiten stehenden Brandstiftern.

Vusern willigen dinst zcunor. Ersamen wol wiesen herren vnde besundern günstigen forderer. Wenne dy von Friberg den von Kempnicz geschrebin habin, dy von Kempnicz vus, des glichen wir vwer vornemen wiesheit ouch vorkundigen, das vusere gnedige frauwe dy herczogynne eyne warhaftige schribunge getan hat, wy das czwene studenten dy stete an legen wollen vnde von den ketezern geld dorvmme genomen haben, dorvmme wir yteczund in grosser sorgsamekeit synd, das wir an den toren lassen huten vnde vil wechter des nachtes uff eyne warnunge zcu gelegit haben. Der eyne hat eynen grauwen gefilckten mantel an, der ist vnden vnnne den hals mit blauwen tuche gefutert vnde had eyne swareze vndirkoppe an von parchan vnde eyne grauwe kogel uff, so hat der ander eynen grauwen rock an mit angeczogen ermeln vnde eyne swareze müteze uffe, vnde had swarcz har; dornach wisset uch zcu richten vnde habet achtunge dor uff vnde schribet das ouch andern steten. Gegeben vndir vnser stat secret.

Burgermeister vnde ratmanne zcu Rochelicz.

Den ersamen wolwiesen burgermeister vnde ratmannen der stat Lipczk vusern besundern gunstigen herren vnde forderern.

No. 159. 1427. 30. Oct. —ᵗ.

Johann Freigraf zu Hundem fordert auf Klage Heinrich Kudorfs Bürgers zu Halle Leipziger Bürger auf, binnen 14 Tagen dem Kläger Genüge zu leisten und ladet sie für den Unterlassungsfall vor sein Gericht zu Hamenohl.

Minen grot touorn. Bisundern guden fründe to Lipczk. Vor my is gewest Heinrich Kudorpp burger to Halle vor deme heiligen gerichte vor dem frienstule to

Babenol*) vnde hefft swerlicken oner in geclagit von sacke wegin, die he meynt to in to hebbin. Sege ek grane vnd gebite in, dat gii in gutlicken mit dem egenanten cleger voreynen vnde genug tud bynnen den nesten virthen nachten na angesichte dußes brines vnde óm plegit so vil, alse gii óm von ere vnde recht plichtig sind. Wettet, dat dem so nicht enfulgeden alse ohingeschrebrn sted, so bescheide vnde lege ek iu eyn uppenbar ding vnde lade iu upp den nesten dovnerdach na achtenden, dat is nemelick die donnerdach vor Anthonii na data dußes brines schirst künftig, dat gii komen vnde vorantworten in tegin dem vorgeschrebin Heinrich Küdorppe to Babenol twischen den brüyen to rechtir richte tyd dage. Wettet dat gii dem so nicht en deden, gii komen addir komen nicht, clagit my denn die sulue Heinrich Küdorpp vorder oner iu addir jemand von syner wegin, so müste ek vorder oner in richten alse sich dat gebnrd, dat ek lener Embe ginge vnde doch von eren wegin nicht laten en möchte. Datum sub anno domini 2c. M°CCCC°XXVII° des nesten donnerdages vor omnium sanctorum vmler myn ingesigel.

Johan vrygraue der frien graneschafft zeu Hundem.

Den ersamen Hanße Ochzen, dem Großin uff der Hellischen brücken, Hanns Wulkewicz, der schuster, Hans Schöbil, Hanus Polner, Bartil Meynhard, Heinrich Sperling, Steffan Stüs, Schloma Abrahams son dez iuden, Hans Huter, Nickil König, Clemens der wagemeister iczund Kuscheberg zeu Lipczk mynen guten frunden.

Nach dem Orig. auf Papier im Rathsarchiv zu Leipzig.

Die Documente des Rathsarchivs zu Leipzig, welche auf den in seiner Veranlassung und seinem Verlauf nicht zweifelfreien Kudorf'schen Handel sich beziehen, beginnen mit einem auf Ersuchen des Kurfürsten Friedrich I. von Sachsen von Heinrich von Ende Decan des Plessnerlandes und ordentlichem Richter dieses Decanats (decanus terrae Plisnensis iudice dicti decanatus ordinario) aufgenommenen Transsumte einer Urkunde vom 26. Nov. 1414, in welcher Heinrich Kudorf, z. Z Bürger zu Gera, zugleich für seinen abwesenden Sohn Heinz und seinen minderjährigen Sohn Franz und unter Burgstellung dem edeln Herrn Heinrich, Herrn zu Gera wegen erlittenen Gefangnisses Urfehde schwört und gelobt, nur vor ihm und seinen Amtleuten Recht zu nehmen oder zu geben, auch einer auf die Stadt Gera zu legenden Steuer weder zu widersprechen noch sich zu entziehen. — Am 21. März 1427 ließ Nickel Jesewicz Richter zu Leipzig drei Urkunden, welche Nickel Stuss Bürgermeister daselbst im eigenen wie im Namen des Raths und der ganzen Stadtgemeinde producirte, durch einen Notar transsumiren. Die erste dieser Urkunden ist das bereits erwähnte Urfehdegelöbniss Kudorfs; in der zweiten erklären Conrad Mauwer zu Lubenicz (Lennmitz) und Otto von Breitenbach zu Kostrice (Köstritz) gesessen d. d. 1427 Dienstag nach S. Mathiastage des heiligen Zwölfboten (25. Febr.), Heinrich Kudorf habe die vorden dem Herrn von Gera geschworne Urfehde dadurch gebrochen, dass er zu Leipzig einen Bürger des genannten Herrn Namens Beyger aufgehalten und bekümmert, dass er wider sein Versprechen seine Söhne Heinz und Franz nicht angehalten, gleiche Urfehde zu geloben und dadurch, dass er den nunmehr verstorbenen Herrn von Gera mit geistlichen Briefen und gegen Cosinitza geladen. (Das Orig. dieser Urkunde befindet sich im K. Haupt-Staatsarchiv zu Dresden). Die dritte Urkunde, 1427 Mittwoch nach Scholastica (12. Febr.) enthält ein vom Bürgermeister und Rathsmannen der Stadt Altenburg ausgestelltes Zeugniss über den vor dem sitzenden Rathe Selten des gestrengen Junkers Jan von Hudeniez zu Kauern (Knauer) gesessen erzählten Verlauf eines vorden, als er auf Veranlassung des verstorbenen Landgrafen Wilhelm mit einem Haufen Volkes zu Rettung der Stadt Brüx nach Böhmen habe ziehen wollen, zwischen ihm und Heinrich Kudorf zu Gera abgeschlossenen Pferdehandels; Heinrich Kudorf habe ihm, gibt der Junker an, nicht nur gegen seine Versicherung ein fehlerhaftes Pferd verkauft, sondern auch die ihm anvertrauten Siegel seines Bruders Hans und Berchters Schoawenrod, welche er an eine die verabredeten Bedingungen enthaltende und noch auszufertigende Kaufsurkunde habe hangen sollen, an einem eigenmächtig mit besonderen der stattgehabten Kaufberedung zuwiderlaufenden Clauseln versehenen Kaufsbriefe angebracht, sodass er, Kaufer, trotz der Ausgleichungsversuche des verstorbenen Landgrafen Wilhelm, schließlich habe bezahlen müssen.

Vielleicht stammte der Kläger Heinrich Kudorf aus einem Nürnberger Patriciergeschlechte, welches, wie es scheint, bald nach dem Beginn des 15. Jahrhunderts aus Nürnberg wegzog. Vgl. auch Chroniken der deutschen Städte Bd. 1, S. 93 A. 3.

a) Bomenohl, Regierungsbez. Arnsberg, Westphalen.

No. 160. Vor 1428.

Nickil Hotrit ersucht den Rath, sein durch den Juden Abraham unter Zuziehung des Gerichts mit Beschlag belegtes Haus wieder freizugeben.

Min dinst zcuuor. Libe er bürgermeister vnde hern. Ich habe herfaren, wie das Abraham der iude mit vwern frowen mit vwers gerichtes volbort myn hus vor sperrit habin, also das mir doch in vwerm gerichte keins an gewonnen ist mit rechte. Bitte ich uch, daz ir mir das weder offent, wenn ich doch bite vnde gelotin habe, were ich myn hern icht pflichtig, daz wolde ich gerne vzrichten wie daz erkand wurde in rechte, vnd sulche gewalt in vwerm mit vwerm gerichte sulche vorfulgunge volbortes nicht an mir vnde an mynen guteren gestatit, daz wil ich alle zceit vmb uch verdinen. Ouch sind in myme huße wyne vnde fye vorsperrit, daz mir darzcu ouch kein schade gesche, wenne mir vor vil wedir faren ist; vnde bitte dez uwer beschrebin antword.   Nickil Hotrit. *)

Den ersamen weißen burgermeister vnd ratmanne der stad zcu Lipczk myn besundern hern vnd fründen.

Nach dem Orig. auf Papier im Rathaarchiv zu Leipzig.

Antwort des Raths:

Vnsern dinst zcuuor. Nickel Hoetrit. Als ir vns geschriben habet, das habin wir wol vorstanden zc. Als wisset ir wol, das die sache vnsirs gnedigin hern ist, sunder wes ir uch mit vnserm gnedigin hern darvmbe vortragin mogit, das ist vnsir wille wol. Vnde als ir schribet vmbe gewalt zc. daran tud ir vns vngutlich vnde konne suliche zcuschribunge von uch zcu desem mal nicht gebessern, als wir doch alleeziid uwer bestis gerne geworben habin vnde vil lieber wolden, das ir vnsirs gnedigin hern hulde hettit, wenne das ir in sinen vnhulden sin sullet. Geschriben am mettewochin nach undecim milia virginum vnder vnserm iugesigel.   Ratmann.

Dem ersamen Nickele Hoetritte burgere zcu Lipczk vnserm guten fruude.

Nach dem Concept im Rathaarchiv zu Leipzig.

a) Nickel Hotrit war Heinrich Kuderts Schwiegersohn.

No. 161. Vor 1428.

Nickel Hotrit ersucht Bürgermeister und Rath, bei dem Kurfürsten sich dafür zu verwenden, dass ihm ein Termin angesetzt werde.

Mynen vnderthenigen dinst zcu allen geczyten zcuuor. Lieber burgermeyster vnde liben hern. Alzo ich vwer erbar wysheyt vor geschreben vnde gebeten habe, alzo bethe ich uch noch durch gotes willen, ab sich myns hern gnade ergeut zcu uch nehete, daz sy vwere wysheyt erlange möchte, daz ir kegen mir thut alzo ich wol getruwe, wen ir doch wol wyst, daz ir so vwer arme mytburger byn, vnde ab ir myns hern gnade vor mogen mochtet, zcu geben mir eynen tag vier adir sechs wochen, daz ich gotes vnde vwer genysen mochte, ab myr gnade mochte geschen von myme gnedigen hern. Ouch thun ich vwere erbarn wysheyt zcu wyssen, daz mir vor komen ist, wy daz vorboten ist zcu Lipczk kegen Ache zcu zcyhen; nu habe ich willen da hen zcu zcyne myt mynen wybe. Nu bethe ich uch liber burgermeyster vnde liben herrn vnde frunt, myr des nicht zcu arge zcu kerende. Sehet das an, daz ich in dem endende lege vnde dy zeyt mich zcu mole lang duncket, dor vmbe hab ich mir dy reyse vor genomen, daz mir dy zeyt en wenig korczer worde, vnde getruwe uch des wol, daz ir die wyle myn bestes bethen vnde werken kegen mynen guedigen herrn, [den] gnade [ich] begere vnde wartenne byn. vnde begere vnde bethe uwere erbar wysheyt vmbe vwere beschribin antwert. Gegeben am fritage vor sente Vites tage.   Nickel Hoetritt burger zcu Lypcz.

Den ersamen wyssen luthen burgermeyster vnde rathman der stat zcu Lipczk myn besundern liben herrn vnd frunden.

No. 162. Vor 1428.

Die Kurfürstin Katharina trägt Bedenken, Lucas Waltheym und Hotrit ohne Wissen ihres Gemahls Geleite zu ertheilen.

Catherina von gots gnaden herczogynne zcu Sachßen ꝛc.

Liben getruwen. Als ir uwern stadschriber zcu vns habt werben lassen, Lucasse Waltheym vnd Hotritte furder geleite zcugeben ꝛc., als hahin wir das furder hinder vnserm hern nicht macht zcuthunde, sundern das wir sie vor geleitet haben, das hahin wir durch uwir bethe vnd uwern willen gethan vnd konnen des furder nicht gethun, das moget ir yu wol sagen. Gegebin zcu Grymme am sunabinde vor Invocavit.

Dem rate zcu Lipczk vnsern liben getruwen.

Nach dem Orig. im Rathsarchiv zu Leipzig.

Lucas Waldheim, welcher nach dem Obigen in die Kitdorf-Hotritsche Angelegenheit verflochten erscheint, gehörte einem angesehenen und begüterten Leipziger Geschlechte an. Kurfürst Friedrich I. scheint zu ihm in geschäftlicher Beziehung gestanden zu haben; aus einem Schreiben desselben v. J. an den Rath zu Leipzig wird ersichtlich, daß W. mit einer Zahlung von 1000 Gulden, welche er dem Kurfürsten schuldete, an den Juden Abraham gewiesen, aber in Verzug geblieben war. Ueber seine Handelsverbindungen mit Schlesien belehrt ein Eintrag in das Breslauer Rathsbuch vom J. 1426 (vgl. Stolbe Mittheill. a. Bresl Signaturbüchern, in Zitschr. f. Gesch. u. Alterth. Schlesiens VII. S. 357): (Am Freitage vor Judica) ist vor vns komen Peter Bankow von Czawdrier vnd hat bekant, das her von Lucassen Waltheym vnd Ludwigen Bergershayn von Leypczk ingenomen und entphangen habe fierdehalbhundert Gorlitsche tuch vor sechzzehen hundert Reynissche guldyn, domite her im ganeze bezzalunge und gute usrichtunge und eynen volkomen genugen gethan habe vor die fierhundert ochsen, die her nehiste im herhiste in das land gen Meissen hat lassen treiben und globte dosselbist van seyner und seyner geerben wegen das sich (!) nach nymands anders die vorgenanten Lucas Waltheym und Ludwigen Bergershayn und ire geerben und ouch nymands von irer wegen von der fierhundert ochsen ader von der sechzzehnhundert guldin wegen nymmerme anezusprechen nach anezulangen u. s. w. Den ausgedehnten ländlichen Grundbesitz des Waldheim'schen Geschlechtes zeigt eine weiter unten mitzutheilende Urkunde vom 28. Nov. 1437; in der Stadt besass u. A. Ludwig Waldheim, wahrscheinlich der Vater des Lucas W., ein Haus am Markte (jetzt mit No. 9 bezeichnet), mit welchem damals noch 7 kleinere Häuser (die No. 1, 2, 3, 4 u. 5 in dem Barfussgässchen und No 1 in der kleinen Fleischergasse) als Miethhäuser vereinigt waren. Ludwig Waldheims Wittwe Elisabeth, welche sich mit Hans Muss vermählte, brachte dieses Haus später an Dr. Jacob Meisenberg von Stendal, ihren Schwiegersohn, welcher 1436 als Besitzer desselben genannt wird.

No. 163. 1428. 11. Apr.

Kurfürst Friedrich II. reicht dem Burggrafen Albrecht von Leisnig den in der Burggasse bei dem Borne gelegenen Hof zu Lehen.

Wir Friderich von gotes gnaden herczoge zcu Sachsen des heiligen Romischen riichs erczmarschalk, lantgraue in Doringen vnd maregraue zcu Missen bekennen —,

das wir dem edeln ern Albrechte buregrauen von Lyßnig, heren zcu Penig vuserm
rate vnd lieben getruwen — den hoff in vnser stat Lipezk in der Buregassen bii dem
borne gelegen*), der vor gezziten der von Birkecht gewest ist, mit allem rechte vnd
sulchen eren wirden vnd friheiten, als den die obgnanten von Birckecht vnd wir
gebrucht haben, zcu rechtem lehen gelihen haben —. Des zcubekentnisse haben
wir vnser insigil wissentlichen an dissen brieff lassen hengen. Gegebin zcu Lipezk
nach gotes geborte virezenhundert yar darnach in dem acht vnde czwenczigesten yare
am sontage Quasimodogeniti.

Nach dem Orig. im K. Haupt-Staatsarchiv zu Dresden mit dem Siegel des Kurfürsten an einem
Pergamentstreifen.

a) Das Haus No. 11 auf der Burgstrasse. Burggraf Otto verkaufte dasselbe 1118 an Peter Stenger, welcher damit am 13 Oct.
d. J. belehen wurde (Cop. 43 fol. 135b im K. Haupt-Staatsarchiv zu Dresden und von welchem es 1116 an den Ordinarius Dietrich von
Barkensdorf gelangte; am 11. Juni d. J. erfolgte zu Meissen die Gesamtbelehnung der Brüder Dietrich, Thomas, Gebhard und Peter
von Barkensdorf mit dem „frien zollhoff in der stat Lipezk in der Burgzossen gelegen" (Cop. 43 fol. 167 im Haupt-Staatsarchiv zu
Dresden.) Im J. 1511 erlebnitze der Ordinarius ein neues Gebäude auf der von seinem Nachbar erkauften Hofstart und der Rath legte
auf dieses neue Haus „bei dem borne — bei dem fryhen lehne, das dant von Lyzznig wart" einen Schoss von 24 Groschen, befreite
aber den Ordinarius für seine Person und auf Lebenszeit von Wachen und Wächtergeld, zu welchem jedoch nach seinem Tode seine
Brüder verpflichtet sein sollten. (Rathsbuch zum Jahre 1513 fol. 45.) Urkundlich erscheint dann 1613 das Plug'sche Geschlecht im Besitze
des Eckhauses, von welchem dasselbe 1631 an den Oberstadtschreiber Anton Günther Hesch überging.

No. 164. 1428. 2. Sept.

*Genannte Teidingsleute vermitteln zu Weissenfels zwischen Günther von Bünau, Conrad Thune,
Hans von Koburg, Bürgermeister Rath und Bürgerschaft zu Leipzig und Heinrich und Franz
Kudorf und deren Freunden, dass beide Parteien sich bereit erklären, ihre Aussprache durch Graf
Heinrich von Schwarzburg zum Austrag bringen zu lassen.* ☙ 244.

Es ist zcu merken, das vf hute datum disses briues hir zcu Wissennels
beteidinget haben die gestrengen vnd ersamer Kerstan von Wiczezeleibin der elder,
Heinrich von Germar, Heinrich Bose, Heinrich von Bunouw zcu Tuchern, Hennyng
Strobart iezunt houbtmann zcu Halle vnd Lucas Waltheim vmbe alle schelunge sachen
vnd zcweitracht, dii danne gewest sind vnd sich vorlouffen habin biis vf dissen
hutigen tag czwischen den gestrengen vnd ersamen Gunthere von Bunouw mar-
schalke, Conrade Thunen, Hanse von Koburg yezunt voit zcu Liepezk, burger-
meistern radmannen vnd der ganczen gemeyne da selbes zcu Liepezk vnd allen
andern erbarn mannen vnd burgern, wo die vnder vnsern gnedigen hern den her-
czogen zcu Sachsen in iren landen gesessen sind vnd der sachen zcu schicken haben
vf eine, Heinriche Kudorffe, Franczezen sinem sone vnd iren frunden vf der andern
siiten, also das dii iezuntgenanten beide partien ire schuldebriue vnd gerechtikeyt,
was sie der irworben vnd geineynander meynen zcuhaben, schriftlichen legen vnd
inantworten sollen dem wolgebornen grauen Heinriche von Swareczburg herren zcu
Arnstete vnd Sundershusen vnd der bii yn mechtiglichen blieben, sie der mideyn-
ander in fruntschaft adder in rechte, noch dem als sich die sachen gemacht vnd
irhaben habin, zcu entscheiden, vnd wii sie die mideynander in fruntschaft adder in
rechte noch vorlouffener vnd irhabener sachen entscheiden wirdet, das sie das also
genczlichin halden, thun vnd volleufuren sollen, vnd die scheidunge sal ouch geschen

zewischen hir vnd dem nestkomenden sente Mertins tage. Sie sollen ouch da widder
nûhtis sprechen, thun noch schaffen zeuthune mit worten noch mit werken in keyne-
wiis ane generde, vnd sollen ouch das so zeuhaldene vnd zenthune von beyden teilen
dem obingeschribin granen Heinriche in guten truwen an eydes stat, noch dem als
ʃ das iezlichim zeemet vnd geboret, an die hant gereden vnd globen, das so vngener-
lichen ane alles wedersprechen zeuhalden, zenthune vnd zeuuollenfuren. Daruf so
sollen ouch Kudorff obingenant, sin soen vnd Lucas Waltheim dii zciit vß sicher sin
vor vusern gnedigen hern den herezogen zcu Sachsen in iren lannden vnd ouch allen
den, die durch iren willen tun vnd lassen wullen ane generde; die Hoetretynne sal
ⁿ ouch dii zciit vf ir gut zciihen vnd sicher geleite habin; die burgere zcu Lipezk
sollen ouch den knecht, den sie halden im gefengniße, zcu borge dii zciit geben vnd
vf den vzspruch granen Heinrichs obingenant. Ouch ist sunderlichiu beret vnd
beteidinget, was vuser gnediger herre der herezog seliges gedechtnisses adder sine
soene des gekummerten vnd irstanden geldes, das der obingenante vuser gnediger
ʃ herre der herezoge seliger vorkummert vnd irstanden hette in sinen lannden vnd
gebüten, vfgehabin vnd ingenomen hetten, das sal stehen vf den vzspruch des obin-
genanten granen Heinrichs, was aber nicht vfgehabin vnd gefallen were, das sal
man Kudorffe vffen vnd volgen laßen. Ouch ist beret vnd beteidinget vmbe Abra-
ham inden zcu Lipezk vnd Lucas Waltheim von irer sachen wegen, die sich ouch
ⁿ von Kudorffe gemacht vnd irhabin hat, das die in allermassen stehen vnd blibin
sollen als dii Waltheim bißher gestanden haben vnd ouch vf den vzspruch des obingenanten
granen Heinriches. Czu orkunde vnd steter haldunge der obingeschriben teidinge
vnd artikeln, das die von vns obingerurten beyden partien stete vnd ganz gehalden
werden, habin wir obingeschribener Gunther von Bunow, Hans von Koburg vnser
ʃ insegele vnd wir burgermeistere vnd radmanne vnd ganeze gemeyne der stat Lipezk
vnser stat insegel vor vns vnd ouch die andern, die iezunt nicht geinwertig sind
vnd der sachen zcuschicken habin, an dissen brief lassen hengen. Vnd ich Heinrich
Kudorff obingenant habe ouch myn insegel vor mich. Franczezen mynen soen vnd
vnser frunde an dissen brif hengen lassen vnd haben ouch zcu merer befestenunge
ⁿ gebeten die obingeschribin teidingislute, ire insegele bii vnser insegele zcu hengen.
Vnd wir obingenanten teidingislute bekennen, das wir durch bete willen der obin-
genanten beider partien vnser insegele bii ire insegele habin lassen hengen. Geben
zcu Wissennels am donrstage noch Egidii noch Crists geburt virezenhundert vnd
darnoch in dem achtvndezwenezigisten iaren.

Nach dem Orig. im Rathsarchiv zu Leipzig mit zehn Siegeln an Pergamentstreifen.

No. 165. 1429. 22. Febr.

Graf Heinrich von Schwarzburg beurkundet, dass vor ihm zu Weissenfels zwischen den in Streit befangenen Parteien eine gerichtliche Verhandlung stattgefunden habe, dass dieselbe aber ohne Erfolg geblieben sei, da Heinrich Kadorf das Original einer in Abschrift beigebrachten Urkunde nicht zur Stelle habe schaffen können. Transsumt vom 19. Oct. 1430.

In gotis namen amen. Nach Cristi geborte in dem vierezenhundirt vnde dryssaigisten iare in der achten indiction an deme nunezenden tage des monden der genant ist October zcu vesper eziit adir do by, in dem driezenden iare dez babistumß vnsir allirheiligisten in godt vatirs vnde hern hern Mertinß des funfften babistes vnde des allirdurchluchtigisten fursten vnde hern heru Sigismundes riche des Vngerischen in dem drivadevierezigisten, dez Romischen in deme zcwenezigisten vnde des Behimischen in dem ezenden iaren, vor dem huße der wonunge des vorsichtigen Heinrichs Steyns burger zcu Lipezk Merseburger bischtumß, inkeginwertigkeit des vorsichtigen maunes Nickel Jhesewicz zcu der zciid richters doselbinß zcu Lipezk vnde myu offinbarschribers hirnoch genant vnde ouch der vndirgeschribin geezugen ezeigete vnde vorbrachte der ersame Hanß Wochow ieczund vorwesir burgermeisters ammecht von syuen, des rates vnde der ganczen gemeyne wegen der stad Lipezk eynen vorsigilten brieffe mit funff sigiln geschrebin vff pergament, desselbin briffes inhaldunge vnde lute vnde ouch der sigile beschribung hirnoch volgen, vnde bath den genanten richter, das er syuen willen vnde macht vou gerichteswegen wolde dorezu geben, das derselbe brieff wurde vnbe geschriben vnde bracht in eyne offinbarschrifft adir instrumente vnde mir beuelen als eynem offinbarinschriber, das ich denselbin brieff zcu mir neme, mitfliße beschn vnde getruwelich vmbeschriben vnde in eyne offinbarschrifft brengen vnde daruß eyn instrumcute mit vndirschribunge myues nauen vnde vorezeichnuge myues gewonlichen ezceichnß machen solde, also das dieselbe offinbarschrifft eynen ganczen glouben mochte machen vor gerichte vnde andirswo, wo dez not wurde syen, desselbin glich bath ouch der obgenaute Hans Wochow von wegin syuer des rates vnde der stadt Lipezk vorgnante vnde hieschen mich dorezu alzo eynen offinbarinschribern. Durch sulche entpfelunge vnde heischunge wegen habe ich den egenanten brieff zcu mir genomen, deu obirlesen vnde wul beschin vnde habe an der schrifft, an deu sigiln vnde an andern dingen die gancz vnuorseret funden vnde den vnbegeschriben vnde in diesse geinwertige offinbarschrifft bracht vnde dieselbe offinbar instrument vnde schrifft daruß geuacht, das ich ouch mit demselbin vorsigelten briffe mit fliße obirlesin, obirhort vnde funden habe in allen puuckten vnde stucken obireyn tragen. Desselbin briffes luth vnde inhaldunge also hir vorberurt ist mit der sigil beschribunge hirnoch von worte zcu worte volgen vnde lutet alzo:

Wir graue Heinrich von Swarezburg, herre zcu Arnstedte vnde Sundirshusen bekennen vnde thuu das kontlichin vnde offiubar mit diessem vnsirm offinbrieffe vor allen luthen, die yn schin adir horn lesin, das wir den gestrengen vnde ersamen Guuther von Bunouw marschalcke, Conrade Thünen, Hanße von Koburg voyte zeu Lipezk, bürgermeister ratmann vnde der ganczen gemeyne doselbinß zeu Lipezk vnde allen andern erbarn mannen vnde burgern, wo die vndir vnsern geneiligen heren den herezogen zeu Sachzsen in oren landen gesessin sindt vnde der sachen zeu schickene haben, vff eyne vnde den ersamen Heinriche Kndorffe, Franczen syme sone vnde oren frunden vff die andere siten also hûte vff dinstage noch deme sumtage Reminiscere in der fasten*) eynen rechten gerichtestag geyn Wyssennels geleyt vnde gemacht haben, den sy vff beide syte vff vns als vff eynen gekornen geweleten richter zeu entscheidene gegangen sindt vnde den gerichtißtag also verwillekort habin, also was sy vff beide partye schukde, briffe vnde gerechtigkeit, was sy der erworbin vnde geineynandir meynen zeuhaben, schrifftlichen by vns legen vnde inantworten sulden, do wir denne obirscheiden vnde sprechen sulden fruntlichen adir rechtlichen noch lute vnde inhalde des anlaßbriffes, den sye darobir von beiden teylen vorsigilt gegebin habin. Also sindt die vorgeschrebin von Lipezk mit iren vnde von yrer frunde wegen vor vns komen vnde vns alle ore vorsigilten briffe vnde gerechtigkeit, die sy derworhin hetten adir meynten zeuhabene, alle vorsigelt vns ingeantwert, die wir beschin vnde eygentlichin vorhort habin, vnde die vorgnanten Heinrich Kndorff vnde Franeze Kndorff syen sone mit yren frunden sindt ouch vor vns komen vnde vns ouch ôre briffe vnde gerechtigkeit, die sy erworbin haben, vnde haben vns also mit andirn iren vorsigilten briffen geantwort eyne abeschrifft eynes briffes, der also lutet vnde sich also anhebit: Wir Heinrich Bulleman frygraue des erwirdigen fursten ingodt vater vnde herrn hern Dittherichs ercezebischoffe zeu Colne, herezoge zen Westualen vnde zeu Enger zen dem Ewirßberge*), Jorgus Frycke des obgnanten myns gnedigin herren von Colne frygreue zen Ruden*), Diepel Bacluß frygreue des mergnanten myns gnedigen hern von Colne zeu Büren*), Conrad Snappe frygreue des erwirdigen hern hern Heinrichs von Mörse bischoffe zeu Monster, Jacob Stoffrygen frygreue des edeln junchern Otten grauen zeu Teclenburg. Johanniß Schtin frygreue des innchern Johanns von Seyne grauen zeu Wydehinsteyn, Johaniß von Essen frygreue des ediln Johaniß von Volmesteyn*), Peter Lyburgk frygreue der stad von Monster vnd Heinrich de Snre der stad von Soeste frygreue bekennen vnde beczugen ꝛc. als das derselbe briff forder eygentlichen vßwiset; des yeezundtgerurten briffes abeschrifft die genanten Kudorffe mit yren frunden ouch meynten zeugenyessen. Die brieffe vnde abeschrifft wir beschin vnde gehort haben lesen, also haben wir von Heinrich Kudorffe vnde von synen frunden geheischet den vorsigelten briffe, des abeschrifft sy vor vns geleydt hatten; wann sy vns denselbin brieff yngeantwort hetten, so wolden wir obir den briff vnde obir audir vorsigeltn briffe, dye an vns bracht sindt, scheiden was recht were noch lute vnde inhalde des anlaßbriffes. Dornff antworte vns Heinrich Kudorff mit synen frunden, das sy des vorsigelten briffes nicht enhetten vnde des vnmechtig weren, sundern den briff hette vusir neffe graue Johann von Nassouw. Dornoch liessen wir die erbaren vnde gestrengen ern Conrade voyte von Elßpe vnde Lodewige von Hoenuels vnsers neuen

a) 22 Februar. b) Eversberg, Regierungsbez. Arnsberg, Westphalen. c) Rüthen in dems. Regierungsbez. d) Büren. Regierungsbez. Minden, Westphalen. e) Volmerstein, Regierungsbez. Arnsberg, Westphalen

von Naßouw mann vnde dynere vnde andir der Kudorffe frunde aber vor vns gheen
vnde frageten sye eygentlichen, ab sy vns von der Kudorffe wegin den vorsigelten
briffe antworten wolden, vnde ab sy adir Kudorff den bette, so wolden wir darobir
scheiden waz recht were alzo obingeschrebin stehit. Doruff antworten vns die obge-
schreben vnsers nenen von Naßonwe mann vnde dyner mit Kudorffes frunden, Ku-
dorff noch sy enhedten des vorsigelten briffes nicht, yn hedte vnsir nene von Naßonw
alzo obgeschreben stehit. Doruff antworten wir on, vns enfugete vff keyne abeschrifft
zen scheidene noch recht zensprechene, noch wir ensolden des ouch nicht thun noch
denne, als wir die sache zen vns genomen hedten vnde der anlaßbriff inheldit. Also
buten vns die vorgeschrebin vnsers nenen von Naßonw mann vnde dyner mit Ku-
dorffis frunden, das wir vff die abeschrifft des briffis scheiden vnde recht sprechen
wolden, sy wolden vns donor redden vnde guet syen, daz vns der rechte vorsigilte
briffe bynnen eynem monden werden solde, der von worte zen worten halden solde
als dy abeschrifft, so furder das yn der briff vff dem wege nicht abeginge adir mit
gewalt genomen wurde, vnde ouch also, das vnserm nenen von Naßonw orne iung-
heren dauon wurde, waz ym werden solde vor syne koste vnde arbeyt, dy er doruff
geleyt vnde gethan hedte, von den ienen, dy das mogelich thun sulden. Da wir on
zen antworten, wir wolden das an die von Lipezik brengen lassen, wolden die ome
also volgen, so wolden wir daz ouch also lassen zenghen. Also saute wir noch der
von Lipezk frunden in vnsers nenen von Naßonw mann vnde dyner geinwertigkeit
vnde vorezalten ön die rede, wie daz vnsers nenen von Naßouw dyner obgeschriben
vnde der Kudorffe frunde vnbe den brieff geboten hedten zenbalden als obgeschreben
stehit: des die von Lipezk also nicht zengeben wolden, vnde die von Lipezk baten
vns, das wir sy scheiden wolden, als sy des vff vns gegangen weren vnde als das
der anlaßbrieffe inheldit. Do redten wir mit den von Lipezk alzo [von] vns selbins
vnbe gutis gelymphis willen so vele, ab sy wolden vor volgen, daz vns Heinrich
Kudorff, Franeze Kudorff syn sone das vorgewissen, bestellen vnde vorbergen wol-
den, das die Kudorffe vnde yre frunde noch nyemand von yren wegen sich mit
deme vorsigilten briffe, des abeschrifft sy vor vns geleydt hadten, behelffen wolden,
noch den von Lipezk vnde oren frunden ouch nicht zenschaden komen solde, so
wolden wir vff die andern irer beyder partie vorsigilten briffe schulde vnde gerech-
tigkeit, dy sie vns ingeantwert haben, scheiden vnde sprechin waz recht were.
Denne Kudorff vnde syne frunde also nicht thun noch volgen wolden vnde meynten,
sie hedten deme tage gnug vnd volgetan noch lute des anlaßbriffes; also meynten
die von Lipezk mit yren frunden, die Kudorffe vnde ore frunde hedten dem tage
nicht voltan noch inhalde des anlaßbriffes, vnde die von Lipezk haben vns ange-
ruffen also eynen gekornen gewillekorten richter vnde vns gebeten, daz zenerkennen
mit den vnsern, die wir by vns hadten, desselbin glich Kudorfäs frunde vns daz
ouch gebeten hahin zenerkennen. Also haben wir graue Heinrich von Swarzeburg
obgenant vnbe beyder partige bete willen das zen vns genomen also eyn gekorner
gewilleter richter, vnde erkennen das vnde sprechent vor recht als wir des bessir
nicht enwissen, das Heinrich Kudorff, Franeze Kudorff syn sone vnde öre frunde
deme tage nicht genug noch volgetan haben vnde des nyderfellig sindt vnde an on

broch worden ist vnde das also nicht gehalden haben noch hute vnde inhalde des anlaßbriffes, darumbe daz sie den vorsigilten brieff, des abeschrifft sy vor vns bracht hadten, vns nicht gegebin noch ingeantwort haben; vnde sy haben vns grauen Heinrich von beyden teylen, die do scheppfen sindt by scheppfen eyde gelobbit, vnde die andirn, die nicht scheppfen sindt, in guten truwen an eydißstadt nach deme als sich das ezennet vnde geburet an die hant geredt vnde gelobet zenhalden, als das der anlaßbriffe clerlichen vßwiset. Das alle redde stucke puuckte vnd artickel disses briffes vor vns grauen Heinrich von Swarezburg also vor eyme gekornen vnde geweleten richter gescheen beteydingit vnde gehandelt sindt vnde wir das vorrecht gesprochen habin, des habin wir zeu bekenthenisse vnser ingesegil wissintlichen vnden an diessen offinbriffe lassen henghen. Hir by vnde dorobir sindt standgenossen gewest die gestrengen vnde ersamen Hanße von Polenezk, Kerstan von Witezelonwen der elder, Heinrich von Wissingerode, Heinrich von Germar der elder, Heinrich von Ysenache schriber vnßir hern der herezogen von Sachzsen vnde Heinricus schriber des obgnanten grauen Heinrichs von Swarezburg, alle fryescheppen. Vnde wir ieczundt genanten scheppfen bekennen alle, das wir darby vnde obir gewest sindt vnde das vnserm gnedigin heren obgeschrebin mete geraten haben vnde wollen oine des hystendigk sien. Vnde wir Hanß von Polenezk, Heinrich von Wissingerode vnde Heinrich von Germar der elder haben vnsir ingesigele, vnde ich Kerstan von Witezelonwen der elder habe ouch myn secret, das ich an mynem hantgemahel habe, by des obgeschrebin mynes gnedigen hern von Swarezburg vnde by Hanßis von Polenezk, Heinrichs von Wissingerode vnde Heinrichs von Germar ingesigeln wissintlichen zeu merem bekentthenisse vnden an dissen offinbriffe gehangen, wan ich myns ingesigels by mir nicht enhadte; der obgnanten ingesigele allir ich Heinricus von Ysenach schriber myner genediger heren der herezogin von Sachzsen vnde Heinricus schriber des obgnanten grauen Heinrichs von Swarezburg myns gnedigen lieben herren wissintlichin hirczu mete gebruchen. Geschen vnde gegebin zeu Wissennels nach Cristi vnsers hern gebort vierezenhundert iar vnde dornach in deme nfnevndeezwenezigistem iare am mitwochen noch deme sontage Reminiscere in der heiligen faßten.

Desselbin brieffes sigille hengen daran an pressiln von pergament vnde das erste sigil desselben briffes ist vzwendig von gemeynem gelen vnde inwendig von grunem wachzse runth vnde schibelecht; in demselbin sigil ist eyn vierpaß vnde in dem vierpaß eyn schilt mit eyme lofwen, vff demselbin schilde eyn helmezeichen in eyner gestalt eyns halben lebardes, vnde vmbe das vierpaß ghet eyn ringk mit sulichen vnde glichen buchstaben vzgegraben: S. Heinrici Comitis de Swarezburg. Das andir sigil ist cleyner wenn das erste, schibelecht vnde runth, vzwendigk von gemeynem gelen vnde inwendig von grunem wachzse; in demselbin sigill ist ein schilt mit eynem gekrönneten flogel, vmbe denselbin schilt ghet eyn ringk mit sulichen buchstaben gegraben: Hauß von Polenezks. Das dritte sigill desselbin briffis ist glich dem andirn sigil vzwendig von gelen vnde inwendig mit grunem wachzse; in demselbin sigile ist eyn vierpaß vnde in deme vierpaß eyn helmezeichen mit eynem schilde, in deme schilde ist eyn figure gestalt alzo eyn fuerhake vnde ouch vff deme helmezeichen; vnb dasselbig vierpaß gbet eyn ringk mit sulichen buchstaben gegraben: S. Heinrich Wissingerade. Das vierde sigill desselbin briffis ist glich dem dritten sigil, runth von gelem vnde grunem wachzse vnde had eynen schilt, in demeselbin schilde ist eyne figure also ein vaß adir wynpotte, vmbe denselbin schilt gbet eyn ringk mit sulichen buchstaben vnde worten gegraben: S. Heinrich von Germar. Das fhuffte vnde leczste sigil desselbin briffis ist cleyner wenn die audirn, runth vnde schibelecht, vzwendig von gelem vnde inwendig von grunem wachzse; in demselbin sigil ist eyn gestalt eynes mor houbittes. Vff vnde .. alle diesse vorgeschreben geschichte hadt mich vndirgeschreben offinbarschriber der obgnante Hanß Wochow von synen, des rates vnde der ganczen gemeyne der stadt Lipczk wegen obgenant geheischet requirirt vnde gebeten, ōm eyn adir mehir, so vel ōm not sien wurdet. zeubegriffen vnde zeumachen offinbarschriffte vnde instrumente. Diesse vorgeschreben geschichte sindt geschen in dem inre indiction monden tage stadt babistumß vnde des allirdurchluchtigisten fursten vnde heren heren Sigmundes Romischen ꝛc. koniges also obinbeschribin ist. Hie by sindt gewest die bescheiden Heinrich Lowbingk, Hanß vom Hayn von Erffurt clerick Menezer vnd Hanß Rudiger leye Missener bischtumen, die des geczuge sindt zen allen vorgeschreben dingen gernffen gebeten vnde sundirlichen geheischen. Vnde ich Nickel Jheßwicz richter vff dißmale der obgnanten stadt Lipczk habe myn insigel zeu mererem bekentnisse vnde sicherheit gehangen nyden an diessen brieff vnde instrumente.

Vnde ich Johannes Sydenhefter von Lipczk pfaffe Merseburger bischtumß von keyserlicher macht offinbarschriber, wenne ich von empfelunge vnde gebeyße des obgnanten richters, der ouch syne macht vnde gewalt dor zeu gethan hadt als eyn richter, den vorgenanten brieffe gesehin vnde mit fließe obirlezin habe, vnde habe ouch diße offinbare schrift vnde instrument, dy eyn andir getruwelich geschreben hadt, wenne ich des selbir vnledig was, mit demselben vorsigelten houbtbrieffin getruwelich von worte zeu worte obirlezin vnde obirhort in kegenwertikeit der obgeschreben gezeugen, dorumbe habe ich diße geinwertige abeschrift in eyn offinbar instrument bracht vnde gemacht, mynen namen vnde zeunamen vndirgeschribin vnde mit mynem gewonlichen zeeichen vorzeeichent, dor zeu gebethen vnde geheischen, daz ouch mit dem anhangenden sigil des gnanten richters ist vorsigelt zeu merer bekentniß vnde kuntschaft allir vnde itezlicher dißir vordir schrifte.[1]

Nach dem Orig. im Rathsarchiv zu Leipzig mit dem an einem Pergamentstreifen hängenden Siegel des Richters Nickel Jheßwitz.

1) An demselben Tage transsumirte der gleiche Notar auf Veranlassung derselben Personen die Urk. No. 164.

No. 166. 1429. 30. März.

Kurfürst Friedrich II. entbietet die Pflege und Stadt Leipzig zum Zuzug gegen die mit Einbruch in seine Lande drohenden Husiten.

Friderich von gots gnaden, herzoge zeu Sachsen vnde margraue zeu Missen. Voit, erbar manschaft in der pflegin vnde rat zeu Lipczk, liben getruwen. Wenne

wir tegelichin gewarnet werden vnde auch warhaftiglichin vornemen, wy die ver-
dampten ketezer y in meynunge syn, vnser lande mit macht zcu obirezihen vnde die
zenbeschedigen, dauon begern wir mit ganczem ernste, das du voit alle vnser erbar
manne in dyner pflegin vonstund vorbottest, yn von vnsern wegen dissen geinwerti-
gen vnsern brif horen lassest vnde yn auch ernstlichen sagest, das sie sich mit allen
den iren mit ganczer macht vnde mit sulcher were vnde geschicken daruf richten,
als wir dir vnde auch yn das vormals auch geschriben habin, vnde desselbinglich
du mit vnsern eigin gebuwern auch bestellest; vnde ir burger das vf nwerm marckte
vzruffen vnde gebiten lasset, also wenne wir nch schriben adder botschaft thun wer-
den, das ir vns denne mit ganczer macht zcu pferden vnde zcu fusse gefulgen moget.
Vnde vorhaldet des in keine wiß, das ist vnser ernste meynunge. Gegebin zcu
Aldemburg am mittewochen in der osterwochen anno ꝛc. XXIX°.

Nach dem Orig. im Rathsarchiv zu Leipzig.

No. 167. 1429. 14. Mai.

*Kurfürst Friedrich II. und Herzog Sigmund fordern vom Rathe die Stellung von sechzehn zur
Besatzung von Brüx bestimmten Schützen.*

Friderich vnde Sigemund gebruder herczogen zcu Sachsen ꝛc.

Liben getruwen. Wen wir Brux mit reysigen vnde statschutezen meynen zcu
bemannen so lange das man horit, wy sichs mit den ketezern machen wirdet, dauon
begern wir ernstlichen, das ir vns sechezehin redlicher gewapenter schützen mit
armbrosten vnde hantbuchsen vBrichtet, die uff den suntag Trinitatis gein Friberg
schicket vnd mit in bestellet, das sy nach der vnsern anwisunge hereyn ezühen
vnde zcu fusse eyne wile in vnserm dinste da legin. Vnde sumet da mite nicht,
wenn ir vns dar uff verlassen, daran tut ir vns zcu dangke. Gegeben zcu Czwig-
kau am pfingistabende anno domini ꝛc. XXIX.

Dem rate zcu Lipczk vnsern liben getruwen.

Nach dem Orig. im Rathsarchiv zu Leipzig.

No. 168. 1429. 5. Dec.

*Der Erzbischof von Köln fordert Bürgermeister und Rath zu Leipzig in Klagsachen der Kudorfe
nach Aufhebung des angesetzten Termins auf den 11. Januar vor sein Gericht zu Brühl oder
wo er sich sonst auf der linksrheinischen Seite des Erzstifts an diesem Tage befinden werde.*

Archiepiscopus Coloniensis, Westfaliae et Angriae dux.

Gude frunde. Als wir sulche geryehte dage wir tusschen uch ind den Koe-
dorfen bescheyden hatten zom Schoenenloe, vmb strofden ind andere noit sachen
willen up gestalt hadden, also bescheyden wir uch vur vns zo siin des viertzienden

15

dages in dem maende Januarii nestkomende zo dage ziit alhir zom Broele*), off wa wir asdan an deser siite Colne lyget in vnserm gestychte siin werden, dar wir ouch asdan die Koedorff bescheyden han, vmb alda zo besien, of wir uch partiien myt vyre beyder wist guitlichen gescheyden konnen, ind konden wir des nyt vynden, so wolden wir uch asdan vanstunt an vnse gerichte zom Schonenloe weren doin, die sachen alda zo rechtnirdigen in allermaissen wir uch den dagh vnr aldar bescheyden ind gesatt han. Ind wilt des nyt laissen, want wir den Koedorffen ouch in desser maissen geschreuen huin. Datum Brule nostro sub sigillo crastino beatae Barbarae virginis anno domini MCCCC⁰ vicesimo nono.

An vnse gude vrunde raitmestere ind raitmanne der stad zo Lybsge.

Nach dem Orig. auf Papier im Rathsarchiv zu Leipzig.

a. Krahl. Regierungsbez. Köln

No. 169. (1429. 1483.)

Ordnung der Hutmacher.

Wer meister werden wil, der sal solch vnser hantwerk zu rechter zeit noch guter alter gewonheit muten, so doch, das er sich zuvor beweibet vnd seyn burger recht gewunnen habe. Item es sal eyn yezlicher, der meyster werden wil, drey hute machen, neulich eynen rauchen hut, eynen hesyn hut vnd eyn par guter socken eer der anderen mutung, darzu dem hantwerk zu enthaltung des harnisch vnd zu ander des hantwerks nottorft gewen funf fl. vnd vyer pfunt wachs. Hot aber eyner das hantwerk bey vns gelert, so sal her zum benanten gelt gewen zwey pfunt wachs. Mutet aber eyner das hantwerk vberheupt, der sal gewen sechs gulden, vyer pfunt wachs vnd sechs groschen zu mutgelde. Item der selbige der sal im ersten iar keynen huet nicht aushengen, keynen iungen nicht aufnemen noch auch keynen gesellen nicht halten. Item eyns meysters sun sal das hantwerk gancz vnd dy tochter die helfte huwen, vnd des selbigen meysters sun sal gleichwol der kerczen warten bis so lange, das eyn ander noch im kummen werde; er sal auch der licht warten vnd das hantwerk zusamen vorboten. Item es sal an eynem suntage ader andern heyligen tagen nimant aushengen bey eynem pfunt wachs. Item es sal auch nimant aushengen vber sechs hute, auch bei einem pfunt wachs. Item es sal nimant kein falsch werk nicht machen, keyn kuchar in rauchwerk nicht schlaen noch nicht blecken. Item es sal nimant eynen leerinngen vnder dreyen iaren zu lernen nicht aufnemen. Item man sal keynen leerknecht aus eyner fremden stat wyder den willen seines meisters nicht halten noch auch den selbigen nicht erweichen lassen. Item welchem das hantwerk ist zugesagt worden, der sal von des hantwerks wegen, wan es dy noth fordert, eyn mal XIIII tage auf seyne eygene koste mit seinem eygenen harnisch in dy berfart zyen ader eynen anderen tugenlichen vor sich schicken vnd auf seine eygene kost ausfertigen, vnd wie vyl ezeit eyner vber XIIII tage außen bleybet, sal man im noch anczal der ezeyt vorsolden. Item welcher aber hette genumen eynes meysters tochter, der sal nicht mer dan acht tage auf seyn selbest kost außen bleywen. Item es sal auch nimant mer dan zwene gesellen vnd eynen leringen halten in seyner werkstat. Item man sal nimant das hantwerk leyen, es sey danne das er gewe vonstunt seyn gelt vnd wachs. Item man sal keynen leer-iungen aufnemen, es sey dan das er gewe zwey pfunt wachs, darezu ezwene groschen.

Nach einer Abschrift aus dem 16. Jahrhundert, welche einer an den Rath zu Leipzig gerichteten Be-schwerdeschrift der dortigen Hutmacherinnung über die Hutmacher in anderen Orten des Landes vom 5. Nov. 1534 beigefugt war; beide Schriftstücke übersendete der Rath mit einem Begleitschreiben an Herzog Georg und es befinden sich dieselben jetzt im K. Haupt-Staatsarchiv mit andern auf diese Verhältnisse bezüglichen Schreiben in einem Sammelbande „Leipziger Handel Anno 1458, 1508, 1510, 1532—39" vereinigt. Die Hutmacher bringen in ihrer Beschwerdeschrift einzelne Notizen über die Geschichte ihrer Innung, welche bei dem Schwaigen aller übrigen Quellen sicherlich der Mittheilung werth erscheinen; es heisst darin u. A.: — das wir meyster des loblichen hantwerks der hutmacher albyr zu Leipzik, got hab lob, eyn etliche lobliche alte zunft vnd ynnung haben, welche vnseren vorfaren, vns vnd vnseren nachkummen durch den gestrengen vnd vesthen Hansen Rappen dyser zeyt amptman vnd hauszman vnsers g. h. F. vnd hern bestetiget vnd confirmirt vor 100 vnd 5 iaren mit bewylligung eines erwa-ren weysen rats dyser zeyt, welche noch hant also inhelt, das sich eyne gancze lautschaft entbloszender land vnd stele [nach] euer zunft vnd innung halten, auch sich vor vnser innung berufen vnd sich nach alter loblicher gewonheit scheiden lassen, bevor yre schwere gebrechen, welche sich hoeher wenn vmb eyn woebelon zu strafen erstrecken werden. Dy selbige hause von wachs vnd golde vnsere vordarn seliger gedechtnyß an eynen altbar im closter vnd kyrchen der Barfuber gewent, den selbigen altar auch auf sich, vns vnd vnsere nachkummen dyses lohlichen hantwerks confirmiren vnd bestetigen lassen mit cerrmonien, messen vnd aller zugehorung zu vorsorn, welche zunft vnd innung hernachmals mit vnseren clausulen vnd artikeln renotirt vnd bestetiget worden ist im iar nach Christi vnsers heylmachers geburt 14; und im 29; so magister Joannes Wylde burgermeister vnd Hans Leymbach richter war: solche lobliche alte gewonheyt mit sampt iren clausulen vnd artikeln, welche wyr eynem erbarn rat neben dysem kurezen bericht praesenticra u. s. w. Die letztere Jahreszahl ist jedenfalls unrichtig, denn Mag. Johannes Wilde war 1481 noch Stadtschreiber, Burgermeister war er zuerst 1483, in welchem Jahre auch Hans Leimpach das Richteramt bekleidete. — Schon in einem früheren Schreiben des Raths an Herzog Georg vom 29. Juli 1531 wird in Beziehung auf die Strafgewalt der Leipziger Hutmacherinnung bemerkt: Weyl dann lenger dann vor hundert iahren her der gebrauch vnd die alte landsfordnung ist, das alle die felle, bruche vnd exceß, so sich rublingerden stedten durch das ganze furstenthumb Sachsen, auch vor der theylung, in yrem handtverve, die vber eyn wochenlohn straffbar gewest, in keyner stat, dann alleyne albyr zu Leipzk durch handt-wergk haben mussen vorhut, bezgelegt vnd gestraft werden, wie sie dann dess auch darnher eyne sunderliche bewilligung, der datum keldet im achtzigsten iahre, vom handtwerge zu Freyberg haben u. s. w. — Die Hutergasse in der Ranstadter Vorstadt bildete eine besondere Nachbarschaft und war 1542 nach S. Jacob eingepfarrt.

No. 170. 1430. 29. März.

Der Rath ertheilt dem Juden Abraham nebst Frau, Kindern und Schwiegersohn einen Schutz- und Freiheitsbrief.

Wir ratmanne vnde gesworn zeu Lipezk bekennen, das wir mit willen vnde wissen dreier rete vnde der gemeine vnde von geheisse vnde befelunge wegin der irluchten, hochgebornen fursten vnde hern hern Friderich vnd hern Sigemunden her-ezogen zeu Sachsen, landgrauen in Duringen vnde margrauen zeu Missen vnde irer bruder vnser lieben gnedigin hern, vnde ouch durch gunst vnde dinste willen, die Abraham iude der stad Lipezk dirgk vnde vil getan hat vnde noch thun wirt vnde mag, den selbin Abraham iuden, sin wieb, ire kinder, einen irer tochterman, ir gesynde mit sampt alle iren gutern entpfangen vnde die bie vns in der stad zeu wonen vfgnomen haben, also das wir mit hulffe vnser gnedigin hern die egnanten iuden vnde indymnen schutezen, in helffen, raten vnde vertedingen wollen zeu gliche vnde zeu rechte, die wile die selbin iuden vnd indianen bie vns in der stad Lipezk ader ire guter in wichbilde legin vnde wonhaftig sin, das beste wir mogen nach

lute vnde inhaldunge des briues, den vns die egnanten vusere gnediginn hern darober
versigilt gegebin haben, ane geuerde. Vnd darvmb sullen sie vf vnser rathus alle
iar ierlichen, die wile sie bie vns wonen, vnser stad vf iezlichen sente Mertinstag
vor stadrecht gebin sechezig gute Rinisch gulden vnde sollen denn damicte von vns
aller sture, bete, dinste vnde ander beswerungen entprochen sin ane geuerde; vnde
nemlichen von den husern, die sie iezund haben an der Fyhofts ecken bis an Mattis
Schultheissen hoff zen rechen a), sal solche friheit vor die vorgeschrebin sechezig
gulden zen stadrechte stehen, worden sie aber mer erbe innemen mit wissen vnd
willen der rete, danon sollen sie aber ein geschoss gebin, nach dem als sie dus mit
den reten oberkomen mögen, ane widersprache. Ouch so sollen die vorbenanten
Abraham inde, sine wirtine, ire kinder vnd or eydem, die wiele sie bie vns weren,
vnsern reten vnde der ganczen gemeine getruwe vnde gewer sin vnde vnser aller
rede eins iezlichen besundern bestes werben ane geuerde. Factum est in proconsulatu Nicolai Stues anno domini M°. CCCC°. XXX° quarta feria post dominicam
Laetare.

Nach einer Abschrift aus dem 18. Jahrhundert im Rathsarchiv zu Leipzig.

a) Vgl. die Anm. zu No. 66

No. 171.   1430.   2. Juli.

*B. Nicolaus von Merseburg gestattet wegen zu befürchtenden Ueberfalles der Husiten, dass an
der Befestigung der Stadt auch an Sonn- und Festtagen gearbeitet werde, und ertheilt
den Arbeitern Ablass.,*

Nicolaus dei et apostolicae sedis gratia episcopus Merseburgensis universis et
singulis Christi fidelibus per civitatem et diocesim nostras et specialiter per opidum
et districtum Lipczk nbilibet constitutis salutem in domino sempiternam. Cum iniquitatis alumni Wjeklenistae et Hussistae nuncupati aliique haeretici et infideles sacrae
christiannae religionis persecutores, qui falsis et vesanis dogmatibus ac per universalem sanctam ecclesiam dampnatis erroribus fidem catholicam et orthodoxam evertere
molientes totum quasi regnum Bohemiae et plures partes circumvicinas infecerunt,
qui etiam timore dei postposito ecclesias monasteria et alia pia loca apostolorum
martirum confessorum virginumque sanguine dedicata eorumque imagines concremant
et confringunt ac fidem catholicam confundere et delere ac ecclesiasticam dignitatem et
religionem funditus extirpare moliuntur, quod proh dolor de anno praesenti rei experientia edocuit, iidem infideles crudeliter in Christi fideles tam spirituales quam saeculares
saevierunt destruendo monasteria ecclesias et pia loca ac christicolas utrinsque sexus
occidendo spoliando depraedando et plura mala innumerabilia perpetrando, quibus
nnlis ipsi dampnati haeretici et infideles non sunt corrigendi, sed in ipsorum malitia
perseverantes indefesse die noctuque malum in Christi fideles machinantur, quomodo
ipsi homines pretioso Christi sanguine redemptos possint occidere et inhumaniter cruciare ac eorum civitates castra opida villas et res invadere et exterminare et praesertim loca, ubi studia generalia pollent et honestus status hominum esse videtur.

117 ——

Quod providi et circumspecti viri proconsules consules et opidani Lipczenses mature considerantes et pro resistentia dictorum infidelium ac conservatione fidei apostolicae totis conatibus se ipsorumque opidum munire et fortificare proposuerunt et isto anno praesenti magnis laboribus et expensis se submiserunt ad faciendum muros propugnacula fossatas, bombardas aliaque defendicula procurantes. Et quia ut dicitur saepefati dampnati haeretici cum pluribus exercitibus iam se ad iter praebuerunt, terras nostras et dominorum circumiacentium iterum invadere praeponunt et praesertim ad dictum opidum Lipczk transferre inibi crudelitatem eorum exercere sperantes, unde nobis pro parte dictorum proconsulum consulum et opidanorum dicti opidi Lipczk fuit humiliter supplicatum, quatenus ipsis gratiose indulgere, ut ipsi et eorum coadiutores diebus dominicis et festivis in fossatis muris turribus et propugnaculis ac defendiculis laborare possent et ipsis laboratoribus sic ad praemissa dispositis indulgentias nostras de benignitate ordinaria impertiri dignaremur. Nos igitur Nicolaus episcopus Merseburgensis et dicti opidi ordinarius attendentes, supplicationem dictorum proconsulum consulum et opidanorum dicti opidi Lipczk consonam esse rationi, auctoritate nostra ordinaria ultra indulgentias a sede apostolica in hac parte concessas indulgemus ipsis opidanis in Lipczk et eorum coadiutoribus laborandi diebus dominicis et festivis pro fortificatione dicti opidi ac omnibus et singulis, qui diebus dominicis et festivis in huiusmodi laboribus existunt, confessis saltim et contritis de omnipotentia dei misericordia et beatorum Petri et Pauli apostolorum eius auctoritate confisi quadraginta dies indulgentiarum de iniunctis eis poenitentiis misericorditer in domino relaxamus, praesentibus vero cessante persecutione dictorum haereticorum minime valituris. In quorum omnium et singulorum fidem et testimonium praemissorum sigillum nostrum praesentibus est appensum. Datum Merseburg anno a nativitate domini millesimo quadringentesimo tricesimo dominica die in festo visitationis beatae Marine virginis gloriosae genitricis domini nostri Jhesu Christi.

Nach dem Orig. im Rathsarchiv zu Leipzig mit dem Siegel des Bischofs an einem Pergamentstreifen.

No. 172. 1430. 13. Nov.

Albrecht von Colditz, des römischen und böhmischen Konigs Kammermeister, Herr zu Groupen, Hauptmann der Fürstenthümer Schweidnitz und Jauer und Vogt der Lande und Städte Budissin, Görlitz, Zittau u. s. w., zugleich Namens seiner Vettern reicht mit Rathe seiner getreuen Mannen Hans Thummel, Bürger zu Leipzig zu Lehen eine mark geldes die do gelegen ist [czu] Nauendorf) vor der stat czu Leypczik vnd auch zeweyvnddreyssigk acker holczes vnd wesen gelegen zewuschen der Parda vnd der Ritzschken vnd auch die fischerey halb von Mockaw*) bis kegen Leipczik — als sie Nickel Schuman*), yr vater vnd gebruder vormals von vns gehabt —. Da by sint gewest vnd sint auch gezeugen meyster Christophorus statschreyber zcu Erfurt, Tieze Kolkewicz, Steffan Stuß burger czu Leypczik vnser vorlebente manne vnd andere bedirbe leute — —. Des czu vrkunde vnd merer sicherheit haben wir — vnser insigil — an diesen brief lassen

a) Villa Nawendorf prope Schoneielt, erwähnt in der Abschrift eines Beierylsters im b. Haupt-Staatsarchiv zu Dresden
b) Mockau, Par. Thekla
1) Hier sind in der Abschrift wahrscheinlich Namen weggelassen worden, da das nachfolgende yr eine Mehrzahl voraussetzt

heogen der gegeben ist — ezu Leypezik am nechsten montage nach sant Mertens tage. Diese obgeschrieben leben vnd geschichte ist gescheen zcu Erfurt in der herwerge, die man nennet zcu den Steinen.

Nach einer Abschrift aus dem 16. Jahrhundert im K. Haupt-Staatsarchiv zu Dresden. Vergl zu No. 119.

No. 173. 1430. 15. Nov.

Albrecht von Colditz Herr zu Graupen tritt mit Rücksicht auf die beabsichtigte Befestigung der Stadt auf Bitten des Raths seine lehnsherrlichen Rechte an der Parde und Pardenmühle an die Herzöge Friedrich und Sigmund ab.

Wir Albrecht von Coldicz des Romischin vnd Behemischin ꝛc. kunigis cammermeister, herre zcum Grupen, houptman der furstenthume Swydenicz vnd Jauwer vnd voit der lande vnd stete Budissin, Gorlicz ꝛc. bekennen vor vns, vnsire vettern, alle vnsire erben vnd nachkomen —. Als der ersame Steffan Stüß burger zcu Lipczk [2] das wasser gnant die Parde mit der fischerie vnd darezu die mol vor dem Hellischin tore gelegin, dy man nennet die Pardemol, von vns zu rechtem lehin gehabt gebruchet vnd die bißher also gerugiclichen von vns besessin hat ꝛc., haben die ersamen wysen der rat zcu Lipczk an vns mit bete lassen brengin, das wir solichir lehin des obgnanten wassers vnd der mol abetreten vnd die an vnsire gnedigen hern die herczogin von Sachzen wysen wollen, also das vnsire obgnanten gnedigin hern die herczogen von Sachzen das wasser vnd dy mol der stad Lipczk eigenen mogin, die selbe stad Lipczk mit demselbin wasser nach des ratis bestin irkentnisse zcu befestigen ꝛc., als haben wir soliche des rates flissige bete angesehin vnd dorumb, das dy gnante stad Lipczk nemlichin iczunt in dissen noten vnd loufften diste baß befestent werden moge, solichir lehin, als wir, vnsire vettern vnd nachkomlinge ober dy obgnanten wasser vnd mol gehabt haben, abegetreten vnd vns der gancz vnd gar vorezilen vnd vorezeilen vns der ouch von vnser, vnser vettern, erbin vnd nachkomlinge wegin geneczlichin mit dissem briene, vnd wir, vnsire vettirn, vnsire erbin nach alle vnsire nachkomelinge sollen noch wollen ouch an den obingeschriben wassere vnd moln furbaß mehir inezukunfftigin geczüten keynerley ansprache noch gerechtikeit nymmermer gehaben, vnd wisen vnd brengin ouch die lehin der vorgeschriben wasser vnd moln an die hoelgebornen fursten hern Frideriche vnd hern Sigmunde herczogin zu Sachzen vnsire gnedigin libin hern vnd an ire brudere, erbin vnd nachkomen vnd treten yn der geneczlichin abe incrafft disses briefes, also das sy dy lehin der vorgeschriben wassers vnd moln furbaß mehir ewiclichen haben vnd dy der stad Lipczk vuh befestenunge willen in dissen noten liben vnd eigin mogin. Des zcu orkunde —— habin wir obgnanter Albrecht von Coldicz ꝛc. vnser insigil vor vns, vnsire vettern, vnsire erbin vnd nachkomlinge vnden an dissen brieff —— lassen hengin, der gegebin ist zcu Torgaw noch Cristi gebort virezenhundert iar darnach in dem drissigisten iare am mittewochen noch sente Mertins tage des heiligin bischoffs.

Nach dem Orig. im Rathsarchiv zu Leipzig mit dem Siegel A. von Colditz an einem Pergamentstreifen. Bericht d. Deutschen Ges. zu Leipzig 1846 S. 17 f. nach einer Abschrift aus dem 16. Jahrhundert.

No. 174. 1431. 22. März.

König Sigmund verwirft die von den Kudorfen wider den Spruch des Grafen Heinrich von Schwarzburg (No. 165) eingewendete Appellation.

Wir Sigmund von gotes gnaden Romischer kunig, zuallenzeiten merer des reichs vnd zu Vngern, zu Behem Dalmacien Croacien ꝛc. kunig bekennen vnd tun kunt offenbar mit disem briene allen den, die in sehen oder horen lesen. Als vor ettlichen ziten ettwas stösse, schelung vnd zwytracht zwyschen den strengen vnd ersamen Guntheru von Bünaw marschalk, Cünrat Tünen, Hannsen von Kohurk voyt zu Lypczk, burgermeistern reten vnd der ganczen gemeind daselbs vnd allen andern erbern mannen vnd burgern, wo die vnder vnsern lieben oheimen den herczogen von Sachsen vnd in iren landen gesessen sind vnd der sachen zuschicken haben an einem vnd Heinrich Kudorff, Franczen seinem sun vnd iren freunden vff dem andern teil gewesen sin, der sie doch beydenthalben in der stat zu Weysenfels mit eynem rechten hindergang vnd anlaß hinder den edeln grane Henrichen von Swarczpurg, herrn zu Arnsteten vnd zu Sundershusen vnsern vnd des richs lieben getrnen komen vnd der bey im bliben sein, also wie sie der miteinander in freuntschafft oder in recht entscheiden wurd, das sie das also genezlich tun vnd volfuren solten, dawider nicht zutun mit worten noch mit werken, als sie das auch in des egenanten graff Heinrichs hand gelobt vnd gerelt haben, als dann der anlaß vnd compromisse, [der] mit beider partey insigeln vnd auch ander erber leutt, die dor zwyschen geteidingt haben, insigeln versigelt ist, das clerlicher vneheldet, vnd als der egenante graf Heinrich in den sachen vßgesprochen hat, als dann derselb spruchbrief mit ettwenil erber leutt anhangenden insigeln versigelt, den wir ouch gehort haben, auch clerlicher vnheldet; also haben dieselben Kudorffer von solichem graff Heinrichs vßspruch sich berufft vnd appellirt, darnach die sach sich zu Meydburg vnd anderswo in offenbarn geheimlichen gerichten so ferr gehandelt haben, das die wider vn vnser kunigliche maiestat gezrogen worden vnd komen sind. Vnd als wir beyde teyl dorumb fur vns geheischen hetten, also qwamen vff heutt, als wir vff vnserm sloß zu Nuremberg in eigner person zu gericht sassen, die genanten beyde parthey, nemlich graff Henrich, die von Lipczk vnd die Kudorffer, vnd nach irer beyder furlegung red anntwort vnd widerred vnd auch verhorung brief vnd kuntschafft, die in gericht furbracht wurden, so haben wir nach allen vergangen sachen mit wolbedachtem mûte, gutem rat vnser vnd des reichs geistlicher vnd werntlicher fursten, grauen, herrn, lerer in geistlichen vnd keyserlichen rechten, ritter vnd knecht, der vil bey vns in gericht sassen, vnd mit rechter wissen zum rechten gevrteilt vnd gesprochen, vrteiln vnd sprechen in krafft diß briefs, das nyemant von keynrm sulchem wirkurlichen hindergang, der zu freuntschafft vnd zu dem rechten so volliclich geschicht, als die obgenanten beyde teyl getan haben, volrechtiglich sich nicht beruffen noch appelliren sol noch mag, vnd das die egenanten Kudorffer von des egenanten graff Heinrichs vßspruch sich vnbillichen berufft haben, vnd sollen auch die egenanten von Lipczk vnd ir parthey vnd wer des von iren wegen zuschaffen hat hinfür von den egenanten Kudorffern vnbekomert vnd vnangesprochen beleiben. Vnd sint bey vns gesessen die erwirdigen Johann zu Agram cunczler vnd Conrat zu Regenspurg bischofen vnser lieb andechtige, der hochgeboren Wilhelm pfalczgraff bey Rein vnd herczog in Beyern vnser lieber oheim vnd furst, Johanns vnd Leupolt landgrauen zu Leuchtemberg, Ludwig graff zu Ottingen hofmeister, Houpt marschalk von Bappenheim, Heinrich Nothafft von Wernberg vnd ettwenil ander erber leutt. Mit vrkund diß briefs versigelt mit vnserm kuniglichen anhangunden insigel, geben zu Nuremberg nach Crists geburt vierczehenhundert inr vnd dornach in dem eynvnddrissigisten iare am nechsten donerstag vor vnser frawen tag annunctiationis, vnser riche des Vngrischen ꝛc. im viervndfierczigisten, des Romischen in dem eynvndezwenezigisten vnd des Behemischen in dem eylfften iaren.

Ad mandatum domini regis Caspar Sligk.

Nach dem Orig. im Rathsarchiv zu Leipzig mit dem wohlerhaltenen Majestätssiegel an einem Pergamentstreifen

No. 175. 1431. 11. Nov.

Landgraf Ludwig von Hessen gelobt nach empfangener Erbhuldung, die Bürgerschaft bei etwaigem Anfalle der Stadt bei ihren Rechten, Gewohnheiten und Herkommen zu erhalten und die Seiten der Landesherren vorgenommenen Belastungen der Stadt anzuerkennen.

Wir Ludewig von gotsgnaden lantgraue zu Hessen bekennen vffintlich mit diesem vnserm vffinbriefe vor allen luten, die en schin adir horen lesin. Als die ersamen vnd wiisen ratismeister rad vnd die burgere gemeynlich der stad Lypezk vns vnd vnsern erbin eyne rechte erbehuldunge gethan han von geheiße wegen der hoichgebornen fursten hern Frederichs, hern Sigmunds, hern Heinrichs vnd hern Wilhelms gebrudere herczogen zu Sassen vnd hern Frederichs ires vettern alle lantgrauen in Doringen vnd marggrauen zu Miessen vnser liebin oheimen, daz wir denselben burgern gemeynlich geredt han vnd reden in diesem briefe, weres daz sie an vns adir an vnser erbin quemen, nachdem als sie vns gehuldiget vnd gesworen han, daz wir sie danne bii allen iren rechten eren wirden allen guten gewonheiden vnd herkommen, als sie bii den vorgenanten vnsern oheimen geseßen han, lassen vnd sie getruwelich darbii behalden sollen vnd wollen ane intrag vnd ane generde. Was auch die vorgenanten vnser liebin oheimen von Sassen, von Doringen vnd von Miessen an die egenanten stad vnd burgern renthe virschrebin vnd virwiised hetten adir sie adir ire libeslehius erbin noch daran virschrebin vnd virwiisen worden, darinne soln noch woln wir adir vnser erbin nicht griiffen noch dawiddir tun in keynewiies, sunder wir soln vnd woln daz vnuorrucket halten in allir maße, als daz virschrebin vnd virwiiset ist, abe die an vns quemen. Hetten auch die vorgenanten vnser oheimen von Sassen, von Doringen vnd von Miessen die vorgenante stad vnd burgere gemeynlich adir iren eynichen besundern virsacz, sie adir ire libeslehius erbin nach yu noch virsecezen wurden vor schulde, die sie kuntlich erwiisen muchten, des sulten

vnd wulten wir adir vnser erbin sie gütlich abenemen vnd entledigen, abe sie nach
lute der bruderschafft zeusehen den obgenanten vnsern oheimen vnd vns an vns
quemen, sunder alle generde vnd ane argelist. Des znorkunde han wir vnser inge-
sigel an diesen brieff tun hengken. Gebin vff sente Mertins tag des heiligen
bischoffs nach Cristi geburte vierezehinhundert vnd in dem eyn vnd driißigisten iare.

Nach dem Orig. im Rathsarchiv zu Leipzig mit dem Siegel des Landgrafen an einem Pergamentstreifen.

No. 176. 1432. 13. Nov.

*Kurfürst Friedrich II. und Herzog Sigmund heben in Gemeinschaft mit ihrem Vetter dem Land-
graf Friedrich für ihre Lande den Rechtszug nach Magdeburg auf und bestimmen, dass fortan
Urtel und Rechtsbelehrung nur bei den Doctoren und ehrbaren Bürgern zu Leipzig oder bei
andern rechtserständigen Leuten im Lande geholt werden sollen.*

Allen vnde iglichem geistlichen fursten prelaten graffen hern fryhen rittern
edelen gebuern borgern gemeynlichen steten mergkten vnde dorffern durch alle vnser
herschafte in vnsern landen, darezu allen vnsern amptluthen, welches status adir
wesens die syn vnde in czukunftigen cziten syn [werden], vorkundigen wir Frederich
vnde Segemund gebrudere von gotis gnadin herczogen zcu Sachsen vnde landgraffen
in Doryngen, margrafen zcu Misen, noch dem male is der almechtige got gefuget
vnde vnser liebir vater clarer gedechteniße mit vil koste, muhe vnde erbeit vorsor-
get hat in vnser stat zcu Lipezk eyne hohe schule vnde vil meister dar ynne vnde
gelarten dez rechtes[1]) vnde in mannichirleyge kunsten geordent had vnserme lande
nicht alleyne zcu nüeze vnde fromen sundern ouch zcu grossen eren, daz wir vns
mit[2]) vnsern liebin vettern dem landgrafen yn Doryngen vorred vnde voreynet habin,
daz her adir[3]) syne vnde [wir] adir[3]) vnser vnderthanen welches status die sint, [ab]
ym, vns adir en notes were rechtes vnderwisunge, bescheydigunge adir sentenciam
in mancherley sachen zcu holen vnde zeuhabin, suliche sentenciam, rechtes vndir-
wisunge vnde bescheidunge zcu Lipezk an vnsern doctoren, erbern vnde vorstendigin
burgern da selbist adir an andern vorstentlichen luthen in vnsern landin vnde nicht
zcu Meydeborg, alzo vormals geseen, irholen sollen, suchen vnde bekomen sollen,
vnde[4]) mancherley nuezezes vnde vormydunge wille vil vnratis, den menliches vor-
stendige vörnufft wol kan besynnen. Darvmbe bitte wir alle obgnaute geistliche
fursten vnde prelaten vnde gebithen alle vnsern vndirtanen, wy die namen habin,
welchs status adir werdikeit die weren nymandis vzgescheidin noch gesundert, ir
sollet vnde wollet vortmehir, wanne[5]) vnde wie ofte rechtes bescheidunge, ortels adir
sentencien uch, uwerm iglichem adir den uwern zcu holen adir zcu suehen wie obin
gernret ist [not] syn wirdet, holen vnde bekomen[6]) an vnsern doctoren, vorstendigin
vnde erbern borgern zcu Lipezk adir an andern vorstendigen in vnsern laudin vnde
nicht zcu Meydeborg vndirwisunge, danne[7]) man sulcher vndirwisunge da selbist zcu
Lipezk vnde in vnsern landen ab got wil wol bekomen vnde gehaben mag, vnde

1) Or. das rechter. 2) Or. vnde. 3) thr. obir. 4) Or. das. b) Or. danne. 6) Or. zcu holen vnde zcu bekomende.
7) Or. das.
cod. dipl. sax. II. 2. 16

getruwen eyne iglichen wol, daz der bedenke ere, nütz vnde fromen, der dar vz
ane czweyfel komet vnde czuknnftichlichen komen wirt, vnde [sich] vnser bethe vnde
begerunge geboten gehorsam vudirtennigk mache*), vnde daz [ir] vnser wolbedachtes
gebot, wie daz yczund gewillet ist, fullichlichen hahlen vnde fullen*) furen vnde ouch
daz mit allen uwern, synen vnde den vnsern bestellen vnde gehaldin werdit**). Dar
an thut ir vns vnde iglichem vnser danguennen willen dinst vnde wol zen dangke.
Gegebin am dornstage noch Martini zen Wisenfels anno domini XXXII° zc.

Nach gleichzeitiger oder wenig späterer Abschrift auf Papier im K. Haupt-Staatsarchiv zu Dresden Die
mancherlei Missverständnisse des Abschreibers machten Verbesserungen erforderlich, über welche in den Anmer-
kungen Rechenschaft gegeben ist; von ihm ausgelassene Worte sind in [ ] beigefugt worden.

*) Or. machen sieh. 2) Or. sollten. 10) Or. werdin.

No. 177. 1432. 15. Nov.

*Kurfürst Friedrich II. und Herzog Sigmund eignen der Stadt die von Steffan Stauß erkaufte
vordem von den von Colditz zu Lehn rührende (No. 175) Pardemühle mit Gefällen, dem
Wasserlauf und der Fischerei bis nach Schönefeld.*

Wir Friderich vnd Sigmund gebrudere von gots gnaden herczogen zen Sach-
sen, lantgrauen in Doringen vnd marcgrauen zen Missen bekennen —, das wir den
ersamen wiesen luthen burgermeistern ratmanne vnd burgern gemeinlich vnd nemli-
chen der ganczen gemeyne rich vnd arm zen Lipczk vnsern liben getruwen, allen
iren nachkomen durch mancherley dinste willen, die sie vns getan haben vnd in zen-
kunfftigen zeiten thun werden, die Pardenol an dem Hellischen thore vßwendig
vnsere stad Lypczk gelegen mit dren schocken geldis nuwer Fribergissscher nunczeze
uff der selben mol, iren wassir lonffte vnd die vissscherye halb in der Parden von
der beschreben mol bis an das dorff Schonefelt mit alle dem rechte eren wirden fry-
heyten nuczezen dinsten obleyen vnd gemeinlichen mit allir zengehorunge besucht
vnd vnbesucht nichtes vßgenomen, wie man das entsemplichen ader besundern genen-
nen mag, in sulchir moße als die egnante mol fischerye vnd czinße die ersamen La-
dewig, Cunrad vnd Niclanß gebrudern die Stueße genant von dem edeln hern
Weneczlaw von Coldiez, hern zen Ileburg zenlehn gehabit besessen vnd gebrucht han,
der selben lehn sich der edeler herre Albrecht von Coldiez vorczegen vnd an vns
gebracht had, gelegen habin vnd liben vnd eigen ouch die obgnante mol czinße
fischerye vnd wassirlouffte mit alle irer zengehorungen also obingeschreben stehit
den gnanten vnsern liben getruwen guediclichen von vns, vnsern erben vnd nach-
komen gerugeelichen zen rechten lehn zenhaben vnd zengebruchen in allirmaße als
vorgeschreben stehit, die selbige mol mit wassirlouften zeinsen vnd zengehorungen
die gnanten vnsere burgere vnd ganeze gemeyne recht vnd rediclichen wedir Steffan
Stueß des gnanten Niclanß Stueß son gekonft haben, geeigent haben vnd eigen
incrafft dissis bryeffes die selbin mol fischerye vnd czinße also obingeschreben ist
ewiclichen vnd gerugeelichen sy zen haben vnd besiczezen. Weres denne, das die
egnanten vnsere liben getruwen soliche mol durch befestunge vnsir stad willen abe-

brechen ader sie an eyne andere stad seczen wurden, geben wir vnd irlouben in eyn
sulches zenthun angeuerde. Des zeu orkunde vnd bekenthenisse haben wir Fride-
rich vnser maiestad insigil, des wir Sigmund midte hiran gebruchin, wissentlich an
dissen bryeff lassen hengen, der gegeben ist nach gots gebort virezenhundirt vnd
[im] dryvndryssigisten iaren am sonnabinde nach sante Mertins tage des heiligen
bisschoffs.

Nach dem Orig. im Rathsarchiv zu Leipzig. Auf dem an grün and weissseidener Schnur hangenden
Majestätssiegel ist dreimal übereinander das kleine Rucksiegel angebracht
Das Jahr 1433, welches die Urkunde hat, scheint auf einem Schreibefehler zu beruhen. Das Copiale 34
fol. 104b im K. Haupt-Staatsarchiv, welches das Schriftstück mit Weglassung der Formalien im Eingang und am
Schluss, im Uebrigen aber vollständig wiedergibt, hat als Datum *Wissencels* sabato post Martini anno domini
M°° CCC°° XXXII°°. Hiermit stimmt sehr wohl das Datum der vorhergehenden Urkunde, während weder Ur-
kunden noch Copialbücher des Haupt-Staatsarchivs für den November 1433 einen Aufenthalt der Fürsten in
Weissenfels ausweisen. Am 13. Nov. d. J. war Kurfürst Friedrich zu Leipzig.
Bericht d. Deutsch. Gesellsch. zu Leipzig 1848. S. 19 nach einer Abschrift aus dem 16. Jahrhundert

No. 178. 1432. 26. Nov.

*Bürgermeister und Rath der Stadt Aschersleben bezeugen, dass Hohtritts Ehefrau ihrem Bruder
Franz Kudorf Vollmacht ertheilt habe, in ihren Angelegenheiten mit dem Rathe und der
Bürgerschaft zu Leipzig zu verhandeln.*

Wir borgermester vnde radmanne der stad Asscherssleuen bekennen in dissem
breue vor abwenne, dat vor vns ghekomen is eyne vrowe gnant dey Höhtritsche
vnderrichtende, wu dat sey mit dem rade vude borgern ghemeynliken bynnen Lipczk
to schickende hebbe van merkliker sake wegen, dar or macht ane belegen is; vnde
dey suluige vrowe het Franeze Kudorppe oren bruder wyser disses breues sodane
saken van orer wegen to erfordernde fulle macht geuen, dar ane to donde vnde to
latende gheliker wiis, alse efft sey sulues iegenwerdich were. Gegeuen ame midde-
weken na sunte Katherinen dage vader vnsem oppgedrückeden ingesiegel anno XXXII°.

Nach dem Orig. auf Papier im Rathsarchiv zu Leipzig.

No. 179. 1433. 18. Oct.

*Kurfürst Friedrich II. und Herzog Sigmund bestätigen unter wörtlicher Wiederholung die den
Gerbern von Markgraf Friedrich am 10. März 1414 ertheilten Innungsartikel (No. 129.) Nach
den Worten vnd sullen ouch das in redlichen vnd czydlichen koufe geben wird hinzugefügt:
Es sollen ouch die schuwerchte in vnser stad keyn kuch ledir kouffin noch darynne gerbin
lassen, sundern was sie des hie vssen vnd fremden enden kouffen, das mogen sie fremden enden
gerbin lassen.*

Des zeu orkunde vnd merer sicherheit habin wir Friderich vnser insigil, des wir Sig-
mund mette hiran gebrucheu wissintlich an dissen brieff lassen hengen. Gegeben zeu Missin
nach Cristi geburt vierezenhundert iar darnach im drivudrissigsten iare am sontage nach sente
Gallen tage.

Nach Barthel's Diplomatar. Lips. II. fol. 13. im Rathsarchiv zu Leipzig.

16 *

No. 180. 1433. 26. Nov.

Kurfürst Friedrich II. und Herzog Sigmund sichern den Räthen der Städte Leipzig, Jena und Neustadt, welche sich auf ihr Geheiss Hans Milwicz Bürger zu Erfurt, dessen Ehefrau und Söhnen wegen 80 Rhein. Gulden j. Z. auf der Genannten Lebenszeit als Selbschuldige verschrieben haben, volle Schadloshaltung zu.

Wir Friderich vnd Sigemund gebruder von gots gnadin herezogin zu Sachsin, — bekennen —. Als die ersamen burgermeister ratmann vnd gantze gemeyne vnser stadt Lipczk mit den ersamen burgermeistern ratmanne vnd den gantzen gemeynen vnser stete Jhene vnd Nuwestat vnser libin getruwin sich gein den ersamen Hannse Milwicz burger zu Erffurt, Annen siner elichin wirtynne, Hannse vnd Jacoffe oren beiden sonen zu iren vir libin vor achezig Rinische guldin ierlicher ezinse vor achtehalbhundert guldin houbtgeldis also selbschuldigen vorschrebin habin, als bekennen wir vorgnantir Friderich vnd Sigemund gebrudir herezogin zu Sachsin, das sie das von vnsers geheißß wegin gethan habin vnd das wir solliche achtehalbhundert guldin von den gnantin Hannse Milwicze, Annen siner eliche wirtynne, Hanse vnd Jacoffe oren beiden sonen selbir genonnen vnd die an vnser herschafft vntez vnd fromen gekart vnd gewant habin. Vnd wir Friderich vnd Sigemund gebrudir herezogin zu Sachsen obgnant geredin vnd gelobin —, das wir vnser burgermeister ratmann vnd die gantze gemeyne vnser stadt Lipczk vnd alle ire nachkomen sollichir obgeschribin ezinse — an allin oren schadin gutlichin benemen entedigin vnd sie der vortretin wollin an allis generde. Des zu bekentnisse habin wir herezoge Friderich vnser ingesigel vor vns, hern Sigemund vnsern bruder vnd vnser erbin wissentlichin an diessin offinbrine hassin hengin. Gegebin zu Lipczk nach Cristi geburt virezenhundert iar darnach im dryvndedrissigisten iare am donnerstage nach Katherine.

Nach dem Orig. im Rathsarchiv zu Leipzig mit dem Siegel des Herzogs an einem Pergamentstreifen.

No. 181. 1434. 21. Juni.

B. Johann von Merseburg fordert seine Diöcesanen zu milden Beiträgen auf für Herstellung von Brücken und Wegen in der Umgebung von Leipzig, ertheilt den Beitragenden einen 40tägigen Ablass und genehmigt die Aufstellung eines Stockes mit beliebigem Bildniss an den zu erbauenden Strassen.

Johannes dei et apostolicae sedis gratia episcopus Merseborgensis universis et singulis Christi fidelibus per civitatem et diocesin nostram constitutis salutem et sinceram in domino caritatem. Cum plurimum saevientibus omnipotentis dei flagellis peccatorum nostrorum de meritis exigentibus atterimur et affligimur, non indigne expedit facinora peccatorumque contagia ad promerenda aeternae felicitatis gaudia piis actibus et elemosinarum beneficiis aboleri. Siquidem enim altissimus in testamento veteri ad aedificationem tabernaculi testimonii et sacrorum templorum filiis Ysrahel in

aenigmate ambulantibus aurum argentum aes et lapides nec non hiseum et purpuram
ceteraque ... quasi sub typo offerri praecepit, nos vero Christi sanguine redempti
et karactere christianae religionis insigniti non solum [ad] sacras ecclesias, in quibus
memoria Christi cottidie recolitur passionis, verum etiam viarum publicarum ac pon-
tium et passagiorum reformationem ex praecepto divino sumus astricti, ne peregrini
pauperes et debiles ceterique pro communi bono et utilitate hominum ambulantes et
vagantes in ipsis viis deficiant corruant et molestentur. Sane igitur commendabilium
providorum et circumspectorum virorum proconsulum sive magistrorum civium con-
sulum et opidanorum opidi Lipcensis nostrae diocesis petitio monstravit, quod cum
ipsum opidum divina favente spiritus sancti gratia studio privilegiato sit ornatum
pluribusque sacrae theologiae professoribus et magistris ac doctoribus utriusque iuris
nec non in medicinis atque in singulis facultatibus graduatis alma universitate scola-
rium decoratum, etiam inibi copiosa multitudo mercatorum ac perigrinorum et aliorum
Christi fidelium diversarum partium nationumque pro re publica exercenda atque
salute animarum procuranda confluit, cumque saepius contingit fieri inundationes aqua-
rum, quae impediunt accessum et recessum ipsius opidi, et pluries in ipsa aqua tam
homines quam animalia ac res aliae diversae perierunt, unde dicti proconsules con-
sules et opidani dicti opidi studuerunt de oportuno remedio providere, magnum et
sumptuosum aedificium inceperunt ad faciendum passagia pontes et fossata, cum qui-
bus sperant huiusmodi viarum periculis obviare. Et quia est commune bonum et
omnibus prodest [et] huiusmodi aedificia et structurae difficile possunt absque sub-
ventione et elemosinarum largitione Christi fidelium perfici et compleri, ut igitur qui-
libet christianus possit fieri particeps huiusmodi boni operis, hortamur vos in domino
ac requirimus per viscera misericordiae dei nostri, quatenus de bonis vobis a deo
collatis cum vestris elemosinis dictis aedificiis et structuris pie subvenire curetis ad
ipsorum beneficiorum perfectionem et inesse observationem futuris temporibus et per
haec et alia bona opera, quae domino inspirante feceritis, possitis gaudia aeterna
remereri. Nos enim omnibus vere poenitentibus confessis et contritis, qui elemosinas
suas ad structuras huiusmodi viarum nunc et in futuro pro reformatione earum manus
porrexerint adiutrices, de omnipotentis dei misericordia et beatorum Petri et Pauli
apostolorum eius auctoritate et sacrorum Johannis et Laurencii patronorum nostrorum
meritis confisi quadraginta dies indulgentiarum et unam karenam de iniunctis eis
poenitentiis in domino misericorditer relaxamus, perpetuis temporibus duraturis. Insu-
per damus et concedimus licentiam ponendi et locandi prope ipsas vias, in quibus
huiusmodi structurae fiunt, truncum cum imagine prout ipsis aedificatoribus utilius
videbitur ad reservandum et ponendum in ipso trunco elemosinas huiusmodi, itaque
fiat sine praeiudicio ecclesiarum parrochialium in Lipezk et cum consensu praepositi
monasteri sancti Thomae Lipezensis, ad quem pertinet offertorium ipsarum ecclesiarum,
sicut antiquitus usque huc est obtentum et conservatum. Mandamus insuper omnibus
et singulis plebanis viceplebanis et divinorum rectoribus per dictas civitatem et dio-
cesin nostras, cum praesentibus fueritis requisiti seu alter vestrum fuerit requisitus,
quatenus apud plebem vestram huiusmodi negotium fideliter promoveatis et parro-
chianos vestros aliosque Christi fideles ad subveniendum cum elemosinis ipsorum

dictis viis et aedificiis pie inducatis ac nostras indulgentias intimare et insinuare curetis absque alicuius numeris extorsione mercedem a Deo recepturi, praesentibus nostris litteris perpetuis futuris temporibus pro reparatione dictarum viarum et conservatione earundem duraturis. Datum Merseburg anno a nativitate domini millesimo quadringentesimo tricesimo quarto ipso die Jovis sancti Johannis baptistae nostro sub sigillo praesentibus appenso.

Nach Barthel's Diplomatar. Lips. II fol. 178. im Rathsarchiv zu Leipzig.

No. 182. 1434. 28. Juni.

B. Johann von Merseburg beurkundet, dass in seiner Gegenwart und vor Notar und Zeugen der leipziger Stadtschreiber Johannes Sydenhefter im Auftrage der Bürgermeister, des Raths und der Bürgerschaft von Leipzig um notariell beglaubigte Abschrift einer Urkunde des Königs Sigmund (No. 171) gebeten habe, zu deren Anfertigung dem Notar Nicolaus Stendorff von Jena Auftrag ertheilt worden sei. Acta sunt haec prope ambitum ecclesiae cathedralis Merseburgensis in loco capitulari — praesentibus ibidem honorabilibus et strenuis et discretis viris domino Petro Loser scolastico et canonico ecclesiae Merseburgensis, Johanne de Gusaw capitaneo, Arnoldo Gremis, Hermanno Nuensteten vasallo et Nicolao .. in Wunczsch Merseburgensis et Halberstadensis dioecesum testibus ad praemissa vocatis specialiter et rogatis.

Orig. mit dem Siegel des Bischofs an einem Pergamentstreifen im Rathsarchiv zu Leipzig.

No. 183. 1434. 19. Aug.

B. Johann von Merseburg erlässt an Heinrich und Franz Kudorf und Margaretha Wittwe Nicolaus Hdrits, welche Bürgermeister und Rath der Stadt Leipzig vor das Baseler Concil gefordert haben, die öffentliche Aufforderung, der auf Antrag der Beklagten vorzunehmenden . Transsumirung auf den Rechtsstreit bezüglicher Urkunden beizuordnen.

Johannes dei et apostolicae sedis gratia episcopus Merseburgensis plebanis ac divinorum rectoribus vicariis altaristis tabellionibus et notariis publicis quibuscunque per civitatem et dioecesin nostram Merseburgensem ubilibet constitutis et praesertim vobis divinorum rectoribus ecclesiarum sanctorum Sixti et Maximi in civitate nostra Merseburg ac sancti Michaelis in emunitate nostrae Merseburgensis ecclesiae sitae et tibi Johanni Stütz sacra imperiali auctoritate notario publico in nostra Merseburgensi dioecesi commoranti ceterisque praesentibus requisitis salutem et sinceram in domino caritatem. Quia discretus vir Henricus Hoppe vicarius praefatae nostrae ecclesiae Merseburgensis, sindicus et procurator providorum virorum burgermagistrorum consulum et proconsulum ac totius communitatis opidi Lipczensis nostrae Merseburgensis dioecesis in nostra et notarii publici subscripti testiumque infrascriptorum praesentia narravit et exposuit, quomodo dicti burgermagistri consules et proconsules totaque communitas memorati opidi Lipczensis ad instantiam quorundam Henrick

Kndorff et Francisci Kudorff filii ipsius Henrici et Margharetae relictae Nicolai Ho-
trit quondam opidani Lipezensis ad sacrum concilium Basiliense fuissent evocati in
causam et causas in quibus necessario haberent certas litteras privilegia instrumenta
sententias imperiales iura acta et munimenta producere, quorum originalia propter
discrimina viarum certaque alia impedimenta periculosum ipsis foret longe deferre,
unde nobis pro parte praedictorum suorum dominorum humiliter supplicavit, quatenus
sibi huiusmodi litteras transsumere mandaremus et decretum nostrum interponere
dignaremur; nos autem supplicationi huiusmodi tamquam iustae annuentes, nolentes
tamen in praedicto sine vocatione partium procedere negotio, citationem contra prae-
nominatos Henrick Kudorff, Franciscum Kudorff filium eius et Margharetam relictam
Nicolai Hotrit decrevimus per praesentes. Quare vobis omnibus et singulis supra-
dictis in virtute sanctae obedientiae districte praecipiendo mandamus, quatenus de
ambonibus ecclesiarum vestrarum, et praesertim tibi Johanni Stütz notario publico
praenominato, ut accedas quo propter hoc merito fuerit accedendum et eosdem Hen-
ricum Kudorff, Franciscum filium et Margharetam relictam Nickel Hotrit personaliter
prout tibi ad eosdem securus patet accessus et si eosdem in propriis personis habere
poteris, alioquin in ecclesia kathedrali Merseburgensi et in domibus habitationum
ipsorum et parrochialibus ecclesiis sub quibus degent et morantur, ad nostram
peremptorie citetis ac citari procuretis praesentiam, quos et nos praesentibus sic cita-
mus, ut nona die post insinuationem praesentium si dies ipsa iuridica fuerit, alioquin
proxima die iuridica immediate sequenti in aula nostra episcopali Merseburgensi legi-
time compareant ad videndum produci huiusmodi litteras privilegia et munimenta.
recipi et iurare testes, recognosci signa et sigilla ac litteras praedictas transsumi et
decretum interponi, se ad dicendum et allegandum causas rationabiles in contrarium
si quas haberent seu habere speraverint, quare praemissa fieri non deberent, certifi-
cantes eosdem citatos, ut sive comparuerint sive non nos nihilominus ipsorum contu-
macia seu absentia non obstante ad instantiam dictorum burgermagistrorum consulum
proconsulum ac totius communitatis opidi Lipezensis aut eorum syndici seu procura-
toris ad praemissa et quodlibet praemissorum prout iustum fuerit procedere cura-
bimus; modum vero vestrae executionis quando et qua .. eam feceritis, per sub-
scriptionem nominum ac sigillorum vestrorum impressionem ad praesentes aut alias
nobis per publicum instrumentum sub debito obedientiae plenam fidem facientes. In
quorum fidem et testimonium omnium praemissorum praesentes nostras litteras seu
praesens publicum instrumentum per notarium publicum subscriptum exinde fieri et
publicari mandavimus nostrique sigilli appensione fecimus communiri. Datum et
actum Merseburg anno domini millesimo quadringentesimo tricesimo quarto indictione
duodecima die vero decima nona mensis Augusti hora vesperorum vel quasi, pontifi-
catus sanctissimi in Christo patris ac domini nostri domini Eugenii divina providentia
papae quarti anno quarto, praesentibus ibidem honorabilibus viris domino Hermanno
de Wolffhayn canonico ecclesiae nostrae Merseburgensis ac Johanne de Fulda cano-
nico ecclesiae sancti Sixti in Merseburg testibus ad praemissa vocatis et rogatis.

Signum   Et ego Nicolaus Langenberg clericus Merseburgensis dioecesis sacra
notarii. imperiali auctoritate publicus notarius etc.

Auf der Rückseite ist bemerkt:

In nomine domini amen. Noverint universi praesentis instrumenti seriem inspecturi, quod ego Johannes Stütz de Czerwist clericus Brandenburgensis diocesis sacra imperiali auctoritate notarius publicus infrascriptus ad singulare mandatum ac legitimam requisitionem reverendi in Christo patris et domini domini Johannis episcopi Merseburgensis retroscriptam citationem burgimagistris proconsulibus et consulibus totique communitati opidi Lipezensis Merseburgensis diocesis contra et adversus Henrich et Frantzen Kudorffe necnon Margharetam relictam Nicolai Hotret auctoritate ordinaria per ipsum dominum episcopum praefatum decretam factam et emanatam praedictis Henrich Kudorffe et Margharetae ac aliis quorum interest notificavi ipsis eandem citationem in domo propriae habitationis in opido Asschauiensi Halberstadensis diocesis prope novum cellarium eiusdem opidi situata insinuavi et cum eadem ipsos personaliter requisivi eisque copiam ausschultatam tradidi et in dicta domo reliqui, nec non in signum maioris excutionis insinuationis et notificationis ecclesiam parrochialem beati Stephani opidi Asschauiensis praefati accessi et ipsam citationem originalem cum ipsius copia ausschultata valvis seu portis eiusdem ecclesiae, sicut itur ad memoratum cellarium et ubi maior multitudo tempore divinorum intrare et exire consuevit, affixi et taliter affixam divinis inibi quasi perdurantibus permisi, tandem eam deponendo ad me recepi et copias ibi affixas dimisi. Acta sunt haec anno a nativitate domini millesimo quadringentesimo tricesimo quarto indictione duodecima die vero vicesima secunda hora terciarum vel quasi mensis Augusti pontificatus sanctissimi in Christo patris et domini nostri domini Eugenii divina providentia papae quarti anno quarto locis quibus supra, praesentibus ibidem discretis viris Johanne Kaldenbagh, Johanne Hessen et Nicolao Michaelis clericis Maguntinensis et Brandenburgensis diocesium testibus ad praemissa vocatis et rogatis.

Signum notarii. Et ego Johannes Stütz clericus Brandenburgensis diocesis publicus sacra imperiali auctoritate notarius etc.

Nach dem Orig. im Rathsarchiv zu Leipzig mit dem Siegel des Bischofs an einem Pergamentstreifen.

No. 184. 1434. 29. Aug.

Graf Heinrich von Schwarzburg bezeugt, dass gelegentlich der Verhandlung zwischen den Kudorfen und denen von Leipzig am 22. Febr. 1429 vor geschehenem Spruche beide Parteien gelobt haben, den Anlassbrief (No. 161) aufrecht zu erhalten.

Wir grane Heinrich von Swarezborg, herre zeu Arnstete vnde Sundirßhusen bekennen mit dißem offin briue vnde thun daz kunt allen luten, die dißin vnsern offin briff sehen addir horen lesen. So also die gestrengen vnde ernanen Kerstan von Wiezeleybin der eldere nu gotisseliger. Heinrich von Germar der eldere, Heinrich Bose, Heinrich von Buuouw zeu Thiechern, Hemyng Strobart zeu der zeit houbtman zen Halle vnde Lucas Waltheym eynen teyding begriffin vnde uffgenomen haben zeu Wissenfels zewusschen den gestrengen vnde ernamen Gunther von Buuouw marschalke, Conrade Thunen, Hanse von Koburg voite zeu Lipezigk,

burgermeistern radmanne vnde der ganczin gemeyne da selbis zeu Lipezigk ꝛc. uff
eyne, Heinriche Kudorffe, Franeze Kudorffe syme sone vnde oren frunden uff dii
andere siiten, so das wir sie uff beyde siit orer erreuisse vnde zeweytracht miteyn-
andir in frundschafft addir in rechte uff den nest volgenden sente Mertius tag ent-
scheidin solden, als das der anlaß vnde compromißß briff, den dii obgnanten erbern
lute vorsigelt dar ubir gegeben·haben, eygindlichen inheldet vnde uswisit*), das wir
obgnanter graue Heinrich den ußspruch vnde scheydunge, dii wir also zewussechen
beyden partigen uff den genanten sente Mertins tag solden getan habe, mit der
obgnanten beyder partige der erbern von Lipezigk vnde ouch Heinrichs vnde Frau-
czen Kudorffer gutem willen vnde wissin von zeiiten zeu zeiiten von tagen zeu tagen
vorezogen habin bis uff dii mittewochin nest nach dem sontage Reminiscere in der
heyligin fasten als man schreyb nach Cristi geburt der mynren zeal in deme niin-
vndeczwenczigisten iare*), als wir den ersten ußspruch zewusselen beyden partigen
getan habin; vnde uff den selben tag, ehir denne wir den ußspruch thun solden vnde
wolden, habin vns die von Lipezigk dii da schepphen sind*), Heinrich vnde Francz
Kudorffer or ixlichir bisundern mit haude vnde munde bii schepphen eytle geredt
vnde gelobit, vnde dii andern von Lipezigk dii nicht schepphen sind, dii die sache
an ruret, bii eyden gelobit als en zeemet ouch mit haude vnde munde, das der anlaß
vnde compromißß briff, als daz die erbern lute geteydingit vnde vorsigelt habin, bii
ganczir voller macht vnde krafft sien vnde blibin solde sue allen wandel vnde sue
argelist, als ub wir su uff beyde teyl uff den gnanten sente Mertins tag zewussechin
en gescheiden vnde ußgesprochen hetten, vnde su enwolden do widdir nicht thun nach
sprechin mit worten nach mit werken, noch schaffe zeu thune, sue argelist vnde sue
geuerde, als das ouch vnser ußspruch briff, den wir mit den vnsern vorsigelt dar
ubir gegeben haben, eygindlichen ns wisit. Das vns grauen Heinriche die von Lip-
ezigk, Heinrich Kudorff vnde Francz Kudorff sin son also geredt vnde gelobit
habin uff den tag also oben geschreben stehit, das schribin vnde sprechin wir bii
dem eyde, den wir zen den heyligin fryen heymelichem gerichte liplichin gesworn
vnde getan habin sue argelist vnde sue geuerde, vnde wir habin des vnser insigille
zeu bekentenisse vnden an dissin offin briff wissintlichin labin vnde thun hengen.

Vnde wir Hans von Polenezk, Heinrich von Wißingerode der eldere, Heinrich
von Germar der eldere, Heinrich von Isennache myner gnedigen hern der herzogen
von Sachßen schriber vnde Heinrich schriber myns gnedigen herren grauen Hein-
richs von Swarezborg alle frye schepphen bekennen mit dissem selben offin briue, das
wir dar bii vnde also gewest sind, das gesehen vnde gehort habin, das dii von
Lipezigk, Heinrich Kudorff vnde Francz Kudorff sin son vnserme gnedigen lieben
herren grauen Heinriche von Swarezborg obgnant zeu der zeiit uff mittewochin nach
dem sontag Reminiscere mit haude vnde munde or ixlichir bisundern geredt vnde
bii schepphen eyden gelobit habin, so als das der genante vnser gnediger lichir herre
obene in dissem briue eygindlichin schribit, vnde wir schribin vnde sprechin das alle
bii den eyden, die wir zeu dem heyligin fryen heymelichin gerichte gesworn vnde
getan habin sue argelist vnde sue geuerde. Vnde wir gnanten Hans von Polenezk,

Heinrich von Wissingerode der eldere vnde Heinrich von Germar der eldere habin vnser ixlicher sin insigille zcu merem bekentenisse vnden an disain offin briff wissintlichin bii des obgnanten vnsers gnedigen lieben hern von Swarczborg insigille lassin hengen, der insigille wir Heinrich von Isennache vnde Heinrich schriber obgnant wissintlichen hirzcu mete gebruchen. Dissir briff ist gegebin nach Cristi geburt virczenhundert iar dar nach in deme virvndedrißigistin iare am sontage nest nach sente Bartholomei tage des heyligin aposteln.

Nach dem Orig. im Rathsarchiv zu Leipzig. Von den vier Siegeln an Pergamentstreifen ist das an zweiter Stelle befestigt gewesene abhanden gekommen.

No. 185. 1434. 9. Oct.

Bürgermeister und Rath verkaufen Mertin Schindel und dessen Testamentarien 30 Rhein. Gulden j. Z. für 400 Rhein. Gulden auf Wiederkauf.

Wir Hans Wochaw burgermeister, Tieze Kolkewicz, Andrewß Stobener, Heinrich Ochse, Arnolt Banczsch, Nickil Buerborger, Hans Bruser, Hans Banczschman, Hans Wolkenstein, Hans Hersfelt, Hans Knappe vnd Jurge Meynhart ratmanne vnd gesworne der stad Lipezk bekennen —, das wir mit rechter wissenschafft vnd volwort vnser gemeynen burgere vorkoufft haben — dem ersamen Mertine Schindel, sinen testamentarien vnd den, die dissen brieff mit sinem guten willen vnd wissen innehaben, drissig gute Rinische gulden ierlicher czinse vnd renthe, dauor vns denne vierhundert gute Rinische gulden wol zcudancke beczalt vnd bereite obirgezcalt sint, der wir on quiid ledig vnd loß sagen, die wir ouch in vnser stad nucz vnd fromen gekart vnde gebracht haben. Disse vorgeschribene driessig Rinische gulden ierlicher renthe sollen vnd wollen wir ratmanne vnd gesworne vorgeschriben dem gnanten Mertine Schindel, sinen testamentarien vnd den die dissen brieff mit sinem guten willen vnd wissen innehaben in zcwen gerziiten des iaris beczalen, also nemelichen nff Walpurgis von datu disses briefes funffezehn vnd uff sente Michels tag nehist dornach folgende funffezehn gulden, vnd denne so vorbas aller iar in vnser stad Lipezk mit gutem Rinischem golde, das swer genug an dem gewichte sie, wolezcudancke beczalen ane geuerde. Doch habin wir vns einen widderkouff an disser renthe behalden, also wanne wir disse vorgeschribene drissig gulden renthe widder abekouffen wollen, das mogen wir thun, vnd welches iars wir das thun wollen, so sullen wir das denne vorgeschriben Mertin Schindel, sinen testamentarien vnd den die dissen brieff mit sinem gutem willen vnd wissen innehaben eyn virtil iars vor dem czinßtage nffsagen vnd zcuwissene thun, vnd sollen denne dornach uff den nehistin czinstag dem gnanten vnsern gloubern vierhundert Rinische gulden gud am golde swer genug an deme gewichte vnd ouch funffezehn gulden renthe derselbigen werunge vnd ab wir yn ichtes mehir von den renthen schuldig weren in der stad Lipezk wol zcu dancke beczalen. Wir sollen ouch vnd wollen den gnanten vnsern gloubern disse beczalunge der ierlichen renthe vnd ouch der vierhundert Rinische gulden, wenne wir die vorgeschribene renthe vnd zcinse abekouffen wollen, kunth thun uff sotene zeiit wiese vnd stete also vorgeschriben ist aue allirleie iufall, aue vorbietunge vnser hern, aue bekummernisse geistliches vnd wertliches gerichtes vnd ouch aue allirleie hulffrede adir welddirwort, domit wir yn diese vorgeschribene beczalunge vorezihen vnd wegern mochten. Were abir, das wir die beczalunge als obengeschriben ist nicht enteten, was redelichen schaden die egnanten vnser glouber denne darvmme teten zen cristen adir inden, den schaden wollen wir en benehemen aue allirleie hulffrede vnd ane generde. Vnd das wir alle disse vorgeschribene artickele stete vnd veste wollen halden, haben wir dissen vnsern brieff mit vnserm grosten anhangenden ingesigile vorsigelt, der gegeben ist nach Cristi vnsers hern geburt virczenhundert iar dornoch in dem viervnddrissigisten iare am sonnabende nach sente Franciscus tage.

Nach dem Orig. im Rathsarchiv zu Leipzig mit dem grossen Stadtsiegel an einem Pergamentstreifen

No. 186. 1434. 26. Dec.

Kurfürst Friedrich II. und Herzog Sigmund verkaufen der Stadt die Gerichte im Weichbild (dessen Beschreibung beigefügt wird), für 3000 Rhein. Gulden unter Vorbehalt des Wiederkaufs. Vergl. No. 135.

Wir Friderich von gots gnaden des heiligen Romischin reichs erczmarschalkg vnd Sigimund gebrudere herezogen zen Sachsen, lautgrauen in Doringen vnd marcgrauen zeu Missen bekennen offintlichin mit dissim bryeue vor vns vnd alle vnsir erben vnd erbnemen, das wir mit wolbedachten muthe vnd rate vnsir ratgebin vnd getruwen heymelichir durch manichfeldige getruwer dinste vnd volge willen, die vns die ersonnen vnsere liben getruwen burgirmeistere rete vnd die ganeze gemeyne vnsir stad Lipezk in mannichirleye sachen vnd stugken getan vnd getruwiclichin beweised haben vnd nach furbas thun werden, auch durch zennemunge vnd besserunge der vorgnanten burgirmeistere reten vnd ganczen gemeyne vnd durch oren nachkomelingen der selbin stad Lipezk recht vnd redelich vorkaufft haben vnd furkauffen mit krafft dissis bryeues alle vnsir gerichte in wichbilde doselbist zen Lipezk obirste vnd nederste, obir hals vnd hand, vordingen vnd gerichte vbir alle schult, mit allen bußen wetten genysen zengehorungen zeinßen vnd renten, als wir vnd vnsir voite doselbins von vnsir wegen das bißher gehabt besessen vnd gebrucht habin vnd in allirmasse, als das auch fur vns die erbrichtere zeu Lipezk besessen vnd gebrucht haben, keyns das zeu dem selbin gerichte furmals gehord had vnd gehoret vßgeslossen, vnd habin in das vorkaufft uff eynen wedirkauff, der ezu vns vnsir erben vnd erbnemen stehin sal, vor drytusind Rinische gulden gud an golde vnd swere gnug an gewichte, die sie vns bereite ganez vnd wol beczalet vnd die wir furbas in vnsir herschafft, vnsir lande mucz vnd fromen kuntlichin gekart vnd gewand habin. Das selbe gerichte mit allir seiner zeugehorunge vnd nutezen vor benand haben wir an sie alreite lassen weißen vnd on das ingegebin, weisen vnd ingebin mit crafft dissis bryeues, vnd wollin heisen vnd gebiiten von gewissir wissinschafft vnsern

17*

voiten vnd amptluten da selbens zcu Lipezk keinwertigen vnd zcukunfftigin, das sie vnd or yczlichir sich in solche obgnante gerichte nicht legen nach werren sullen in keynewis, sundern die obgnanten burgirmeistere rete vnd gemeynheit des vorbedachten gerichtes mit allen seinen wirden gewanheiten nutezen vnd zcugehorungen geruglich yunehabin vnd gebruchen lassen. Geschege abir, das sich vnser voite amptlute adir ymandes anders in die vorgnanten gerichte, als wit vnd wichbilde zcu Lipczk wendit (vnd) vßgesaezt ist, (— nemlichin das wichbilde wendit mitten yn der Elstir vnd mitten uff der brucken gehist Lindenaw, das andir wendet mitten in der Parde vßwendig der Hellisschen brucken bis an die zcune vnd uff dem steynwege bis an das hulezen crueze, das am steynwege stehit, das dritte wendet zcu dem steyne bii dem Egilphule*) vnd furbas an den stein dissiiten des galgen, von dem selbin bis zcu den graben, die uffgeworffen sein an des prabistes ackere, do auch eyn steyn liet, also verre als des prabistis grabin wenden gensiiten sente Johanße, das virde wendet von den selben graben vmbe die Bettelgassen*) her vnd vmbe die zcune vßwendig dem krueze bis uff die slingbrucke vor dem Petirs thore, vnd von der slingbrucken das wassir hernedir mit der Clostirgassen*), der Nvnnenmoel, der Thomasmoel vnd der Barbissenmoel, mit der monche garten, die zcum clostir gehoren, vnd das Nuendorff*) ubir hals vnd hand vnd auch die Aldenburg mit hals gerichte; vnd yn der Bettelgasse, in dem Nuendorffe vnd uff der Aldenburgk, uff dem Moelgrabin*) habin ire erblern ire nedirste gerichte ubir schult vnd scheltword —) adir in ore furbenante zcugehorunge legen setezen sprechin adir werren welden, von wes wegin adir in welchir weise sie das teten, so wollen vnd sullen wir vnsir erben vnd erbnemen die egnanten vnsir burger zcu Lipezk bii den obgeschrebin gerichten mit iren werdin gewanheiten nutezen vnd zcugehorungen behalden schutezen festielich vnd uorteidingen, vnd ernstlichin darczu tun, also das sie bie den gerichten in wichbilde zcu Lipezk in allirmaße als obingeschrebin stehit bleiben, die innehabin vnd der gebruchin an allirleye hindirnisse vnd geuerde. Were auch, das wir, vnsir erbin adir erbnemen das vorbenante gerichte zcu Lipezk von den vilgnanten burgirmeisteren reten vnd der gemeyne do selbens wedir kauffen welden, so sullen vnd wollen wir on den wedirkauff eynfirteil iars vorkundigen vnd sagen vnd in yn dem nehisten virteliars nach der furkundigunge der drytausend Rynische guldin gutes goldes vnd volkomenden gewichtes vor das gnante gerichte in der gnanten stad Lipezk vnuorsprechlich genezlich vnd wol beezaln adir beezalen lassen an allen intrag vnd geuerde. Die wiile wir abir adir vnsir erben adir erbnemen das mehirgnante gerichte nicht weddirgekaufft nach den burgern zcu Lipezk furgnanten die obingeschrebin drytausend gute Rynische guldin danor beezalt habin in allirmasse als obingeschrebin stehit, so wollin vnd sullen wir vnsir erben vnd erbnemen keynerley vornemen, das den gnanten vnsern burgern zcu Lipezk an den gerichten adir seinen zcugehorungen adir an den obgeschribin drytausend guten Rynischen gulden hindirniß adir intrag brengin mochte. Wenne wir abir vnsir erben adir erbnemen das von in wedir gekaufft vnd in die mehirgnanten drytusind gute Rynische gulden danor genezlich vnd wol

a) H. i. i die Mühlinsel. Die zu dem Agelpfahl gehörenden Anker grianten mit den Federn der Kubleärten. b) Die Johannisgasse. c) Die Mühlgasse. d) Das Neuendorfchen. e) Der Neustädter Mühlweg

beczalt habin als obingeschrebin stehit, so sullen sie vns vuseru erben vnd erb-
nemen des gerichtes wedir abetreten vnd vns das wedir antworten in allirmasse als
sie das von vns enphangen vnd ingenomen haben aue geuerde. Des zen orkunde
vnd waren bekentheniß habin wir herczogin Frederich vnd Sigismund vor vns, vnser
erben vnd erbnemen vnsere ingesegele wissintlichin an dissin offin bryeff lassen
hengen, der gegebin ist zen Aldinburg nach Crist gebord virczehinhundir darnach in
dem funffvnddrissigisten iaren am sontage nach des heiligin nuen iars tage.[*)]

Nach dem Orig. im Rathsarchiv zu Leipzig mit den beiden Siegeln an Pergamentstreifen.

*) Die Aufstsung des Datums in der Ueberschrift erfolgte mit Rücksicht darauf, dass man noch im 15. Jahrhundert in der
Meraelurger wie in der Meissner Diöeese den Jahresanfang auf den 25. December setzte.

No. 187. 1435. 11. Juli.

*Kurfürst Friedrich II. schlichtet einen Streit zwischen dem Thomaskloster und der Stadt wegen
des Stadtgrabens hinter dem Kloster.*

Wir Friderich von gots gnadin herczog zeu Sachsen lantgraue in Doringen
vnd marcgraue zeu Missen bekennen —. Nach dem vnd die wirdigin vnd erbarn
probiste capittel vnd gancze sampnunge des closters zeu sente Thomas vnsere libin
andechtigin an cyneu vnd die ersamen weisen burgermeistere vnd rete vnsir stad
Lipczk vnd liebin getruwen au dem andern teyle in vnwillen vnd in teydingin von
eyns grabins hindir irem closter vnd andir sachin gewest sind vnd nu der mechtic-
lichin von beyden teylen, sie durnß zeu entscheiden, vnwiddirsprechlichin vff vns
vnd vnseru rad seyn gegangin, sprechin wir mit wissen vnsers rates hir nach
geschrebin, das die egnanten vnsere burgere zeu Lipczk den grabin hinder irem
closter zeu ewigin geezeiten habin, buwehafftig haldin vnd der fische dor innen
genissen sullen, abir die gnanten burgere sollen dem egnanten probiste vnd seiner
sampnunge gvnnen eynes stegis ubir den selbin grabin zeu irem boimgarten vnd
dar inne zeugehin als offt yn des noid seyn wirdit, doch also, das die egnanten pro-
bist vnd capittel den selbin steg vorslossin haldin sollen, das vns, vnseru burgern
adir der stad icht schadin douon enstehe adir komen moge. Hirbye sind gewest
der erwirdige in got vatir herre Johannes bisschoff zeu Merseburgk, der wirdige er
Heinrich Loubing thumprobist zeu Nuemburg vnsir canczler vnd die gestrengin Con-
rad vom Steyn vnsir obirstir marschalgk, Friderich von Malticz vnd Hans von
Schonenberg vnsere libin heren vnd frund, rete vnd getruwen. Des zeu orkunde
habin wir herczog Friderich vaser insigil wissintlichin vadin an dissin brieff lassen
drugken, der gegebin ist zeu Lipczk nach gotis gebord virzeuhundirt darnach im
fumffvndrissigisten iaren am nuantage nach sente Kylianiß tage.

Nach dem Orig. auf Pergament mit dem aufgedrückten Siegel des Kurfürsten im Rathsarchiv zu Leipzig.

No. 188. 1136. 13. März.

*Herzog Wilhelm ertheilt dem Juden Abraham, Jordan, dessen Schwiegersohn und ihren Familien
auf acht Jahre einen Schutz- und Freiheitsbrief.*

Wir Wilhelm von gotis gnaden herczoge zcu Sachssen, lantgraue in Doringen, marcgraue czu Myssen vnd wir Conrad vom Steyn vnde Mertin von Bernwalde des gnanten vnsers gnedigen hern itczunt vorweser bekennen vnde thun kunt offintlichen mit dissem briffe kein allen den, die en sehen ader horen lesen, das wir an gesehen haben manchen getruwen dinst, den Abraham vnser iode itczunt czu Lipczk wanhafftig der herschafft lange czyt vnde manchveldielich gethan hat vnde noch thun sal vnde mag, vnde noch dem er ouch von der herschafft swerlichen obirnommen ist, vnde dor vmbe so haben wir gnanter Wilhelm herczoge czu Sachsen x. den gnanten Abraham wilder czu vnserm gesinde, diener vnde kammerknechte enphangen vnde uff genommen, als yn danne vnser vater seliger gehabt had, vnde ouch dy gnanten vnser vorweser mit vns haben dem gnanten [Abraham], Jordan syner tochtir man, mit yren wiben kindern gesinde, mit sampt allen yren gutern, wor an sie dy haben, vnser gut frihe sicher geleite gegeben vnde geben yn das in rechter wise mit crafft disses briffes ane geferde in allen vnsern landen slossen steten gebieten ane geuerde vor allen den, dy durch vnsern willen thun vnd lassen wollen, von dissen nehist-kommenden sontte Mertyns tag nuczuhebin vnde forder achte ganeze iar nehist noch einander volgende, also das dy gnanten [ioden] vnd iodinnen mogen in den acht iarn in allen vnsern landen gewynnen vnde irwerben noch yrer narunge gewonheit, ader sust ander redeliche handelunge triben an kouffen adir vorkouffen, wy on das vor handen kumpt. Wir wullen ouch die gnanten ioden vnde iodynne mechtiglichen beschutezen vnde vortedigen czu glich vnde rechte kegen ydermenniclichen geistlichen vnde wertlichen, ouch nemlichen mit umecht do vor schutezen vnde vortedigen, das sie nymant mit fremden gerichten angriffen laden ader anthedi[n]gen sal, ouch nem-lichen das sie nymands bannen vehmen ader echtigen sal an geuerde. Wir wullen yn ouch czu den, dy yn schuldig werden ader gereite schuldig sint, mit vnserm gerichte helffen lassen, das sie von yn beczalt wurde[n] mit rechte adir gulde, das den ioden gennugit, an geuerde; dy iodyn ader iodinne mogen ouch ôr wort vor gerichte selber reden vngeuerlichen ane busse vnde ane wandel. Were ouch, ab ymant schulde adir czusprache czu den gnanten ioden ader iodinne hette adir gewnnne, der selbe sal sie schuldigen vor dem voite adir burgermeister, czu welchim die ioden kisen, in der stat, do sie wanhafftig sint; was sie danne bekennen, dor vmbe sullen sie nûrichtunge thun, wor czu sie neyn sprechen, das sullen sie ent-gehen mit yrrs selbis hant uff Moyses buche in irer ioden schule, als das von alder herkommen ist. Wir wullen ouch dy gnanten ioden bie allen iren iodisschen rechten vnde alder gewonheit lassen vnde behalden. Wir wullen ouch die gnanten ioden vnde iodynne nymande obirezugen lassen; welchirleie schult adir gerichte uff sie kommen geistlichen adir wertlichen, do sullen sie mit irer eigen vnschult von kom-

men vnde entsprochen sien. Were ouch, ab die gnanten ioden ader iodinne kein
vns selbir adir den vusern vorbracht vnde bernchtiget wurden, mit welcherleie sachen
dy weren clein adir groß, das sullen noch wullen wir czuhant uff sie nicht glonben,
sunder wir wullen vns der sachen eigintlichen vnde clerlichen irfaren vnde dy ioden
zcu irer antwert kommen lassen; was wir sie danne mit frommen biderben luthen
cristen vnde ioden obirkommen muchten, dor vnbe sullen wir yn gnedielichen busse
setczen noch gnaden vnde nicht noch rechte. Kein voit adir amptman sal ouch
nicht gebieten adir gebot obir die ioden habin. Wir wollen ouch die gnanten ioden
vortedigen vnde schutezen bin dissen acht iarn vnde das gnante vnser frie sicher
geleite nicht uffsngen[1]) noch widderruffen wir noch nymmt von vusern wegen schrift-
lichen adir muntlichen ane generde. Were is ouch ader queme, das den gnanten
ioden nicht ebente ire wonunge czu Lipezk, so mogen sie ire wonunge wenden in
eyne andere stat vnder vns herczoge Wilhelm, wo yn das ebene adir bequeme were.
Ouch haben wir den gnanten ioden vnde iodinne furder die gunst vnde gnade gethan,
das sie mit irer habe vnde gut in vusern landen czollen vnde geleites frie vnde
ledig syn sullen, sie reiten faren adir gehin. Die gnanten ioden vnde iodinne mogen
ouch ire kinder von in vorgeben adir czyn lassen vnder welchin hern adir stat yn
das gefellit adir bequeme ist, do wullen wir sie czu furdern vnde nicht bindern.
Hir vmbe sullen vns die gnanten ioden vnde iodinne alle iar ierlichen glich uff
saucte Mertyns tag virezig rynissche gulden in vusere kammer czn geschosse geben
vnde sullen vns ouch ye obir das fumffte iar sulchin geschos vor eyne bethe vnde
sture czu dem mal[2]) in vnser kammer geben an gulden adir czwenczig nue schil-
dichte gr. vor eynen gulden, vnde sullen danne do mitte von vns vnde den vnsern
vor vnde noch aller ander beswerunge sture bete nichtes ußgeslossen ledig vnde
enprochen syn, sie wullen vns danne von eigem willen dinst vnde hulffe thun. Wir
wullen ouch den gnanten ioden czu merer sicherkeit des ratis vnde stat czu Lipezk
ingesigel mit vuserm vnd vnser vorwesern ingesigeln an dissen geleitis briff lassen
hengen, vnde ab sich das eyn czyt uff hilde vnde vorezoge, das sal dissen briff
nicht beschedigen. Vnde des czu waren bekentenisse habin wir Wilhelm herczoge
czu Sachsen vorguant vnde ouch wir Conrad von Steyn vnde Mertyn von Bern-   *l.-t m.*
walde vorwesere vnser ingesigel wissentlich an dissen briff lassen hengen. Vnde
wir burgermeister vnde ratman der stat Lipezk reden vnde geloben den gnanten
ioden vnde iodinne sulche vorschrebunge, als in der gnante herre Wilhelm der her-
ezoge zcu Sachsen zc. vnser gnediger liber herre vnde syne vorweser vorschreben
haben, das yn eyn sulchs die czyt uß als vorgeschreben ist ane gener stete vnde
vnuorruckt sal gehalden werden, vnde wollen sie ouch dorezu mit vnserm gnedigen
hern vnde synen vorwesern schutezen vnde vortedigen czu gliche vnde rechte, so
wir beste mogen ane generde, vnde haben des czu meherer sicherkeit vnser stat
ingesigel mitte an dissen briff lassen hengen, der gegeben ist czu Aldenborg am
dinstage noch Oculi anno domini millesimo quadringentesimo tricesimo sexto.

Nach einer gleichzeitigen Abschrift im Rathsarchiv zu Leipzig. *J p. 128 if*

1) Or. *Wie wollen ouch die gnant a ioden du gnante vnser frie sicher geleite vortedi[g]e vnde schutzen bis dazen ackt iare auch ußsngen.* 2) Or. *commal*

No. 189. 1436. 16. Mai.

Der Rath stellt dem Juden Abraham, Jordan dessen Schwiegersohn und ihren Familien auf Grund des von Herzog Wilhelm erlangten Schutz- und Freiheitsbriefes einen Aufnahmebrief aus.

Wir ratmanne vnde gesworne zeu Lipczk bekennen, das wir mit willen vnde wissen drier rethe vnde der gemeyne vnde von befelunge wegen des hochgebornen fursten vnde hern hern Wilhelms hercogen [zeu] Sachßen, lautgrauen in Doringen vnde maregrauen zeu Miessin vnsers gnedigen hern vnde der gestrengen Conrade vom Steyn vnde Mertin von Bereuwalde des gnanten vnsers guedigen hern vorweser, vnde ouch durch gunst vnde dinste willen, die Abraham iude der stat Lipczk dicke vnde vil gethan hat vnde nach thun wirt vnde mag, denselben Abraham ioden iczunt zeu Lipczk wauhaftig, Jordan syner tochter man, ire wib kinder vnde gesinde, mit sampt alle iren gutern empfangen vnde die bie vns in der stat zeu wouen uffgenommen haben, also das wir mit hulffe des guanten vnsers guedigen [hern] vnde syner vorweser obgnant die egnanten ioden vnde iodynnen, [die] bie vns in der stat Lipczk [wanhaftig sin], vnde ire guter in wichbilde gelegen¹) schutezen, in helffen raten vnde vortedingen wollen zeu gliche vnde rechte noch vnserm vermogen vnde [so] wir best mogen, nach lute vnde inhaldunge des briues, den vns der gnante vnser guedige her vnde syne vorweser dorobir vorsigilt gegebin haben, ane geuerde, vzgeslossen der sachen mit den Waltheym, Kudorffen vnde Hotrittyune, vnde ab er vor die heymlichen ader geistlichen gerichte geladen were, vor das concilium adir den babist, vnde das Abraham, syner tochter man, ire wiber vnde kinth keyn kouffmans gut adir pfant in gesatezt vorkouffen sullen, denne mit wissen des ratis rc. Wir wollen ouch den guanten ioden vnde iodynnen sulliche geleite, als danne vnser gnedige her vnde syne vorweser in gegebin haben, festielichen helffin schutezen vnde vortedingen, das alle zeit, wenne man eynen nuwern rath vorkundiget vnde setezit, der ganczen gemeyne, vnde uff andire zeiit, wenne das deme sitezende rathe bequeme dunckt, sulliche geleite vorkundigen lazin. Ouch so gebin wir den guanten ioden vnser frie vnde sicher geleite bynnen der stat Lipczk vngeuerlichen in craft diß briues vor alle den, die durch vnsern willen thun vnde lazin wollen, alle die zeit, als der iode von vnserm hern vnde synen vorwesern uffk ... vnde in vnsern vorteding vnde schutez geantwort ist ane geuerde. Dornanne sullen die gnanten ioden vnde iodynnen vff vnser rathuß alle iar ierlichen die wile sie bie vns wonen vnser stat uff itezlichen senthe Mertins tag vor stat recht geben sechzig gute Rynische gulden adir y vor den gulden XX nuwe schildechte gr. Fribergischer munteze, vnde sollen denne do mitte von vns aller sture bethe dinste vnde ander beswerunge emprochen sin ane geuerde. Vnde nemlichen von den husern, die sie itezunt haben an der Fyhofes ecken biß an Matthiß Schultheissen hoff zeu rechen, sal sulliche fryheit vor die vorgeschriben LX gulden adir XX schock unwer gr. zeu statrechte stehin, wurden sie aber mehir erbe innemen mit wissen vnde willen der rethe, douon

¹) Ot. gelegen andr wrakhefaly sia.

sullen sie aber eyn geschoß gebin, nachdem als sie das mit den rethen obirkommen mogen, aue widdersprache. Ouch so sullen die vorbenanten Abraham iode, Jordan syner tochter man, ire wiber vnd ire kinder die wile sie bie vns wonen vnsern rethen vnde der ganczen gemeyne getruwe vnde gewere sin vnde vnser allir vnde itzlicher bisundern beatis werbin ane generde. Factum est in proconsulatu Hans Wachawen anno domini M° CCCC XXXVI° feria quarta in vigilia ascensionis domini.

Aus den Bruchstacken eines Stadtbuchs im Rathsarchiv zu Leipzig. Unter denselben befinden sich auch auf besonderem Blatte die Bedenken eines Ungenannten gegen den von Herzog Wilhelm den Juden ertheilten Freibrief, welche bei Abfassung des Aufnahmebriefes nicht unberücksichtigt geblieben sind und deshalb der Mittheilung nicht unwerth erscheinen.

Die zcedel, die Abraham am nehisten in geinwertikeit Mertin von Berenwaldis hofemeister, Albrechts von Draschwicz vnde des lantschribers dem rate usgeantwort hat, ist myn gut geduncken, das man der nicht uffneme noch in der stat buche laze schriben, vnd bisundern von des artickels wegen in der selbin czedel namhaftig geschrebin also inhaltende nach inhaldunge ires bestetiges briues, den on vnser guedige herre vnde syne vorweser voruigelt gegebin haben zc., wenne der bestetige briue in eynem artickel also inheldet, also das die gnanten ioden vnde lodynnen mogen in den acht iorn in allen vnsern landen gewynnen vnde irwerben noch irer marunge gewonheit, ader sust andire redliche handelunge triben an kouffen adir vorkouffen, wie in das vor handen kumpt zc. Solde der artickel also bliben, so machten die ioden kouffen vnde vorkouffen; was were is denne [vmbe] die bantwerge, wullenweber, gewantsnider, cramer vnde andire koufflute, die ioden schickten wachs, gewant, worcze vnde andire koufmanschatcz bii sich glich andern mitteburgern vnde kouffluten, vnde der artickel ist widdir eynen gemeynen nutcz vnde ist nicht zcu zcugelen zc. Vordir stehit in demsellin bestetigten briue eyn artickel vnde vortedingen, das sie nymand mit frouden gerichten angriffen, laden ader antedingen sal, ouch nemlichen, das sie nymandes bannen vehmen ader echtigen sal ane guuerde zc. Meyne ich, das der artickel swerlich ist, sich neu vorschriben, dorumme wir sint nicht mechtig des babistes vnde des conciliums noch ouch des keysers, wir mogen in ire hende irer gewalt nicht binden, das er nicht vor den babist adir in das concilium geladen wirde, vnser guedige hern machten das nicht oldreg gesin, sie sint in das concilium geladen. Ouch wurde er vor die beymlichen gerichte geladen adir vor den keiser, wie were vns das mogelichen, das wir in widder solliche gerichte vortedingeten, vnde ist vnmogelich vnde widdir die gesatczten recht, vnd machten vns do mitte anruchtig von sollicher vorschribunge vnde setczten vns widdir die heilige kirche vnde das Romische rich, vnde meyne, das ir vch des habet wol zcu schutczen vnde uff zcuhalden. — So stehit vordir in demsellin briue in eynem artickel, wir wollen ouch die gnanten ioden vnde lodynne nymand obir zcugen lazin, welchirley schult adir geruchte uff sie kommen geistlichen adir wertlichen, do sullen sie mit irer eigen vnschuldt von kommen zc. Der artickel ist adir widdir geistliche vnde wertliche recht vnde neynen, were ich dem ioden lebt schuldig gewest vnde in bezcalt hette vnde er mir das lancken wolde, ich muchte vnde solde in obirzcugen wie man eynen ioden obirzcugen sal vnde mag noch gesatcztem rechte. — Vmbe den artickel als vmbe das geleite, das hette sinen vorgang, wil in vnser herre hir haben, so mussen wir in liden vnde sollich geleite im helffen bevestigen vnde beschutczen. Wehle denne der rat is in iren schutcz nemen, das man in neme in sollichen schutcz vnde vortedinge, alsdenne hie vnser guedigen hern vnde irem vater vorunals gewest ist vnde im zcugeschrvben haben.

Es folgt nun der Entwurf eines abgeänderten Schutzbriefes, wie dieser nach des Schreibers Ansicht von Herzog Wilhelm mit Berücksichtigung der auseinandergesetzten Bedenken auszufertigen sein würde. Dann heisst es weiter: Nach sallichen briue lute vnde antwortunge liesse sie stat schreben den schutcz Abrahams in der stat buch vnde gebe im eyne slevhte abeschrift vnde nicht vorsigelt mit keyuerley sigill des statschribers adir eyns andern, dorumme is were glich so vil, wenne der rat eynen hiß sin sigel andrucken sal vnde mag noch gesatcztem rechte, als [oh] die stat Abraham ir sigil angedruckt hette lazin, vnde muchte so eyn bekentniß haben vnde die stat zcu schaden vnde tedingen brengen zc.

No. 190. 1436. 11. Juli.

Der Rath belehnt Hans Borckart mit der Pardemühle.

Hans Borckart hat uff genommen von dem rate die Pardemol gelegen vor dem Hellischen thore, douon er sal geben alle iar III ß cinses. Factum sub Johanne Wochaw feria 4ta post Kiliani anno zc. XXXVI°.

Nach dem Stadtbuche fol. 67 im Rathsarchiv zu Leipzig.

Diese Mühle und den auf ihr liegenden Erbzins erwähnt bereits das Stadtbuch von 1351: Molendinum in Parda prope pontem Haliensem dabit omni anno XV praecisos grossos ad perscriptum terminum (Michaelis). Mittheill. d. Deutsch Gesellsch. I. B. 116.

No. 191. 1437. 6. Mai.

Kurfürst Friedrich II. belehnt Albrecht Schick und dessen Ehefrau mit 26 Ackern Holz vor Leipzig in der Aue auf beider Lebenszeit.

Anno domini xc. tricesimo VII^{mo} hat myn herre Albrechte Schicken vnd Agnisen sienem wiebe sechs vnd zewenczig acker holtezis fur Lipczk in der Auwen gelegen zcu irer beider libe die wiele sie am lebin sin werdin gereicht vnd gelihin, inmassin die Johannes Vndervoit furmals yunegehabt hat. Testes Curt vom Stein, Fr. von Maltiez xc. Actum Misnae secunda ante ascensionem domini sub impenso sigillo.

Nach dem Cop. 85 fol. 103 im K. Haupt-Staatsarchiv zu Dresden.

No. 192. 1437. 6. Oct.

Der Rath zu Magdeburg ersucht den Rath zu Leipzig, die auf einem Tage zu Landsberg durch Uebereinkommen festgesetzte, dem Bürgermeister Arnd Jordens zu entrichtende Entschädigungssumme für Schäden, welche Magdeburger Bürgern durch die Pfluge zu Tiefenau zugefügt worden sind, dem Vorzeiger auszuzahlen.

Den ersamen borgermestern vnde gewornn radmann to Lipczk entbeden wy radmann vnde innigesmester der alden stad Magdeborch vnsen frundliken dinst tuuorann. Liuen frunde. Alz iuwe ersam liue wol witlik is, in welkir mate vmme send Vrbanus daghe nebst vorgangen up eynem daghe byanen Landisberch in frundliken dedingen besproken ward, dat gy Arnde Jordens vnsen borgermester von wegen sulkes schaden, alz itliken vnsen borgern von den Plugen to Defenow*) widderfaren is, lourden togeuende hundert schok aldir grosschen, vnde dat gy de up send Michaelis dage alse nilkst vorgangen is sundir vortoch wolden richtich maken vnde betalen, bidden wy gutliken in flitiger begeringe, gy wilt de vorgesebreben hundert schok aldir grosschen gheuen Hinrike Glyndenberge wiser disses brifes, dem dat up ditmal beuolen to entfaengende, vnde wan gy om de gegeuen hebben, so seegen wy uch der seluen summen geldes von vnses gnanten borgermesters wegen incraft disses brefes quyd leddich vnde los. Dat syk iuwe liue hiranne gutwillich finden late vnde an der betalinge keynen leneger vortoch don, dat vordinen wy gerne. Ghesch. am sondage vor Dyonisii vnder vnser stad seeret toruegehalff ghedrucket an dissen breff anno domini xc. XXX septimo.

Nach dem Orig. im Rathsarchiv zu Leipzig. Das auf der Rückseite aufgedrückt gewesene Siegel ist abgefallen.

*) Tiefenau, Pfr. Spansberg

No. 193. 1437. 28. Nov.

Conrad vom Stein, Marschalk und Henning Ströbart, Hauptmann zu Magdeburg und Halle als gewillkürte Schiedsleute errichten eine Sühne zwischen Kurfürst Friedrich II. und den andern Betheiligten einerseits und den Kudorfen und deren Streitgenossen andrerseits.

Wir diese nachgeschriben mit namen Conrat vom Stein, marschalk des hochgebornen fursten herren Fridrichs herczogen zu Sachsen ꝛc. vnd Hennyng Ströbart, der stete Magdeburg vnd Halle houbtman bekennen mit diesem vnserm offen briue gein allen den, die in sehen ader horen lesen, als von sollicher schelung zweitrechte vnd gebrechen wegen, die mit geistlichen forderungen vnd anders etwie langeczite gein einander haben gehabt der obgenante vnser guediger herre herczoge Fridrich von sin vnd siner bruder auch der sinen wegen aller, die danne von dieser sachen wegen zubaune komen sind an eynem, Heinrichen Kudorffen, Franczen sinem sone, Fabian, Hans vnd Lodewig die Waltheyme genant, Elizabet Waltheymynne vnd Margere Hotrittynn vnd die des mit in zuschicken haben gehabt an dem andern teile, der sie dann von beidenteilu mechtielichen vf vns gegangen sind, sie doruß fruntlichen zu entscheiden, als vns dann die obgerarten hennischen vnd auch die andere partie beidersiet mit handgebenden truwen an eides stat globt haben, geneczlichen zuhalden vnd zunolfuren aue alles widersprechen vnd vnwiderruflichen, wie wir sie doruß seczen vnd entscheiden, das wir sie hiruf eyntrechtielichen vnd mit beiderteile wissen vnd willen fruntlichen entschelden vnd zwischen in vzgesprochen haben. scheiden vnd sprechen auch also zwischen in vß mit diesem brieue in massen als hernach geschriben stet. Des ersten, das alle nachgeschriben dorffere, gutere vnd zinse aue allermencliche insprache bliben sollen den, die sie innehaben, mitnamen die dorffer Borneck[a]), Blesen[b]), Altenaw[c]), alle kornezinse zu Gordewicz[d]) vnd Boynewicz[e]), der acker hinder Rudenicz[f]), der Nunnen acker, die zwey schog geldes vom Elrich[g]), das holcz zeu Groiczsch[h]), die wehse vor dem Hellischen thore, die wehse zu Döhlicz[i]), der zcoll zu Tuch[k]), die mohel bii Tuch, Künen huß, Hans Schribers huß, das huß zeöm Fueszcagel, das huß zeöm Eynhorne, die dorffer Merekewicz[l]), die Windischeheide[m]) vnd Göczschen[n]), iglichs besundern, in massen das verkauft vnd bisher besessen ist, vnd was dorffer, guter vnd zinse doruber vorhanden sind. also Panczsch[o]) der Waltheymynne lipezucht, Rudenicz vnd alle andere guter, die Kudorffs vnd Lucas Waltheyms gewest vnd wo die gelegen sind, die sollen vortmer Heinriche Kudorffe, sinen erben vnd Lucas Waltheyms erben vngehindert werden vnd volgen[p]), alleyne vzgeslossen der verkouffte wingarte zu Yhene[q]) vnd das gelt,

---

a) Barneck, Par. Gandorf. b) Plösen. Par. Gleuten. c) Althen. Par. Paulusch. d) Gordewitz, Kreis Delitzsch. e) Bennewitz od. Reinewitz, Kreis Torgau. f) Raudnitz. Par. Schönfeld. g) Ein zu Reudnitz gehörendes Gebäude, welches sich dings der Ritschke nach der Parde hinzieg; in Nti reichte es ziemlich nahe an die Stadt heran. (Elrich prope Lipzch retro capellam beatae virginis Maria in Lipezk. Urk. des Thomasklosters v. 27. Mai 1404. h) Wahrscheinlich Breitenach bei Eilenburg. i) Döhlitz w. M. bei Authausen. Kreis Bitterfeld. k) Stadt Taurha. l) Merkwitz, Par. Hohenheida. m) Hohenheide. Eph Leipzig. n) Göttz erscheint, Par. Hohenheida. o) Paulizsch, Eph Leipzig. p) 1441. 4. April befahl Kurfürst Friedrich II. Claus Surwicz und Martin dessen Sohn mit dem Dorfe Reulnitz samt dem Holze das Elrich', mit Kornzinsen an Fuchshain, mit einem Schock Gr. auf dem AR rennzen zu Leipzig etwas Schock Gr Zins in dem Dorfe Morkau, einem halben Schock Gr. und drei Hähners zu Goerbshain, wie sie dies Alles von Hans und Ludwig Waltheym erkauft haben. Orig. im Rathsarchiv zu Leipzig. q) Stadt Jena

18*

dauor er verkauft ist, ongenerde; doch mogen die Waltheyme widerkouffen das dorff
Altenaw vnd was Franckinberg sollicher guter hette gekauft'), vor sollich gelt das
Franckinberg dauor gegeben had vnd iczund doruf gesaczt ist, alles vngenerlichen.
Was auch sust die Kudorffe, Waltheyme vnd Hotrittin in vnser obgenanten gnedigen
5 herren lannden geltschulde hetten, die mogen sie ermanen, doch nicht anders denn
[mit] gerichte vnd rechte in irer gnaden lannden, darczu in der rat zu Lipezk in
irer stad gleite geben sal als dicke in des not ist, also das sie sollich gleite gleit-
lichen halden ongeuerde. Was auch hinderstelliger zinse weren an fruchten, gelde
ader anders, die Abraham vfgehaben solde habe, die sollen werden vnd volgen den
10 Waltheymen, doch alleyne von den vnuerkauften glitern vnd nicht von den verkouff-
ten als obgerurt ist. Ab auch Abraham iude meynte, das im Waltheyms kindere
ichts pflichtig solden sin, das sal von dem iuden vngemand vnd gancz redelos bliben,
vnd er sal in auch ires vaters briefe widergeben vnd iczund alsbalde bii den rat zu
Lipezk legen, der sie furder antwerten sal Franczen Kudorffe, so er die absolucien
15 brenget vnd ubergibt. Man sal auch der Hotrittin widergeben das huß, das Czegen-
kopf innehad, darczu auch das huß vnder den kramen vnd die kaufkamer, die vor
ir sind gewest, vnczubrochen als die iczund am gebuwe sind, mit alle irem huß-
gerete, das nach dorynne ist, doch nicht eher, die absolucio sii dann komen vnd
ubergeben; sie sal auch entledigt werden durch Abraham iuden, das sie nach nymand
20 von iren wegen von den burgen nicht sal gemand werden dieser sachen halben
ongeuerde. Hetten auch die Hotrittin vnd die Waltheymyn diese nachgeschriben
mitnamen Thummeln, Nickeln Buwerburger, Czigenkopfen vnd Bremamiczen vmb
ichts in schulden, das anders in diese sache nicht gehorte adir in dieser richtunge
nicht begriffen were, das sollen sie zu Lipezk vor dem rate ader dem gerichte
25 doselbs suchen vnd an rechte, des man in auch vngenerlichen helffen sal, gnuge
haben. Were auch die Hotrittynn Abrahame iuden ichts schuldig ader pflichtig, des
sal sie von im ledig vnd loß sin. Es sal auch vnser obgenanter gnediger herre
von Sachssen Waltheymen mit den widergegeben guten, die von sinen gnaden zulehen
ruren, durch siner bete willen gnediclichen belehenne vnd die antwerten lassen Fran-
30 czen Kudorffe, so er die obgerurten absolucien bracht vnd ubergeben had. So sal
man der Waltheymynne widergeben alle ir hußgerete, das zu dercziit in den husern
ist gewest, do diese teidinge zu Delczsch begriffen worden, was aber des also nicht
dorynne iczund were, das sal stehen vf erkentnisse des rats zu Lipezk in frunt-
schaft ader rechte ongeuerde. Vnser obgenanter gnediger herre von Sachsen sal auch
35 den Kudorffen vnd Waltheymen syne hulde gnediclichen widergeben vnd auch dieser
sachen vnd vnwillen er vnd die sinen in arge gein in nymmermer gedencken, vzge-
slossen alle generle vnd argeliste. Hiruf sollen die Waltheyme vnd Hotrittynn
Abrahamen iuden, Hansen Meynharten von Ybene, Kylen von der Nuenstat vnd alle
andere, die von dieser sachen wegen zubanne komen sind, vf ir gelt hieczwischen
40 vnd ostern ader danor so schierst sie mugen doruß schicken vnd domit alle vnwillen,

r) 1442 4. Juli beiebat Kurffrst Friedrich II. Cunz Proczer Bürger zu Leipzig mit 12 Feb. Golden, 12 Kophshsgn und
zu Manchhänere im Dorfe Althen in der Pflege Leipzig, mit dem Garlehta im Felde und Dorfe über Hals und Hand, mit Prohnen
Diensten, Pflichten s. d w., wie dies Albs Jhan Franckembergez zu Lehn und dessen Ehefrau Ilse zu Leibgedinge gehabt hat an
den genannten Proszer verkauft haben (Vep 42. fol. 183 im K. Haupt-Staatsarchiv zu Dresden.)

verdacht, vnguade, uissefallunge vnd was sich von begynne biß vf diesen hutigen tag hirunder verlauffen hette von allen obgenanten partien vnd die des zuschicken gehabt haben ader dorunder verdacht weren, geistliche ader werltliche personen, cristen ader inden nymants vzgeslossen, ganez abe vnd diese sachen gruntlichen vnd fruntlichen vnwiderrutlichen gericht sin vnd bliben, alle argeliste vnd geuerde vzgeslossen. Des zu warem bekentnisse haben wir obgenanten Conrat vom Stein vnd Hennyng Ströhart scheideslute vnser beider ingesigele wissentlichen an diesen brief lassen hengen, doch vns vnd vnsern erben ane schaden, vnd der iglichen partien eynen gegeben. Hiebii sind gewest vnd gezugen die vesten Hans von Malticz landuoit x. vnd Otte Spigel vnd die ersamen Peter Yleburg, Conrat Beer, Tieczko Kolkewicz vnd ander vil fromer lute. Gescheen zu Lipezk am donrstage nach Catherine anno domini millesimo quadringentesimo tricesimo septimo.

Nach dem Orig. im Rathsarchiv zu Leipzig mit den beiden Siegeln an Pergamentstreifen.

No. 194. 1438. 5. Jan.

Nicolaus Hertnit, Cantor der Marienkirche zu Erfurt, Vollstrecker des Spruchs des Baseler Concils in der Waltheymischen Rechtssache, befiehlt der Geistlichkeit der Magdeburger, Meissner, Naumburger und Merseburger Diöcesen auf Antrag Franz Kudorfs, die Lossprechung des Juden Abraham und zahlreicher in den Waltheym-Kudorfschen Handel verwickelter Personen von den über sie verhängten kirchlichen Strafen öffentlich bekannt zu machen.

Nicolaus Hertuit cantor ecclesiae beatae Mariae Erffordensis Maguntinensis dioecesis executor sententiarum pro honorabili viro domino Johanne Waltheym clerico Merseburgensis dioecesis principali agente et contra quendam perfidum iudaeum Abraham nuncupatum incolam Lipczensem in sacro Basiliensi concilio de et super certis rebus et possessionibus tunc expressis et eorum occasione latarum una cum certis nostris in hac parte collegis cum clausula „Quatenus vos vel duo aut unus vestrum per vos vel alium seu alios x. a sacrosancta synodo Basiliensi specialiter deputatus universis et singulis dominis abbatibus prioribus praepositis decanis scolasticis cantoribus canonicis tam cathedralium quam collegistarum ecclesiarum divinorumque rectoribus, presbyteris curatis et non curatis clericis notariis et tabellionibus publicis quibuscunque per civitates et dioeceses Magdeburgensem Misnensem Nuemborgensem et Merseburgensem ac alias nihilibet constitutis pro praesentium executione facienda requisitis salutem in domino et mandatis nostris immo verius dictae synodi firmiter obedire. Relatione providi et circumspecti viri Francisci Kudorff nobis innotuit, qualiter dictus Abraham iudaeus reus principalis, nec non Henricus Buchener alias Silberborner, Anna eius uxor et heredes, Nicolaus Muller, eius uxor et heredes, Valentinus cellerarius in castro Lipezk, Agneta eius uxor et heredes, Johannes Ingewer, Mathias Hemnchin, Frische Leder dictus, dictus der Schilende, Jorge Crenczemecher. Johannes Thummel, Johannes Cramer, Margaretha eius uxor et heredes, Laurentius Puderniß, Anna eius uxor et heredes, Johannes Ellebogen, Mathias Schultheiße, dictus Puschman, dictus Jordan, Johannes Hug, Johannes Borlin, Paulus Stoye censuarii

in den frihouen, dictus Greue, dictus Numester, Bastian altruße, dictus Tichman,
dictus Grunewalt, dieti dy altrusen, Symon altruße, Johannes Kelreman in dicto opido
commorantes, coloni et rustici villarum Rudeniez, Lusch, Hanschz, Altenaw, Bornecke,
Mirkiwicz, Windischeheide, Goczschin, Blesin, Seliez*), Gorduwicz*), Sifurczhayn*)
) et Fochzhol), et praesertim Nikel Augustin, Hans Mattis, Hans Grauwert, dictus
Arnd, Nickel Treudel, Mertin Kemerye, Hans Bueman, iunge Hans Grauwert, dictus
Lindental, Hans Ditterich, Jorge Puczke, Hans Doring, dictus Heidenrich, Nickel
Grauwert, Steffan Heidenrich, Jacoff Breitenfeld, Nickel Pomsin, Frederich Karis,
Hans Muraff, Heinrich Heydenrich, Franeze lineweber, Albrecht fleischouwer, Nickel
, Karis, Arnd von Bunsch, Cuns in Lipezk, iunge Ditterich, Barbara Mullers, Petrus
Theriug, dictus Milticz, dicta dy Meynhartynne in Lipezk, Heinrich Steffan, dictus
Polencz, Petrus Augustin, dicta dy Thuringhynn, Heinrich Mertin, Nikel Jacoff,
Albertus de Draschewicz capitaneus in Lipezk, Thammo Luschz et heredes, Johannes
Jorlicz, cius uxor et heredes, Guntherus de Libenaw, Bernhardus de Libenaw, Al-
*) bertus Slig, Frische von Luschz, Jano Franckenberg, cius uxor et heredes, Georrius
Sligk armiger, dictus Clademan, Nicolaus Perschman, Hans Perschman, Henricus
Schroter, Mathias Lindenhayn, Lorencz Smed, Henricus Warlose, Nieze Kerstan,
Johannes Fischer, Franciscus Herfard, Augustinus von Mirkuwicz, Nikel Warlose,
Nickel Niezkaw, Blasius Doring, Albertus Zcenner, Nicolaus Webir, Nicolaus Petri,
*) Nicolaus Arnd, Nicolaus Neue, Mathias Warlose, Zeurbecke, dicta dy Kunynne,
Johannes Mirkuwicz, Albertus Neue, Johannes Schartaw, Jacoff Kunat, Theodericus
Zeycz, Nicolaus Kunat, Johannes Bireman, Johannes Clodeman, Johannes Isenberg,
Jacobus Rore, Hans Ditterich, Johannes Nuendorff, Hans Heinrich, Mathias Espen-
hayn, Valentinus, Johannes Smed, Petrus Sperling, Martinus Smed, Nicolaus Espen-
*) hayn, Nicolaus Cristofoli, Nicolaus Moller, Nickel Thyeze, Hans Sperling, dicta dy
Ditterichin, Martinus Rynnemethe, dictus Thomas, dictus Moricz, dictus Birboum,
Jorge von Bornecke, dictus Libelbein, dictus Zeuczeler, Mathias von Friberg, Sm.
der cruger, Nicolaus Hempel, Jacoff Beyer, Nickel Jhese, dictus Zeimmer, Johannes
Hemnichin, Paulus Jhese, Jacobus Gerischz, Nicolaus Bote, Nicolaus Cruger, dictus
*) Schade, Paulus Neuter, alde Sifurt, Johannes Hemmechin, Sifurd Cruger, Martinus
Neuter, Brosinus Weterycz, Nicolaus Cruger iunior, dicta dy Hemmyghen, Heinrich
Bruser, Nicolaus Bach, Frederich Kirchoff, Johannes Bruser, dictus Wengel, Lou-
rencz Gostemicz, Thomas Kemmenate, dicta dy alde Richterynne, Hans Michels,
Lorencz Frische, Frederich Michels, Petrus Funcke, Mathias Neezicz, Thomas Schult-
*) heiße, Nicolaus Deynhard, Hans Frederich, Hans Herman, Jacoff Binckart, Johannes
Sachße, Mathias Steube, Frenczel Otten, dictus Nieze, Johannes Moller, alde Lorencz,
Henricus Lorencz, Symon Hersfeld, Albertus Gebuer, Albertus Große, Conradus
Basthusen, Hans Perczschman, Nicolaus Platow, filii et filine relictae der Guuterynne,
Nickel Katherin, Hans Geringeshayn, dictus der Richter, Bartel Otten, Hans Keten,
, Nickel Slegel, Johann Reybinger, Nicolaus Schroter, Jacobus Schuman, Bartil Schi-
bin, Cleman Kimligris, Mathias Wulkewicz, alde Wyant, Johannes Kunczart, Nico-

laus Wyant, Hans Matten, Nicolaus Vderischz, Nickel Ticzen, dictus Stobener, Wilkens, sone Gunther, dy Fingerhutynne, Nickel Hoppe. Caspar Srol, Peter Hoppe et Symon Schultheiße dudum a nobis excommunicati et aggravati pro et ex eo, quod sententiis diffinitivis et rei iudicatae pro dicto domino Johanne Waltheyni actore et contra ipsos reos excommunicatos in dicto concilio latis ac processibus inde secutis desuper fulminatis et emissis aliquamdiu parere minime curaverant, ad cor reversi parendo iudicato huiusmodi cum dictis Johanne et Francisco eius procuratore 'de et super rebus bonis et possessionibus pecuniarum summis et aliis evictis et indicatis se amicabiliter componuerunt et concordarunt sub certis modo et forma, et inter alia videlicet, quod praesenti absolutione per dictum Franciscum procurata et proconsulibus et consulibus Lipezensibus praesentata ante eius publicationem compositioni et concordatis inter dictos actorem et reos seu eorum procuratores ante omnia cum effectu satisfieri debeat et ipsa concordata plenarie per dictos reos observentur in omnibus et singulis suis punctis et capitulis, prout nobis dictus Franciscus et discretus vir Henricus Gleneboreh dicti actoris procuratores plenius explicarunt. Quare nobis tam per ipsum Franciscum quam pro parte dictorum reorum providum virum Georrium Langen ipsorum procuratorem, de cuius procurationis mandato plenarie nobis existit facta fides, cum debita instantia humiliter extitit supplicatum, quatenus eisdem reis coniunctim et divisim beneficium absolutionis impartiri, sententias quoque cessationis divinorum et interdicti relaxare dignaremur. Nos igitur Nicolaus executor praefatus stateram gestantes in manibus et lances appendere aequo libramine volentes Abraham iudaeum ... communioni populi fidelium restituentes omnes alios et singulos reos supradictos et eorum complices ac huiusmodi litis consortes salvis praemissis, scilicet quod post praesentationem praesentium iidem rei quantum quemlibet eorum concernit primo et ante omnia concordiae inter praefatas partes initae factae atque hincinde amplexatae plenarie et integraliter in omnibus et singulis suis punctis et capitulis ut praemittitur effectualiter satisfaciant et concordata observando omnia et singula bona mobilia et immobilia Johanni Waltheymi ac Francisco Kudorff procuranti avunculo suo supradictis [reddant], ac dictum procuratorem ipsorum reorum id ut praefertur humiliter petentem et in animam eorundem reorum de stando sanctae matri ecclesiae et iuris mandatum iuramentum solitum primitus praestantem, etiam de expresso procurantis dicti actoris consensu in personas dictorum reorum et ipsos reos in personam eiusdem procurantis eorum a sententiis excommunicationis per nos in eodem latis ex nunc prout ex tunc et ex tunc prout ex nunc absolvimus, sententias quoque cessationis divinorum et interdicti qualitercunque per nos latas relaxamus dei nomine in his scriptis, mandantes vobis omnibus et singulis in virtute sanctae obedientiae et sub suspensionis et excommunicationis poenis, quas in vos et vestrum quemlibet trium tamen dierum canonica monitione praemissa dei nomine ferimus in his scriptis, nisi feceritis id quod mandamus, districte praecipiendo mandantes, quatenus accedatis quo propterea fuerit accedendum et praefatos Abraham iudaeum reum principalem restitutum omnesque alios et singulos reos supradictos ipsorumque complices sic absolutos, sententias quoque cessationis divinorum et interdicti relaxatas publice nuntietis et denuntiari faciatis, ubi quando et quociens fuerit oportunum, cum intimatione, quod reintrusionem in

pristinas excommunicationis et interdicti sententias huiusmodi omnium et singulorum
sic absolutorum dicta concordata dolo non observantium nobis reservamus, ipsis etiam
reis non observantibus alias quam in valvis seu portis dictae ecclesiae beatae Mariae
Erffordensis canonicis monitionibus unico contextu praeviis imposterum ad hoc minime
vocatis seu citatis. Datum Erffordiae in curia habitationis nostrae solitae residentiae
anno domini millesimo quadringentesimo tricesimo octavo die quinta mensis Januarii
nostro sub sigillo praesentibus appenso.   Heinricus Reimbrecht notarius.

Nach dem Orig. im Rathsarchiv zu Leipzig.   Das an einem Pergamentstreifen befestigt gewesene Siegel
ist bis auf ein Bruchstück abhanden gekommen.

No, 195. 1438. 29. Sept.

*Herzog Wilhelm befiehlt dem Rentmeister und dem Rathe, die strenge Beobachtung der wegen
Aufkauf und Verwechselung von Silber und Münze erlassenen Verbote vor Beginn und während
der Dauer der Märkte durch Anschlag und öffentliche Verkündigung einzuschärfen.*

Wilhelm von gots gnaden herczog zu Sachsen, lantgrave in Doringen vnd
marcgrave zu Meissen Conrad von Mosen rentmeistern vnd andern vnseren ampt-
luten, burgermeistern vnd rate zu Lipezk. Lieben getrawen. Als vnser lieber bru-
der vnd wir uch vormals mer geschrebin habin, uff den merckten zunerbieten, das
nymand fremdes wechseln sulde, sundern vnsere, vnsers lieben vettern vnd vnsers
swagers von Hessen diener zc. vernemen wir wol, wie das nu solchs uff solchen
merckten wenig gehalden sy, das vns, vnsserm vettern vnd den vnsern an sollichen
wechsil gross hinderniisse bracht hat. Nu werden vnser lieber vetter vnd wir aber
die vnssern iczunt uff diesen marckt by uch gein Lipezk schicken, die man in Steffan
Stuss huss vindet. Dirumb so begern wir mit gauczem vlisse vnd heissen vnd
gebieten uch ernstlichin, das ir von stund vordes eher der marckt intryt vnd alle
tage diewile der werit ernstlichin by vorbissunge zcehn lotige marck sillers, hinder wen
man des queme, zu busse verbieten, usschrien, anslahn vnd den gastgeben in die
herbirgen sagen lasszit, wie ir das uch dem offinberlichsten kunnet verkundigen vnd
offenbarer werden lassin, das nymands fremdes silber noch pagament uffkoiffen oder
wechseln sulle anders dann ir vnsere muncemeistere zu Friberg dobyn schicken
wurde vnd vnsers vettern vnd vnser diener, die nun alle in Stuss huse findet, vnd
wer auch denselbin vnssern dienern silber, pagament oder wechsil verkoiffet oder
verwechselt, das ir mit den zceisemeistern, die doruber gesaczt sint, bestellin sullet,
das dieselbin koufflute von sollichem silber oder wechsil, was yn des die vnssern
abekoifften, solliche zcise, als sich sust von geburte zu gebin, vertragin sin sullen.
Ouch vmb vnsers lieben swagers von Hessen diener uss siner muneze, ab der zu
wechseln oder zu koiffen auch by uch schicken wurde, das ir deme das auch zustatet,
doch also, das dieselbin die sinen die vnsern nicht obirkoiffen, sundern das sie sich
des mit den vnseren gutlichen ubirtragen sullen, als uch die vnssern auch muntlichin
vudderrichten werden, vnd das ir hiezu uwirn gauczen ernst vnd vliss thut; doran
thut ir vns wolezudanck. Gegeben zn Kefernberg am montag Michaelis Anno zc.
XXXVIII°.

Nach Barthel's Diplomatar. Lips. II. fol. 195ᵇ im Rathsarchiv zu Leipzig.

No. 196. 1438. 19. Nov.

Kurf. Friedrich II. belehnt Conrad Bruser mit der Altenburg, dem Fischzoll zu Leipzig und dem Kirchlehn zu Seehausen.

Anno domini rc. XXXVIII° am mitwochen Elisabeth hat myn herre herczog Friderich Conraden Brúser burger zcu Lipczk vnd sinen erbin alle vnd iczliche czinse vnd guter in der Aldemburg fur Lipczk *) gelegin, die er vmbe Steffan Kuscheberge gekoufft hat, den fischzczoll zu Lipczk, den er vmbe Steffan Stúß gekoufft hat, vnd das kirchlehin zcu Sehusen ᵇ). Weres das Conrad Bruser abginge von todiswegin ane libeslehinserbin, so sullen solliche gut gefallen an Hansen Bruser sinen vettern. Bisundern hat myn herre Conrads Brusers elichen wirtynne solliche czinse vnd gerechtekeite in der Aldenburg fur Lipczk mit dem fischeczoll zcu eynem rechtin lipgedinge gelihen. Vormunden Steffan Stúß vnd Heincze Winter. Datum et actum in Aldemburg uts.

Nach dem Cop. 40 fol. 100 im K. Haupt-Staatsarchiv zu Dresden.

Zu dieser Stelle, wo zum ersten Male des Preusserschen Lehnbesitzes gedacht wird, sei noch bemerkt, ζ ρ XV. dass Cunz Preusser 1443 das Dorf Althen erwarb. Vgl. A. q zu No. 193. Ausser andern Grundstücken in der Stadt besass das Preusser'sche Geschlecht im 15. Jahrh. ein Haus in der Petersstrasse (das jetzige Hôtel de Bavière), mit 3 Miethhäusern, Brau- und Malzhause, auch Garten; es gehörten damals zu diesem Grundstücke noch ein steinernes Haus und 5 Miethhäuser im Gässchen (Preussergässchen).

a) Die Altenburg zählte, als Cunz Preusser 1465 mit ihr belehnt wurde, 15 Erbe und 6 Miethhäuser. Die Einwohner bildeten eine besondere Markbarschaft und hatten einen eigenen Richter; die Erbgerichte standen dem Preussern, die obersten Gerichte dem Landesherrn zu. 1541. 11. Dec. verkauften Christoph und Moritz Preusser mit Einwilligung ihrer Vettern Hans, Wolf und Joseph Preusser dem Rath ihr Gut vor dem Ranstädter Thore hinter dem Hospital St. Georgen gelegen die Altenburg genannt für 1050 Gulden und 1 Schock Groschen auf den Altreussern, welchen damals nicht mehr gangbar war; die Verkäufer mochten sich jedoch nicht verbinden, dasselbe wieder zu kaufen zu machen. Am 26. Febr. 1545 bestätigte Kurfürst Moritz diesen Verkauf und verwies die Altenburg dem Rathe zu Erb- und Eindgrute. — Die Altenburg zählt gegenwärtig 11 Hausnummern. b) Seehausen, Par. Groszwiederitzsch.

No. 197. 1438. 19. Nov.

Kurf. Friedrich II. belehnt Heinz Wynther mit 1 Schock Gr. von den Altreussen und Gefällen von Gütern zu Reudnitz.

Anno domini rc. tricesimo octavo am mittewochin Elizabete viduae hat myn here dem vorsichtigen Heinczen Wynther vnd sinen libesmanlchins erben eyn schog groschen vf den altrussen zcu Lipczk vnd anderthalb schog groschen vnd funftehalb hun in den gutern zcu Rudenitz vnd garten, die Alwers kindere gewest sind, alles igzlichs zcinses, zcu rechtem manlehin gelihen vnd diesselbin czinse alle Margreten desselbin Heinczen Winthers elichen wiebe zcu rechtem lipgedinge gelihen. Formunde Hans Pruser vnd Nickel Muller. Actum Aldemburg.

Nach dem Cop. 40 fol. 100 im K. Haupt-Staatsarchiv zu Dresden.

No. 198. 1438. 24. Nov.

Kurfürst Friedrich II. und Herzog Wilhelm verkaufen dem gestrengen Conrad Marschalk von Pappenheim, des heil. Röm. Reichs Erbmarschalk, Ritter ihrem lieben Getreuen für 1500 Rhein. Gulden anderthalbhundert Rhein. Gulden j. Z. aus dem Geschosse und von den Jahrrenten zu Leipzig unter Vorbehalt des Wiederkaufs. Rath und Bürgerschaft zu Leipzig verpflichten sich, die Zahlung jährlich in zwei Terminen zu Leipzig oder Jena zu leisten.

Gegeben — an sent Katherinen abinde der heiligin jungfrauwin.

Cop. 40 fol. 102 im K. Haupt-Staatsarchiv zu Dresden.

No. 199. 1439. 6. Jun.

Das Kloster Seuslitz verkauft an Hans Seigeriez Bürger zu Leipzig und Andres Müller zu Seigeritz (Seegeritz) die Barfussmühle.

Wir Anna von Heburg eptisschen zeu Sûzeliez, Elisabeth Slywin vicaria, Margaretha Slybin, Margaretha Küneke vnde Margaretha Meideburg dy eldesthen vnde ganeze sammenunge gemeynlichen vnde er Mathias Döring minister zeu Sachsen vnde doctor der heiligiu schrifft, bruder Nicolaus Kleyne vnser gardian vnde vorweiser, Petrus Jhenez vnser moilmeister zeu Lypezk, bruder Günther Fisscher vnde bruder Johannes Lütiez vnser bichtiger, bruder Paulus Polan vnser vicegardian, bruder Mathias Bonez vnser köchmeister vnde Cristoffel Schönberg vnser voit bekennen vffentlichen mit dissem vnsern offen brieffe vor alle den, die dissen vnsern vffen brieff sehin hören adder lesin, das wir mit gutem vorrathe vnde wolbedachtim muthe vnde mit willen vnde wissen vnser öbirsthin vnde mit rathe vnsers closters guten fründen vnde durch vnsers closters besserunge willen, alz vmme vorterpnis wegin des brandis, den vns vnde vnserm obgnanten closter dy vordampten keezezer gethan haben, douon wir denne zeu grossem schaden komen sin, vnde dorumme zeu vormyden viel grossis vnde trefflichis schaden, der vnserm closter douon komen mochte, dem yneziten zeu wedersthen, so haben wir obgnanten Anna von Heburg eptisschen zeu Süzeliez, Elisabeth Slywen vicaria, Margaretha Slywen, Margaretha Küneke vnde Margaretha Meideburg vnde dy ganeze sammenunge vnde er Mathias Döring minister zeu Sachzin vnde doctor der heiligen schrifft vnde vnser gardian vnde vorweiser, Nicolaus Kleyne vnde dy andern obgnanten etc. den ersamen vnde wisen Hanß Seigeriez mitbürger zeu Lypezk vnde Andres möller zeu Seigeriez*), Margaretha synem elichin wibe vnde allen iren erben vnde erbnemen vnde nachkommelingen mit gesampter hand vorkaufft vnde vorköuffen yncrafft disses briffes dy möil hinder dem Barfossencloster by Lypezk gelegen*) mit aller zeugehörunge, alz mit wesen halczern visscherie vnde themmen, alz vnser gotshuß zeu Suzeliez bißher gehabt vnde gebrucht had, vnde dyselbe obgnante möil wir obgnanten Anna von Heburg eptisschen zeu Suzeliez etc. den obgnanten Hanns Seigeriez vnd Andres Seigeriez vnde Margaretha Andres elichem wibe vnde allen iren erben, erbnemen vnde nachkommelingen zeu rechtem erbe gelegen alzo erbgutis recht vnde gewonheid ist vnde nw hinfort lyben zeu ewigen geeziten von vns vnsern nachkommelingen dy obgnante möil mit aller zugehorunge alzo obin berurth ist, vßgenomen alle gerichte obirste vnde nedirste, alz das closter vor alders bißher gebrucht vnde gehad had vff der obgnanten möil, vnde dornach awzgeslossin vnde genomen das Nwendorff*) mit alle synen ezinssen iarrenthin gerichten vnde lehen zeu gebruchen volkommelichen, alzo ferre vnde weid alzo vnser guter wenden; vor sulche möil sy vns vnd vnserm closter Suzeliez gegeiben vnde wolbezald haben hundert schoezk guter grosschen schildlechten geldes Fryberger moneze. Ouch sullen dy obgnanten Hanß Seigeriez vnde Andres Seigeriez möller zeu Seigeriez, Margaretha sin elich wip vnde alle ire

a) Seegeritz, Par Plan-ag. b) Die Barfussmühle. Vgl. No. 13 u. 72. c) Das Neuendörfchen.

erben vnde erbnemen, dy sulcher möil vnde guter werden gebruchen ynczukünfftigen geezitin, alle ior ierlichin nach datum diß brieffes reichen vnde geiben vns vnde vnserm closter zcu Suzelicz zcu erbe vnde iarezinße nwhen schoczk grosschen nuwes geldes der obgnanten münze landes were vff czwene tage zcu geben im iore, nemelichen fünfftehalb schoczk grosschen vff sente Walpurgen tag nehest kommende vnde durnach fünfftehalb schoczk grosschen vff sente Michels tag nehest kommende, guter vnde genger grosschen der obgnanten müneze, zcu reichen vnde zeugeben ane hinderniß, ane vffczog yntrug ader argelist, wie man dy erdencken künde ader möchte. Wördes ouch sache werden, das dy obgnanten Hanß Segericz, Andres eyn möller zcu Segericz, Margaretha sin elich wip, alle ire erben erbnemen vnde nachkommelinge dy obgnante möil förder ymandes vorkouffen welden vnde vor vns vfflassen wörden, so süllen vnde wellen wir dy möil mit aller ire zeugehörunnge obinbenand rechin vnde lyhin zcu rechtem erbgute, vnde nemelichen alz lehen gelt abeezöge sulch ongelt nicht zeugeben nach zcu nemen, das guth mit eyme sulchen nicht zeubesweren, sunder wenne dy obgnanten Hanß Segericz, Andres eyn möller zcu Segericz, Margaretha Andres elich wip, den wir sulch guth vnde möil gereehet vnde gelegen habin, durch gunst vnde sunderliche bethe willen kein lehin geld vff dy cziit von yn genomen nach begert haben, sunder wenne dy dry obgnanten personen abegingen alz von todis wegen, das got langezciit wende, so sullen ire erbin ader ire nachkommelinnge, den sy sulche möil vorköffen wörden adder ynnebehalden, vnserm closter reichen vnde gebin czehin Rynissche gulden zcu lehen gelde guth am golde awer genogk am gewichte vnde nicht meir, wie dicke vnde offthe das not wörde sin. Dorumme so sullen vnde wellen wir obgnanten Anna von Ileburgk eptissachen zcu Suselicz, dorezu vnser gardian vnde vorweiser, voit vnde vnser anewalden dy obgnanten Hanß Segericz, Andres eyn möller zcu Segericz, Margaretha sin elich wip vnde alle ire erbin, erbnemen vnde nachkommelinnge alle zcu vorteidigen vnde zeuhelffen glich andern vnsers closters armen lüten, so förderst wir mögen. Ouch sullen vnser luthe vnde vndersessin in deme Nuwendorffe vnde in deme Boimgarthen[a]) den obgnanten Hanns Segericz, Andres eyn möller zcu Segericz, Margaretha sin elich wip alle iren erben erbnemen vnde nachkommelingen eynen tag im iore helffen erbeiten vff der wesin gelegin by der möil hew machen; dorüber sullen dy obgnanten vnser köuffere den lüthin essin vnde trincken geben nach mögelichkeit. Ouch ab wir wörden lassen vnser wagen gehin kein Halle nach saleze, ab denne dy obgnanten vnser köuffere erben ader ire nachkommelinnge worden köuffen möilsteyne zcu Merßwiez[a]) adder dohin lassen brengen, so sullen vnde wellen wir en dy ezugute lassen flıren kegen Lypezk vor dy möil so meisthe wir mögen; so sullen sy vnserm gesinde vnde knechten essin vnde trincken geben, pferden futer nach mögelichkeith. Ouch wenne vnser gardian vnde vorweiser zcu Silzelicz adder vnsers closters anewalden ader gesinde alz von geschefftes wegen kommen kein Lypezk vff dy möil, so sullen dy obgnanten Hanns Segericz etc. alle ire erben vnde nachkommelingen essen trincken vnde futer den pferden geben. Des zcu orklinde vnde meir

a) Der Baumgarten lag zwischen der Barfüsserbhle und dem Ranstädter Thore am Stadtgraben. a) Morschwitz Par. Neustlis

19*

sicherheid so habin wir obgnanten Anna von Yleburg eptisschen zcu Suzelicz vnser sigil vnden an dessen vnsern vßen briff gehangen, dorczu vnser sammenunge sigil vnde vnsern gardians vnde vorweisers sigil mit an dessen briff gehangen, des wir obgnanten alle glich bekennen. Gegeben nach Cristus gebort thusant virhundert ior dornach yn deme nüwenvndedrissigisthen iore am dinstage der heiligen dryerkönigen tage.

Nach dem Orig. im Rathaarchiv zu Leipzig mit den Siegeln der Aebtissin, des Convents und des Gardians an Pergamentstreifen.

No. 200. 1439. 6. Jan.

Die Käufer der Barfussmühle verpflichten sich zu Versieung des Richteramts auf den Mühlgrundstücken und zu andern laut des Kaufvertrags von ihnen übernommenen Verbindlichkeiten.

Ich Hanß Seigericz meteburger czu Lipczk, Andres moller czu Segericz, Margaretha Andres Segericz eliche wirtynn bekennen semptlichen in dissem vnsern offinbrine vor vns vnde alle vnser erben erbnemen vnde nachkomelingen, daz wir recht vnd redelichen mit gutem wolbedachtem muthe vnde mit willen vnde wissen vnser fründe des abegekoufft habin der wirdigen frouwen frouwen Anna von Ileburg eptisschynn czu Süzelicz, Elizabeth Slyben vicaria, Margaretha Slyben, Margaretha Köneke vnde Margaretha Meydeburg dy eldisten vnde der gantczen sammenunge gemeynlichen vnde er Mathias Döring minister czu Sachßen vnde doctor der heiligen schrifft, bruder Nicolaus Cleyne gardian vnde vorweßer, Petrus Jhencz mölmeister czu Lipczk, bruder Gunther Fischer vnde bruder Johannes Luticz vnser bichtiger czu Süzelicz vnde er Pauwel Polan vicegardian, bruder Mathias Bontcz kochemeister vnde Cristoffel von Schoneberg vnser voyt czu Suzelicz eyne möl gelegen vor Lipczk hinder den Barffosen, donor wir gegebin vnde wolbereid beczalt habin dem closter Süzelicz hundert schog guter groschen nuwes geldes, sulche möl wir denne czu rechtem erbin von dem closter Süzelicz uffgenomen habin vnd erblichen nemen czu lehen also erbgutes recht ist, mit sulchem erbezinße ierlichen czu reichen, czu czinßen vnde zcugebin dem closter zcu Süzelicz nöhen schog groschen nuwes geldis Fribergischer möncze lantwere, nemelichen uff sente Walpurge tag funfftehalb schog groschen nuwes geldes schirstkommende, dornach uff sente Michaelis tag funfftehalb schogk groschen nuwes geldis lantwere. Ouch bekennen wir obgnanten Hanß Segericz, Andres vnde Margaretha Andres wip, das das closter behelt vffgeczogen vnde genomen had obiriste vnde uederste gerichte czu habin glicherwieß, also das closter vor sulch gerichte gebrucht vnde bißher gehat hat in sulcher möl, sulches gerichtes sal ich Hans Segericz vnde Andres Segericz, alle vnser erbin erbnemen vnd nachkomelingen nu hinfort alz von des closters wegin Süzelicz richter zcu syn, als von der guter wegen gerichte vnde lehen, wo dy° vor Lipczk gelegen sint, dy° getruwelichen zcuuorweßin vnde zcuuorstehin so vordirst wir mogen bie vnsern guten truwen dem obgnanten closter zcu gute in aller weiße vnde moßen, also andire mölmeister alz von dez closters wegin vorweßt vnde vorstandin habin.

Ouch gelobin wir obgnanten Hanß Segericz meteburger czu Lipczk, Andres eyn
moller czn Segericz, Margaretha syn elich wip vor vns vnde alle vnser erbin erb-
nemen vnde nachkommelingen, wenne eyn gardian vnde vorweßer czu Suzeliez addir
des closters snewalden addir gesinde alz von redelichs geschefftes wegin kommen
uff dy° môl ken Lipczk von des closters wegin, den selbin ußrichtunge zcuthun mit
spiße essen vnde trincken, dorczu haffern vnde futer den pferden zcu gebin nach
mogelichkeit, als vor aldern by eynem mólmeister geweßt ist. Ouch bekennen wir
obgnanten in dissem vnserm offinbriue vor vns vnde alle vnser erbin erbnemen vnde
nachkômelingen, [daz wir vns] vorwillet vnde vns vorsehrebin habin in dissim offin-
briue nach vnser dryen personen, obgnanten Hanß Segericz, Andres Segericz, Mar-
garetha Andres wip, [ab wir] abe gingen vnde vorstôrbin, das got lange zciit wende,
so sal eyn iglich erbneme, der dy môl besiczezen gebruchen vorkouffen addir ynne
habin wil, czu lehenwar reichen vnde gebin dem closter Sôzeliez czehin Ryniache
gulden vnde nicht mehir, gut am golde swer gnug am gewichte, nach ynhaldunge
des konffes vnde brines, den wir von des obgnanten closters mete ynne habin, vnde
erblichen zcu lehen uff nemen von eynem vorweßer des closters zcu rechtem erben
also daz gewonheit ist. Sunder gelobin wir, ab wir addir vnser erben erbnemen
vnde nachkomelingen dy obgenante môl in sulchem buwe nicht behilden nach ferti-
gen weldin, douon dem obgenanten closter sulche renthe iarczinße vnde gerechtigkeit
mochten abegehen, so sullen vns vnde eynen iglichen erbnemen addir nachkomelingen
des obgenanten closters vorweßer dorzcu brengen vnde twingen nach des closters
besten, des wir vns in keynerley° sachen schutezen nach weren sullen vnde ouch
keyne behelffunge zcunemen. Ouch bekennen wir drey obgnanten personen, Hanß
Segericz, Andres vnde Margaretha, daz wir rechte vnde redeliche erbholdunge gethan
habin [dem] vorweßer des benanten closters vnde thun yn crafft disses brines, gantcz
getruwe zcu syn also eyn iglich bederman aynem rechten erbherrn von rechtis wegin
pflichtig ist, vnde gelobin das stete vnde gantez zcnhaldin by vnsern guten truwen.
Bye sulchem kouffe, sachen vnde teydingen sind gewest dy ersamen vnde wißin
bruder Jorge vom Ende gardian zcu Lipczk, dorczu Stephan Stûeß, Rynhart Golt-
smed, Hanß Knappe, Conrade Wagmeister vnde Nicolaus Becherer meteburgere czu
Lipczk. Des zcu mehir sicherheit vnde bekentniße habin wir obgnanten Hanß Se-
gericz, Andres vnde Margaretha gebetin dy° ersamen vnde wißin obgnanten bruder
Jorge vom Ende gardian czu Lipczk, Stephan Stûeß, Rynhart Goltsmed, Hanß
Knappe, Conrade Wagmeister vnde Nicolae Becherer icczlicher syn ingesegil vus zcu
gnte vnde zcu fronien vnden an dissen vnsern offinbriue gehangen; sunder habe ich
Hanß Segericz ouch myn ingesegil mete angehangen vnden an dessin brieff, daz ich
Andres Segericz vnde Margaretha mete gebruchen, vnde bekennen, alle stueke
artiklen vnd puncten obinberôret vnde geschreben gantcz vnde stete zcuhalden by°
vnsern guten truwen, vnde keynerley° doryn zcu reden nach zcu wedir sprechen,
nach ôbir dissen brieff zcu artikeliren laßen wir obgnanten Hanß Segericz, Andres
vnde Margaretha, alle vnser erbin erbnemen vnde nachkommelinge, sundir denne
obgnanten closter syne iarczinße renthen vnde gerechtigkeiten fruntlichen vnde gut-
lichen gebin vnde reichen wellen vnde sullen vnde dorûbir keyne behelffunge nach

andern schutcz zcunemen by' vnsern guten truwen. Gegeben nach Cristi gebort tusent iar vierhundert dornach in dem nûenvndedrißigisten iar am dinstage der heyligen dryekonigen tage.

Nach dem Orig. im K Haupt-Staatsarchiv zu Dresden mit den Siegeln des Gardians, der fünf Burger und des Mollers Haus von Segeritz.

No. 201. 1439. 15. Jan.

Nickil Meyner von Oschatz Mitbürger zu Leipzig und Margaretha dessen Ehefrau bekennen dem bescheidenen Manne Johans von Bergau und Michel dessen Sohne schuldig zu sein sebin vnd nunczig schog XIIII gr. alles schildichter groschen Friberger muntcze vor dryhundert vnd drey vnd czwenczig ruche leder yo eyn leder vor achczen nuwe gr. der obgnanten were *und geloben unter Bürgenbestellung auf Pfingsten Zahlung zu leisten.*

Orig. in der Stadtbibliothek zu Leipzig; das Siegel ist abgerissen.
Naumann Catalogus p. 256. No. XXXIX.

No. 202. 1439. 15. Juni.

Bruder Mathias, Provincial des Franciscanerordens in Sachsen nimmt die Bruderschaft der Stellmacher und Maurer in Leipzig in die Gemeinschaft der guten Werke des Ordens auf.

Universis et singulis Christo deo devotis ad fraternitatem et societatem carpentariorum ac muratorum utriusque sexus pertinentibus in oppido Lipczk degentibus praesentibus et futuris frater Mathias sacrae theologiae professor et fratrum minorum provinciae Saxoniae minister et servus salutem et gratiae incrementa sempiterna. Pias vestris petitionibus cum ad salutem animae pertineant inclinatus devotionemque, quam ad ordinem seraphici patris nostri Francisci geritis uti veridica fratrum relatione recepi, in domino commendans ac vicissitudinibus salutaribus recompensare desiderans vos auctoritate reverendissimi patris generalis ministri mihi in hac parte specialiter indulta ad universa nostrae religionis suffragia in vita recipio pariter et in morte, concedens vobis praesentium tenore plenam participationem missarum vigiliarum orationum ieiuniorum castigationum ac aliorum omnium bonorum [operum], quae per fratres nostri ordinis et sorores ordinis sanctae Clarae per totum orbem in bis mille centum octoginta sex monasteriis domino digne famulantes operari dignabitur clementia salvatoris, adiiciens de gratia speciali, quod cum obitus vestri aut cuiuspiam de vestris nostris generali aut provinciali capitulis fuerint vel fuerit nunctiati vel nunctiatus, pro vobis talia ordinabuntur defunctorum suffragia, qualia pro fratribus nostris defunctis et nostris sinceris fautoribus et amicis ibidem recommendatis ab antiquo consuevimus ordinare. Insuper animas omnium de dicta iam vestra fraternitate et societate defunctorum ad participationem recipio suffragiorum praemissorum. Datum Sundis tempore nostri provincialis capituli anno domini M°CCCC°XXXIX in festo sancti Viti ibidem celebrati officii mei sub sigillo praesentibus appenso.

Nach dem Orig. im Rathsarchiv zu Leipzig. Das Siegel ist abhanden gekommen.

No. 203. 1439. 25. Aug.

Festsetzung der Bedingungen, unter denen der Jude Abraham aus dem Gefängnisse entlassen wurde.

. . . .
Viczthum vnde ernn Bernhard von Kochberg landuoid rittere re. von wegin vnde austat vnser gnedigen herrn von Sachsin vff hute dinstag nach Bartholomei anno re. XXX nono mit Abraham iodin zcu Lipczk mit sienem willen vnde vnbetwungclichin von synen gefengniß wegin eyn wurdin vnde obirkomen sint uff disse nachgeschrcbin stugke, die alle Abraham mit sampt Puschmanne sienem sone zcu haldin vnde zcu volfuren globet vnde vff Moyses buch geswohren habin. Des erstin, das er vmbe alle habe vnde gud, die im genomen sint vormals addir ytezund nichtis ußgeslossen cleyn addir groß, wenig ader vil, woran das sie, nymands anlangen betedingen adir fordern sal zcu ewigen geczitcn mit worten adir mit wergkin, mit gerichten geistlichin ader wertlichin, durch sich selbist adir imand audirs, in keynewiß ane argeliot vnde ane geuerde, sundern vmbe briue sal is gehaldin werdin als hirnach geschrebin stehit. Hette abir imand syner habe icht inne ane vnsers gnedigen herren wissin vnde willen, das sal im widdir werdin, abir nach irkenthniße vnsers herren von Sachsen vnde syns raths vnde nymands audirs. Vnde daruff das nu Abraham von den gnanten vnsern gnedigen herren von Sachsen vß dem gefengkenisße ledig vnde loß werdin moge, sal er iren gnaden gebin vnde beczahlen vir tusint schogk nuwer schildichter grosschin Friberger munteze, nemlichin uff dry tagerzyt, des ersten viertusint gulden zu stund mit gercytcn gelde, also das die uff den nesten dinstag zcu Merseburg vnuerruckt beczalt werden, die andern viertusent gulden sal er beczalen uff faßnacht schirst kunftig vnde hat dauor gesaczt mit im zcu selbgeldin Poschman sienen son, Jordan vnde Smohel syne tochtermanne, die das mit sampt im gereth vnde gelobit habin vnde sich ouch vorwillet vnde vor dem rathe zcu Halle gelobet vnde in das stadbuch da selbist lassin schribin, ab sie daran sumig wurden, das die von Halle danne zcustund ubir sie zcu irem libe vnde gute helffen sullen addir vndir weme sie dy czyt sitzen vnde wonen wurden, das sie das ane alles widdirsprechin liden sullen vnde wullin; so sal er dy dritten viertusent gukden zcu stund vorwissin mit guten redelichin schultbriuen vnde die legen bie den rath zcu Lipczk, also das die nach irem inhalde an dem houbtgute gewiß gnug dauor sint vnde vff Jacobi schirst komende vnuerruckt beczalt werdin. So sal es vmbe den gesuch der selbin houbtbriue glich den andern brinen vnde gesuche gehaldin werden als hirnach geschrebin stet, vnde an der obgnanten beczalunge sal er gebin ye vor eynen guldin XXV nuwe grosschin vnde do mitde gnuge gethan habin. Item alle briue die Abraham hette von den gnanten vnsern gnedigen herren adir vnserer gnedigen frouwen von Sachssen, sie treffen in mit ymants semptlichin adir in sunditrheit an, adir sie treffin geltschult adir anders an, adir ouch von den rethen, die anders nicht geltschult anruren, die sie von irer selbist wegin schuldig sind adir

weren, sal er zeu stund widdir gebin vnsern herren: was her abir der behilde wissens adir vnwissens vnde nicht widdirgebe, die sullen an allen steten vnde gerichten an sich selbist craffteloß tod vnde abe sien. Item alle andere syne schultbriue sal er mit wissinschaft ouch zeu stund legen bie den rad der stad Lipczk vnde sulche schult houbtgeldis selbir inmahnen, vnde als viel er vnßern gnedigen herren dauon beczalt, als viel sal im an der obingeschrehin sum abegeslagen werden; des glichin ab vnser gnediger herre von Sachssen sollicher schultbriue icht vorgebin hette addir wurden, die sullen Abrahamen ouch an der houbtsummen vorgerurt abegeslagen werden vngeuerlichin.

Item vmbe alle gesuch sollicher obgerurter schultbriue, der grauen herren rittere vnde knechte antrifft, sal Abraham vnde eyn iglicher, den das angelangen mag, ane alle widdirrede gnuge habin, was vnser herre von Sachsen mit sienem rate darin spricht, vnde daruber keyne andere furderunge gescheen; vnde vmbe den gesuch, der von sulcher geltschult briue wegen burgere gebuere vnde andere vndirthanen vnserer herren von Sachssen vnde dy iren antrifft, sal Abraham vnde eyn iglicher, den das an gelangen mag, ane widdirsprechen vnde ane alle andere furderunge gnuge haben an irkentniße der amptlute vnde vorwesere, die an den enden zeu gebiten haben.

. . . .
Lipczk nyddir gelegit wurdin, die sullen doruach alle tod vnde crafteloß sien vnde vngemant bliben, des glichen ouch alle andere syne schultbriue, die er als obgerurt ist, gein Lipczk bie den rath nicht leithe, sundern ab Abraham darobir icht briue vngeuerlichin behilde vnde von itezund an bynnen iaris frist die vorhilde vnde darvmbe nicht kuntlichin mante, die sullen darnach alle tod crafteloß vnde abesien an allen endin.

Item was abir Puschman sien son sunderlicher schultbriue hette, der sich Abrahain nicht meynte anzeunemen, die anders vnserer gnedigen herren grauen frihen rittere knechte burgere gebuere vnde vndirtaneu antreffen, die sal derselbe Puschman, so er vmbe die schulde meynt zu mahnen, ouch vor vnsern gnedigen herren vnde sienen rat legin vnde is nach irem irkenthniß vmbe den gesuch glich Abrahamen sienem vatere vnde wie vorgerurt ist halden, ouch ane alles widdirsprechen vnde ane furderunge.

Item alle andere briue, die Abraham hette andirs dann siene schultbriue, die er gein Lipczk legen sal, die vnsern gnedigen herreu vnserer gnedigen frouwen von Sachsen adir iren vndirthanen zeu schaden kommen mochten, sal er iglichen briff dem er zeu stehit zeustund widdirgebin, vnde ab er das nicht thete, so sullen sie an sich selbist zeu ewigen gezziten crafteloß vnde tod sien an allen steten vnde enden.

Item an keynen steten ader enden sal Abraham vnde syn wib sitczen wohnen adir wesen halden anders dann mit willen vnsrer herren von Sachssen, er habe dann vorhyn vnsern herren die obgeschreben summen geuezlichin beczalt, vnde wanne er sulche beczalunge gethan hat als vorgerurt ist, so mag er sich darnach wenden, wo iß im .. vnde bequeme wirdet, doch also das er bie sechs milen wegis in vnserer herren lande vnde herschaft nicht wohne.

Item wanne ouch Abraham also vnsern gnedigen herren von Sachsen die
IIII^M schog nuwer schildichter groschin beczalt hat, was im danne nach darubir von
sienen obgemelten ingelegeten briuen vou houbtgute vnde gesuche nach irkenthniße,
als vorgeschrebin stchit, geboren mag, das sal im vngeuerlichen volgin ane alles
hinderniß.

Von anderer Hand:

Tedinga zcedel zcwusschen myn herren von Sachsen vnde Abraham iuden.

Abraham had beczalt uff eyne rechenung von dinstag Egidii zcu Merseborg dem gleicz-
mann zcu Wissinfels von mynes herren wegin zcum ersten XII'LX Vngar. flor., eynen gerechnet
fur XXVIII gr. III 👍, faciunt XVII'LXXXV alde 6 gr. Item er had gegebin XVII'XIII Rinsche
gulden, eynen gerechent fur XXII gr., faciunt XVIII'LXXXIIII alde 6 gr. vnde VI nuwe gr. Item
er had ouch gegebin XIII Behemische gr. Item so had er uormals beczalt III' Rinsche gul-
den zcur beczalung des sloß Frouwensteyn, das machit III'XXX alde 6 gr.; omnibus praescriptis
computatis, so had er beczalt IIII^M alde schog gr., ut docet litera conductoris de Wissinfels.

Nach einer Niederschrift auf Papier (in dem Cop. 1. fol. 29) im K. Haupt-Staatsarchiv zu Dresden. Der
obere Rand sammt der ersten Zeile des auf beiden Seiten beschriebenen Blattes ist abgerissen und dadurch die
im Text ersichtliche Lücke entstanden.

No. 204. 1439. 29. Sept.

*B. Johannes von Merseburg erklärt seine Zustimmung zu dem auch von den Landesherren
genehmigten zwischen Thomaskloster und Rath abgeschlossenen Vertrage in Betreff der Abtretung
und des Neubaues des Georgenhospitals.*

In deme namén der heiligen vnd vngeteilter drieualdickeit des vaters vnd des
sons vnd des heiligen geistis amen. Allen vnd izlichen cristenluten geinwertigen
vnd inczukumfftigen zciiten ewiclichen, die diesse briue sehen adir horen lesen, vor-
kundigen vnd thun kunth wir Johannes von gotis vnd des heiligen stuls zcu Rome
gnaden bisschoff zcu Merseburg, das vor vns eyntrechticlichen kommen sint die
ersamen wiesen ratmanne vnd gesworne zcu Lipczk von irer vnd der ganczen
gemeynen wegen richer vnd armer gemeyniclichen der itezuudgnanten stad Lipczk
in vnserm bischtum gelegen uff eyne, vnd die wirdigen vnd geistlichen prabiat prior
vnd conuent sancti Thomas münsters der regeler vnd sancti Augustini ordinis dasel-
bist zcu Lipczk vnsere liebin andechtigen uff die andere siiten vnd habin vns bericht,
das sie mit wissen willen vnd volborte der hoebgebornen fursten vnd hern hern
Friderichs vnd hern Wilhelms gebrudern herczogen zcu Sachsen, lantgrauen in Do-
ringen vnd marcgraffen zcu Miessen, naturlicher erbhern der gnanten stad Lipczk
vnsern liben gnedigen hern gutlichen gencziichen vnd gruntlichen vor eynet vnd
vortragen haben zcu irhebunge vnd buwunge eynes nuwen spitals vor deme Ran-
stedischen thore daselbist zcu Lipczk, do itzunt sente Jorgen capelle liit mit dem
spital doselbist, von nuwens eynen gemeynen zcu macheue dem almechtigen gote
vnserm hern Jhesu Cristo zcu lobe, armen vnd siechen luten, pylgerymmen vnd
fundelingen zcu nitteze, allen guten luten vnd gloubigen selen, von der almusen der

spital zcu kommet vnd gebessirt wirdet, zcu troste, vnd das man doryn brenge vnd flire arme siechen vnd krancke lute, die vormals uff den gassen vor den husern vnd allvmbe gelegen haben vnd nymand herbergen wolde, vnd ire notdorfft dorynne reychen vnd pylgeryme vnd enelende lute herbergen solle; vnd uff solliche vortracht vnd eynunge, so haben die gnanten prabist prior vnd conuent sancti Thomas mInsters zcu Lipczk, die danne alle pfarre hynnen der miliren Lipczk yunchaben vnd dieselbe capelle sancti Jorgen bis an disse cziit sie angehort hat, dem gnanten rate vnd gemeyne der stad Lipczk der guanten capellen sente Jorgen adir spittals genezlichen abegetreten vnd sich vor vns als vor irem obirsten in geistlichkeit genezlichen vorczogen, als die capelle itezunt stehit mit deme spittale vnd den andern anlegenden husern an der siiten des spittals, mit den ezinsen, die uff den selben husern sint bill an das wassir an den Rosintal, mit allen garten vnd zengehorungen zcu deme spittale als wihet als das vmbeflossen ist bis an die steynbrucke vor dem gnanten spittal. Ouch so haben der gnante prabist vnd conuent adir capittil der vier siechen, die vormals in deme gnanten spittal gehalden sint, sich ganez vorczogen, die vorbaßmehir zcu ewigen geeziiten nicht mehir dorynne zcnhabene, sundern die itezunt dorynne sint, die sollen dorynne bliben die wiele sie leben, vnd wenne derselbin eyns adir mehir vnd mitenander vorsterbin, so sal der rad zcu Lipczk andere daryn nemen vnd setezen ane des prabistis vnd conuentes adir capittils vorgnant dheynerleye widderrede. Ouch was der siechen in deme spittal vorsterbin, die sal man in deme spittal begraben vnd anders keyne begrebnisse da nicht machen, dieselbigen siechen sal ouelf der prabist egnant hestellen, das sie besorget werden mit den heiligen sacramenten, als das gotlich vnd gewonlich ist. Ouch den obengnanten nuwen spittal sal der rad zcu Lipczk buwen mit eyner capellen vnd altaren, mit husern der siechen nach sinen willen vnd besten irkentbenisse, vnd doran sal der prabist nach syn conuent adir capittil keynerleye intrag machen, sundern deme rate die lehn vnd besitezunge des spittals vorgnant, inmassen als obengeschrebin stehit, genezlichen abetreten vnd vorlassen; ouch sollin damete denne alle briue, die der gnante prabist vnd sin capittil obir den gnanten spittal haben von keysern adir andern fursten geistlichin vnd wertlichin, vornichtet vnd machteloß sin. Darumbe sal der rad zcu Lipczk deme prabiste vnd capittile sancti Thomas vorgnanten zcu eyner widderstatunge vnd gnûge ierlichen acht sehog nuwer grosschen zeinße reichen uff sente Michels tag adir die abelosen mit hundert vnd drievnddriissig nuwe sehocken vnd zcewenczig grosschin nuwer grosschen; ouch was ist adir were an andern ezinsen, denne die uff den husern stehen, vnd andern gutern, die vasewendig deme flosse als der spittal vmbeflossin ist, die gutere vnd ezinse sollin folgen deme prabiste vnd synem capittele ane des ratis hindernisse. Alle obengeschrebin eynunge vortracht vnd ordenunge vnd buwunge des nuwen spittals haben vns die obingnanten prabist capittil vnd rat mit flisse gebethen vnsern willen volbort vnd gunst zeugebene vnd die zeubestetigene mit vnser bisschofflicher macht vnd gewalt. Daruff wir Johannes von gotis gnaden bisschoff zcu Merseburg guten bedacht vnd vorrat der vnsern geistlicher vnd wertlicher, die sich des vorstehn, gehabet vnd haben irfunden, das das eyn gotlich erlich vnd gut werek ist, dauone got gelobit, arme lute gehuset, gespiset

vnd irquickit mogen werden vnd solliche redeliche bete der obingnanten partien
irhorit, wenne wir denne von veterlicher sorge vnd vorwesunge der gloubigen vnsern
bishtuums darezu geneyget sint, gotis dinst vnd lob zeumeren, arme enelende krancke
lute vnd pylgeryme zeubesorgene vnd seligen yunegen cristenloten, die denne darezu
geneiget sint mit irem almusen zcu sollichin guten wercken zcuhelffene, forderunge
vnd guten willen bewiesen, so wir forderst konnen vnd mogen. Danon so habin wir
zcu sollicher obingeschrebin gotlicher vorcynunge vnd vortracht vnsern willen gunst
vnd volbort gegebin vnd den gnanten spittal sente Jorgen mit der capellen vnde
allir obingeschrebin zcugehoruugen zcu eynse nuwen spittal zcubuwene den offtgnan-
ten rate vnd gemeyne zcu Lipczk gevygent vnd denselbin nuwen spittal zcubuwene
bestetiget, eygen vnd bestetigen den von vnser bisschofflicher macht vnd gewalt
gnediclichen mit dissem briue in allirmasse, als die gnnnten rat prabist vnd capittil
eyn worden sint vnd obenbenilmet ist, vnd haben des zcu orkunde vnser grosse insigil
mit wolbedachtem mute vnd vorrate an dissen offin brieff lassen hengen.

Vnd wir von gotis gnaden Friderich des heiligen Romischen richis erczmar-
schalk vnd Wilhelm gebrudere herczogen zcu Sachsen, lantgrauen in Doringen vnd
marcgraffen zcu Miessin bekennen mit dissem selbin offin briue vor vns, vnser erbin
vnd nachkommen, das die obingeschrebin eynunge vnd vortracht des nuwen spittals
zcu buwen vnd allir sache, als die denne volkomelicher obin in dissem briue beru-
ret sint, mit vnserm willen wissen vnd volborte geschen; da vone von vnser macht
vnd gewalt, als denne die stat Lipczk zcu vnserm furstenthume vnd herschafft
gehorit vnd wir der selbin stat naturliche erbfursten sin, so bestetigen wir den obin-
gnanten nuwen spittal mit allir eynunge vnd vortracht als denne obin vßgedruckt
ist gnediclichen mit dissem selbin briue, doran wir Friderich vnser große insigil, des
wir Wilhelm sin bruder mete hirane gebruchen, mit rate vnser heymelichen habin
lassen hengen.

Vnd wir Liuinus Stregis prabist, Johannes Becker prior, Jacnff Storckewicz
custos, Johannes Vrba cantor, Michel Goße, Caspar Ciliax, Thomas Hanstete das
capittil vnd gancze sampnunge gemeyne sancti Thomae mūnsters zcu Lipczk regeler
sancti Augustini ordinis zcu Lipczk zcu bekenthenisse allir vorgeschrebin rede stucke
vnd artickele vnd das wir und alle vnser nachkommen die stete gancz vnuorbrochen
vnuorruckt ane geuerde vnd intrag ewiclichen halden wollen vnd sollen vnd dowid-
der nymmer zcukommen nach zcuthune in dheyne wiis, habin wir Liuinus prabist
vnser probistie vnd wir prior vnd capittil gemeyne obgnant vnsers capittils insigil
wissentlichin [mit] wolbedachtem mute vnd guten vorrate an dissen selbin brieff bie
der obingnanten vnser gnedigen hern geistlicher vnd wertlicher fursten insigile
gehangen, der gegebin ist zcu Lipczk nach Cristi geburt tusent vierhundert in dem
nun vnd drissigistin iare am dinstage sente Michels tage des heiligen ercze engils.

Nach dem Orig. im Rathsarchiv zu Leipzig. An Pergamentstreifen hangen die Siegel des Bischofs Jo-
hann. des Kurfürsten, des Probst Livinus sowie Reste des Capitelsiegels.
   Vogel Leipz. Chron. S. 142. — Schöttgen und Kreysig Dipl. Nachl. I. S. 71. — (Seeburg) Nachtr. z.
Gesch. Leipz. H. b. 17.
   Die zum Georgenhospital gehörigen Gebäude und Plätze, die Georgenkirche, das Findelhaus, der Be-
gräbnissplatz u. A. in der Altenburg vor dem Ranstädter Thore, zogen sich, ungefähr an der Stelle, wo jetzt die

zweite Bürgerschule stebt beginnend, längs der Pleisse hin bis zu einem in dem durch diesen Fluss gebildeten Bogen gelegenen Privatgrundstücke, Vorwerk, Garten u. s. w., welches im 16. Jahrhundert der Familie Lotter gehörte; (das daran stossende Besitzthum der Familie Peifer erstreckte sich bis zum Zusammenfluss der Pleisse und Parde. Vgl. auch Dav. Peifer Memorabb. Lips. p. 74.). 15** gestattete der Rath dem Hieronymus Lotter gegen Revers eine Brücke und Einfahrt aus dem Rosenthale über das Wasser in seinen Garten auf der Altenburg zu unterhalten

Die Punctation zu dem obigen Vertrage zwischen Thomaskloster und Rath befindet sich in dem Stadtbuche fol. 265. In Betreff der 8 Schock j. Z. ist daselbst noch folgende Bestimmung enthalten: Were ouch das sollich bestetunge vorgang gewynnet, so ist beteidinget als vmme dyr widdirstatunge der VIII 8 czinses, das der rat dy C vnde XXXIII 8 XX gr. dem probste vnd cappittel, als verre als die stat die czinse uff sich nicht haben wolde, uff die nehesten ostern reichen vnde geben sal. Wolde abir der rat dy czinse reichen dem probste vnde capittel, so sal der rat dem probst vnde capittel synen briff vor die VIII 8 czinses uff eyne widdir abelosunge geben, vnde wenne der rat dy abelosunge thun wil, so sal der rat daz dem probst ryn virtel iares doruor vfsagen. — Ouch ist beteidinget, wenne die besetzinge geschiet, daz der probst vnde daz capittel Johannes Hobach synen willen machen sal, daz er do inne nicht halde, sundern daz der spittel mit der zengehorunge vorgenant der stat geruglichen volge ane allerley hindernisse.

No. 205. 1440. 24. Apr.

Der Rath verkauft Conrad Papenmeyer Bürger zu Göttingen und Gese dessen Ehefrau 28 Rhein. Gulden j. Z. zu einem Seelgeräthe, bestehend in einer Kleiderspende an die armen Leute in dem neuen Georgenhospital.

Wir Peter Illeberg borgermeister, Hencze Winter, Reynhart Stoube, Henno Mischin, Hans Pristorff, Hans Herafelt, Nickel Burburger, Hans Tumel, Heinrich Stange, Michel Rotaw, Hans Tawae vnde Hans Storckewicz ratmanne vnde gesworne czu Lipezk bekennen —, daz wir mit wolbedachtem mute vnde gutem vorrathe drier rethe vnde der ganczen gemeyne vnser stat Lipezk — verkoufft haben — uff eynen rechten widdirkouff vnde abelosunge dem ersamen manne Conrad Papenmeyer borger czu Gottingen vnde der togentsamen frauwen Gesen syner elichen husfrauwen vnde noch irer beiden tode als von rechten testamentes vnde selegereten wegen dem nuwen spittal, den wir itzund vor dem Ranischen thore [buwen], der vormals eyn spittal gewest ist czu senthe Jorgen genant, XXVIII Rynische gulden an golde genge vnde gebe vnde awer gnug am gewichte, dovor vns der gnante Conrad Papenmeyer virhundert gute Rinische gulden gegeben vnde beczalet hat, die wir denne von iin enphangen vnde in vnser stat nucz vnde frommen gewant haben. Dieselben XXVIII Rinische gulden ierlicher czinse gereden vnde geloben wir gnanten burgermeister ratmanne vnde gesworn vor vns vnde vnser nochkommen den gnanten Conrad Papenmeyer vnde Gesen syner elichen husfrauwen die wile sie lebin vnde noch irem tode czu dem genanten spittale in [ezwei] geczyten des iares, XIIII gulden uff Michaelis von datz diß briffes nehistkommende vnde die ander helffte also XIIII gulden uff Walpurgis schirst dar nach volgende, an bereitem golde gutlichen czu reichen vnde beczalen ane alle schaden, an allirley hinderniß geuerde vnde keynerley vorbietunge geistlichs adir wertlichs gerichtes. Vnde were, ab wir gnanten borgermeister ratmann vnde gesworne vnde vnser nochkomen die gnanten czinse uff die vorschriben tage ezyt nicht beczalten vnde dar an sumig wurden, was denne die gnanten Conrad Papenmeyer vnde Gese ayne eliche husfrauwe mogelichs schaden daruff theten czu

cristen adir iodin, an briuegelde, an bottelon vnde nachreyßen, denn schaden geloben
wir on vngeuerlichen vnde gutlichen mit dem vorsessen czinse ane allirley behelff
vnde widdir rede czu beczaln. Vnde wenne die gnanten Conrad Papenmeyer vnde
Giese ayne eliche huofranwe beyde von todis wegen gegangen sint, daz sie got am
leben lange friste, so sullen vnde wullen wir gnanten ratmanne vnde gesworn vnde
vnser nochkommenn solliche XXVIII gulden uff solliche tage czyt obinbeschriben
denn armen luten in dem gnanten spittal, die wile wir die nicht abeloßen, reichen
vnde geben, do von man denne den armen krancken luten vnde den allir notdorffti-
gisten dor ynne als den mannes nauen geben elle vnde den frauwennamen acht elle
graw adir weißß gewandes ierlichen czu eynem rocke geben, vnde welchem armen
vnde krancken menschen sollich gewant man also eyn iar gegeben hat, deme sal
man in czwen iarn nicht mehir geben, vnde wenne man den armen luten solliche
cleidunge geben sal, daz sal man in den pharkirchen bie vns ierlichen acht tage
czu vor vorkundigen laßen. Dorezu denn daz eyn sollich lobelich erlich testament
vmorhindert werde, sollen wir gnanten ratmanne vnde gesworn vnde vnser noch-
kommen eynen adir czwene vß vnserm rate vnde auch eynen adir czwene anß der
gemeyne setezin vnde geben, der vnde die also solliche XXVIII gulden inmassen
obingeschriben stehit noch [dem] tode der gnanten Conrad Papenmeyers vnde Giesen
ayner elichen hußfrauwen von vns manen vnde sollich testament varichten sullen hin-
furt, daz daz also ewichlichen gehalden werde. Ouch so haben wir obgnanten
burgermeister ratmanne vnde gesworn vor vns, vnser nochkommen vnde ganczer
gemeyne an sollichen XXVIII Rinischen gulden, die wir also vorkoufft haben als
obinberurt ist, eynen widdirkoufß behalden, der an vns vnde an den obgeschriben
vnsern glonbern vnde vorkouffern stehin sal; vnde wenne wir denne die gnanten
XXVIII gulden widdir also noch tode des gnanten Conrad Papenmeyers vnde siner
elichen hußfrauwe abekouffen vnde abeloßen wollen, so sullen wir daz denn, die wir
vß dem rate vnde der gemeyne den spital also obingerurt ist zeu vorwesen gesaczt
haben, eyn virteil iares donor kuuth thun vnde uff sagen, vnde sullen on die IIII^c
gulden mit den betageten czinsen widdir geben vnde beczalen an allirley geuerde
vnde argelist. Die gnanten zewene adir vier, die wir danne den spittal also obin-
berurt ist czu vorwesern gegeben haben, sullen sich ..') bynnen eynez virtel iares
noch der uffsagunge, daz man solliche IIII^c gulden in gewisse stete mit den obge-
screiben rates vnde irer nochkommen volburt willen vnde wissen legen vnde brengen
[mag]. Uff daz daz sollich gotlich vnde lobelich testament selogerethte vnde almußen
alle iar ewiclichen von den renten gehalden vnde die cleidunge den armen luten
inmassen obinberurt gegeben werde vnde daz alle dißße stucke artikel vnde rede
festiclichen vnuorbrochen gehalden werde, haben wir gnanten burgermeister ratmanne
vnde gesworne vor vns vnde vnser nochkommen vnser stat ingesigel an dissin briff
mit guten willen vnde wissen lassen hengen, der gegeben ist noch Christi gebort
vierzenhundert iar dar nach in dem virczigistim iare an senthe Jorgen tage.

Nach dem Stadtbuche fol. 266 im Rathsarchiv zu Leipzig.

1) Or. verclören.

No. 206. 1441. 6. Apr.

Lehnbrief des Kurfürsten Friedrich II. für Claus und Moritz Serwitz.

Wir Friderich von gots gnaden des heiligin Romischin riechs erczmarschalg, herczog zcu Sachsin, lantgraue in Doringen vnd marcgraue zcu Missen bekennen für vns vnd vnnsern liben bruder herczogin Willhelmen —, das wir den ersamen vnd wiesen Clausen Serwicz vnd Mauritezen sinem sone vnd iren rechtin libes lehinserbin diese nachgeschrebin dorff vnd zcinse, mit namen das dorff zcu Rudenicz mit dem holtcze gnant das Elrich, die cornzcinse zcu Fochshol rff funfftehalber hufen landes, eyn schog groschin vf den altrussen zcu Lipezk, eyn schog zcinses ym dorffe zcu Mockaw, eyn halb schog groschin vnd dry hünre ym dorffe zcu Geringeshayn*) alles in den pflegin zcu Lipezk vnd Grymme gelegin, die sie wider Hannsen vnd Lodewigen Waltheyme recht vnd redelichin habin gekoufft*), mit sollichin rechten eren nlttezin wirden zcinsen renten vnd zcugehornngen nichts vzgenomen in allermassen, als die die egnantin Hans vnd Lodewig Waltheyme von vns bißher zcnlehin gehabt vnd nu für vns vfgelassin, durch sunderlichir gunst vnd gnade willen zcnrechtem lehn gereicht vnd geliben habin —. Hiebie sind gewest als geczugen vnser rete vnd liben getruwen er Hanns von Malticz vnsir obermarschalg, er Bernhart von Kochperg vnsir liben gemaheln hofemeister, er Wedekind vom Lohe ritter, Friderich von Malticz —. Zcu vrkund versigelt mit vnserm anhangenden insigil für vns vnd vnsern liben bruder herczogin Willhelmen. Gebin zcu Missen nach gots gebort vierczenhundert darnach ym eynvndvirczigistin yaren am dornstage nach dem sontage Judica in der fasten.

Nach dem Orig. im Rathsarchiv zu Leipzig mit dem Siegel des Kurfürsten an einem Pergamentstreifen.

a) Gerichshain, Eph. Wurzen. b Vgl No. 198. A. e.

No. 207. 1441. 5. Mai.

Thimo von Colditz, Herr zu Graupen und Hauptmann der Sechsstädte belehnt mit Willen und Wissen Herrn Albrechts von Colditz seines Vaters und Hans von Colditz seines Vetters, den ersamen Hans Thummel Bürger zu Leipzig mit Gütern Zinsen und Gefällen in dem Dorfe Schönefeld und vor dem Hallischen Thore zu Leipzig. (Wörtlich wie in No. 119 und mit der dort gegebenen Zusicherung.) Zeugen: der edele her Zeeschko von Kolditz vnser lieber vetter, der gestrenge Nickel von Stupetz vnd die ersamen Johannes Seydenheffter stadschreyber vnd Andrewes Stobener burger czu Leypczick —. Gegeben — am freytage nach deme tage den man nennet die findunge des heyligen creuczes.

Abschrift aus dem 15. Jahrhundert im K. Haupt-Staatsarchiv zu Dresden. Vgl zu No. 119.

No. 208. 1441. 5. Nov.

Monch von Korwitz zu Gersdorf belehnt den Bürger Andres Bruwer mit einem Acker Landes vor dem Ranstädter Thore hinter der Angermühle.

Ich Monch von Korwitz zu Geerstorff gesessen bekenne offintlich in deßim mynem offinbriue — vnd thu kundt, das ich mit gutem willen vnd wolbedachtem muthe dem forsichtigen manne Andres Bruwer zu Lyptzk mitborger vor dem Ranstetischen thore gesessen vnd Annen syner elilichen wirthyn vnd allen synen rechten lehius erbeu recht vnd redelichen lye vnd gelegin habe zu rechtem lehne eynen acker landes gelegin zu Lieptzk vor dem Ranstettischen thore hinder der Angermole mit allen yren nutzen fruchten vnd wherden vnd mit allen yren zugehorunge[n] vnd allen frommen. Ouch so hab ich egnanter Monch von Korwitz den vorgnanten acker landes williglichen gelegin mit crafft deßes mynen offenbrines vor mich vnd vor alle myne erben geruglichin vnnd fridelichin znhabin vnd zugnysseu, zubesitzin vnd zugebruchin gleicher wyße vnd in allir maße, als lehnrechts recht ist. Des zu bekentniß orkunde vnd mehir sicherheit willen habe ich vorgnanter Monch von Korwitz myn ingesigil mit gutem willen wissen vnd wolbedachtim muthe an dißen offenbriff gehangen, der gegeben ist zu Lieptzk noch Christ geburt virtzehenhundert iar darnach in dem eynvndvirtzigisten iare am soutage noch aller gotes heyligin tage.

Nach dem Copialbuche des Dominicanerklosters zu St. Paul in Leipzig fol. 15 im Rathaarchiv zu Leipzig.

No. 209. (1441.)

Der Ruth verkauft Johannes Lachs, Pfarrer zu Altstadt Waldenburg 20 Rhein. Gulden zu einem Seelgeräthe in dem neuen Georgenhospital.

Wir noehgeschriben Steffan Stuß burgermeister ic. recht vnde redelichen uff eynen widdirkoufft vorkoufft haben — dem erbern hern Johannes Lachse pharrer der alden stat zcu Waldenborg*) vnde noch synem tode czu eynem redelichen vnde lobelichen testament vnde selegerethe dem nuwen spittal, den wir iczund vor dem Ranischen thore, do vor der spittal senthe Jorgen gelegen hat¹), angehaben haben czu buwen, czwenczig Rinische gulden — an vnser stat Lipczk, allen vnsern czugehorunge vnde renthe —, vnd haben dem gnanten er Johanse Lachse vnde noch synem tode dem spital vorgnant sollche czwenczig Rinische gulden gegeben vor dryhundert Rinische gulden, die vns der gnante er Johans wol czu daneke beczalt hat vnde wir die vorder in vnser stat gemeynen nucz vnde fromen kuntlichen gewant vnde gekart haben. Die vorgeschreben czwenczig Rinische gulden ierliche czinse reden vnde globen wir dem gnanten ern Johansen Lachsen vnde noch synem

a) Altstadt-Waldenberg, i¹⁄₄ L. Stunde von Waldenburg.
1) Or. phyen ist hof.

tode dem gnanten spital, die wiele wir die deme spital nicht widdir abekouffen noch
abelosen, von datu dissen briffen in der stat Lipezk in czwey geezyten deß iares
also czehn Rinische gulden uff die wynacht heiligentage schirkomeunde vnde die
andern czehn uff senthe Johannes baptistae nehist dar noch folgende vnde denne
also vorbaß alle iar uff die gnanten czwu tageczyt in allir masse als vorgeschribiu
stehit czubeczalen vnde cznreichen, vnuorsprochen von alliu gerichten geistlich adir
wertlich ane geuerde. Were auch, daz wir gnanten vorkouffer uff die vorgeschreben
tageczyt an der beczalunge sumig wurden vnde nicht beczalten, waz denne der
gnante er Johannes Lachs adir vorstender deß spitals vorgnant noch tode deß gnan-
ten er Johannes schaden theten czu cristen adir ioden, den schaden geloben wir
on mit den vortageten czinsen adir czinse gutlichen czulegen vnde czureichen an
allirley argelist vnde geuerde. Ouch so haben wir gnanten burgermeister ratmanne
vnde gesworne vnde die ganeze gemeyne czu Lipezk an dissin vnseru kouff eynen
widdirkouff behalden noch des gnanten er Joh. Lachs tode, daz wir die vorgeschri-
ben czwenczig gulden widder abekouffen mogen wenne vns daz fugsam adir bequeme
ist, doch also, daz wir daz den vorstendern deß spitalß eyn virteil iares vor dem
czinstage uffsagen vnde vorkundigen sullen, so sullen sie vns denne solliche czwen-
ezig gulden czinß vor dryhundert gulden widdir czukouffen vnde vnseru briff widdir
geben; vnde als danne, wenn wir sollich gelt abegeleit vnd beczalt haben, so sullen
vnde wollen wir gnanten burgermeister ratmanne vnde ganeze gemeyne solliche dry-
hundert gulden vorder an ander guter adir czinse legen, so daz solliche guter adir
czinse, die von sollichen dryhundert gulden gekouff werden, ewielichen in czukunf-
tigen czyten bie dem spitale vorgnant festiclichen armen luten czu troste vnde
irquiekunge bliben. Daz alle disse stucke puncte vnde artikel also gehalden werden
czu befestunge vnde bekentniße haben wir ꝛc.

Nach dem Stadtborh fol. 266ᵇ im Rathsarchiv zu Leipzig.
In demselben Archiv befinden sich (Tit. V. 24 fol. 7 a. 7ᵇ) zwei Entwürfe zu Wiederkaufsverschreibun-
gen, laut deren der Rath dem Pfarrer Johannes Lachs 26 Rhein. Gulden für 234 Gulden auf Lebenszeit verkauft.
1441 Mitwoch [vor] S. Viti.

No. 210. 1442. 8. Jun.

Verordnung wegen des Gewerbebetriebs der Fleischer.

Wir Steffin Stuß iteczunt burgermeister, Heinrich Forster, meister Jacobus
Meiseberg, Arnolt von Banezk, Hans Schobil, Hans Herffert, Nickel Muller, Heinrich
Rynner, Hans Storckwicz, Mertin Premschnicz vnde Hans Schuman ratmanne czu
Lipezk bekennen mit dissim briue, daz wir mit willen vnde wissin der andern rete
der stad Lipezk, nochdem vnser gnediger herre vns vnkouffs vnde der hantwerge
ordenunge vnde schickunge entpholen hat czu besorgen vnde czu beschn, czu not-
dorfft der ganczen gemeyne habin wir alle drie rete obgeschreben eyntrechtiglichen
solliche notdorfft der gemeyne czunutze vor vns genommen vnde uß gesaezt uff eyn
wolgefallen vnde widdirrouffen nach irkentniß drier rethe solliche ordenunge, schickunge
vnde haldunge, schicken vnde orden wir in crafft dissen briues des hantwerges der
fleischauwer in vnser gnedigen herren stad czu Lipezk hir nach folgende:

Czum erstin, daz eyn itzlicher fleischauwer, der daz hantwerg triben vnde
halden wil, sal sine fleischbang tag hie tage vnde den tagk danor ezu vesperezyt,
wenne fleisch essens ezyt ist, besetezen als daz bißher gewest ist. Item eß sal keyn
fleischanwer selbandir adir dritte eynen schepps, gemeyne swyn vnde kalb teilen,
sundir gemeste beekirswyn vnng eyner addir ezwene wol mittenandir slahen. Item
rynder vnde solliche groß vihe magk auch eyner, ezwene addir mehir mittenandir
slaen. Item welch fleischauwer ganeze rynder, kuwe addir scheppse ganez uff den
marckt am montage vnde fritage des winthers vnde sonnabens des sommers brengit
vnde feile hat, der sal den rindern den peßerich vnde vnslet vnde den scheppsen
auch daz vnslet nicht berissen noch abesnyden; deß selbin glich sal er auch an den
ganezen kuwen vnde schaffen daz nicht uß rissen addir snydin. Item welchirley
fleisch die fleischbauwer uf die gnantin ezwene marcktage uff dem marckte feile
hetten an kleynen gehauwen stneken vnde nicht vorkouffin mochten, daz mogin sie
intragen vnde sollen daz widdir uff den marckt nicht brengin ezuuorkouffin; hetten
sie abir ganez halbe rinder addir vertel, ganeze scheppse, swyne kelber halb addir
vertel, die mogen sie winterezyt, so dach daz fleisch wert se, weddir uff den marckt
brengen vnde vorkouffin. Weres auch, ab bruch wurde am sontage vnde dornstage,
daz nicht fleisch were, so daz die fleischauwer slachten vnde ire fleischbencke mit
fleische bestellen sollen vnde musten, was danne fleischs die fleischauwer uff die
gnantin ezwene tage uff den abend ezu den bencken slngen addir slahn wurden,
vnde daz sollen vnde mogen sie ezuhauwen ezu halben buchen addir vertiln vnde
kleynen stncken vnde mogen daz den andern marcktag als montag addir fritag dar
noch uff den marckt vngeuerlichin tragin vnde vorkouffin. Item hette auch eyner
addir mehir fleischanwer vynnecht fleisch feile uff den ezwen marcktagen als neme-
lich montag vnde fritag des winthers vnde des sommers den sonnabend vff dem
marckte vnde des nicht vorkouffin konden, so sullen dieselben fleischauwer, die sol-
lich vynnecht fleisch haben, daz intragen vnde in die vynnechte bauck vndir den
fleischbencken addir scherren legen, dorynne vorkouffin vnde nicht eyn iezlicher yn
syner fleischbanck. Item welch fleischauwer sollichir obgeschreben sntezunge nicht
halden vnde vngehorsam sumig wurde, als offte denne on der rad dorvmbe schul-
diget, sal er deme rate funff nuwe schock nuwer gr. vorfallen syn vnde geben an
allerley vorbethe, als verne er sich des mit synem rechte nicht entschuldigen mag.
Daz disse obgeschreben vnser ordenunge vnde schickunge von deme hantwerge der
fleischanwer obgnant also festiclichen gehalden sal werden, haben wir on disse[1])
vnser ordenunge mit vnser stad secret vorsigelt gegeben. Geschen vnde geschrebin
ezu Lipezk am mitwochen noch der heiligen drier konige tage nach Cristi geburt
vierczehnhundert iar dor noch in dem ezweyvndevirezigisten iare.

Von anderer Hand nachgetragen: Auch ist den lesterern zeugegeben, das sie alle cley-
nat, also sie eß nennen, also worste kaldunen kalbeßheubte hunmeßheubte vnde deß
glichin mogin zeumarckte brengen von dissin fleißhauwern vnuorhindert.

Nach dem Stadtbuch fol. 47[b] im Rathsarchiv zu Leipzig.

No. 211. 1442. 17. Apr.

Kurfürst Friedrich II. befiehlt dem Rath zu Leipzig, zweihundert Bewaffnete zu Ross und Wagen mit dem erforderlichen Kriegsgeräth zum Zuge gegen Hans Marschalk auf den 21. April nach Mühlberg zu senden.

Friderich von gots gnaden, herczog zcu Sachsen ꝛc. Lieben getruwen. Als wir am nehsten etlichen vnsern steten vnd mannen geschriben haben vmbe folge vnd hulff wider Hanse Marschalke zuthun ꝛc. habt ir wol verstanden. Also haben sich des selben Hansen sache nach vnsers herren von Merseburg vnd uwerm abeschiit von vns am nehsten von Wissenfels in solicher maße erfunden, das wir vnsern ernst gein ym bewiesen müssen. Danon ermanen wir uch mit gauczem ernste vnd bie vnsern hulden, das ir ane alle entschuldigünge vns uwerer rostigisten vnd tögelichg-sten manne czweyhundert zu roß vnd wayn mit harnische, handbuchsen, armbrusten, pafoysen vnd anderm geczuge darezu gehorende vff das aller beste gefertiget vff den nehsten zukomenden sonnabind zciitlichen gein Molberg schicket vnd auch domit czwo steinbuchsen, die grosten die ir gehaben müget, mit pulner vnd steynen somil eyn notdorft ist vnd luten die domit konnen, vch auch also vßfertiget mit allen not-dorftigen dingen vier ader sechs tage im felde zubeharren. Vnd bestellet mit den uwern, vf solichem zcoge bescheidelich zu sin, nymande keynen schaden zuthůn vnd sich an Hildebrand Troczschler vnsern rad vnd Volrad Griffogil vnsern lantuoit vnd lieben getruwen zu halden, nach yn in solichen sachen als nach vnsselbist zu richten. Verhaldet des in keyne wieß, alsferre ir vnser vngunst wollit vermiden, vnd besuchet hirinne keynerley furder behelffunge. Gebin zu Wissenuels am dinstage nach Misericordia domini ꝛc. anno ꝛc. XLII°.

Dem rate zu Lipezk vnsern lieben getruwen.

Von anderer Hand unten am Briefe bemerkt:

Der rat was am sontag Misericordias domini bic vnserm hern zcu Wissenuels, et postea quando fuimus in Serhusen direxit istam litteram, et non scripsit causam, worumme die sachen sich anders gemacht hetten.

Nach dem Orig. im Rathsarchiv zu Leipzig.

No. 212. 1442. 29. Apr.

Kurfürst Friedrich II. und Herzog Wilhelm versprechen, die Stadt Leipzig, welche auf ihr Geheiss 124 Rhein. Gulden von den städtischen Jahrrenten an Wedekind von Lohe wiederkäuflich verkauft hat, schadlos zu halten.

Wir Friderich vnd Wilhelm gebrudere von gotes gnaden herczogen zcu Sachssen — bekennen —, als die ersamen wiesen burgermeister ratmanne vnd ganeze gemeyne vnser stad Lipezk vnser lieben getruwen dem gestrengen ern

Wedekindt vom Lohe ritter vnserm rathe vnd lieben getruwen vnd sinen erbin hundirt vnd viervndezwenczig Rinische gulden gut am golde vnd awer gnug an gewichte ierlichs czinses halb vf sente Jacofs vnd halb vf vnser lieben frauwen tag lichtwihunge ierlichin zeu beczalen an vnser stad Lipezk fur sechezehn hundirt vnd ezwelf Rinische gulden der gnanten were vf eynen widerkauf als selbschuldigen verkauft haben, das sie das von vnseres geheißes wegen gethan vnd wir sollich sechezehnhundirt vnd ezwelf gulden von dem gnanten ern Wedekind selber genomen vnd die an vnser herschaft nucz vnd fromen gekart vnd gewant haben, vnd heissen die gnanten vnser burgermeister ratmanne vnd ganeze gemeine zeu Lipezk solche hundirt vnd viervndezwenczig Rinischer gulden ierlichs czinses dem obgenanten ern Wedekind sinen erbin ader wer den kaufbrief mit irem guten wissen vnd willen innehadt von vnser stad Lipezk iarrenten, die wir bie yn vff Walpurgis vnd Michaelis haben, ierlichen vf die obgerarten ezwo tagecziite zeu reichen vnd zeu geben, die wile wir sollich sechezehnhundirt vnd ezwelf gulden dem egenanten ern Wedekind sinen erbin ader innheldern des kaufbriues nicht wider abgekauft vnd beczalt habin. Vnd waune vnd als oft die gnanten burgermeister radmanne vnd ganezgemeine zeu Lipezk die obgeschriben hundirt viervndezwenczig gulden ierlichs czinses von vnsern iarrenten als obingemelt ist gereicht vnd beczalt haben, reichen vnd beczalen werden, also ofte sagen wir sie der quiid ledig vnd loß, vnd wir gereden mit vnd incrafft dißes briues vor vns vnd vnser erbin in guten truwen, das wir vnser burgermeister ratmanne vnd ganezgemeyne vnser stad Lipezk vnd alle ir nachkomen der sechezehnhundirt vnd ezwelf gulden heubtgeldes vnd der hundirt viervndezwenczig gulden ierlichs czinses nach vßwisunge aller punct vnd artickele des kaufbriues, den sie daruber von vnsern geheiß wegen dem oftgnanten ern Wedekind gegebin haben, ane allen iren schaden gutlich benemen, entledigen vnd sie der vertreten wollen ane allis geuerde. Zeu bekentenße habin wir vnser beider ingesigel an diessen brief wissentlichin lassen hengen, der gegebin ist zeu Wissenuels nach gotes geborte vierczeuhundirt vnd darnach in dem ezweyvndfirezigsten iare am sontage Cantate.

Nach dem Orig. im Rathsarchiv zu Leipzig mit den Siegeln des Kurfürsten und des Herzogs an Pergamentstreifen.

No. 213. 1442. 24. Sept.

Kurfürst Friedrich II. verordnet, dass von jedem eingeführten Fuder Naumburger Bieres, wenn dasselbe nicht für Grafen Herren Prälaten Ritter Knechte oder die Meister der hohen Schule bestimmt ist, ein Rhein. Gulden zu Geleite erhoben werde.

Fridrich von gots gnaden herczoge zu Sachsen vnd marggraue zu Missen.

Lieben getruwen. Fur vns sind die vnnsern zeu merern malen mit grosser clage komen vnd haben vuns erczalt, wie sie mit vberfurunge Numburgisch biers bisher vnd ieczund uber die masse sere beswert werden, also das sie ires biers nach sinem werde, als sie das danne gesteet, nicht anwerden noch verkouffen mogen,

21*

dauon sie dann in armud komen vnd in grossen vnwiderbrenglichen vnrat vallen mussen, vns dar vmb als iren rechten naturlichen herren ein sollichs zuuerkomen diemutiglich angeruffen vnd gebeten. Vnd wanne vns nu von angeborner gute ein gemeyn nucz zubetrachten vnd sonderlich der vnsern verterben zauerkomen alsferre wir mogen wol zugeburt, vnd als nu got der almechtige vff dit₃ iar die sinen mit weinfruchte nach notdurfft guediglich hat versehen, also das ein yde stat sich an irem eigen getreucke wol enthalden vnd vbkomen mog, seind wir darumb mit vnsernn reten heimlichen vnd lieben getruwen retig worden, von einem iglichen fnder Numburgisch biers, das in vnd [durch] vnser land, furstentum vnd gebiete von verkauffens wegen gefurt wirdet, einen Rinischen gulden zen gleite zunemen, doch grauen herren prelaten ritter vnd knechte vnd auch die meistere vnser hoenschule by nch, die des zen ir notdurfft meynen zngebruchen, hirinne als billich ist vbgeslossen. Hirumb begern wir von nch mit ernstem flisse, das ir mit den vwern, die danne Numburgisch bier in vnd durch vnsere lande gebiete vnd gleite pflegen zafuren, bestellet, das sie sich sollicher fure vns vnd den vnsern zuliebe vnd gute massen, ob aber sie des nicht enlassen wolten, sich danne willigen, sollich obgemelt gleit an widerrede zugeben. Das ist vns von nch sunderlich zugutem dancke vnd auch vnsere ernstlich meynung. Geben zu Friberg am montag nach Mauricii anno ꝛc. XL secundo.

Dem rate zeu Lipezk vnsern lieben getruwen.

Nach dem Orig. im Rathsarchiv zu Leipzig.

No. 211. 1442. 14. Oct.

Kurfürst Friedrich II. macht dem Rath Mittheilungen über den bisherigen Gang der Verhandlungen mit den Verwandten des Hans Marschalk.

Friderich von gotes gnaden herczog zu Sachsen ꝛc. vnd marcgraf zu Missen.

Liben getruwen. Als ir iezund von wegin Gerhards vnd Lutolffs der Marschalge geschrebin vnd des iren brieff mit gesand habet, dorinne sii beruren, wie wir sii von bete wegin vnsers hern von Magdeburg am nesten gein Wissenuels betaget haben vnd doselbst die sache yn biewesen vnsers liben bruders herczog Wilhelms, vnsers herren von Merseburgs, grauen Heinrichs von Swartzpurg vnd anderer vnser rete gehandelt sii wurden, haben wir verstanden. Vnd als sii in demselben irem briue furbas melden, wye yn von vns kein antwert habe moge werden, thun wir nch wissen, das wir uff dem tage zu Frieberg am dinstage nach Mauricii nestuergangen von vns besucht iren frunden haben lassen zusagen, wolt ir bruder Hans tag uff burgen haben, indes pflegen vnd thun souil, als durch vns vnd vnser rete erkand wurde, als das sine frunde wol verstanden haben, dann wolten wir ir geleite erstrecken, Hansen vnd yn fur vns in vnsern hoff bescheiden vnd sii, nochdem als Hans ir bruder von vns keme, schuldigen ab vns das not were; des nu Hans ir bruder nicht hat wollen verfolgen, darumbe vns auch nicht gefuget hat, sii furbas zugeleiten. Vber das sind ire frunde abermals fur vns zu Missen am nestuergangen montage gewest, vns gebeten, yn zugnunen mit Hansen Marschalge persoulich zureden, das wir yn danne also gegunnet vnd zugesaget huben. Werden vns nů dieselben sine frunde zeusagung thun, das ir frund Hanus Marschalg furgeleigten wegin, die yn wol wissentlich sind, wolle nochkomen, dortzu wollen wir sii, ab sii des an vns gesynnen, in vnsern hoff geleyten vnd sii, ob vns des nod sin wirdet, schuldigen. Daruff begern wir mit fliße, ir wollet vns gein denselben Marschalken vnd wo des nod sin wirdet verantwerten. Doran tut ir vns zudancke. Gebin zu Rochlicz am sontage Calixti anno ꝛc. XLII".

Dem rate zeu Liptzk vnsern lieben getruwen.

Nach dem Orig. im Rathsarchiv zu Leipzig.

No. 215. 1442. 25. Nov.

Kurfürst Friedrich II. befiehlt dem Rathe, einen Abgeordneten aus seiner Mitte zum Verhör des Handels mit Hans Marschalk zu senden.

Friderich von gotes gnaden herczog zeu Sachsen ꝛc. vnd maregraue zeu Missen. Liben getruwen. Uch ist wol wissentlich, wie wir Hansen Marschalg, der vuser fihend wurden ist gancz vmbillichen, in vnsirm gefencknisse eyne zcyt gehabt vnd noch haben, dem wir danne vor langest gerne tag gegebin hetten vnd er des nicht hat wollin uff nemen, vnd auch sollich sache anders dan sie ergangen sin an uch bracht mogen werden, darumb so begern wir von uch mit gutlichem flisse, das ir einen trefflichen uß nwern rate uff den nestin fritag zcytlichen bie vns hervff sendet, sollichen handel vnd bytunge, wie die von vns geschen sind, eigentlich zeu uorhören vnd dornach geschicket alsbalde mit sambt andern den vnsirn furder gein Wyda bie den gnanten Hansen Marschalgk zeu ryten, yn des eigentlich zeu berichten vnd widerumb sine meynung dorvff von im zeuuernemen. Vnd des nicht anders haldet noch uch swer sin laßet, doran tut ir vns besundern wol ezn dangke. Gebin zeu Lipczk am sontage Katherinae virginis anno domini ꝛc. XL, secundo.

Nach Barthel's Diplomat. Lips. IV. fol. 241 im Rathsarchiv zu Leipzig.

Es mag auffallen, dass der Kurfürst, in Leipzig anwesend, einen schriftlichen Befehl in dieser Form an den Rath erliess. Ein Versehen in Bezug auf den Ausstellungsort (zu dessen Annahme die Wendung , das ir einen — bie vns hervff sendet' verleiten könnte), waltet nicht ob, da Friedrich nachweislich am 22. und 25. Nov. zu Leipzig urkundete.

Der Rath schickte den Bürgermeister Staphan Stuss zu diesen Verhandlungen; das ergibt sich aus der Urkunde, welche Hans Marschalk, unter Bedingungen und gegen das Versprechen, auf Erfordern dem Kurfürsten und dem Herzog Wilhelm sich zu stellen, aus dem Gefängnisse freigelassen, am 3. Dec. zu Weyda ausstellte, und welche auf Begehren der genannte Bürgermeister mit Anderen besiegelte. (Or. im K. Haupt-Staatsarchiv zu Dresden.)

No. 216. 1443. 24. Juli.

Das Thomaskloster beurkundet, welche Verpflichtungen und Leistungen die Stadt bei Uebergang des Georgenhospitals an dieselbe (No. 204) übernommen habe.

Nos Burckardus de Kempnicz praepositus, Nicolaus Sutoris prior totusque conventus monasterii sancti Thomae in Lipezk ordinis sancti Augustini canonicorum regularium Merßeburgensis diocesis tenore praesentium publice recognoscimus coram universis et singulis tam praesentibus quam futuris, quod licet hospitale sancti Georgii[1]) extra muros opidi Lipezk ante portam Ranstetensem eiusdem opidi situatum ad nos nostrumque monasterium cum omnibus suis iuribus fructibus et redditibus hucusque pertinuerit et pertinere dinoscitur pleno iure, quia tamen cives Lipczenses exilitatem supradicti hospitalis considerantes, reddituum tenuitatem ac pauperum inibi degentium atque confluentium egestatem, ad instaurationem ac ampliationem eiusdem hospitalis pio desiderio aspirabant et ad hoc perficiendum nobis quam frequenter magna cum instantia supplicabant, ut ad hoc, quod idem locus, quem in structuris praecipue vellent ampliare redditusque pro pluribus debilibus ac valitudinariis inibi per eos videlicet colligendis ac amore dei victualibus revocillandis uberius instituere, per operam eorum atque contributionem celebrius fundaretur, consentire dignaremur ipsisque supradictum locum elargire, nos tam rationabili instantia ac pio desiderio permoti, praehabita deliberatione, consensu etiam et voluntate omnium quorum intererat aut quorum consensus fuerat requirendus accedente, supradictum hospitale praememoratis civibus tradidimus in suo fundo dumtaxat, prout in quadam alia littera ipsis a nobis super hoc alias donata luculentius continetur, in hunc tamen finem, ut pium affectum, quem super hac re conceperant, deducunt in effectum conditioneque tali servata diligenter, ut antiqui eiusdem hospitalis redditus et census in pecuniis fructibus bladis pratis et aliis apud nos nostrumque monasterium sicut hucusque sic et in antea remaneant inconvulsi. Volumus etiam ut ob refragerium animarum et memoriam eorum, qui supradictum hospitale fundaverunt, perpetuis deinceps temporibus ebdomodatim duae missae videlicet quarta et sexta feriis sub summa missa in altari trium regum in monasterio nostro per dominos nostri conventus celebrentur, pro quibus duabus missis in laborum recompensam atque fratrum recreationem dicto nostro conventui de censibus eiusdem hospitalis unam sexagenam novam, praesertim quadraginta duos grossos de uno prato sito retro secus hospitale, quod duo fratres dicti Attirbusch pro nunc tenent et possident, et viginti grossos de uno horto, quem[2]) providus Heinricus Beber opidanus opidi Lipezk habet et possidet, annuatim assignamus perpetuis in antea temporibus ab ipsis annuatim percipiendos; duo tamen grossi superflui cedent domino praeposito. Item statuimus volumus et ordinamus anniversarium honorabilis viri domini Johannis Hobach quondam Misnensis ecclesiae canonici, qui altare supradicti hospitalis aliquamdiu habuit in commisso nostroque monasterio in ultimo agone suo legavit quatuor libros, videlicet

1) De Gorgil. 2) Or. quod.

decretales, sextum, Clementinas et officium missae, viginti sexagenas valere taxatos, singulis annis feria quarta ante festum conversionis sancti Pauli cum vigiliis et feria quinta subsequenti cum missa defunctorum et memoria ipsius in praememorato nostro monasterio peragi solempniter et devote, pro quo fratres in conventu nostro ad sui refectionem percipere debent annuatim in tali anniversario mediam sexagenam novorum grossorum, quae eis exhiberi debet de supradicto prato, quod duo fratres dicti Attirwaß habent et possident, reliquam vero mediam sexagenam vertere debent in usum monasterii prout videbitur expedire. In quorum testimonium et maiorem evidentiam sigilla nostrae praepositurae et capituli nostri praesentibus duximus appendendum. Datum Lipczk anno domini millesimo quadringentesimo quadragesimo tertio in vigilia sancti Jacobi apostoli.

Nach dem Orig. im Rathsarchiv zu Leipzig mit den Siegeln des Probsts und des Convents an Pergamentstreifen.

Vogel, Leipz. Chron. S. 141. — Schöttgen u. Kreysig diplomat. Nachl. I. S. 78.

No. 217. 1443. 24. Aug.

Kurfürst Friedrich II. belehnt Peter von Ilburg Bürger zu Leipzig mit Grundstücken und Gefällen.

Anno domini re. XLIII° an sant Bartholomeus tage hat myn herre Peter von Ilburg burger zcu Lipczk eyn wese hinder dem tirgrten mit den wegen, eyne hufe landes gelegen hinder dem slchhofe sente Johann zcu Lipczk vnd XXIIIJ gr. cziuses uff dem schusterhandwercke vnd XXIIIJ gr. uff dem hantwercke der luer auch zcu Lipczk mit allen zeugehoruugeu re. zu rechten lehne vnd siner erlichen frauwen Margarethen zcu lipgedinge gelihen. Testes Jurge von Bebenburg ubirmarschalg, er Hans von Maltitz, er Ditterich von Miltitz ritter vnd Ott Spigel re. Actum Aldemburg uts.

Nach dem Cop. 44 fol. 152° im K. Haupt-Staatsarchiv zu Dresden.

No. 218. 1443. 2. Oct.

Der Rath verkauft an Ulrich von dem Buche Bürger zu Köln 50 Rhein. Gulden j. Z. zu einer Messesstiftung und Spende an Arme und Sieche in den Hospitälern zu S. Georgen und S. Johannis.

Wir nochgeschriben Peter Ileburg burgermeister, Heinrich Winter, Hans Prustorfft, Reynhart Stoube, Nickel Buerberger¹), Hans Tummel, Heinrich Stange, Michael Rotaw, Hildebrant Frust, Mauricius Serwicz, Hans Nopil vnde Hans Slauwicz ratmanne vnde gesworne der stad Lipczk bekennenn offintlichen nor vns vnde alle vnser nochkonmenn vnde thun kunt mit dissim vnserm offinen brine allen den, die on sehen horen vnde leßin, daz wir mit wolbedachtem mute vnde guten vorrate drier rete vnde ganczer gemeyne vnser stad²) Lipczk eintrechticlichen recht vnde redelichen uorkouffen vnde uorkoufft haben in craft disses briues deme erssamen

1) Dr. Nuernberger. 2) Or. rad

Vlriche von dem Buche borger zeu Collen bie synem leben vnde noch synem tode
zeu dem muwen spittal vor dem Ranstetisschen thore zeu senthe Jurgen bie vns
gelegen in massen hir nochgesrhriben stehit funffezig Rynischen gulden gut an
golde vnd swer gnug um gewichte ierliche ezinse vnde renthe uff vnserm rathuse,
ſ allen renthen zenfellen geniessen³) vnde allen andern zeugehorunge keyn uBgeslossen
zeu haben, vnde haben om die funffezig Rinische gulden vor acht hundert Rinische
gulden der obgeschriben muneze gegeben, dieselben VIII¹ Rinische gulden vns der
gnante Vlrich uon Buch durch Hansen Reyubach am bereitem golde gutlichen vnde
wolezudancke gegeben vnde beezalet hat vnde wir sie forbaß in vnser stat muez
ⁿ vnde fromen gewant haben vnde sagen den⁴) gnanten Vlrich von Buch der VIII⁰
gulden quit ledig vnde loß. Dieselben funffezig gulden ierlicher ezinse gereden vnde
geloben wir obgnanten burgermeister ratmanne vnde ganeze gemeyne der stat Lipezk
dem gnanten Vlrich uon Buche bie synem leben vnde noch synem tode dem spittal
in ezwen geezyten des iares, als nemlichen XXV gulden uff den nehisten senthe
ⁿ Walpargen tage vnd die andern XXV gulden aff Michaelis dornoch schirkomende
vnde denne forbaß alle iar uff die norschriben ezwu tageezyten an allerley hinder-
nisse geuerde vnde argelist zenbeezalen; dar an sal den⁵) gnante Vlrich uon Buch
vnde spittal norgnant keynerley hern [gebot] noch norboth geistlichs adir wertlichs
gerichtes nicht hindern, sundern on daz beezalen inmassen obingeschriben stehit.
ⁿ Vnde wurden wir an sollicher obgeschribener ezinse reichunge vnde beezalunge uff
die gnanten tageezyten symig vnde sie nicht beezalten, welcherley schaden denne
von dem gnanten vnser gloubern adir der spittal zu den nehisten vier wochen
ußgehende noch dem eziuß tage zeu eristen addir iuien teten, den schaden globen
wir on mit den betageten ezinßen gutlichen zenbenemen ane geuerle. Wurde auch
ⁿ der gnante Vlrich von Buch von todes wegen abegehen, den got lange friste, so
sullen wir obgnanten burgermeister ratmanne vnde ganeze gemeyne solliche obge-
schriben summa geldes als funffezig gulden zeu dem spittal obgnanten lassen uolgen
vnde aff sollicher obgeschriben tageezyt geben vnuorhindert in sollicher wiese, daz
wir dem gnanten spittal cynen prister schicken sullen zeu ordiniren, der alle woche
ⁿ vier messen dar inne halden sal gote vnde der werden iungfrauwen Marien zeu lobe
vnde zeu troste allen gloubigen selen, deme prister, wenne der do bestetiget wirdet,
wir denne noch vnserm irkentnisse des iares XXV addir XXX Rynische gulden
reichen⁶) vnde die andern⁷) XX gulden den armen luten zu dasselbe spittal vnde
auch den armen siechen, die uor deme Grymmischen thore bliben sullen zu senthe
ⁿ Johannes spittal. geben sullen vnde reichen lassin an spiese, an eleidunge vnde war
zeu is on aller notdorfft ist vngeuerlichen, doran nicht zeuhindern keynerley sache
welcherley dy were. Sulliche obgeschriben ordenunge vnde schickunge gereden wir
obgnanten burgermeister ratmanne vnde gesworne nor vns vnde vnser nochkomen
also festiclichen zenhalden vnde zeu machen ane alle geuerde. Weres auch ab der
ⁿ gnante spittal uon not addir ander sachen wegen abegiunge adir uor storet wurde
adir wie daz zeu queme, so sullen wir doch sulliche gulden, do mit wir dy messe
bestellen sullen, geben armen luten zeu irer notdorfft vnuorhindert vnde on geuerle.

3) Or. zu uffen pennern. 4) Or. dem. 5) Or. der. 6) Or. rockm 7) Or. en der.

Auch ab wir gnanten burgermeister ratmanne vnde gesworn adir vnser nochkomme-
linge sulliche summe der VIII^c gulden abelosen vnde die nicht forder uorezinssen
wolden, so sullen wir vnde vnser nochkommen also rechte obirsten normunden vnde
vorweser sollich gelt an gewisse stete legen adir guter dor vmme vngenuerlich
kouffen, daz sollich ordenunge vnde schickunge der messen vnde armen luten yn
dem spittal wie obinberurt ist also ewiglichen gehalden werden sullen vnuorhindert
ane geuerde. Des zeu bekentniß vnde mehir sicherheit willen, daz sulliche obge-
schriben stucke vnde artikel als von vns vnde vnsern nochkommen gehalden sullen
werden, haben wir vnser stat grosse ingesigil an dissin briff lassin hengen, der
gegeben ist noch Cristi gebnrt tusent vierhundert yn dem XLIII iare den mitte-
wochen noch senthe Michaelis tage des heiligen erczeengels.

Nach dem Stadtbuch fol. 166 im Rathsarchiv zu Leipzig.

Dasselbe Stadtbuch enthalt fol. 273^b noch folgende Einzelheiten über die Stiftung Ulrichs vom Buch Burgers
zu Köln am Rhein Der Altarpriester soll wochentlich vier Messen lesen ,vnd vier stundt im ihar, nemlichen alle
weichfasten, bestellen vnnd ordnean —, das vigilien do gesungenn vnnd gehaldenn vnnd gerelebrirt werdenn, vnd
das sulche andacht vnnd innigkait durch die prister getbet werde, das dye lebenn selenn der stiffter vnnd aus-
betzrer vnnd irer gelornen freunde vnnd sunderlich die liben selen Hannß Reinbachs, Reynald Schwarten vnnd irer
freunde, die darzu ire milde handt vnnd hulff geraicht vnnd gethan habenn vnnd getrawe beysteher vnnd helffer
sulcher fundacien vnd stiffts gewest sindt. Vnnd wann die vorgnanthen stiffter, die noch ir lebenn allhir got zu lob
haben, vonn hynnen gescheidenn werden, Bo soll man vor sie vnnd itzlichen bsonder sich gleichermaß mit vigilien
vnnd messen als berurt ist halden. Vnnd das alle sulche stuck gentzlich gehalden werden, so habenn die egnan-
then stiffter mancherley zirliche claider zu dem genanthen altar gegebenn vnnd geantwort, die du mit nicht dauon
entfremdlet noch entwandt werden sollen, nemlich einen kelch vnd patlien, meßbuch, cafeln roth vnnd schwartz
von sampt gemacht vnnd gewurcht vnnd ein kasdel von bluwen damaschken vnd eine schwartze von vorstad vnnd
ein weyße alba von coleuischen barchant vnnd ein silbern pacem, zwue .... mit gulden vorhengen vnd ein holtzen
kistenn mit vier gemachen, dar inne all berurte stuck vnnd dinck behalden vnnd gewißlich ingelegt sollen werden.

No. 219. 1443. 25. Oct.

Kurfürst Friedrich II. belehnt Johann Sydenheffter Stadtschreiber zu Leipzig mit einem Hause in der Burgstrasse.

Anno domini ꝛc XLIII° am fritage Crispini vnd Crispiniani hat myn herre Johansen
Sydenheffter iczund statschriber zu Lipczk, Lucaße, Conrade vnd Hansen sinen brudern vnd
allen iren rechten libeslehenserben eyn huß zeu Lipczk in der Burgstrassen gelegen*), das der
mégnant Johann Sidenheffter vmbe Wenczlawen Kelner vnd Nickeln sinen bruder gekouft had
mit sollichen eren wirden ꝛc. zu rechten gesampten lehen gereicht vnd gelihen, doch also, weres
das Johann Sidenheffter von todeswegin abgehen vnd libeslehenserben hinder ym nicht laßen
wurde, das alsdanne sollich huß zu Lipczk an sine bruder vorgnant, die noch am lebin weren
vnd ire rechte libeslehinserben komen vnd gefallen sal ane allermenniclichs insprache hinderniß
vnd ane geuerde. Testes Fridrich von Maltiez, Caspar von Hugewicz, Steffan Stus burger-
meister zu Lipczk et plures fide digni. Actum Lipczk uts.

Nach dem Cop. 42 fol. 124^b im K. Haupt-Staatsarchiv zu Dresden.

a) 1454 ꝛ Juli (saluto Kiliani) reichte der Kurfürst zu Leipzig Margaretha Sydenheffter Bürgerin und Margaretha deren
Tochter ein Haus in der ,Burgstrassen für dem chore in der stat zeu Liperk gelegen' zu rechtem Lehen. Zeugen: Bischof Johann von
Merseburg. Bischof Caspar von Meissen. Hans von Mahitz, Jurge von Hugewitz der Kantzler. Cop. 44 fol. 104^b im K. Haupt-Staatsarchiv
zu Dresden.

Cod. Dipl. Sax. II. 5. 22

No. 220. (1443. 13. Nov.)

Rathsbeschluss wegen des Verkaufs ausländischer Weine durch Nürnberger u. a. Kaufleute.

Am mitwochen noch Martini sint drie rete eyn wurden vmbe die Nornberger vnde andere koufflute, die wyn yn die stat brengen zcu uorkouffen, als hir noch geschr[iben stet].

Welch Nornberger adir andere fromde kouffmann brenget in die stat Lipczk Reynfal, Welschwyn, Malmasie adir Rummenie, dy wyne sal er furen lassin uff den marckt vnde den wynmeistern von des rates wegen anbieten, vnde ab die wyumeister von der stat wegen solliche wyn, welcherley der were, nicht kouffen wollen, so sullen die ihenen, die sulche wyn brengen, drie tage marckt halden, als daz uon alder [h]erkommen ist. Vnde ap die uerkouffer innewenig dren tagen dy wyne nicht konden uorkouffen, so mogen sie dy wyne, welchirley [die] weren, noch den dren tagen, also sie marckt gehalden haben, enweg faren. Wolden auch dy Nornberger [adir] ander fromde koufflute ....¹) sollichen wyn noch denn dren tagen also obinberurt ist in der stat Lipczk nedir legen vnde vorkouffen, so sullen sie y von der lage Reynfals, Malmasir adir Rummenie dry nuwe gr. zcu cziße²) geben. Vmbe den Welschin wyn, den sullen [sie] vndir sechs eymern ußwendig der stat nicht enweg uorkouffen vnde sullen auch donon, wes sy des uorkouffen, y von dem eymer dry nuwe gr. zcu cziße²) geben. Wolden auch dy Nornberger adir andern koufflute, wenne sie wyne brechten also obin berurt ist, dy²) wyne in dy keller legen vnde nicht uff dem marckte dry tage halden, so sullen sie den wyn laßin in der wage schriben vnde denne ouch denn wynmeistern laßin kosten vnde anbieten, vnde sullen in den kellern auch drie tage marckt halden, daz sie keynem fremden uorkouffen vnde sullen von den weynen, sie uorkouffen dy adir nicht, y von dem eymer Welschwyn⁴) vnde itzliche[r] lagen Reynfal, Rummenie vnde Malmasir dry gr. geben. Deß glichin sal man auch mit anderm wyne, also mit Elsesser, Franckenwyne vnde Koczberger auch dry tage marckt haldin vnde den wynmeistern von erst anbieten.

Nach dem Stadtbuch fol. 49 im Rathsarchiv zu Leipzig.

1) Or. wenne sie sollichen wyn. 2) Or. czissße. 3) Or. sie dy. 4) Or. Welchwyn.

No. 221. 1444. 21. Apr.

Steffan Stus der borgermeister von ratis wegen hatt aufgenommen von ern Rudolffen von Bunaw sollich huß vnd hoff, das der von Dunaw gewest ist bie senth Peter gelegen.

Barthel's verm. Nachr. v. Leipzig fol. 79 im Rathsarchiv zu Leipzig.

No. 222. 1444. 19. Mai.

Kurfürst Friedrich II. und Herzog Wilhelm befrien die Stadt Leipzig von der Erlegung des neuerdings angeordneten Zolles und Geleites von 1 Gulden auf jedes Fuder Naumburgischen Bieres. Vgl. No. 213. l. lvt .

Wir von gotes gnaden Friderich des heiligen Romischen reichs ertzmarschalg vnd Wilhelme gebrudere herczogen zeu Sachsen, lantgrauen in Doringen vnd marcgranen zeu Missen. Als wir in vnnsern landen vnd furstenthumen eine satezung haben gemacht, den selben vnnsern landen vnd luten zcu gemeynem nutez vnd fro-
5 men, das ein yderman, der Numburgisch bier furbas furen wurde, vns zeu ezolle vnd geleyte von einem iglichen fuder biers ein gulden geben solle, des haben wir von besunder sachen wegen vnnsern lieben getruwen dem rate vnnser stat Lipezk die gunst vnd gnade gethan, das sie vns von allem Nuwemburgischen bier, das sie bißher zcu gemeynem nutz derselben vnnser stat Lipczk gefurt haben vnd hinfur in
10 czukumfftigen zeeiten biß uff vnnser widerruffen zeu gemeynem vnnser genanten stat nutz vnd fromen furen werden, gefryet haben vnd fryen sie auch in crafft diß brieffs, also das sie vns nach vnnser vorgemelter satezunge keinen zeoll nach gleite andera danne so vor alter herkomen ist dauon biß uff vnnser widerruffung geben sollen ongenerde. Des zeu rechtir bekentnisse haben wir vnnser insigele uff dissem brieff
15 gedruckt, der geben ist zeu Wissenuels des dinstags nach dem sontage Vocem Joennditatis anno domini millesimo CCCC quadragesimo quarto.

Nach dem Cop. 42. fol. 111 im K. Haupt-Staatsarchiv zu Dresden und dem Copialbuch 1. fol. 13 im Rathsarchiv zu Leipzig.

No. 223. 1444. 26. Juli.

Kurfürst Friedrich II. und Herzog Wilhelm befehlen dem Bürgermeister, den geschwornen Rathmannen, Hauptleuten, Handwerksmeistern und der Gemeine zu Rochlitz, welche auf ihr Geheiss an Hans und Ludwig Gebrüder die Waltheime genannt, Elisabeth deren Mutter und Katharina deren Schwester, Franz Kudorf und Margaretha Hocntriltin 49 Rhein. Gulden j. Z., halb auf Weihnachten und halb auf Johannis zahlbar, für 700 Rhein. Gulden als Selbschuldige wiederkäuflich verkauft haben, — (welche Summe den Fürsten von Käufern ausbezahlt worden ist), die namhaft gemachten j. Z. während der Dauer des Kaufs jährlich zu den angegebenen Terminen an die Käufer abzuführen, und versprechen, die Verkäufer durchaus schadlos zu halten. Geben zeu Wissenuels des sontags nach sent Jacobs tag.

Auf der Rückseite: Waltheimss brieff von Halle.

Orig. im K. Haupt-Staatsarchiv zu Dresden mit den Siegeln der Fürsten an Pergamentstreifen.

No. 224. 1444. 28. Sept.

Steffan Stoss Burgermeister, Heinrich Forster, Meister Jacobus Meseberg, Hans Schobel, Nickel Moller, Hans Storckwitz, Merlin Prewschwitz, Hans Nopil, Hans Slauldz, Andres Wundergerne, Jaroff Voit und Hans Czelschen Rathmann und Geschworne und die ganze Gemeine arm und reich der Stadt Leipzig verkaufen mit Vorrathe dreier Räthe dem erhaftigen Martinus Schindel zu Leipzig und dessen Testamentarien und Seelwarten 30 gute Rhein. Gulden j. Z. für 400 Rhein. Gulden unter Vorbehalt des Wiederkaufs. Gegeben — am montage senthe Michaelis abende des heiligen erczengels.*

Orig. mit Siegel im Rathsarchiv zu Leipzig.

No. 225. 1444. 7. Nov.

Steffan Stos Bürgermeister zu Leipzig verantwortet sich gegen die Aebtissin von Senslitz in Betreff gegen ihn erholgner Anklagen über Bedrückung der Klosterunterthanen im Nauendörfchen. ᚾ

Steffin Staus burger[meister] zu Leyptzig. Mein willigen dinst altzeit bereit. Wirdige vnd innige libe fraw. Als ir mir geschriben habt, wy euch schrifflich komen sey, das ich in vnleidenr rede etlichir vngunstiger vnd vnwarhafftiger menschen meine vngunst vnd zorn kegen ewern armen lewtten im Newendorffe[a]) gekärt 5 habe vnd gesprochen, das ich dy möll pforte wulde zu mauren vnd wulde vorbiten, das sye in die stat wider keuffen noch vorkauffen solden, auch in ewer gerichte halden ꝛc. als danne [e]wer briff des in mehr worten inhelt; dan ich habe wol verstanden, das [die] ein sollichs vor ewer wirdigkeit bracht sere in lineken worten vor euch bracht han. Wie dem nun sey, dorumb das ir wist, wy sych die sache gmacht 10 haben. Ir habt vnder euch in dem Nauendorff etzliche lute, die von neh guth haben, dy sint den auch vnser gnedigen herren vnd vnser burger, die haben dem rate vorbracht, wen sye ichts gebrechen, das sye dorumb schwerlichen pusßenn mussen, sie mussen dorumb leinwant vnd andre dingk geben, das sye großßlich beschwert werden. Vnd ewer gardian aber vorsteer hat do X newe ß groschen gesatzt, wer den 15 andern schilt mit worten, der sal dy X new ß groschen geben. Habe ich von des rats vnd nicht meiner person wegen ewern möllmeister[b]) dorumb besant vnd mit yme dorauß geret, das vns das gar vnmöglichen dunckt, sollliche große busen wider recht zu setzin, douon den ewer zinßleute vnd vnser burger vorterben. Vnd haben auch mit dem möllmeister vorder geretht, das wir vorstanden hetten, der gardian hette im 20 verboten, ab vnser burger eyner aber meher einicherley guter vnder euch kauffenn wuldenn, dy sollde er den vnsern nicht reichen noch leihen, das y der rat ... vmb euch vnd ewer gotzhaus ny verdinet haben, vnd alzo ewer gardian die burger vntuchtig mach[1]), wenne sy doch lihen haben von vnsern herren den hertzogen, - Ut.. andern fursten bischoffen vnd ebten. Da den der möllmeister in gegewertigkeit des

---
a) Das Naundörfchen, Vgl. No. 18. b) Vgl. No. 224.
1? l lir, vnd ein die burger vntuchtig ever gardian mach.

rat» gesagt vnd bekant, das der gardian em eyn sollichs verbotten habe; haben mich die rete lassen [sagen], das er burgir so vntuchtig nach°) vumeehtig nicht mache; den thete er eyn sollichs, so wurdes yn vordrisslich vnd [wurden] bestellen, das auch die ewren vuser stat nicht gebrauchen sollen. Abir das der rat abir ich ewern lewten in ewer gerichte ader sunst gewalt welden tun, wer euch das vorbracht hat, der hat euch vnbestendigkeit vorbracht. Vnd was ich hirinne gethon habe, das habe ich getan von des ratis vnd nicht von meinentwegen, vnd wer mir ander zusagt, der thut mir vnrecht. Gescheen am sonnabent noch omnium sanctorum vndir meinem insigil anno ꝛc. XLIIII°.

Nach einer Abschrift aus dem 16. Jahrh. im Rathsarchiv zu Leipzig.

*) Or. mach.

No. 226. 1444.

Rathsverordnung wegen des Gewerbebetriebs der Bäcker.

Itzlichir beckir sal tag bie tage syne banck besetezen, vnde welchen tagk der beckir syne banck, wenne die schauwer darczu besatez besehn haben, nicht besetez adir besatez hat, der meel in synem huße hat vnde der getreide hette vnde in vorsaeze nicht meel wolde laßen machen, sal ezehen nuwe gr. dem rathe ane alle vorbethe geben; hette der beckir nicht meel, so stehit iß ym an geuerde. Iß sal auch keyn beckir, er sie rich addir arm, mehir danne drie bir brauwen, die do bir phlegin zen bruwen vnde der dornoch ezu schosse stehit. Welchim beckir sin brot von den vier meistern gesatez wurde, deme sal sin brot in deme huße vnde auch in den bencken gesuezt sin, vnde waz der rat setzzyt, daz sal vorlorn syn. Ouch sal keyn beckir keynerley getreide, is sie an korne, an weisse, gersten addir haffer bie sich kouffen, daz er vort vorkouftin wil, sundern ezu notdorfft ires backwerkis vnde hantwergis mag eyn iezlichir beckir kouffin so vil ym nut ist. Wer auch pfeffirkuchen backin wil addir becket, der sal auch brot vnde semelen backin. Habin auch die beckir eyn bethe vndir sich, die sal ganez abe sin vnde der rad wil die hinfurt nicht haben, vnde itzlich beckir, wil daz der rad nicht glauben, sal sich des entledigen uff den heiligen, daz sie keyn bethe haben. Diß sint alle drie rete eyns wurden durch der gemeyne nuez uff eyn widdirruffen, ouch vnser alden willekor vnde satezunge vnschedelich. Geschen am sonnabende noch nativitatis Marine Anno ꝛc. XLIIII° sub Steffano Stuß et suis consulibus[1]).

Item welch beckir XII marck ezu geschosse stehit, mag drie bir bruwen, item der do ezehn marck stehit, der sal auch drie bir bruwen, item der do acht marck stehit, der sal czwey bir bruwen, item der do sechs marck stehit, der sal eyn bir bruwen.

Item so sullen die beckir alle vier wochen vmbe rucken, vnd wenne sie vmbe rucken wullen, so sullen die beschauwer dabie sin.

1) Or. consule consulum.

Von anderer Hand: Nota mit den birn zcu brauwin, das heldet man noch, sunder mit dem brotte zcusetezin, das heldet man nicht, man heldet der stat wilkore, das ein eczlicher becker, dem syn brot wirt gesaczt, sal einen manden syn wergk geleit werdin vnde doruoch sal eß zcum rate stehen, ap er wedder backen sal.

Nach dem Stadtbuch fol. 4ᴺ im Rathsarchiv zu Leipzig.

No. 227. 1444.

Anno domini ꝛc. XLIIII° hat myn herre herczog Friderich Peter Ilburg burger zu Ilburg vnd sinen rechten libeslehinserben zcu lehengut gelihen IIII acker urd landes fur dem Grymmischen thore der stat Lipczk nahe bii sent Johanns spittal gelegen ꝛc. Testes er Bernhard von Kochperg hofemeister, er Johanns Magdeburg canczler vnd ander gnug gloubwirdiger. Actum et datum Wissenuels anno uts.

Nach dem Cop. 43. fol. 118 im K. Haupt-Staatsarchiv zu Dresden. Vgl. No. 71.

No. 228. Zwischen 1444 und 1446.

Feuer- und strassenpolizeiliche Anordnungen des Raths.

Der rat ist ein wurdeu durch gemeynen nuczen willen vnde der stat sunderlichen zcu fromen geratslaget.

Zcum ersten, daz eyn ydermann in der stat wouhafftig sal nymaude husen adir herbergen, er wulle danne vor ou gut sin. Item wer mittehuser vnde dorynne hußgnossen hat, der sal sye bekennen vnd anch gut danor sin, vnde sal syne furstete[1]) vnde furnure bewaren vnde befesten. Item eß sal eyn itzlicher behuseter habin in synem huße czwu lange leitern, eyne schuffen: wer schindel dach hat, daz der in synem huße czwu lange erucken habe, daz er domitte, ap daz not sin wurde, die schindeln abe zcu stossen ... Item eß sullen itzliche bornmeister in itzlichen gossen, do borne sin, eyne sleiffe vnde doruffe eyn vas, dor yn eyn virtel wassers gehin magk, haben, daz vas lassen zcudecken; vnde daz vas vnde sleiffe sal geslossen werdeu an deu borne. Item so sal iezlicher beerbiter burger eynen langen czobir mit eyner stange stetielichen in synem huße vnde auch uff synem sollern vol wassers haben, ap fur ußqweme, do got uor sie, daz man deste ehir mit dem wasser zcu dem fure qweme vnde auch eyn ydermann deste sicherlicher were. Item ap fur ußqweme, daz got nicht enwolle, were denne der erste dar czu dem fure qweme mit der sleiffe vnde daz vas uol wassers, dem sal man geben X gr. vnde [dem] ersten mit trageczobern IIII gr., deme andern mit der sleiffe VI gr., vnde were nust qweme vnd brechte wasser in czobern adir sleiffen, wie vil der were, denn sal der rat IIII gr. geben. Item welch vnbesessen man addir lediger geselle, wenne fur ußqweme,

—————
1) Or. sortete.

zcu dem fure lieffe vnde getruwclichen erbeite vnde beschen wurde, dem sal der rat
IIII nuwe gr. geben.

Item eß sal nymand in der stat reißholcz an grossen huffen by sich in sinem
huße ader hoffe vnde ouch fymen noch strohuffen haben legen, vnde also uffte eyner
daz tut vnde irfunden wirdet, sal deme rate XX nuwe gr. zcu busse vorfallen sin
vnd ane bethe geben. Item welch burger itzunt uff dem marckte adir in den gassen
gestrauwet ader sunst mist uor syner thore legende hat, als schire denne zcu wetir
tagen kommet, so daz iß tawig wirdet, der sal denn mist bynnen XIIII tagen weg
schicken vnde furen by eyner bussen XX nuwe gr. vnleßelich zcu geben. Item es
sal auch hinfforder keyner vnser burger wer der sie uff deme marckte ader yn denn
gassen strauwen keynen mist, ouch nß synem hoffe uf die gassen tragen ader tragen
lassen, er wulle denne uon stunt weg schicken, vnde welcher denn mist also ußtreit
vnde bynnen sonnen schyn nicht weg schicket, der sal dem rate, also offte er daz
tut vnde beschen wirdet, ane uorbete vnde vnleßclichen X nuwe gr. geben. Item
es sal auch nymant hußkerich adir abererig uß synem huße tragen uff denn marckt
adir in die gassen bye der gnanten bußße X gr. Item so sal auch nymant, der
brauwehußer hat, stelstro hoppe adir andir dinge uff die gasse, sundern in synen
hoff lassen tragen adir schutten by der gnanten busse. Item es sal auch hinforder
mehir kein kolgertener vnde vorsteter, die do uff dem marckte phlegen veile zcu-
haben krut czwippoln keße eyre pnter huner vnde andir ding, domitte sie sich pfle-
gen zcu setczen, kein stro adir haw mit sich brengen, daruff zcu setczen, douon der
marckt adir gassen bestroet adir bemist wurden, vnde wer stro mit sich brenget
vnd beschn wirdet, den adir die sullen des rats dyner vnde marcktmeister vor eyn
schilling phennige phenden vnd die vnleßlich geben. Item eß sal ouch hinforder
keyn furman adir gebur, der holcz getreide addir [ander] ding zcu marckte brenget
vnde veile hat, sine pherde uff dem marckte adir yn den gassen nicht futern, sun-
dern in syner herberge, vnde wer do beschen [wirt], daz er uff der gassen futtert,
den addir die sullen die marcktemeister uor eyn schilling phenden.

Nach dem Stadtbuch fol. 48ᵇ im Rathsarchiv zu Leipzig

No. 229. Zwischen 1444 und 1446.

Der Rath legt die Streitigkeiten zwischen den Schustern und den Altreussen bei.

Wir ratmanne vnde gesworne czu Lipczk bekennen offintlichen vor idermenic-
lichen. Als die ersamen Benedictus Arnolt der nuwen schustermeister mit synen
gewercken uff eyne vnde B. meister der altrusen mit iren gewercken vnser mitte-
burger uff die andere siete vndir sich etzliche schelniß ufflouffte vnde czweytracht
von ires hantwerckis wegin bißher gehat haben, uff vns willi[cli]chen mit wolbedach-
tem mute, sie uff beiden teilen solliche czweytracht zcuentscheiden, gegangen sint
vnde wir sie der[1] alle mit rate vnser drier rete gutlichin vnd fruntlichen bericht

1) Or. die.

vnde entscheiden haben hie sollichir pena als hirnoch geschrebin stehit. Zcum erstin scheiden wir die gnanten nuwen schuster vnde altrusen, daz die altrusen mogin sehn solen vnd nicht vnwe vorbussen machen mit leschen, mit sternen vnde mit helsen vor den vordern scheft abegesnytten, sundern mit afrasse addir selbstorbigen lediru mogen sie vorbussen, vnde die salen sollen mit roten flecken vorne vndir deme fusse vnde hinden vndir den fersen geczeychent sin[*]), vnde sollen auch nicht mit roten loschen noch mit vnwem wiessin leder ire schue bestellen. Die nuwen schuster sollen ouch alle schun mit lappen vnde mit halben salen nicht machen nach flicken, sundern sie mogin den, die mit on erbeiten, ab eyn schuch an den nehten zcurisse, die nahit widdir czu stechen. Vnde weres, daz der obgnante nuwe schuster vnde altrussen [einer] disses briues vnde scheidunge in keynerley wieß bruchhafftig wurde, der sal vnser stad czu irem gebuwede[2]) vnde besserunge ane allis vorschn vorbethe vnde widerrede X schock guter Fribergischer schildechten gr. gebin vnde vorfallen. Geschr. :c.

Nach dem Stadtbuch fol. 49 im Rathsarchir zu Leipzig

Je 143 p—. 2) Or. iem 3) Or. gebalde.

No. 230. 1445. 27. Jun.

Die drei Räthe schlichten eine Streitigkeit zwischen dem Anger- und Thomasmüller einerseits und den Fleischern andererseits in Betreff des Befahrens der Fleischerreichweide.

Item drie rete haben gancz beteidinget zewischen den mullern in der Angermol vnd Thomasmol uff eyn vnde den fleischauwern meistern zcu Lipczk uff daz ander teil als von sollicher wege wegen, die sie obir der fleischauwer weide[*]) mit holeze vnde haw faren meynten zcu haben, daz on die fleischauwer nicht gunnen wolden, so hir noch geschriben stehit. Zcum ersten, wenne die gnanten moller adir die iren obir der fleischauwer weide mit holeze ader hauw faren wollen, so sollen sie die fleischauwer meister dor vmbe grußen, on daz zcu gunnen, so sollen, aladann die fleischauwer meister nicht vorsagen, sundern gunnen zcu faren; vnde wenne sie denne also obir die gewcide faren, so sullen die muller yn eynem wege faren vnde nicht mehir wege machen. Wurdes auch zcu czieten uff der weide naß sin, vnde die fleischauwer irkenten, daz on mit sollichim faren an irer weide schade enstehen mochte, so mogen sie ein sollichez uff slaben eyn achtage, vnde wenne denne zcufaren stehit, so sullen sie den mollern gunnen zcufaren als ofte on daz not ist, doch daz sie faren allis in eynem wege. Ouch sullen die fleischauwer den mullern gunnen, obir ire weide zcufaren mit holez zcu iren weren, wenne zcu faren towg, doch das sie daz thun yn eynem wege, so obinberurt ist. Die moller sullen ouch uff der fleischauwer weyde keyne huffen mit holez adir haw legen, is wurde on denne von den fleischauwern gegunst, vnde sullen uff beiden teilen, noch dem daz die rete daz beteidinget haben, gutlichen vnde vngewerlichen geinenander halden. Factum sub Steffano Stuß proconsule feria 4ta post conversionis Pauli anno :c. XL quinto.

Nach dem Stadtbuch fol. 72[b] im Rathsarchir zu Leipzig.

a) Vor dem Ranstädter Thore.

No. 231. 1445. 18. Apr.

Kurfürst Friedrich II. belehnt Hans Thummel mit einer Holzmark bei der Fleischerviehweide.

Anno domini 2c. XL quinto am sontage Jubilate hat myn herre herczog Friderich Hansen Thummel burger zu Lipczk vnd sinen rechten libeslehins erbin gelegen eine holezmargk fur Lipczk bii der fleischhouwer fiheweide⁾ gelegen mit steinen, reinen boymen pusschen graben vnd begriffungen, die er vmb Hannsen Vndervoit burger zu Lipczk gekoufft hat. Testes er Cunrad von Poppenheim, er Johanns Magdeburg canczler, er Hans von Schonberg, er Heinrich vou Bunaw ritter, Friderich von Malticz vnd ander gloubwirdig. Datum et actum uts.

Nach dem Cop. 43. fol. 140 im K. Haupt-Staatsarchiv zu Dresden.

a) Vgl. zu No. 230

No. 232. 1445. 20. Mai.

Kurfürst Friedrich II. und Herzog Wilhelm reichen Meister Jacob Meseberg und Steffan Stuss Bürgern zu Leipzig den von Kunz und Hans Prusser erkauften Fisch-, Herings- und Nusszoll zu Gesamtlehen.

Von gotes gnaden wir Friderich des heiligen Romischin richs ereczmarschalg vnd Wilhelm gebrudere herczogen zu Sachssen — bekennen —, das wir den ersamen meister Jaroben Meseberg vnd Steffan Stuß vnnsern burgern zu Lipczk vnd liben getruwen vnd iren rechten libeslehinserlbin den fischzroll, heringzcoll vnd nußzcoll in vnser gnanten stat Lipczk, den sie vmb Cunezen vnd Hannsen Prußer anch vnsere liben getruwen gekoufft⁾ vnd die vns auch dieselben zcoll ledigliihin vffgelassen, semptlichin vnd zugesampten lehen gereicht vnd verlihen haben, — inmassen yn die vorbenanten Brußer von vns zulehen vnd redelichen herbracht haben vnd souil wir yn doran von rechtswegin haben zuuorlihen, — den nu furbasmer von vns vnd vnnsern erbin semptlichin zulehin zuhaben, des zugebruchen vnd zugenissen, denselben lehen alß offt sich die vorlediguen rechte volge zuthun vnd die zuuordienen, als gesampter lehin recht vnd gewonheit ist. Hie bii sind gewest als geezeugen vnnsere rete heimlichin vnd liben getruwen er Hanns von Malticz, er Wedekind vom Lohe rittere, er Johannes Magdeburg thumprobst zu Nuemburg vnnser canczler, Otte Spigel vnd andere gloubwirdige. Des zu warem urkunde haben wir herczog Friderich vnser ingesigil, des wir herczog Wilhelm mitt hiran gebruchen, an dissen brieff lassen hengen, der gegebin ist zu Lipczk nach Crists geburt vierczehinhundert yar dornach ym funffvndvirezigisten yar am dornstage in der heiligen pfingistwochen.

Nach dem Orig. im Rathsarchiv zu Leipzig mit dem Siegel des Kurfürsten an einem Pergamentstreifen.

a) Vgl. No. 196.

23

No. 233. 1445. 23. Mai.

B. Johann II. von Merseburg ertheilt denen, welche die neuerbaute und geweihte Georgencapelle in Andacht besuchen und sich gegen dieselbe, sowie gegen die Armen im Georgenhospital mildthätig erweisen, vierzigtägigen Ablass.

Johannes dei et apostolicae sedis gratia episcopus Merseburgensis universis et singulis Christi fidelibus, ad quos praesentes nostrae litterae pervenerint, salutem in domino sempiternam. Splendor paternae gloriae, qui sua mundum illuminat ineffabili claritate, pia vota fidelium de clementissima ipsius maiestate sperantium tunc praecipue benigno favore prosequitur, cum devota ipsorum humilitas sanctorum precibus et meritis adiuvatur. Cupientes igitur ut capella sancti Georgii martyris et beatarum Barbarae et Gerdrudis virginum ac martyrum hospitalis infirmorum ac pauperum et debilium personarum prope opidum Lipczk nostrae dioecesis per circumspectos et providos viros proconsules nec non consules et opidanos dicti opidi de novo constructa erecta et fundata cum consensu et voluntate venerabilium et religiosorum virorum praepositi, prioris et conventus monasterii sancti Thomae Lipczensis canonicorum regularium ordinis sancti Augustini ac ipsis facto sufficienti restauro, prout coram nobis vivae vocis oraculo libere fatebantur et recognoverunt, quam etiam capellam cum ipsius cimiterio ac altaribus infrascriptis hodie data praesentium consecravimus cooperante nobis gratia spiritus sancti et clementia divina, videlicet summum altare in choro dictae capellae in honore dictorum martyrum sancti Georgii ac beatarum Barbarae et Gerdrudis virginum, secundum vero altare versus austrum in honore Mariae virginis, beati Bartholomei apostoli et sancti Sebaldi confessoris, beatarum Katherinae ac undecim milium virginum et martyrum, demum tertium altare ante dictum chorum versus aquilonarem plagam in honore sanctorum Johannis baptistae et Laurentii ac Mauritii et Thebaeorum martyrum, postremo quartum altare in angulo versus cimiterium in honore sanctorum apostolorum Symonis et Judae nec non sancti Blasii martyris atque beatorum Materni et Leonhardi confessorum, ad quam capellam et altaria atque hospitale praedictum multitudo Christi fidelium propter devotionem ac ipsius novitatem atque subventionem infirmorum ac pauperum et debilium personarum confluit, congruis honoribus frequentetur ac devotio ipsorum Christi fidelium augeatur, quodque fideles ipsi eo ferventius et libentius dictam capellam ac altaria et hospitale visitaverint et patroni dictae capellae et altarium devotius venerentur, omnibus et singulis Christi fidelibus vere poenitentibus confessis et contritis, qui dictam capellam in singulis festivitatibus patronorum ipsius capellae ac altarium praescriptorum et in omnibus aliis infrascriptis, videlicet nativitatis Christi, circumcisionis, epiphaniae, parasceve, coenae, resurrectionis, ascensionis, penthecostes, trinitatis, corporis Christi, purificationis beatae Mariae, annunctiationis, visitationis, assumptionis, nativitatis, Michahelis archangeli, nativitatis et decollationis sancti Johannis baptistae, omnium apostolorum et ewangelistarum, omnium sanctorum, in commemoratione animarum, in communi septimana, in rogationibus et in dictae capellae ac altarium ipsius dedicatione et in omnibus diebus sanctorum et sanctarum, quorum et quarum reliquiae ibidem sunt reconditae, et per octavas omnium festivitatum octavas habentium singulisque diebus dominicis et sabbatis causa devotionis orationis vel peregrinationis accesserint, vel qui missis praedicationibus matutinis vesperis vigiliis ac aliis divinis officiis interfuerint, nec non qui ad fabricam luminaria aut alia ornamenta dictae capellae aut ad praedicta altaria ac refectionem pauperum et infirmorum ibidem elemosinas suas dederint aut manus suas porrexerint adiutrices, etiam qui in eorum testamentis vel extra dictae capellae seu hospitali sive ad altaria praedicta aliquid legaverint donaverint aut legari vel donari procuraverint, etiam qui dictam capellam et eius cimiterium pro animabus corporum inibi iacentium ac fundatorum ipsius capellae et altarium atque hospitalis praetacti exorando circuierint ac pro omnibus dictae capellae et hospitalis provisoribus procuratoribus et benefactoribus vivis et defunctis pie deum exoraverint, quotienscunque quandocumque et ubicumque praemissa seu aliquod praemissorum devote quid fecerint, de omnipotentia dei misericordia et beatorum Petri et Pauli apostolorum eius auctoritate ac beatorum Johannis et Laurentii patronorum nostrorum meritis et gratia confisi auctoritate nostra ordinaria qua fungimur de iniunctis eis poenitentiis quadraginta dies criminalium peccatorum indulgentiarum in domino misericorditer relaxamus, perpetuis temporibus praesentibus duraturis. In cuius rei testimonium maius sigillum nostrum praesentibus est appensum. Datum Lipczk anno a nativitate domini millesimo quadringentesimo quadragesimo quinto dominica die trinitatis.

Nach dem Orig. im Rathsarchiv zu Leipzig mit dem wohlerhaltenen grössern Siegel des Bischofs an einem Pergamentstreifen.

No. 234. 1445. 17. Juni.

Kurfürst Friedrich II. fordert den Rath auf, zur bevorstehenden Heerfahrt sich bereit zu halten.

Friderich von gots gnaden herczog zcu Sachssen, landgraff in Doringen vnd marggraff zu Missen.

Liben getruwen. Wir meynen in kurcz mit vnsers selbs libe zcuharfarten, vns zcu eren vnd nucze, vnsern landen vnd luten zcu befriduuge. Begern wir von uch mit ganczem flisse, das ir mit allem uwerm geczuge vnde allen andern sachen zcur harfard gehorende in bereitschafft siczet vnd finden laset. Inmassen uch das am nehsten geschriben ist, wanne wir uch anderweit schriben, stete zeyt vnd futer benennen werden, alsdanne ufzcusin, vns vnd andern den vnsern wie not syn wirdet zufolgen. Daran tut ir vns zugutem dancke. Geben zcu Missen am dornstag nach Viti Anno xc. quadragesimo quinto.

Dem rate zcu Lipczk vnsern lieben getruwen.

Nach dem Orig. im Rathsarchiv zu Leipzig.

No. 235. 1446. 4. Febr.

Die Stadt Leipzig leistet nach erfolgter Erbtheilung auf Anweisung Herzog Wilhelms dem Kurfürst Friedrich II. Erbhuldung.

Wir die burgermeister ratmanne vnd gancze gemeyne der stat Lipczk beken-nen offintlich mit dissem brine vor vns vnd vnser nachkommen, als die hochgeborn-nen fursten vnser gnedige heren herre Friderich vnd herre Wilhelm gebruder her-czogen zcu Sachsen landgrauen in Doringen vnd marggrauen zcu Missin bißher insampt irer lande vnd furstenthum sint gesessin, den wir ouch also semptlichin haben gehuldet, vnd sich nu vß denselbin iren landen vnd furstenthum haben erblich geteilet, das wir von schrifftlicher vorwiesunge vnd geheisses wegin vnsers egnanten heren herezogen Wilhelms dem vorbenanten vnserm gnedigin hern herezogen Fride-richen sinem bruder vnd sinen lehinserbin gehuldet vnd daruber gewonliche gelobede vnd eyde gethan vnd gesworn haben, thun vnd sweren zu auch die geinwertiglichin incrafft disses briues, vns vortmehir an yn vnd sine lehinserbin zcuhalden, doch vnsehedelich der erbhuldunge nach innehalt der vorschribunge von yn geynenander gegebin, ane allis geuerde. Des zcu warer bekentnisse ist vnser der stat insigil an dissen offin brieff gehangen, der gegebin ist nach Cristi vnsers hern geburt vierezenhundert iar dornach in dem sechsvndvirezigisten iare am fritage nach vnser liben frauwen tage purificationis.

Nach dem Orig. im K. Haupt-Staatsarchiv zu Dresden mit dem kleinern Stadtsiegel an einem Pergament-streifen.

No. 236. 1446. 4. Febr.

Kurfürst Friedrich II. gelobt die Stadt Leipzig, welche nach erfolgter Erbtheilung ihm allein Erbhuldung geleistet hat, bei hergebrachten Rechten und Freiheiten zu erhalten.

Von gotes gnaden wir Friderich herezog zcu Sachssen, des heiligen Romi-schen riichs ertzmarschalg, landgraue in Doringen vnd marcgraue zu Missen beken-nen fur vns vnd vnnser erben vnd thun kunt allermeniglichen, als die ersamen wießen vnnsere liben getruwen burgermeistere ratmanne vnd gancze gemeine vnnser stat Lipczk vns vnd vnnsern lehenserben nach erblicher teilunge, die wir mit dem hochgebornnen fursten vnnserm liben bruder herezog Willhelmen haben getan, alleine haben gehuldet nach innehalt ires briues vns doruber gegeben, das wir in vnd iren nachkomen wolbedechtlich widderumb haben zcugesaget, sie bie iren wilkuren fri-heiten vnd gewonheiten, als sie die bie vnnsern voreldern seligen vnd vns bisheer redelichen haben gehabt vnd herbracht, bliben lassen vnd hanthaben wollen, vnd sagen yn auch das zcu in vnd mit krafft dits brieffs, der mit vnnserm anhangenden insigil vorsigilt vnd geben ist zcu Turgaw noch Cristi geburt vierezenhundert iar dornach in dem sechsvndvirezigisten iare am fritage nach vnnser liben frauwentage lichtewihe.

Nach dem Orig. im Rathsarchiv zu Leipzig mit dem Siegel des Kurfürsten an einem Pergamentstreifen.

No. 237. 1446. 13. Mai.

Kurfürst Friedrich II. fordert den Rath auf, zu einer mit Mannen und Städten vorzunehmenden Besprechung über wichtige Angelegenheiten Steffan Stuß, den Stadtschreiber und zwei Rathsmitglieder auf den 23. Mai nach Meissen abzuordnen.

Friderich von gotesgnaden hertzoge zcu Sachssen, landgraue in Doringen vnd marggraue zu Missen.

Liben getruwen. Wir haben mit uch vnd andern vnsern mannen vnd steten vß sachen vns ieczund anligende notlichs zcureden, der wir uch nicht verschriben noch empieten konnen, dauon von uch mit flisse begerende, das ir vire uwers rats, nemlichen Steffan Stuß, den statschriber vnd darczu zwene die trefflichsten vff den nehsten montag nach dem sontage Vocem Jocunditatis schirstkunfftigen zytlichen her gein Missen schicket, des in dheinwise verhaldet noch uch eincherley sache daran verhindern lasset. Doran tut ir vns zcugutem dancke. Geben zcu Missen des fritags noch dem sontage Jubilate anno domini ꝛc. XLVI°.

Dem rate zcu Lipezk vnsern liben getruwen.

Nach dem Orig. im Rathsarchiv zu Leipzig.

No. 238. 1446. 31. Mai.

Peter Ileburg Burgermeister, Heinrich Winther, Heinrich Stoube, Hans Pristorff, Nickel Burburger, Hans Tummel, Heinrich Stange, Michel Rodow, Hildbrand Frost, Hans Schuman, Jacof Moluer und Vincentius Schobel; Hans Lazan Burgermeister, Jacoff Sommer, Nickel Gorteler, Jost Pogsekese, Albrecht Kuche, Hans Tronsmid, Hans Moseler, Hans Furster, Hans Rote, Peter Nuncar, Michel Herssfelder, Nickel Storm ratiskumpan der Städte Leipzig und Zwickau verkaufen mit Wissen und Willen Herzog Friedrichs Johann von Allenblumen, Doctor und Vitzthum zu Erfurt 13 Mark Silbers Erfurtischen Zeichens und Gewichts j. Z. con ihren Rathshäusern und den gesamten Stadtgütern um 143 Mark Silbers derselben Währung unter Vorbehalt des Wiederkaufs, und versprechen bis zum Eintritte desselben gedachte Summe jährlich halb auf Jacobi und halb auf Lichtweih in die Bornkammer zu Erfurt oder nach Wahl der Käufer drei bis vier Meilen im Umkreise derselben abzuführen.

Datum feria secunda post dominicam Exandi anno ꝛc. XL sexto.

Copiale 43 fol. 58 im K. Haupt-Staatsarchiv zu Dresden.
An demselben Tage gab der Kurfürst Friedrich II. zu dem vorstehenden Wiederkaufsvertrage seine Genehmigung. Dasselbe Cop. fol. 60.

No. 239. 1446. 19. Juli u. 3. Aug.

Der Cleriker Martin Schindel errichtet seinen letzten Willen und stiftet vier Priesterpfründen im Georgenhospital.   ·f. ꝛc ꝛp

In nomine domini amen. Anno a nativitate eiusdem millesimo quadringentesimo quadragesimo sexto indictione nona, pontificatu papae non vitio aut errore sed ex causis omisso, die vero decima nona mensis Julii hora meridici vel quasi in domo habitationis honorabilis viri domini Martini Schindel clerici Magdeburgensis dioecesis sita in cimiterio fratrum minorum opidi Liptzensis Merseburgensis dioecesis meique notarii publici subscripti ac testium infrascriptorum praesentia personaliter constitutus idem dominus Martinus Schindil clericus dioecesis Magdeburgensis sanus corpore componsque rationis affectans ex intimis animae suae parentumque et progenitorum suorum saluti salubriter providere perpensansque et considerans, quod dum corpus sanitate viget mens interior in semetipsam collocata pleniori utitur ratione — naturamque humanam fragilem et ipsius persistentiam et conditionem debilem et instabilem fore, dei iudicia investigabilia et occulta commemorans et attendens, nihilque certius morte nihilque hora mortis incertius animadvertens — volens aeternorum intuitu seminare in terris, quod reddente domino cum multiplicato fructu recolligatur in coelis, ad laudem igitur et gloriam omnipotentis dei suaeque inclitae genitricis virginis Mariae sancti Georgii et omnium sanctorum, suam ac suorum progenitorum salutem de bonis sibi a deo collatis in modum inferius descriptum ordinandum et disponendum duxit ita, quod dum ipsum ab hac luce ex dispositione altissimi migrare contingat, per testamentarios et ultimae suae voluntatis executores ad hoc per ipsum electos aut eligendos voluntas sua seu dispositio sine mora executioni demandetur. Omnibus igitur melioribus modo via iure atque causa quibus melius potuit rerum suarum et bonorum omnium seu suum testamentum nuncupatum aut ultimae suae voluntatis eulogium disposuit ac venerabilem et honorabiles viros et dominos magistrum Jacobum Meseborch de Stendal doctorem in medicinis opidanum opidi Liptzensis, magistrum Steffanum Fortune de Friberg praesentes, Johannem Sydenheffter prothonotarium opidi Liptzensis supradicti et dominum Simonem Fabri de Bernow presbyterum Brandeburgensis dioecesis absentes tamquam praesentes et quemlibet eorum in solidum in suos veros legitimos testamentarios fideicommissarios seu ultimae suae voluntatis executores elegit fecit et constituit ac sollempniter ordinavit eosdemque heredes universales in omnibus suis bonis mobilibus et immobilibus, iuribus et actionibus tam praesentibus quam futuris instituit. Ordinat igitur disponit et vult praefatus dominus Martinus, quod de bonis et rebus suis, quas ad hunc usum ipso de medio sublato donat tradit et assignat directa et utili, pura et irrevocabili donatione, in hospitali sancti Georgii sito extra muros opidi Liptzensis Merseburgensis dioecesis praedictae erigantur et dotentur quatuor beneficia, ad quae instituantur quatuor presbyteri per ipsum in suo testamento nominandi, qui cottidie cantabunt horas de beata virgine, quorum duo observabunt chorum ab una parte, duo alium parte ex altera. Cantabunt etiam continue finitis prima et tertia missam unam de beata virgine excepto die lunae, quod tunc cantabunt missam pro fidelibus defunctis, pro salute animarum ipsius domini Martini et progenitorum suorum ac omnium fidelium defunctorum, et tunc dominica praecedenti finitis vesperis et completorio de beata virgine cantabitur vigilia cum tribus lectionibus; in summis vero festivitatibus poterunt cantare et legere missam secundum exigentiam festorum, finita vero missa complebunt sextam et nonam de beata virgine. Item cottidie, interea quod cantatur missa, statim silentio illius missae quae cantatur peracto, legetur una missa modo praescripto, quas quidem missas unus chorus uno die disponat et alter chorus alio die sub aequalibus oneribus personarum earundem. In anniversario vero suo, quocunque venerit die, cantabitur per eosdem vigilia novem lectionum et altera die missa pro defunctis, sic quod finita unius missa alter exeat similiter legendum missam pro defunctis. Debent etiam sic instituendi esse actu presbyteri vel infra annum ordinari, nisi causa studii procedere ad sacros ordines differrent usque ad tertium annum exclusive, ultra quem non debent differri sub poena privationis eiusdem beneficii, interim tamen per actu presbyterum cum aliis ut praemissum est deservire. Debent etiam sic instituti actu residere in opido Liptzensi vel hospitali praedicto et personaliter deservire, nisi interdum ex causa ad tempus breve aliquem ipsorum abesse contingat, quod tunc per alium deservire poterit; si vero per longum tempus se absentare vellet, nisi infra certum terminum sibi praefigendum per eos qui praesentare habebunt, ad residentiam rediret, posset ad hoc sub poena privationis beneficii compelli. Si tamen aliquo tempore resedisset et forte alibi statum suum vellet efficere meliorem, posset de licentia praesentatorum cum alio idoneo et habili modo praemisso beneficium ipsum permutare, quam licentiam prima vice nominati per eundem dominum Martinum absque contradictione debent obtinere. Si autem ipsi personaliter residentes aut aliqui vel aliquis eorum negligentes forent in celebrandis divinis officiis, possent pro modo negligentiae per subtractionem fructuum secundum ratum puniri, quae pars inter alios, qui in praemissis negligentes non essent, dividi debet. Et quia spiritualia sine temporalibus diu subsistere non possunt nec beneficia ecclesiastica sine dote sufficienti fundari aut erigi debent, vult ipse dominus Martinus, quod de bonis et redditibus suis uni praedictorum quatuor, quem ad hoc nominaverit, et cuilibet eorum suisque pro tempore successoribus assignentur quadraginta floreni Renenses, et si in censibus derelictis non possent contentari, vult ut sui electi testamentarii de aliis bonis derelinquendis per eundem dominum Martinum procurent seu comparent plures census, vel si non possent, ut diminuant summam praenominatam dividendo aequaliter inter praedictas personas. Et ut panis vinum ac alia lumina per ecclesiam eis disponantur, vult ut pro restauro quolibet anno donentur quatuor floreni eidem ecclesiae. Bona vero et redditus, de quibus beneficia ipsa dotari debent, sunt in locis infrascriptis: In opido Hallensi sunt octo marcae argenti puri, in Liptzk sexaginta floreni Renenses, in Torgaw vero quatuor sexagenae novae iam de facto dudum per ipsum dominum Martinum comparati et ad reemptionem empti, quorum litteras ipse dominus Martinus ipso vivente reponere vult ad aliquem locum tutum et de hoc consules et proconsules opidi Liptzensis et principaliter suae ultimae voluntatis executores quos supra nominavit certificare, ne ipso vita functo intentione sua et bono proposito quod absit forte frustretur. Quia vero ut supra praemissum est idem dominus Martinus nominationem praedictorum quatuor sibi reservavit, pro prima vice nominavit igitur ipse dominus Martinus et nominat sollempniter honorabiles viros magistros et dominos infrascriptos, magistros videlicet Steffanum Fortune de Friberg sacrae theologiae baccalarium, Petrum Schusen de Liptzk in decretis baccalarium, Simonem Fabri de Bernow presbyteros et Hinricum Elling de Stendal clericos Misnensis MerseBurgensis Brandenburgensis et Halbirstadensis diocesium ad huiusmodi quatuor beneficia sic ut praemittitur per testamentarios suos post mortem suam in ecclesia sancti Georgii extra muros Liptzenses erigenda, qui cottidie horas de beata virgine ut praemissum est similiter et missas celebrabunt et cantabunt. Vult etiam idem dominus Martinus, ut doctor Jacobus et Johannes Sydenheffter sui testamentarii supra nominati, qui onus sui testamenti sponte sine commodo et fructu acceptarunt, ut eo proniores sint et ferventiores ad ipsius testamenti debitam executionem, quod post mortem illorum quatuor aut alicuius eorum iam supranominatorum praesentatio sive nominatio istorum quatuor aut alicuius eorum pertineat ad praedictos dominum doctorem Jacobum et Johannem Sydenheffter sub tali tamen modo, quod quilibet eorum testamentariorum iam nominatorum unum duntaxat habeat nominare et praesentare ad unum prae-dictorum beneficiorum per mortem alicuius eorum proxime vacaturum et non plures, qua quidem praesentatione sic ut praemittitur per dictos suos testamentarios videlicet doctorem Jacobum et Johannem Sidenheffter ac quemlibet eorum semel facta ius praesentandi perpetuis temporibus pertineat ad praefatos proconsules et consules opidi Liptzensis praedicti. Et si inter eos sic praesentatos contingeret oriri discordiam et dissensionem aliquam, quia forte simul in eadem domo morari haberent, praesenta-tores et collatores huiusmodi circa hoc providebunt eos concordando et illius dissen-sionis materiam sedando. Item vult idem dominus Martinus, quod post mortem suam domus sua sita in cimiterio barnatorum[a] maneat magistro Steffano Fortune pro usu suo per tempus vitae suae, ipso vero defuncto maneat pro usu illorum quatuor prae-dicta quatuor beneficia possidentium. Insuper praenominatus dominus Martinus testa-tor praedictis suis testamentariis seu ultimae voluntatis suae executoribus mandavit et eis omnimodam potestatem et plenam tribuit et concessit de rebus suis inventa-rium faciendi, res et bona sua post mortem suam recipiendi colligendi repetendi levandi et tollendi de perceptisque quitandi, nulli omnino hominum nisi soli omni-potenti deo, qui omnium scrutator est cordium, reddendo rationem. Et hanc suam ultimam voluntatem valere voluit iure testamenti sive codicillorum vel cuiuscunque alterius voluntatis. Demum praenominatus dominus Martinus testator dedit eisdem suis testamentariis plenum posse et liberam potestatem de omnibus bonis suis per eum derelictis, ut ea pro refectione pauperum et elemosinis miserabilium personarum ac pro reformatione pontium et viarum publicarum ac structurae atque ecclesiarum capellarum sustentatione mendicantium distribuant et expediant, et de eis ordinent disponant ac in pios usus convertant, prout ipsis utilius et salubrius pro salute ani-mae suae videbitur expedire, nulli alteri nisi deo altissimo de rebus suis rationem seu computum facturi, et omnia bona sua taliter exponant, prout plenarie ipsis confidit et prout merces eorum salva maneat apud deum. Super quibus omnibus et sin-gulis praenominatus dominus Martinus Schindil testator me notarium publicum infra-scriptum requisivit, ut sibi de praemissis unum vel plura publicum seu publica con-ficerem instrumentum seu instrumenta. Acta sunt haec anno indictione die mense hora et loco quibus supra, praesentibus ibidem honorabilibus et discretis viris Johanne Geda de Budissen artium liberalium magistro, Paulo Rudiger de Gorlicz, Wilhelmo Kalde de Colonia et Marco Kannegiser de Budissen clericis Misnensis et Coloniensis diocesium testibus ad praemissa vocatis rogatis pariterque requisitis.

a) Scultetihof.

Item anno indictione et aliis quibus supra, die vero tertia mensis Augusti hora meridiei vel quasi loco quo supra idem dominus Martinus in mei notarii publici infrascripti testiumque subscriptorum praesentia personaliter constitutus, citra tamen revocationem testamentariorum suorum prius per eum ut praefertur nominatorum constitutorum ordinatorum ac electorum, in forma meliori prout debuit honorabilem virum dominum Georgium Houdorff de Prettyn presbyterum Misnensis diocesis praesentem et onus huiusmodi dispositionis in se sponte suscipientem similiter in suum testamentarium ac ultimae suae voluntatis executorem elegit fecit constituit et ordinavit cum testamentariis supranominatis ultimam suam voluntatem ut praefertur exequendi et de rebus suis derelictis ordinandi et disponendi, prout merces ipsius salva maneat apud deum. Postremo vult idem dominus Martinus, quod per ullum actum contrarium non intendit neque vult revocare praefatos suos procuratores atque testamenti sui executores seu aliquem eorum, immo potius vult eos et eorum quemlibet perpetuo huiusmodi fungi officiis, nisi forsitan ex aliquibus causis eos vel ipsorum aliquem expresse revocaret et de qua revocatione posset legitime constare. Acta sunt haec anno indictione die mense hora et loco quibus supra praesentibus ibidem honorabili et discretis viris domino Vlrico Molitoris de Liptzk artium baccalario, presbytero Merseburgensis, Thoma Monch de Fredelant et Georgio Straubigen opidano opidi Liptzk clericis Misuensis et Ratisponensis diocesium testibus ad praemissa vocatis rogatis pariterque requisitis.

Signum notarii. Et ego Petrus Sehnsen de Liptzk clericus Merseburgensis diocesis publicus sacra imperiali auctoritate notarius etc.

Nach dem Orig. im Rathsarchiv zu Leipzig.

No. 240. 1446. 18. Aug.

Leibgedingsbestellung für Dorothea, Heinz Winters Ehefrau.

Anno rc. XLVI° am donrstage nach assumptionis Mariae had myn herre Dorothean Heinczen Wynters burgers zu Lipczk wirtynne ein halbe hufe landes vor dem Petersthore czwuschen dem hoen Crucze vnd der stad daselbst gelegin, die vorcziiten Steffan Stußes burgers zu Lipczk gewest ist, item IJ ß gr. vnd IIIIJ huner vß dem dorffe Rudenicz vnd den kolestucken *) ierlichen vf Martini von eym iglichen zuccziiten desselben dorffes besitczer vnd 1 ß gr. vf den altrussen daselbst zu Lipczk vf das nuwe iare gefallende alles ierlichs zcinses mit allen eren rc. zu rechtem lipgedinge gelihen. Tutores Hans Marschalg vnd Andres Stobener burger zu Lipczk. Actum Lipczk uts.

Nach dem Cop. 43 fol. 226ᵇ im K. Haupt-Staatsarchiv zu Dresden.

a) Die Kohlgärten.

No. 241. 1446. 1. Sept.

Kurfürst Friedrich II. verlangt von der Stadt zu dem bevorstehenden Feldzuge die Stellung von 200 Armbrustschützen und 2 Steinbüchsen.

Friderich von gots gnaden hertzoge zu Sachssen, lantgraf in Doringen vnd marcgraf zu Missen.

Liben getruwen. Noch solchen wilden loufften, so iczunt in an vns stossinden landen vnd ortern werden furgenomen, sin wir, das got weiß, meher von anligender not danne von lust wegen darczu beweget worden ein feld zumachen, in meynunge vns vnbillichs furnemens, uberczihens vnd uberfallens mit der hilff gotes, nwer vnd ander der vnsern vfczuhalden, vnns, vnnsern landen vnd ueh selbs zcugute, dauon mit gantzem flisse ernstlichen begerend, vns zcwey hundert redelicher schutzen mit armbrusten vnd andern wehren, dortzu zwo steinbuchssen, zu ieder buchs drissig steine, puluers ein gnuge vnd an allen andern sachen wol zugefertiget, [mit] einem buchsmeister, einem czymmerman, mit vier redelichen knechten vnd irem gerethe vfczurichten vnd bie vns ins feld zcuschicken, wann wir anderweit durumbe schriben [vnd] stat, zyt vnd futer benennen werden; vnd lasset uch daran willig befinden, das ist vns von uch groß zcu dancke. Geben zu Schellenberg des dornstags Egidii anno ꝛc. quadragesimo sexto.

Dem rate zcu Lipezk vnsern liben getruwen.

Nach dem Orig. im Rathsarchiv zu Leipzig.

No. 242. 1446. 19. Sept.

Kurfürst Friedrich II. befiehlt dem Rathe, zu Unterstützung des Bischofs von Naumburg mit möglichster Beschleunigung 40 Schützen nach Zeitz zu schicken.

Friderich von gots gnaden hertzog zcu Sachssen ꝛc.

Liben getruwen. An vns hat brengen lassen vnser herre vnd frund von Numburg, wie das etliche in vnd die sinen gedencken zu uberczihen vnd zcu notigen ꝛc. Nu wisset ir, wie vns derselb vnser frund vnd sin stifft gewand sind, so das wir des alsuil an vns ist y nicht gerne gestaten wolden; dauon mit sunderm flisse begerende, das ir vonstund vugesumet vfrichtet virczig rustiger schuczen vnd die y eher besser gein Cziez schicket, also das die noch disse nacht dar komen, vnde des in keinwise vorhaldet. Daran tut ir vns zu grossem dancke. Geben zcu Aldemburg des montags noch Lamperti anno ꝛc. XLVI^to.

Dem rate zcu Liptzk vnsern liben getruwen.

Nach dem Orig. im Rathsarchiv zu Leipzig.

No. 243. 1446. 8. Nov.

Kurfürst Friedrich II. gelobt den Rath, welcher für ihn bei Peter von Warte wegen einer Zahlung für 100 Stück Ochsen Bürge geworden ist, schadlos zu halten.

Von gots gnaden wir Fridrich herczog zcu Sachssen, lantgraue in Doringen vnd marggraue zu Missen bekennen, — als die ersamen wiesen vnnsere lieben getruwen burgermeister vnd rath vnnser stat Lipczk vnsere burgen gein Petern von Warten fur vierdehalbhundert Rinischen gulden oder souil gelds die hundert gulden machen fur hundert ochssen vff sent Johannis tag sunnenwenten czubeczalne wurden sind, das wir sie ire erben vnd nachkomen von solcher burgschafft gutlich an allen iren schaden entledigen vnd der lob machen wollen mit vrkund dits brieffs, der mit vnnserm znruckvffgedrucktem Insigel versigelt vnd geben ist zu Grymme des dinstags quatuor coronatorum anno domini millesimo quadringentesimo quadragesimo sexto.

Nach dem Orig. im Rathsarchiv zu Leipzig.

No. 244. 1446. 23. Nov.

Vorschriften für den Gewerbebetrieb der Kannengiesser.

Am mitwochen noch Elisabeth sub Petro Ileburgk proconsule sint alle drie rethe eyns wurden durch des gemeynen nucz willen als vmbe die kangisser, das sie hinfurt eynen ydirmanne er sie rich adir arm, wer on alde kannen schusseln teller addir andir czenwercke wildir nuwe czumachen brengit, daz sullen sie eynem itzlichem erbeitin vnde machin noch dem er is lm brenget vnde sullen daz nicht ergern, vnde sullen von eynem pfunde czuerbeiten nemen eynen halben nuwen gr., vnde der abegang sal der kangisser sie, vnde sullen den abegang deme der machen lest nicht rechen. Waz ubir die kangisser uff den kouff czu dem marekte nuwe machen adir andern luten, daz sullen sie machen czu dem eilfften ....¹) vnd waz sie von den alden kannen schusseln tellern adir andern czenwerck eynem machen, daz sullen sie mit der stad schilde addir czeichen alleyne mereken vnde czeichen; was sie abir von nuwens vnd czum eilfften eynem adir uff den kouff machen wurden, daz sullen sie mit irem vnde der stad czeichen merecken durch des willen, daz man ir werck nicht beschelden adir·straffen mag. Brengit ouch eyner eynem kangisser alt geczeichent gemacht czenwerk, do sullen sie im nuwe czeichen wildir geben vnde sullen du von or lon nemen vnde mehir nicht. Item so sullen die kangisser keyne kannen von keynem fremden kouffen, der sie on czu treget, der vorkouffer sie on denne bekentlichen vnde vnbesprochen, denne mogen sie abekouffin vnde wegseln.

Nach dem Stadtbuch fol. 50ᵇ im Rathsarchiv zu Leipzig.
Die Jahrzahl 1446 ist einer in dem s. g. gelben Buche im Rathsarchiv enthaltenen Abschrift aus dem 16. Jahrhundert beigefügt.

¹) Leerer Raum im Orig.

No. 245. 1446. 20. Dec.

Die drei Räthe entscheiden Streitigkeiten zwischen den Gerbern und Schustern wegen des Lederkaufs. Vgl. No. 81, 129 u. 179.

Wir ratmanne vnde gesworne allir drier rete der stad Lipczk bekennen offintlichen in dissim vnßerm briue. Noch dem als die ersamen Peter Towse gerwermeister vnde Hans Muller schustermeister mit allin iren gewereken vndir sich etliche schelniß vnd czweytracht von kouffunge vnde gerwunge des leders bißher obir etliche vorgethane scheidunge von vns vnde vnsern vorfarn an den reten gehat haben, der

24*

selben schelniß vnde czweytrechtikeyt sie willichen vnde mit wolbedachtem mnte uff
rns, sie mitnandir daruß czu entscheiden, gegangen sint, also haben wir noch vor-
horunge sullichir schelniß vnde czweytracht die sache, dor vmbe daz die gnanten
beide hantwercke hinfurder in fride bliben vnde gutlichen mitenandir dor an sitezen
mogen, su vns genommenn vnde czwischen in eyne satezunge vnde ordenunge uff
vnser widderruffen also hirnach folget gemacht vnde gethan, da durch sie sullicher
gebrechen gutlichen sullen entscheiden sin. Zcum erstin orden setezen vnde scheiden
wir die gnanten beide hantwerge, daz keyn man, er sie burger addir fremde, gar
leder in die stat vnde wichbilde Lipezk durch daz gancze iar cznnorkouffin den ger-
wern czu schaden nicht brengin sal, sundern in den czwen iarmarckten als ostern
vnde Michaelis vnde czu den czwen applassen, als czu der prediger vnde barfusen
ablas, do mag eyn ydermau, er sie schuster burger addir nicht, uff syne ebenture
durch frihunge der iarmarckte vnde ablasse vnde synen wolgefallen in die stad
Lipezk ledir brengin vorkouffin vnde kouffin noch synem willen; vnde waz leders
denne die schuster vnser burger also in den iarmarckten vnde ablaßen kouffen, daz
mogen sie uff den iarmarckten vnde ablassen selbist vorerbeiten vnde sullen andern
iren gewercken nicht vorler vorkouffin. Die gerwer sullen auch leders eyn notdurfft
schicken vnde sullen den schustern vnsern burgern daz ledir in glichem vnde rede-
lichem kouffe geben, also sie denne ynmer irczugen mogen, vnde sullen auch widdir
die schuster von burges wegin vndir sich keyn geseteze machen nach haben, sun-
dern iczlichir gerwer sal vorkouffin vnde vorburgen weme er wil, als daz eynem
ydermande beqwemelich ist. So sullen auch die gnanten gerwer keyn naß ledir czu
dem marckte tragen, abir in iren husern vnde nßwendig der stad mogen sie daz
vorkouffin ab sie konnen. Die schuster sullen auch in der stad vnde wichbilde czu
Lipezk rach ledir nicht kouffin noch darinne gerwen lassen, sundern waz sie vssen
vnde su fremden enden koufften, daz mogen sie fremden enden gerwen lassin.
Were ab eyn schuster auch eyn rint hette eyns addir mehir in sym huse [vnde er
daz] sluge addir im sturbe, daz ledir sullen ym die gerwer vmbe eynen gewonlichen
phenning, daz sie czukonen mogen, gerwen vnde erbeiten lassen. So mogen auch
dy schuster vnser burger sich leders irholen vnde daz kouffin vßwendig der stat
vnd wichbilde Lipezk hynnen eyner milen, ezwen addir drien, nach iren willen vnde
wolgefallen, vnde sullen hinfurder biß uff vnser widdirruffen uff sechs milen daz czu-
holen von den gerwern nicht gedrungen werden [vnde] gancz absin; vnde waz leders
also dieselbin schuster eyner addir mehir in die stad brechten, daz der addir die
sullen sollich leder selbir vorerbeiten vnde andern iren gewercken, die dornach nicht
geschickt hetten, widdir enczeln nicht vorkouffen. Eß sal auch widdir gerwer noch
keyn audir man, er sie burger adir nicht, schun durch daz gancze iar vnser bur-
gern den schustern vorgnaut in die stat vnde wichbilde czu Lipezk samptkouffes
noch sust czuschaden nicht cznvorkouffin addir czu kouffen [brengin], ußgeslossin in
den iarmarckten alleyne, do mag ydermun, er sie burger addir nicht, durch frihunge
der iarmarckte schun brengen kouffin vnde vorkouffin noch sinem willen, ebenture
vnde wollust. Disse obgeschrebene vußer ordenunge satezunge vnde scheidunge sal
stehn uff vnser widdirruffen, vnde welcher disse vnser satezunge vnde scheidunge

adir keynerley artikil bynnen vnser widderruffinge, er were vnser burger, gerwer, schuster addir ander freude kouffman, vorbreche, der bruchhafftig vnde obirwonnen wurde, adir daz er sin recht dovor nicht thun noch sich des rechtfertigen wolde, der sal dem rate an alle vorbethe funffezehn Rinische gulden vorfallen sin vnde geben, vnde wer vor ymande vor sollche busse bete, der sal auch als vil an alle vorbete geben vnde vorfallin sin. Disse vnser satezunge vnde scheidunge haben wir itzlichem hantwerge mit des rates sigil vorsigelt gegeben, die sint gesehen geschriben vnde vorsigilt, als Peter Heburg burgermeister mit synen ratiskumpan gesessin hat am diustage an sente Thomas abende des heiligen aposteln noch Cristi geburt tusent vierhundert vnde in dem sechs vnde virezigisten iare.

Nach dem Stadtbuch fol. 49ᵇ im Rathsarchiv zu Leipzig.

No. 246. 1447. 4. März.

Kurfürst Friedrich vermeldet seinem Vogte und dem Rathe zu Leipzig den Abschluss eines mit seinem Bruder Herzog Wilhelm getroffenen Waffenstillstandes und verordnet dessen Bekanntmachung und strenge Beobachtung.

Friderich von gotis gnaden herczog zcu Sachsen, landgraue in Doringen vnd marggraue zcu Missen Hennynge Stroharte, voite vnd deme rate zcu Lipczk. Liben getrouwen. Vns zcwinelt nicht, uch sie offinbar vnd wissentlichin, wie die hochgebornen fursten vnsern lieben swager vnd ohem herre Fryderich vnd herre Albrecht gebrudere marggrauen zcu Brandenburg ꝛc. am nestin zcu Numburg einen vngeverlichen fride biß uff den sontag Trinitatis schirsten den tag gancz vß zcwischen vnserm bruder herczog Wilhelm, vns vnd von beiden teilen den vnsern beteidinget habin, des wir vnsers teils, souil des an vns iß, mit den vnsern vuorruckt wollen halden, wie wol der fride vorhin in dem selde begriffen groblich obirfarn wart. Dauon begern wir mit ganezem fliesse ernstlichin, das du voit alle vnsere erbere manne in der pflege zcu Lipczk fur dich zcu stund vorbotest, eyn gemeyn gebott undir in vnd in den landgerichten vßgehen lassest, das nymands sollchen friden in einchen stuecken vorbreche, desglichen ir der rat an den wochenmarckte vnd in den kirchen auch thun vnd vorkundigen lasset, den bie vorliessunge libes vnd gutis uffrichtiglichin zcu halden; danne wurde sich iemands, es weren erbere ader andere, doran vorgrieffin, dem adir denselbin zcu libe vnd zcu gute griffet, nymands dorynne vorschonet vnd ernst daruber stet, das ist vnsere ernstliche meynunge. Gebin zcu Missen am sonnabende nach Invocavit anno ꝛc. XLVIIᵒ.

Nach Barthel's Diplomatar. Lips. IV fol. 23ᵇ im Rathsarchiv zu Leipzig.

No. 247. 1447. 23. Juni.

Steffan Stuß Burgermeister, Heinrich Forster, Meister Jacobus Meiseberg, Nickil Muller, Mertin Premschwicz, Hildebrand Frost, Hans Nopel, Hans Slewicz, Andres Wandergerne, Jacuff Voit, Vincentius Schobil und Hans Brunsdorff Rathmann und Geschworne zu Leipzig verkaufen der tugendsamen Frau Margaretha Tilemannyun Bürgerin zu Mittwrida die wiele sie lebit vnd nach irem tode zcu eynem redelichen vnd lobelichen testamente vnd selgerethe dem nuweh spittale zcu seute Jurgen vor Lipczk vor dem Ranstedischen thore gelegin, der do armen enelenden pilgerymen vnd armen kranken luten zcu hulffe vnd zcu troste angehaben ist zculnuwen, *20 Rhein. Gulden j. Z. für 300 Rhein. Gulden unter Vorbehalt des Wiederkaufs nach der Tilemannyn Tode;* vnd wenne wir die also noch irem tode abegelegen wollen vnd abegeleit habin, so sollen wir gnanten burgermeister ratmanne vnd gesworne zcu Lipezk gancz vud volle macht habin, das wir sollche driehundert gulden vorder nach vuserm bestin irkentheniß gote dem almechtigen zcu lobe, dem spittal zcu nueze vud frommen wenden vnd anlegen sollen vud wollen, das dauon arme enelende pilgeryme vud krancke lute irquicket vud getrost mogen werdin —.

Gegebin — am fritage seute Johannis abende des heiligin touffers.

Gleichzeitige Abschrift im Rathsarchiv zu Leipzig.

No. 248. 1448. 14. Febr.

Nickil Semeltreter hat X marek silbers, die vormals die gerwer vnd Haus Bruser gehat habin, die gehoren zcu der cappelle uff dem rathuse, uf eyne marek czinses ierlichin douon zeugeben uf wynnachten vor die marek zcu czinse II ß X gr. Donor habin gelabit als selbschuldigin Mattes Semeltreter, Nickel Blesin vud Jocuff Smedichin der kucheler. Factum sub Johanne Thummel proconsule feria 4ta post Invocavit anno 2c. XLVIII°.

Nach dem Stadtbuch fol. 75 im Rathsarchiv zu Leipzig.

No. 249. 1448. 20. März.

Kurfürst Friedrich II. zeigt dem Rathe die berorstehende Ankunft seiner berollmächtigten Räthe zu Leipzig an.

Friderich von gots gnaden herczog zu Sachsen lantgraf in Doringen vud marcgraf zu Missen.

Lieben getruwen. Wir schicken zu uch die edeln vnd vesten vusere rete vnd lieben getruwen grauen Ernsto von Glichen vusern hofmeister vud Otten Spigel, uch eczliche vusere meynung zuberichten, darumb von uch mit ganczem fliße begernde, was dieselben vusere rete vf dißmal von vusern wegen an uch werben werden, das ir yn des glich vns selbst geneztlichen gloubet, yn auch darinne geuolgig vnd gehorsam siet. Auch das du Steffan Stuß vnd du Johann Sydenheffter zcu denselben vusern reten gehit, yn in vusern sachen raten vnd vuser bestes furnemen helffet, des alles nicht anders haldet, doran tut ir vns wol zudangke. Geben zu Missen am mittewochen noch l'almarum anno 2c. XLVIII.

Dem rate zcu Lipczk vusern lieben getruwen.

Nach dem Orig. im Rathsarchiv zu Leipzig.

No. 250. 1448. 3. Juli.

Kurfürst Friedrich II. fordert den Rath auf, Steffan Stuß, Johann Sydenheffler u. andere aus seiner Mitte zu Anbringung städtischer Wünsche auf den zur Verhandlung mit Herzog Wilhelms Rathen auf den 15. Juli zu Zeitz angesetzten Tag abzuordnen.

Friderich von gots gnaden herczog zcu Sachsen, lantgraue in Doringen vnd marcgraf zcu Missen.

Liben getruwen. Nachdem vns der tag vf montag divisionis apostolorum schirsten von vnserm liben bruder herczogen Wilhelmen, des zcu Cziez durch die sinen gein die vnsern zcuwarten laßen, erst vff gestern zcugeschriben ist, begern wir mit ganczem flisse, das ir Steffan Stuß vnd Johann Sydenheffler, darczu ander die uwern, die uch in uwern sachen bedunket nucze zcusin, vf denselben tag schicket, uwer sachen daselbst anczubrengen vnd eyn ende zcuharren; daran tut ir vns zcudancke. Geben zcu Rochlicz am mittewochen noch Visitationis Mariae anno domini :c. XL, octavo.

Dem rate zcu Lipczk vnsern liben getruwen.

Nach dem Orig. im Rathsarchiv zu Leipzig.

No. 251. 1448. 13. Juli.

Kurfürst Friedrich II. überträgt seinem reitenden Boten Herman Behme das Thoramt auf dem Schlosse.

Wir Friderich von gotes gnaden herczog zen Sachsen :c. bekennen :c., das wir Herman Behmen vnserm riitenden knechte das thorampt vf vnserm slosse zcu Lipczk durch sins flissigen dinsts willen ingethan beuolheln vnd gelihen habe, das sine lebetage zuuorwesen, dorumbe ym auch eyn iglicher voit daselbst tegelichen zweeer manne koste geben sal ane abebruch, als das für alder bie vnsern liben vater seligen vnd bie vns daher vngeuerlich gehalden wurden ist. Dorczu wir ym auch die sunderliche gnade gethan han, das er sommereziit in dem twinger vnd an dem slosgraben vnder den böwmen, da man das gras nicht gehauwen kan, graßen mag laßen, doch mit willen vnser' amptlute, vns an dem hauwe vnd graße ane schaden. Ouch sal ym dorczu ein yglicher vnser voit vnd amptmann vff igliche goltuaste vnd quatembere, diiwile er dasselbe vnser thorampt ynnehat vnd redelichen vorweset, geben sechs nuwe grosschen zcu schßgelde. Doruff vns derselbe Herman Behem zcu dem gnanten thorampte gelobt vnd gesworn hat, des redelichen zcu warten vnd das zuuorwesen, vnd sich auch von vnser wegen nach vnsern amptluten, die zcugecziiten do sin, genczlich zcurichten ane allerley arglist vnd geuerde. Zcu vrkunde haben wir vnser insigil wissentlich an dissen brieff lassen hengen, der gegebin ist zcu Rochelicz am sonnabinde sente Margarethen tage der heiligen iungfrauwen noch Cristi vnsern hern geburtt XIIII c dornach im achtvndvirezigsten iaren.

Nach dem Cop. 43 fol. 100 b im K. Haupt-Staatsarchiv zu Dresden.
Die Urkunde ist später, wahrscheinlich nach dem Ableben Behme's, durchstrichen worden.

No. 252. 1448. 19. Juli.

Kurfürst Friedrich II. ersucht den Rath, seinem Diener und Seidenhefter Caspar Berhart die Stellung eines Schützen zu dem Kriegszuge zu erlassen.

Friderich von gotsgnaden herczog zcu Sachssen, landgraff in Doringen vnd marcgraf zcu Missen.

Lieben getruwen. Vns had bericht disser keinwirtige Caspar Berhart vnnser sydenheffter vnd diner, wie ir an ym synnet uff dißmal einen schuczen zcu vnnserm zcoge vßzcurichten, deshalben das er bie uch eine wonunge habe. Vnd so er dann an vnnserm dinste vnd der vnser ist, begern wir von uch mit gantzcem flisse, ir wollit ym des vns sunderlich zcuwillen vff dißmal versehen, vnd vns des nicht versagt, wann wir ym bie uch in vnser stat frie zcu sin, als wir yn zcu vnnserm diener empfangen, verheissen haben. Das woln wir wol in andern sachen gein uch verglichen, vnd tut vns daran zcu grossem duncke. Geben zcu Rochlicz am fritage nach Allexii anno domini x. XL octavo.

Dem rate zcu Lipczk vnsern lieben getruwen.

Nach dem Orig. im Rathsarchiv zu Leipzig.

No. 253. 1448. 8. Aug.

Kurfürst Friedrich II. befiehlt dem Rathe, das unter Androhung schwerer Strafen erlassene Verbot des Besuchs der beiden neu aufgerichteten Jahrmärkte zu Magdeburg öffentlich bekannt zu machen.

Friderich von gotsgnaden, hertzog zcu Sachssen, landgraff in Doringen vnd marcgraff zcu Missen.

Lieben getruwen. Vns ist furbracht, wie der ernwirdigiste ingot vater vnser herre vnd frund er Friderich erczbisschoff zcu Magdeburg mit der stad doselbst zcewene iarmargte vgesnezt haben, der chrste sich an dem virden tage nach assumpcionis Mariae schirsten zcu Magdeburg an heben vnd der andere virczehn tage nach ostern doselbst sin sal. Vnd so danne solche zcewene iarmargte vns, vnsern landen vnd steten, ab die vorgang gewonnen, in velen sachen gancz verterplich vnd schedelich worden, haben wir deshalben alhye zcu Missen uff dissem iarmargte vßrufen, verkundigen vnd bie vermydunge vnser swere vngnade vnd verlisunge libes vnd guta, das nymant der vnsern, welchs stats wesens ader geschicks er sie, den nehsten iarmargt des virden tags nach vnser lieben frauwen tage wurczewyhe schirsten, noch desglichen den andern virczen tage nach ostern zcu Magdeburg besuchen solle, verbiten lassen, von uch mit gantzem ernsten flisse begerende, desglichen den vnsern bie vch ouch offenbarlich zcuuerkundigen vnd zcuuerbiten bie sollcher pena, der Magdeburgisschen iarmargkte uff beide zeyte wie vor gerurt ist nicht zcubesuchen. Wu daruber ymant des anders halden wurde, haben wir vnsern amptluten daruff zcu halden, sye widerumbe zcutriben vnd zcu libe vnd gute zeugriffen ernstlich entpfolen, vnd deßglichen andern vnsern steten ouch ernstlich geschriben, eyn yderman sich wissen darnach zeurichten. Vnd haldt des nicht anders, das ist vnser ernste meynunge vnd kommet vns ouch von ueh zeudancke. Geben zcu Missen am donrstage nach Donati anno domini zc. XLVIII°.

Deme rate zcu Lipezk vnsern liben getruwen.

Nach dem Orig. im Rathsarchiv zu Leipzig.

No. 254. 1448. 7. Dec.

Spruch der Räthe des Herzogs Wilhelm in der Streitfrage über Verpflichtung der Stadt Leipzig zu Entrichtung eines Zolles von Naumburger Biere.

Als in der fursten spruche von des zcolles wegen, den vnser gnediger herre herczog Wilhelm von dem Nuwenburgischem bier nympt, vßgesnezt ist, wann die von Lipezk bie brengen, des zcum rechten gnug sey, das sie gefryet sin, dadurch sie sollichen zcol nicht geben sullen, so blybe es billich daby, vnd als die von Lipezk vff sollichs einen briff von den fursten beiden vnsern gnedigen herren furbracht haben, von yn von der czicse wegen ußgegangen fur czüten, do sie vngeteilt gewest sin, dorynn sich die fursten vorschriben, das sie iren landen keyn unwekeit machen sullen, dorynn doch die von Lipezk noch auch der obgnante zcol in sunderheit nicht bestymmet noch gerurt sin, vnd uber denselben briff der zcoll von vnsern gnedigen herren beiden den fursten die zciit weil sie vngeteilt gewest sin doch ingenomen vnd vnserm herren herczog Wilhelm in der teilunge fur ein zeugehorung gegeben ist, vnd nicht allein in sunderheit von den von Lipezk, sundern von menniglich, der sich des bierfurens gebruchet, genomen wirdet, vnd als von vnsers gnedigen herren herczog Wilhelms fursprechen gerett ist, das sich die von Lipezk sollicher friheit, ab sie anders fur eyn friheit solt geczalt werden, missebrucht haben, dorumb das sie sidder desselben briffs einen gnadenbriff von beiden obgnanten fursten vnsern gnedigen herren genomen haben, dorynn sie ir gnade sollichs zcolles biß uff yr widerruffen gefryet hatten, dorumb sie danne vier schock in die canczlien sollen geben haben, des dann die von Liptzk nicht geleuckenet ader widersprochen haben: durch der vnd ander vrsachen willen, die von vnsers gnedigen herren herczogen Wilhelms wegen furbracht sein, sprechen wir mitnamen Conrat zcu Bappenheim erbmarschalgk zc, hofmeister, Petrus Knorre doctor zc. probst zcu Wepezflar, Bartholomeus von Bibra obermarschalgk, Fridrich von Wiezleuben, Bernhard von Kochperg, Hans Schencke rittere vnd Kirstan vom Hayn rete vnsers gnedigen herren herczogen Wilhelms obgnant zcum rechten, das die von Lipezk nicht gullgsamlich furbracht haben, dorumb sie des obgemeldten zcolles sullen ledig vnd vertragen sin, vnd geben zcu bekentnisse dißen vnsern spruch mit vnsern Bartholomeus von Bibra vnd Bernharts von Kochperg hiran gedruckten insigeln, der wir andern hiezu mitgebruchen, versigelt vff sunnabend vigilia conceptionis Mariae virginis gloriosae anno domini zc. XL octavo.

Nach gleichzeitiger Abschrift auf Papier im K. Haupt-Staatsarchiv zu Dresden.

194

No. 255. 1448. Nach dem 7. Dec.

*Spruch des Bischofs Johann von Merseburg, des Grafen Ernst von Gleichen u. A. in der Streitfrage
über die Verpflichtung der Stadt Leipzig zu Entrichtung eines Zolles von Naumburger Biere.*

Als die von Lipezk einen furstlichen briff furbracht haben, dorynne yn vnser
gnedigen herren von Sachsen beide globt haben, das sie noch vorgangener zeiit der
zciise furder meher von yn solliche zciise noch sust keynerley nüwekeit, wie man
die benennen mocht, nymmermer fordern ader nemen wollen, vnd meynten, das der
bierezol eyne nüwekeit sie, vnd dorumb solle nu vnser herre herczog Wilhelm solli-
che nüwekeit vnd sollichen bierezol von yn nicht fordern, sundern solle yn sine
briefe halden, vnd gaben vor, das sie mit sollichem furstlichem briefe dem furst-
lichem spruche gnüg getan hetten, vnd sueczten das vff vnser aller erkeutniße, was
dorumb recht were; dawider wart vonstund gesprochen, das sie mit sollichem furst-
lichem briefe dem spruche nicht gulig getan hetten, dorumb das das mit dem bier-
ezolle nicht eyne nüwekeit were, sundern eyn iglicher furste mochte in syme fursten-
thum sinen zcoll wol hoern vnd nydern, vff das er die sinen derster baß mocht
verteidigen, vnd auch dorumb, das die von Lipezk nicht eigentlichen briefe furbracht
hetten, das sie von sollichem bierezolle gefryet weren noch lute des furstlichen
spruchs, vnd ouch dorumb, das die von Lipezk selber wider sollichen furstlichen
briff getan hetten, domit das sie sollichen zeol gegeben hetten vnd dorezu eczliche
briefe doruff genomen, domit sie sich desselben furstlichen brieffs vorezygen hetten
vnd des missebracht; des doch die von Lipezk also nicht bekentlich waren ꝛc., wie
nu dieselben kegenrede vnd ouch ander meher in sollichen vnd viil meher worten
furbracht wurden, vnd ouch vff widerrede der von Lipezk vnd insage doctor Knors,
der doch dabie keyne biebrengnuge brachte ꝛc., darnff erkennen wir Johannes von
gots gnaden bischof zcu Merseburg, Ernst grawe von Glichen herre zcu Blanckeu-
hain, Heinrich herre zcu Gera, Hans von Malticz rittere vnd Ott Spigel vor recht:
Sintdemmal die von Lipezk furbracht haben einen furstlichen brief, dorynn yn beide
fursten geredt vnd globt haben, das sie noch vorgangener zciit der zciise furder
meher von yn vnd von dem Osterlande solliche zciise noch sust keinerley nüwekeit
wie man die benennen mochte nymmer meher fordern oder nemen wollen, so haben
sie mit sollicher biebrengunge dem furstlichen spruch gnug getan, das sie gefryet
sin, dadurch sie sollichen bierezoll nicht geben sollen, so sollich bierezoll eyne nüwe-
keit ist vnd von nüwens gesaczt noch der zciit der zciise vnd noch datum des vor-
gnanten brieffs, vnd ist nicht not, das der brieff luterlichen mit namen die stat von
dem bierezolle frye, sundern es ist gnug, das der briff die zciise benenne vnd dor-
noch gemeynlichen in eyner gemeynen clausulen saget vnd setzet, das vnser gnedi-
gen herren beide noch vorgangener zciit der zciise furder meher keynerley nüwekeit
wie man die benennen mucht von yn fordern wollen; wann wer keynerley thun wil,
der nymmet keyns uß von rechte. Vorsigelt mit vnserm bischof Johanns obgnanten
insigel, des wir die andern hirezu mitgebruchen. Anno ꝛc. XL octavo.

Nach dem Concept im K. Haupt-Staatsarchiv zu Dresden.

No. 256. 1449. 2. Juli.

Kurfürst Friedrich II. fordert den Rath auf, zwei Viertel der städtischen Streitkräfte auszurüsten und dieselben sammt dem vorgeschriebenen Kriegsgeräthe zum Ausmarsch bereit zu halten.

Friderich von gots gnaden herczog zcu Sachssen, lantgraf in Doringen vnd marcgraf zu Missen.

Lieben getruwen. Noch solchen wilden loufften mit heerczogen von etlichen vns nah-gelegen fursten steten vnd landen iczund vorhanden, der anheben vor ougen ist vnd des abe-ganges vnd afhorens wir nicht konnen noch mogen gedencken, haben wir vns vnsern landen luthen vudirthanen vnd den, die vns zcugetan vnd gewant sind, zcu befridunge in kurcz ein feld zcumachen furgenomen, dodurch wir vnd die vnsern, ab sich ichs machte, das wider vns sin solt, mit gots hulffe vngeleidiget vnd vnbeschediget mochten bliben. Dorumbe so begern wir von uch mit ganczem ernstem flisse, das ir nch mit der helffte als zcweeu virteln in uwer stad yderman mit sins selbs liebe zcuzcihen, mit waynen, vier steinbuchssen, buchssenmeistern, puluer vnd steynen dorczu gehorinde, armbrusten, hantbuchssen, spissen vnd flegeln in allermasse wir das vormals bii uch geordent vnd eigentlich zcugeschriben haben gancz dornoch rustet, stellet vnde richtet inhereitschafft zcu siczen, also wanne wir nch anderwet schriben, zciit stete futter vnd lager benennen, alsdanne vns vngesumet in obgeschribener masse gancz rustig uolget, vnd in keynwise vorhaldet, vns vnsern lanteu luten vnd uch selbs zcu befridung cre nucz vnd fro-men. Das kompt vns vou uch zcu besunderm duncke. Geben zcu Rochlicz am mitwochen visitationis Mariae anno domini ꝛc. XL nono.

Dem rate zu Lipczk vnnsern lieben getruwen.

Nach dem Orig. im Rathsarchiv zu Leipzig.

No. 257. 1449. 24. Juli.

Kurfürst Friedrich II. befiehlt dem Rathe Abgeordnete zu Verhandlung wegen der mit den von Zwickau im Felde bei Braunsdorf entstandenen Streitigkeiten nach Altenburg zu schicken; ertheilt Anweisung wegen der an die Pardiße zu Erfurt abzuführenden Zinsen.

Friderich von gots gnaden herczog zcu Sachssen, landgraue in Doringen vnd marggraue zu Missen.

Liben getruwen. Wir haben vnsern trefflichen reten vff den nesten sontag zcu abind gein Aldemburg bescheiden von sache wegen vns anligende. Nu von sollichs irrethumbs wegen, als sich zwusschen den von Czwigkaw vnd uch ym nehsten felde by Brunsdorff*) erhaben hat, begern wir von uch mit ganczem flise, das ir uwer ratsfrunde mit ganczer macht vff den gnan-ten sontag gein Aldemburg schicket, dohin wir den von Czwigkaw vnd auch den von Kempnicz bescheiden haben, vnd ab ir ymands vnder der gemeyne hettet, den sollich sache in sunderheit berurte, den mitt komen lasset. Han wir denselben vnsern reten beuolhen, uch alsdanne von beidenteilen zcuerhoren vnd flies zcuthun, das sie uch des mit einander entscteczen vnd ver-eynen; vnd des nicht verhaldet nach an uch broch ersehynen lasset, doran tut ir vns zcusun-derm dangke. Als ir vns danne geschriben habt von Gotschalks vnd Dietherichs Pardiße wegen, die uch gein Erffart geladen haben vmb die zeinse als wir yn pflichtig sind ꝛc.[b]), haben wir vnserm gleitzmanne zcu Delczsch in dissem andern briue lassen schriben, den gnanten Pardißen sollich zeinse von vnsern wegen vszurichten vnd derhalben vnelaghafft zcubalden, das ir furder nicht beswert werdet, den selben brieff vnserm gleiczman von stund gein Delczsch schicket. Gebin zu Rochlicz an sent Jacoffs abinde anno domini ꝛc. XLIX°.

Dem rate zcu Lipczk vnsern liben getruwen.

Nach dem Orig im Rathsarchiv zu Leipzig.

_____

b) 1446 31. Mai (feria secunda post d-minicam Exaudi) verkauften die Räthe von Leipzig und Zwickau mit Wissen und Willen Kf Friedrichs an G. und D. Paradies, Gebrüder, Bürge zu Erfurt vierzehntehalb Mark Silbers Erfurtischen Zeichens und Gewichtes j. Z. von den gesammten Gütern baider Städte um anderthalbhundert Mark Silbers gleicher Währung auf einen Wiederkauf und versprechen bis zum Eintritt desselben geistliche Namme jährlich halb auf Walpurgis und halb auf Michaelis nach Erfurt in die Hornkammer einzunahmen. Cop. 43 fol. 36 im K. Haupt-Staatsarchiv zu Dresden, woselbst die Urkunde nachträglich durchstrichen worden ist.

No. 258. 1449. 28. Juli.

Dietrich Pardiß bekennt, 15 Mark Silbers wegen der Zinsen, mit welchen Rathsmeister und Räthe von Leipzig und Zwickau im Rückstand geblieben, durch den Geleitsmann zu Delitzsch ausgezahlt erhalten zu haben.

Ich Ditterich Pardiß bekenne vffentlich —, das mir der ersame vnde wiese der geleitzmann von Deletzsch — bezzalt had funffczen marg lotiges selbers von der czinse wegen, die mir die ersamen vnd wiesen ratismeistere vnde rete der stete Lipczig vnde Zcwigkaw vor vallen waren, nemlich vff Michaelis in deme soben vnd vierzigesten iare vff Walpurgis vnd Michaelis in deme achtvndvirczigosten iare vnd vff Walpurgis in deme nunvndvirczigsten iare, vnde sage sie sulcher vorsessener zcinße vff ditmal qwied ledig vnd loß —. Des zcu warem bekenteniße habe ich Ditterich Pardiß — myn ingesigel wissentlich gedruckt vndin an diesen vffin brief. Gegebin nach Cristi vnsers herm gebort virczenhundirt iar darnach in deme nun vnde virczigesten iare am montage nach Jacobi apostoli ꝛc.

Item nota disse vorgeschriben vorvallen zcinße haben etliche zeiid in den ioden gestandin, also das der geleitzman hat sobin alde schog daruff zcu gesuche gegeben.

Nach dem Orig. auf Papier im K. Haupt-Staatsarchiv zu Dresden mit aufgedrücktem Siegel.

No. 259. 1449. 24. Aug.

Kurfürst Friedrich II. reicht Mattis Kawisch Bürger zu Leipzig eine halbe Hufe vor dem Petersthore zu Lehn.

Anno ꝛc. XL nono dominica Bartholomaei apostoli hat myn herre Mattisse Kawisch burger zcu Lipczk vnd sinen rechten libeßlehnserben eine halbe hufe landes in der pflege vnd fur sent Peters thor zcu Lipczk gelegen zcu lehen gelihen[a]). Testes Hans von Kokericz myner frauwen hofemeister, Balthasar von Arras cammermeister ꝛc. Actum Rochlicz uts.

Nach dem Cop. 43 fol. 196b im K. Haupt-Staatsarchiv zu Dresden.

_____

a) 1456. 13. Mai belehnte der Kurfürst Kersten von Wurtzen mit diesem Feldstück, welches derselbe von Mattis Kawisch erkauft hatte Cop. 44 fol. 10v im K. Haupt-Staatsarchiv zu Dresden

No. 260. 1449. 11. Sept.

Gotschalk Pardiß quittirt Rathsmeister und Räthe von Leipzig und Zwickau wegen 12 Mark Silbers rückständiger Zinse. Vgl. No. 257.

Ich Gotschalck Pardiß borger czu Erferde bekenne —, vmme sulche czwolf marg lutiges silbers, als mir dy ersamen wysen lute rotsmeyster vnde rete der stete Lipczick vud Czwickow vor vallen worn, nemelichen dry marck Michelis in deme sobin vnde verczigisten iare vnde sechs marck Walpurgis vnde Michelis in deme acht vnde verczigisten iare vnde nu dry marck Walpurgis lu deme nun vnde verczigisten iare vor datum deses bryfes, das su my dy gutlich beczalt habin vnd sage 8u sulcher czwolf marck lutiges silbers vorsessens czinses uf dyt mal quit ledig vnde loß. Des czu bekeuteuisse habe ich Gotschalck Pardiß myn insegil in desin uffin brif gedruckt nach Cristi geburt tusent vierhundert in deme nun vnde verczigesten iare an deme donnerstage noch nativitatis Mariae.

Nach dem Orig. auf Papier mit aufgedrucktem Siegel im K. Haupt-Staatsarchiv zu Dresden.

No. 261. 1449. 21. Sept.

Kurfürst Friedrich II. weist den Rath an, die früher erforderte Absendung von zwei Vierteln der städtischen Bewaffnung (vgl. No. 256) zu unterlassen, die 40 Trabanten dagegen am 27. September nach Delitzsch abzufertigen.

Friderich von gots gnaden herczog zeu Sachsen, des heyligen Romischen richs erczmarschalk, lautgraff in Doringen vnd marcgraff zu Missen.

Lieben getruwen. Als wir zeweyen virteiln uwer stalt vff montag noch Francisci schirsten bii vns ins felt fur Delczsch bescheiden buben, ist vff dismal nicht noit, sundern wendig worden; aber begeru alsuor, das ir die vierczig drabanten in denselben vnsern nehsten schrifften vormeldet vns vff denselben sonnabind noch Mauricii schirsten gewißlich gein Delczsch schicket, sich zcuhalden inmassen in der gemelten vnser schrifft berurt ist, des nicht anders haldet, ist vnser ernste meynunge. Geben zeu Schellemberg am sontage Mathaei apostoli anno x. XL nono hora vesperorum vel quasi.

Dem rate zeu Lipczk vnsern liben getruwen.

Nach dem Orig. im Rathsarchiv zu Leipzig.

No. 262. 1449. 18. Nov.

Kurfürst Friedrich II. befiehlt dem Rathe, dem Geleitsmann zu Leipzig Balthasar von Wolfers-dorf auf dessen Erfordern durch Absendung von Mannschaft bei Besitzergreifung der Stadt und des Schlosses Rötha und zu Erlangung der Huldung daselbst behülfen zu sein.

Friderich von gots gnaden herczog zeu Sachsin, des heiligen Romisschin reichs erczmarschalg, lantgraue in Doriugen vnd marggraue zeu Missen.

Liben getruwen. Wir haben abermals vnserm gleiczmanne zeu Lipczk Balthazarn von Wolfistorffe slosses vnd stat Rothow fur syne gelt schult in die gewere zeubrengen, die lütchen doselbst Balthazarn ergemelt zcu vnd von wegen sines geldes gewerliche holdunge zcu thunde zcu underwysen vnd ernstlich darczu zeuhalden geschriben vnd dobie berurt, das wir uch, ym die uwern nach syner anwysunge doczu zculiben, geschriben hetten, von uch darvmbe mit vlisse begerende, das ir ym nach syner anwysunge die uwern zcuschickt vnd libet, das Baltazar dodurch in die gewere muge bracht vnd von den luten gewonliche holdunge getan werden, uff das er vns deshalben nicht forder aulouffen noch mit clagen ersuchin durffe; vnd haldet des nicht anders, das ist vnser ernste meynunge vnd kompt vns ouch von uch zcu gutem dancke. Geben zcu Rochlicz am diustage nach Briccii anno domini ꝛc. XLIX.

Dem rate zcu Lipczk vusern liben getruwen.

Nach dem Orig. im Rathsarchiv zu Leipzig.

No. 263. Vor 1450.

Rathsbeschluss wegen der Sonnenkramer.

Item vmbe die vorkouffer vnde sonnenkramer ist der rad eyn wurden: Wer uff dem marckte wil feile haben vnde feile hat in budin, uff schrayn addir uff der erdin, die adir der nicht burger ist addir sint, der sal dem rate alle iar czwenczig nuwe gr. geben, czehn nuwe gr. uff Michaelis vnde czehn nuwe gr. uff Walpurgis; vnde wer also feile wil haben, der sal sich lassen inschrebin, vnde wer daz nicht thun wil, der sal nicht feile haben. Factum sabato post Nativitatis Mariae anno ꝛc. XL..ᵗ.

Nach dem Stadtbuch fol. 51ᵇ im Rathsarchiv zu Leipzig.
Eine etwas spätere Hand hat die Bemerkung beigefügt: Id modo non servatur.

No. 264. 1450. 13. Mai.

B. Johann von Merseburg genehmigt die Stiftung und Ausstattung von vier Priesterpfründen im Georgenhospitale durch letztwillige Verfügung des Clerikers Martin Schindel (No. 239) sowie die durch denselben später erfolgte Errichtung einer fünften Pfründe daselbst und ertheilt denjenigen, welche den Marienmessen an den neugestifteten Altären in Andacht beiwohnen werden,
40 Tage Ablass.

Johannes dei gratia episcopus Merseburgensis ad perpetuam rei memoriam. Aeternus et clementissimus deus origo rerum et omnium principium cunc.religionem suam instaurare voluisset, doctorem iustitiae filium suum unigenitum coaeternum et coaequalem sibi misit e coelo, ut novis cultoribus novam legem in eo et per eum traderet, qua lege homines religiose viventes dii fierent verumque deum et dei filium oculo intellectuali pariter et corporali mererentur limpidius contemplari. Et quamquam haec religio christiana multiformibus subsistat fundamentis, singularius tamen et excellentius in his, quae ad veri dei in saecula permanentis sanctorumque suorum cultum devotumque famulatum pertinent, dinoscitur fore fundata, ut sic deus in suis sanctis laudatus sanctique in domino, pro cuius honore et amore plurima pertulerunt, decentius venerati, fides christiana religiosius fundata usque ad contemplandam speciem celsitudinis altissimi dei roborata maneat atque in aevum persistat. Hunc itaque dei et sanctorum suorum cultum efficacemque et meritoriam religionem honorabilis vir dominus Martinus Schindil clericus Magdeburgensis dioecesis amplificare volens ex inspirata sibi de superis gratia certos annuos census et redditus de bonis suis iuste et legitime acquisitis reemptionis via iuste et legittime emptos et comparatos, videlicet in praetorio Lipczensi sexaginta florenos Rinenses, in praetorio Hallensi octo marcas argenti puri, in praetorio Delczsch viginti florenos Rinenses, in praetorio Peganiensi viginti florenos Rinenses, in praetorio Torgensi quatuor sexagenas novas singulis annis in suis terminis iuxta litterarum desuper confectarum tenorem solvendos nobis cum supplicatione tam debita quam devota religiosius obtulit instanter petens et requirens, quatenus in augmentum christianae religionis ad laudem et honorem omnipotentis dei suaeque inclitae genitricis virginis Mariae, sancti Georgii et omnium sanctorum necnon in animae suae et parentum ac progenitorum suorum salutem in domino gratanter acceptare eosdemque census iusto reemptionis titulo per eundem comparatos, prout in litteris desuper confectis et nobis exhibitis plenius continetur, quatuor altaribus in hospitali sancti Georgii extra muros Lipczenses dioecesis nostrae situatis, quorum primum in honorem sancti Georgii, Gerdrudis, secundum beatae virginis Mariae, tertium sancti Johannis baptistae et quartum beati Materni confessoris per nos consecratum est et erectum, consecrata sunt et erecta in ecclesia sancti Georgii praelibata, unire incorporare atque appropriare praedictaque altaria in beneficia ecclesiastica erigere et instaurare omnesque et singulos praedictos census annuos titulis ecclesiasticis insignire de paternae benignitatis affectu gratiosius dignaremur. Nos itaque Johannes episcopus antedictus, qui ex crediti nobis pastoralis officii debito cultum divinum ac beati Georgii aliorumque sanctorum servitium augere sincero cordis affectu desideramus, petitionem praedictam tamquam rationabilem piam et iustam censentes decrevimus paterna pietate admittendam, praedictorum altarium fundationem dotationem erectionem et ordinationem ratas et gratas habentes ratificamus omnesque et singulos census praedictos ad praedicta altaria deputamus invisceramus et appropriamus et auctoritate nostra ordinaria et dioecesana in dei nomine confirmamus, altariaque praememorata et unum quodque singulariter de per se et [in] beneficia ecclesiastica erigimus et beneficiali titulo insignimus iure tamen archidiaconi loci semper salvo, censusque praedictos in dotem et proprietatem pro sustentatione congrua ipsorum beneficiatorum unimus confirmamus et appropriamus, decernentes eosdem ecclesiasticos fore, iuri et foro ecclesiastico debere in antea subiacere et per ipsos beneficiatos iuxta ratam suam singulis annis sublevari percipi et levari pacifice et quiete, invasoresque et destructores eorundem censuum tamquam sacrilegos ecclesiastica censura fore puniendos. Volumus tamen quod praememoratus dominus Martinus Schindil fundator beneficiorum praedictorum quoad vivat habeat usumfructum omnium censuum praedictorum absque contradictione et inquietatione cuiuscumque, ita quod post eius migrationem ab hac luce secundum dispositionem altissimi rectores altarium praedictorum habeant plenariam dispositionem censuum praedictorum et non ante, cum huiusmodi potestatem sibi in fundatione primaeva reservavit et nos reservamus sibi eandem. Volumus etiam, quod rectores altarium praedictorum post mortem

dicti domini Martini ad cantandas horas de beata virgine cottidie in dicto hospitali
iuxta vim formam et tenorem dispositionis suae, quam coram notario publico et
testibus praesentibus loco ultimae voluntatis suae concepit fecit et fieri voluit, sint
astricti, quodque etiam collatio sive ius praesentandi perpetuis temporibus ad illos
pertinebit, quibus praememoratus dominus Martinus in praedicta sua dispositione con-
tulit eandem sub forma ibidem expressa; eandem enim voluntatem suam quoad omnes
articulos ex certa scientia approbamus et confirmamus per praesentes cum tali
adiectione, quod si praenominati census per venditores eorundem iuxta litterarum
seriem desuper confectarum futuro tempore reemi contigerit, ex tunc praememorati
rectores de scitu et consensu suorum collatorum absque ulla distractione capitalis
pecuniae alios census in locum praetactorum censuum legittime comparare debebunt,
quos ex tunc prout ex nunc et ex nunc prout ex tunc in futurum comparandos pro
eisdem altaribus, si et in quantum huiusmodi contractus reemptionis titulo tunc legit-
time celebratus fuerit, decernimus dictis altaribus appropriatos fore et incorporatos
esse, ut sic surrogatum habeat naturam illius, in cuius locum surrogatur. Postremo
praememoratus dominus Martinus obtulit nobis et alios census viginti florenos in
praedicto praetorio Pegauiensi etiam iusto titulo reemptionis per eundem comparatos
ac domum suam in cimiterio fratrum minorum in Lipezk situatam instanter petens,
ut et eosdem simul cum domo simili modo acceptare censusque huiusmodi quinto
altari unire et incorporare dignaremur, ita tamen quod eo vivente et post eius mor-
tem Georgius famulus suus usumfructum eorundem habere posset modo quo dictum
est supra, et quod post amborum mortem quinto altari applicarentur iuxta litterae
suae tenorem, quae taliter fuit et est concepta. Domum autem suam praefatam in
cimiterio minorum opidi Lipezk situatam petiit etiam appropriari praedictis quinque
altaribus nec non domino Georgio Hondorf, qui etiam beneficium suum in praeme-
morato hospitali videlicet in altari praenotato beatae Marine virginis cum aliis tamen
redditibus dotatum habet tenet et possidet, omnibusque eorum successoribus, ita quod
fieret habitatio communis pro sex personis ibidem beneficiatis, petendo modo quo
supra per eundem fuit petitum. Et quia petitio rationabilis est atque pia ideoque
eandem admisimus et admittimus per praesentes appropriaviumusque deputavimus et
invisceravimus huiusmodi census una cum domo praedicta et appropriamus et unimus
per praesentes praedicto beneficio auctoritate praedicta eo modo quo dictum est supra,
decernimusque huiusmodi census praedicto altari et domum omnibus simul appro-
priatos et appropriatam fore, incorporatos et incorporatam esse dei nomine in his
scriptis, interponentes omnibus et singulis auctoritatem nostram ordinariam pariter
atque decretum. Et ut populus deo et suae matri intemeratae virgini Mariae eo
ferventius serviat in futurum orationesque suas ibidem fundat et per confluentiam
merito et numero augeatur ideoque spiritualibus muneribus omnes utriusque sexus
homines allicere cupimus ad visitandum orationis causa hospitale supradictum, omni-
bus igitur Christi fidelibus, qui missae beatae Marine virginis diebus singulis per
rectores altarium praedictorum devote decantandae interfuerint missam decantantes
aut alias sub officio missae viginti orationes dominicas cum totidem salutationibus
angelicis devote dixerint seu alter eorum devote dixerit, eisdem et cuilibet eorum

singulariter quadraginta dies indulgentiarum, dum tamen confessi et contriti fuerint seu alter eorum fuerit, de omnipotentis dei misericordia et beatorum Petri et Pauli apostolorum auctoritate confisi misericorditer concessimus et dedimus, concedimus et damus per praesentes. Nulli ergo omnino hominum liceat etc. Si quis autem etc. In quorum omnium et singulorum fidem et evidens testimonium praemissorum sigillum nostrum maius duximus praesentibus appendendum. Datum Merseburg anno a nativitate domini millesimo quadringentesimo quinquagesimo ipso die sancti Servatii episcopi et confessoris.

<small>Nach dem Orig. im Rathsarchiv zu Leipzig mit dem grossen Siegel des Bischofs an einem Pergamentstreifen.</small>

No. 265. 1450. 13. Aug.

Jacobus Meßbergk[1]) Doctor etc. Burgermeister, Heinrich Forster, Nickel Burburger, Nickel Moller, Hillebrant Frost, Mertin Preußricz, Hans Schuman, Hans Nopil, Anderß Waudergerne, Vincencius Schobil, Johann Brunsdorff und Pauwel Keiser Rathmann und Geschworne zu Leipzig verkaufen mit Genehmigung Kurfürst Friedrichs II. dem Bischof Johann von Merseburg und dem Capitel daselbst 200 Rhein. Gulden j. Z. für 3000 Rhein. Gulden unter Vorbehalt des Wiederkaufs. Gegeben — am dornstage noch sent Laurencien tage des heiligen merterers.

<small>Nach dem Stadtbuch fol. 3 im Rathsarchiv zu Leipzig. Daselbst ist bemerkt: [civitas] ut debitrix principalis descripta est, sed dominus dux in veritate est debitor.</small>

1. Or Meerobrngk.

No. 266. 1450. 22. Aug.

Bürgermeister und Rathmann verkaufen mit Willen, Wissen und Vorrathe dreier Räthe auf einen Wiederkauf dem ersamen Hans Tronsmyd Bürger zu Zwickau 100 Rhein. Gulden j. Z. für 1700 Rhein. Gulden. Gegeben am sonnabende nach vnser frauwen tage assumptionis.

<small>Nach dem Stadtbuch fol. 170 im Rathsarchiv zu Leipzig. Durchstrichen mit der Bemerkung: Istud asscriptum est capellano ecclesiae sancti Georgii in Aldenburg in castro.</small>

●

No. 267. 1450. 9. Oct.

Agapitus Cincii de Rusticis Doctor beider Rechte, durch päbstliche Commission mit der Leitung und Entscheidung der Klagsache des Clerikers Werner Gererdes gegen des Raths zu Leipzig Wein- und Bierschenken und gegen einzelne Rathsherren betraut, erlässt an die Beklagten eine öffentliche Vorladung nach Rom.

Agapitus Cincii[1]) de Rusticis utriusque iuris doctor basilicae principis apostolorum de urbe canonicus, domini nostri papae capellanus et ipsius sacri palatii apostolici causarum causaeque et causis ac partibus infrascriptis ab eodem domino nostro papa auditor specialiter deputatus universis et singulis dominis abbatibus prioribus praepositis decanis archidiaconis scolasticis cantoribus custodibus thesaurariis sacristis

1) Or. Cincii.

succentoribus et canonicis tam kathedralium quam collegiatarum parrochialiumque ecclesiarum rectoribus seu loca tenentibus, eorundem plebanis viceplebanis cappellanis curatis et non curatis vicariis perpetuis altaristis ceterisque presbyteris clericis notariis et tabellionibus publicis quibuscumque per civitatem et diocesim Merseburgensem ac alias ubilibet constitutis et eorum cuilibet in solidum, ad quem vel ad quos nostrae litterae pervenerint, salutem in domino et nostris huiusmodi imo verius apostolicis firmiter obedire mandatis. Noveritis quod nuper sanctissimus in Christo pater et dominus dominus noster Nicolaus divina providentia papa quintus quandam commissionis sive supplicationis cedulam nobis per certum suum cursorem praesentari fecit, quam nos cum ea qua decuit reverentia recepimus huiusmodi sub tenore: „Dignetur sanctitas vestra causam et causas, quam et quas devotus eiusdem vestrae sanctitatis Wernerus Ghenerdes clericus Bremensis diocesis ac reverendissimi in Christo patris et domini domini cardinalis sanctae Mariae trans Tiberim familiaris et continuus commensalis movet seu movere vult et intendit contra et adversus quosdam Nicolaum Sist, Johannem et Michahelem Wittebort fratres vinum et cerevisiam de mandato consulum civitatis Lypezensis vendentes nec non Johannem Tummel, Johannem Sidenhefter[2]), Theodericum Kolkwiez[3]), Johannem Bruwer, Johannem Stange, Johannem Knappe et Nicolaum Moluer pro consulibus dictae civitatis Lypensis se gerentes omnesque alios et singulos sua communiter vel divisim interesse putantes de et super nonnullis iniuriis diffamationibus violentarum manuum usque ad sanguinis effusionem iniectionibus rebusque aliis in actis causae huiusmodi latius deducendis et illarum occasione alicui ex vestri palatii apostolici causarum auditoribus committere audiendas cognoscendas decidendas et fine debito terminandas cum omnibus et singulis suis emergentibus incidentibus dependentibus et connexis, cum potestate supradictos adversarios omnesque alios et singulos sua quomodolibet interesse credentes in Romana curia [vel] extra eam et ad partes totiens quotiens opus fuerit citandi sibique in forma inhibendi, constitutionibus et ordinationibus apostolicis stilo palatii iuribus quodque causa seu causae huiusmodi non sint forsan ad Romanam curiam legitime devolutae neque in ea de iuris necessitate tractandae vel finiendae aliisque in contrarium facientibus non obstantibus quibuscumque. Attento pater sancte, quod praelibatus dominus Wernerus non sperat posse consequi institie complementum in partibus, quod paratus est iurare." In fine vero dictae commissionis sive supplicationis cedulae scripta erant de alterius manus littera superiori litterae ipsius cedulae penitus et omnino dissimili et diversa haec verba, videlicet: „De mandato domini nostri papae audiat magister Agapitus citet ut petitur et iustitiam faciat." Post cuius quidem commissionis sive supplicationis cedulae praesentationem et receptionem nobis et per nos ut praemittitur factam fuimus pro parte honorabilis viri Werneri Ghenerdes principalis in dicta nobis facta et praesentata commissione principaliter nominati debita cum instantia requisiti, quatenus sibi citationem legitimam una cum inhibitione inserta extra Romanam curiam et ad partes contra et adversus quosdam Nicolaum Sist, Johannem et Michahelem Wittebort fratres vinum et cerevisiam de mandato consulum civitatis Lypensis vendentes nec non Johannem Tummel, Johannem Sydenhefter[4]), Theodericum

2) Or. Sidenhefter, 3) Or. Kolwicz, 4) Or. Sydenhefter.

²⁷²⁻ Kolquitz, Johannem Bruser, Johannem Stange et Nicolaum Molner pro consulibus dictae civitatis Lypeensis [se gerentes] ex adverso principales in eadem commissione principaliter nominatos omnesque alios et singulos sua communiter vel divisim interesse putantes et in executione praesentium nostrarum litterarum nominandos iuxta traditam seu directam a sede apostolica nobis formam ac secundum praetactae commissionis vim formam et tenorem in forma solita et consueta decernere et concedere dignaremur. Nos igitur Agapitus auditor praefatus attendentes requisitionem huiusmodi fore iustam et consonam rationi ac volentes in causa et causis huiusmodi rite et legitime procedere ac partibus ipsis dante domino iustitiam ministrare ut tenemur, idcirca autoritate apostolica nobis commissa et qua fungimur in hac parte vos omnes et singulos supradictos et vestrum quemlibet in solidum tenore praesentium requirimus et monemus primo secundo et tertio et peremptorie communiter vel divisim, vobis nihilominus et vestrum cuilibet in virtute sanctae obedientiae et sub excommunicationis poena, quam in vos et vestrum quemlibet canonica monitione praemissa, si ea quae vobis in hac parte committimus et mandamus neglexeritis contempseritis seu distuleritis contumaciter adimplere, ferimus in his scriptis, districte praecipientes mandamus, quatenus infra sex dierum spatium post praesentationem seu notificationem praesentium vobis seu alteri vestrum factam et postquam pro parte dicti Werneri principalis vigore praesentium fueritis requisiti seu alter vestrum fuerit requisitus immediate sequentium, quorum sex dierum duos pro primo duos pro secundo et reliquos duos dies vobis omnibus et singulis supradictis pro tertio et peremptorio termino ac monitione canonica assignamus, ita tamen quod in his exequendis unus vestrum alterum non expectet nec unus pro alio se excuset, praefatos viros Nicolaum Sist, Michahelem Wittebort, Johannem Tummel, Johannem Sidenhefter⁵), Theodericum Kolkwicz, Johannem Bruser, Johannem Stange, Johannem Knappe et Nicolaum Molner ex adverso principales omnesque alios et singulos sua communiter vel divisim interesse putantes in eorum propriis personis, si ipsorum praesentias commode habere poteritis alioquin in hospitiis habitationum suarum si ad ea tutus pateat accessus, ac Nicolaum Sist et Michahelem et Johannem Wittebort in parrochiali seu parrochialibus, sub qua vel quibus degunt et morantur, nec non Johannem Tummel, Johannem Sidenhefter⁶), Theodericum Kolkewicz, Johannem Bruser, Johannem Stange. Johannem Knappe et Nicolaum Molner proconsules in eorum praetorio seu loco, in quo more solito ad sonum campanae congregari solent et ad illum tutus pateat accessus, sin autem tam Nicolaum Sist, Johannem et Michahelem Wittebort fratres quam proconsules praedictos ex adverso principales omnesque alios et singulos supradictos in cathedrali Merseburgensi et in dictis⁶) parrochiali seu parrochialibus aliisve ecclesiis et locis publicis quibuscunque, de quibus ac ubi quando et quociens expedierit, infra missarum vel aliorum divinorum sollemnia dum ibidem populi multitudo ad divina convenerit seu alias fuerit congregata ex parte vestra imo verius apostolica publice alta et intelligibili voce peremptorie citare curetis, ita tamen quod verisimile sit citationem huiusmodi ad ipsorum citandorum notitiam devenire, ne de praemissis vel infrascriptis ignorantiam aliquam praetendere valeant seu etiam quo-

5) Ur. Sidenhefter. 6) Or. dia.

modolibet allegare, quos nos etiam et eorum quemlibet tenore praesentium sic citamus, quatenus sexagesima die post execationem sive citationem vestram huiusmodi per vos aut alterum vestrum factas immediate sequenti si dies ipsa sexagesima iuridica fuerit et nos vel alter forsan loco nostri surrogandus auditor ad iura reddendum pro tribunali sederimus vel sederit, alioquin proxima die iuridica extunc immediate sequenti, qua nos vel surrogandum praedictum Romae vel alibi, ubi tunc forsan dominus noster papa cum sua curia Romana residebit, in palatio causarum apostolico mane hora causarum consueta ad iura reddendum et causas audiendum pro tribunali sedere contigerit, compareant in indicio legitime coram nobis vel surrogando praedicto per se vel procuratorem seu procuratores suos idoneos ad causam seu causas huiusmodi sufficienter instructos cum omnibus et singulis actis actitatis litteris scripturis privilegiis instrumentis iuribus et munimentis causam et causas huiusmodi tangentibus seu quomodolibet concernentibus praefato domino Wernero principali vel procuratori suo legittimo pro eo de et super omnibus et singulis in dicta nobis facta et praesentata commissione contentis de iustitia responsuri et in causa et causis huiusmodi ad omnes et singulos actus gradatim et successive et usque ad diffinitivam sententiam inclusive debitis et consuetis terminis ac dilatione praecedente ut moris est processuri et procedi visuri aliasque dicturi facturi allegaturi audituri ostensuri et recepturi, quod iustitia suadebit et ordo dictaverit rationis, certificantes nihilominus eosdem citatos, quod sive in dicto citationis termino ut praemissum est comparere curaverint sive non, nos nihilominus vel surrogandus auditor praedictus ad partis coram nobis comparentis et causam et causas huiusmodi prosequi curantis instantiam ad praemissa omnia et singula et alias prout instum fuerit procedemus seu procedet dictorum citatorum absentia seu contumacia in aliquo non obstante; et insuper attendentes, quod causa et causis huiusmodi coram nobis indecisis pendentibus nihil sit in partibus per quemcunque attemptandum vel innovandum. Idcirco vobis [omnibus] et singulis supradictis, quibus praesentes nostrae litterae diriguntur, dicta auctoritate apostolica praesentium tenore committimus et mandamus, quatenus post legitimam dictae citationis execationem reverendo in Christo patri et domino domino dei et apostolicae sedis gratia episcopo Merseburgensi eiusque in spiritualibus et temporalibus vicario et officiali generali ac ceteris officialibus indicibus et commissariis delegatis et subdelegatis executoribus subexecutoribus ordinariis et extraordinariis quacunque auctoritate fungentibus et praesertim Nicolao Sist, Johanni et Michaheli Wittenbort, Johanni Tammuel, Johanni Sidenhefter[1], Theoderico Kolkwitz, Johanni Bruser, Johanni Stange, Johanni Knappe et Nicolao Molner ex adverso principalibus praedictis [et] omnibus aliis et singulis quorum interest intererit aut interesse poterit quomodolibet in futurum communiter vel divisim quibuscunque nominibus censeantur aut quacunque praefulgeant dignitate, de quibus pro parte dicti Werneri principalis vigore praesentium fueritis requisiti seu alter vestrum fuerit requisitus, inhibeatis quibus nos etiam vigore praesentium inhibemus, ne ipsi seu eorum alter in causa huiusmodi coram nobis indecisa pendente in litispendentiae huiusmodi ac nostrae imo verius sedis apostolicae iurisdictionis vilipendium et contemptum ac dicti domini Werneri principalis iurisque sui

1) Or. Sidenhefter.

praeiudicium vel gravamen huiusmodi litis indecise pendentis quidquam per se vel
alium seu alios publice vel occulte directe vel indirecte quovis quaesito colore attemptare
vel innovare praesumant seu praesumat: quod si secus factum fuerit, id totum revo-
care et in statum pristinum reducere curabimus iustitia mediante. Dictu vero seu dies
citationis et inhibitionis vestrarum huiusmodi atque formam et quidquid in praemissis
feceritis seu alter vestrum duxerit faciendum, nobis vel surrogando auditori praefatis
per vestras patentes litteras sigillis autenticis sigillatas aut instrumentum publicum
horum seriem seu designationem in se continentes seu continens remissis praesentibus
fideliter intimare curetis. Absolutionem vero omnium et singulorum, qui nostram
excommunicationis sententiam huiusmodi incurrerint seu incurrerit quoquo modo, nobis
vel superiori nostro tantummodo reservamus. In quorum omnium et singulorum
fidem et testimonium praemissorum praesentes litteras sive praesens publicum instru-
mentum huiusmodi nostram citationem una cum inhibitione in se continentes seu con-
tinens exinde fieri et per notarium publicum nostrumque et causae huiusmodi coram
nobis scribam infrascriptum subscribi et publicari mandavimus nostrique sigilli iussi-
mus et fecimus appensione communiri. Datum et actum Romae in domo habitationis
nostrae sub anno a nativitate domini MCCCC quinquagesimo indictione tertia decima,
die vero Veneris nona mensis Octobris pontificatus praefati domini nostri domini Ni-
colai papae quinti anno quarto, praesentibus ibidem discretis viris magistris Gerardo
von Holstege de Anholt et Johanne Molen notariis publicis scribisque nostris clericis
Monasteriensis et Lugdunensis diocesium testibus ad praemissa vocatis specialiter
et rogatis.

    Et ego Anthonius de Valencia clericus Tholenensis publicus apostolica et
imperiali auctoritate notarius etc.

Nach der Handschrift Rep. II. fol. 10a fol. 2.A (g. in der Stadtbibliothek zu Leipzig

No. 268. 1450.

*Bürgermeister und Rathmann verkaufen dem würdigen Herrn Peter Crebiß, der Medicin Doctor
(doctor der erztie), Domherrn zu Meissen und Altenburg und Archidiacon zu Nisan 50 Rh.
Gulden j. Z. für 600 Rhein. Gulden unter Vorbehalt des Wiederkaufs.*

    Gegeben vnd geschreben — 1450.

Nach dem Stadtbuch fol. 1b im Rathsarchiv zu Leipzig.

No. 269. 1450 fgg.

Martin Schindels Stiftungen im Georgenhospital.

    Er Mertin Schindel gnant der hat fumff lehen in sente Jorgen spytal gestift noch lute
des instruments darobbir begriffen, deß abeschrift ernoch folgett im andern blate*). Idem hat
noch sinem tode auch vorlassen, das man firhundert gulden zcu dem spitale solde geben zcu

a) Vgl. No. 138, 164 und No. 171.

essen vnde trincken der armen lute, vnde hat doch doctori Jacobo die gunst getan, das der sollich gelt inn solde behalden die wyle er lebet zcu besserunge siner narunge, noch doctoris Jacobi tode solde man die bezcalen. Der ist denne gestorbin anno domini ꝛc. LX tertio, also hat sine gelassen wettwe zcwei hundert gulden bezcalt au der mittwochen noch conversionis Pauli, die andern zcweihundert sal sie gebin vff Michaelis nehstkommennd. Das sal man alles wenden zcu armer lute spyße.

Item der selbige er Mertin hat auch noch om gelassen VIͨ gulden, die haben sine testamentarien vff czinß vßgethan vnde haben alle iar vff dem closter zcu Pigaw gekauft XL gulden, davon gibbet man XX gulden den chorschulern, die andern zcwenczig wendet man den armen luten zcu sture irer cleidunge [nach ratiß beste irkentniß; ist abe geloßet][b]. Deß selbigen er Mertins sal man zcu ewigen geczyten in gutem gedechtniß habin vnde got vor on flißig bitten, der also ein rich erlich testament bestalt hath. Das alles ist irgangen noch gots geburt M CCCC im fumffczichsten iar beß vff das sechczihste iar.

Sulche[c] VIͨ gulden Rh. hat Hans Fuchtwanger zu sich genomen vf sein hawß am marckte gelegen uf ein widderkauff vmb XXX gulden ierlicher zinße vf donstag nach Kiliani Anno ꝛc. LXXVIII°, nach inhalde des andern ratsbuchs. — Vf sonnabendt nach Vocem iocunditatis anno ꝛc. LXXIX sub Jacobo Tommell proconsule et suis consulibus haben magister Leonhardus Meßeberg, Hans vnd Heinrich seine gebruder also erben doctoris Jacobi yres vaters zeligen die andern zcwey hundert Rh. gulden obenberurt dem hospitall sant Jurgen zugehorende dem rate mit sampt den zinsen, nemlich X gulden, bezalt vnd do mit die zinße erloßet vnd yren brief, den yr vater dar obir gegeben hatte; vnd Jacof Blaßbalg vnd Bartel Sommerfelt bawmeister haben von rats vnd des spittals wegen solliche zwey hundert gulden Rh. vfgenommen vnd sollen die den armen luten von rats wegen an yrer notdurft essens vnd trinckens widder aidegen vnd ander zinße dorvmbe keuffen, sundern die X gulden zinß haben sie den spittelmeistern, dem burgermeister Ludewig Scheiben vnd Simon Thumirnicht vf den tag albbakke geantwort vnd obirgereicht.

Nach dem Stadtbuch fol. 271 im Rathsarchiv zu Leipzig.

b) nach — irkentniß und ist abgeleget von zwei verschiedenen Händen eingetragen.   c) Das Folgende von späterer Hand.

No. 270. 1451. 8. Febr.

Am 18. Juni 1451 transsumirt der Notar Georgius Nuciez Cleriker Meissner Diöcese auf Veranlassung des Georgius Walteri dr Seufftenberg Clerikers Meissner Diöcese einen in dessen Händen befindlichen mit dem Siegel der Stadt Pegau versehenen Wiederkaufsbrief des Inhalts: Bürgermeister und Rath zu Pegau verkaufen auf Wiederkauf an Martin Schindel zu Leipzig 20 Rhein. Gulden j. Z. für 300 Rhein. Gulden und versprechen, dieselben des Käufers Bestimmungen gemäss, insbesondere auch nach dessen Tode an ein in dem Georgenhospitale zu stiftendes Altarlehn zu den festgesetzten Terminen jährlich einzuzahlen.

Wir Sifard Nepicz burgermeister, Peter Kune, Hans Smuff, Ditterich Koningk, Peter Kramer, Valentin Mens, Mertin Korßener geswerne ratman zcu Pegaw vnde eyn iezlich burgermeister vnde rath nach vns zcukuufftig bekennen in dissem offinbrife — das wir mit wolbedochtem mute, mit gutem rathe, willen vnde wissen der rethe der houptleuthe vnde der ganczen gemeyne rich vnd arm — recht vnde reddelichen vorkoufft haben — dem ersamen Martino Schindel zcu Lipczk wanhafftigk uff eynen rechten widderkouff an vnser stad Pegaw uff vnßern rathuße an allin

vnßern gutern vnde renthen — in stad vnde in felde zewenczig Rynsche gulden gut
am golde vnde swer gnugk am gewichte ierlicher zcinse, nemelich zcehen Reynsche
gulden uff synte Johannis baptisten tag nehistkomende nach datum disses briffes
vnde dy andern zcehen Rinsche gulden addir ye eyn vnde zewenczig nuwe groschen
der besten werunge vor eynen gulden uff wynachten dem obgenanten sinte Johannis
tage nehist nachvolgende vnde also vorbaß alle iar ierlichen, die wile wir den wid-
derkouff nicht gethan haben, vnde haben dy zewenczig Rynsche gulden ym gegeben
addir ye eynvndezewenczig groschen vor eynnen gulden uff dy gnanten zewu tage-
czeiten vor dreyhundert Rinsche gulden, dy er vns gutlichen vnde wolbeczalt hat.
Item ist ouch zcuwißen, das der genante Martinus Schyndil die vorbenante ierliche
zciuße gekoufft hat mit sulcher vnddirscheit, das er sy dy wile er lebit in synen
willen vnde untez keren wil, vnde weres sache, das wir be synem leben dy zcinse
nicht abekoufften mit dreyhundert Reynschen gulden addir ye eynvndeczwenczig
nuwe groschen der besten werunge vor eyneu gulden widdir beczalen, so sullin wir
allirnehst nach syme leben die zewenczig Rynsche gulden ierlicher zcinse uff widder-
kouff geben vnde beczalen Görgen Walter von Senftinberg, der zcu disser zceit des
megenanten Martini dyner ist, also lange als der selbige Gurge syn dyner libit vnde
lebit vnde wir den widdirkouff nicht gethan habin, mit sulcher vndirscheit, ab der
gnante Giorge Martino Schindil bis an syns lebes ende dynete. Hirwmbe weres
sache, das derselbige Giorge Martino Schindil vndanckbar dynte, so mag Martinus
Schindil sulche gnade, die er Giorgen syme knechte gethan hat, widdirruffen vnde
dye zewenczigk Rynsche gulden ierlicher zcynße, als ferre als sy nicht sind abe-
gekoufft, gebin vnde setzin wu er hen wil als dicke als on das gelust. Item ist
ouch zcuwißen, das uff dy zewenczig Rynsche gulden ierlicher zcinse addir drey-
hundert guldin houptsumme sullin dy prister, dy do belenet sint mit altaren zcu
Lipczk ym spital zcu sente Giorgen vor dem Raustedischen thor, als balde als Giorge
von Senfftinberg tod ist, stifften vnde fundiren eyneu nuwen altare ym spital zcu
sente Giorgen addir yn eyner andirn kirchen, vnde weres sache, das eß der rath
zcu Lipczk nicht wolde gestaten, das man eynen sulichen altar stiffte in sinte Gior-
gen kirche gute zcu lobe vnde Marien syner liben muter, vnde den lußen confirmiren
den bischoff als sich das von geboret bynneu sechß monden; vnde die vorgenanten
alterhern zcu sinte Giorgen vnde der rath zcu Lipczk sullin den altar als balde als
der gestifft ist vnde confirmiret gebin byunen eynem monden eyme armen prister
addir eyner personen, die zcu dem prister ampt togelich ist vnde in dem selbigen
iare prister werden magk, vnde des nicht lenger vorczihen mit keyner dispensacien.
Ouch weres sache, das die selbigen hergenanten hern vnde rath zcu Lipczk bynnen
sechß monden sumig wurdin an der stifftunge des altares, so sal der rath zcu Pegaw
als balde als dy sechß monden ende habin sullichen altar stifften vnde lihen yn
sulcher maße als obin gnornelt ist. Item weres, das der rath zcu Pegaw ouch sumig
wurde yn der stifftunge des altares bynnen sechß monden vnde vorlenunge als obin-
berurt ist, so sal von stund, wen dy monden uß sind, dy lyunge vnde stiftunge an
vnsern hern den bischoff zcu Merßeborg vorfallin seyn. Item wen der nuwe altar
gestifft vnde confirmirt ist, als dicke als her ledig stirbet, so sullin dy vorgedachten

altaristen zcu sente Giorgen vnde der rath zcu Lipczk bynnen eyme monden nehist nach des hern tode, der on besessen hat, vorlenen vnde geben eyme armen prister addir personen, der in eyme iare prister werdin mag vnde sal: vnde als dicke alz si annigk werdin in der gabin vnde vorlenunge vorfallin an den rath von Pegaw. vnde wen onch der rath von Pegaw bynnen eynem monden des altares nicht vorlenet, so sal die gabe vnde lenunge uff vnsern hern den bischoff von Merseborg vorfallin uff alle mal, wen sulch vorsumeniß geschiet. Sulche obingeschreben zewenezig Rinsch gulden ierlicher zeinße uff iezliche tageezeit besundern gereden vnde gelobin wir obgenanten burgermeister vnde ratman zcu Pegaw vnde alle vnser nachkomelinge dem gnanten Martino Schindil vnde nach syme leben Giorgen von Senfftinberg vnde yunehaber disses briffes gutlich zcu beczalen zcu Lipezk in der stad addir by dren milen darumb uff vnßer ezerunge schaden vnde batclon, vnde dar an sal vns nicht hindern keyner hern geboth mch vorboth, geistlich nach werltlich gerichte. Wir sullen onch keynen schutez nemen nach finden, der vns mochte zcuhulfe vnde vnsern kouffern zcu schadin komen, sunder vnser briffe gentezlich halden an alle hinderniß vnde geferde. Onch weres sache, das wir an der beczalunge der zeinße addir houptsumme zculegen sumigk wurdin, neme denne Martinus Schindil, Giorge Walter von Senfftinberg adder der den altar ym spital zcu sinte Giorgen zcu Lipezk besitczt adder in eyner andern kirche, do der altar gemacht ist, addir yunehaber disses briffis der zeinße vnde houptsummen, wen wir die hetten uffgesait, uff mogelichen schadin zcu eristen adir zcu iuden, den gereden vnde gelobin wir gutlich zculegen vnde zcutragin. Sunder hat der gnante Martinus Schindel vor sich vnde habere disses briffes vns sulch gunst vnde fruntschafft gethun, das wir adir vnser nachkomelinge der stad zu Pegaw die obingeschrebin zewenezig Rinsche gulden widder mogen abekouffin, wen vns das eben fugsam vnde bequeme ist vor dreyhundirt gute Rinsch guldin adir ye eyuvndeczwenezig groschin der besten were vor eynen guldin an houptsumme vnde an allin zeinsen, sunder das wir den widdirkouff eyn virtil iar vorkundigen sullin schriftlich; vnde wen dy uffsagunge vorkundiet ist, so gelabin vnde gereden wir vnsern kouffer vnde briffesynnehaberin gutlich zcubeczalen dreyhundert Rynsche guldin adir ye eyn vndeczwenezig gr. vor eynen guldin mit allin hinderstelligen zeinsen ab der icht were zeu Lipezk in der stad uff vnsern schaden an allis geferde. Onch so hat der mergedochte Martinus Schindil begert vnde gebotin, wen das der widerkouff gescheen ist den altarn hern ym spittal zeu sinte Giorgen, so sullin die selbin hern mit des rathis wißlen vnde rathe zeu Lipezk vor dreyhundert Rinsche guldin kouffin erbeschafft guter adir andir zcewenezig Rinsche guldin ierlicher zeinße dem vorbenanten, an den steten do is on allir gewist duneket, vnde sal der der den altar besitezt alle wochen zewu messen [1]) uff dem altar bestellin gote zcu lobe vnde der innefrauwen Marien vnde allim hymmelischen here zcu eren vnde Martino Schindil, allen synen frundin vnde allen gloubien zcen zcutroste. Das helfe vns got allin amen. Das alle obingeschrebin stucke vnde artickel mit ynhaldunge disses briffes von vns obingeschreben burgermeister vnde ratmann zeu Pegaw vnde allen vnsern nachkomelingen stete gantez vnde

1) [Die. besserung.]

vnvorbruchlichin gehalden were an alles geuerde, so zcu orkunde vnde zcu ganezer sicherheit han wir vnsir gross ingesigil an dissen oftinbriff gehangen, der gegebin vnde geschrebin ist nach Cristi geburt virezenhundirt iar darnach in dem eynvndefunffczigisten iare den montag nach purificacionis Marine.

Nach dem Orig. im Rathsarchiv zu Leipzig.

No. 271. 1451. 15. März.

Herzog Wilhelm befreit die Stadt Leipzig auf Verwendung seines Bruders des Kurfürsten Friedrich II. von der Verpflichtung zur Entrichtung des neu aufgerichteten Zolls vom Naumburger Biere gegen Zahlung einer Entschädigungssumme.

Von gots gnaden wir Wilhelm herczog zcu Sachsen lantgraue in Doringen vnd maregraue zcu Miessen bekennen —. Nach dem als wir mit den ersamen burgermeistern rathmann vnd geswornnen der stad Lipezk vnsernn liebenn getruwenn von vffsatzen eines nuwen zcolles von abeforunge des Nuwenburgischenn biers wegen von den von Nuemburg durch vnser ampt zcolles vnd gleite in irthum komen waren, inneynunge das sie vns den auch solden gebin, als wir den mit dem hochgebornnen fursten vnserm lieben bruder hern Friderice herczogen zcu Sachsen des heiligenn Romischen richs ertzmarschalcke, lantgraue in Doringen vnd maregraue zcu Miessen vssgesatzt*) vnd an dem heiligen Romischen riche irlangt hatten vnd von dem bestetigt ist, als dann sollich bestetiges brieff des Romischen richs clerlichen besaget, den sie vns dann meynten nicht zcugeben, dorumb das sie dauon von vnnßern bruder vnd vns des befrihet sulden sien*), alsdann vorder solliche ire insage vff dallmal vorlutet; als wir dann nu etzliche zciid mit den selbigen burgermeister rathmann vnd gesworne zcu Lipezk in sollichen irthnnen stunden, yn auch sollich hier nicht gestaten wolden zcu furen, had vns der gnante hochgebornn furst vnnser lieber bruder herre Friderich herczog zcu Sachsen zc. angefallen vnd gebeten, wir wulden ansehen sollich treffliche vnd grosse dinste, die die gnanten von Lipezk vnserm vater vnd vns auch manigfeltiglichen gethau haben, sie auch hinfurder vnd in zcukunfftigen cziiten thun mogen, vnd vns kegen yn gutlichen finden vnd sich die von Lipezk in der gute mit vns vertragen lassen. Haben wir angesehen desselben ohgnanten vnsern lieben bruders bete, auch der gnanten von Lipezk, auch solliche dinste, die sie vnßerm vater seligen, vnßerm bruder vnd vns manigfeldiglichen gethan haben vnd haben vns mit den vilgnanten burgermeister rathmann vnd geswornne zcu Lipezk von irer vnd irer nachkomen am rate vnd der gemeyne wegen daselbst gutlichen vertragen, also das sie vns eyne summe geldes gegeben haben, die wir dann an vnser herschafft nutz vnd notsachen angeleget haben, vnd dorumb so haben wir mit gutem vorrathe vnd wissen vnser rethe die vilgnanten burgermeister rathmann vnd geswornne vnd gantze gemeyne vnd alle ire nachkomen zcu Lipezk von sollichem nuwen vffgesatztenn bier czolle des Nuwenburgischen biers,

a) Vgl. No. 213. b) Vgl No 254 und 255.
COD. DIPL. SAT. II. B.   27

den vnser bruder vnd wir wie obengesatzt vnd berurd ist vßgesatzt vnd irworben hatten, gefrihet vnd friben sie in crafft vnd data dieß briues vor vns vnser erben vnd nachkomen, das sie hinfurder vnd zcu ewigen geeziiten sollichen bier zcoll obgerurd vns vnßern erbenn erbnemen vnd nachkomen sie nach ire nachkomen nicht gebin, sundern des Nuwenburgischeun biers des nuwenn vffgesatezten zcolles halben in vnd der stad zcugnte frihe ledig vnd vnbeswert furen sullen, inmassen als sie das vormals bii vnnßerm vater seligen gefurd haben ane argelist vnd geuerde; sundern was sie vormals verezolt haben das sollen sie aber verezollen, inmaßen dann bii vnnßern vater seligen gewest ist. Darezu so sullen wir obgnanter Wilhelm hertzog zcu Sachsen ꝛc. vnser erben vnd nachkomen dieselben, die in also Nuwenburgische bier zcufuren, in vnser herschafftenn landen vnd vff der stroßen gleite haben, sie schutezen schauren hanthaben vnd schirmen glich audern den vnnßern ane allerley argk argelist vnd geuerde. Wir gnanter Wilhelm herezog czu Sachsen ꝛc. gebieten auch allen vnßern ampltuten vnd zcollern, die wir itzund haben ader in zcukunfftigen zciiten setezen vnd haben werden, die gnanten von Lipezk bey sollicher befrihunge hanthaben vnd schutezen, sie forder vmbeswert wie obinberurd ist furen laßen bii vormydunge vnser vngnade. Dieß haben beteidingt mit wissen vnsers lieben brudern vnd vnser rete er Hans von Maltitz ritter zcu Dewen vnd Otte Spigel zcu Grunaw gewessen, vnd dobii sind gewest die edeln erbarn vnd gestrengen graue Ernst vnd graue Sigemund von Glichen, er Heinrich von Bunaw, er Gotze vom Ende, er Nickel von Schonenberg, er Bernhard Vitztumb vnd ander vil gloubwirdiger. Des czcu ewigen bekentnisse vnd steter huldunge habin wir Wilhelm herezog zcu Sachsen, lantgrane in Doringen vnd maregraue zcu Miessen vnser insigell an diesen vnßern befrihungeßbrieff mit rate vnd wissen vnser rete lassen hengenn, der gegebin ist zcu Wymar am montage nach Invocavit nach Cristi vnsers herren geburd viertzehinhundert vnd darnach im cyn vnd funffezigstenn iarenn.

Nach dem Orig. im Rathsarchiv zu Leipzig mit dem Siegel an einem Pergamentstreifen.

No. 272. 1451. 1. Apr.

Martin Schindel trifft bezüglich seines auf dem Neukirchhof gelegenen Hauses unter Zurücknahme der in seinem letzten Willen (No. 239) in Betreff desselben ausgesprochenen Bestimmung eine anderweite letztwillige Verfügung.

In nomine domini amen. Anno a nativitate eiusdem millesimo quadringentesimo quinquagesimo primo die vero prima mensis Aprilis indictione decima quarta pontificatus sanctissimi in Christo patris ac domini nostri domini Nicolai divina providentia papae quinti anno eius quarto hora vesperorum vel quasi in stuba inferiori domus habitationis honorabilis viri domini Martini Schindel sitae in cimiterio monasterii fratrum minorum ordinis beati Francisci opidi Lipezensis Merßburgensis diocesis in mei notarii publici testiumque infrascriptorum praesentia personaliter constitutus supradictus dominus Martinus Schindel sanus mente debita fruens ratione, non vi aut metu coactus, non errore ductus nec dolo inductus, sed bona et spontanea voluntate proposuit atque narravit, quomodo et qualiter ante lapsum certi temporis in ecclesia sancti Georgii extra muros Lipczenses quatuor beneficia ecclesiastica instituit, erigenda ordinavit deputavit et in vim modum formam et effectum sui testamenti ac ultimae suae voluntatis disposuit iuxta tenorem et continentiam certi publici instrumenti desuper confecti, voluitque quod idem testamentum ac eadem ultima sua voluntas inviolabiliter inconcusse et firmiter observetur in omnibus clausulis et articulis praeter unum articulum sive clausulam in praedicto testamento contentum, qui cavit super domo eius in cimiterio fratrum minorum sita ut praemittitur et sic videlicet, quod se defuncto domus illa cedere deberet dumtaxat pro honorabili viro magistro Steffano Fortune et eandem in usum suum dumtaxat habere deberet tempore vitae suae, ex post vero in usum communem omnium aliorum in illis quatuor beneficiis beneficiandis, quorum nomina in instrumento testamenti praemissi patent et infra in praesenti, nunc vero idem dominus Martinus sanius mente recollectus citra revocatio-nem huiusmodi sui testamenti, de quo expresse protestabatur, iam dictum articulum sive clausulam revocavit invalidavit et annullavit ac cum domo sua praescripta sic disposuit statuit ordinavit et fieri vult, quod eo defuncto domus illa inmediate cum omnibus et singulis utepsilibus eiusdem in ipsa inveniendis et post eum derelinquendis cedere debeat in solidum contradictione cuiuscunque non obstante pro istis sex personis videlicet magistro Steffano Fortune, magistro Petro Schnsen, magistro Heinrico de Stendalia, domino Georgio Hegendorff de Prettyn, domino Symone Fabri nec non Georgio Walteri de Senfftenberg pro nunc famulo suo et eorum successoribus dumtaxat ad sanctum Georgium in perpetua tempora beneficiandis, et ut sic supradictus articulus ad magistrum Steffanum Fortune dumtaxat cavens per amplius nullum sortire debet effectum nullusque fore roboris neque momenti, sed praesens dispositio quantum ad domum praetactam omnino debet esse valida et efficax ac firmiter observari iure testamenti ultimae voluntatis codicilli legati fideicommissi aut aliis nominibus melioribus modo via iure causa et forma, quibus id melius et efficacius fieri potuit ac debuit potest atque debet, citra tamen revocationem in toto praemissi sui testamenti ut supradictum est. Super quibus omnibus et singulis praemissis memoratus dominus Martinus Schindel disponens me notarium publicum infrascriptum — requisivit, petens sibi a me desuper unum vel plura publicum vel publica — fieri necnon confici instrumentum seu instrumenta. Acta sunt haec anno die etc. praesentibus ibidem honorabilibus et discretis viris domino Rudolpho Mauwer presbytero Halberstadensi, Mauritio Schonaw, Andrea Pfert clericis Brandenburgensis et Georgio Strubing opidano opidi Lipczensis laico Merßburgensis dioecsis testibus ad praemissa per me notarium subscriptum vocatis rogatis debiteque requisitis.

Signum notarii. Et ego Petrus de Harra clericus Bambergensis dioecsis publicus sacra imperiali auctoritate notarius etc.

Nach dem Orig. im Rathsarchiv zu Leipzig.

No. 273. 1451. 8. Apr.

Herzog Wilhelm bekennt, von der Stadt Leipzig die wegen Aufgabe des Zolles von Naumburger Bier vergleichsweise festgesetzte Entschädigungssumme (vgl. No. 272) im Betrage von 1200 Rhein. Gulden in drei Theilzahlungen empfangen zu haben.

Wir Wilhelm von gottis gnaden hertzoge zw Sachssen, landgraue in Dhuringen vnnd marggraue zw Meyssen bekennen —. Als vormals zwusschen vnns vnd den von Leipzek von wegen des Naumburgischen bierzolhs beteydingt ist, also das sie vnns zwolfhundert gulden Reynischer geben solten, der sie vnns vor zw zweien mahlen achthundert gulden außgericht vnnd itzo die hinderstelligen vierhundert gulden gnuglichen bezalt vnnd vnns domit der benanten summa zwolfhundert gulden gantz vorgnuget haben, darumb so sagen wir vor vnns vnnd vnser erben die von Leipzek ir erben vnnd nachkomen der bezalten summa zwolfhundert gulden gantz quidt ledig vnnd loß mit vnnd in craft diß briues angenerde; vnnd habenu des zw vrkunde vnnser innsigel hirnuff thun drucken. Geben zw Weymar vff donerstag nach Laetare anno domini millesimo quadringentesimo quinquagesimo primo.

Nach dem Copialbuch I fol. 13ᵇ im Rathsarchiv zu Leipzig.

No. 274. 1451. 29. Apr.

Der Stadtschreiber berechnet sich zu Meissen mit den kurfürstlichen Räthen wegen der Schuldforderungen der Stadt an den Kurfürsten.

Eodem anno hat der statschriber von deß rates wegin mit vnsern guedigen hern ratgebin gerechent vmbe sollich gelt, daz der rat vnserm gnedigin hern gelegin hat also hir noch folget.

Zeum erstin hatte der rat vnserm gnedigin hern gelegin IIIIᶜ Rinische guldin vnde IIᶜ ß schildichter gr., dy Behemen vnde ander soldener von sich zeu fertigin. Item der rat hat von vnsern hern wegin bezalt eynem zeu Halle gnant Ciriacus Tusscher IIIᶜ Rinische gulden vor salpeter, den Hartung gekaufft hatte. — Item der rat hat vor vnsern hern bezalt eynem kauffman Friczen Schicken gnant eyn pfert, daz wart Jorgen von Wolferstorff¹) vor XL gulden.

Das nu der rat sollichs geldes bezalt mochte werden, hat vnser guediger herre dem rate beuolen, daz sie etliche iarrente die do sere wolfeyle gesaczt syn, hoer vorkauffin²) sollin vnde abelosunge thun vnde sich mit dem oberigin bezalin. Also denne er Conrad von Popenheim IJᶜ gulden an den iarrenten allhir zeu Lipezk vor XVᶜ guldin gekaufft vnde inne hatte, hat der rad deß selbigin czinses C guldin vorkoufft Sophinn vom Lohe vnd dy gegebin vor XVIᶜ gulden, y eynen guldin vor XVI*), vnde hat uerkoufft Casper von Hugewicz L gulden an dem selbigin czinse

1) Dr. Wolfsdorff. 2) Dr. enberer vorkauffin.
a) Vgl. die folgende Urkunde.

vnde hat dy gegeben vor VIII^c), also hat der rat von vnsers herrn wegin uffge-
nomen XXIIII^c vor dy Lf gulden czinsea, dy er Conrad von Popenheym hatte. Von
sollichim gelde hat der rat er Conrade von Popenheim beczalt XV^c guldin vnde sol-
lichin czinß³) widdir abegelost von oim; also ist denne noch oberig an den XXIIII^c
gulden IX^c Rinische gulden, do mit hat sich der [rat] beczalt dy IIII^c guldin vnde
II^c ß schildichter gr., dy sye vnserm hern gelegin hatten, dorobir ist noch oberigk
an den IX^c gulden XX Rinische guldin, do mit habin sie sich beczalt XX gublin
an den XL gulden, dy vnser herre vor das⁴) pfert schuldig ist. Also blibet vnser
gnediger herre dem rate noch schuldigk XX gulden an dem pferde vnde III^c gul-
den vor den salpeter, den sy vor ayne gnade beczalt habin; vor solliche schuld hat
der rat vnsers herren briff. Factum anno quo supra zcu Missin uff dem slosse am
dornstage der ostern woche anno domini xc. L° primo xc.

Nach dem Stadtbuch fol. 78 im Rathsarchiv zu Leipzig

---

b) Die Verschreibung des Raths vom 30. März (dinstag nach Oculi) im Stadtbuch fol. 7b im Rathsarchte, der Versicherungs-
brief des Kurfürsten für den Rath d. d. Meissen 29. April (dorostag in der Osterwochen) im K. Haupt-Staatsarchiv zu Dresden.
3) Or. sollichin czinjos. 4) Or. des.

No. 275. 1451. 29. Apr.

*Kurfürst Friedrich II. beurkundet, dass Bürgermeister und Rath auf seine Veranlassung an
Conrad von Pappenheim auf Wiederkauf verkaufte Jahrrenten wegen zu niedriger Verkaufssumme
eingelöst und dagegen an die Wittwe Sophien vom Lohe dergleichen für eine höhere Summe verkauft
haben und verspricht wegen der zu leistenden Zuszahlungen vollständige Schadloshaltung.*

Von gots gnaden wir Friderich herzcog zcu Sachssen des heyligen Romischen
richs erczmarschalk, lantgrave iu Doringen vnd marcgraue zcu Missen bekennen —.
Nachdem die ersamen vnser liben getruwen burgermeister vnd ratmanne vnnser stad
Liptzk in den vergangen kriegslaufften virhundert Rinische gulden vnd zeweyhun-
dert schog schildechter groschen vßgewunnen vnd vns zcu vnsern notsachen vnser
soblener domit von vns zcnfertigen gelihen, sich auch selbschuldiglich vor dry hun-
dert gulden von salpeters vnd vierzig gulden von eins pferds wegin globt, sich vor-
schriben vnd solch gelt selber von vnser wegen den vorkouffern beczalt vnd obirgeben
haben, sin wir mit vnsern reten eyn vnd rats wurden, wie wir solch schulde eynteil
abelegen ader beczalen mochten vnd haben gemerckt, das etliche vnser iarrente were
wolfeyle vf eynen widerkouff verkouft sint, nemlichen dem edeln vnserm liben getru-
wen ern Cunraden von Pappenheym andirhalbhundert gulden vnser iarrente zcu
Liptzk vf einen widerkouf fur funffezen hundert gulden derselben were²), vnd gedacht,
das solche zcinse hoer verkoufft vnd vmuib grosser summe geldes gegeben mochten
werden, vnd den von Liptzk benolhen, sich zcu bewerben, wo sie mochten hoer gelt
vf den obgnanten zcinß vßbezugewynnen, dem obgnanten ern Cunrade ablosunge zcu-
tun vnd von dem obrigen sich zcu beczalen. Also haben dieselben von Lipezk
von der erbarn frauwen Sophian ern Wedekinds vom Lohe seligen nachgelassen
witwen sechezehn hundert Rinische gulden vf einen widerkouff genomen, ir ierlich

---

a) Vgl. No. 130

hundert gulden der obgnanten were verkonfft vnde sich selbschuldiglich fur solch
houptsumma sechezenhundert gulden vnd auch hundert gulden ierlichs zcins vorschri-
ben[b]), solliche houptsumma sechezenhundert gulden wir in vnser herschaft nuez vnd
fromen gewant vnde douon dem obgnanten ern Cunrade von Pappenheim funffezen-
hundert gulden beczalt vnd solchen ierlichen zcins anderhalbhundert gulden douon
zeugeben abegelost vnd wider an vns bracht haben, vnd furder derselben zcinße hun-
dert gulden vor solch gelt sechezenhundert gulden von der vom Lohe genomen, vor-
wieset vnd den von Lipezk benolhen zeugeben, heissin vnd beuelhen yn auch in
vnd mit craft diss brifs, das sie solch hundert gulden der obgnanten Sophian vom
Lohe, als sie des gein ir vorschriben sint, von vnsern iarrenten by yn geben vnd
reichen sullen vnd mogen solange, biß wir solchen zcinß der obgnanten frauwen
wider abekouffen vnd an vns brengen werden, innassen sie solch zcinse ern Cun-
rade von Pappenheym gegeben vnd gereicht haben. Vnd wann vnd absofft sie solche
hundert gulden der obgnanten franwen ader iren erben gereicht ader gegebin haben,
geben ader reichen werden — als offt sagen wir sie der zcinse quid ledig vnd loß
an vnsern iarrenten, die sie vns ierlich pflegen zeureichen ane argelist vnd generde.
Wir obgnanter Fridrich herczoge zcu Sachsen xc. reden vnd globen auch —, das
wir dy obgnanten vnser liben getrawen burgermeister ratmanne vnd ganeze gemeyne
zu Lipezk — der obgeschriben houptsumma sechezenhundert gulden vnd hundert
gulden ierlichs zcinses nach vßwysunge aller punckte vnd artikele des koufbrifs, den
sie der obgnanten frauwen Sophian vom Lohe von vnsern geheiss wegen doruber
gegeben vnd sich selbschuldielich vorschriben haben, ane allen iren schaden gutlichen
benemen, entledigen vnd sie vortreten wullen ane argelist vnd generde. Zcu
orkunde etc. gegeben — zcu Missen am dornstage in der heyligen ostirwochen noch
Cristi vnsers hern geburt vierczehnhundert vnd dornoch im eyn vnde funffezigsten iaren.

Nach dem Orig. im Rathsarchiv zu Leipzig mit dem Siegel des Herzogs an einem Pergamentstreifen.

b) Die Wiederkaufsverschreibung des Rathe für Sophie vom Lohe und deren Tochter Katharina, Margaretha, Anna und Ursula
vom 5. Januar (am dinstage nach der nuwen Iars tage) 1451 im Stadtbuch fol. 9b im Rathsarchiv zu Leipzig.

No. 276. 1451. 4. Juli.

*Thomas Reße, Gleitsmann zu Leipzig vereiniget sich mit den Einwohnern zu Connewitz über die
Frohndienste derselben auf Wiesen hinter dem Schlosse zu Leipzig.*

Ich Thomas Reße die zeiit gleitezman zcu Lipezk bekenne —, das als hute
an datum dissis brifis zewischen mir von wegen mynes gnedigen herren von Sach-
sen vf eynr vnde den erbeitsamen richtere gebneren vnde ynwoneren des dorffis
Kanewiecz[a]) vf dem anderen teiln bereth vnde beteidiget ist vmbe etliche fronerbeit,
die denne dy gnanten gebuer von Kanewicz mynem gnedigen herren von Sachsen an
synen wesen zewischen dem sloße zcu Lipezk vnde dem tirgarten gelegen zcu thun
pflichtig sind, vnde als nu an den selbigen wesen by zcwen ackeren geacht nehist

a) Connewitz, Pat. Prolethelde.

hinder dem sloße gelegen eyns teils mit der erden, die denne us dem graben gefurth warth, vorschut vnde eyns teils den nunnen vorlaßin sind, das ich sy by sulcher fron vnde erbeit laßen vnde on dy nicht meren nach mynneren wil, sunderen ich wil sy laßen bliben by so vil erbeit, als sy vor gethan haben, vnde sullen vor die gnanten zewene acker wisewachs, die vorschuth vnde vorlaßen sind, andere acker zewene vnder den eichen in dem tirgarten vf heben an stad der vorgnanter zeweier *h* acker, also lange bis ap disse zewene acker widder bewuchsen vnde von den nunnen widder zeu dem sloße genomen worden vnde man sy denne daran, die vfzuheben, wisen worde, denne sullen sye die widder vfheben vnde genner erbeit an den wesen vnder den eichen yn dem tirgarten loß vnde vortragen syn: by sulchir erbeit ich sy denne als ich funden habe bliben wil laßen. Des zeu vrkunde vnde bekeutniß habe ich myn ingesigil vnden an dissin briff laßen hengen nach gotis geburth thusind virhunderth iar vnde darnach in dem eynvndcfunffczigisten iare am nehisten sontage nach visitationis Mariae.

Nach dem Orig. im Rathsarchiv zu Leipzig mit dem wohlerhaltenen Siegel an einem Pergamentstreifen.

Durch den Bau des Schlosses Pleissenburg und die Errichtung der Schlossbastion unter den Kurfürsten Moritz und August wurde die nächste Umgebung des südwestlichen Stadttheile wesentlich verändert, während die innerhalb der Stadtmauer liegenden Strassen, vornämlich die Schlossgasse, in Folge der Verbreiterung des Schloss-grabens und das Zurückrücken und den Neubau der Stadtmauer eine nur geringe Raumeinbusse erlitten. In der Schlossgasse wurden die Häuser, die am Schlossgraben lagen (.häuser hinder dem slosse zu L. von dem Peters-thore an vff dem sloßgraben biß an die ecke' erwähnt in Urk. v. 1175) zum Abbruch bestimmt. Vgl. den Brief der Kurfürstin Anna an die Gemahlin Georgs von Schönberg v. 31 Aug. 1563 bei Schäfer Sachsenchronik I. 113. Das alte Schloss, welches Herzog Moritz laut Urk. v. 26. März 1546 an den Rath verkaufte (Horn Handbiblio-thek 638) lag nicht auf der Stelle der heutigen Pleissenburg, sondern innerhalb der Stadtmauer und sollte dem ursprünglichen Plane gemäss durch die Neubefestigung nicht berührt werden, jedoch es, wie die Urkunde aus-drücklich bestimmte, erst nach vollendetem Bau des neuen Schlosses an den Rath ausgehändigt werden sollte. Dieses alte Schloss mit seinen ,Ställen, Gebäuden, Plätzen und Gärten' (vgl. die angef. Urk.) nahm den Raum vom Ausgange der Burgstrasse bis an die Schlossmauer und bis zum Eingang in die Schidgasse ein. Hierfür finden sich folgende massgebende Belege: 1) Die Häuser in der Schlossgasse werden ausdrücklich bezeichnet als Häuser auf dem Schlossgraben hinter dem Schlosse. 2) Das Sydenhefter'sche Haus in der Burgstrasse ist vor dem Schlosse gelegen (vgl. No. 219 Anm. a.) Auch das Haus Hans Beyers (1467; vielleicht das früher Sydenhefter-sche?), jetzt Burgstrasse No. 17, liegt vor dem Schlosse. 3) Das Hans Paul Böhmes (1531), jetzt Burgstrasse No. 16, zwischen Dr. Augustin Tirolf und der Juristenschule steht dem Schlosse gegenüber. 4) Das Haus des Nicol Reudnitz (1502), jetzt Burgstrasse No. 11, befindet sich ,neben unsers gnädigen Herrn Marstall'. — Vom Beginn des Neubaues der Festungswerke bis zum J. 1549 wurden u. A. der viereckige Thurm hinter dem Schlosse an der Ecke samt dem Bogen über die Schlossmauer, auf dem Schlosse selbst die Kirche bis an das hohe Haus abgebrochen. (Barthel's verm. Nachr. v. Leipzig fol. 129 im Rathsarchiv). Am 3. März 1553 erying von Kurfürst Moritz an den Erbauer der Pleissenburg Hieronymus Lotter eine Anweisung über die im fol-genden Sommer vorzunehmenden Bauarbeiten, in welcher u. A. bestimmt wird: Er soll auch das alte Schloss, soril es in ditz jar hindert und er steine bedurffen wirdet, hinweg brechen und das holtzwerg und anders, so aus zu unserm baube mit nutzlich, zu seinen Handen nehmen (Urk. im Rathsarchiv zu Leipzig). Nach der Absicht seines Nachfolgers, des Kurfürsten August, sollten in Winter 1553 auf 54 alle noch übrigen ehemaligen Schloss-gebäude abgetragen werden (Cop. 265 fol. 10 in K. Haupt-Staatsarchiv), allein der Plan muss wieder aufgegeben worden sein, denn noch im J 1558 standen einzelne Schlossgebäude (der Schlossstall Cop. 268 fol. 22 im K. Haupt-Staatsarchiv).

Jenseit des Schlossgrabens (aber diesen vgl. No. 251) auf dem Raume, welchen die heutige Pleissenburg einnimmt, befand sich, wie auch die oben abgedruckte Urkunde ausweist, zunächst eine Wiesenbreite, welche bis an die Pleisse reichte (— auch jenseits der Pleisse lagen Wiesen —), aber nur zum geringern Theil für Rechnung der Landesherren verwaltet wurde, indem ein grosses Trennstück zu Lehn gegeben war. Sehr zweifelhaft ist es frei-lich, ob der Wiesencomplex, welcher seit langer Zeit her im Besitz der Familie Eilenburg sich befand (vgl. No. 71 und 217), noch die seits der Pleisse lag (1514 verkaufte Stachius Eilenberg an Melchior Martorff ,10 Acker Wiesen hinter dem Schlosse das Radeland genannt', welche Herzog Georg an den Erwerber verehrte. Cop. 68 fol. 219 im K. Haupt-Staatsarchiv); dagegen grenzten die 9 Acker Wiesewachs ,hinder dem schlosse neben vnd hinder dem tirgarten gelegen', welche 1479 Friedrich und Christoffel Korbitz Jürgen Brunsdorf Bürger zu

Leipzig zu Lehn reichten, unmittelbar mit den landesherrlichen Wiesen. An diese stiess eine eingefriedete graswachsene Fläche mit Baumwuchs, der Thiergarten, hinter welchem die Gebäude, Garten und Plätze des Nonnenklosters sich ausdehnten; er wurde zugleich mit dem letzteren nach Heydenreich (Leipzig. Chron. S. 143) im J. 1518 bei Anlegung der Schlossbastion beseitigt. Das Schiesshaus der Armbrustschützen, welches bis dahin im Thiergarten gestanden hatte, wurde 1551 nach einem Rathsbeschlusse in den Petersgraben übergeführt (nach dem „gelben Buche" im Rathsarchiv zu Leipzig).

Es erschien um so mehr angebracht, über die Oertlichkeit des alten Schlosses, welches noch in den letzten Jahrzehnten seines Bestehens durch die Disputation zwischen Luther und Eck eine welthistorische Berühmtheit erlangt hat, nach Anleitung der bis jetzt aufgeschlossenen dürftigen Quellen ausführlicher zu handeln, da dasselbe bis auf die neuere Zeit in Folge eines allgemein verbreiteten Missverständnisses (vgl. u. A. Gretschel Leipzig u. seine Umgebungen. 2. Aufl. S. 147 u. desselben sächs. Gesch. I. S. 402) weiter aufwärts an die Pleisse und an die Stelle der s. g. kleinen Pleissenburg versetzt wird.

No. 277. 1451. 7. Juli.

Die drei Räthe bestätigen die durch frühere Willküren festgesetzte Strafe derjenigen, welche auf dem Rathhause, dem Bürgerkeller und dem freien Hause den Frieden brechen.

Item eodem anno feria 4ᵗᵃ post Visitationis haben dy rete gehandelt einen bruch vnde fredebroch in dem fryhen huse[a]) geschehen vnde sint deß ein worden, so also vormals durch gemeynen rat vnde follbort aller dryer rete gesaczt ist, das iczlich der vfleufte adder zeweytracht machen wurde vff dem rathuse, vff dem burger keller, vff dem fryhen huse, der sal dem rate vnleßlich X ß geben, by sollicher sateczunge wollen sy eß lassen blyben. Et factum est pro servo Hans Nopelß.

Nach dem Rathsbuch fol. 24 im Rathsarchiv zu Leipzig.

a) Das freie Haus oder Frauenhaus, bereits in der Kämmereirechnung von 1430 erwähnt (Schüler Nachmerskronik I. S. 45) befand sich vor dem Hallischen Thore in der heutigen Packhofgasse oder, da der freie Platz zwischen dem Stadtgraben und dieser Gasse wohl erst später entstanden ist, auf dem Wageplatze. Im Jahre 1489 wird ein Befestigungsthurm zwischen dem Hallischen Pförtchen und dem Hallischen Thore als das Frauenhaus genauer gelegen bezeichnet. Vgl. auch Schneider ebens. Lips. p. 147

No. 278. 1451. 17. Juli.

Nicolaus Cilz, Johannes und Michael Wißbart Gebrüder Schenken (pincernae), Johannes Sidenhefter, Dietrich Kulkewitz, Johannes Bruser, Johannes Stange, Johannes Knappe und Nicolaus Moller Bürgermeister und Rathmann (proconsules et consules) der Stadt Leipzig Beklagte in Klagsachen des Clerikers Werner Gererdes (vgl. No 267) bestellen vor Notar und Zeugen in ihrem Procurator Johannes Senff Cleriker Hamburger Diöcese, dantes et concedentes — suo procuratori — potestatem facultatem atque auctoritatem praesentandi litteras supplicatorias non solum illustris principis — Friderici ducis Saxoniae etc. verum etiam almae universitatis studii Liptzensis — sanctissimo domino — Nicolao papae quinto nec non petendi ab eius sanctitate remissionem fieri ad partes causae et causarum, quam vel quas quidam Wernherus Gererdes eisdem movet seu movere intendit coram venerabili et egregio viro domino Agapito Cincii de Rusticis utriusque iuris doctore, domini nostri papae capellano ac sacri palatii auditore praetextu cuiusdam commissionis eidem per — dominum nostrum papam ad instantiam et supplicationem dicti Wernheri factae, ut idem — dominus noster causam eandem — praefato principi Friderico duci Saxoniae domino eorum temporali, coram quo semper parati fuerunt — stare iuri, aut reverendo — domino Johanni episcopo Merseburgensi eorum ordinario, qui etiam semper paratus fuit — Wernero plenitudinem iustitiae contra praedictos constituentes ministrare —, aut saltim reverendissimo — domino Friderico ecclesiae Magdeburgensis archiepiscopo aut alteri episcopo eiusdem provinciae non suspecto, videlicet Numburgensi vel ecclesiae Misnensis electo dignetur committere et commissionem praedicto Agapito auditori factam revocare, eo attento, quod praememorato Wernero per loci ordinarium sicut neque per dominum temporalem iustitia hic in partibus nunquam fuit et est denegata, quemadmodum recognitio per eundem loci ordinarium supradictum constituentibus data illud plene ostendit, coram quibus aut alteri eorum praefati constituentes promiserunt praememorato iudicialiter suis impetitionibus respondere, si quas haberet vel habere posset contra eosdem iurandique in animus ipsorum constituentium omne debitum et solitum iuramentum quod pro revocatione praedictae causae et causarum obtinenda exigitur seu exigi debent. Praesentibus — discretis viris Johanne Mermuß, Nicolao Guttener et Johanne Molitoris clericis Maguntinensis et Misnensis diocesium testibus ad praemissa vocatis rogatis pariterque requisitis.

Signum notarii. Et ego Petrus Sehusen de Lipczk clericus Merseburgensis diocesis publicus sacra imperiali auctoritate notarius etc.

Signum notarii Et ego Vdalricus Rolle alias Molitoris de Lipczk clericus antedictae Merseburgensis diocesis publicus conformi auctoritate notarius etc.

Orig. im Rathsarchiv zu Leipzig.

No. 279. 1451. 18. Aug.

Das Handwerk der Tuchmacher vergleicht sich mit Nickel Nepitz dem Besitzer des Hauses in den Kramen bei dem Thurme in Betreff gewisser Lasten dieses Grundstücks.

Sich habin vndir eynandir bereth vnd beteidinget Nickil Nepicz uff eynem teile vnd von syntwegin vnde Nickil Jhan, Hans Gobil, Hans Slautiez vnde Haus Zchelschen uff dem andern teile von deß hantwerckes wegin der tuchmecher vnde syn eins wurden mittenander von deß hußes wegin in den cramen by dem torme gelegin, daz itzunt der obgnante Nickil Nepicz hat, aldanne hir noch geschreben stehit. Zeum erstin, so [sollen] dy tuchmecher durch daz selbige huß einen frihin gang habin dryer elin¹) breit ane ydermans insage adir vorhinderunge. Item ap die tuchmecher rynnen legin adir ufezihin wurdin an ir huß, so sal Nickil Nepicz iczunt adir wer daz huß zeukunftiglichin hat rinnen vnde stad gebin, ap syn huß doran hinderte, daz sollich rynnen geleget vnd uffgezogin wurdin. Item vmb daz, daz Nickil Nepicz trauffe von synem huße in dy rynne leuffet vnd fluct, so sal er als vehil zen sollichin rynnen gebin vnd sturen als ein ander, der doezu pfleget zeu gebin. Daz nu sollich vortracht vnd voreynunge von in uff beiden teiln vnuorruncket vnde [vn] obirfarn gehalden wurde von beyden teiln, sint dy obgeschriben Nickil Nepicz uff eynem vnde Nickil Jhan, Hans Gobil, Hans Slautiez vnde Hans Zchelschin uff dem andern teile von irem hantwerckes wegin uff daz rathuß vor eynen sitczenden rad komen vnd solliche vortracht vnd voreynunge, daz dy vndir in geschen, bekant vnd gebetin, dy ufzeunemen vnde andechtig zeu syn vnd dy in der stad buch zen schriben, daz denne allis also geschen ist. Factum sub Johanne Thummel proconsule et suis consulibus²) anno domini etc. L primo feria 4ta post assumptionis Mariae.

Nach dem Stadtbuche fol. 78b im Rathsarchiv zu Leipzig.
Ueber das Haus neben dem Hause der Tuchmacher vgl. die Anm. zu No. 34.

1) Or. elin. 2) Or. suorum consulum.

No. 280. 1451. 19. Sept.

B. Johannes von Merseburg zeigt der Geistlichkeit seiner Diöcese an, dass vor ihm erschienen sei honorabilis et circumspectus vir Johanns Seibe artium liberalium magister, in decretis bacca-larius, syndicus et procurator honestorum ac providorum virorum proconsulum consulum ac totius communitatis opidi Lipczensis — producens et exhibens quandam auscultatam copiam cuiusdam instrumenti appellationis manu et subscriptione discreti Petri de Harra clerici Bambergensis diocesis publici notarii subscripti a nonnullis processibus monitoriis excommunicatoriis et inter-dicti formidabilibus poenis et sententiis venerabilis patris domini Thadei abbatis monasterii sancti Jacobi Erffurdensis Scotorum et aliis gravaminibus ipsis proconsulibus consulibus et toti communitati opidi Lipczensis — ad instantiam eximii viri Johannis de Allenblumen decretorum doctoris illatis ad sanctissimum dominum nostrum — Nicolaum papam quintum et ad eius sanctam sedem interiectae et interpositae, *und dass er, auf Ansuchen desselben Procurators und in Anbetracht,* quod ipsi appellantes semper fuerunt prout sunt parati stare iuri coram ipsorum iudicibus ordinariis spiritualibus et temporalibus et cuilibet sufficienter de iustitia respondere ac satisfacere ac etiam quod iidem proconsules consules et tota communitas opidi praelibati moniti excommunicati et interdicti si monitioni non parerent fuerunt nulla conventione sive cita-tione sive aliqua iudiciali confessione praemissa, *mit der Geistlichkeit seiner Diöcese der vom Rath zu Leipzig eingewendeten Appellation beigetreten sei, und fordert diese unter Bedrohung mit der Excommunication im Falle des Ungehorsams auf,* quatenus vos omnes et singuli huiusmodi appellationi nobiscum adhaereatis et si — dictus dominus abbas processus aliquos contra huius-modi appellationem fulminare seu emittere praesumpserit, eosdem processus aliquo modo non recipiatis nec insinuetis nec recipere aut insinuare praesumatis, donec causa huiusmodi discussa fuerit seu aliud a nobis habueritis in mandatis. Datum Merseburg a. d. 1451 d. 19. mensis Septembris nostro sub appenso sigillo.

Nach der Handschrift Rep. II. fol 10ᵇ. fol. 43 in der Stadtbibliothek zu Leipzig.

Eine gleiche Aufforderung erliess auch der Bischof Peter von Naumburg an die Geistlichkeit seiner Diöcese d d. Cica a. d. 1451. XX⁸ mensis Septembris. Ebendas. fol. 43ᵇ. Das Appellationsinstrument des Raths vom 16. September (vgl. No. 282) war nicht aufzufinden.

No. 281. 1451. 8. Nov.

Kurfürst Friedrich II. verkauft auf einen Wiederkauf den Verwesern des Georgenhospitals vor der Stadt Leipzig 40 Rhein. Gulden j. Z. für 600 Rhein. Gulden, welche 40 Gulden das Kloster zu Pegau von den an den Kurfürsten zu entrichtenden Jahrrenten jährlich halb auf Walpurgis und halb auf Michaelis an die Käufer einzahlen soll[a]).

Actum Lipczk feria IIᵗᵃ post omnium sanctorum anno ꝛc. L. primo.

Cop. 44 fol. 23 im K. Haupt-Staatsarchiv zu Dresden.

a) Unter dem 7. Nov. weist der Kurfürst von Roeblitz aus das Kloster Pegau an, die 40 Gulden j. R. an die Verweser des Georgenhospitals zu zahlen. Cop. 44 fol. 80.

No. 282. 1451. 20. Nov.

M. Johannes Schribe, Syndicus und Procurator des Bürgermeisters und Raths zu Leipzig, appellirt nochmals vor Notar und Zeugen unter Aufrechthaltung der früher eingelegten Appellation (vgl. zu No. 280) wider eine Sentenz des Abts Thaddäus vom Schottenkloster zu Erfurt an den päbstlichen Stuhl, mit weiterer Ausführung der Beschwerdepunkte.

In nomine domini amen. Anno a nativitate eiusdem millesimo quadringentesimo quinquagesimo primo iudictione quartadecima mensis Novembris die vicesima hora tertiarum vel quasi pontificatus sanctissimi in Christo patris ac domini nostri domini Nicolai divina providentia papae quinti anno eius quinto in stubella parva scolae particularis sitae in cimiterio sancti Thomae apostoli opidi Lipczensis Mersburgensis diocesis in mei notarii publici testiumque infrascriptorum praesentia personaliter constitutus honorabilis magister Johannes Scibe decretorum baccalarius syndicus et procurator honestorum et providorum virorum proconsulum et consulum ac totius communitatis opidi Lipczensis Mersborgensis diocesis praedictae, de cuius syndicatus et procurationis mandatis mihi notario subscripto plene constabat atque constat, habens et tenens in suis manibus quandam chartam papiream tenorem cuiusdam appellationis in se continentem, quam ibidem syndicatus nomine animo et intentione appellandi et provocandi exhibuit et de verbo ad verbum legit appellavit protestatus fuit et apostolos petivit prout in ipsa continetur. Cuius quidem appellationis tenor per omnia sequitur in hacc verba:

Ego Johannes Scibe decretorum baccalarius syndicus et procurator syndicatus et procuratorio nominibus circumspectorum providorumque virorum dominorum proconsulum consulum totiusque communitatis opidi Lipczensis Mersburgensis diocesis primo et ante omnia protestor, quod per hanc meam infra ponendam appellationem non velim neque intendo a prima mea appellatione nomine praedictorum dominorum meorum in eadem causa nuper anno praesenti die decima sexta mensis Septembris ad sanctissimum dominum nostrum dominum Nicolaum papam quintum a venerabili viro domino Thadeo abbate monasterii sancti Jacobi Scotorum Erfurdensis contra venerabilem et eximium virum decretorum doctorem Johannem de Allenblumen vicedominum Erfordensem ex legitimis iustis atque veris causis interposita recedere quovis modo, quin imo eandem prosequi volo et intendo tempore competenti, sed geminare volo appellationem ex alio novo gravamine, sciens quod geminatio appellationum non submittit sed subtrahit appellantem a primi iudicis potestate, nec factum eius approbat sed potius impugnat stante ista protestatione. Tunc ego Johannes is qui supra nomine quo supra animo et intentione appellandi iterum et provocandi propono coram te notario publico et testibus hic praesentibus et dico, quod ob id quod praememoratus dominus abbas Scotorum dominos meos supradictos multipliciter et de facto gravavit ut praesumitur in favorem praedicti domini doctoris ideoque non fuit necessarium mihi aliud gravamen exspectare, a suis ergo gravaminibus et ab eo ac contra dictum dominum doctorem ad sanctissimum dominum nostrum papam

28*

praelibatum in scriptis appellavi, eandem paternitati suae ad domum domini doctoris supradicti coram notario et testibus publice insinuavi, apostolos petii et recepi, in qua quidem appellatione ob causas in iure conscriptas ab eodem appellavi infra debitum tempus, legitimo modo; appellavi enim ab eo, quod in praeiudicium dominorum meorum non citatorum, non confessorum nec convictorum eosdem indicavit et etiam monuit peremptorie, ut praememorato domino doctori infra novem dies excentionem monitionis suae immediate sequentes census retardatos tradere deberent et solvere realiter cum effectu, alioquin ob defectum solutionis excommunicavit dominos meos et communitatem interdixit contra deum et iura communia, quae dicunt, quod citatio est primum et fundamentum ordinis iudiciarii, sic quod quis primo citandus est. Item etiam appellavi ex eo, quod a iure certus ordo indicibus in poenis intligendis constitutus est, secundum quem non ab interdicto incipere debent, quem ordinem novissime etiam reverendissimus in Christo pater et dominus dominus Nicolaus miseratione divina tituli sancti Petri ad vincula sacrosanctae Romanae ecclesiae presbyter cardinalis, apostolicae sedis per Almaniam legatus in suis decretis posuit atque collocavit, mandando auctoritate apostolica qua fungebatur in hac parte, ne a quibuscunque indicibus propter quodcunque pecuniarum debitum aut divinorum census aut etiam ecclesiasticum poni debeat interdictum, quin imo voluit atque statuit, quod quicunque id fecerit deberet per sex menses a iudicando esse suspensus, ipse tamen pater abbas supradictus statim ab initio omni citatione postposita sententiam interdicti contra dictos dominos meos et communitatem Lipezensem nimis exorbitanter et indiscrete fulminavit, non attendens poenam eius per praememoratum dominum nostrum legatum cardinalem suis in constitutionibus inflictam, non attendens etiam quod ex huiusmodi indistricta interdictorum promulgatione multa consueverunt scandala evenire. Propter istas enim et alias causas in appellatione mea insertas non solum legitimas et rationabiles verum etiam in iure conscriptas appellationem meam coram eodem patre abbate interposui, cui merito cum sit iurisperitus differre debebat, cum iuxta canonica et legalia statuta puniendus est qui non defert legitimae appellationi. Ipse nihilominus pater abbas sua tamen reverentia in his semper salva nunc de novo nondum sex diebus elapsis, nullam in dominos meos praedictos habens iurisdictionem delegatam vel ordinariam, et si aliquam habuisset suspensa tamen esset per praedictam meam legitimam et iuridicam appellationem, quosdam processus suos novos formidabiles errorem manifestum in se continentes, cum dicatur in eisdem, quod habeat procedere per tres dietas, ecce ineptitudo et falsitas eorundem, excommunicationis etiam et interdicti sententias in se habentes, contra praememoratos dominos meos proconsules consules totamque communitatem ad instantiam eiusdem domini doctoris fulminavit monuitque eosdem praedictos dominos meos nominatim et peremptorie, ut infra sex dies post excentionem eorundem census debitos et retardatos praememorato domino doctori solvere et tradere deberent vel in curia habitationis suae comparere et allegare causam, quare ad solutionem eorundem non tenerentur, cum tamen domini mei habeant ius commune pro se, cum liberi homines existant et ius commune resistat petenti consensum(?), alioquin ad videndum et audiendum se et quemlibet eorum propter non solutionem praedictorum censuum in scriptis excommunicari et communi-

tatem interdici monuit eosdem, non attendens suspensam esse suam iurisdictionem
si quam habuisset ante legitimam meam appellationem; et quamquam necesse non
est appellare ab huiusmodi suis processibus erroneis iniquis falsis atque nullis, cum
post appellationem legitimam fulminatae sint per eundem et falsitatem in se conti-
neant manifestam, nihilominus tamen quantum de facto processerat sic etiam de facto
appellare intendo ab eisdem, cum praesumere habeo verisimiliter, quod ex quo semel
dominos meos praelibatos et me gravavit minus iuste, quod iterum posset dominos
meos et me una cum eis gravare, volens forte se ulcisci ob id, quod ex iustis grava-
minibus ab eo appellavi, nolens consentire eius iniquitati et iniustitiae, prout quidam
facere consueverunt. Ex illis ergo causis supra enumeratis et aliis quibuscumque,
quae ex praemissis colligi possunt quovis modo, ego Johannes supradictus nominibus
quibus supra sentio dominos meos et me coniunctim divisim et specifice gravatos et
gravatum minus iuste, idcirco ab huiusmodi suis processibus monitionibus et commi-
nationibus praetensis contra praelibatum dominum abbatem ac dominum doctorem
supradictum omnesque alios sua interesse putantes ad praememoratum sanctissimum
in Christo patrem et dominum dominum nostrum Nicolaum papam quintum et ad
eius sanctam sedem apostolicam in his scriptis provoco et appello apostolosque peto
primo 2° 3° instanter instantius et instantissime, si quis sit qui mihi eos dare velit
et possit, vel saltem a te notario publico peto litteras testimoniales mihi tradi atque
dari, subiiciens dominos meos memoratos proconsules consules atque totam communi-
tatem communiter atque divisim in singulari et in specie atque me necnon adhae-
rentes et adhaerere volentes, omnia bona nostra praesentia et futura specialibus pro-
tectionibus defensionibus et tuitionibus dicti sanctissimi patris et domini nostri et eius
sedis sanctae cum tali protestatione, quod hanc appellationem meam emendare corri-
gere pluriesque si opus fuerit innovare et interponere illamque et istas insinuare et
prosequi volo per me vel alium ad hoc legitime constitutum vel constituendum, prout
etiam huiusmodi insinuationem et prosecutionem facere et publicare propono tempore
et loco congruis et oportunis, non faciens ulterius aliquam vim de ... monitionis
suae praetensae, in qua praedictus pater abbas se incitat habere potestatem proce-
dendi summarie simpliciter et de plano, sine strepitu et figura iudicii etiam in illis,
quae iudicialem requirunt indagationem, cum clausulam illam delegans principalis ad
huiusmodi domini abbatis intellectum(?) non retorquebat quovis modo propter id quod
sequitur statim ibidem ,in aliis vero prout qualitas eorum exegerit, faciatis iustitiae
complementum', cum clausula etiam eadem in aliis conservatoriis posita sit, ideoque
tam amplam iurium correctionem sibi asscribere deberet dominus meus abbas nullo
modo ad istum finem, ut alii etiam de iurisdictione modicum possent retinere, salvo
iure addendi corrigendi ꝛc.; ut est moris atque styli. Qua quidem appellatione sic
ut praemittitur facta lecta et interposita supradictus magister Johannes Scibe in
decretis baccalarius syndicus et procurator syndicatus et procuratorio nominibus qui-
bus supra me notarium publicum infrascriptum debita cum instantia requisivit, qua-
tenus sibi super praemissis omnibus et singulis unum vel plura publicum vel publica
et tot quod sufficiunt conficerem instrumentum vel instrumenta. Acta sunt haec anno
indictione pontificatus die mense hora et loco quibus supra, praesentibus ibidem dis-

cretis viris Nicolao Guttern de Saleza, Petro Kunne de Hasfurde ac Petro Balding de Eyfilstad clericis et laicis Maguntinensis et Herbipolensis diocesinm testibus ad praemissa vocatis rogatis debiteque requisitis.

Et ego Petrus de Harra clericus Bambergensis diocesis publicus sacra imperiali auctoritate notarius etc.

Nach der Handschrift Reg. II. fol. 1ᵃ fol. 41 in der Stadtbibliothek zu Leipzig.

No. 283. 1452. 18. Jan.

Bischof Johann von Merseburg index unicus causae et causarum partium infrascriptarum a sede apostolica specialiter deputatus zeigt der Geistlichkeit der Diözesen Bremen und Verden an, dass unter dem heutigen Tage durch den Magister Johanues Scribe (Schibe) decretorum baccalarium *und Procurator der Beklagten in Werner Gererdes Klagsache (vgl. No. 278) eine Bulle des Pabst Nicolaus V. ihm übergeben worden sei folgenden Wortlautes:* Nicolaus episcopus etc. episcopo Merseburgensi salutem et apostolicam benedictionem. Humilibus supplicum votis etc. Exhibita siquidem nobis nuper pro parte dilectorum filiorum Johannis Tummel, Johannis Sidenheffter, Theoderici Kolkewitz, Johannis Brutz[er], Johannis Stanghe, Johannis Knappe et Nicolai Moller proconsulum et consulum nec non Nicolai Tzytz, Johannis et Michaelis Raßbant (r. Wißbart) familiarium et pincernarum opidi Lipczensis tuae diocesis petitio continebat, quod cum olim dicti familiares et nonnulli vigiles pro bono pacis et quietis dicti loci iuxta ritum et concordiam inter rectorem et magistros universitatis dicti opidi ac proconsules et consules praedictos ad id deputati dilectum filium Wernerum Geuerdes clericum Bremensis diocesis tunc familiarem ulterius ex magistris praefatis inventum noctis tempore post sonum campanae cum armis offensivis in plateis dicti loci currere vagari et inhoneste versari ac cum quadam cambuca lignea adversus familiares praedictos iuxta cellarium sive panam(?), quo nomine comunitatis praefati opidi cerevisia venditur proicere et alios plures insultus facere contra pacem et quietem praedictas deprehendissent eumque ad locum praetorii pro scolaribus dictae universitatis sic inhoneste noctis tempore vagantibus deprehensis deputatum absque tamen violenta manuum iniectione vel iniuria perduxissent et de mane sequentis diei rectori praefato praesentassent, tamen postmodum post¹) decem annos vel citra pro parte dicti Werneri nobis exposito minus vere, quod familiares manus iniecerant temere violentas et eum diffamaverant, quodque dicti proconsules et consules sibi iniuriati fuerant, nos causam iniuriarum diffamationis et manuum iniectionis huiusmodi dilecto filio magistro Agapito Cincii capellano nostro et causarum palatii apostolici auditori ad ipsius Werneri instantiam audiendam commisimus et fine debito terminandam. ipseque auditor citationem dictae commissionis vigore ad partes dicitur decrevisse et illius obtentu proconsules consules familiares pincernas et vigiles praedictos coram se vocari fecisse. Cum autem sicut eadem petitio subiungebat proconsules consules familiares pincernas ac vigiles praedicti super praemissis, de quibus in partibus illis facilius constare poterit, parati sint coram te de iustitia respondere, dummodo idem Wernerus in causa violationis pacis et quietis huiusmodi, super quibus eum reconvenire intendunt, paratus sit stare iuri, pro parte proconsulum consulum familiarium pincernarum et vigilum praefatorum nobis fuit humiliter supplicatum, ut eis in praemissis oportune providere de benignitate apostolica dignaremur. Nos igitur statum causae huiusmodi praesentibus pro expresso habentes ac illam ad nos harum serie advocantes fraternitati tuae per apostolica scripta mandamus, quatenus vocatis dicto Wernero et aliis qui fuerint evocandi causas iniuriarum diffamationis manuum iniectionis ac reconventionis huius-

¹) Or. per.

modi audias et appellatione remota debito fine decidas, faciens quod decreveris per censuram ecclesiasticam firmiter observari etc. Datum Romae apud sanctum Petrum anno incarnationis dominicae millesimo quadringentesimo quinquagesimo primo quarto Idus Octobris pontificatus nostri anno quinto.

Der obgenannte Procurator der Beklagten und Wiederkläger habe hierauf beantragt, an den Cleriker Werner Gererdes eine Citation zu erlassen und in der Sache selbst zu verfahren, indem er Namens seiner Auftraggeber sich bereit erklärt habe, vor ihm auf die Anklage zu antworten und Recht zu nehmen. Der Bischof erlässt deshalb an die Geistlichkeit der obgenannten Diöcesen unter Bedrohung mit dem Kirchenbann für den Fall des Ungehorsams die Aufforderung, den genannten Werner falls er anzutreffen sein sollte persönlich, sonst von den Predigtstühlen herab auf den 15. Tag nach Insinuation des Gegenwärtigen zum Erscheinen vor ihm, dem Bischof, nach Merseburg in den Bischofhof vorzuladen, contra nos nostramque iurisdictionem si quid dicere vel proponere voluerit verbo vel in scriptis dicturus et propositurus in causisque suis iniuriarum diffamationum ac manuum violentarum iniectionem, quas contra praememoratos — se habere praetendit ac reconventionum acturus et processurus et in causis huiusmodi ad omnes et singulos actus gradatim et successive usque ad diffinitivam sententiam inclusive debitis et consuetis terminis et dilationibus praecedentibus ut moris est procedi visurus etc. Datum Merseburg in curia nostra episcopali anno domini 1452 die vero XVIII° mensis Januarii nostro sub sigillo praesentibus subimpresso. Diem vero formam et modum executionis vestrae una cum nominum propriorum vestrorum subscriptione et sigillorum vestrorum subimpressione nobis liquide rescribentes poenis sub praemissis.

Theodericus Leinbach notarius publicus ad praemissa
scripsit manu propria.

Nach der Handschrift Rep. II. fol. 10ᵃ. fol. 27 in der Stadtbibliothek zu Leipzig.

No. 284. 1452. 12. März u. 10. Apr.

Der Cleriker Werner Gererdes legt bei dem Pabst Nicolaus V. Berufung ein gegen die Ueberweisung seiner Rechtssache an den Bischof von Merseburg und gegen den von diesem angesetzten Termin.

In nomine domini amen. Anno a nativitate eiusdem millesimo quadringentesimo quinquagesimo secundo indictione quintadecima die vero dominica duodecima mensis Martii pontificatus sanctissimi in Christo patris et domini nostri domini Nicolai divina providentia papae quinti anno quinto coram reverendo in Christo patre et domino domino Johanne episcopo Morseburgensi in aula sua episcopali in parvo aestuario [in] mei notarii publici testiumque sub et infrascriptorum praesentia personaliter constitutus discretus Andreas Conow clericus Caminensis diocesis procurator honorabilis viri domini Wernheri Geuerdes perpetui vicarii in ecclesia sancti Petri Hamburgensis et Bremensis diocesis et eo nomine procuratorio, de cuius procurationis mandato legitimis constat documentis, quandam appellationem alias coram notario et testibus per ipsum dominum Wernherum principalem suum interpositam ibidem dicto reverendo patri domino episcopo Merseburgensi intimavit insinuavit notificavit apostolos tales, quales sibi super appellatione huiusmodi dari debentur, instanter petiit copiamque instrumentatam, quae mihi ad legendum exhibita fuit, prout eandem de verbo ad verbum alta intelligibili voce legi, ipso domino episcopo tradidit aliaque fecit prout et quemadmodum in eodem appellationis instrumento plenius continetur et habetur, cuius tenor de verbo ad verbum sequitur et est talis:

In nomine domini amen. Anno a nativitate eiusdem millesimo quadringentesimo quinquagesimo secundo indictione quintadecima die vero sabbati duodecima mensis Februarii hora vesperorum vel quasi pontificatus etc. in mei notarii publici testiumque sub et infra scriptorum praesentia personaliter constitutus honorabilis vir dominus Wernherus Geuerdes perpetuus vicarius in ecclesia sancti Petri Hamburgensis et Bremensis diocesis habens et tenens in suis manibus quandam appellationis papiri cedulam, in qua appellavit provocavit apostolosque petiit et protestatus fuit ac alia fecit prout et quemadmodum in eadem cedula plenius continebatur, cuius tenor de verbo ad verbum sequitur et est talis: Coram vobis notario publico et testibus hic praesentibus et astantibus ego Wernherus Geuerdes vicarius in ecclesia sancti Petri opidi Hamburgensis et Bremensis diocesis citra procuratorum meorum quorumcunque hactenus constitutorum revocationem animo et intentione ad sanctissimum in Christo patrem et dominum nostrum dominum Nicolaum divina providentia papam quintum eiusque sanctam sedem apostolicam provocandi appellandi et apostolos petendi dico protestor in his scriptis et propono, quod licet de anno domini millesimo quadringentesimo quinquagesimo primo nuper decurso certam commissionem a dicto sanctissimo domino nostro Nicolao papa quinto ad venerabilem et egregium virum Agapitum Cincii sacri palatii apostolici in Romana curia causarum auditorem de et super nonnullis iniuriis diffamationibus ac manuum violentarum iniectionibus per nonnullos proconsules consules et cives Lipezenses eorumque familiares laicos Merseburgensis diocesis in dicta commissione clarius specificatos mihi illatis contra eosdem obtinuerim ipseque auditor dictae commissionis vigore litteras citatorias ad mei instantiam ad partes decreverit ipsasque citationis litteras in quibusdam locis competentibus contra dictos proconsules consules cives et eorum familiares debite in partibus exequi fecerim procuraverim et obtinuerim, nihilominus supradicti proconsules consules et cives ad sinistram eorundem narrationem a praefato sanctissimo domino nostro domino Nicolao papa quinto eiusdem causae advocationem cum quadam nova praetensa commissione ad reverendum in Christo patrem et dominum episcopum Merseburgensem surreptitie et obreptitie per veritatis suppressionem et falsissimam suggestionem dicuntur obtinuisse, tacito de nimis elongata a mene residentiae loco ad locum solitae residentiae eiusdem reverendi patris domini episcopi Merseburgensis, cum ultra quatuor dietas a fine mene diocesis distare videtur, tacito etiam quod locus praedictus Merseburg opido Lipezensi multum propinquus memoratis proconsulibus consulibus et civibus Lipezensibus et eorum familiaribus pro litibus et eorum causis deducendis summe conveniens est et congruus mihique inibi alieno et ignoto est disconveniens et minime aptus pro et ex eo, quia multam familiaritatem et specialem amicitiam dicti Lipezenses cum iurisperitis causarum patronis ac notariis inibi degentibus dudum et ab antiquo contraxerunt, sic quod horum favore speciali vix vel difficulter aliquem ibidem in huiusmodi causa advocatum procuratorem vel notarium nisi sumptuosissime expensis meis adductum possem reperire, sine quorum tamen iuvamine et consilio, cum ipsi in hac parte adversarii multos habeant iurisperitos et sint plene consiliis muniti, praesentem causam absque magno periculo, de quo verisimiliter timeo, expedire non valeo. Cuius quidem surreptitiae et obreptitiae commissionis praetextu quandam citationem et processum idem reverendus pater et dominus dominus Johannes episcopus Merseburgensis contra me, prout nondum decem diebus elapsis ad mei licet vagam devenit notitiam, de facto tamen cum de iure non potuit dicitur decrevisse fulminasse et emisisse in effectum ut dicitur continentem, quatenus in quodam praetenso termino nimis reciso et praecipitanti videlicet quinta decima die post eiusdem citationis executionem coram ipso Merseburg ad dicendum contra dictam commissionem sibi ut praemittitur factam iudicialiter comparerem in causa huiusmodi coram ipso episcopo ad ulteriora etiam procedi visurus, nondum habita aut cognita mei Wernheri voluntate, an paratus [sim] coram dicto reverendo patre in causa reconventionis, quam dicti in hac parte adversarii praetendunt, in iure experiri, de qua tamen optione et libertate in dicta dictorum adversariorum asserta commissione cautum est ut in ipsa possit clarissime liquere, non obstante etiam quod de voluntate contraria publice et sollemniter fuerim et sim protestatus ac tenore praesentium protestor ex causis antedictis et infra dicendis, non ponderata etiam per ipsum dominum episcopum locorum distantia praedicta, dierum brevitate, aeris intemperie et aurae instabilitate, nivium inundationibus, viarum discriminibus et periculis aliis multis, praeclusa etiam mihi via consulendi iurisperitos, quaerendi advocatum et procuratorem, ex quibus evidenter claret dictum reverendum patrem dominum Johannem episcopum Merseburgensem eius tamen reverentia salva dictis adversariis meis nimis fore affectionatum et plus ipsis quam mihi favere. Sentiens igitur me ex praemissis multipliciter laesum et gravatum timensque verisimiliter ex eisdem in futurum plus posse laedi et gravari, ideo a praefato reverendo patre domino episcopo suis praetensis processibus citatoriis et quibuscunque aliis inde secutis — contra praefatos proconsules consules et cives Lipczenses ad sanctissimum in Christo patrem et dominum nostrum dominum Nicolaum papam quintum eiusque sanctam sedem apostolicam in his scriptis provoco et appello ac apostolos peto primo secundo tertio instanter instantius et instantissime mihi dari, si quis sit qui eos mihi dare velit aut possit, saltem a vobis notario publico testimoniales, subiiciens me omnesque et singulos huic meae appellationi adhaerentes et adhaerere volentes cum omnibus nostris bonis mobilibus et immobilibus praesentibus et futuris tuitioni protectioni et defensioni domini nostri papae eiusque sanctae sedis apostolicae praedictae. Et protestor de addendo mutando minuendo corrigendo etc. Cui quidem appellanti et apostolos petenti tales quales a me petiit apostolos testimoniales sibi dedi et assignavi, super quibus omnibus et singulis memoratus dominus appellans me notarium publicum infrascriptum requisivit, quatenus sibi de praemissis unum vel plura publicum seu publica conficerem instrumentum et instrumenta. Lecta et interposita fuit haec praesens appellatio Hamburg in domo meae solitae habitationis sub anno etc. praesentibus ibidem providis viris Tyderico de Berghen clerico et Bernhardo de Hamelen laico Bremensis et Verdensis diocesium testibus ad praemissa vocatis pariter et rogatis. Et ego Johannes Stocker clericus Myndensis diocesis publicus apostolica et imperiali auctoritatibus notarius etc.

Qua quidem appellatione — intimata insinuata notificata copia tradita lecta et apostolis petitis idem reverendus pater respondit, se velle dare apostolos super appellatione huiusmodi in termino iuris vel infra quandocunque. Subsequenter vero — die — lunae decima mensis Aprilis hora vesperorum vel quasi — coram memorato — domino Johanne episcopo Merseburgensi comparuit Nicolaus Wurczen procurator substitutus dicti domini Wernheri et eo nomine procuratorio — et apostolos tales quales sibi super praescripta appellatione dari et exhiberi deberentur iterum instanter petiit et postulavit, et tunc — dominus Johannes episcopus apostolos, prout in quadam papiri dationis apostolorum cedula infra scripta plenius continetur, tradidit dedit et assignavit, cuius tenor sequitur in hunc modum: Appellationi tuae frivolae non deferimus. De et super quibus omnibus et singulis idem Nicolaus Wurczen procurator me notarium publicum requisivit, petens sibi desuper confici instrumentum seu instrumenta publicum seu publica —. Acta sunt haec etc. praesentibus ibidem in primo actu venerabili et honorabili viris dominis Nicolao Slendorff decano ecclesiae sancti Sixti et Theoderico Leymbech perpetuo vicario in ecclesia cathedrali Merseburgensi, in secundo vero actu Johanni Dreblere et Conrado Homberg presbytero et clericis Merseburgensis et Maguntinensis dioecesium testibus ad praemissa vocatis pariter et rogatis.

Et ego Heinricus Syle clericus Maguntinensis dioecesis publicus sacra imperiali auctoritate notarius etc.

Nach der Handschrift Rep II. fol. 10b. fol. 28 in der Stadtbibliothek zu Leipzig.

No. 285. 1452. 14. Apr.

B. Johann von Merseburg vermittelt einen Vergleich zwischen dem Cleriker Werner Gecerdes und dem Rath zu Leipzig.

In nomine domini amen. Anno nativitatis eiusdem millesimo quadringentesimo quinquagesimo secundo indictione quinta decima die Veneris decima quarta mensis Aprilis hora tertiarum vel quasi pontificatus etc. in reverendi in Christo patris et domini domini Johannis episcopi Merseburgensis ac mei notarii publici testiumque infrascriptorum ad hoc specialiter vocatorum praesentia personaliter constitutus in aestuario novo hiemali curiae episcopalis eiusdem discretus Andreas Conow procurator honorabilis domini Wernheri Gheuerdiß Bremensis dioecesis habens duo mandata distincta, unum ad agendum respondendum et appellandum in causa seu lite, quae inter circumspectos viros Johannem Thummel, Johannem Sydenheffter, Theodericum Kolkewicz, Johannem Bruser, Johannem Stanghen, Johannem Knappen, Nicolaum Moller, Johannem et Michahelem Wißbart fratres et Nicolaum Cziez proconsules consules et familiares opidi Lipezensis Merseburgensis dioecesis ex una ac praedictum dominum Wernherum partibus ex altera de et super quibusdam iniuriis diffamationibus ac manuum violentarum iniectionibus hinc inde ante annos decem ut dicebatur illatis vertebatur et specialiter commissa fuerat a sede apostolica praenemorato domino episcopo Merseburgensi decidenda et fine debito terminanda, aliud vero mandatum habuit speciale ad concordandum et ad transigendum, quod lectum fuerat coram domino episcopo et aliis viris fide dignis habuitque tractatus praedictus procurator de ineunda amicabili compositione cum Lipezensibus supradictis. Tandem diversis introductis verbis dictus dominus Merseburgensis praerecepta omnimoda et plenaria potestate a notario civitatis Lipezensis magistro Johanne Sciben procuratore praedictorum Lipezensium etiam speciale mandatum ad concordandum et transigendum habente dixit praememorato Andreae procuratori domini Werneri, se habere plenariam potestatem et omnimodam auctoritatem de alto et basso huiusmodi causam pro parte Lipezensium in amicitia concordandi finiendi sedandi et terminandi. Audiens procurator dicti domini Werneri statim stipulanti manu promisit nomine partis suae, similiter velle servare huiusmodi concordiam, quam dictus dominus episcopus super huiusmodi iniuriis diffamationibus ac manuum violentarum iniectionibus faceret inter partes praedictas. Quibus praemissis dictus dominus episcopus Merseburgensis de scitu consensu et expressa voluntate procuratoris dicti domini Werneri statim pro concordia pronunctiavit, quod proconsules consules et opidani Lipezenses supra enumerati pro expensis et inquietatione dicto domino Wernero in proximis nundinis Lipezensibus in civitate Merseburgensi quinquaginta florenos Renenses solvere deberent, sed iniuriae reales et verbales inter partes praedictas de alto et basso in amicitia dicti domini Merseburgensis stare deberent. Super quibus statim dominus pronunctiavit, omnia attemptata et attemptanda in huiusmodi causa et causis nullius esse roboris vel firmitatis, sic quod concordavit finivit ac pacificavit partes praedictas de omnibus iniuriis offensionibus verbo vel facto qualitercunque ad invicem illatis, quod peramplius una pars alteri huiusmodi iniurias ac manuum violentarum iniectiones non obiiceret nec contra aliam procederet obiicere seu procedere deberet coram quocunque indice, nec etiam eas institueret seu instituere deberet de novo vel antiquas continuare quovis modo, sed finem remissionem transactionem amicabilem compositionem seu concordiam inter se super iis servare deberent sine omni ulteriori fatigatione. Quae omnia et singula dictus Andreas procurator praelibati domini Werneri ore et manu stipulanti dicto domino Merseburgensi et mihi notario publico infrascripto realiter et expresse nomine procuratorio servare promisit dolo et fraude semotis promisitque compositionem huiusmodi transactionem et concordiam praedicto domino Wernero velle insinuare et intimare, ut quitanciam super dicta pecunia in Merseburg sublevanda tempore nundinarum dirigeret et huiusmodi quinquaginta florenos a dicto domino Merseburgensi sublevaret. Super quibus omnibus et singulis praememoratus dominus episcopus me notarium publicum infrascriptum requisivit, ut super iis unum vel plura publicum seu publica conficerem instrumentum seu instrumenta. Acta sunt haec anno etc. praesentibus ibidem venerabilibus viris et dominis Andrea Boteker maioris et Nicolao Sleendorff sancti Sixti decanis necnon Petro Loxer canonico Merseburgensium ecclesiarum testibus ad praemissa vocatis pariter et rogatis.

Et ego Heinricus Syle clericus Maguntinensis diocesis publicus sacra imperiali auctoritate notarius etc.

Von anderer Hand: Hanc concordiam Wernerus Gheuerdes principalis non ratificavit, imo ex post anno sequenti in praetorio Lipezensi facta est concordia per doctorem Jacobum Schulteti de Stargardia et m. Ni. Smylow, et recepit Wernerus a Lipezensibus fere 80 fl. Rinens.

Nach der Handschrift Rep. II. fol. 10ᵃ fol. 2ᵇ in der Stadtbibliothek zu Leipzig.

No. 286. 1452. 11. Mai.

Bürgermeister und Rath setzen als Lehsherrn der von Martin Schindel im Georgenhospital gestif-
teten geistlichen Lehen gemeinschaftlich mit den bestellten Testamentarien die Ordnung des Gottes-
dienstes an den Altären fest und treffen Bestimmungen über Vertheilung der überwiesenen
Renten und Gefälle.

Wir nochgeschriben Reynolt Goltsmed, Heinrich Winter, Heinrich Stange,
Michael Rotaw, Jocoff Moller, Hans Slautics, Jocoff Voit, Zchelschin vnde Heineze
Mogenhouer burgermeister ratmanne vnde gesworne der stat Lipczk mit wissen vnde
volburt allir dryer rethe cyntrechticlichen thun kunt —, daz die wirdigen hern vnde
meister testamentarien vnde selewarten er Mertens Schindel dem got gnade bie namen
doctor Jacobus Stendal burgermeister czu Lipczk vnde magister Steffanus Fortune
licenciatus in der heiligen schrifft sint vor vns kommen vnde haben vns vorezalt,
wie der obgnante er Mertin Schindel von sunderlicher ingegossen gotlicher gnade
habe ayner selin czu selickeyt gestifft vnde gemacht vir geistliche lehen in dem
spital sancti Georgii vor vnser stat Lipczk gelegen, die gnughafftiglichen mit gewis-
sen renthen ierlichen sines wol gewunnen gutes besorgit noch lute etlicher[1] briue
dor obir gegeben, die daz wol sulden ußwiessen, dorynne her ouch die lehnunge die
man ius patronatus nennet der selben geistlichen lehen vns vnde vnsern nochkome-
lingen gegeben vnd behalden hat mit willen vnde volbort vnde sunderlicher bestefi-
gunge des erenwirdigen in got vaters vnde hern hern Johannes bisschones zen
Merseburg, so daz die briue dor obir gescriben sulden auch clerligen vnnehalden,
vnde haben vns angeruffen also rechte lehenhern der selbigen geistlichen lehen vnde
gebeten, daz wir sampt mit en selbigen altaristen cyne ordenunge, wie sie ire mes-
sen metten vespere complet vnde dor czu andere geezyte sampt mit allir andere
notdurfft des egenantes spitals bestellen vnde halden sulden, begriffen setezen vnde
machen wolden noch willen vnde begerunge des obgnanten er Mertius, vnde auch
dor obir also vil also geborlichen ist in den spital czu senthe Jurgen czu thune, uff
daz got der almechtige dodurch gelobit werde in syuem hymelischen throne. Dor
uff haben wir obgnanten radmanne betracht, daz alle ding, wie wol sie gar eigen-
lichen gemacht vnde geordent sint, komen uß der menschen gedancken vnde werden
die lenge vndergednuck, is sie danne daz man sie schrifticlichen vorezeichent vnde
mit ingesigeln lest befesten vnde uorsigeln, vnde dor vmbe haben wir sampt mit den
obgenanten testamentarien mit willen vnde volbort der altaristen doselbist gedacht
uff cyne ordenunge vnde haben die in dissin briff gesaczt, die dunne also lutet:
Czum irsten sullen die selbigen altaristen alle tage tegenlichen in dem selbigen spital
singen cine mettene prime sexte none vesper vnd couplet von vnuser liben frauwen
mit andacht, innicklichen, mit guter maßen vnd pauße nach willen vnd begerunge
des obgnanten ern Mertens, vnd sullen gote dem herrn vnd siner liben muter Ma-
rien czu lobe ire korockeln anne haben; sie sullen auch von sente Mertins tage beß

1) uff erloser.

uff purificationis ire mettene anheben deß morgens wanne der seiger uff dem rathuße soben slehet, dornach von purificationis beß uff ostern wanne der selbige seyger sechse sleet vnde so vort an, von ostern biß uff Bartholomei wan der seyger funffe sleit, vnde dor noch von Bartholomei biß uff Martini sollen sie ire mettene an heben czu singin wann der seyger sechse sleit an alle gefere; vnde welchir vnder on die mettene norsumen wurde, dem sal man abeslan eynen unwen gr. von synen renthen also offte als her die uorsumen wurde; wurde abir ymant denn ersten nocturnum biß an die landes uorsumen, dem sal man vir phennige abeslan, dem abir, der uor-sumen wurde die vespere, sal man abeslan VI phennige vnde dem, der do uorsumen wurde die prime sexte none adir complet, sal man abeslan nor itczliche czyt sunder-lichen drie phennige, doch vß geslossen die, die daz anmercht der messen vor hegen sollen, die do vndir der primen tertien sexten vnd nonen sich mit dem anmechte bekummern sollen; sunder czu der vespere vnde complet sollen sie glichewol vor-bunden sin also die andern, vnde wie offte ir eyner sin korrockel nicht an wurde haben zcu der czyt, wanne sie ire czyt singen, so offte sal man em abeslan eynen gr. von sinen renthen. Wir haben auch begriffen geordent vnd gesatcz vnde gemacht sampt mit den obgnanten testamentarien vnde altaristen, daß uff iczlichim kore der gestulden in dem uorgnanten spital sollen steen czwene altaristen vnd ein kor-schuler czu der czyt wanne sie ire czyt singen werden, daz ouch die eldesten czwene altaristen vnde itczlicher vndir en sal die woche halden drie messen, nemelichen sal der eldiste vndir en am sontage eine messe singen, am montage dy andere vud am dinstage sal er die dritte messe singen, sundir der andir vnder den eldisten czwen sal am sontage eyne messe leßen, am montage die andire vnd am dinstage sal er die dritte messe leßen; so sullen die andern czwene altaristen in der selbigen wochen vort an die vir tage ire messe bestellen in sulcher weyße, daz der eldiste vndir den selbigen czwen an der mittewoche eyne messe singen, am dornstage die andire, am fritage die dritte vnde am sonnabunde sal her die virde messe auch singen, sundir der andere altariste vndir den selbigen czwen sal an dere mittewoche eine messe leßin. am dornstage die andere, am fritage die dritte vnde am sonnabunde sal er die virde messe auch leßin, also daz is alle tage czwu messen do selbist, eyn gesungen die andir geleßen, von en gehalden werden; vnde wider vmbe sollen die messen von [in] also bestalt werden die andern wochen dornoch, daz die leczten irsten werden vnde die irsten leczten io eyne woche czu singene vnde die andire czu leßene, uff daz sie alle gliche mit glicher borden beswerit werden; vnde die czwene, die do keyne messe halden dorffen, die sollen in iren rugeltagen denn kor sampt mit den kor-schulern bestellen gar mit ganczem fleyß. Were is danne sache, daz die obgnanten altaristen, welcher daz vndir en were, sunnig wurden sin, iczlicher syne messe czu-haldene zeusingene adir czuleßene wie sich daz wurde geboren, danne so sal man dem sunnigen, der sie singen sulde, drie gr. vnde der sie leßen sulde czwene gr. abeslan von synen renthen so offte also sich wirt geboren. Deß glichen sullen die obgnanten czwene korschuler ouch thun, wan sie vorbunden sullen sin, in iren kor-rockiln alle tage tegelichen in der metten primen tertien sexten nonen messen ves-pere vnde complet zeu sine, vnde wie offte sie adir ir eyner dor an sumig wurde sin, so offte sal man en abeslan sulch gelt, also man den altaristen abeslan sal noch lute vnser schrifft obenegeschriben. So danne vuße begriffunge vnde ordenunge obenegeschreben, die wir sampt mit den obgnanten testamentarien vnde altaristen begriffen vnde besnezt haben, ganez vnde gar vmbe sust weren, wenn die nicht, die sie beschirmeten, ir uolgitten vnde achtunge dar uff hetten, vnde dor vmbe wollen wir, daz alle iar ierlichen eyn korschuler dor uff achtunge haben sal vnde mit fleiße mereken vnde an schriben die, die do sumig werden an iren messen vnde auch andern geezyten vnde dor ezu die, die do ane korrockil in dem obgnanten spitel singen wurden; uff den selbigen korschuler sal der auder korschuler uffwartunge haben vnde mereken, ap her selbir in sinen geeziten sumig sin wurde, so sal man em auch abeslan in aller mosse also obenegeschriben steit. Dor ezu haben wir begriffen vnde geordent, daz die obgnanten altaristen vndir sich selbir alle iar ier-lichen vmbe Martini sollen kißen eynen vndir sich, der do alle ire renthen vnde ezinse ezu dem selbigen spitale sie an gehoreude uff heben, in manen getrauwelichen vnde ezu sich nemen sal, vnde sal die anderswo nicht vßgeben, sunder sal die teilen vndir die selbigen altaristen noch geborlickeyt. ydermanne zeu gebene also vil also em geborit; [er] sal auch eynem itzlichen abeslan, her sie altariste adir korschuler, von dem ganezen iare, ap ymant sumig worde vndir en vnde wie offte an den mes-sen adir geeziten, sulch gelt also wir daz obene haben geschreben vnde sal danne sulch gelt glich teilen vndir sie vnde nach vndir die ezwene korschuler, die do sel-bist kegenwertig sin gewest in irem ammechte ane alle generde. Dor obir so haben wir noch fordir mehir begriffen gesaezt vnde gemacht, daz die obgnanten altaristen alle iar ierlichen vndir en sullen kisen einen praecentorem, noch dem sich die andern sampt mit den korschulern ganez richten sollen in den sachen, die den kor do sel-bist anlangende sint, vnde sal alle ire geezite selbir an heben adir daz eine andern beuelen, dor wider sich der, dem hers beuelet, nicht setezen sal. Her sal auch alle sorgfeldikeyt des kores betrachten vnde den kor also bestellen, daz alle messen vnde andere geezyten ordentlichen mit ynnickeyt gote vnde dem hymmelischim here zeu lobe werden volbracht vnde eyntrechticlichen gesungen. Der selbige praecentor sal ouch haben, uff nemen vnde zeu siner bruchunge alleyne behalden allin oppbir, der do in dem selbigen spittal in ezukunfftigen geezyten geopphert wirt uff den altaren; her sal auch die messen gote zeu lobe sunderlichen zeu der kirmiß Georgii Barbarae vnde Gerdrudis erlichen bestellen vnde schencken von dem selbigin oppher iezlich fest sunderlichen dry stopchen birs den, die do singen helffen die selbigen messen. Vnde wie offte sichs geboren wurde, daz ymant sterben wurde in dem selbigen spital noch willen des almechtigen gotes, so offte sal en der selbige prae-centor sampt mit dem glockener zeu grabe beleiten in sine korrockel mit gewon-lichim gesange, also man den toden phlegt noch zeu singen, vigilien vnde messen halden; vnde sal auch alle sontage frue in der kirchen sin vnde salez vnde wiche-wasser zeu senthe Jorgen wihen[*]) als sich daz gebort vnde gewonheit ist. Vnde uff daz sulche vnsere obengeschreben begriffunge vnde ordenunge festiclichen ane vorruckunge solle gehalden werden, so haben wir vnser ingesigel an dissin briff

—

1) Or sal ouch alle sontage frue vnde wochenwmr zeu senthe Jorgen in der kirchen sin vnde wihen.

laßen hengen, der do gegeben ist noch Cristi geburt tusent virhundert dar noch in
dem czweyvndefunffeczigistim iare am dornstage noch dem sontage Cantate.

Nach dem Stadtbuch fol. 267ᵇ im Rathsarchiv zu Leipzig.

No. 287. 1452. 24. Mai.

*Thaddäus Abt des Schottenklosters zu Erfurt spricht gegen Bürgermeister und Räthe, welche in
den in Klagsachen D. Johanns von Allendorfen angesetzten Terminen ungehorsamer Weise nicht
erschienen sind, den Kirchenbann aus und belegt die Stadt mit dem Interdict.*

Thadeus dei gratia abbas monasterii sancti Jacobi Scotorum Erffordensis
ordinis sancti Benedicti Maguntinensis diocesis iudex et conservator iurium privile-
giorum libertatum rerum et bonorum venerabilium virorum dominorum magistrorum
doctorum atque scholarium almae universitatis studii ibidem una cum certis nostris
in hac parte collegis cum clausula ,Quatenus vos vel duo aut unus vestrum' ꝛc. a
sacrosancta generali synodo Basiliensi dudum ante protestationem animorum (sic)
dominorum principum sacri Romani imperii electorum factam specialiter deputatus
universis et singulis dominis abbatibus prioribus praepositis decanis scolasticis canto-
ribus canonicis tam cathedralium quam collegiatarum ecclesiarum divinorumque recto-
ribus presbyteris curatis et non curatis clericis notariis et tabellionibus publicis
quibuscunque per civitatem et diocesim Merseburgensem et praesertim divinorum
rectoribus in Lipczk ceterisque requisitis salutem in domino et mandatis nostris huius-
modi imo verius dictae synodi firmiter obedire. Quia eximius vir dominus Jacobus
Stendal in medicinis doctor, Johannes Tummel, Petrus Scholer, Heinricus Pruser,
Michael Ylburg, Jacobus Muller, dictus Wolkensteyn, dictus Nuinhofer, Johannes
Apotecarius, Laurentius Budernißt, Johannes Vischer, Petrus Stenger, Nicolaus Bur-
burger, Conradus Pruser, dictus Kracz, Johannes Knappe, Johannes Nopel, item
eximius vir dominus Johannes Murer doctor in medicinis, Martinus Breseniez, Nico-
laus Muller, Johannes Sontag, Ludeke Sontag, Nicolaus Heyneman, Theodericus
Kulkewicz, Asmus Rucken, Johannes Koling, Johannes Lang, Henricus Winter, Jo-
hannes Marschalk, Henricus Furster, Petrus Pavern aurifaber omnesque et singuli
consules et proconsules totaque communitas opidi Lipczk dudum a nobis citati et
moniti pro censibus debitis et retardatis ad instantiam venerabilis et egregii viri
domini Johannis de Allenblumen decretorum doctoris vicedomini Erffurdensis coram
nobis in termino citationis non comparere nec intra terminum monitionis tunc in
litteris nostris expressum nostris parere mandatis curarunt, fuimus in termino moni-
tionis huiusmodi instantia procuratoria dicti actoris legitime requisiti, [ut] processum
nostrum contra reos praefatos protendere et citationem ad valvas ut moris est ad
dicendum contra commissionem nobis factam decernere dignaremur. Decernentes hanc
siquidem nobis [factam] petitionem actoris iustam et rationi consonam reproductaque
eadem in termino eius legitime executa nunctio nostro ad hoc iurato referente, ad
importunam instantiam procuratoris praefati in contumaciam reorum nihil dicentium
verbo vel in scriptis contra litteras nostras praedictas earundem executionem nec non

commissionem nostram diutius expectando reos ut praefertur omnes et singulos coniunctim et divisim in scriptis excomunicavimus et dei nomine excommunicamus per praesentes. Quae omnia et singula vobis omnibus et singulis intimamus insinuamus publicamus ac ad vestram et cuiuslibet vestrum notitiam deducimus et deduci volumus per praesentes, mandantes vobis, quatenus eosdem sic ut praefertur excommunicatos et communitatem interdictam singulis diebus dominicis et festivis coram multitudine populi dum ad divina audiendum congregatus fuerit de ambonibus vestrarum ecclesiarum publice denuntietis et faciatis denuntiari sub poena excommunicationis et suspensionis, quas in vos et vestrum quemlibet trium tamen dierum canonica monitione praemissa dei nomine ferimus in his scriptis, nisi feceritis quod mandamus; diem vero executionis praesentium et quidquid in praemissis feceritis nobis per vestras patentes litteras remissas praesentium in signum fidelis executionis per vos factae legitime rescribentes. Nunctium nostrum delatorem praesentium quantum in vobis est de adversis sibi verisimiliter obvenientibus avisantes facientesque suae protectioni quantum poteritis, super quo vestras conscientias oneramus poenis et censuris sub praemissis. Datum Erffordiae in curia nostrae habitationis anno domini M° CCCC° quinquagesimo secundo vicesima quarta mensis Maii nostro sub sigillo praesentibus appenso.

Hinricus Gleneborg iunior notarius.

Nach der Handschrift Rep II fol. 10ᵃ fol. 42 in der Stadtbibliothek zu Leipzig.

No. 288. 1452. 14. Juli.

Abt Thaddäus held, nachdem die Bürgermeister und Räthe von Leipzig mit dem D. Johannes von Allendumen sich freundschaftlich verglichen haben, auf Antrag des letztern den Kirchenbann und das Interdict wieder auf.

Thadeus dei gratia abbas monasterii sancti Jacobi Scotorum Erffurdensis ordinis sancti Benedicti Maguntinensis diocesis iudex et conservator iurium privilegiorum libertatum rerum et bonorum venerabilium virorum dominorum magistrorum doctorum atque scolarium almae universitatis studii ibidem una cum certis nostris in hac parte collegis cum clausula ,Quatenus vos vel duo aut unus vestrum' ꝛc. a sacrosancta generali synodo Basiliensi dudum ante protestationem animorum dominorum principum sacri Romani imperii electorum factam specialiter deputatus universis et singulis dominis plebanis viceplebanis cappellanis presbyteris clericis notariis tabellionibus publicis quibuscunque per civitatem et diocesim Merseburgensem et praesertim divinorum rectoribus in Lipczk salutem in domino [et] nostris huiusmodi imo verius dictae synodi mandatis firmiter obedire. Quia eximii et prudentes viri et domini Jacobus Stendal, Johannes Mewer in medicinis doctores, Johannes Tummel, Petrus Scober, Heynricus Pruser, Michael Eyleburg, Jacobus Moller, dictus Wolkensteyn, dictus Nuonhofer, Johannes Apothecarius, Laurentius Pouderniß, Johannes Fisscher, Petrus Stenger, Nicolaus Bowerburger, Conradus Bruser, dictus Croez, Johannes Knappe, Johannes Nopel, Martinus Premsewiez, Nicolaus Moller, Johannes Sontag,

Ludeke Suntag, Nicolaus Heyneman, Theodericus Kolkewicz, Asmus Nickin, Johannes Koling, Johannes Lang, Heynricus Winter, Johannes Marschalk, Hinricus Furster, Petrus Basern aurifaber omnes et singuli consules et proconsules totaque communitas opidi Lipzk excommunicati et interdicti a nobis pro contumacia ad instantiam venerabilis viri domini Johannis de Allenblumen decretorum doctoris vicedomini Erffurdensis dictae universitatis membri et regentis se amice composuerunt actore cum praefato ideoque instante procuratore supra dicti actoris reos omnes et singulos praemissos et quemlibet eorum a quibusvis excommunicationis sententiis occasione supradicta contra eos latis absolvimus ad cautelam et interdictum contra communitatem ut praefertur latum pariter ad cautelam per praesentes dei nomine relaxamus; mandantes vobis omnibus et singulis supradictis, quatenus accelatis quo propterea fuerit accedendum et eosdem reos ut praemittitur absolutos interdictumque relaxatum dum populus ad divina audiendum convenerit publice denunctietis et faciatis denunctiari, iniuncta eis primitus poenitentia salutari si qualemcunque huiusmodi sententiarum occasione remorsum habuerint, super quo eorum conscientias oneramus —. Datum Erfordiae in curia nostrae habitationis anno domini M° CCCC° LII° decima quarta mensis Julii nostro sub sigillo praesentibus impresso.

Anno 52. In crastino divisionis apostolorum 16 Julii in Lipzk occulte intimata nec publicata nec denunciata.

Nach der Handschrift Rep. II. fol. 10ᵃ fol. 42ᵇ in der Stadtbibliothek zu Leipzig

No. 289. 1452. 16. Aug.

Rathsbeschluss über Weinschank, Brauen, Malzen und Hopfenmessen.

Nach gots geburt der mynner czal im czwey vud funffezigsten iare an der mittewochn noch vnser frauwen tagk assumptionis in gemeyner saulunge aller drier rete ist geratslaget vnde betracht wurden vnbe daz winnehencken. So also etliche fele wine schenceken, do von sich ander vnd vchel neren vnde bergen mochten, ist aldo durch gemeyns nucz frommen vnde gedien willen der stat ußgesatcz geordent vnde gemacht wurden. Zeum ersten, daz hinforder mehir keyn burger alhir win schenceken sal, er stehe denn XII mark alle halbe iar czu geschosse ꝛc. Item wer denne also vil zcu schosse stehit, der magk Jhenschyn wyn, Kotezberger, Franckenwyn vnde Elsessir schenceken welchen er wil noch synem besten erkenthniße. Item ist auch doselbist ußgesatcz, daz itzlich burger, der also vchel zcu schosse stehet vnde weyn schenceken wil, uff daz meyste driehundert eymer lautwyn inlegen magk vnde nicht mehir ane argelist vnde geuerde; wer abir wedir diße satczunge griffe vnde mehir weyn inlegen lisse, der sal ye von eynem eymer, den er mehir inlegen wurde, funff grosschen geben zcu busse, dy der rat von dem addir den, dy do widdir thun wurden, vnleßlich fordern vnde nemen sulle, sundern Franckenwyn, Kotezberger, Elsesser addir andir wyne magk er schenckeun vnde inlegen noch synem willen vnde besten erkentniße an geuerde. Item eß sal auch nymandes in des andern

COD. DIPL. SAX. II. 8.   30

keller wyn schencken addir schencken lassin addir mit eynem andern wyn zcu schencken geselschafft haben by der selbigen busse. Item solliche wyne, dy eyner bye sich legen wurde, magk er schencken addir by ganczin fassen uorkouffen noch aynem besten erkennen, vnde waß er schenckt, das sal er amen lassen vnde dem rate vorrechtin, dar uue sal der rat nymnndes schonenn, sundern von ydermanne nemen noch dem om geburt czu geben; waß er abir wyne by ganczin vassen verkouffen [wurde], danon dorff er keine slegeschatcz adir gerechtikeit nicht geben.

Item eß ist auch doselbist von deß brauwen vnde melezen wegen geratslaget vnde angehandelt wurden vnde betracht. So also man biß hier vehel gerste begossen hat, das nahet alle malczbottige zcu kleine sin, da uon kan dy gerste sich nicht ergeben zcu weichene noch auch uff dem tenne sich nicht irgeben zcu wachsen, daz malcz wirt auch dar zcu dicke uffe die darre geschut, deßglichen kan sich ein gut in dem branhuße nicht ergeben vnde ist auch vordrißelich allen erbeitern luten do mit vmbe zcu gehen; wenn ein solch gut auch vortirbet, daz souil stehit, so kommen die lute die zcu grossen schaden. Sollichs allis zcu vndirkomen ist gesatezt vnde geordent wurden, daz hinforder mehir iezlich burger, der da malcz wil lassen machen, uff daz meiste viervndeczwenczig scheffel gerste, was gerste daz auch sy eß sy summer gerste addir wynter gerste, in den bottich schuttin vnde begissen sal vnde nicht mehir, mynner magk er wol begissen ap er wil; vnde wenne man dy gerste inschuttin sal, so sal der melezer addir malczherre geinwertig syn, daz er sehe, daz man dy gerste meße vnde nicht mehir denn viervndeczwenczig scheffel inschutten vnde begissen lasse; wenne er auch erkente au dem bottiche, daz ymmdes mehir denne viervndeczwenczig scheffel inschuttin addir begissen liße adder ingeschut vnde begossen hette, daz sal er dem rate vorkundigen, der denne dorvmbe straffen sal also hirnoch geschriben stehit. Item eß sal auch nymmdes mehir, denne sollich malcz [als] von viervndeczwenczig scheffel gemacht ist, brauwen addir brauwen lassen, so daz er nicht mehir von andern malezern darczulegen vnde erlengen sal; wer abir hir wedir thun wirdet vnde obirgriffen vnde mehir denne souil scheffel so oben irczalt ist begissen wurde vnde brauwen, der sal ye von eynem scheffel, also manchin er mehir nemenn wurde, eynen gulden dem rate geben vnde beczaln, denn auch der rat vnleßlich von denn, dy also besaget wurden[1] vnde sich nicht rechtfertigen wolten[2] addir obirkommenn wurden, nemen sal aue ydermandes vorschonunge. Was abir diß iar addir malcz gemacht vnd obir summer gelegit syn, dy magk man brauwen also groß als dy gemacht vnde gelegit sint aue wandel vnde schaden. Es sal auch nymandes mehir denne eyn alt malcz obir summer machen vnde legin lassen, also daz von alders ist gewest vnde gesatez ist; wer da widdir tut, der sal ye von eynem malcze. daz er mehir machen wurde, czweye nuwe schock denne rate zcu bußße geben, daz auch der rat ydermande vnuorschont vnleßlich nemen sal. Item eß sal auch nymandt malcz in andern stetin kouffen vnde hiher infuren zcu brauwen; wer do widdir tut, der sal eyn schock bußße geben. Item man sal auch hinforder mehir nicht denne viervndeczwenczig grosschen der nuwesten muneze zcu malezene fordern vnde geben. Item eß sal nymmdes mehir brauwen

1) Or. werden. 2) Or. wollt.

addir schencken, wenne er czu schosse stehit; wer do widder tut, also manch bir er
mehir brauwet addir schencket, also manch mol sal er dem rate czwey schock zeu
busße geben, ane hacken bir, das mag man kouffen vnde schencken noch der stat
willekor vnde also dye tafele usßweißet. Item eß mogin auch irer czwene ein alt
malez wol mittenander brauwen ane wandel, sundern nuwe malez sal ydermann, wer
brauwen wil, alleine brauwen. Item eß sal auch kein melezer mehir denne czwey
melezhußer haben vnde vorstehen. Item eß sal auch kein brauwemeister mehir denne
czwey brauwehußer haben vnde uorstehen.

Item vmbe daz hoppenmessen, da by auch vchil list generde vnde betriglickeit
ist vnde geschyt, ist gesatezt [vnd] geordient, daz die gesworn meckeler der stat
forbußmehir hoppe messen sullen uß der stat scheffel, vnde wie die selbigen den
hoppen messen werden, da sal yderman, beide der kouffer vnde der uorkouffer, eyne
gnuge an haben vnde sollin dar inn nicht reden; vnde die selbigen meckeler sollin
zeu lone vor ire erbeit ye von eyuem scheffel, wy vchil sy der messen werden,
eynen heller haben, denn selbigen heller sal der geben, der den hoppen gemessen
nympt, ap sich dy kouffer vndir eyuander nicht anders vortragen konnen.

Nach dem Stadtbuch fol. 52 im Rathsarchir zu Leipzig.

No. 290. 1452. 1. Sept.

*Der Rath verschreibt dem Bürger und Rathsverwandten Peter Schober einen jährlichen Zins,
den derselbe zu Bekleidung armer Leute ausgesetzt hat.*

Wir nachgeschrebin Reinhard Stenbe stathelder des burgermeisters Heinrich
Winter, Heinrich Stauge, Michil Dewitez, Jacoff Moller, Hans Slautitz, Jacoff Voit,
Hans Zeelschiu vud Henteze Moginbouer ratmanne vnd gesworne zen Lipczk beken-
nen —, das wir mit willin vnd wissin der ander czweyer rete allhir vorkoufft habin
— dem ersamen Peter Schober vunserm mitteburger vnde ratisfrunde eilff Rynische
guldin gut an golde swer gnugk am gewichte rechter landeßwerunge addir also vil
genger munteze, das man alsouil goldes nach genneyuen louffte in der stad Lipczk
do mitte beezaln magk, ierlichir czinße vud gulde an vnuser stat guttern czinßin
gnyssin vnd allerley czngehorungen uff einen widdirkouff als widdirkouffs recht vnd
gewonheit ist, vud habin sollichin czinß gegebin vmbe czweyhundert vud czwenczigk
Rynische gulden, die vns der selbige Peter Schober bereit nutezlich vnd wolezu-
dancke beezalt hath vud wir sollich gelt an vnuser stat nutez buwe vnd fromen
schyubarlich vnd nutezlich gekart vnd gewant habin. Vnd der gnante Peter Schober
hat sollichin czinß von gotlichir ingebunge gote dem almechtigiu vnd Marien syner
muter czu lobe vnd czu ere, om selber vnd alle den sinen czubesundern troste czu
einem ewigin almeßen nemlich zeu cleidunge arner lute, die man ierlich dauon clei-
din sal, gekoufft vnd beezalt in disser nachgeschrebin maße, das dergnante Peter
Schober die wiele er leben wirdet vmbe solliche eilff gulden czinßes ierlich uff die
tagecziit deß czinßes vier tuch kouffin, dy czusnyden vnd teiln vnd arme vnd not-

30*

dorfftige lute nach sinem besten erkentnißße dor inne cleidin sal, vnd sal sollichin
czinß in syns selbist nutez in keiner wieße keren nach wenden, also er das vor vns
sich vorwillet vnd des nutez vnd genyß gantez obirgebin hath; wenne aber der
gnante Peter Schober todeßhalbin abegehn wurde, das got sin lebin lange friste, so
sullin wir vnd vnnser nachkomen an dem rate in derselbigin wyße vor solliche eilff
guldin czinßes solliche vier tuch kouffen vnd arme vnd notdorfftige lute die aller
ermesten vnd notdorfftigestin alle iar ierlichin nach vnnserm besten erkennen vnd
nach vorbete meister Johanneß deß gnautin Peter Schobers sone bie sinem lebin dar
inneeleiden ane vorsumeniß, alle arg vnd geuerde hiriune abgesloßßin, addir wie
Peter Schober in synem leteztin ende sollich almeßin orden addir schicken wurde,
dornach sullin vnd wullin wir eß halden. Vnd wir obgeschrebin burgermeistere vnd
ratmanne geredin vnd gelobin solliche eilff guldin czinßa — alle iar ierlichin uff
sente Lorentezen tagk dem gnantin Peter Schober die wyle er libet vnd lebit vnd
nach sinem tode vor solliche vier tuch, die wir kouftin werdin vnd sullin, — addir
wo hen Peter Schober solliche czinße wyßin addir schicken wirdet, gutlichin ane alle
vorsumeniß vnd verhinderunge czubeczaln etc. So wir denne sollichin czinß nff
vnnserm ratluße uff einen widdirkouff vorkouft habin, wurdin wir denne addir vnnser
nachkomen am rate sollichin czinß widdir abekouftin vnd abeloßin, so sullin wir den
vor czweihundert vnd czwenczig gulden loßin vnd abekonftin, als wir von Peter
Schober darnor entpfangen vnd beczalt genomen habin; vnd wenne wir addir vnßer
nachkomen sollichin czinß an vnser stat abegeloßet habin, so sullin wir getruwelich
vorsuchin vnd mit wissin vnd willin drier rete vnd auch deß gnautin Peter Schobers
vnd meister Johannes syns sons an andern gewissin stetin vor sollich gelt einen
gewissin ierlichin czinß kouftin, den wir denne vns cznschribin lossin vnd den ier-
lichin fordern vnd darnor solliche vier tuch kouftin vnd armelnte cleidin sullin —.
Kondin wir denne sollich gelt, da mit wir den czinß an vnnser stat abeloßin wur-
din, an andere gewißße stete nicht angelegin uff einen gewissin czinß, so sullin wir
vnd vnnser nachkomen volle vnd ganteze macht habin, mit willin vnd volbort aller
drier rete alldir czu Lipezk vnd der gnanten Peter Schobers vnd meister [Johannes]
sins sons sollich gelt als nemlichin czweihundert vnd czwenczigk gulden czu wen-
den vnd czugebin czu dem spitale czu sente Jorgin vor vnser stat Lipezk gelegin
vnd sullin darnor ierliche czinße addir weßin addir holez addir sust leginde grunde
konffen vnd das also angelegin vnd keren, das die armen lute deß selbigin spytals
ewiglichin danou getrost vnd erqwickt werdin, das wir denne vnd vnnser nachkomen
also getruwelich thun wullin vnd sollin ane argelist vnd geuerde. Zeu vrkunde vnd
mehir sichirheit — habin wir vor vns vnd vnnser nachkomen vnnser stat ingesigel
vnden an dissin briff lassin hengen, der gegebin vnd geschrebin ist nach gots geburt
tusint vierhundert dornach im czweyvndfunffezigisten iar am fritage nach decollationis
Johannis.

Nach dem Orig. im Rathsarchiv zu Leipzig mit dem wohlerhaltenen grossen Stadtsiegel an einem Per-
gamentstreifen.

No. 291. 1452. 29. Nov.

Der Rath gestattet bis auf Widerruf den Schmieden, Steinkohlen zu verarbeiten und gibt den Handel mit Schlössern und Nägeln frei.

Mit volbort der eldistin aller drier rete hath der rat irleubet den smeden steyn kollen zcu erbeiten beß vff ein wedderruffen, wenne sy clageten, sy konden dy andern kollen nicht irlangen. Feria 4ta post Katherinae anno xc. LII.

Vff den selbigin tag hath der rat irleubet, sloß vnde nayle in den husern zcuuerkouffen auch von den, dy nicht smede sint vnde auch dy nicht innunge mit den smeden habin.

Nach dem Rathsbuch fol. 25 im Rathsarchiv zu Leipzig.

No. 292. 1452. 20. Dec.

Verbot der spitzen Schuhe und des Bäckertanzes auf Veranlassung der Predigten des Johannes von Capistrano.

An der mittewochin noch Luciae sint dy rete ein wurdin, das dy schuster hinforder keyne spitcze noch sneppe an dy schuhin sollin machin, ane eynen vorstich, den mogen [sy] doran stechin, by busse eins nuwen schock, das yderman gebin sal, also dicke er da wedder thun wurde, vnde dem hantwergke I phunt wachs; vnde dy rete habin das gancze hantwerck vor sich geheisschen vnde alle meister vnde on by obgeschrebener busse gebotten, das also zcu halden vnde dem also noch zcukommen. Factum sub Reinhart Steubin anno xc. ut supra.

Eodem die habin dy rete nicht wolt gestaten iren tancz den beckern zcuhabin vnd gemein bir vmbe der predigete willen patris Johannis von Capistran vnde ander prediger.

Nach dem Rathsbuch fol. 25b im Rathsarchiv zu Leipzig.

No. 293. 1452.

Rathsbeschlüsse in Betreff des Obstverkaufs und der Curetzglocke.

Item eodem anno ist der rat mit willen der eldistin [ein wurden], das man hinforder stete vnde vnuorruckt halden sal, das nymandes abeß, nusse, epele, bern vnde deß glichen keuffen sal, der verkeuffer habe denne dry tage marckt gehalden, also das eine alde gewonheit ist, sub poena unius ß.

Item dy rete sint ein wurden, das keyn burger, der do wyn schencket, noch der glocken Cavete sinen keller offen haben sal vnde dar inne geste vnde czeche halden; wer do wedder tut, sal dem rate 1 ß zcu busse gebin. Das ist dorvmbe geschehen, das dy studente vnde hantwercks gesellin deste fredelicher miteinander sitczen.

Nach dem Rathsbuch fol. 25 im Rathsarchiv zu Leipzig.

No. 294. 1452—58.

Berechnung der Schuhlforderung der Stadt an Kurfürst Friedrich II.

Noch der obgeschrebin rechnunge, die do geschach anno L^{ma} mit Baltasar Arras kammermeister, bleib vnser herre dem rate schuldig III^c vnde XX gulden noch lute eins briues, der in der cappelle lyt. Dornoch anno domini ꝛc. L secundo leig der rat von bete wegin vnser gnedigin frauwen vnde ern Caspars bisschoues zcu Missin vnserm gnedigin hern IIII^c flor., die quamen gein Brux vff einen tag, vnde der bisschoff obgnant vnde vnser frauwe haben sich vor sullich gelt selbschuldiglich vorschrebin, ut et in littera super hoc confecta. — Item also die von Aldenburg vorbranten anno domini MCCCC L^{mo} circa festum Johannis, do muste der rat die czinße vor vnsern hern vßgeben, vnde die von Aldenburg hatten deß nicht zeugebin, vnde darvmbe wurden drii iarczinße alle iar III^c XLVIII gulden vnserm hern zcugerechent von deß schadeloß briues wegin, den vnser herre dem rate albir gegeben hath; das macht zcnhuffe drii iarczinße MXLIIII flor. beß uff anno L tertio beß nff Michaelis exclusive; das alles zcuhuffe gerechnt mit dem obgeschriben gelde facit XVII^c vnde XLIIII flor. Vff die selbige cziit Michaelis anno LIII° solde der rat vnserm hern eine sture gebin XII^c gulden, die selbige sture wart zcu Dresden abegerechnt in praesentia cancellarii vnde Hans von Kokericz homemeisters; also blibet vnser herre dem rate noch schuldig V^c vnde XIIII gulden gerechnter schult, das in vnsers gnedigen hern registern vorczeichnt stehet. Anno domini L tertio sub doctore Jacobo leig der rat vnserm hern zcu notsachin, eczliche Slesiger soldener zcunorgangen mit namen er Herman Zceteriez ꝛc. III^c flor. Dornoch anno domini ꝛc. L quinto sub Reynharto Goltsmide leig vnserm hern der rat albir III^c flor., die nam Hans von Kokericz vff in der voitye zcu Lipczk vnde antworte die Trnpiteze dem gleiczmann doselbst.

(Item so hath der rat einen iarczinß anno L tertio anczuheben vff Michaelis vnd L quarto uff Walpurgis vor die von Aldenburg beczalt, das myn herre vor sie gebin sal. facit III^c XLVIII flor.

Summa vnsers hern schult post proximum computum XIIII^c vnde LXII flor.)[1]

Daruß ist abgerechnt das houbtgelt, das zcu Lipczk gefallin ist CLXX ß, das hath der rat innebehalden uff rechnunge, do galt der gulden XXVI gr.; facit III^c XCII flor. VIII gr.

Item der rat hath vnserm gnedigen hern gelegen zcu einer botschaft anno domini ꝛc. L septimo dominica Oculi hundert Rynissche gulden, da vor habin selbschuldiglich [sich verschriben] er Hillebrant vom Eynsydel marsschalk, er Jorge von Hugewicz canczeler vnde Hugel Tubenheym der iungen hern homemeister. Anno domini ꝛc. LVIII feria quarta post Laetare hath der rat einem kauffmanne von Nuremberg Dittmar gnant beczalt II^c vnde LXX gulden vor golden ringe zcu der zciit, also man vnser frawelyn marggranen Albrechte gelobette[2]; de hoc constat Otten Spygele, er Hanße von Malticz, ern Jhane von Slyniez, ern Hillebrande von Eynsidel obirmarsschalke. Eodem anno feria 3^a post Visitationis hath der rat dem cammermeister geantwort vnde vnserm hern gelegen II^c gulden, das sulde zcu sture dem herczogin von Brunswig zcu siner lobunge. Daruße hath er Jhan von Slyniez beczalt II^c alde ß obbir zcewei iar ernoch adder dobei, do galt der gulde J ß; facit CXXXIII gulden X gr.

Restat vnsers hern schult MC LVIII gulden.

Nach dem Stadtbuch fol. 219^b im Rathsarchiv zu Leipzig.

1) Durchstrichen. 2) Anna, kurf. Friedrichs II. Tochter, im J. 1458 mit Markgraf Albrecht Achilles von Brandenburg vermählt.

No. 295. 1453. 7. Jan.

Anno ꝛc. LIII° sabato post Epiphaniae domini had myn herre Diterich Kawisch fischer zu Lipczk vier acker landes vor dem Petirstore zu Lipzck vff der Leymgruben gelegen, die er Hanß Apel abegekoufft had, gelihen. Testes der Russe innior, Hans von Kokericz hofrichter ꝛc. Actum Lipczk ut s.

Nach Cop. 44 fol. 165 im K. Haupt-Staatsarchiv zu Dresden.

No. 296. 1453. 23. Jan.

Anno ꝛc. LIII° tertia post Vincentii had myn herre Nickeln Moller bürger zu Lipczk die guldyn hufe vor sente Peters thore zu Lipczk zcewischen der Aldemburgischen vnd Oßanwischen straßen, item vier acker darkegen an der Kere vnd IIIJ acker vor dem Grymmischen thore neben sante Johanns kirchen gelegen, als Hans Fritze vnd Lorencz Apel gebruder ym die verkoufft vnd nu vffgelassen haben, zu lehen gelihen, auch solliche acker alle Brigitten sinem wybe zu lipgut gelihen. Tutores Hans Tümmel bürgermeister vnd Jacoff Moller zu Lipczk. Testes er Jorge von Hugewicz techand zu Missen canczler, Hans von Kokericz hofrichter, Otte Spigel ꝛc. Actum Delczsch ut. s.

Nach Cop. 41 fol. 165 im K. Haupt-Staatsarchiv zu Dresden.

No. 297. 1453. 7. Febr.

Taxe für die Oelschläger.

Eodem die (4ᵗᵃ post purificationis) hath der rath den olslegern das ol gesaczt vnde das smehr vnde gegunst, das sy eß durcheinander ein pfunt ol vnde ein pfunt smehr vmbe VI den. geben mogen; wer do wedder thun wirdet, der sal allewege zcu busse ein ß geben.

Nach dem Rathsbuch fol. 26 im Rathsarchiv zu Leipzig.

No. 298. 1453. 28. Febr.

Der Rath fasst unter Zuziehung der Aeltesten der Gewandschneider einen Beschluss wegen des Tuchverkaufs.

Feria 4ᵗᵃ post Reminiscere hat Peter Schober vnde Nickel Moller vnd ander gewantsnyder vorgebrocht, wy vehl gewant snyden heymlich in den husern vnd nicht kammern haben: daruff hath der rat die eldesten besant vnde sint deß ein wurden, das iczlich besessen burger. ap er auch nicht eine gewantkammer hath, in sinem huse ein tuch adder zcwey vorkeuffen adder snyden mag ane wandel, sunder kein gast, der nicht besessen ist, der sal das nicht thun. Factum sub proconsule ut supra.

Nach dem Rathsbuch fol. 26ᵇ im Rathsarchiv zu Leipzig.

No. 299. 1453. 8. Apr.

Kurf. Friedrich II. belehnt Cunz Bruser mit Gütern und Gefällen.

Anno domini ꝛc. L tertio dominica Quasimodogeniti had myn her Cunczen Bruser burger zcu Lipczk, Henrichen, Hanßen vnd Cunczen sinen sonen eyn weßen gelegen fur dem Ranstetischen thore fur Lipczk. die iezund Peter Biczynne burgerynne doselbs zcu irem libe innehad vnd besiczt, die Cunez vorgnant Hanßen Knappen abgekoufft vnd vffgelassen hat, dorczu eyn frihen hoff, IIII ßo gr. ierlicher zcinse vnd IX huner im felde vnd dorff zcur Trenow in der pflege Lipczk gelegen, die Cunez Bruser vorgedacht Hanßen Brußern sinem ohem abgekoufft had, zcu rechtem lehen gelihen vnd frauwen Elizabeten, Cunczen Brusers wiep die obgeschriben wese. den fryhen hoff, vier schog gr., IX huner ierlicher zcinse zcu lipgeding gelihen. Tutores Hanß Tummel vnd Peter Ilburg. Testes er Hildebrand vom Einsedel, Hans von Kokericz, er Nickel von Schonberg ritter, Hanß Loßer. Actum Grymme uts.

Nach Cop. 44 fol. 171 im K. Haupt-Staatsarchiv zu Dresden.

No. 300. 1453. 11. Apr.

Rathsbeschluss über die Erhebung einer Bürgerrechtsgebühr von neuen Bürgern.

Feria quarta post Quasimodogeniti sint dy eldestin aller dryer rete ein wurden, das hinforder alle rete halden sollin. Wer ein burger inufort wil werden, der sal zcu vor an dem rate ein buchße gebin vor ein halp nuwe ß. Das ist darvmbe gesaczt, wenne dy itczunt burger sin, dy habin sich groß vorbuwet an grabin, twingern, muern vnde geczuge, darvmbe ist eß billich, die burger werden wollin, das dy auch etwas zcu dem geczuge geben sollen; darvmbe sal iczlicher eine buchße gebin ꝛc. Dornoch sal man von om nemen, also man das beßher gehalden hath. — Item so sal der rat bestellin mit dem kuppersmede, das er eczliche buchsen mache in einer grose zcu halbin schocken, dy man zcu om funde, wenne einer burger wil werden. Factum ut supra anno L tertio.

Nach dem Rathsbuch fol. 26ᵇ im Rathsarchiv zu Leipzig.

No. 301. 1453. 8. Mai.

Bürgermeister und Rath verkaufen 8 Schock Schildgroschen zu dem von Nicolaus Volkmar, Pfarrer zu Taucha gestifteten Lehn auf dem Laurentiusaltar in der Capelle der Sondersiechen zu S. Johannis.

Wir nochgeschrebin Hannß Tommel burgermeister, Heynrich Buchner, meister Nicolaus Pistoris, Michel Ileburgk, Peter Reichenbach, Tyle Hertwig, Hanß Stockart, Steffan Blecker, Hannus Banczschman, Policarpus Storm, Benedictus Moller vnd Hannß Konigk gesworne rathmanne diß iar der stad Lipczk bekennen — das wir — mit wissen willen vnnd volbort aller dryer rete — vorkaufft habin — an allen der stad gutern ezinßen czollen schoße vnnd zcugefelle — vff einen rechten vnnd bestendigen widererkauff acht schock guter nuwer schildichter groschen, die itznnd die hochste werunge yn vnnßir gnedigen hern furstenthum vnnd yn vnnsir stad sint addir was yn zeukunfftigen czyten die hochste vnnd beste were syn wirdet, zcu einer stifftunge eins nuwen lehns vff sentte Laurenczien altare yn der capellen sente Johannis in dem spyttal der sundirsichen vor dem Grymmisschen tore vssirhalbin vnnßir stad gelegen, das der erbare er Nicolaus Volkmar pfarrer zcu Tuche gote zcu lobe, Marien syner muter vnnd allen heiligen zcu ereu vnnd zcu troste glewbiger zelen aldo gestifft hat. Vff sollichim altare sal der altariste, der zcu syner zeit syn wirdet, alle wochen dry messen leßen, czwu noch geborlichkeit der zeit vnnd gemeyner vßsatezunge vnnd die dritte vor alle gleubigen zelen; vnnd der egnante er Niclauß Volkmar der stiffter des lehens hat om behaldin dasselbie lehen die wile her lebet selbist zcubestellen vnnd die czinße zcu hebin, abbir noch sinem tode, so got syn lebin lange friste, sollen wir der rat vnnd vnnßire nochkommenden am rate zcu ewigen geezyten das ius patronatus das lehen zcubestellen vnnd zcunorlyhen habin ane ydermanns vorhynderunge vnnd ynrede; vnnd wenne man eß vorlyhen sal, so sal man eß einem ynnigen fromen prister lihen addir einen clerico, der yn einem iare prister sal werden. Sollche acht schock czinßs habin wir gegebin vor vnnd vmbe hundert vnnd sechs vnnd drissig nuwer schock schildichter grosschen, die vns der egnante erbare er Niclauß Volkmar — beczalt hath —. Sollche acht schock czinßs gereden vnnd globin wir — dem egnanten er Nicolao Volkmar vnnd noch sinem tode einem iczlichen altaristen — yn czween geezyten deß iares als nemlich vff sentte Michels tag fiher nuwe schock vff den nehstin sentte Michels tag anzcuhebin vnnd vff sentte Walpurgen tag dornoch folgennde auch fihr nuwe schock vnnd den forder zcu allen geezyten die wyle disser gekauff stelt vnnd wir den czinß nicht widder abekaufft habin — yn vnnßir stad Lipezk gutlichen zcubeczalen. — Vnnd also der czinß vff einen widderkanff steht, so habin wir die macht sollche czinße widder abezcukeuffen, wenne vns das ebin vnnd bequeme ist; doch wenne wir die zcinße abekeuffen wollen, so sollen wir addir vnnßire nochkommen an anderen enden, wo wir das allir nuczlichst vnnd bequemest irkennen werden, andere czinße keuffen vnnd die dem altare vnnd sinem altaristen zcuschriben vnnd mit vrkunde noch notdorfft vorsorgen lassen, das solch gots dinst woehlich vnnd yerlich — vnuorsumet gehaldin werde, dorczu wir denne allen vliß thun wollen vnnd sollen, also wir das vff vns hirnitt nemen; doch also, ab wir so vil yerlichs czinße nemlich acht nuwe schock vnbe sollche summe hundert vnnd sechsvnnddrissig nuwe schock schildichter grosschen der besten werunge nicht keuffen mochten, das sollichs dem altaristen abegehen, wurden wir abbir mehr darumb keuffen, das eß om zcugehen solle —. Zcu vrkunde — habin wir vnnßir stad groß ynnsigel vnden an dissen brieff — lassen hengen, der gegebin ist noch gots geburt tusent vihrhundert vnnd dornoch yn dem dry vnnd funffezichsten iare am diinstage noch Philippi vnnd Jacobi.

Nach dem Orig. im Rathsarchiv zu Leipzig mit dem wolderhaltenen grossen Stadtsiegel an einem Pergamentstreifen.

No. 302. 1453. 22. Aug.

Beschränkung des Handels der fremden Töpfer.

Feria quarta post Assumptionis hath der rat den toppern zeugesagit, das sy mit den marckmeistern bestellen wollen, das dy fromden topper nicht mehr denne eins das firtel iares alber toppe zcu marckte brengen sollen vnde in den iarmarckten; ober das sollen sy alher zcu marckte nicht kommen noch sy besweren, also sy das clageten. Factum sub doctore Jacobo ꝛc.

Nach dem Rathsbuch fol. 31 im Rathsarchiv zu Leipzig.

No. 303. 1453. 10. Oct.

Strafrechtliche Bestimmungen für die Nachbarn auf der Neuenstrasse.

Feria 4ta post Dyonisii hath der rat den nackeborn vff der Nuwestrasse zeugegeben, wenne sie sich vndereinander schelden, so sol der schelder II gr. adder J ℔. wachß zcubusse gehen, sunder vmbe hurerye mogen sie sich vndereinander bußen noch alder gewonheit eine tunne bires adder deß glichen.

Nach dem Rathsbuch fol. 31ᵇ im Rathsarchiv zu Leipzig.

No. 304. 1453. 7. Nov.

Beschluss der drei Räthe wegen der Stadtknechte.

Sint alle dry rete eins wurden, das dy statknechte allewege dy swert tragen sollen, wenne sie mit dem burgermeister adder zcu den hern gehn wurden, vnde welcher besehn wurde, das er sin swert nicht truge, der sal syn wochinlon vorfallen sint, *ja ſa hf '—— ꞏẏ ~ ℔ẟ '*

Nach dem Rathsbuch fol. 31ᵇ im Rathsarchiv zu Leipzig.

No. 305. 1453.

Der Rath bestätigt die von den Meistern des Bäckerhandwerks bezüglich der Pflichten und Obliegenheiten der Gesellen aufgerichtete Ordnung.

Zeu dem ersten, wil er erbeiten so sal er erbeiten durch butil, die das hantwergk erkennet nach nutez vnde redelichkeid der stat vnd gantezen gemeyne. Welchir ein sollichs [nicht] welde thun vnd halden, der sal vnser erbeit nicht haben, darezu ein solchs vorwandeln dem hantwercke vnd den gesellen. Item ab sich irgen ein geselle in sachen vorworcht adder vorbrich[t] kegen meistern addir gesellen, so  sullen sy uff dem hantwerck einen meister ußkyßen vnd dy meister sullen en auch einen darezu geben, dy danne solliche bussen nach guaden beteidingen sullen. Item welcher knecht zeu huße dint, der sal sinem hern siner erbeit warten beide heiligetage vnd wer[k]tage, vnd darczu siner swyn warten alle tage vnnorezoglichin nach der alden gewonheit; darczu sal er auch widdir zen hochezyten, zen wyn nach zeu bir gehn ane sins hern loube am wer[k]tage. Item eß ist auch vor alder gewest, welichen gesellen eins meisters koste nicht behagit vnd nicht der koste wert sy, dy sullen solliche koste tragen vor dy hantwerckmeister, so wullen dy meister des gantezen hantwercks vngetwungen vnd vngedrungen sin zen¹ geben dy nach koste nach der alden gewonheit. Item welch scheider erbeiten wil uff dem hantwerck, dem wil das hantwerck keynen säuberer halden nach schicken nach der alden gewonheit. Auch sal kein geselle, der vnser erbeit thut, keine frauw obir vnser gut furen. Item welch geselle einem meister sin gut felschit in der möle adder vnge-reden(?) mit freuel heim furet, der sal ein sollichs meistern vnd gesellen vorbussen. Item welich geselle einem meister des hantwercks sin gut infuret, der sal om das zen nützze erbeiten vnd widder heim furen, welcher abir dorobir mit freuel dauon geet, der sal vnser erbeit nicht haben. Item so sullen dy gesellen keyn bir kouffen wenne sy haben nßgedinit, eß sy denne mit des rats willen. Item wo die gesellen einen ort haben adder czechen, in welchs frouen bedirmans hnße adder hoff das ist, so wullen dy meister vnd das gantez hantwerck, das kein geselle eine frye frauw by sich setezen sal bie einer busse dem hantwerck vnd gesellen. Item es sal vnd mag auch ein iglicher meister eyn knecht myten wo er kan vnd mag, wenne er nß hat gedint, vngestrofft vnd vnuorbusßt meister vnd gesellen. Item dy meister vnd das ganez hantwerck sullen vnd wollen kysßin zewene uß den gesellen, dy dy ganteze geselschafft sullen regyren vnd das keyn ander bunth nach keynerley ander gewonheit vndir on gemacht werde, also das der briff vßwyßt.

Sollich obingeschreben stuck puncte vnd artikel wullen dy meister des hantwercks der becker gehalden haben vnd vorhaß von den gesellen dorobir kein ander gerechtickeit nach ander gewonheit zeu machen vndir on, dy zeu Lipezk erbeiten wullen.

Vnd wir ratmanne vnd gesworne zen Lipezk habin den gnanten meisteren vnd gesellen deß hantwercks solliche ordnunge vnd satezunge zeugegeben vnd irloubit uff ein wolgefallen vnd widiruffen, ab wir erkenten, das eß nicht bequeme were. Wir behalden vns auch hirinne insage vnd messigunge aller obgeschreben punckte vnd artickel, das wir hirinne sngin wullin, wenne vnd wo vns das ehin ist: vnd in sollichir ordenunge sullen uß geezogen sin alle sachen vnd bussen, dy den rath vnde das gerichte anlangen. Factum anno domini ꝛc. LIIIᵒ.

Nach dem Stadtbuch fol 50 im Rathsarchiv zu Leipzig.

No. 306. 1453 oder 1454.

Tasordnung für den Todtengräber und Abdecker.

Abus sal iß halden der entdeckir adir der todengreber. Cznm erstin, wenne er eynem eyn grab alleyne macht, der do ist gestorben, von dem sal er nemen II gr. Were abir, daz got lange wente, [daz] eyn sterben anqweme adir sust daz drie adir

31*

vier addir funffe yn eyn grab qwemen, so sal er vom erstin nemen eyn schilling phenning, von den andern, is sie frauwe, iungfrauwen adir man bie vnde obir czwenczig iare, eyn nuwe gr., von den andern dar vndir VI phenning.

Item vmbe daz entdecken. Stirbet eyn gewassenneß phert adir kuw, brenget man is im, so sal er da von nemen II gr., holet er iß abir selbir, so sal man im geben III gr. Was auch katczen hunde swyn vnde andir tod aß uff der gassen liet, die sal er vmbe sust in die grube furen. Waz er hute abeczuhet addir entdecket addir sust hat, dy sal er czumarckte brengen vnde do vorkouffin.

Nach dem Stadtbuch fol. 51 im Rathsarchiv zu Leipzig.

No. 307. 1454. 9. Jan.

Anno domini xc. L quarto quarta post Epiphaniae domini had myn herre Heinrichen Maugenhoffer burger zcu Lipczk XVIII acker artlandes zcwischen dem rorborne vnd dem hoem kreucz[1]) vor Lipczk gelegen, die etzwanne Apeln Pfiffers seiligen gewest vnd dem gnanten Mangenhofer durch Friezschen vnd Lorenczen Apel gebruder sinen sonen verkoufft sind, zcu rechtem lehen geliben. Testes er Hildebrand vom Eynsidel marschalg, er Nickel von Schonberg ritter. Artum Lipczk ut s.

Nach dem Cop. 14 fol. 178ᵇ im K. Haupt-Staatsarchiv zu Dresden.

—

1) Vor dem Peterschore. Der rerbern ist wahrscheinlich der s. g. Marlabern

No. 308. 1454. 30. Jan.

Dienstvertrag mit dem Harnischmacher.

Feria 4ᵃ post Conversionis Pauli hat der rat den pletener uffgenomen vnd hat eine fryhe wonunge zcugesaget vnd das er gancz wachen vnd herßart fry sittzen sal, vnd was der rat zcu wusschen vnd zcu bessern hat, das sal er dem rate vmb sust thun, sunder ysenhute zcu futtern vnd deß glichin zcu thune sal om der rat den geczug dar zcu bestellen, die erbeit sal er vmb sust thun vnd eß sal uff den rat steen.

Nach dem Stadtbuch fol. 81ᵇ im Rathsarchiv zu Leipzig.

No. 309. 1454. 13. Febr.

Vertrag des Raths mit dem Guardian zu Seuslitz wegen Ueistener der Barfussmühle zu den Kosten der Sfadtbefestigung.

Feria 4ᵗᵃ post Invocavit ist der rat mit dem gardian zcu Suselicz obir ein kommen vmbe dy Barfusmumol zcuuorsetczen, vnd der-gardian hath sich von deß closters wegin obir gebin, das er einen iarzcinß, das sint IX ß, darzcu gebin wil, so wil der moller auch einen halben zcinß, das sint V ß, gebin vnde XX eichen stemme vnde XX espen zcu pfelen vnde regelen; so mag sich der rat der mol vnderwinden vnde die vorsetczen mit husern vnde dachen xc.

Nach dem Rathsbuch fol 33ᵇ im Rathsarchiv zu Leipzig.

No. 310. 1454. 2. Juni.

Kurfürst Friedrich II. leiht Cune Bruser und dessen Söhnen die Güter Heinz Winters und Hans Brusers zu rechtem Angefälle.

Anno domini zc. L quarto dominica Exaudi had myn herre Cunczen Brwser burger zcu Lipczk, Heinrichen, Hansen vnd Cunczen sinen sonen eyn schok geldes ierlichs zcinses vff den aldrewßen zcu Lipczk, das iczund Heincz Winther ynnehad*), dorczu die thongrube[b]) vnd alle acker, die Hans Brwßer vnd Heincz Winther besiczen, zcu rechten anefalle geliben also bescheiden-lich, wurden Hans Brewser vnd Heincz Winter mit tode abgehen ane erben, als danne nicht eher sollich ß zcinses, die acker vnd thongrube ane Cunczen Brewßer, Heinrich, Haußen vnd Cunczen sine sone komen sollen. Testes er Hildebrand vom Eynsidel ritter obirmarschalg, Hans von Kokericz hofmeister canczler zc. Actum Lipczk ut s.

Nach dem Cop. 41. fol. 176 im K. Haupt-Staatsarchiv zu Dresden.

a) Vgl No. 107 a. 260. b) Der Thumberg.

No. 311. 1454. 3. Aug.

Der Rath verbietet den Petzschcr Nachbarn, unter ihren Gemeindegliedern innerhalb des Weichbildes vorgekommene Scheltworte und Zweistigkeiten eigenmüchtig zu bestrafen.

Sabato post Vocem Jocunditatis hath der rat den Peczscher[a]) nackeboren gesait, das sie nu forder keynen vnder on busen sollin vmbe zcweitracht scheltwort vnde andern vnwillen, die vnder on in der stat vnde wichbilde geschehen, also sie das beßher gethan habin, sunder was vff irn ackern vnde irem gute der nackeborschaft geschiht, da reth man on nicht in, so das sie eß geborlich halden. Vnde das eczliche vnder on scheldewort vnde zcweitracht gebuset habin genommen, dorvmbe hath sie der rat von gerichtes wegin vorwandelt gebeisschen vnde von on zcwen lezlichin X ß gebeisschen. Item eandem pecuniam dabunt sabato post Petri ad vincula.

Nach dem Rathsbuch fol. 34 im Rathsarchiv zu Leipzig.

a) Ueber Petzschen vgl. No. 15.

No. 312. 1454. 18. Sept.

Ulrich Molitoris Official der Merseburger Curie hebt im Auftrage des Bischofs Johann von Merseburg die wegen Vergewaltigung eines Geistlichen wider Bürgermeister, Räthe und den Stadtrichter verhängte Excommunication bis zum nächsten Weihnachtsfeste auf.

Vlricus Molitoris de Lypcz in decretis baccalarius executor statutorum pro-vincialium per et infra civitatem et diocesim Merseburgensem specialiter deputatus nec non vicarius in spiritualibus nec non officialis curiae episcopalis Merseburgensis venerabili viro domino Johanni praeposito sancti Thomae in Lypcz ceterisque dominis plebanis ac divinorum rectoribus aliisque presbyteris curatis et non curatis ibidem constitutis in domino salutem. Cum providi et circumspecti viri domini proconsules et consules ac totus consulatus civitatis Lypczensis pro se et familiaribus suis coniunctim et divisim paratos se obtulerunt stare iuri unicuique de eis conquerenti coram reverendo in Christo patre et domino domino Johanne episcopo Merseburgensi, qua de re ex commissione speciali praefacti domini episcopi nos exercutor et officialis antedictus memoratos dominos proconsules consules et eorum familiares ac etiam iudicem, si et in quantum sententias canonum et excommunicationis propter iniectionem manuum ac etiam captivationem et detentionem discreti Nicolai Walnerstorp acoliti et clerici Numburgensis diocesis incidissent quovismodo, ex tunc eosdem ad cautelam absolvimus et absolutos ostendimus hinc et festum natalis Christi inclusive, quos medio tempore ad divina admittere et recipere ac eosdem minime evitare curetis et studeatis. Datum Merseburg anno domini M°CCCC° quinquagesimo quarto die Mercurii decima octava Septembris. Exercutoris sub sigillo praesentibus subimpresso.

Nach der Handschrift Rep. II. fol. 10ᵃ fol. 1⁹ in der Stadtbibliothek zu Leipzig.

No. 313. 1454. 29. Nov.

Johann von Allenblumen Doctor und Vitzthum zu Erfurt bekennt, dass die Rathe von Leipzig und Zwickau an verfallenen und versessenen Zinsen, um welche er sie in geistlich furderung) genommen, 50 bertechte Schock Groschen durch den Münzmeister zu Freiberg haben auszahlen lassen und stellt über diese Summe eine Quittung aus, unschädlich jedoch seiner angefangenen furderung. Gieben an sant Andres des hilgen aposteln abent anno ꝛc. LIIII°.*

Orig. auf Papier im K. Haupt-Staatsarchiv zu Dresden mit dem auf die Rückseite aufgedrückten Siegel.

a) Vgl No. 290, 262, 287, 290.

No. 314. 1454. 29. Nov.

Dietrich Pardiß der Aeltere bekennt, dass die Rathe von Leipzig und Zwickau durch den Münzmeister zu Freiberg 50 bertechte Schock Groschen an ihn haben auszahlen lassen, welche er im Abschlag auf die seinem Bruder Gotschalg und ihm verfallenen) und an Tile Cigeler den Jüngeren in bezalunge wieße gegebenen Zinse angenommen habe, und sagt sie derselben quitt und ledig, unschädlich jedoch der von Tile gegen die Rathe angefangenen furderung. Auf Bitten hat Johann von Allenblumen Vitzthum zu Erfurt sein gemerck auf die Rückseite aufgedrückt. Gieben an sant Andres des hilgen aposteln abent anno domini ꝛc. quinquagesimo quarto.*

Orig. auf Papier im K. Haupt-Staatsarchiv zu Dresden mit dem auf die Rückseite aufgedrückten Siegel Johanns von Allenblumen.

a Vgl N° 451, 450, 260

No. 315. 1454. 11. Dec.

Dienstvertrag mit dem Rathsmaurer.

Feria 4ᵗᵃ post Conceptionis ist zewisschen dem rate vnde meister Hannße dem murer von sins dinst wegen bereth worden. Zeum ersten so wil meister Hans besehen, das er sich in einem halben iare alher gein Lipczk wende vnde so sal om der rat eine behusunge bestellen vnde sal on darinne lassen fry vnde ledig sitczen, schoß frey wache fry vnde herffart fry, vnde sal om die selbige behusunge lassen folgen zcu synem vnde auch syns wybes libe vnde lebin, vnde wurde er etwas darane bessern, das sal bey dem huße blyben vnde sal zcum rate stehn, ap om der rate sture daran thun wil. Item so sal om der rat dorobber sin lon ierlich geben die wyle er des rats dyner ist II ß, ein fuder holcz adder X gr., syn hovegewant vnde fihr scheffel korn. Item so sal om der rat alle wochen wenne er arbeit zcu lone geben XX gr. vnde ein fyhrtag sal om vnschedlich syn vnde sal om darane nichtes aberechen; wurden mehr fyrtage, die sal man noch anczale aberechen. Item wurde om anderswo erbeit vnder augen stehen, so sal er macht haben, in einem iare fyhr wochen von hinnen zcusyne vnde nicht mehr, er tete eß denne bisunder mit deß rats willen vnde gunst. Wurde er sich abbir nicht her wenden diß iar, so wil er glichwol dem rate erbeyten vnde syn lon sal stehen also vorgeschreben ist.

Nach dem Rathsbuch fol. 34ᵇ im Rathsarchiv zu Leipzig.

No. 316. 1454. 21. Dec.

B. Johann von Merseburg erstreckt die bis zum Weihnachtsfeste ausgesprochene Aufhebung der wider Bürgermeister, Rath und Stadtrichter verhängten Excommunication (No. 312) bis auf die Zeit der Beendigung der ganzen Streitsache.

Johannes dei et apostolicae sedis gratia episcopus Merseburgensis universis et singulis ad quos praesentes nostrae litterae pervenerint salutem in domino. Quoniam multi clerici ob id, quod dubitare se dicebant, an proconsules consules atque index opidi Lipczensis nostrae diocesis ob incarcerationem Nicolai Wulfistorff clerici Bambergensis diocesis excommunicationis sententiam[1] incurrissent iuxta canonis ,Si quis suadente diabolo' declarationem, divina officia vitarunt, nos volentes divini nominis cultum non minui sed potius augmentari praememoratos proconsules consules atque iudicem ob id, quod se paratos obtulerunt respondere super iis coram nobis et stare iuri, non indigne usque ad festum nativitatis Christi proximum futurum absolvimus ad cautelam; sed quia causa principalis infra tempus praelibatum terminari non potest quovismodo, ideoque ob causam praedictam et etiam ad vitandum scandala plurima subveniendumque conscientiis multorum clericorum in nostra diocesi constitutorum eosdem absolvimus usque ad finem huiusmodi causae, donec aliud coram nobis fuerit doctum, mandantes vobis praesentibus requisitis, quatenus eosdem tempore medio pro non excommunicatis teneatis, donec aliud a nobis receperitis in mandatis. Datum Merßburg anno domini Mᵒ CCCCᵒ LIIIIᵒ ipso die sancti Thomae apostoli nostro sub impresso sigillo.

Nach der Handschrift Rep. II fol. 10ᵃ fol. 49 in der Stadtbibliothek zu Leipzig.

1) *Gr. canonum laber materalior.*

No. 317. 1454.

Willkür und Polizei-Ordnung.

Mit willen vnd volbort deß richters ist gewilkoret nach gotis gebort im vyhr vnde fumfczigisten iare der mynner ezal von allen dren reten vmbe gemeynes nutczes vnd gedien willen der gemeyne also hir nachfolget x. Eß sal kein burger mit keynem gaste nicht geselleschaft haben heymelichen nach offinbar ane geuerde by busse czehn schocken. Item wer hirinne vordacht wirdet, der sal sich des entledigen vff den heiligen addir sal der bussen vorfallen seyn.

Man sal kein centener gut nicht abeladen, es sy eins burgirs addir eins gastes, eß thun denne dy gewornen ledere, dy sollen das auch in der wage schry-r ben lassen by busse zewenezigk grosschen.

Eß sal kein burger mit keynem gaste kein gedinge nach packt nicht machen, das er om syn gut stetiglichen handele vnd hantire by bussen czehn schogken. Sust vnderstunden mag ein burgir eins gastis gut vngenerlichen vorkeuffen, han- tiren, vfladen vnd wegk schicken, doch nicht in ander wyse widder myuner nach n mehr, wenne es der gast selbir vorkeuffen solde nach lute der czedelen in der wage. Wer hirinne vordacht wirdet, der sal sich entledigen vff den heiligen addir sal der bussen vorfallen seyn.

Eß sal yderman von mythusern, auch von forwereken, schunen vnd gertten, die in der stat gelegen vnd an eins husern nicht legen, schossen vnd wachen nach r des rates irkentniß vnd keyner keyne fryheit nicht haben.

Eß sal nymand ein eigen huß haben nach hantwergk triben, he sey denne burger, ane des rats sunderlichen willen.

Eß sal ein iezlich hußgenoß, der eine gemitte kamer adir huß hette, der nicht burger ist vnd nymandes gebrote gesynde ist, ierlichen einen vorschoß geben v eine margk.

Eß mogen die schutezen, dy do schyssen alleine vnd nymandes mehr zcu den zcewehr im iare, nemlich vff des heiligen lichnams tag vnd vff sente Sebastians tag, vff iezliche zceit einen tag vnd nicht lenger zcusampne gehn vnd sollen forder keyne qwesse nicht haben, sunder dy selbigen, dy do schyssen alleyne vnd nyman- r des mehr, dy mogen des sontages im sommer einen bratten essen vff der trinck- stoben vnd nicht andirßwo. Sie sollen auch keyne meister nach obirmanne nach alde meistere nicht haben, wenne alleyne zcewene meistere, einen zcu des heiligen lich- nams messe hantreichunge dorezu zcuthune, den andirn sy vff der ezelstat zcu regi- renn, vnd sollen forder keynen besundern rat haben nach keyne satezunge nicht h machen, sunder iris rats sich an dem rate irholen. Sy sollen auch keynerley in die gesetschaft nicht keuffen aue des rats besundern wyssen vnd wyllen.

Wenne man eine wirtschaft einer hochezeit haben wil, so mag der brutegam beten r v acht par vnd dy do brut werden sal auch acht par vnd czehn gesellen vnd czehn innefrauwen vnd dorobir nymandes mehr widder geistlichen nach wertlich, sie wer- den denne in die oben geschrebenne czal gerechent, sunder fromde lute vßwendig der stat, sy sint fromde addir fromde, mag man beten yderman nach synem wolge- fallen, vnd also manche person man meher wurde beten, also manch mal sal man dem rate zewenezigk grosschen zcu busse geben. Vff das solliche satezunge gehal- den werde, so sal der brutegam bynnen einem mauden nach der hochezeit vnuor- v botet vor den rat komen vnd sal das vff den heiligen beweren, das er das also gehalden hat, wil er deß nicht thun, so sal er dem rate vnleßlich dy busse geben vor iezliche persone also vorgesaezt ist. Wollen sy auch dy brutnesse gehalden vnd mit schullern vnd vff den orgeln gesungen vnd belutet haben, das mogen sy

thun, sy sollen abir nymandis zcu tissche laden, wenne den prister, der dy messe
gehalden mit einem schuler, den mogen sy des hochezeit tages fruw vnd nicht mehr
zcu tissche laden, sunder den schulmeister vnd den andern lutern vnd orgilmeistern
mogen sy ir gewonlich lon gebin, vnd dorobir sullen sy nymandes vß dem huse
spysen, widder badere, ledere nach andere, dy man pflegitte zcu spyssen, bey bussen
von itzlichir personen zewenczig grosschen, vßgeslossen deß brutegams vnde deß
brutes gesinde, ap die in andern husern weren, die mag man vngenerlichin wol spy-
sen. — Deßglichen sollen es auch vnsir burgere halden, dy einem irer sone eyne
wirtschafft einer erste messe addir einem sone addir tochtere eyne wirtschaft einer
inseynete in ein closter machen vnd vßrichten wolden, by der obengeschreben busse.

EB sal auch keyne frauwe, die einer gebort eins kindes beraten ist, nicht mehr
frauwen beten lassen zcu dem kintteuffenn wenne zcwelff frauwen, wes sy der mehr
beten lysse addir dy vngebeten dorezu gingen, sal man von iezlichir zewenczig
grosschen zcu busse geben. Auch sollen dy selbigen frauwen in den sechßwochen
keyne qwesse zcu den dren wochen nach anderczeit nicht machen, sunder dy frau-
wen, dy zcu dem kintteuffen gebeten waren vnd nymandes mehr, dy mogen vnder-
stunden des heiligen tages zcu or wartten, den selben mag sie vngenerlich eins
addir zewer schencken vnd nicht mehr, sunder ander frauwen, dy zcu dem kintteuffen
nicht gebeten sint, sollen des heiligen [tages] zcu or in die sechswochen nicht wart-
ten vmbe manchirleye vnnuteze czerunge, die deßhalben geschyt, by busse zewenczig
grosschen, die der rat von iezlichir personen nemen sal. Wenne auch die selbigen
frauwen zcu der kirchen gehn, so mogen sy der frauwen achte, die mite or zcu der
kirchen gehen, vnde nicht mehr zcu tissche laden vnd mag den eine malezeit geben
nach gewonlichen dingen, vnd was sy der mehr beten wurde, sal sy vor iezlichir
zewenczig grosschen zcubusse geben.

Auch sollen die frauwen in sunderheit keynen qwaß nicht haben, widder
heilige tage nach werckiltage, by busse von iezlicher, dy dorbey ist, zewenczig gros-
schen. Auch sollen dy meidichen zcu vnsir liben frauwentagk wurtezewyhe keyne
qwesse nicht haben, nach singen gehn, by busse von iezlichir czehen grosschen.

Also die brut werden sal vormals einen tag vor der hochezeit innefrauwen zcu
sich geladen vnd gebeten vnd dy by sich obirnacht behalden hat, das man dy Ram-
nielnacht genant hat, so sal hin forder ein sollichis ganez abe seyn vnd sollen
nymandes by sich haben, by busse zewenczigk grosschen von iezlichir person.

Auch sal man keynerley spel triben widder mit kegiln, grosschen lassen
schyssen addir wy man das irdeneken addir nennen magk, auch sal eß nymandes
mit wyssen gestaten by busse zewenczig grosschen, dy man vnleßlichen von yder-
manne nemen sal.

Item eß sal nymant bir holen noch holen lassen im collegio nach kannen dor-
ezu lyen, by busse zewenczig grosschen.

Auch sollen die virtelmeistere alle ir ierlichen flissig vmbe gehn vnd dy
fuermuren beschn, vnd dy danne bruchhafftig sint dem rate beschreben geben, vnd
fertigen die sollichen gebrechen bynnen einem virtil iare nicht, so sal der rat von
iezlichem ein schogk vnleßlich zcu busse nemen vnd nymandes darane vorschonen.

Die ist gewilkort durch alle dry rete vnd dy gemeyne durch vollbort des gerichtis anno domini zc. L quinto.

Nach dem „gelben Buche“ fol. 115 im Rathsarchiv zu Leipzig.
Im Auszug Dresdner gelehrte Anzeigen 1799 Stück 22 S. 169.

No. 318. 1455. 15. Sept.

Der kurfürstliche Amtmann und die drei Bürgermeister entscheiden im Auftrag der kurfürst-lichen Räthe und unter Zuziehung einiger erfahrenen Mühlmeister Streitigkeiten zwischen den Müllern der Thomas- und der Barfussmühle.

Wir nachgeschrebenn Hans Trupitz in den gezeeiten amptmann zu Leiptzk, Reinhart Steube, Jacobus Messeberg doctor vnd Hans Thummel alle burgermeister doselbst bekennen —, das wir von benelunge der erbern vnd gestrengen Hanses von Kokeritz houemeisters, Otten Spigels zeu Grunaw gesessenn heymlicher vnd rethe des hochgebornen vnd irluchten fursten vnd hern hern Friderichs herzcogen zu Sach-sen etc. nach vnderwißunge vnd erkentnis etlicher erfarnder wyssender vorstendiger molmeister nemlichen Sixtus zu Czeppelitz, Hanns mollers vor der stadt Ileburg, Nickel moller von Cleberg vnd Nickel moller zeu Dolitz gesessenn geteydinget vnd eine vortracht, eynunge, sune gemacht vnd einen vsspruch gethan haben zwuschen dem erhafftigen ern Vlrich moller, Ludwige vnd Jacoffe seinen brudern mollern in der Thomasmoell vor Leiptzk vff einer vnd Michel mollere in der Barfußenmol doselbst by Liptzk vnd siner swegere vorlassenen witwen seliges gedechtnis Caspar mollers vnnd iren erben vff die andere seyte inmassen also hirnach geschreben steht. Zum ersten haben wir gnanten gleitzman vnd burgermeister vbgesprochen, das der moller in der Barfußenmol by Liptzk sal machen vnd halden einem oberfall ader teylbawm obenwenig seiner schrotmoll by dem bewmechen in vnnd vff seinem eigen vffere, vnnd sal den oberfall machen acht ellen lang vnd weyt ane des mollers in der Thomasmoll schadenn ader hinderniß, vnd sal den oberfal nicht hocher halden, denn die schutzbret vff seinem vachbawme sindt, also wenn das wasser ober die schutzbreth fellet, das es dann auch ober den oberfall ader teylbawme falle. Auch sall der gnaute moller in der Barfussenmoll seine schutzbret nicht hocher vff vnd ober seinem vachbowme haldenn, denn einer ellen vnnd zweier dawmen breyt hoch, vnd sal den gnanten oberfall machen vnd bereyten vor sente Mertens tage nehst-kommende. Auch ist bereдt vmbe den schutzstraug bey dem thyrgarten, das der muller in der Barfußenmol sal den gnanten schutzstraug halden in der hoche vnnd wythe also der vor alder gewest vnd gehalden ist vnd nicht hocher noch enger.

Disse obengeschrebenn stucke vnnd artickel haben sich beide partige vff beyden siten vorwillet, geret vnd gelobet vnwidderrufflich zuhalden, vnd domitte sol-len alle schelnus vnd errethum zwuschen den gnanten partigen gantz gericht vnd hengelegt sin. Dabey sindt gewest die erbaren vnd gestrengen Hans Krowene vor-steher des iungfrawenn closters by Liptzk, Hanns von Brode voit des iungfrawenn closters zu Sußelitz, die sulcher teydinge vonn der gnanter zweyer vnd beyder iungfrawen closter wegen vorwillet vnd vorvolbort haben. Auch sindt dabey gewest dy ersamen vnd vorsichtigen Heinrich Stange, Michel Illeburg, Peter Riehenbach, Jacoh Sommer rathmann vnd gewornne zu Leiptzk, Albrecht moller in der nuwen moll, Nickel moller in der alden moll vor Pegaw, Mattes moller zu Czemen, Peter moller zu Greitzschitz, Hans moller zu Trebnitz bey Pegaw, Heinrich muller zu Zeebeker gesessen vnd vil ander frommer gloubwirdiger menner vnd lute. Disse vorgeschreben teydinge vnd vsspruche sein gescheen nach Cristi geburt tausent virhundert iar darnach in dem LV^{ten} iare am montage nach des heiligen creutz tage exaltationis. Des zu vrkunde vnd das alle disse vorgeschrebene stucke artickel vnd eynunge von beyden parteien stete vnd gantz gehalden werden, habe ich Hans Trupitz obengnant gleitzmann meyn eygen insigell vnd wir burgermeister. zu Leiptzk vnser stat secret wissentlich an dissen offenbrieff vonu bete wegen ern Vlrich 'mollers vnd seiner bruder obgnant laßenn hengenn. .

Nach dem Stadtbuch fol. 95 im Rathsarchiv zu Leipzig. Der Eintrag rührt von einer Hand des 16. Jahrhunderts her.

No. 319. 1455. 5. Oct.

Revers des Ordinarius Ditterich von Buckenstorff in Betreff der ihm und seinen Brüdern Seiten des Raths für eine neuerworbene Hofstatt in der Burgstrasse gewährten Befreiung von Wachen und Diensten.

Ich Ditterich von Buckenstorff doctor beider rechten vnde ordinarius zeu Lipezk bekenne in dissem mynem offenem briffe vor mich vnde myne erben, das mir die ersamen vnde wisen borgermeister vnde radmanne der stad Lipezk gegunst vnde zeu gegeben haben, das ich die houestad nest bie myme huse an der egken in der Borgstrassen gelegen, die ich dem gorteler myme nackebure alse gekouft habe*), mucht buwen noch mynen willen. Vnde wie wol die selbige houestad zeu der stad rechte gelegen ist mit geschosse wachen dinste vnde mit allir borde vnde pflicht glich andern husern in der stad Lipezk gelegen, ydoch so haben sie mir das sunderligen zeu gegeben, das ich vnde myne bruder sulche wgnunge ganez frie wachens dinstes vnde aller andern stad rechte wie die benant sint haben vnde besiczczen moge, also doch, das ich ader myne bruder der stad alle iar sal geben zeu geschosse XXIIII gr., ezwelffe uff Walpurgen vnde XII uff Michaelis, vnde wanne das selbige huß an ander lute kouft adder sippehalben forder geuallen vnde komen wirt, danne so sal sulch huß zeu stad rechte legen mit schoße wachen vnde ander gerechtikeit vnde gewonheit der stad. Des zeu einem bekentniß habe ich obgnanter Ditterich myn ingesigel an den briff, den ich mit myner eigen hant geschriben habe, gedruckt vor mich myne erben vnde nachkommelinge noch Cristi gebort virezenhundert iar dor noch in dem funff vnde funffezigisten iare am suntage noch Michaelis in fidem praemissorum.

Nach dem Orig. auf Papier im Rathsarchiv zu Leipzig mit dem aufgedruckten Siegel des Ordinarius.

a) Vgl. die Anm. zu No. 183.

No. 320. 1456. 20. Febr.

B. Johann von Merseburg genehmigt, dass die Gebrüder von Lindenau ein Holz, der Cammer-
meisterin Holz genannt, dem Rathe zu Leipzig auf einen Wiederkauf verkauft haben und behalt
sich eventuell das Wiedereinlösungsrecht vor.

Wir Johannes von gots gnaden bischoff zeu Merseburg bekennen —, das vor
vns komen sind die gestrengen er Albrecht von Lyndenow ritter vnser heymlicher
vnd Hans vnd Borcard alle gebrudere gnant von Lyndenow vnsere lieben getruwen
vnd vns erczailt, wie sie vor sich vnde ire erben vnd erbnemen durch irer notorfft
willen recht vnd redelich verkoufft haben den ersamen wisen dem rathe zeu Lypezk
vnd iren nochkomey vff eynen widerkouff eyn holcz gnant der Cammermeistern holcz
hinder der zeigelschunen an der vyheweyde*) vor Lypezk gelegen mit synen nut-
ezungen vnd zeugehorungen von vns vnd vnserm stiffte zeulchen rureude, des die
zeiit disses kouffs zeugebruchen vnd zeugnyssen, vnd haben on das gegebin vor vier-
vndachezig nuwe schog, die die gnanten von Lyndenow zo iugnomen vnd in iren
vnd irer erben nutez vnd fromen gekart vnd gewant haben, sollichen widerkouff die
vorgnanten von Lyndenow vnd ire erben welche cziit adir tages on das ebene adir
beqweme ist tun mogen, zo das sie danne dem gnanten rathe zeu Lypezk soltane
viervndachezig nuwe schog hoibtsummen in irer stad Lypezk beezalen vnd des guten
willen machen vnd dornoch das gnante holcz in ire gewere wider nemen sollen; vnd
die gnanten von Lyndenow verkoiffer haben vns vlissig gebeten, das wir zeu sol-
chem obingeschreben widerkouffe vnsere gunst vnd willen gebin wolden. Also haben
wir der obgnanten ern Albrechts von Lyndenow vnd syner bruder willige vnd
getruwe dinste, die sie vns vnd vnserm stiffte getan haben vnd noch tegelichen tun
mogen, angesehen vnd hirane ire vlissige bethe erhort vnd zeu dem gnanten wider-
kouffe — vnsere gunst willen vnd volbort gegeben, — doch also, weres sache, das
die vilgnanten von Lyndenow vnd ire erben solch holcz bynnen eyner zeiit vns von
on verschreben nicht losen oder widerkoiffen wurten, das alsdunne wir adir vnser
nochkomen bischone zeu Merseburg adir weme wir adir vnsere nochkomen das gun-
nen wurden welche cziit vns das ebent das obgnante holcz von dem rathe zeu Lypck
vmbe solch geld, als is itezt verkoufft ist, zeu vns vnd vnserm stiffte widerkoiffen
mogen ane idermans insprache. Des zeu bekentnisse haben wir vnser insigel an dis-
sen briff lassen hengen.

Vnd wir gnanten Albrecht von Lyndenow ritter, Hans vnd Borcard alle
gebrudere bekennen semptlich vor vns vnsere erben vnd erbnemen, das wir den
erwirdigen ingotuater vnd herrn herrn Johanne bischoffen zeu Merseburg vnsern
guedigen lieben herrn vlissig vnd demutiglich gebeten haben, zeu solchem wider-
kouffe, als wir dem rathe zeu Lypezk vnser holcz gnant der Camermeistern holcz
wie obingeschreben stehit verkoufft haben, syne gunst willen vnd volbort zeugeben,
das danne sine gnade getan hat. Des zeu warem bekentnisse haben wir gnanten

---
a. Vor dem Hannstädter Thore

von Lyndenow vnser iglicher besundern sine insigel vor vns vnd alle vnsere erben
vnd erbnemen an dissen offinbriff gehangen, der gegeben ist noch Cristi vnsers herrn
gebort tusent virhundert dornoch im sechsvndfunffezigsten iaren am fritage noch dem
sontage Invocavit.[1])

Nach dem Orig. im Rathsarchiv zu Leipzig mit dem Siegel des Bischofs und den Siegeln der drei Brüder
von Lindenau an Pergamentstreifen.

1) Das Rathsbuch enthält fol 23 einen diesen Kauf betreffenden Eintrag, laut dessen derselbe am 14 Februar (sabato post
Estomihi) abgeschlossen wurde.

No. 321. 1456. 1. Sept.

*Der Rath genehmigt unter Vorbehalt des Widerrufs auf Nachsuchen der Böttiger die Beschränkung
der Zahl der von den einzelnen Meistern zu haltenden Knechte und Gesellen.*

Feria 4ta post Felicis et Adaucti. Die botcher sint gemeyne vor den rat kommen vnde
haben vorezalt, das sich ir hantwerck mere vnde sich febl meister besetzen; so sint eezliche,
die do vehl knechte habin, funff adder sechße, vnde haben die erbeit gar, deßhalben konnen sich
die andern swerlich generen; vnde haben geratslaget vnde wern das ein wurden, also ferne sie
das am rate mogiu gehabin, das ein meistir vudir on nicht mehr denne zcewene knechte vnde
gesellen haben solle, da durch moge sich einer bey dem andern irneren. Also huth on der rat
ein sollichs zeugegebin ein iar vff ein wolgefallen adder vff ein wedderruffen, sub proconsule
uti supra.

Nach dem Rathsbuch fol. 39b im Rathsarchiv zu Leipzig

No. 322. 1457. 11. Jan.

Heinrich und Hans von Maltitz verkaufen an die Stadt das Vorwerk und Dorf Raschwitz.

Wir nachgeschrebenn Heinrich von Maltitz zcu Finsterwalde gesessen vnd
Hans von Maltitz zcen Dewyn gesessen gebrudere vnd rittere bekennen —, das wir
das dorff vnd vorwerck Raschewitz[*]) mit holeze eckern weßen fischeryen gerichten
rechten vnd allen zeugehorungen nichts vßgeslassen, sunder in aller unnse also eß
Steffan Stuß vnd sine eldern den got gnade laugezceit von dem probiste von der
Lappan vnd nach deß probsts tode von vns zcu lehn gehat vnd also eß von todeß-
wegen deß gnanter Steffan Stuß vns ledigk vnd loß gefallen ist, den ersamen wysen
burgermeistere rathmannen vnd der gantzen gemeynen zcu Lipezk vnd allen iren
nachkomen zcu ewigen gezeeiten recht redelich vnd erblich mit gunst vnd volbort
deß hochgebornen fursten vnd herrn herrn Friderichs hertzogen zcu Sachssen, des
heiligen Romisschen richs ertzmarsschalks, lautgrauen in Doringen vnd marggrauen
zcu Mysen vnsers gnedigen herrn vorkauft vnd vor nuhn hundert Rynissche gulden
gut an golde vnd swer gnugk am gewichte gegeben haben, vorkeuffen on auch sol-
lich vorwergk vnd dorff erblichen geinwertiglichen in data vnd craft disses briues,
doch also, so also wir sollich dorff den tugentsamen frauwen Annan vnd Katherinan

a Raschwitz, Par Gautzsch

deß gnanten Steffan Steuß elichen tochtern zcu orem libe vnd lipgedinge gelegen
haben, das sollich kauf den selbigen frauwen an iren lipgedinge vnschedelichen sin
solle, sunder nach tode der obgnanten frauwen sal sollich dorff vnd vorwerck vf dy
gnanten burgermeistere rathmanne vnd gantze gemeyne zcu Lipezk zcu rechtem erbe
vnd nicht vf vns nach vf vnser erben vnd erbnemen komen vnd gefallen, vnd vor-
ezyhen vns aller gerechtikeit lantrechtes vnd lehnrechts, dy an vns vnd vnsere erben
in zcukumftigen ezeiten komen mochten, gereden vnd glaben auch vor vns vnd
vnsere erben den obgnanten burgermeistere, rathmanne vnd der gantezen gemeynen
ezu Lipezk, sollichs kauffes eine rechte gewere zcusyne nach rechte vnd gewonheit
des landes. Deß zcu orkunde haben wir obgnanten Heinrich vnd Hans von Mal-
titz gebrudere vnd rittere vnser iczlichir sin insigel vndenn an dissen offen briff
wyssentlichen thun hengen, der gegeben ist nach Cristi vnsers herrn geburt tusent
vyhr hundert dornach in dem sobenvndfumfezigisten iare am dinstage nach der hei-
ligen dryer konige tage.

Nach dem Orig. im Rathsarchiv zu Leipzig mit den beiden Siegeln an Pergamentstreifen.

No. 323. 1457. 13. Jan.

*Kurfürst Friedrich II. erklärt in Betreff des zwischen Hans von Maltitz (vor sich sine erben
vnde ander, die mit ym von vns semptlich belehnt sint) und der Stadt Leipzig über das Vorwerk
und Dorf Raschwitz abgeschlossenen Kaufvertrages, das wir zcu sulchem erbkouffe als ein obir-
lehnherre des vorwercks vnde dorffs — vnser gunst — gegeben haben —, vereigen vnde ver-
erben auch vorwerck vnde dorff —, also das der rat, ganeze gemeyne vnde alle jre nachkome-
linge dasselbe — zcu rechtem erbeigen gute in ewickeit haben — mugen vnde zcu statrechte
besiezen —. Hiebey sint gewest vnde geczugen vnser rete vnde liebenn getruwen die edel
wirdig vnde gestrengen er Heinrich Reuse von Plauwen der iunger herre zcu Grenez, er Hil-
brant vom Einsidel ritter vnser obirmarschalg, Hans von Kokericz vnser liebenn gemabelu hoffe-
meister, er Georgius von Hugewicz techant zcu Missenn x. vnuser canezler vnude ander vnuser
manne vnde diener guug gloubwirdiger. Zcu orkunde vnde ganezer sicherheit habenn wir vnser
furstlichs maiestat innsigel an dissen briff mit rechter wissen lassen hengen, der gegeben ist
zcu Grymme noch Cristi vnsers herrn geburt virczenhundert dornoch im syben vnde funffezig-
stenn yaren am dornstag dem achtenn der heiligen drier konige tage.*

Orig. im Rathsarchiv zu Leipzig mit dem wohlerhaltenen grossen Siegel an einem Pergamentstreifen.

No. 324. 1457. 8. Febr.

*Dietrich Ditmersen Freigraf zu Volkmarsen auf dem Ried verkündet in Klagsachen des Mathias
Mokwitz den durch das heimliche Gericht ausgesprochenen Arrestschlag auf sämtliche Habe der
mehrfach vorgeladenen aber ungehorsamer Weise ausgebliebenen Beklagten.*

Ich Ditterich Ditmersen eyn gewerdiget richter vnde frygrnue zcw Wolck- — 1 / 2t y r.
mersen uff dem rede des heylichen Romischen richs von bevele des hochwirdigsten
in god vater her Ditterich erczbischoff zcw Colne, her zcw Westevalen, herezog
zcu Engeren myns gnedigen liben heren bekenne, thu kunt vnde beezuge in dissem

offin vorsigelten briue vor dem aller hochmegtigsten irluchtigsten fursten vnde heren
heren Friderich Romischen keyser, alle ezyt merer des Romischen riches, herczoge
zew Osterich, zew Styr zew Kernyten vnde Krayn vnde graue zew Thirol ꝛc. mynen
aller libesten gnedigsten heren, furder vor allen des Romischen riches vnde des
gnanten mynes gnedigsten liben heren liben getrawen fursten erczbischoffen herczo-
gen lantgrauen marckgrauen burckgrauen baunerher heren ritteren aupluten richte-
ren geystlich vnde werntlich heymlich vnde offinbar, schultessen burgermeysteren
scheppin ratesmannen vorbitteren vnde vorweseren lande vnde luten vnde furder vor
aller menlich, den diser briff vorkummet sehen horen adder lesin vnde hyr zew
geheyschet werdin, das ich uff hute datum dysses brifes vor mich vor das offinbar
gerichte des fryenstuls myr warlichen vnde offinbar plick vnde schin noch frienstuls
rechte, das der ersamme Eckart Allerman frygraue vor Wolckmerssen myn vorvare
zew z[w]ey male vore van elage wegin Matteß Mackwicz geheyschet vnde vor manet
habe Herman Becker, Heyneze Winter, Nickel Mulner, Hans Knappe, Claus Schuleze,
Thyce Kolckwicz, Lorencz Pudernaß, Nickel Krays vnde Heyneze Mugenhouer
burgere zew Lipez vnde ich nu, dy selbigen beclagten alles ussin bleuen vnde das
gerichte vorsmehet vnde vorsmnet habin, dar vmb sy in grosse bruche vnde busse
gewist sint den stulheren vnde dem gerichte nemlich eyn iezlicher in sega vnde seg-
ezyg schillinge alder konnicklicher thorniss, dar vmb hat der vorgnante Matteß mit
vrteyl vnde mit rechte herwunnen noch frienstuls rechte vor dem egnauten friemstul,
das ich die swere hochste sentencien vnde vol gerichte solde gethan habe vber dy
vorgnanten beclagtin, das allis vmbe god vnde vmbe wolthat willin durch dy ersam-
men frienscheppin vnde durch mich vff genomen ist, ab sy sich besinnen wohlin
vnde so vorstoeket vnde vorblindet nicht pliben vnde dem eleger thun, weß sy om
vou eren vnde rechten phligtik sin, das sy alles kleyne geacht habin, dy elage onch
irkant ist gewordin zew richtende in der heylichen heymlichen achte. Also ist nun
vff hute datum disses briues der vorgnante Matteß vor mich komen vor den frienstul
gelegen vor Wolckmerssen uff dem rede, do ich gesessin habe von bevele in konick-
licher dingk studt in eynem gelegten gerichte in gespannener bauck mit vrtel vnde
rechte gekleydet von bewelin des heyligen Romischen riebes, furder ist gewisset
wordin mit vrtel vnde noch frienstuls rechte, das zew bracht vnde wargemacht noch
frienstuls rechte, das Mertin Bildenhain des vurechten sich selbir irkante in dem
vngehorsam der heligen kirchen, do her langezyt in gelegin hath, vnde hat dem
gnanten Matteß Mackwicz vber geanwirt register vnde vorsigelte briue, vsß gesniten
cedel, dy der gnante Wildenhayn dy er entphangen hat von dem rate zew Lipez.
Noch hute date disses briues ist vor mich komen der obgnante Matteß vor dem
friem stul zew Volckmerssen uff dem rithe, das zew gebrocht vnde wargemacht noch
friem stuls rechte vnde hat mit vrtel vnde mit rechte erwunnen durch sinen gedingt-
ten vorsprecher Volckwin Czwigker, das her dy vorgnanten beclagten mag an dasten
in holez, in felde vnde furt an allin stetin wu her sy ankummet, vnde kummeren ir
lib vnde gut vmb sulche sine an elage vnde erwunnene sach, houbtsum vnde kost,
hinder vnde schadin, meymlich nun dusent guldin, dy her uff sy erhaklin hath noch
friemstuls rechte noch hute iezlicher schoner geystlichen sentencien executorien vnde

instrumenten herezeyget vnde bewiset noch lute vnde inhalde sines behalden briues, dor vmbe den ouch dem ergnanten Matteß durch recht gewyset ist, das her dy selbige sine welderbnrth sammet adder besunderen also von om gekummert fure magk in das neste gerichte, das her gehabe kan, adder sust wu her hen kan vnde magk, vnde haldin wer lib vnde gut so lange, das sy om sulche sine houbt sache kost hinder vnde schadin theger vnde alle wol beczalt habin ane sinen furdern schadin vmbe sine er wiste vnde er wunnene sache vnde dem gerichte vmb dy pene bruche vnde busse; vnde wen eyn sulches eyne czyt lang gewert hath, wolden sich denne dy beclagtin dor an nicht keren, so mag der eleger wen eß on gehastet eyn vol gerichte der swersten sentencien von gerichte heyschin vnde der richter sal om den dez nicht wegir, also gewist vnde erwunnen ist. Ouch habe ich burgermeysteren vnde rethe vnde ganeze gemeyn der stadt Lipcz bobin virezeyen iar alle mannes person, usß gescheyden geystlichen, dy sy mit nagelen vnd mit thoren beslissen [geschriben?], das sye dy vor beclagten myt yren wyb vnde kinderen von on triben vnde wer güt behaldin, das dem eleger vnde stulheren das gerichte egnant frienstuls sich an ercholin mogen vnde dy vorgnante von Lipcz kummeren vnde audasten in allermosse, also dye egnanten beclagtin mit urteil vnde mit rechte erwunnen vnde erstande, welche frage gewist ist yn rechte, ich Ditterich zew gestade, habe myne orkunde dor von entphangen vnde zew geslossin noch gerichtes rechte, also hat Matteß der eleger eyn sulchs ouch zew gestande vmbe bethe willin dem ersammen burger meyster vnde roteß der stadt Volekmerssen, so das her bewilliget hath on zew inloben mir gerichtes rechte der gnanten beclagtin dy von Lipcz egnant das selbige heymliche gerichte so vor smeth habin vnde dem eleger om ny keynen stunden zew den eren adder rechten sten wohlin noch zew tagen kummen. So gebite ich allen heren vnde fursten egnant vnde besunderen ouch dem hochwirdigsten ingod erezbischoff zew Magdeburck vnde bischoffen, ouch dem hochgeboren erluchtigen fursten vnde heren heren Hans, heren Friderich, heren Albricht alle marekgrauen zeu Prandeburck, heren Friderich vnde heren Wilhelme vnde heren Ernst vnd heren Albricht vnde allin heren zew Sagsen vnde lantgrauen in Thoringen 2c. vnde furder allin furstin vnd heren von Anhalt vnde furdir allen den grauen vnde heren dy hir zew geheyschet werdin edel adder vnedel, wissin addir vnwissin, dy wissin by den eyden vnde gelobten, dy vnwissin by der pene des gerichtes funfezig pfunt fines goldes, sint der czyt dy beclagtin alle das heylich heymlich gerichte vorsmeth habin vnde zew den eren nicht enantworten woldin vnde den eleger inkundigin gewist syn zew tunnde siner erstanden erwisten erbunnen sache vnde dem gerichte zu bruche vnde busse, welche czyt vnde wan der gnante eleger Matteß adder sin volmechtiger procurator bewyser disses briues adder abescrifft zew uch kummet sammet adder besunder hulffe vnde sin heger von uch adder den vren eß sy uff wasser adder uff lande, uff merckten uff strassin adder in steten uch an rüffet om hülfe vnde schure om zew thun, der benante beclagten lib vnde gut uff haldin serzen adder bekummeren, om das helffen in vollem besiezen bekummeren vnd uff haldin in allen vren geleyten adder gerichte keyns usß gescheyden, das sy von stundt thun hulffe thun losset mit gerichte adder an gerichte, noch dem das sulch gericht gereyt uber sy gegangen ist, das sunder anderß keyn gericht furt vber sy gen sal, das sy geistlich adder werntlich vnde das dy gnanten beclagten keyner fryheyt soldin gebruchen, dy gegebin sint adder gegebin mochte werdin, noch dem sy sich an dissem gnanten gerichten der clage noch uy vor antwirt habin, vnde hir kegen so sollen auch dy beclagten dy keyne friheyt noch gnade vnd nichtes gebruchin, dy gegebin sint von bebsten konigen adder keyseren, eß sin heren adder fursten grauen ritteren adder knechten stete adder dorferen in keynerley wysin schuez noch schur solfin habin, noch dem das das selbige heyliche heymliche gerichte ist wordin von dem aller heyligsten ingod vater von dem heyligen babste Leoni vnde gemacht von dem heyligen keyser vnde konige Karlo dem grossen, so das nymand thun sal hyr widder mit wortin noch mit werkin, vnde dy angelangten vnde beclagtin by stant theten, sunder dem cleger vnde sinem procuratori helfin vnde hulffe thun vnde schur, sin recht zew ermanen, so lange vil vnde gnuck om eyne gnuge geschey siner erwiste vnde erwunnen sache vnde dem gerichte bruche hussen vnde penen ab obgethan syn, vnde das yre quitancie vnd absolucie sehet, das dy beclagtin der clage gerichtes pene bruche vnde busse theger ganez gequitirth vnde absolniret sin, vnde das so stete vnde feste by der selbigen penen zew vormyden. Wer hyr widder thete mit wortin adder mit werkin, den adder dy muste ich dar vmbe furderen mit dem selbigen gerichte vnde dy penen ab hermanen vnde sy thun in dy selbiche ahte des me gnanten gerichtes. Ir liben heren vnde ander gute frunde, ir wollit dem Romischen riche in dissen sachen by wesin vnde das selbige gericht meren vnde wirdikeyt helffin behaldin an onselen, das das werntlichen recht dem geystlichen müssz by standt thun in vngehorsam luten, das selbigi glich egnant geystliche gerichte auch dem werntlichen heyligen heymlichen gerichte. Hyr vmbe volde sich eyn yderman zew dem besten bewissin, wil ich alleczyt gerne vordinen. Hir vber vnde ane sint gewest Hildewoldessen, Bertolt Raiden, Dippolt Scheppers, Henne Snidewindt burger zew Folckmerssen, Volckwin Czwigkerß, Hans Backen, Curt Omiken, Curt Volmekin *is* vnde vel mer anderen frienscheppin gnug vnb stender des gerichtes. Thn kuntschafft vnde orkunde allir vorgeschreben puncte stucke vnde articule hab ich Ditterich Ditmersen fry graue obgnant myn ingesegel festiglichen an dissem briue gehangin. Datum anno domini millesimo CCCC° L septimo uff den nesten dinstag uff vnser liben frawen tag purificationis Marine.

Nach dem Orig. im Rathsarchiv zu Leipzig mit dem Siegel des Freigrafen an einem Pergamentstreifen.

Mathias Makwitz (urkundlich auch de Makewicz) wurde nach dem Tode seiner Eltern, welche ein Haus in der Petersstrasse besassen, in das Haus seines nächsten Verwandten des Nicolaus Kaufmann Borgers zu Leipzig aufgenommen, welcher im Einverständniss mit den übrigen Verwandten die Vormundschaft über den Unmundigen und die Verwaltung des Vermögens desselben übernahm. Das Haus in der Petersstrasse wurde für 212 Rhein. Gulden verkauft, das Geld nahm der Vormund ein und legte von dieser Summe 160 Gulden für seinen Mündel zurück. Nicolaus Kaufmann hatte weder Kinder noch nähere Verwandte als den Mathias, sah diesen als seinen Erben an, erklärte ihn als solchen vor den Rathsherren Heinrich Winter und Dietrich Kulkwirz, gab auch vor allen drei Rathen und in Gegenwart zahlreicher anderer Personen die Erklärung ab, Mathias Makwitz sein nächster Verwandter solle sein Erbe sein und nach seinem Tode von Rechts wegen alle seine Güter und Besitzthümer erhalten. Nicolaus Kaufmann starb Ende Mai oder Anfang Juni 1438 und hinterliess ein Haus am Markte, eine Kaufkammer unter dem Rathhause mit Vorrathen an Tuchern verschiedener Farben und anderen Kaufmannswaaren, zusammen im Werthe von 3000 Gulden, einen Baumgarten vor dem Grimmaschen Thore und ein Vorwerk vor dem Petersthore. Entgegen den letztwilligen Bestimmungen des Nicolaus Kaufmann ergriffen Thomas Cleyber

Cod. dipl. sax. II. 8.   33

und Martin Wildenhain Bürger zu Leipzig Besitz von dessen sämtlichem beweglichen und unbeweglichen Vermögen, nahmen auch die für Mathias Makwitz hinterlegten 140 Gulden an sich und setzten den letztern mehrfachen Anforderungen zur Herausgabe des Nachlasses beharrlichen Widerspruch entgegen. — Diese Angaben sind einer Schrift entnommen, welche Mathias, (der somit klagbar geworden war), zur Begründung und Ausführung einer gegen einen Spruch des Probst Nicolaus vom Kloster Neuwerk bei Halle beim Basler Concil eingewendeten Appellation bei Bernardus de Boscho decretorum doctor canonicus et sacrista ecclesiae Hardensis dictae sacrae synodi causarum iudex et commissarius eingab. Dieser eröffnete nun ein Verfahren und setzte den Beklagten im Verlaufe desselben mehrere Termine, in welchen sie ungehorsamer Weise ausblieben; er belegte sie deshalb mit dem Kirchenbanne und verurtheilte sie in einer unter dem 9. Febr 1442 gesprochenen Schlusssentenz zur Herausgabe des widerrechtlich in Besitz genommenen Nachlasses des Nicolaus Kaufmann an Mathias Makwitz und in die Kosten des Verfahrens. - Die sehr ausführliche Urkunde befindet sich im Rathsarchiv zu Leipzig, woselbst auch ein Schriftstück aufbewahrt wird, welches mit dem Makwitz'schen Handel in einem Zusammenhange stehen mag: Unter dem 7. März 1442 ertheilt nämlich Nicolaus basilicae duodecim apostolorum presbyter cardinalis Panormitanus vulgariter nuncupatus maior poenitentiarius per sacrosanctam generalem synodum Basiliensem in spiritu sancto congregatam universalem ecclesiam repraesentantem deputatus dem Matthäus Mokwitz (nobili Merseburgensis diocesis) die Gunst, quatenus liceat tibi presbyterum in confessorem eligere, qui super peccatis quae sibi confiteberis, nisi talia sint, propter quae merito sit sedes apostolica consulenda, tibi provideat — de absolutionis debitae beneficio et poenitentia salutari —, vota vero peregrinationis et abstinentiae si qua emisisti, quae commode servare non potes, ultramarinae beatorum Petri et Pauli atque Jacobi apostolorum votis duntaxat exceptis, commutet tibi idem confessor in alia opera pietatis.

No. 325. 1457. 8. Febr.

Der Freigraf Diderich Ditmersen erlässt eine öffentliche Aufforderung, namentlich an die Herzoge von Sachsen, die Markgrafen von Brandenburg, die Grafen von Mansfeld und Anhalt, den Bischof Johann von Merseburg, den Ritter Hans von Waldenfels, dem Spruche des heimlichen Gerichtes gehorsam zu sein und dem Mathias Makwitz auf Erfordern zu Erlangung seines ihm zuerkannten Rechtes Beihülfe zu leisten.

Ich Diderich Detmersen frigraue zeu Volkmersen des heiligen Romisschen richs vnd des hoichwerdige in god vader vnd heren heren Diderichs erczebisschoffe zeu Collen, staidhelder des heyligen Romisschen richs, mynes gnedigen lieuen heren bekenne vnd thun kundt uch erwerdigen in gode vader vnd heren bisschoffe to Medeborg, uch hoichgeboren irluchtigen fursten vnd heren heren Frederich vnd Wilhelm herzogen zeu Sachsen, lantgrauen in Doringen vnd markgrauen zeu Myssen, Frederiche vnd Hanse markgrauen zeu Brandenborg, uch edelen vnd wolgeboren heren Gunter vnd Gebeharde grauen zeu Mansfeld, heren Jorgen Adolffe vnd Bernde heren von Asschanean vnd greuen von Anhalt, uch erwerdigen in gode vnd heren heren Johanse bisschoffe zeu Merseborg vnd uch strengen heren Hanse von Waldenfelß ritter vnd vord allen hoichgeboren fursten edelen grauen frigenheren ritteren vnd knechten, allen ersamen stedden markeden dorffen schultheißen vnd richtern vnd allen des heiligen Romisschen richs frigengreuen vnd frigenscheffen vnd vord aller menlich, der dusse breff an kommet, en schin horen ader leßen, dat my warliche vnd uffinpare blyck vnd schyn geschyn ist nach frigenstuls rechte, dat de ersamne Echord Allermann frigraue zeu Volckmersen myn vorfhare to twen malen von clage wegen Mattis Mackewiez geeisschet vnd gemanet hefft Herman Becker, Heinczen Winter, Hans Knap, Nickel Muller, Claus Schultheiße, Tieze Kolekewicz, Lorencz Pudernaß, Hanß Kraiß vnd Heincze Mogenhofter burger zeu Lipczk vnd ich nu de selbigen beclageten von des egnanten clegers wegen Mattis Mackewiez to deme dretten male geeisschet vnd gemanet habe vor dat uffinpare gerichte des frigenstuls gelegen uff deme rede vor Volckmersen vnd de gnanten beclageten alliß ute gebleuen vnd dat gerichte vorsmehet vnd vorsunnet haben, darumme sie in grote bruche vnd buße gewiset sind den stulheren vnd deme gerichte, nemlich eyn iglich in seß vnd seßcig schillinge alder konnyuscher torneßer. Darumbe haid de vorgnante Mattis mit orteyl vnd rechte yrwunnen na frigenstuls rechte vor deme ergnanten frigenstule, dat ich de sweren hogisten sentencien vnd vul gerichte solde gethau haben obir de vorgnanten beclageten, dat alliß vmme god vnd woldait willen durch de ersumnen frigenscheffen vnd mich uffgenummen ist, ab sie sich besynnen wolden vnd so vorstogket vnd vorblyndet nicht blyben vnd deme clegere thun, wes sie eme von eren vnd rechte plichtig gewest weren, dat sie alliß cleyne genchtet haben, de clage auch irkant ist geworden to richtende in der heyligen heymlichen achte. Also ist nu uff hude datum dusses breffes de vorgnante Mattis vor mich gekommen vor den frigenstul gelegen vor Volkniersen uff deme rede, dar ich gesetten haue in konnyclicher dingstaid in eynem gehegeden gerichte in gespanner bangk mit orteyl vnd rechte geeleidet von heuele des heiligen Romisschen richs, vnd haid mit orteyl vnd rechte erwunnen durch synen gedingeden vorspreken, dat he de vorgnanten beclageten mach antasten in holte, in felde vnd vord an allen stedden, war se he ankommet, vnd kummeren eren lyb vnd gud vmbe sollicke syne erclageten vnd erwunnen sache, houbtsummen vnd koist, hinder vnd schaden, nemlich nuen tusent gulden, de he uff sie behalden haid na frigenstuls rechte na lude eczlicher schönen geistlichen sentencien, executorien vnd instrumente herezoget vnd gewiset na lude vnd inhalde synes behalden breues. Dar umbe dan auch deme ergnanten Mattis durch recht gewiset ist, dat he de selbigen syne widderphurt samet adir besundern also von eme gekummert fluren mach in dat neiste gerichte, dat he gehauen kan, adir sust wor he kan vnd mach vnd halden eren liff vnd gud so lange, dat sie eme solke sine houbtsache, koist, hinder vnd schaden obgerort theger vnd alle wol beezalet haben. Hirumbe gebyden ich von keyserlicher gewald vnd von myns amptes wegen uch vorgerorten bisschoffen, hoichgeboren fursten edelen heren grauen rittern knechten schultheißen richteren, allen ersamen steldden markten dorffen, allen frigengrauen vnd frigenscheffen vnd vord alle manne, dar dusse breff ankommet, dat sie deme vorgnanten cleger Mattis Mackewiez to siner sache in syne kummer gunnen vnd gestaden, eme keynen hinder vnd indracht, sunder personlich ermanten hulffe thun, na deme ir billiche in rechte thun, by vor mydunge der sweren penen, nemlich iglichem funffezig phund goldes konnyclicher buße. Wereß dat hir imand widder thede mit worten ader wercken heymlich ader uffinpar vnd deme cleger obgnant irmanten hulffe vßginge vnd rechtes weygerde pobin lud vnd inhald dusses breffes, des ich uch allen vnd besundern nicht to globe, ir wollen yo de gerechtikeid an sehin vnd erkennen, vnd niy dat in gerichte vormeldet worde, so moiste ich den ader de ihene, dar sollich gebrech ane geschege, eyssehen manen vnd forderen na frigenstuls rechte vmme solliche penen vorgnant, dat en dan zcu swere worde, vnd de selbigen solden auch in den selbigen kummer vorfallen sin alse de vorgnanten beclageten. Vnd de selbige cleger ergnant mach auch allecziid wan en geluset obir de vorgnanten becla-

geten eyn fulgerichte der sweren hogisten sentencien gehen laißen na frigen stuls
rechte, wanner eme dusse kummer nicht gehelffen mochte, alß ente diit alliß mit
orteyl vnd rechte na frigenstuls rechte also irwiset vnd erwunnen ist. Auch habe
ich burgermeistern raide vnd ganezer gemeynde der staid Lipezk pobin verteyn
iaren manneß personen, ußgescheiden wettende vnd geistliche lude, gescreuen, dat
sie de vorgnanten beclageten mit oren wifen vnd kynderen von sich tryben vnd ore
gud behalden, dar de stulhere dat gerichte des egnanten frigenstuls vnd de cleger
egnant sich ane irholen mogen ere bruche buße houbtsache koist hinder vnd scha-
den; thun sie des nicht, so mach de vorgnante cleger Mattis de vorgnanten von
Lipezk kummeren vnd antasten in allermate alse de ergnanten beclageten, alse [he]
dat mit ordeyl vnde rechte so irwunnen vnd erstanden heuel na frigenstuls rechte.
Eyn iglich wille sich alliß wißlich vnd geborlich inne halden zcu vorhudende furder
groten hinder koist vnd schaden lynes vnd gudes, rade ich getrowelichen vnd were
my liff. Hir ouer vnd ane sind gewest de ersamen Heinrich Hildeboldesßen, Ber-
told Raides, Tepel Schepers, Henne Snydewind burger to Volckmerßen, Volgwin
Swickers, Hans Baken, Curd Eumeken, Curd Volmeken vnd vele meher frummer ²⁷/
erbaren frigenscheffin genoch vmmestender des gerichtes. To kuntschaff vnd orkunde
aller vorgerarten stucke vnd artikele habe ich Diderich Detmersen frigraue obgnant
myn ingesigel vestlichen an dussen breff gehangen. Datum anno domini M°CCCCL.
septimo uff den nehisten dinstag na vnser leuen frowen dage purificacionis.

Nach dem Orig. im Rathsarchiv zu Leipzig mit dem Siegel des Freigrafen an einem Pergamentstreifen.

No. 326. 1457. 19. März.

Feststellung der Preise der Dach- und Mauerziegel und der Bruchsteine.

Sabato post Reminiscere sint alle dry rethe eins wurden. das man hinfurder ein tusent
nur zcygel vmbe J ß nuwer were gebin sal; sunder so also yderman vorbunden ist mit zcygel
zcudecken, so sal der rat den dachsteyn gebin in dem kauffe also man on beß her gegebin hath
eyn tusent vmbe XX gr. So wil der rat den steynbruch zcu Tûch mit geczuge balden vude
ein burger, der das bedarff zcukellere adder zcu muren, den sal man den murczygil nicht las-
sen, sunder man sal on an den steynbruch wyßen, do sal er vor das fuder einen grosschen gebin.
Ist der rat mit den steynbrechern zcu Tuch eins wurden, das on der rat von einem
fuder XV den. gebin solle zcubrechen vnde sal on XIIII tage einen adder zcewene tageloner
halden zcu dem aberume, daruff haben sie beß uff purificationis dinst gelobet.

Nach dem Rathsbuch fol. 42ᵇ und 44ᵇ im Rathsarchiv zu Leipzig.

No. 327. 1457. 7. Sept.

Gemeindebeschluss in Betreff der vom Landesherrn begehrten Veränderung seiner Jahrrente.

Feria 4ᵃ post Egidii hath der rat eine sache an die gemeyne bracht, die vnser gnediger
herre an den rat bracht hatte, vnde das ist die sache: Vnser gnediger herre hath begert, das

man om sine iarrente noch goltzeal gebin wolde, also vbl gulden also man vor alde ß gegebeu hath. Daruff hath die gemeyne dem rate antwort gegeben, das sie in grossim ermute ayn vnde ein sollichs sey on gar swehr, vnde gebeten den rat, das der rat vnsern gnedigen hern bitten wollen, das sie syne gnade hey aldem her kommen wolle lassin blibwn, wenue sie eß nicht vormogen, sie haben sich vorherffart vnde vorbuwet; wnrde sie vnser herre dorobbir y hertlich darvmbe anlangen, so wolle sie sich von dem rate nicht setczen vnde eß lst ir rat nicht, das man sich ein sollichs obirgeben solle.

Nach dem Rathsbuch fol. 46 im Rathsarchiv zu Leipzig.

No. 328. 1458. 11. März.

Der Rath geuehmigt eine zwischen den Maleru, Sattlern und Riemeru stattgrfundene Vereinigung.

Der rat hath den malern setelern vnde rymern gestatet, sich zeusampne zeusetczen, das sie kerczeu miteinander haben mogen, sie sollin abbir keynen getwang vndereinander machin forder wenne sie beßher gehath habin, sunder was on gebruchs ist, sollen sie vor den rat kommen vnde sich noch dem rate richten.

Nach dem Rathsbuch fol. 161 im Rathsarchiv zu Leipzig.

No. 329. 1458. 13. Mai.

Fehdebrief des Mathins Muckweitz und seiner Helfer an die Stadt Leipzig.

Wisset burgermeister vnd rad vud gantcze gemeyne[1]) zeu Liptczk, das ich Matis Macwiß[2]), Raloff Tabel, Brant von Cramme, Hans von Hartenberg, Henicke Kukencop, Freydeke Bockel, Jacob Vyweians vnd alle vnser mitte helffer vwer vnd der nwern wollen vynt syn vmb des probistes willen zeu sinte Thomas, vnd was hiran geschit an raube, morde vnd brande, dar wulle wir nicht zeu antwerten vnd vnser ere an uch vnd an den nwern bewart habin. Geschrebin am sonnabende nach vnsers hern hymmelfart anno domini LVIII°. Geschrebin vnder vnser eyns ingesigel.

Nach einer Abschrift im K. Haupt-Staatsarchiv zu Dresden, welche zugleich mit dem Fehdebriefe des Mathias Makwitz und Cons. an Kurfürst Friedrich II. (No. 330) diesem übersendet wurde.

1) Anstatt des sinnlosen (augone in tür. 2) Or. Var Pyrst.

No. 330. 1458. 13. Mai.

Fehdebrief des Mathias Makeitz an Kurfürst Friedrich II.

Wettet herthege Freyderk here to Sassen, dat' ck Matias Maghwit vnde Rolof Tabel vnde Brant van Cramme, Hans van Hardenberghe, Hennigh Kukencop, Freyderk Bockel, Jacob Wyweians vnde alle vnse mydde hulpers, dat we wylle wyghent iuwer lande vnde lude weysen vmme vnse groter vnrechticheyt weyghen, de de schut Matias Makwit van den van Leyppessche veyghen ome ghe schut, vnde wes hir van schut an rowe vnde an brande vnde an morde, dar wylle we nycht to antworden vnde vnse ere an gik vnde an den inwern be waren. Ghe screuen an dem sonnawende na vnses heren ghoddes hymmel wart daghe in dem achten vnde weffligheuten iare ghescreuen vnder Matias Makewit inghesegel, des we alle hir to bruken.

Nach dem Orig. auf Papier im K. Haupt-Staatsarchiv zu Dresden, welches an den Kurfürsten mit folgendem Begleitschreiben gelangte:

Irluchter hochgeborner furste, gnediger lieber herre. Myn vndirteniger williger dinst sey uwer gnaden allerzcit bereid. Gnediger herre. Uwer gnade bete ich wissen, das deue ingeslossen fedeßbriue (No. 329 u. 30) uff hute dornstag in der nacht al her uff uwer gnaden burck komen sint, die denn uwer gnade wol vornemen wirt; dornach sich uwer gnade weiß zcu richten. Zcu allen uwer gnaden dinsten vnd geboten stehe ich gantz gehorsam. Geschreben am dornstage zcu nacht hora secunda noch Exaudi (1st. Mai) vndir myn insigel. Anno xc. 1. octava.

Uwer gnaden vnderteniger williger dyner Albrecht Proßen von zcu Delcasch. 7 ?

No. 331. 1458. 1. Nov.

Kurfürst Friedrich II. verleiht der Stadt Leipzig den Neujahrsmarkt.

Wir von gots gnaden Friderich herczog zcu Sachssen, des heiligen Romschen richs erczmarschalck vnd kurfurste, lantgrave in Doringen vnd marggrave zcu Missen bekennen für vns, vnser erben vnd nachkomen vnd wollen das offenbar sie mit disem vnserm brive allen vnd iglichen iczund lebenden vnd zukunfftigen luten, die yn sehen horen ader lesen werden. Nach dem wir von angeborner gute vnd mildickeit schuldig sint, vnser stat Lipzk vnd ire innwoner vmb irer getrewen dinste willen, die sie vns manigfeldielich erceiget haben, in besser wesen zubrengen, haben wir von eigenem bewegnisse vnd mit wolbedachtem mute, rechter wissen vnd gutem furrate vnser herrn graven ritter manne vnd vnser rete vnd lieben getrewen von besundern vnsern gnaden der selben vnser stat vnd iren inwonern vnb gemeyns nutzen vnd fromens willen vnd darumb, das sie sich gebessern, auch in gedyen vnd guten stant komen, sich uß schulden entheben vnd vns vnd vnsern erben furtmehr zcudyenen desto bereyter vnd williger werden mogen, gnediglich gegunst, zcu gegeben vnd vorliehen, das sie vnd ire nachkomen nu furbaßmehr zcu ewigen zcyten alle iar ierlich eynen iarmarckt in derselben vnser stad Lipzk vff den heiligen newen iars tag an zcugehn, der bestehende bleiben sal biß vff der heiligen dreyer konige tag nehst darnach volgende den tag gancz vß, gunnen geben vnd verlihen yn den also kegenwertielich von vnser furstlichen gewalt vnd macht in vnd mit crafft dis brives, denselben iarmarckt wie obin berurt ist hinfur zcu ewigen zcyten in derselben vnser stad vff die egedachte zcyt ierlich zcu haben vnd zcu halten mit kauffen vnd verkauffen vnd kauffslagen alle der stucke vnd hantirung, die von kauffmanschaeze vnd allen andern dingen darbracht gefurt vnd getragen werden, des wir vnd sie auch mit allen vnd iglichen rechten freiheiten vnd gewonheiten gebruchen sallen vnd mogen nach wise forme vnd maße, wie das mit iarmarckten in andern vnsern steten vnser lande vnd furstentumb von alder bißher gehabt vnd gehalden ist worden vnd itzund noch gehalden wirdit, von vns vnsern erben vnd nachkommen vnd sust allermenniglich vngehindert, doch vns denselben vnsern erben vnd nachkommen alles dinges vnschedelich an vnsern rechten in derselben vnser stat bißher gehabt,

bestetigen yn hie mit den selben iarmarckt also genczlich ane geverde. Vnd begeren
hieruff in vlisse von allen vnd iglichen prelaten, vnsern graven herren amptluten
rittern knechten richtern gesuornen reten burgermeistern gemeynen vnd inwonern
vnser stedle merckte vnd dorfer vnd sust allermenniglich von den vnsern ernstlich
begerende vnd gebietende, das ir die vorgnanten vnser burger vnd inwoner der
selben vnser stat Lipzk, auch alle ander kaufflute vnd igliche personen, die den
gnanten iarmarkt als oben berurt ist besuchen, darzeu komen, die zeyt doselbest
beharren vnd auch do von wandern werden, an iren personen kaufmanschacz vnd
gute in eynichen sachen wider recht nicht hindert betrubt ader beleidiget, also lib
euch sie vnser vnser erben vnd nachkomen große vngnade vnd pene zeuuormeyden.
Hie mit sollen die iarmerekte, die sie vormals ierlich in vnser stad Lipczk gehabt
vnd gehalten haben, nicht abgestalt sin, sundern iren furgang haben vnd crefftig sin
vnd bliben, inmassen die herkomen sint vnd sie herbracht haben ane geuerde. Zcu
urkunde haben wir vnser furstlich groß maiestat insigel an disen vnsern briff wis-
sentlich laßen hengen, der gegeben ist zeu Rochlitz am mitwochen aller heiligen tage
nach gots geburt tusend vierbundert darnach in dem achtvndfunffzigsten iare. Hie
bey sint gewest als gezeugen vnsere rete heymlichen vnd lieben getrewen er Hyl-
debrant vom Eynsidel ritter obermarschalck, er Nickel von Schonberg ritter hofe-
meister, er Georgius von Hugewitz teehand zeu Missen canzler x., Otto Spigel,
Hugk von Tubenheym vnd ander vnser manne vnd dyener gnug, den wol zeu
glowben stet.

Nach dem Abdruck im Bericht d. deutschen Gesellschaft zu Leipzig 1836 S. 31—33, an einigen Stellen
berichtigt nach einer Abschrift aus dem 16. Jahrhundert im K. Haupt-Staatsarchiv zu Dresden.

No. 332. 1458. 1. Nov.

Des Kurfürsten Friedrich II. Ausschreiben den der Stadt Leipzig verliehenen Neujahrsmarkt betr.

Friderich von gots gnaden hertzog zeu Sachssen, des heiligen Romischen richs
ertzmarschalk und kurfurste, lantgraue in Doringen vnd maregraue zeu Missenn.

Allen vnd iglichen vnnsern prelaten grauen herrn fryen rittern knechten ampt-
luten richtern burgermeistern reten vnd gemeynen der gebyete slosse stete merckte
vnd dorffer in vnsern furstenthumb ligende vnd sust allermeniclich den vnsern, den
diser vnser briff furkompt vnd erzceiget wurdt. Lieben andechtigen vnd getruwen.
Wanne wir auch vnsern lieben getruwen burgermeister ratmanne vnd gemeyne vnser
stat Liptzk vmb derselben vnser stat besserung vnd uffkomens, auch von gemeyns
nutze vnd fromens willen gnediclich gegunst zeugegeben vnd vorlihen haben, das sie
vnd ire nachkomen nu furbaß zeu ewigen zeyten ierlichen ein iarmarkt in derselben
vnser stat Liptzk haben vnd halden mogen, der uff den heiligen nuwen iars tag ange-
hen vnd bestehende bliben sal biß uff der heiligen dryer konige tag nebst darnach
volgende den tag gantz uß, als das vnser briff yn daruber gegeben innheldit vnd
ußwiset, dorumb von uch allen vnd eym itzlichen in sunderheyt ernstlich begernde,
das ir die vorgnanten burger und inwoner vnser stat Liptzk, auch alle ander kouff-

lute und icliche person, die den gnanten iarmarckt mit kouffmannschatz vnd allen andern dingen besuchen, dorzcu komen, die zeyt doselbst beharren vnd auch douon wandern werden, an iren personen habe vnd gute in einichen sachen wider recht durch uch selbs ader ander nicht irret hindert noch beleidiget, das auch nicht zeutun bestellit, sundern sulchen iarmarckt handhabit furdert vnd noch uwer notturfft besuchet. Des nicht anders haldit, also lip uch wie vnser grosse vngnade straffung und pene zennormyden. Das kompt vns von uch allen vnd uwer itzlichem in sunderheit zeugutem dancke. Geben zcu Rochlitz am mittewochen Allerheiligentage anno domini xc. quinquagesimo octavo.

Nach dem Orig. auf Papier im Rathsarchiv zu Leipzig mit dem auf der Rückseite aufgedruckten Siegel.

No. 333. 1458. 18. Nov.

Kurfürst Friedrich II. überweist auf Wunsch des Barfüsserklosters, welches zur strengen Ordensregel zurückkehren und jedes Grundbesitzes sich entäussern will, 36 Acker Holz im Rosenthal der Stadt Leipzig, verordnet aber die Fortdauer der für seine Vorfahren gestifteten Seelengedächtnisse unter Beaufsichtigung des Rathes.

Wir von gots gnaden Friderich hertzog zcu Sachssen, des heiligen Romischen richs ertzmarschalk vnd kurfurste, lantgrave in Doringen vnd maregrave zcu Missen bekennen vor vns vnser erben vnd nachkomen vnd tun kunt mit disem briue allen, die yn sehen horen ader lesen, das fur vns komen sint die gotforchtigen vnd innigen bruder der gardian vnd gantze convent des Barfussen closters in vnser stad Liptzk gelegen vnser besunder lieben andechtigen vnd haben in grossem andacht vns zenerkennen geben, wie sie die nßnutzung vnd reformatio ires ordens vnd gotlichen lebens, also die von dem ersten anbegynne durch die heiligen veter ußgesatzt sin, gote zcu lobe, Marien der hymelkonigynne, sancto Francisco, der ein erheber ires ordens gewest ist, vnd allen gots heiligen zcu eren vnd allen glowbigen zelen zcu troste, in auch selbs vnd allen cristenluten zcu besserung, vornuwet vnd in grosser demut wider an sich haben genomen, dobie in gotlicher liebe in grunde irer hertzen betracht innehaldung irer regeln vnd ußsatzung ires lebens, das sie uff diser erden haben halden vnd furen sollen, die ynnehalden vnder andern worten, das sie insunderheit ader gemeyne keynerley eygenthum haben ader besitzen sollen, sundern tegelichs mildes almusen warten vnd gebruchen, das von guten luten wirdit gereicht vnd gegeben. Der mergelichen ursachen vnd bewegnusse halben haben sie vns furbracht einen furstlichen besigilten briff durch die hochgebornne fursten hern Wilhelm, hern Friderichen vnd hern Baltasarn gebrudern seliger gedechtnis vnser lieben gefettern lantgrauen in Doringen vnd maregrauen zcu Missen, in dem Ostirlande vnd zcu Landisperg, grauen zcu Orlamunde vnd herrn des landes zcu Pliessen vber sechsvnddrissig acker houweholtz mit dem bodem zcu eigenthum im Rosental vor vnser stat Lipczk gelegen vnd yn abegemessen, die do treten vnd gelangen an der Prediger holtz, in ewickeit zengeniassen, zeuhaben yn vorschriben vnd gegeben, also das sulcher furstlicher briff clerlich ynheldit vnd besagit*), vnd haben vns forder

a) Urkunde der Markgrafen d. d. Eisenach Freitag vor dem h. Pfingsttag (11. Mai) 1381 im Rathsarchiv zu Leipzig

tlehelich gebeten, das wir solchen furstlichin briff, auch willige ufflassung vnd vorzeihung des eigenthums vnd genyeß holtz vnd bodens vorgnant fur sich vnd ire nachkomen geruchten uffzcnnemen vnd das holtz mit dem bodem vnd genyeß furder dem burgermeister rate vnd gantzen gemeynen vnser stad Liptzk vnsern liben getruwen vnd iren nachkomelingen zcu eigenthum und stadrechte in ewickeit zcuhalen zcugenissen zcubesitzen vnd zcugebranchen ane alle vnderrede, der sie yn nicht behalden, gnediclich wolten bekennen vnd vorschriben. Haben wir angesehen ire gute meynnnge, auch selickeit der zelen vnd ingang irer ußgesatzten regeln vnd anders mehir durch sie vor vns erzcalt vnd haben uberantwortung ires furstlichen briues, willige ufflassung vnd vorzeihung der sechsvnddrissig acker holtz mit dem bodem yn zcngenisse vnd eigenthum vorschriben von yn zcu vnsern handen uffgenomen vnd haben vmb irer vlissigen bete willen die gemelten sechsvnddrissig acker holtz mit dem bodem vnd geniesse dem burgermeister rate vnd guntzen gemeynen vnd iren nnchkomelingen vnser stat Liptzk vnsern lieben getruwen zcu rechtem eigenthum, geniesse vnd stadrechte vorschriben vnd gegeben, vorschriben vnd geben den burgermeister rate vnd gantzen gemeynen vnser stad Liptzk vnd allen iren nachkomelingen die obgemelten sechsvnddrissig acker holtz mit dem bodem vnd geniesse zcu rechtem eigenthum vnd stadrechte gnediclich von vnser furstlichem mildickeit mit vnd incrafft diss briues, die so fuThaß mehir von vns vnd vnsern erben zcu rechtem eigenthum geniesse vnd stadrechte in ewickeit zcuhaben zcuhalden vnd zcngebruchen ane vnser, vnser erben, des gardians vnd gantzen convents des Barfuassen closters zcu Liptzk vnd irer nachkomelingen intrag ansprache vnd hindernisse, vnd wir vorzeihen vns fur vns vnd vnser erben an dem holtze genisse vnd bodem aller gerechtickeit, die wir dorane hetten ader gehaben mochten, in der besten forme also das recht eischet vnd fordert in allermasse, also vnser lieben vettern seligern obgnnut getan haben. Es sal aber ierlichs begengnisse vnser vettern vnd eldern seligern mit vigilien vnd selemessen domit nicht abegehen noch abegestalt sin, sundern der gardian der itzundt ist ader zcukunfftielich sin wirdit vnnd der convent vorgnant sullen glichwol die ierlichen begengnisse vnser vettern vnd eldern uff geburliche gezcyte ewielich halden vnd bestellen zcuhalden also sie furmals getan haben, domit wir den burgermeister vnd rate zcu Liptzk vorgnant vnser lieben getruwen beladen, ein vlissiges uffsehen doruff zcuhaben, das die begengnisse mit vigilien vnd selemessen furderlich also das herkomen ist werden gehalden. Zcu urkunde vnd rechter wissenheyt haben wir vnser furstlichs gross maiestat insigil an disen briff tun hengen, der geben ist zcu Torgaw am sonnabende nach Briccy des heiligin bischoffs nach Cristi vnsers hern geburt vierzcenhundirt darnach im achtvndfunffzcigisten iaren. Hyebey sint gewest vnd gezeugen die widrigen vnd gestrengen vnser rete vnd lieben getruwen ic Georgius von Hugewitz techant zcu Missen, vnser cantzler ic., er Hans von Maltitz ritter, Otto Spigil vnd ander glowbwirdiger gnug, den wol zcu glowben stehit.

Nach dem Orig. im Rathsarchiv zu Leipzig mit dem sehr wohl erhaltenen Reitersiegel des Kurfürsten an einem Pergamentstreifen.

No. 334. 1458. 18. Nov.

Kurfürst Friedrich II. weist seine Beamten zu Leipzig an, den Rath in den Besitz des von den Barfüssern aufgelassenen Holzes zu setzen.

Friderich von gots gnaden hertzog zcu Sachssen :c. kurfurst, lantgraue in Doringen vnd marcgraue zcu Missen.

Vnnserm voyte gleitzmann hußschriber vnd forster zcu Liptzk. Lieben getruwen. Die gotforchtigen vnd innigen gardian vnd gantze conuent des Barfussen closters zcu Liptzk vnser lieben andechtigen haben durch mergliche bewegung vnd orsache sechsvnddrissig acker holtz mit dem bodem vnd geniesse fur vnser stat Liptzk im Rosental gelegen in durch vnser alteldern zcu eigenthum vorschriben fur vns mit obirantwortung ires furstlichen briues uffgelassen vnd des eigenthums sich vorzeihen, sulch holtz wir ferrer dem burgermeister rate vnd gantzen gemeynen vnser stat Liptzk ane alle widerrede des gardians vnd conuents vorgnant vorschriben vnd gegeben haben, also das vnser furstlicher briff den burgermeister rate vnd gemeynen doruber gegeben ußwiset. Begern wir von uch, das ir sulchs holtz nemlich sechsvnddrissig acker mit dem bodem vnd genisse den burgermeister rate vnd gemeyne zcu Liptzk gewehret, sie yn die gewehre des holtzs bodems vnd genisss setzet vnd brengit, sie dobie von vnserwegen hanthabit vnd schutzit also sich das in rechte geboret vnd anders was not sin wirdit zcubehertung des holtz bodems vnd genisse tut; das kompt vns von uch zcugutem dancke. Zcuurkunde mit vnserm uffgedruckten insigil vorsigilt vnd gebenn zcu Torgaw am sonnabende nach Bricii episcopi anno domini :c. L octavo.

Nach dem Orig. auf Papier im Rathsarchiv zu Leipzig mit dem auf der Rückseite aufgedrückten Siegel.

No. 335. 1459. 10. März.

Der Rath kauft von Albrecht von Lindenau 7 Acker Holz.

Sabato post Laetare. Der rat hath von ern Albrechte von Lindenaw kaufft VII acker holcz adder was die rute gibbet y den acker vor X alde ß, vnde er sal dem rate darinne geben VII eichen zcutrapen zcu der brucke vnde eß sal zcu dem rate stehen, ap man eß diß iar gar abehauwe adder ein teil obbir ein iar wil laßen stehen.

Nach dem Rathsbuch fol. 87ᵇ im Rathsarchiv zu Leipzig.

No. 336. 1459. 14. u. 30. Aug.

Kurfürst Friedrich II. erklärt, einer Seiten des heimlichen Gerichts an ihn ergangenen Auffor-derung, dem zu Gunsten des Mathias Makwicz gesprochenen Urtel Genüge zu leisten, nicht ent-sprechen zu können, da der Kläger die von Leipzig wider päbstliche und kaiserliche Befreiung und ohne dass ihm das Recht verweigert worden sei vor auswärtigen Gerichten verklagt habe.

Frederich von gotes gnade herczoge zeu Sachßen ⁊c. korfforst, langgraff in Doringe vnd margraff zeum Missen.

Libin besundern. Noch dem ir vns von irsuchungen wegin Matteß Mocke-wicz also einen erczmarschallig deß heilligin Romischen richs vormant habet, daz wir die von Lipzek dar zu welden vor mogen, dem gnanten Matteß Mockewicz vmbe syne erwonen sache vor dem heymelichen gerichte genug zeu thunen ⁊c., haben wir mit forderin inhalde uwir schriffte wol vorstande, vnd vns ist vnuorburgin vnd wol in dencken, das der selbige Mateß Mockewicz von langest bisher gen eezliebin den vnserin zeu Lipiczk vnbillich vnde ane redeliche sache genotigit vnd sie weder vnsir bebestliche vnd keyßerliche fryheit manichfeldleglich vmb getreben hat, der wir douch ye zen glich vnd rechte mechtig gewest vnd noch sint. Doch so haben sich die gnanten von Lipiczk allezeit mit vollen vnde rechten gebotin vnde ander not-dorfftiger wiße vnd wir also or wißerre erbherre hir inne also bewißet, das wir vnd sie mit vns vortrostunge haben zeum rechten, das alle orteil proceß vnd irfol-gung wedder vnsir priuilegia vnd solliche volgebot geyn on vorgenommen vnerefftig tod vnd allir macht darben sullen, also das zeu syner zeyt wo es not wurde syn folliglichen wol erschynen sal vnd vor bracht werdin, vnd meyne wol, das ir vns nach dißer sachen gestalt also nicht ersuchen forder czugkemische nicht geben dorffet. (Gebenn zeu Lipiczk am dinstag vigilia assumptionis Mariae anno ⁊c. L. nono.

So douch dißer briff clerlich vßwiset, den vuß der hochgeborn furste zeu geschreben vnd gesant hat alzo obin geschrebin stet, den wir ceht vnd recht frygin schepphin haben ... augscoltiret von worttin zeu wortin, das sage vnd bekennen das bey eren vnd eydin also wir hir noch geschrebin mit namen Michil Konigestal, Caspar More, Hans Czyring, Nickel Paul. Zeu warem bekentznisse wir mer guante fryge schepphen vnßer sigille vnden an dissin offin [brief] gehangen, der denne Peter Lucke vnd Hans Muller iczunt mitte gebruchen sint. Datum anno domini in ipso die Felici et Aucti L. nono.

Nach dem Orig. im Rathsarchiv zu Leipzig mit vier wolerhaltenen Siegeln an Pergamentstreifen.

No. 337. 1459. 22. Aug.

*Bürgermeister und Rath befehlen gemäss der bei Erlangung des Eigenthums an den 36 Acker Holz
im Rosenthale übernommenen Verpflichtung (No. 333) den Vorstehern des Barfüsserklosters, über
die regelmässige Begehung der fürstlichen Seelengedächtnisse zu wachen und die Nutzung des
Holzes zu des Klosters Nothdurft zu gestatten.*

Wir burgermeister vnnd gesworne rathmann der stat Lipezk bekennen in
disßim vnnsirn offin briue vnnd thun kunth allin, die on sehen addir horen leßen.
Noch dem vnnd alßo der hochgeborne furste vnnd herre herre Friderich herczoge
zeu Sachßen, deß heyligen Romisschin richs erezmarschalk kurfurste, lantgraue in
Doringen vnd marggraue zeu Missin vnnsir gnediger herre vns zeu testamentarien
vnnd vßfurern eyns testamentes gesaczt hath, das wyner gnade vorfarn nemlich die
hochgebornen fursten vnnd hern herre Wilhelm, herre Baltasar vnnd herre Friderich
lantgrauen in Doringen vnnd marggrauen zeu Missin, im Osterlande vnnd zeu Lan-
desberg, graue zeu Orlemunde vnnd herren deß lanndes der Pliißen gemacht vnnd
gestift haben mit sechs vnnd driißig ackern holczes in dem Rosintale gelegin, das
do stoßet an der Prediger holtcz, das sie den innigen vnnd geistlichen brudern
sente Francisren ordens albir zeu Lipezk alleyne zeugebruchin aue alle eigenschafft,
alßo sie das haben mogen vnnd nicht anders haben sullen noch vßsatezunge irer
regeln vnnd bestetigung bebistlicher schiekunge, vorlegen vnd in dem selbigen testa-
mente flißlich vnnd inniglich begert haben, zeu flirmale im iare nemlich zeu allen
wichfasten deß iars, die cziit man quatuortempora nennet, irer eldern vorfarn vnnd
nachkomenden selen mit vigilien vnnd mit selemesßen zeubegehen, vnnd alßo denn
die obgnanten bruder keyn eigenschafft wedder ingemeyne noch insunderheit nicht
haben sollen, sundir zeu orer notdorft alleyne die nutezunge vnnd gebruchunge der
guter mogen haben, hath der egnante vnnsir gnediger herre herre Friderich herczoge
zeu Sachßen vns sollich holtez gegebin geeigent vnnd vorlegen vnnd allir gerechti-
keit, die sine gnade eigenschaft haben addir wie die gesin muchte, vorezegen, doch
alßo das die bruder alleyne die nutezunge darane haben sullen, da durch sie auch
die obgeschreben begengniß flirmaln im iare sullen halden, vnnd hath vns ernstlich
vnnd vliißlich befolin, sollich holez zeuuorschutezen vnnd zeuuorteidigen, vnnd dor-
obbir auch erinnert, ein flißig vffsehen zeu haben, das sollich begengniß von den
brudern gehalden werde, also der furstlich briff von synen guaden dorobbir gegeben
clerlich innheldet vnn vßwyßet, das wir denn also vffgenomen vnnd vns darinne
gegeben haben, sollicher volfurung des testamentes, darezu wir gesatezt syn, vnnd
dem flißßigen begir der egnanten fursten genug zenthune So befelin wir hirmit geyn-
wertiglich den vorstehern vnnd procuratoribus deß closters obgnante, die wir gesaczt
haben vnnd allen nochkomenden, die wir ernoch kiißen vnnd setezen werden, das
closter zeuenthalden vnnd slmußen vnnd testament vffzeunemen, deß wir vns vndir-
standen haben von flißßiger bete wegen der bruder, die sich bey dissir zeiit in die
heylige observancia gegeben haben, heyßßen sie vnnd gebiiten on ernstlich, irsuchen

vnnd bitten sie auch bey der barmherczykait gots zcu troste irer eigenn selikeit, das sie von vnnsir wegen dorbey vliissig vnnd sorgfeldig syn wollin, sunderlich das das egnante testament vnnd die begengniß vff itzliche cziit gancz gehalden werde, das sie von vnser wegin auch den brudern zcu irer vnnd deß closters notdorft deß holczes sullin lassßen gebruchen vnnd geniisßin mit vnnsirm rate wisßen vnnd willen vnde in keyne ander nutczung noch gebruchunge nicht wenden, wenne also obin vßgedruckt vnnd der gnanten fursten, der testamentarii wir syn, begir ist. Czu vrkunde vorsigilt mit vnnsirm anhangennden innsigil vnnd gegeben noch gots geburt M·CCCC· dornoch im nuuvundfumffczichsten iare an der mittwochen noch Assumptionis Mariae.

Nach dem Orig. Im Rathsarchiv zu Leipzig mit dem kleinern Stadtsiegel an einem Pergamentstreifen.

Kurfurst Moritz verkaufte im J. 1550 15 Acker, und kurz vor seinem Tode auch die noch übrigen 21 Acker des Barfusserholzes an seinen Rath, den Ordinarius und Burgermeister zu Leipzig Dr. Ludwig Facks. (Nach dem Concepte des Lehnbriefs im K. Haupt-Staatsarchiv zu Dresden.)

No. 338. 1459. 22. Aug.

Kurfürst Friedrich II. bestätigt den in seinem Auftrage von Huns von Maltitz und Otto Spigel zu Beseitigung der Irrungen zwischen dem Abt zu Buch und der Erbarmannschaft einerseits und der Stadt Leipzig andererseits wegen des Brauens und Schänkens innerhalb einer Meile um die Stadt aufgerichteten Vertrag.

Wir von gots gnaden Friderich herczog zcu Sachssen, des heyligen Romischen richs erczmarschalk kurfurste, lantgraue in Duringen vnde marcgraue zcu Missen bekennen vnde tun kunt offintlich mit dissem brine allen, die yn sehn ader horen lesen. Nochdem die wirdigen vnnser lieben andechtigen er Mertin apt zcum Buch von wegen sins ercezschemars zcu Wachaw[a]) vnde er Johann Grundeman probst zcu sent Thomas zcu Lipczk vor sich vnd sine sampnung vnde vnnser erbarmannschafft mitnamen er Mennel von Ertmanstorff, er Nickel Pflug ritter, Heincz vom Ende, Andres Crostewicz vnde ander mer in der pflege zcu Lipczk eyns vnde der rat mitsampt der gemeyne vnnser stat Lipczk des andern teyle von langes bißher von der erczschmar vnde schenckstete wegen vmbe die gnante vnser stat vff vnde bynnen eyner mylen weges mitnamen zcu Wachaw, Holczhusen[b]), Czibker[c]), Stedel[d]), Kutschicz[e]), zcu Doliez[f]) vnde andern schenckstetten mer in yrtum vnde zeweytracht gewest sint, habenn wir vnwillen, der zwischen yn furder doruß komen mochte, zcu herczen genomen zeubewaren vnde ern Hanssen von Malticz ritter vnde Otten Spigel vnsern reten vnde lieben getruwen empfolen, zcwischen yun zcureden vnde sie zcuentscheiden, dieselben danne bryde teyle vorhort vnde entscheiden haben inmassen hirnach volgt. [Daz] eyn iczlich ercezschmar zunewendig einer mylen weges vmbe vnser stat Lipczk in vnserm gebyete gelegen vnde sunderlich die zcu Wachaw, Holczhusen, Stedel, Czibker, Kutschicz, Doliez aller iar ierlich vier bier

a) Wachau, Pfar. Cröbern. Das Kloster erkaufte dieses Dorf von denen von Heynitz im J. 1377. Vgl. die Urkunden in Schöttgens et Kreysig Diplomat. et script. II. p. 284. — b) Hohnhausen, Pfar. Probstheida. c) Zöbigker, Pfar. Gautzsch. d) Gross- und Kleinstädteln, Eph. Leipzig. e) Gautzsch, Eph. Leipzig. f) Dölitz, Pfar. Markkleeberg.

nach gewonheit vnser stat zcu Lipezk bruwen, von dem czappen schencken vnde
nicht bey ganczen fassen verkouffen mogen; wurde yn dornoch bruch an bire vff
den schenckhusern vnde creczschmarn, so sullen sie sich biers in vnser stat zcu
Lipezk vnde anderßwo nirgent erholen biß uff denn pfingstag, sundern von pfingsten
biß vff vnser lieben frauwen tag gnant Nativitatis mogen sie fremde bier schencken
von dem zcappen vnde nicht mit ganczen fassen verkouffen. Dieselben creczschmar
mogen auch ire malez zcu sulchen vier biern selbs machen ab sie wullen vnde sul-
len doruber kein malez mer, auch nymande anders vmbe lon machen, es were danne
yren hern zcu hoffegetrencke vngenerlich; wurden sie aber die malez selber nicht
machen, so sullen sie sich malez zcn den biern in vnser stat zcu Lipezk vnd anderßwo
nirgent erholen. Sie haben auch bereth, das der creczschmar zcu Waryn[¹]), der von ¹²⁴·
alder bißher nye gebruwen hat, das der das iar obir vonn Michaelis biß vff pfing-
sten Lipezscher bier vnde kein anders schencken sal, sundern von pfingsten an biß
vff Michaelis mag er fremde bier schencken vom zcappen. Sulchs obinberurt habin
beide teyle den gnanten vnsern reten zcuhalten globt, dorumbe bestetigen vnde con-
firmirn wir sulch vertracht vnde richtnng, seczen vnde orden doruber, das kein
nuwe creczschmar vfgericht vnde in keinem andern dorffe bynnen einer mylen weges
in vnserm gebiete ane des rats zcu Lipezk wille kein fremde bier zcu keiner zeit
geschenckt sal werden, begern auch vnde gebietenn vnserm amptmanne zcu Lipezk
der iezunt da ist ader zcukunffticlich da sin wirt, auch andern vnsern amptluten, die
mit dessem briue ersucht werden, das ir vnser stat Lipezk bey sulcher vnser beste-
tigten vnde confirmirten vertracht vnd richtung vestiglich hanthabt schuezt schirmt
vnde nymante dowider zcutune gestatet, ab aber ymant dawider zeutun vermeinte,
das in keinewise zeugebet, sundern von vnser wegen biß an vns wehret vnd uch
hirynne bewieset, domit dissem vnserm gebote von menniglich vnuerbrochen vffrich-
ticlich nach gegangen werde ane generde. Zeuorkunde mit vnserm anhangenden
insigel wissentlich versigelt. Gebin zu Lipezk am mitwoch octava Assumptionis
Mariae anno domini millesimo quadringentesimo quinquagesimo nono.

Nach dem Orig. im Rathsarchiv zu Leipzig mit dem Siegel des Kurfursten an einem Pergamentstreifen.

g⁰ Wahren, Lph. Leipzig.

No. 339. 1459. 13. Oct.

Kurfürst Friedrich II. überträgt Hans Beyer das Thoramt und Forstamt zu Leipzig.

Wir Friderich ꝛc. bekennen ꝛc. das wir Hannsen Beyer vnnserm lieben getru-
wen das torampt uff vnserm slos zcu Lipezk vnd das forstampt daselbs sine lebe-
tage vorschriben vnd beuolhen haben, vorschriben vnd befelen ym der incrafft diß
briefes, also das er vnser torwarter zcu Lipezk vnd forster obir vnser geholcz vnd
wiltpanen doselbs sin, der mit allem vlis als sich geburt warten, dor zcu sehen, die
noch dem besten vorstehen, auch vnser schaden zcu tag vnd nacht bewaren vnd
warnen, vnd was also zcu nucze doruß gefellet vns obirantworten, vnd sunderlich

das graß, so in dem tirgarten*) wechsset, vns zcu haw machen lassen sal getruwelich vnd ane geuerde. Dorumb sal er an kost getrencke vnd ander ußrichtung haben inmassen ein ander vor ym gehabt had. Vnd begern vou dir, iczunt gleiczman zcu Lipczk vnd eyn iglichen zcukunfftigen amptman doselbs, das ir Hansen Beyer vor vnsern torwarten vnd forster zcu Lipczk haben vnd halden, ym auch kost getrenck vnd ander ußrichtung geben vnd reichen sollet, inmassen furmals gewonlich gewest vnd eym andern gesebeen ist; des wullen wir uch in uwern rechenungen entnemen. Zcu urkunde ꝛc. Actum Aldenburg sabato post Dionisii anno ꝛc. l. nono.
Anno ut s. had myn her demselben Hansen Beyer vnd Catherinen siner eelichen hußfrawen sechs schock groschen Friberger muncze uß vnd uff dem gleitzampt zcu Liptzk zcu ir beyder leben vnd lebetagen gegeben vnd verschriben, nemlich drii schock uff Walpurgis vnd drii ℔ uff Michaelis ierlich zcuheben, uff den nehsten sant Walpurgen tag domit anzcuheben; et habet litteram desuper.

Nach dem Cop. 45 fol. 64 im K. Haupt-Staatsarchiv zu Dresden.

a) Vgl. die Bemerkung zu No. 217.

No. 340. 1459. 4. Dec.

Kurfürst Friedrich II. gestattet dem Rathe, mit andern Städten des Landes ein gemeinsames Verhalten den Ladungen der heimlichen Gerichte gegenüber, jedoch unter Rücksichtnahme auf die Erhaltung der landesfürstlichen Gerechtsame, zu verabreden.

Friderich von gots gnaden ꝛc. Lieben getruwen. Uff uwer anbrengen an vns am nehsten zcu Liptzk uch zcunorgunnen, das ir mit andern vnsern steten in furstentenis gehn mochtet der ladung fur die heymlichen ußlendischen gerichte zcu Westfal uch uffzcuhalden, das wir uch uff dißmal zcutun vergunnet haben, also blibet vnser meynung noch also mit dem vndersebeyde, das sulcher yngang durch uch vnd ander vnser stete ane vnsern schaden vnd one vorkurtzung vnser gerechtickeit geschee vnd das wir von der obirhandt, durch vnser lande vnd furstentbuub zcu richter doruber ader wen wir dorzcu benennen, richter von vnser wegen zcu sin, gesatzt werden, zcugehe, mit ander notturfftiger vorsorgung, zcn entladung vnrats, der sich mochte begeben. Dobie gute vorsichtickeit ankeret, das kompt vns von uch zcugutem dancke. Geben zcu Turgaw am dinstag Barbarae virginis anno ꝛc. l. nono.

Commissio domini ducis propria.

Dem rate zcu Lipczk geschriben von der ußlendischen gericht wegen.

Nach dem Cop. 45. fol. 50 im K. Haupt-Staatsarchiv zu Dresden.

No. 341. 1459. 13. Dec.

Benannte Freischöffen erlassen an Kurfürst Friedrich II. die Aufforderung, dem Mathias Makwicz bei der in die Acht erklärten Stadt Leipzig zu seinem Recht zu verhelfen.

Vnsern willigen dinst zcunor. Hogkgebornner durchluchtiger furste. Wir thun uwern gnaden zcu wisßin von der keyserlichen gesereze wegin der heymlichen

achtte, dar durch wir sind angeruffen vormant alse rechtte vnd fryescheppen des
hilgen Romschen riches vnde der heymlichen achtte, uwer furstliche gnade vorder
zcunormanen von sulcher geborlicheyt, alse uwere gnade ist bilch die gerechttigkeyt
zcu horen vnde der biestand zcuthune von suttener keyserlichen gesecezc wegin,
des grossin vnrechtz vnde gewalt, die Mattis Mokewitzee vor wirt gehalden wedder
got ere vnd recht vnd alle scryftte, fursten vnd herrn vorbethe zcu syner gerecht-
tigkeyt vnd gewunen orteylen von der hilgen kirchen, vnd absnydunge der kryst-
licheyt, des vngehorsames vnd dar sy langeezit ynne gelegin habin :c. Dar vmme
der obin vor meltte Mattis Mokewitz had must an ruffen die hilgen keyserlichen
geseteze der hilgen heymlichen achtte, dar ynne die von Liptzk rath vnd gemeyne
mit sampt den folgern, die dy gutter ynne habin, vor echtiget sind wurden von
vngehorsammes wegin der hilgen heymlichen achtte. Also vormane wir uwer furst-
liche gnade herezoge Frydrich czu Suchssen bie dem gehorsamme vnd vorbunden
gelobden vnd eyde, die ir dem hilgen heymlichen gerichtte gethan habt, daz ir die
von Liptzk noch woldet dar zcu hulden, genugk zcu thunne dem eleger, uff das her
nicht rechtlos dorffe blibin; geschege aber des nicht, so muste wir sulchin geezugk-
nisse von vns gebin :c. so die genantte vermanunge clerlichen ussuiset, dar durch
der hogkgeborenen furste herczoge Frydrich besucht ist wurden vnd mit mer man-
nigkfaldigen fursten*), dem vil genantten Mattis Mokewitcze, ouch vnme vnser flissi-
gen scryftte vnd bethe willen, gelegeliche feyliche(?) sicher stethe mochtte zcu gescre-
bin werden, dar er syne herrn vnd frunde konde bie sich gehabin, synen geliupz
vnd gerechttigkeyt zcunornemen, das denne der hogk geborenn furste herezoge Fry-
drich also nach had lassin blibin nach syner eygen scryfte inhalde. Das disses
allis obin berort so ist, bekenne wir also echtte rechtte fryescheppen, vnde zcu warer
kuntschaft habe wir mit namen Michel Koningstal, Casper More, Hans Czyriugk
vnde Nickel Pauwel vnser ixlicher syn ingesegil gehangen an dissin vffin breff vnd
kuntschaft, des wir Hans Muller vnd Peter Lingke mitte gebruchen. Gegebin nach
gottis gebort verczenhundirt iar dar nach im nunvndfumfezigisten iare in sentte Lu-
cien tage der hilgen innefronwen.

Nach dem Orig. Im Rathsarchiv zu Leipzig mit den vier Siegeln der Freischöffen an Pergamentstreifen.

*) Vgl. No. 345.

No. 342. 1459. 22. Dec.

Sabato post Thomac hath der rat den wullenweber gesellen irleubet, das sie vff
den sontag nach den heiligen tagen zcusampne gehen mogen vnde doch nicht tauczen mogen,
eß sey denne deß obiudes vnde des montags dornoch, mit den iuncfrauwen offinberlich noch
alder gewonheit; vorfyle eß sich vff ein ander iar anders, so muchten sie zcwene gancze tage
haben :c.

Nach dem Rathsbuch fol. 91 im Rathsarchiv zu Leipzig.

No. 343. 1459.

Von den kramern vnder den boden.^a) Item hath der rat den cremern vnder dem rathuße gesaget, das or keyner keyn fuer in den kellern haben sulle, das sie auch davor vor den torn nicht kochen noch fuer habin sullen. Wer do wedder tut, sal also dicke er dawedder tut, cyn 8 zcu busse geben.

Nach dem Rathsbuch fol. 52 im Rathsarchiv zu Leipzig.

a) Vgl. zu No. 34.

No. 344. 1460. 8. Jan.

Der Freigraf Dietrich Ditmersen beurkundet, dass nach Urtel und Recht der heiligen heimlichen Acht die Privilegien, auf welche Kurfürst Friedrich II. in seiner Ablehnung (No. 336) sich bezogen habe, wegen ungehorsamen Aussenbleibens auf die ergangenen Ladungen und nicht erbrachter Bescheinigung derselben dem Kläger gegenüber machtlos seien.

Ich Ditterich Ditmersen frygroffe zcu Volmersen uff dem rede des heilligin Römischen riches vnd des hochgeboren wirdigin in god vader vnd herren er Dytterich erczbisschuff zcu Collin stat helder des heylligin Romischin richs, meyns genedigen liben herren herren. Vor mich ist komen uff hutte datum disses brines Mattis Mockuwicz vor dem frygin stul gelegen zcu Volkmersen uff dem rede, den ich besessen habe in koniglicher dingstat in eynen gehegeden richte in gespaner back mit orteil vnde mit recht geeleidet von bevelunge wegen des heilligin Romischen richs, hat mit in gebrocht druch synen gedingeten vorsprechin blick vnde schyn als von den ersamen mennen Michil Konigistal, Caspar More, Hans Zyting, Hans Muller, Peter Lincke, Nickel Pauwel von eynner vormanunge wegin, do druch sie den druchluchtigin fursten herczoge Frederichen zcu Sachssen vor mant haben von der hilligin kirchen vnde .von den keyßerlichen gesecze der hilligin heymelichen gerichten, dar uff der hochgeborne furste synne antwert tat in eynnen vor sigilten brine keygin den ohgnautten mennen in zcu geschrebin, die wir mer gnautten mennen vnd fryge scheppfen angscoltiret haben, als hir noch geschrebin stet vnd also luthen ist zc.: Frederich von gots gnade herczoge zcu Sachssen zc. kurffurste, langraff in Doringen vnd margraffe zcu Missen. Libin besunderin — No. 336 —. Geben zcu Lipczk am dinstage vigilia assumptionis Mariae anno domini zc. 1. nono.

Vorder ist ym gewist vnde ge funden wurdin mit orteil vnde yn rechte der heilligin heymelichen achte, do der hochgeborin furste herczoge Frederich noch sulicher priuilegia, dar uff her vor mant ist wurdin mit den synnen vnde des vßin blebin sint vnd ny keynen folgebote nacht kouen sint vnde sullicher priuilegia nicht haben lasen erschynen, dar obir ist dem ob gnautten Mattis Mockewicz gewist vnd erkant wurdin, das keygin om ere priuilegia aller nacht darben sollin. Hir vnd an sind gewest die erszamen Heirich Hildeboldinse, Raides, Teppel Schopper, Heime Snidewint burger zcu Volmersen, Volickwer Zcwyekerß, Hans Backen, Emmeken Eyn(?), Conrad Volmecken vnd vel mer fromer fryge scheppbin genoch vnb stender des gerichtes. Zcu konsschaff vnde orknnde alle vor gnantte stöcke vnde articule habe ich Ditterich Dittmerßen frygreffe ohgnant myn ingesegil vestelich an dissin uffin briff gehangen. Datum anno domini M°CCCC°LX den nestin dinstag noch Epiphaniae domini.

Nach dem Orig. im Rathsarchiv zu Leipzig mit dem Siegel an einem Pergamentstreifen.

No. 345. 1460. 13. Jan.

Kurfürst Friedrich II. belehnt nach dem Tode Gebhards und Peters von Buckinstorff, der Brüder des Ordinarius Dr. Dietrich von Buckinstorff, den letztern und Thammo, dessen Bruder, so wie Gebhard und Jurge, Peters Sohn, dessen Vettern alle semptliche mit dem freien sydilhofe — in der Burckstraße an der ecken gelegen, welchen vordem die Burggrafen von Leisnig, später Peter Stenger, dann der Ordinarius selbst zu Lehn gehabt haben. (Vgl. No. 163.) Zeugen die wirdigen vnd gestrengen vnaser rete vnd lieben getruwen er Georgius von Hugewitz techant zcu Missen, cantzler ᛉc., er Hylbrant vom Eynsidel obirmarschalk, er Jhan von Slinitz, er Hans von Maltitz ritter, Otto Spigel, Haugk von Tubenheym. Geben zcu Turgaw 1460 am achten tage der heiligen dryer konige.

Orig. mit dem Siegel des Kurfusten an einem Pergamentstreifen im K. Haupt-Staatsarchiv zu Dresden.

No. 346. 1460. 9. Febr.

Mühlenordnung.

Eß hath der rath alhir zcu Lipczk mit willen vnnd vollort aller dryer rethe einen vßsatz gethan vnnd gemacht, wie man eß nu forder in den molen halden solle, also hirnoch folget. Czum ersten, das die leufte in den molen nicht zcu wiit noch zcn nederick syn den steynen, das sie auch nicht vngenagelt syn, das die moller auch die leufte mit klyen follen, wenne die molen gehauwen syn, das auch der hert glich halden sal dem vndersteyne, auch das die leuffte glich gehalden werden den lochern, darnß das mehl lauffen sulle; das man auch nicht grosße locher mache an den molen vnnd die lochir nicht offen lasße, sunder vorstoppe, das der wynt den luten nicht schuden thu; das man auch obbir die molen nicht breth lege, daruff das mehl fellet wenne eß stubeth: das auch der moller keynen helffer vffneme, eß sey denne mit willen der meister deß hantwercks der becker. Item eß sal auch der moller von sente Michels tag beß uff Ostern einen dritten infurer haben.[1]) Es sal auch keyn helffer nicht swyn mesten noch zeukanffe backen. Man sal auch den helffern zcu allen zeiiten, wenne sie ir recht than dem rathe, sunderlich befelen, das sie vff solliche obgeschreben stucke ein vffsehen haben vnde nicht vffschutten, die leuffte sin denne vor mit klyen gefollet mit deß mollers gute.[2]) Eß sollen auch die molen sloßhafftigk gemacht werden vnde des sontages vnnd heiligen tags gesloßßin werden. Eß sollen auch die moller die eßel stelle machen wiit von der molen vnnd

1. Item — Infurer haben von anderer Hand am Rande nachgetragen. 2) mit dem mollers gute von anderer Hand am Rande nachgetragen.

wo eß aller bequemst ist, das die ebel den luten in den molen nicht schaden thun
vnnd das sie durch die molen nicht gehen dorffen. Factum sabato post Dorotheae
anno domini ꝛc. LX° sub doctore Jacobo proconsule et suis consulibus.

Nach einer gleichzeitigen Abschrift auf einem in dem Rathsbuch befindlichen losen Blatte und einer andern aus dem 16. Jahrhundert in dem gelben Buche fol. 128ᵇ im Rathsarchiv zu Leipzig.

No. 347. 1460. 15. März.

Wittiche Smed verlautbart vor dem Rathe einen Vertrag in Betreff der Schützenwiese.

Anno domini ꝛc. sexagesimo sub proconsule Hannße Tommel et suis consulibus ist vor
den rat kommen meister Wittiche Smed vnde hath dem rathe irczeigt vnde vorgehaldin einen
briff inhaldenn, das er Albrecht vou Lindenaw vnde Hans von Lindenaw syn bruder om vnde
Margarethan sinem elichin wybe gelegin habe sechs acker holcz vnde wißen hinder Lindenaw
gelegin. so das eß noch or eins tode uff das ander solle kommen ꝛc. vnde hath doselbst vor dem
rate mit fryhim wolbedachtem mute vgesagt vnde bekant in keynwertikeit Gunter Goltslegers,
Nickel Wolffs, Jacoff Suyders, Hannßis vom Hayne, Matteß Hennels meister der schutczen, das
die selbige weße vnde holcz syn nicht en ist noch syns wybes, sunder das en beiden sollicke
weße vnde holcz alleyne zcu getruwer hanth gelegin vnde von der geselschaft der schutczen
derselbigin geselschaft zcugute zculyhen vorguust, vnde das sollch holcz vnde weße der gesel-
schaft ist obguant, darane er sunderlich keyne gerechtikeit habe; hat doselbst globet, die weße
wedder vffzculaßen, wenne eß on fugsam vnde ebin ist vnde sie eß von om heisschin wurdin.
Geschehen am sonnabennd noch Reminiscere Anno quo supra.

Nach dem Stadtbuch fol. 90 im Rathsarchiv zu Leipzig.

No. 348. 1460. 23. Nov.

Anno domini ꝛc. LX° am sonntag Clementis zcu Lipczk hat myn herre Benedicteßen,
Heinriche vnde Nickel gebrudere gnant die Mollere zcu Lipczk, Nickel Mollers seligen sonen vnd
iren rechten leibeslehinerben ir veterlich erbe mit namen dy gulden hufe vor sent Peters tore
zu Lipczk zewusschen der Aldenburgischen vnd Elßawischen straßen[a], item vier acker dorkegen
an der Kere, item vierdehalben acker vor dem Grimischen thore neben sant Johannes kirchen
geliehen mit allen eren nuczen werden rechten freiheiten vnde gewonheiten vnde zeugehorungen
nichts vzgeshoßen, sunder als ir vater an sie gebracht hat gelihen, dach Brigitten irer muter an
yrem lipgedinge vnschedlich, so sie doran hat.

Nach dem Cop. 45. fol. 228ᵇ im K. Haupt-Staatsarchiv zu Dresden.
Eine anderweite Belehnung der Brüder Benedict und Heinrich Muller erfolgte durch Kurfürst Ernst und
Herzog Albrecht am 24. Nov. 1464 (Cop. 58 fol. 109ᵃ). 1480 brachte Benedict Moller durch Abfindung seines
Bruders Heinrich die Feldstucke an sich und empfing darauf am 6. Oct. mit jenem die Gesamtbelehnung (Cop. 61
fol. 186.). Am 30. März 1580 verkauften die Pistoris 20 Acker die guldene Hufe genannt und 31½ Acker gegenuber
in der Köhre vor dem Petersthore am Steinwege gelegen um 1175 Gulden an den Rath. (Die auf diesen Verkauf
bezüglichen Schriften im Rathsarchiv zu Leipzig).

a) Die Strasse nach Oelzschau. Epk. Borna

No. 349. 1461. 8. Juni.

Frytzsche von Körbitz Hauptmann zum Lauenstein belehnt Hans Brunstorff zu Leipzig mit einem Acker Landes, Hopfgarten und Wiesewachs. Ich Frytzsche von Körbitz dye zeeit haubtman zum Lawinsteyn bekenne —, das ich — dem ersamen weyßen Haunßen Breunstorff zu Leipzig gesessen, seynen rechten lehns erben vnd erbnemen recht vnd redelichen leyhe vnd gelegin habe — zu rechtem lehue eyn acker landis hoppegarten vnd weßewachs zu Liptzk vor dem Ranstetti-schen thore byuder der Angermole gelegin, dye vor Nickel Bwle von Frytzschen meynem bru-der vnd vonn myr zu lehue gehabt hat*); solchen acker hoppegarten vnd weßewachs leyhe ich ome vnd seynen lehinserben mit allen nutzen werden fruchten nutzen vnd zugehorunge in aller maßen, als der gnante Nickel Bwle, llße seyne husfrawe vou vns zu lehue inne gehabt haben —. Des zu eynem waren bekentniß vnd mehrer sicherheit habe ich egnanter Fritzsche von Korbitz meyn insigill — au dixen meynen offenbriff lassen hengen, der gegeben ist noch Christi geburt virtzehen hundert iare darnach im eynvndsechtzigsten iare am montage noch des heyligen leych-nams tage.

Nach dem Copialbuche des Dominicanerklosters zu St. Paul fol. 15b im Rathsarchiv zu Leipzig.

———
a) Im J. 1445 geben Rietzel und Fritze Gebrüder von Körbitz in auf sich habender Vollmacht und Gewalt ihrer Vettern Mosch von Körbitz einen Acker zu Leipzig vor dem Ranstädter Thore hinter dem Mühlgraben gelegen Nicol Bulen in Leipzig in Lehn König Gewend. Adelshiel III, 3nd. Vgl. auch No. 208.

No. 350. 1461. 24. Oct.

Vertrag mit dem Forsprecher.

Am sonnabend noch Seueri ist der rat mit Jacoff vorsprechen ein worden, das er alle dingtage albir solle syu vor gerichte vude einem burger reden vmbe einen grosschen, der on vor gerichte findet, wer on abbir dohcym vordingen wil, von dem mag er nemen vihr adder funff grosschen vugenerlich. Er sal auch vor keynen gast reden wedder einen burger, vnde deß rats vnde gerichts sachen, die man piulich zcuforddern hat, sal er dem rate adder gerichte vmbe-sust reden aue sunderlich lon. Darvmbe sal om der rat geben XX gr. zcu fuerwercke, ein summerkleydunge also einen andern dynere des rats, fůr scheffel korn uff Martini, eyn fuder haw, das sal er selbst lassen holin noch auwyßunge der buwemeistere, die zcu iezlichim iare syn vnde sal darezu schoß wach fry vnde herffart fry sitczen; vnde das sal stehen so lange, das es beyden teiln behagett. Factum anno quo supra.

Nach dem Rathsbuch fol. 61b im Rathsarchiv zu Leipzig

No. 351. 1461. 7. Nov.

Policeistunde.

Am sonnabend nach omnium sanctorum hatb der ratt allen winschenken gebotten, das sie nach der glocken uff dem rathuß keinen gast in irim keller halden vnde keyn spyl wedder karten, bretspyl, toppelln vmbe wenig adder vehl gestaten sollen; sie sollen auch noch der Cauete ire keller zcu slyssen, welcher darweddir tut, sal als dicke er darwedder tut eyn ß zcu buße gebin dem rate.

Nach dem Rathsbuch fol. 127b im Rathsarchiv zu Leipzig. Wegen der Cavetaglocke vgl. No 283.

No. 352. 1462. 13. März.

Der Rath nimmt den Ausschank der süssen Weine wieder an sich.

Am sonnabend noch Invocavit haben alle dry rete das schencken der sussen wyne also des Malmuseyen, deß Reynfals, Walchschen wyn vnde deß Passeners vnde des Romanyen wedder zcu sich in irin keller genommen, das sie den nuforlt in irim keller alleyne scheucken vnde kein burger den mitt on schrencken moge; danne es ist dem rate wenig wurden zeu siegeschatcze des scheucken, das die burger gethan habin. Vnde man sal es halden mit den wynen kein den fromden gesten mit der nydderlage als von alders geweest ist.

Nach dem Rathsbuch fol. 63 im Rathsarchiv zu Leipzig.

No. 353. 1462. 7. Apr. *f. ℈ ℞. 100*

Festsetzung der Befugnisse der Landfleischer oder Lästerer.

Noch deme vnde also in vorgangen iaren zewisschen den fleischhauwern hirinne vnsern burgern an einem vnd den lantfleischhauwern, die man lesterer*) nennet, deß andern teils vehl vnde manchfeldige vnwille vnde zeweitracht irstanden ist, deßhalben das sie an beiden teilen irer gewonheit vnde wie sie eß vnder einnuder halden solden nicht eins synt geweest, vnde also wir noch gebore vnsern amptes deß eintracht vnder on haben gedacht zennachen vnde mit satezungen zeunorsorgen, haben wir vnsern fleischhauwern befolen, vns eine vorezeichnunge zeugeben, wie sie eß vor gehalden haben, das wir deß ein billiche vnde ezemliche satezunge machen muchten, da durch nuezliche vnde redeliche alde gewonheit blebe vnnorbrochlich. Also haben wir solliche ire verezeichnunge eigentlich obirschen vnde horen leßen vnde haben die noch billichen vnde ezemlichen dingen vnd vmbe gemeines nuezes willen genessiget, noch dem vnde also der stat weßen iczunt anders stehet, danne eß vor XXX adder XL iaren gestanden hath, deßhalben anch ire satezungen vnde gewonheit wol mogen geandert werden. Darvnbe orden schicken vnde setezen wir zeu einer ordennunge zewisschen vnsern fleischhauwern in der stat vnde den lantfleischhauwern, die lesterer gnant sin, also hir noch folget.

Zeum ersten, noch dem also eß von alders beßlhehr gehalden ist, das kein lesterer sin fleisch, das er heryn zeu marckt hat bracht, nicht anders hath toren hauwen, danne also er eß daruße vff dem lande gehauwen hath, wollen vnde setezen wir, das das anch noch fortt also gehalden werde, doch so mogen die lesterer das fleisch, das sie vff dem lande zerknickt haben, hirinne abestechen, vnde mogen dorubbir ryntfleisch swynenfleisch vnde bockfleisch zeustechen beß vff stucken, der eius [einen] halben grosschen wert ist; sie mogen anch swynenn broten zeu stechen vnde zeuteilen noch irim willen ane wandel.

a) Diese Bezeichnung führt auf das mundartliche Bästern für verreissen zurück (vgl. Schmeller bayer. Wörterbuch II. 577), und scheint den Landfleischern beigelegt worden zu sein, weil sie die geschlachteten Thiere nicht nach dem Handwerksbrauche der Stadtfleischer zerlegten. Wachter Glossar germ. p. 908.

Zeum andern male, also die fleischhauwer sagen, eß sei von alders also gehalden, das kein lesterer habe torn halbe heubt vnde clauwen herin breñgen, er / 𝑟𝑓 / habe danne ein halb grosschwertt fleisch darane gelassen, vnde sollich fleisch habe nicht toren darvon snyden, dauckt vns sollichs nicht billich auch nymandes nuczlich, sunder einem gemeynen nueze mehr schedelich sin, wollen vnde setezen, das die lesterer nufortt mogen halbe heubt vnde clauwen herin brengen mit anhangen stucken fleischs adder ane anehang, vnde sollich halbe heubt vnd clauwen mogen sie mit dem anehange verkeuffen adder mogen das obberige fleischs abestechen ane wandel, doch also das das abegestochen eins halben groschen wert sei.

Zeum dritten mal, also eß von alders beßlich gehalden ist, das die lesterer die lamßbuche ganez vnde vuczuryssen haben mussen verkeuffen, wollen vnde setzen wir, das das auch noch fort also blibe, doch also wenne zewene einen lamßbuch gekauft haben, den mogen on die lesterer zeuryssen vnde zenteilen ane wandel.

Zum firden male, also von alders gehalden ist, das die lesterer kalbfleisch vnde schoppßenfleisch nicht haben torn kleyner hauwen danne zeufirteln, wollen vnde setezen wir, das das auch also fortt bliben vnde gehalden sal werden.

Zum funften mal, also die fleischhauwer sagen, man habe vor alders keyn geslingk noch heubt noch ander kleinott herun zeu marckte brengen [toren], dauckt vns sollichs dem gemeinem nuez nicht elich syn, wollen vnde setezen, also vnser vorforn vorlangst sollichs abegethan vnde in deme besten irkant, das die lesterer solliche eleinot also heubt geslynckt vnde ander kleinot heryn haben mogen brengen, so sal das auch nufort also bliben vnde die lesterer sollen die laube noch haben.

Zeum sechsten, also die fleischhauwer sagen, das die lesterer nicht mehr danne zewene marckttage in der wochen gehat huben, setezen vnde wollen [wir], das sie nu fort auch nicht mehr danne zewene tage sollen haben fleisch hir inne feile [1]), doch also wanne eß geschege, das ein groß heilig tag vff einen marekt tag gefyll, das man keinen marekt vnde kauff den tag haben kan noch sal noch sutezungen der kerchen, so mogen die lesterer deß tages zennor hirinne offinbar fleisch feile haben.

Zeum sybinden, also die fleischhauwer sagen, das die lesterer vor alders kein fihe hirinne haben toren keuffen, dauncket vns sollichs nicht billich noch nuczlich, sunder vehln andern vnde darezu der gemeyne mehr schedelich sin, setezen vnde wollen, das die lesterer allerlei fihe hir inne keuffen mogen, doch also das sie sollich fihe wedder herin zeu marckte brengen, als das denne vnser vorfarn auch gehalden haben.

Zeum achten, also die fleischhauwer sagen, man habe das genommen fleisch, das nicht tuchtig were gewest, in das spittal gesant, setezen vnde wollen wir, das sollichs auch noch also gehalden werde mit dem fleissche, das von redelichir sach wegen genommen wurde; domit sollen doch die fleischhauwer nicht sere ilen, ap ein lesterer eine gute entschuldigung hette.

Zeum nunden setezen vnde wollen wir, das keyn lesterer syn fleisch felsschen sal mit abesnithunge deß ezeichens adder vters adder deß glichen, als das beßher auch gehalden ist; sie sollen auch den lammen die heubt, die horen noch zeegele nicht abesnyden.

1) Ur. fehlt zu haben.

Auch sal kein fleischauwer noch lesterer kein kalb noch lam slahen vnde zeumarckte brengen, eß sey denne drier wochen alt. Auch sal kein lesterer sin fleisch nicht decken wenne eß reinet, als von alders geweest ist. Auch sollen die lesterer des somers von sente Walpurgen tag beß vff sente Michels tag nicht lenger marckt haben danne beß das der weiger zewelffe sletth. Auch sal kein lesterer noch sente Andreß tag kein trechtig fihe slahen vnde herin zeumarckte brengen.

Auch also die fleischauwer sagen, das eß vor alders gehalden sei, wer da genße adder worste feile hette vor dem Loche*), das der dem hantwercke habe mussen XV gr. zeu irin kertzen geben, duncket vns nicht billich noch nuczlich sin, wollen vnde setezen, das yderman mag fihe feile haben gense vnde worste vnde deß glichen.

Auch mag ein yderman von dem lande wo der wonet fry heryn slachten vnde zewene tag die woche fleisch zeu marckte brengen, also das von alders beßhehr geweest ist, ane im iarmarckte, so mogen sie alle tage fleisch zeu marckte brengen.

Hirinne behalden wir vns sunderlich die satezunge zeu duten vnde ußezulegen, die auch adder zeu mehrn adder zeumynnern vnde dorobbir gancz zeu andern, noch dem wir zewkunftiglich vor das billichste nuezlichste vnde bequemlichste dem gemeinen nuteze irkennen wurden, das denne von rechte zeu vns steht.

Diß ist geordent vnde gesaezt vom rate zeu Lipezk mit willen vnde volbort dryer rete vnde gebotten also zeuhalden noch gots gebortt MCCCC in LXII** iare ann der mitwochen nach Judica.

Nach dem Bruchstücke eines Rathsbuchs im Rathsarchiv zu Leipzig. In demselben befindet sich auch die Eingabe der Fleischer an den Rath, auf welche in obiger Ordnung Bezug genommen wird

a: Vgl. zu No. 34

No. 354. 1462. 14. Apr.

P. Pius II. bestätigt auf Ansuchen des Raths zu Leipzig die in der Frankfurter Reformation von 1442 ausgesprochenen Beschränkungen der heimlichen Gerichte auf gewisse Fälle und gibt dem Probst des Thomasklosters, dem Probst zu Wurzen und dem Decan zu Merseburg auf, für öffentliche Bekanntmachung der pabstlichen Bestätigung und strenge Beobachtung der betr. Bestimmungen Sorge zu tragen.

Pius episcopus servus servorum dei ad futuram rei memoriam. Pontificalis auctoritas nos summonet ac ipse rationis et honestatis ordo exposcit, ut illis apostolicae firmitatis robur adiiciamus, quae ad obviandum malitiis hominum iustitiam suppeditare mollentium per catholicos principes provide sunt ordinata et ut illa inviolabiliter observentur favorem apostolicum eum a nobis petitur gratiose impendamus, pro ut personarum nobis et apostolicae sedi devotarum exigit devotio, rationabiles causae persuadent et in domino conspicimus salubriter expedire. Sane pro parte dilectorum filiorum proconsulum et consulum opidi Lipezensis Merseburgensis diocesis nobis nuper exhibita petitio continebat, quod carissimus in Christo filius noster Fredericus Romanorum imperator semper augustus dum in regem Romanorum electus

esset pro reformatione nationis Alamaniae et praecipue in opido Francfordensi Ma-
guntinensis diocesis certos inter alia edidit et fecit articulos et praesertim de iudicio
vetito, inter cetera inhibendo, quod nulli per illa indicia requirantur conveniantur
nec illuc evocentur vel citentur praeter illos et ob causas ad illud iudicium spectan-
tes vel qui aliis tribunalibus honori sive iuri stare compelli non possunt, quodque
quando aliquis illuc requireretur, qui in posse domini sui sive iudicis foret stare
honori seu iuri sive coram se sive aliis iudiciis ordinariis laudabilibus et dictus domi-
nus sive index comiti sive iudici iudicii vetiti talia insinuaret sive scriberet talem
citatum remitti requirendo et ipse cum duobus vel tribus aliis fide dignis viris comiti
seu iudici iudicii vetiti assecurationem de stando iuri ad honorem modo supra dicto
suis sub sigillis asscriberent, tunc huiusmodi citationes cessarent et procederetur in
causa coram dicto domino sive iudice ordinario, ad quem spectat causae cognitio et
coram quo prosequetur sine impedimento comitis aut ciusdem iudicii vetiti; quod si
secus fieret, processus et omnia inde secuta et secutura quaecunque ac facta seu
facienda nullius existerent roboris vel momenti, prout in eisdem articulis, quorum
tenorem ac si de verbo ad verbum praesentibus insereretur haberi volumus pro
expresso, plenius continetur. Quare pro parte proconsulum et consulum praedictorum
asserentium articulos huiusmodi rite et sancte editos fuisse et pro cuiuslibet iuris
tuitione et observatione processisse, nobis fuit humiliter supplicatum, ut ad obviandum
malitiis eorum, qui saepenumero plurimos contra iura communia ad iudicium vetitum
huiusmodi evocare solent, articulis praedictis et inde secutis quibuscunque pro illorum
subsistentia firmiori robur apostolicae confirmationis adiicere ac ipsos articulos obser-
vari mandare firmiter aliasque in praemissis oportune providere de benignitate apo-
stolica dignaremur. Nos igitur attendentes articulos praedictos fore rationabiliter
introductos ac volentes ut ipsi et inde secuta quaecunque et secutura firma et illi-
bata persistant, articulos praedictos ac praemissa omnia et singula inde secuta et
secutura quaecunque apostolica auctoritate tenore praesentium ex certa scientia appro-
bamus et confirmamus ac praesentis scripti patrocinio communimus, supplentes omnes
et singulos defectus, si qui forsan intervenerint in eisdem, et insuper dilectis filiis
monasterii sancti Thomae opidi Lipezensis per praepositum soliti gubernari et beatae
Mariae Wurezinensis Merseburgensis et Misnensis diocesium praepositis ac decano
Merseburgensis ecclesiarum per apostolica scripta mandamus, quatinus ipsi vel duo
aut unus eorum, si et postquam praesentes litterae eis praesentatae fuerint, per se
vel alium seu alios praesentes litteras ac omnia et singula in eis contenta ubi et
quando expedire viderint et pro parte proconsulum et consulum praedictorum fuerint
super hoc requisiti solemniter publicantes faciant articulos praedictos ac omnia et
singula in eis contenta firmiter observari, contradictores nec non molestatores quos-
libet et rebelles, cuiuscunque dignitatis status gradus ordinis vel conditionis existant,
auctoritate apostolica per excommunicationis suspensionis et interdicti aliasque sen-
tentias censuras et poenas ecclesiasticas appellatione remota compescendo, invocato
ad hoc si opus fuerit auxilio brachii secularis; non obstantibus constitutionibus et
ordinationibus apostolicis ac legibus imperialibus ac statutis municipalibus, etiam
iuramento confirmatione apostolica vel quavis alia firmitate roboratis contrariis

quibuscunque, aut si aliquibus communiter vel divisim ab apostolica sit sede indultum, quod interdici suspendi vel excommunicari non possint per litteras apostolicas non facientes plenam et expressam ac de verbo ad verbum de indulto huiusmodi mentionem et quibuslibet aliis privilegiis indulgentiis et litteris apostolicis generalibus vel specialibus quorumcunque tenorum existant, per quae praesentibus non expressa vel totaliter non inserta effectus earum impediri valeat quomodolibet vel differri et de quibus eorumque totis tenoribus habenda sit in nostris litteris mentio specialis. Nulli ergo omnino hominum liceat etc. Si quis autem hoc attemptare praesumpserit etc. Datum Romae apud sanctum Petrum anno incarnationis dominicae millesimo quadringentesimo sexagesimo secundo decimo octavo Kal. Maii pontificatus nostri anno quarto.   B. de Janua.

Nach dem Orig. im Rathsarchiv zu Leipzig mit dem Siegel au rothen und gelben Faden.

No. 355. 1462. 27. Apr.

Der Freigraf Heinrich Smedt verkündet den Spruch des heimlichen Gerichts, durch welchen die Freischöffen Menuel von Erdmannsdorf, Nickel von Schönberg, Hans von Teuchern und Bertold Gruning, welche der laut Urkunde vom 26. Juli 1456 übernommenen Verpflichtung, dem Kläger Mathis Makwiez vor dem ordentlichen Richter der Beklagten zu seinem Rechte zu verhelfen, nicht nachgekommen sind, bis zur Befriedigung des Klägers für ehrlos erklärt werden.

Wir noch geschreben Menuel von Ertmesdorff, Nickel von Schonbergk ritter, Hanß von Tuchern vnde Bertolt Grunengk alle echte rechte frieschopfen bekennen offintlichin vnde thun kunt alle friengrauen, allen anderen echtin frienschoppin vnd besundern vor vch ersamme Erhardt Allerman frygraue zeu Volckmerssen vnd wenne diss vnsir volkomen volgeboth*) vorkomen, sehen horen adder leßin werdin. Nach dem also Matheß Mackwitez wonhafft zeu Halle dy ersammen wisen Herman Becker, Hinteze Winter, Nickel Mulner, Clauß Schulteise, Hanß Cnappe, Titeze Kolckwiez, Lorencz Pudernasse, Hanß Karas vnd Hineze Mogehouer burger zeu Liptez vor veh obgnantin Erkart Allerman frigreue vnd vor den heiligin hemlichin geriehte do selbest zeu Volckmerssin vorelagt vnde in schult genomen hat, by deme sulch syne schult vnde anclage kegin dem gnantin vorclagtin Mackwitez inhalden adder vßwisen, habin sy vnß wol bericht vnd groublichin zeugesayt, daz sy meynen, das sy dem gnantin Mackwitez nichtes nichten phlichtin syn, dar umme her su in solchin sagin an sulcher stat beelagin dorffte. By dem nu allen gesyn magk, so syn [wir] obgnantin echtin rechtin fryenschoppin der gnanten vorclagtin burger zeu Liptz vollmechtig, dem gnantin ancleger Mattes Mackwitz vff gelegin tagin irer beider wonnng(?) zeu thun, waß su om von ern vnd von rechte phlichtig syn vnd om zeu erkant wurt an generde, do wollin wir obgnanten schoppin gut vor syn*); vnd ob man das vnß nicht groubin wolde, so groube wir obgnantin schoppin das in crafft

---

*) a: Vollgebot oder voll rechtgebot plenissima oblatio de iure stando (Haltaus 1945): die Erklärung, vor dem ordentlichen Richter zu Recht stehen zu wollen. — b) Die „Abforderung oder Abhuldigung" einer vor den heimlichen Gerichten anhängigen Rechtssache konnte auch geschehen durch eine Urkunde von zwei oder drei Freischöffen, welche sich dafür verbürgten, dass Beklagter ausserhalb des Femgerichts zu Recht stehen werde. Usener die Frei- und heiml. Gerichte Westphalens S. 61.

COD DIPL. SAX. II. 8.   36

dissen brieffes vff dy eide, dy wir zeu dem heiligin hemlichin gerichte gethun habin, das sulche volgeboth nach aller ordenung des heiligin heimlichin [geri]ehte sal volge geschehen, in welcher frist vnde ezit in zeu thun von veh gesaezt wurt, ganez sollin gehorsam syn, doch also daz in eyne gerume ezit vnd ezil gesaezt werde, vff daz ab dy sache zeu gutem ende vnd gruntlicher richtung mochte bracht werde vnde so wir hoffen billig vnde recht syn. Vnd wir ezwifeln ouch nicht am rechtin, vwer geboth sollin nu durch vnser volgeboth billich vnde durch recht machtloß syn vnde abgestald werdin, byß so lange daz man in warheit vorbrechte, daz sulch vnsire volgeboth nicht volge hette, daz wir hoffen nicht zeu komen solle, sundern ganez an alles generde in obgerurter maße sal gehaldin werde. Des zeu orkunde vnde vollem bekentnisse, so habin wir obgnantin echtin rechtin frienschoppin vnsir iezlichir sin eigin ingesigil vnden an disen brieff gehangin. Gebin nach Cristi vnßers herrn geburdt tusent vierhundert iar vnde im sechz vnde funfezigin iar am mantag nach sante Jacoff des heiligin appostelß.

Daz diser briff warhafftiglichin copyrt ist gewordin in aller maß al oben vormelt ist vnde clerlichin in heldet, das bekenne ich also ein gewirdichter friengreue der heiligin hemlichin acht mit namen Hinrich Smedt gnant, das Mattes Mackwiez vor gekommen ist, do ich gesessin habe in koniglicher dingstat mit orteil vnde mit rechte geeleidet, vnde hat mir ab gebunnen durch syne gedingtin vorsprechin mit orteil vnde mit rechte, daz ich om von gerichtes wegin sotten geezugt vnde bekentenisse eynß volgebotes bobin vormeldet bobin ere vnde glimph der gestrengin her Mennel von Ertmesdorff, her Nickel von Schonbergk rittere, Hans von Tuchern vnd Bertolt Gruningk ny volge gethan wedder got, wedder ere vnde recht gewiset ist gewordin, dy selbigin vorgemeltin nach vßwisunge orer eigin schrifft von oren hogesten eren vnd glimph erloß zeu teilen also lange, daz dem eleger genngk geschit, daz mir denne mit orteil vnd mit rechte ab gebunnen ist in der heiligen hemlichen acht na frienstuls rechte erloß geteilet syn gewordet dar vnb, daz sy dy koniglichin confirmacio vnde dy keiserlichin geseeze durch ore volgeboth also wolt betrigin. Hir ober vnde by sint gewest Lodewicus Lendeunl, Conradus Grene, Jordan Kannegisser, Hanß Vettekoch vnd vil mer vmbstender des gerichtes zeu Volckmerssin vff dem rithe alle rechte echte fryenschoppin. Des zeu warer orkunt habe ich myn ingesigil an diessin briff festiglichin gehangin, der gegeben ist den negestin dinstag nach Quasimodogeniti nach Cristi geburt tusent vierhundert iar vnde in dem czwe vnde sechezigestim iar.

Nach dem Orig. im Rathsarchiv zu Leipzig mit dem Siegel des Freigrafen an einem Pergamentstreifen.
Mennel von Erdmannsdorf war (1452) Rath und Hofmeister des Kurfürsten Friedrich II., Nickel von Schönberg gleichfalls Rath und Hofmeister (1458 fg.), Hans von Teuchern Untermarschalk und dann Vogt und Hauptmann zu Meissen (1453 fg.). Bertold Gruning Hauptmann zu Dresden, Richter des Ritterdings daselbst (1461). (Nach Urkunden des K. Haupt-Staatsarchivs zu Dresden.)

No. 356. 1462. 16. Juni.

Der Rath entscheidet eine Irrung zwischen Doctor Theodericus Buckensdorff Ordinarius, Altaristen des Altars auf dem Rathhause und Magister Petrus Schusen, Magister Heinricus Stendel und Doctor Lucifer Altaristen zu S. Georgen vmbe den gangk der zewisschen den beiden hußern *) ist, darane die altaristen zcu sente Jorgen gerechtikeit meinten zcu haben vnde ire peteze vnde vnlust dareyn gewurffen vnde gegossin haben.

Rathsbuch fol. 64 im Rathsarchiv zu Leipzig.

a) Auf dem Barfusser (Neuschirchhof. Das Haus der Benaficiaten (vgl. No. 239) stand neben dem Hause, das zcu der capelle auf dem Rathhause) gehort.

No. 357. 1462. 27. Juni.

Magister Petrus Schusen, Verfasser des Testaments des Clerikers Martin Schindel (No. 239) gibt vor Notar und Zeugen auf Veranlassung der Beneficiaten in der Georgenkirche eine Erläuterung zweier Bestimmungen jenes Testaments, welche Zweifel veranlasst hatten.

In nomine domini amen. Anno nativitatis eiusdem millesimo quadringentesimo sexagesimo secundo indictione decima die solis vicesima septima mensis Junii hora vesperorum vel quasi pontificatus sanctissimi in Christo patris ac domini nostri domini Pii divina providentia papae secundi anno eius quarto in stubella parva superiori habitationis venerabilis viri domini Steffani Fortune sacrae theologiae professoris in domo beneficiatorum in ecclesia sancti Georgii prope Lipczk sita in cimiterio fratrum minorum in opido Lipczensi praedicto Merßburgensis diocesis in mei notarii publici testiumque infrascriptorum praesentia personaliter constituti venerabiles viri praedictus dominus Steffanus et magister Heinricus de Stendal ex una ac magister Petrus Schusen partibus ex altera, qui quidem dominus doctor Steffanus sui et magistri Heinrici Stendal praedicti et domini Symonis suorum in ecclesia sancti Georgii praedicti conbeneficiatorum nominibus praedictum dominum magistrum Petrum Schusen debita cum instantia requisivit, cum fuisset notarius testamenti ac super erectione altarium ac beneficiorum quatuor per dominum Martinum Schindel pie defunctum in ecclesia sancti Georgii praedicti erectorum, quorum beneficiorum ipse dominus doctor una cum suis conbeneficiatis suis vicariis essent possessores, quod modo super certis punctis in institutione huiusmodi beneficiorum modum et formam factas elucidaret *) et super quibus ipsis modicum dubium oriretur mentem suam resolveret et tollendo dubium medio eius iuramento veritatem quam noverit diceret, videlicet an ipsis pro nunc beneficia huiusmodi possidentibus liceret, beneficia huiusmodi personaliter praesentibus vel absentibus per se vel per alios regere et disponere, secundo an eis etiam cederet facultas, beneficia huiusmodi permutandi. Qui quidem magister Petrus Schusen notarius publicus recognoscens, se fuisse notarium ad prae-

a) In einer gleichzeitigen Uebersetzung, welche sich im Rathsarchiv vorfindet: das er denne iß etlich besunderliche puncte die welse vnde forme darober gemacht ercleren wulle.

missa requisitum, sic eius iuramento medio, quod prius in eius creatione corporaliter
praestitisset, dixit per expressum, quod utique inter cetera puncta erectionis et insti-
tutionis beneficiorum huiusmodi praefatus dominus Martinus Schindel erector bene-
ficiorum huiusmodi expresse posuisset voluisset et dixisset, quod utique praefati
domini Steffanus, magister Heinricus ceterique sui primi electi nominati praesentati
ac instituti ad huiusmodi sua beneficia per cum erecta omnino deberent esse liberi
et exempti a personali residentia, a personali procuratione et regimine praedictorum
beneficiorum ipsique etiam libere possent beneficia huiusmodi permutare iuxta eorum
liberum arbitrium quantum ad eos tempore quo ipsi vel eorum aliquis esset in huma-
nis, et si illud clare et patenter in instrumento super testamento ipsius domini Mar-
tini et erectione beneficiorum confecto non esset positum, hoc ex inadvertentia scri-
bentis obmissum esset, sed praemissa sibi notorie constarent. Super quibus omnibus
et singulis praemissis praememoratus dominus Steffanus sacrae theologiae professor
una cum magistro Heinrico Stendal me notarium publicum subscriptum debita cum
instantia requisierunt, quatenus ipsis super iis unum vel plura conficerem instru-
mentum vel instrumenta. Acta sunt haec anno indictione mense die hora pontifi-
catu et loco quibus supra praesentibus ibidem honorabilibus viris domino Caspar
Springman presbytero, Georgio Walteri de Senfftenberg Misnensis dioecesis ac Jo-
hanne de Monte de Traiecto Leodiensis dioecesis clericis testibus ad praemissa vocatis
rogatis debiteque requisitis.

Signum
notarii.

Et ego Petrus de Harra clericus Bambergensis dioecesis publicus
sacra imperiali auctoritate notarius etc.

Nach dem Orig. im Rathsarchiv zu Leipzig.

No. 358. 1462. 5. Juli.

Verbot des Wehretragens.

Am montage noch Visitationis Mariae sint die rete alle dry eins wurden, das keyn bur-
ger innwaner hantwereks geselle addir ander knecht vnde dyner, auch buwer vnde andere die
in die stat kommen messir noch swert noch ander mortliche were tragen sollen tages adder
nachts zen keyner czit: wer daweddir tut, der sal dem rate XX gr. zcubusße gebin vnde das
messir adder swert darczu verloren haben.

Nach dem Rathsbuch fol. 61ᵇ im Rathsarchiv zu Leipzig.

No. 359. 1462. 24. Aug.

*Bürgermeister und Rath berichten an P. Pius II. über das Auftreten, den Verkehr und die
Erfolge des weil. Bruder Johannes von Capistrano in der Stadt Leipzig.*

Sanctissimo in Christo patri et domino domino Pio divina providentia sacro-
sanctae Romanae ac universalis ecclesiae summo pontifici, domino nostro reveren-

dissimo obedientiam sedulam cum ea qua decet humillima reverentia ad pedum oscula beatorum. Sanctissime pater et domine clementissime. Etsi humanum genus ab orci principibus gratiae siccantibus humorem nonnumquam modo horridae tempestatis varias in culpas disiicitur, non tamen a domino derelinquitur, sed de sua gratia confisum placido numine sanctorum prece et auxilio in dies confovetur. Sane fratres quidam ordinis sancti Francisci de observantia nuncupati eorum vicario procurante generali litteris celsae maiestatis caesareae hortatoriis nobis sollicite supplicarunt, ut vitae modum et seriem devotissimi quondam piae memoriae Joannis de Capistrano ordinis eiusdem apud nos visum et cognitum in sui famam dilatandum pandere non recusaremus. Nos vero ad laudem et honorem eius merito divulgandum tanto placidius assurgimus, quanto pietatem suam nobis uberius novimus impertitam. Etsi fama densa per totius Germaniae aream volitans eum clamat virum deo et hominibus dilectum fuisse, vita durum, moribus gravidum, scientia clarum ac totius religionis christianae exemplar conspicuum, ad id tamen adiicimus et testamur quod vidimus. Ipse namque post multos sudores viarum varia Alemaniae loca peragrando et semen verbi dei non inaniter spargendo sese nobis in oppidum nostrum contulit. Ex piissimo suo pectore salutarem doctrinam evangelicae et apostolicae veritatis mira prudentia et modesta eloquentia non piguit disserere; quo gregem collectum laeto fovebat pabulo miro modo ultra mellis stillante dulcedinem, arte utens et ingenio, multa doctrinae salubris abdita in lucem elimando, regulas et normas expositas utriusque populi statui aptissime non absque cura pervigili applicando, quo abusus plurimos genti nedum laicali sed et clero abstulit. Ludorum levitates et solatiorum turpitudines morumque anfractus in nobis prorsus enervavit. Inter quae unum nota dignum et dictu mirum egit. En tam apte tamque opportune religionis praerogativas ediderat, ut abusae universitatis nobiscum degentes scholares devulsi, infra mensis spatium quo nobiscum resederat, septuaginta ex eis vel forte plures ordini suae religionis iungi non erubuerunt totos se deo devoventes; inter quos alii magisterii honore alii sanguinis claritate alii divitiarum abundantia et corporis alii claruerunt proceritate. Quod utique etsi in eo omnium iudicio vitae integritas et placida eloquii voluptas copiose circumstans facilius reddidit, fieri tamen potuisse vix creditur, nisi intus doctor huiusmodi sacri spiraminis qui erudire potuerat adfuisset. Ad haec adiicimus, quod idem devotissimus pater almipotentis singulari numinine fama plurimorum prodigiorum multa bona in populo dicitur peregisse, certitudinem de hoc se habere asserentes, eorumque iudicio non immerito beatitudinis meruit gloria sublimari, qui eum etiam vivum laudibus claris etiam ultra sidera elevarunt. Quare et spes quidem certa nobis videtur, ipsum pro tam duris laboribus in dies peractis et pietate tam rara apud alios visa perennis gloriae bravium mernisse. Quod tamen his et aliis undecumque confluentibus testimoniis in alveum sanctitatis vestrae attentis eidem beatitudini vestrae diligentius examinandum committimus, cui data soluin et tributa est haec potestas hanc conferre mercedem. Votive tamen desideramus, ut qui nos singulari fovit caritate honorem beatitudinis pro suis assiduis laboribus impendi meruerit, ut tandem invocetur in coelis auxiliator, qui in terris frugi visus est eruditor. Demum salvator piissimus unicus dominus noster Jesus Christus conservare vestram sanctitatem felici statu laute et prospere tempora longiora beatitudinis dignetur. Datum Lipzk anno domini MCCCCLXII die Martis XXIV Augusti nostro sub sigillo.

Vestrae sanctitatis humiles et devoti obedientiae filii proconsul et consules oppidi Lipzck Merszburgensis diocesis.

Wadding annales minorum. XIII. 277 sq.

In einem im Konigsberger Archiv aufbewahrten Schreiben des Stephan Naumann an den Caplan des Andreas Santberg d. d. Lipzk in die s. Barbarae (4. Dec.) 1452 wird gemeldet, dass Johannes von Capistrano Freitag nach Lucae evangelistae (20 Oct.) d. J. in Leipzig eingetroffen und einen ganzen Monat daselbst sich aufgehalten habe. Ueber die grosse Wirkung seiner Predigten auf die Mitglieder der Universität wird übereinstimmend mit dem obigen Berichte erzahlt: feliribus acutius et operibus miraculosis plures magistros et studentes properantes in vestigiis deliciarum deduxit ad iter salutis sempiternae; sunt etenim paene LXX viri decorati habitu religionis quantum ad animam, qui praesentis vitae naufragia — relinquentes soli domino adhaeserunt etc. Nec mirum —, ut tot et tantos viros ad observationem sui ordinis esset contentus excitare, nam miro modo splendet vir iste gratia praedicationis pro loco tempore et persona scripturas magistraliter allegando. Cogunt itaque illum varia experimenta morborum diversa invenire remedia; iam invitando ad poenitentiam huius vitae brevitatem inducendo, iam exhortando ad gloriam, mundi sanitatem proponendo etc. — Seine Predigten veranlassten Luxuspolizeiliche Anordnungen des Raths (vgl. No. 222). Am 29. Nov. erschienen die Barfusser und Predigermonche vor dem Rathe, zeigten an, dass sie entschlossen seien, zur Strenge ihrer Regel zurückzukehren und baten um Bestellung von Vorstehern für ihre Klöster. Rathsbuch fol. 25.

No. 360. 1462. 12. Oct.

Der Freigraf Heinrich Smedt erlässt auf Grund eines durch das heimliche Gericht gefundenen Urtels unter Strafandrohung die öffentliche Aufforderung, dem Mathias Makwitz zu Erlangung seines durch Gerichtssprüche anerkannten Rechtes behülflich zu sein.

Ich Henrich Smedt deß hilgen Romschin richs vnd mynß guedigen liben herren von Colne geordenter richter vnd gewerdiget frigreve zu Folkmerssen bekenne vnd beezuge offintlich in vnd mit dissen vorsigeltin brieffe, daez ich uff hute datum dusses breffs die koninglichin dingstad den frienstul vor Folkmerssen uff deme riede besettzen habe von keyserlicher gewault, vnd beffelunge myner stulheren gehegeter gespanner bangk, geeledet mit ortelle vnd rechte der keyserlichin gesettze der hilgen heymelichin achte vnd der Romschin frigen gerichte, dar selbes dan der ersame Mattis Machewicz eyn echt recht frigescheffe der hylgen heymelichin achte durch sinen gedingetin redener vnd vorsprechin vor mich in gerichte komen ist mit eynem offin vorsigeltin brieffe vnd bewisunge durch siben erbar frige scheffin ezngbar manne gegebin vnd erezuget vnd richtlichin in daez selbe gerichte richtlich geoffert zu eyner vorclerunge des egnantin Mattis erwunnen vnd erstanden sache vnd gerechtikeit, vnd dar lesin horen lassin den scriber deß gerichtz dar zu geheischet, der danne clerlichin inheldet vnd warhafftigen beezuget obir die grossin gewault vnd vnrecht, alse deme gnanten Mattis von Thomas Clebir, Martin Wildenhain etc. vnd andere, die sich Nickel Kauffmans zeliger guter vndererzogin habin, na vezwisunge vnde inhalde siner gerechtikeit sigel vnd brieffe, der die egnante Mattis geistlich vnd wertlich richtlich erwunnen erwiset zugebracht behaldin vnde erworbin hait, dar danne disse obgemelte vorsigelde brieff uff sprechinde ist vnd meldet, daez sie zu Basell in deme hilgen consilio erwunnen vnd zu Rome confirmert sin, da durch

zu bennen bracht vnd lange czit iar dar inne gelegin habin widder die muter vnd
gebote der hilgen kirchin, dar vmme [daz] se sich der gutere egnant so vndervzogin
habin vnd da von nicht zuu eren geantwort hubin, vezwisunge vnd inhalde siner
declaracien confirmacien instrumentin behold vullegebote vnd sentencien breffe mit
vele mer anderer bestetunge des rechtin: dar sich danne her Johan Grundeman pro-
bist zu sinte Thomas zu Lipczigk gar vngeburlichin inne habe mit den obgnantin
beelagetin kegin Mattis uffrichtlichen gerechtikeit innorhelunge vnd vorblunnunge zuuor-
ruckinde zuuorachtinde vnd nidder zu slande widder die gebote der hilgin kirchin vnd
die frien keiserlichin gesettze. Uffe sotenne sine erwisetin geczugkuisse vnd beffeste-
nunge siner herlichin gerechtikeit vorgedacht vnd eczlichermaße berurt ist vor my
in gerichte uff hute datum dusses breffs dorch deß egnantin Mattis gedingetin rede-
ner gefraget uff eyne gemeynen vnd eyndrechtlichin beradt die dingplichtigen frigen-
scheffin vmmestendere deß gerichteß, sine sache vud mannichfoldigen gerechtikeit
vorgenant, abe dye von gewerde sy zuuorclerunge abe ader an znwisende, habin die
selbin cynen eyntrechtlichin berad mit bestentlicher vullenkomen folge us frigenstuls
rechte ingebracht gewiset vnd gefunden also, eez sy durch god vud recht, us gesettze
vnd ordenerunge, dye gebode der hilgen kerchin vnd keiserlichin gesettze, alse die
egnante Mattis Machewicz inholt siner uffrichtlichen ges[ereben] vnd vorsigelden erezugk-
lichin gerechtikeit erwunnen vnd erstandin hait vor gericht, billich vnd recht vnd
wol von werde geburlich cynem ielichin menschin geistlich vnd werlich, die gerne
recht gebin vnd nemen wolde, die zu haldin zu eren vnd zuuormereune, hulfe rad
trost vnd bistant zuthune vnd in keynewis widderstont noch indracht, die zuuorach-
tende vnd zuuoruyderune suchin noch vor sich stellen. Hir vmme nu so bitte ich
nu mit hulffe aller erbaren frigenscheffin hutte datum dusses breffes vmmestendere
disses gerichteß gewesin sin fruntlicher flelicher bethe, den disse vorkumpt, den seyn
vnd lesin horen, deme egnantin Mattis Machewicz vort vor en bitten durch god vnd
recht, ome zu sinem uffrichtlichin ges[ereben] vnd vorsigeltin geistlich vnd wertlichen
gerechtikeydin vorgerurt alse mit rechte erworbin vnd dar inne vort gefaren hefft
moge gescheyn wedderfaren vnd gediigen. Vnd ich Hinrich frigrebe egnant ghebide
von mynß gerichtes vnde amptes wegin allen hocheburn erwerdigen wolgeburn eddeln
gestrengin vestin vnd ersamen fursten heren geistlich vnd wertlich erezebischoffin
bischoffin herezogen lantgraffin margrabin burchgrabin baronen ritteren knechtin
amptludin schultheissen richtern stedin dorffern margktin fleckin, allen gewerdigen
frigengrabin frigenscheffin der hilgen heymelichin achte vnde allen bederuen luden,
mynen gnedigen liben heren iunchern vnd guden frunden samt vnd in sunderheit,
eyneme iowelchin nach sinem statu vnd gebore, den dusse breff ader sin ware copye
vorkumpt, den seyn ader lesin [ader] horen lesin, von keiserlicher gewault vnd macht
des hilgen Romschin richs uch wissendin frigenscheffin by den eyden, die ir zu uwer
frigheit gethan habin nach der tiefin erfarincheit der hilgen heymelichen achte, uch
vnwissendin by der sweren pene vunfezigk punt fines goldes koninglicher busße,
an zu schude die gebote der hilgen kirchin vnd die hilgen keiserlichen gesettze, da
durch der egnante Mattis sine sache vnd recht uffrichtlich erwunnen erstandin zuge-
bracht behaldin geistlich vnd wertlich erworbin hait, ome dar zu hulfe rad sture vnd

bystant thun vnd keynen widderstant noch ernaute hulfe vezghen. Weren abir ymant hir widder tede, wy vorgerurt mir ader eynem andern gewerdigen frigrebin daez vorelaget ader vormeldet worde, die muste men dar vmme fordern na frigenstuls rechte, daez en dunne zu swere komen vnd gefallin muchte; sotenne zuuormidende rade ich getruwelichen. In orkunde daez dusse vorgenanten stucke vnd artikelle, do vor my Henriche frigrebe egnant vor my in gerichte vorhandelt ist, habe ich myn ingesigel vestlichin an dissen brieff gehangen. Vnd wir hir na gesereben sin hir mede by anne vnd obir gewesin nemlich Wilhelm Meisenbugh amptmau zum Kogelenberge vnd stulhere, Lodewicus Lendemil seeretarius zu Folkmerssin, Conradus Grebe vnd Hans Heyneman foyt alle frigeschefftin, habin vnse ingesigelle zu forter kunschaff auch an dussen breff gehangen. Datum anno domini M°CCCCLX secundo tertia feria proxima post Dionisii.

Nach dem Orig. im Rathsarchiv zu Leipzig mit fünf wohlerhaltenen Siegeln an Pergamentstreifen.

No. 361. 1462. 16. Nov.

Genannte Freischöffen verkünden dem Abt Johann von S. Peter vor Merseburg, dass Mathias Mulveitz wegen gewisser gerichtlicher Vornahmen desselben, welche mit bereits ergangenen Rechtssprüchen in Widerspruch stehen, Berufung eingewendet habe.

Wir hir nach geschrieben mit nomen Lorenez von Wiezern vnd Hennigk von Mulbergk, Caspar Móre, Hans Reynhart, Nickel Pastel, Peter Hútter, Caspar Kirmes echte rechte frien schepfin von sottener au ruffung wegen der verfolguinge. Lieber her Johan apte zeu sancte Peter. Also wir oeh zenn negsten geschriben hatten von Mattis Mackewiez wegen vnd schriffte dar by geschicket, dy clerlichen copyrt waren geworden uß eym hanbt briff vnd eyn vorelerung sines rechten, alß den sottenne schriffte mit mer schrifften der rechte in heldet von gebot wegen der keysserliche geseeze vnd ordenung der hylgen heymlichen achte, alß den der vorgemeldet Mackewiez vernummen haitt, wy das vf ersamikeyt furder greiffet wolen sottener rechte geistlichen vnd wertlichen erwunnen, das den der vorgemeldet Mackewiez sich beruffet von orln gerichte au dye ende, do es hyn belanget, uff das mag furder erkennen, wy das ir vordeydigt ader beschuezet dy gewaldige haut, dy den keyn recht achten vnd dem vnrecht by staudt thuu, alß sy selber erezeygen dy wertlichen swert au zeu rüffen vnd angeruffen haben, ou sotten vnrecht helffen zeu stercken, das Muttis Mackewiez vnsicher syn muß vnd der ersame probist vom Núenberck*) mit synen pharrern zeu Halle oh sottene sache eygen wolen sotten inbieio(?) von der muter der hylgen kirchen, das si all veracht haben vnd sy ór ersamikeyt beschúgen, alß eyn conservator orer breuilegii, dy sy gedencken zeu haben wolen dy hylgen kirchen, so hait der vorgemeldet Mackewiez sottene hoffnung zeu got. vnd syner gerechtikeyt, das ir der sache gestalt ón nicht helffet sotten gewalt vnd vnrecht orer breuilegii helffet stercken. Wurdit(?) adir dar an nicht keren vnd wurtett oú furder verfolgen dor vber gethun haben, so müssen wir geezugk diesser beruffung von

*) Kloster Neuwerk vor der Stadt Halle.

öch vor vermeldet sottender appellacio sachg gestalt in krafft diesses offenen briefis
mit mer echten rechten frien scheffin geczugniß dar vber geben von vnseren eyd
wegen, dy wir dar zcu gethan haben alß wir frien scheffin seyn geworden nach
aller ordenung der hylgen heymlichen achte vnd der keysaerliche gesecze. Zcu meren
geczugniß haitt vnßer iczlicher woben vermeldet ayn ingesigell an diessen brieff
feystlichen gehangen, das Caspar Kirmesse vnd Hennigk uon Mulbergk mit gebruchen
von gebrech vnßer sigill. Gegeben an dem dinstag nach Martini in dem LXII iare.

Das den dem vorgemeldet apte ad sanctum Petrum vor Merssenburgk geley-
gen sottene vorklünnigung der appellacio mit dem widerteylen insinbirt ist geworden
nach aller wieß also recht ist zc. zc.

Nach dem Orig. im Rathsarchiv zu Leipzig mit fünf Siegeln an Pergamentstreifen.

No. 362. 1463. 18. Jan.

*Der Freigraf Heinrich Smedt bringt, nach summarischer Darstellung des Verlaufs der Mack-
witz'schen Processsache, zur allgemeinen Kenntnis, dass durch Spruch des heimlichen Gerichts
der früher von diesem erkannte Arrestschlag (No. 4.9) auf Präbste von Neuwerk bei Halle und
S. Thomas zu Leipzig und deren Unterssassen ausgedehnt worden ist.*

Ich Heinrich Smed von keyserlicher gewald des heyligen Romischen richs
vnde myns gnedigen lieben hern von Colne friegraue zcu Volgmersaen bekenne yn
dussemme offen norsigelten brieffe vnde thu kunt deme allirdurchluchtigesten hoch-
mechtigesten fursten vnde heren hern Frederiches Romischen keysere allermit merer
des richs, herczogen zcu Ostrich, zcu Steyfr, zcu Kernten, zcu Crain vnde grauen
zcu Tyroll zc. myme gnedigesten lieben heren vnde furder allen des richs lieben
getruwen fursten vnde hern erczbischoffen bischoffen herczogen marggrauen burg-
grauen grauen baronen rittteren knechten amptluden schultheyßen richteren geistlichen
vnde wertlichen, allen gewerdigen friengrauen vnde frienscheffen der heyligen heym-
lichen achte, allen erssamen stedden margkten flegken dorffen vnde furder allen luden,
die dussen brieff adir sine ware copien schin horen ader leßen, das der erssamme
Mattis Mackewitcz eyn echt recht vnde gewerdiget friescheffe der heyligen heymli-
chen achte vmme aynes gotlichen rechten wyllen etzliche borgere zcu Lipczik mit
geistlichen forderungen bullen vnde mandaten der muter der heyligen kirchen von
deme concilie zcu Basel gegeben erfordert vnde gemanet haid, der geistlichen vor-
manunge vnde forderunge sie allß nicht geachtet vnde darinne gelegen haben alse
vncristen lude, darvmbe hait he darnach brachium seculare angeruffen, sintdeme aine
widdersache sollicher geistlichen forderunge nicht wolden achten, vnde die selben aine
widderpartie mit den keyserlichen gesetzen des heyligen Romischen frien gerichtes
erfordert vnde gemanet haid an deme frienstule gelegen vor Volgkmerssen uff deme
ride na lude siner behaldis vnde der sentencien sines kummer briefes, das sie alse
vngehorssamme lude des heyligen Romischen richs vorachtet vorsmeet vnde nicht dar
ane gekart haben. So haid furder der gnante Mattis die fursten vnde hern den

erczbischoff zcu Magdeburg vnde herczogen Frederich von Sachsen zc. vnde irer gnaden lande vnde lude alse fursten des richs hôch vormanet durch sigelo vnde schriffte, sie geheischt by scheffen eyden, ime uff sine widdersachen zcu gunnen vnde zcu gestaden vnde bystant zcu thunde zcu solichen sinen erwunnen vnde erstanden sachen na lude sines kummerbrieffes zc., das en dan nicht hait mocht helffen. Dar nach haben die probiste zcu sanct Thomas zcu Lipczk vnde zcome Nuwenwergke vor Halle den gnanten Mattis vmme der gnanten siner widderpartye wyllen von Lipczk mit eren vngeborlichen drange bedranget widder die gebote vnde gesetcze der mûter der heyligen kirchen vnde der keyserlichen Romischen friengerichte, von solichen vngeborlichen geistlichen drange vnde beswerungen der erguanten probiste der obgemelte Mattis sich beruffen vnde geappellirt hait nach frienstuls rechte*), williche appellacien he vor my in gerichte haid leßen laissen. Also habe ich ouch vmme solicher vngeborlicher geistlichen bedrangunge wegen die gnanten probiste, indeme das sie sich mit solichen vngeborlichen bedrange in vnde widder die keyserlichen Romischen frien gerichte vnde gesetcze geczogen vnde gethan haben zcu hoene vnde smabeid der heyligen heymlichen achte, zcu geborlichen zciiden an den gnanten frienstule geheischt vnde geladen habe, soliche ere vngeborliche bedrangunge mit rechte zcu vorantworten, deme sie dan also nicht gethan haben. Daruff ist deme ergnante Mattis vor my in gerichte durch recht mit vrteyl vnd rechte erkant vnd gewiset an deme ergnanten frienstule vff hude datum dusses brieffes, das die erganten probiste so hoch vnde vollenkommen sollen ubirwunnen vnde erstanden ain midt solicher sentencien des kummers, also des obgnanten Mattis widderpartie, vnde besundern Mattis uff de selben probiste behalden zcu gebracht erwunnen vnde erstanden haid von koiste zcerunge hinder vnde schaden alse gud als zcwey hundert Rinsche gulden, alse he des von erer vngeborlichen bedrangunge vorgnant wegen biß uff diisse zciit genommen vnde geledden hait. Also ist vorder deme gnanten Mattis vor my in gerichte midt vrteyl vnde rechte erwiset vnde erkant durch recht nach frienstuls rechte, das eme soliche sine erwunnen erstanden vnde behalden sache uff die probiste ergnant nymand ensulle noch enmoge widderdringen noch widderlegen geistlich noch werstlich noch sust in keyne wiis, he thu eß dan durch recht nach frienstuls rechte vor dusseme ergnanten frienstule adir eyme anderen, wan dusse entleget wurde, sunderen he sulle vnde moge vmme soliche sine erwunnen vnde behalden sache vorgnant der gnanten probiste vnde alle erer vadersaissen, wii die namen [haben] eygen lybe vnde gude ff allen stedden in aller maiße alse die selbschuldigeren sine widderpartie ergmelt kummeren vnde uffhalden, dawidder dan keyne priuilegia noch statuta geistlich noch wertlich wie die gegeben mogen sin adir werden widderstant thun sollen. Hirvmme so gebyde ich Heinrich friegreue obgnant von keyserlicher gewald vnde macht myns gerichtamptes des heyligen Romischen richs allen gewerdigen friensheffen by eren eyden vnde gelobden, die sie zcu der heyligen heymlichen achte gethan haben, vnde den vnwissenden by der sweren pene funffczig phunt fynes guldes konniglicher buße, das sie widder dusse puncte vnd artikele vrteyle vnde rechte sampt vnde besunderen in dusseme

brieffe begreffen midt gerichte adir vngerichte mit worten adir wergken beymllch
adir offinpare geistlich noch wertlich noch sust yn keyne wiis nicht thun; wie hir
widder thede vnde solichen mynen keyserlichen geboten vngehorsam wurde, des ich
nicht enrade, vnde my adir eyme anderen gewerdigen friengrauen das vormeldet
vnde vorclaget wurde, den adir die muste men darvmbe forderen vnde manen vnde
die buße affslaen nach frienstuls rechte, das das eyme iglichen zcu swere kommende
wurde. Eyn iglicher wisse sich hirinne wißlich vnd geborlich zcu haldende by der
hoisten buße vnde der tyeffen erfarnekeid der heyligen heymlichen achte, rade ich
getruwelichen. Hiir bii obir vnde ane sind gewest die vesten Mertin Kunst, Gosert
von Dorefeld vnde die ersamen Hiildebrand Zikkerssen richter, Hans Heyneman de
foyt, Hans Koich, Conradus Langhalß vnde andirs vele mer echte rechte frieschefferi
vmmestendere des gerichtes. Zcu kuntschaff allir vorgnanten stugke hain ich Hein-
rich friegraue obgnant myn ingesigel vestlichen an dussen brieff gehangen. Datum
anno domini millesimo quadringentesimo sexagesimo tertio tertia feria proxima post
diem beati Anthonii confessoris.

Nach dem Orig. im Rathsarchiv zu Leipzig mit dem Siegel des Freigrafen an einem Pergamentstreifen.

No. 363. 1463. 14. März.

*Der Ordinarius Ditterich von Buckensdorf bestimmt 40 Gulden jährl. Zinsen und die Benutzung
seiner Bibliothek für Studierende zunächst seines Geschlechts und überträgt die Aufsicht und
Verwaltung dem Rathe zu Leipzig.*

Ewch ersamen vnd wisen mynen lieben hern burgermeister vnd rate der stat
Lipczk entpiote ich Ditterich von Buckensdorf ordinarius zcu Lipczk mynen williger
dinst zcuuorn. Lieben hern. Nach dem ir uch kegin mir vorschriben habt, ap ich
die zcinse der virczig gulden, die ich vf ewrm rathuße gekaufft habe vf eynen wid-
derkauff, ymande geben wurde, so woldet ir dem eynen guten brief geben, daruff
hab ich mich eyne lange zceit bedacht vnd habe die gegeben vnd gebe die auch
in crafft diß briefis zcu eynem gestiffte, das ich selbir gestifft habe fur eynen stu-
denten, der do douon sich sal enthalden vnd lernen gote zcu lobe vnd dem gantzen
hymmelschen here, vnd nemelich gebe ich die meynem vedter Nickel von Buckens-
dorff, der sie sal haben dieweil er lernet vnd so lange das er doctor wirt; wurde er
aber nicht lernen adder wenn er doctor wirt, so sal der eldiste Buckensdorff, wann
er von uch adder ewrn nachkomelingen des erinnert wert, eynen andern gelartten
von myner mageschafft, wen [er] wil ewch nennen bynnen vier wochen, dem sollet
ir dann solche zcinse zcusagen vnde leyhen, der sal sie vffheben zcehen iar, dorbyn-
nen mag er wol doctor werden, wil er anders seinen vleis tun bei seiner lernunge;
thut er aber nicht seinen vleis vnd wirt dorbynnen[1]) nicht doctor, so sal uch der
eldiste Buckensdorff nach ewer derinnerunge eynen andern nennen, der do geschickt
ist zcu der lornunge, der sie aber vffheben sall zcehen iar, vnd darnach aber eynen

1) Markst: darabynnen.

andern, vnd wenne er doctor wirt ader wann er nicht mehr lernen wil, so sal er uch aber eynen andern nennen vnd also eynen noch dem andern zcu ewigen gezceiten. Wurde aber der eldiste von Buckensdorff sumig werden vnd wurde uch bynnen vier wochen noch ewer verkundigung nicht eynen schicken adder nennen, so mogt ir eynen darzcu nemen, wer uch wolgefellit, der denn solche zcinse zcjehen iar vffheben, sal darnach wurde uch aber der eldiste Buckensdorff bynnen genanter zceit noch ewir vorkundigung nicht eynen andern schicken ader nennen/so nemit eynen vff noch ewerm wolgefallen, derselbe vnd sust ein itzlicher, deme ir solche zcinse beweisen vnd leyhen werdit, sal uch vnd ewern nachkomelingen helffen raten so best er mag, also ich getan habe; /ch habe sein nicht entgulden, sundern sere gnossen, das ich uch dancke. Vnd ap die zcinse wurden widder abegekaufft, so sal der studente das gelt nicht zcu sich nemen, sundern ir sollit das gelt besorgen vnd widder anlegen, das solche stifftunge nicht vndergehe nach verterbe, wann ich meynen glawben gantz vff ewch setze. Ich gebe auch demselben studenten diese bucher, die hernoch stehin geschriben, der er gebrauchen sal mit redelichkeit dieweil er lernet, vnde der rath sal solche bucher zcu sich nemen vnd sal mercken, ap der studente der bucher gar adder eyns teils bedorffe; was er bedarff, die sal im der rath lassen tun vnd der studente sall keyne macht haben, die bucher weg zcufüren addir zuuerleiben ane deß rats wille. Her sall auch die bucher wol bewaren vnd sal der nicht verterben, sundern sal die vor seinen nochkomeling in guter hute behalden; wurde er auch eynß ader mehir vorlieren adder zcu brengen, so sall er eyn andern adder ander an die stat kouffen in glicher gute adder bessir, vnd sall die bucher bessern von iare zcu iare vnd nicht ergern; daruff sal der rath achtunge lassen haben alle iare ierlichen. So ap das der studente nicht tete, das dann der rath von den iarrenten die bucher widderkouffte, so das die bücher ye nicht vmb bracht werden. Nu volgen die bücher die namen, die ich darzcu gegeben habe: Decretum, Decretalen, Sextum, Clementinas, Digestum vetus, Digestum novum inforciatum, Codices, Item Speculatorem, Summam Hostiensis, Lecturam domini Anth. de Butrio super omnibus libris decretalium, super primo in duobus voluminibus, super secundo in tribus, super tertio in uno, de modo Venetiano, super quarto in uno simul cum Panormitano, super quinto etiam in uno. Item remissorium meum scolastice manu mea propria de parvis cartis conscriptum et ligatum cum ceteris recollectis super quarto decretalium. Item processum Urbachi in uno volumine ligatum. Item unum librum spissum ministrorum manu mea propria conscriptum. Item quaestiones dominicales et . . . . . Item duas partes viatici et unum psalterium, ex quibus consuevi orare. Item lecturam domini Panormitani super primo in duobus voluminibus conscriptam. Item super secundo domini Panormitani in tribus magnis voluminibus, super tertio in duobus voluminibus, super quarto autem in uno de modo Venetiano. Item lecturam domini Dominici de St. Geminiano super sexto in tribus voluminibus conscriptam. Item lecturam domini Jo. de Ymola super Clementinas in duobus voluminibus conscriptam. Item Speculum Saxonicum simul cum libro feudorum in papiro Venetiano conscriptum et simul ligatum. Item ius municipale vulgariter Wichbilderecht in papiro conscriptum. Item remissorium meum vulgare magnum super Speculum

Saxonicum et super alios libros vulgares vnd sint XIII bücher, itzliches sunderlichen gebunden, vnd beger nicht mehir von dem studenten, deme die zcinse werden fur wist vnd gelyhen, dann alleyne das er alle tage mit innigkeit, die im von gote wirt vorlyhen, mir vnd meyner zelen zcu troste spreche funff pater noster vnd funff Ave Maria, vnd bitte noch meynem tode den allmechtigen got fur meine sele, das er sich obir die irbarme vnd neme sie zcu im in das ewige leben. Vnd bitte uch, liben hern, ir wollet solchs gestifftes rechte furweser sein vnd wollet das hanthaben vnd beschirmen, das es nicht zeugehe, vnd was ich nicht vordynet habe, das wirt vnd sal derselbe studente in czukunfftigen gezceiten umb uch verdienen. Doch behalde ich mir, mit der gabe mit den büchern vnd mit den zcinsen zcu tun vnd zcu laßen die weil ich lebe nach mynen willen. Des zcu eynem bekentniß habe ich gnanter Ditterich mein ingesigell an dissen brieff laßen hengen, der do geschriben ist zcu Liptzk nach Cristi geburt XIIII/ iar darnach in deme LXIII iare am montage nach Gregorii vader meynem insigel, Zcu eynem ewigen bekenntniß, ad futuram rei memoriam et ut posteri illud etiam sciant, ne fundatio talis pereat per oblivionem, habe ich zcwene briefe laßen schreiben vnd versigeln eyns luts vnde habe den eynen uch gegeben vnd den andern mynen brudern in fidem praemissorum.

Nach Barthels Diplomatarium Lipsense IV. fol. 263 im Rathaarchiv zu Leipzig.
Eine ungenaue Abschrift aus dem 16. Jahrh. befindet sich ebendaselbst im Copialbuch I. fol. 109, eine spätere Bestätigung des Testaments durch Kurfürst Ernst ohne Jahr und Tag, im Cop. 68 fol 94b im K. Haupt-Staatsarchiv zu Dresden.

No. 364. 1463. 30. März.

Vorschriften über die Kleidung der Huren; Verbot des Spiels.

Feria 4^a post Judica geratslaget, das die hure vnde wilde frauwe uff dem fryhen buße nicht sollen tragen korellen snure, noch side vnder den menteln, silber noch golt uff der gassen; sie sollen auch einen grossen gelen lappen tragen, der eins groaschen breit ist; sie sollen auch keyne lange cleider tragen, die uff die erde geben.

Item die heimlichen huren sollen mentele uff den heubten tragen wo sie uff den gassen gehen, also in etzlichen andern grossen stzeten gewonlich ist, vnd welche man anders finden gehen, der sal man den mantel nemen, das sal sie vorbussen mit X gr. also dicke als eß geschit, davon sal man dem knechte, der or den mantel genommen hath, II gr. geben. Das sie auch kein korellen paternoster noch siden tuch noch silber noch golt nicht tragen, noch die mentel mit syde nicht vnderfutern sollen. Sie sollen auch nicht lange kleider tragen, die uff die erde gehen, bey der obgeschriben busse also dicke sie deß besehen wirden. Sie sollen auch bei keine fromme frauwe in der kirchen in die stule treten bey der selbigen busse.

Es sal nymand mit worffeln spelen noch toppeln keinerleiweis noch dorobber vngeborlich kartten adder bretspelen bei einem schocke, also offt vnde dicke man darwedder thun wurde. Es sal auch nymands in sinem huße sollich speel gunnen vnde gestaten auch bey einem schocke.

Nach dem Rathsbuch fol. 122 im Rathsarchiv zu Leipzig.

No. 365. 1463. 31. März.

Willkür und Policiordnung.

Eß gebort vorweßern der gemeine vnde offenn amplaten noch dem die vernunft lernet, gesacxt recht schickt vnde gotlicher schrifte lerar tegelich vorkundigen, das sie laster straffen, gute sitten buwon vnde die werg der lute so nehat sie mogen noch gotlichin gebotten schicken vnde reformiren, davon werdet ein gehorsam vnde ein gemein tugentlich leben, eß werden togentsamme geeret vnde gefordert, lasße vnde vnschtloße gelassen, vntogentsamme gestraft, die guten werden in frantschaft vnde eyntrechtiger libe vorknuppet, daruß kleine ding stigen vnde groß mogen werden, also an vehln steten große mechtige riche vnde namhaftige gemein von vngehorsam vnde eigenem mutwillen zcustort vnde zcu nicht sin wurden. Sollicher vnde ander mehr bewegung halben hat der sitzzende rat einmutiglich geratslaget vnde mit volbort drier rete gesacz zcu lobe gots vnde zou gedygen der gemeine also hirnoch folget:

Zcum ersten, noch dem speel an sich selbst argk sundig vnde ydermanne schedelich ist, also das noch wane namhaftiger lerer alle speel, das vff glucke stehet, totlich sunde sollen sin, domit gemeynlich schire ydermann disser stat befleckt ist vom ernsten beß vff den richsten, vom jungisten beß vff den eldesten, daruß auch groß vnrat vnde arg kommet, danne eß wirdet dadurch notliche arbeit vorsumet, eß wirdet obberig mußgang vorgenommen, eß wirdet vnrecht gut zcu sich gezogen, eß wirdet schuldige arbeit gelassen, man schilt man flucht, man sleth, man hurt ehebricht vnde buffet, man tribett obberige queserie vnde sammelt vnerliche geselschaft vnde honsprecht zou vehln main gote vnde alle sinen heiligen, dadurch heimlich straffunge obbir lande vnde stete gehen; deß vnde ander sachhalben vorbittet der rat, das nymands, welchs wollen adder stant der sie, obbir den sie zcugebyten habe, keynerlei wiße spelen sal wolder mit worffeln, mit kartten, im brete, mit kegeln, mit pritczen, mit grosachen, wedder vmbe gelt wenig noch vehl noch vmbe sust in keinerlei wiße, wie man die ordencke moge vngeuerlich bey busße XX gr., also dick man dawedder thun wirdet, ane scharbezabel mag bliben. Eß sal auch nymand in sinem buße gestaten bei derselbigen busse XX gr.

Item sintlemmal das man sich nicht alleine von arge, sundir auch von gestelteuiß deß argen bewaren sal vnde got der almechtige selbst flucht groß we den die do ergerniß geben, gebut der rat, das sich yderman sittlich vnde zcu guter geselschaft sal balden, vnde wer sich also heldet, das ein gemein geruchte eins ehebruchs wedder on uß gebet, eß sei man adder wip, sal das vorbussen mit X ß, eß sei danne, das eß sich entledige mit gezcugniß siner nackebore, also deßhalben recht ist.

Item wie wol man willich die ezal der personen in der wertschaft gemessiget hat, so wirdet doch die spiße obbirfloßig kostlich vnde tuerbar bereitet, darinne vnnutczlich vehl uffget ane not, vnde noch den habenden wil sich yderman schicken, daruß groß ermut kommet; der vnde ander bewegung halben hat der rat gesaczt, das man zcu offenen wertschaften zcu dem essen deß morgens nicht mehr danne sechs essen vnde gerichte vnde darvnder nicht danne sieben gebroten vnde zcu dem qbentessen nicht danne fumff gerichte in obgeschrebener wiße geben solle; deßglichen sal man auch halden, wanne ein frund adder nackebor den andern zcu tissche leet, bei buße eyns schocks von iczlichem mehr gegebin gerichte.

Item noch dem in der cleidunge der frauwen obbirfloß vnde vnsitte ist von der lange vnde mennige wegen vnde in iunger manne cleidunge gebroch vnde vnczucht ist der kortcze vnde enge halben, das erste die frauwen belangend ist koestlich zcuhalden, vnde sie sint nicht alle glich habennd, eß sint auch wansitten vnde ist swerlich vor homut zcu entschuldigen, der iungen manne stucke sint an den kosten messig, abbir eß ist vnczucht, ytelkeit vnde schande, daruß vehl zcu ergerniß vehl zcu vnczucht gereist werden vnde ist wedder gots ere —; derhalben hat der rat gesaczt vnde geordent, das frauwen cleider forne nicht lenger sin sollen, danne das sie vff die erde stoßen vnde hinden mogen sie zcweir finger breit noch sleiffen vnde nicht lenger. Item das keine frauwe noch iuncfraw mehr danne zcwene gefurtte adder zcwene bespengkte adder einen gefurreten vnde cinen gespenckten rock zcu einer czit haben solle, adder slechte rocke mogen sie haben noch irm gefallen. Item wie wol eß sich zcu homut czicht, flogellichte rocke zcu tragen, das man stuchen nennet, — eß haben auch vnser vorfarn burgers art nicht vehl getragen —, so eß doch in gemeine gewonheit ist kommen, wil eß der rat vorhengen, doch das die lenge der rocke vnde flogele in obgerurter maaße gehalden werde. Item noch dem einer frauwen gebort noch gotlichir lere ir heubt gedackt zcu haben vnde von grosser czyrunge golden vnde edeler gesteine zcu enthalden, darwedder sich itczunt iunge frauwen angenommen h[i]ben, offentlich in h[a]ben, in crencen vnde spenschen, mit reierßfedern zcu tanczen vnde zcu irschinen, — der maaße sitt eine die ander an, sie vorkosten sich mit dem gesmucke ane not, die eß zcu anderm dorften, sie vorsumen vnde vorlassen ire hußnarung, sie reissen sich zcu vnczemlichir geselschaft vnde ist allir dinge swerlich vor homut zcu entschuldigen, deßhalben gebutt der rat, das keine frauwe in der hube noch vehl minner darczu in einem krancze noch spenen, noch auch nicht mit reierßfedern adder andern strußfedern offentlich zcu tanczen adder wertschaft irschinen sal rc. vßgescheiden ab vnser gnedigen hern von on begertten, in huben zcu tanczen. Item das kein iuncfraw mehr danne ein spenchen vnde keine reierßfedern adder strußfedern zcum tancze adder sust zcu wertschaft adder auch offentlich vff der gassen tragen solle. Item das kein fraw noch iuncfraw mehr danne ein par sammet ermel einen tag zcu tencen adder wertschaft tragen vnde zcumale keine gulden sammet zcu irer czyrunge haben solle. Item das kein frawe noch iuncfraw kein vechel, siden sust mit riugen spanen adder alleine obbir die achsel addir sust angeheft tragen solle. Item das das gesetcze frauwen vnde iuncfrauwen ioppchen noch koller nicht zcutragen gehalden werde, das do beginnet abczunemen. Item das kein manebilde, deß man vngeuerlich mechtig mag vnde sal sin, mentel offentlich trage danne als lang die hant vnder sich neddir henget, er habe danne einen lengern rock darvnder, noch einen korczern rock, er habe danne einen lengern mantel dorobber, vnde das nu fort kein korczer cleit solle

gemachet werden. Item das man an schuen nicht lenger anebel trage, denne eins
finger gledes lang, also das maß gegeben ist vngenerlich. Item das kein mansbilde
snure, do golt inn getragen ist, vmbe die hute noch sust sich domit zcu snuren
haben solle. Item das nymands, der eß von wirdikeit der grade nicht hat, mentele
schuben noch rocke mit fehen adder hermeln vorbremen solle.

Item das aleth farn innger lute gibbet vehl ergerniß, eß geschit vordechtig
vehl vnczucht dorinne, eß ist keine erliche notdorft noch entschuldigung scuthune,
deßhalben vorgecziten von anreisunge geistlichir lute die sletten also sundig ding
gar vorbrant wurden, die sachen wir itczunt also wol also sie die czit irkennen
mogen; gebot der rat, das nymands in der statt zcu keiner [vff sleten faren solle, ⌐ *cyit*
er wolle danne obbir lant faren vngeuerlich.

Item das kein dinstbote manß adder wipßbilde siden gewant zcu keiner czi-
runge, ane meyde ffu czoppen, noch perlyn bende adder corellen tragen solle.   *llzc*

Item vor solliche stucke sal der vater adder der man vor ayne kinder vnde
ayn wip antwortten vnde sal or darczu mechtig sin bei der buaße hirnach berurt
vnde ein yder hußherr vor sin gesinde.

Item wer hirweddir thun wirdet sal von iczlichir obirtretunge, wie dicke eß geschit,
XX gr. zcu buaße geben, die der rat vnleßlich nemen sal ydermanne vnuorschonet.

Item eß werdet mit fruen ortten die fyer gebrochen, die lute in lichtfertikeit
geczogen vnde notliche innkeit wirdet vorstort; vormeinen sie zcu setzen, das man
deß sontags vnde an hochsten festen ehr danne die messyn vß sin keine czeche
halde an keinem ende, do man bir vnde wyn feilß hat vngeuerlich bei V gr., die
der wert, der eß vorhenget, geben sal.

Vmbe wynschencken ist ein große rede vnder allem folcke, das man die
wyne vorsollet vnde ergert mit geringern trancke vnde vnderstanden mit wasser, das
man sie auch temperire, daruß vehl kranckeit kommet vnde von dem sollen werden
sie erger. Man erleibet doch yderm sine wine zcugebin wie er wil, were ye billich
vnde eß heischt vornunft vnde recht, das man yderm auch vor sin gelt gebe noch
wirderunge, also eß sin sal; vormeint der rat zcu setzen, das man keinen win
vngesaczt schencke vnde das man die selbige wine wie die vfgetan werden, vnuor-
sollet vnde vnuormischt nicht anders danne also sie vfgetan werden schencken solle
vnde vmbe mehr sicherheit an iczlichim vas, wanne eß vfgetan wirdet, das spont
voraygell. Item das der schenke swere, das also zcuhalden. Vnde wer deß obbir-
fundeg wurde adder wenne er beschuldiget wurde, sich deß nicht entledigen wolde,
sal deß X ß dem rate vorfallen sin adder der stat so lange entperen; wurde eß
abber der herre vorschencken, so mog on der [rat] noch irkentniß straffen.

Item das sollichs alles desde fliaßiger gehalden werde, sal der burgermeister
durch einen knecht alleine heimlich bestellen eczliche, die die obbertreter vorkundi-
gen demselbigen knechte, der sie fort sal lassen vorczeichen; wer deß danne besagt
wirdet, sal sich rechtfertigen ane alle weddered adder die buaße geben, die man
von ydem vnleßlich vnde vnuorschont nemen sall.

Item eß were auch not zcu ratslagen, ab man mit gliche vnde rechte durch
grossern fliß die gerechtikeit der nedderlage baß irkennen muchte, das man neme

was sich gebort; danne eß vortirbeth der kauffman nicht, were ye billich, dem rate
auch das sine zeugebin. Vnde dunckt geraten, das man die besenntt, die vor iaren
kaufflute gewest vnde großin handel gehat haben, zenuorhoren, wie sie eß gehalden
haben, ab man daruß icht konnde gelernen.]¹)

Item eß sal nymands gerste haffer noch ander getreide alhir vff dem marckte
kenffen adder einen andern kenffen lassen noch hirinn bei sich haben, er sei danne
burger, vngenerlich bei buße XX gr.

Eß sal auch nymands messir swert bil noch keine schedelich were tragen
vngenerlich bei bussen XX gr.

Item wer vß der gemeine irfaren wurde, das man vff den crcczmar adder
dorffern fronde bihr schenckt wedder der stat friheit, der mag das einem vß dem rate
zenwissen thun, so wil vnde sal der rat allen tyß thun, das sollichs gewert werde.

Item das man die satezunge der hochezit, der kintenffen vnde deß kirchganges,
auch der queße in den sechswachen noch vßwyßunge der alden wilkore⁴) vnuorruckt
halde vnde nymands vorschone bei der pene in den selbigen satezungen vßgedruckt.
Vnd damit sollen alle andere satezunge in der taffeln vnde snst in irem bestant
bliben vnde hirmit vnuorsatzt sin. Item anderunge der cleidung sal geschehen in
einem mande, das ist zewisschin hir vnde dem sontage als man den iarmarckt inlu-
tet, abber die andern satezungen sollen angehen zenr nechsten wochen.

Gesaezt vnde wilkort vom rate mit volbort der eldesten vnde vorkundiget am
dornstage noch Judica anno etc. LX tertio.

Nach dem Rathsbuch fol. 11ᵇ im Rathsarchiv zu Leipzig.

1) Bei der mit [] eingeschlossenen Stelle am Rande vacat.
a) No. 317.

No. 366. 1463 fgg.

Errichtung des willigen Almosens für Hausarme durch Hans Stockart.

Locus deß nuwen gestiften almuß vor huß arme lute, das gestift ist sub anno
domini M CCCC LX tertio.

Zeum ersten sint gekornen zeu vorsorger deß almuß Nickel Schuman vnd
Conradus Critzelmor(?), das sie alle wochen un sonnabend geben sollen vß der cam-
mern vff der ecken bey dem Salezgesschen sybin armen menssschen brot fleisch vnde
zeumuße, also vehl man vnbe II gr. gekeuffen mag, beß so lange das eß gebessert
wirt. Darezu sint vff dem rathuße gekanft vff einen wedderkauff XII nuwe ß vnde
VIII gr. der besten were noch lute der vorezeichnunge die ernoch folget.

Wir burgermeister vnnd rath der stat Lipezk bekennen —, das wir von dem
ersamen Hannße Stockartte⁴) vnnßer frunde ein in den reten ingenommen vnnd ent-
pfangen habin funffhundert vnnd zeweyvnnddryaßig alde schock vnnd haben die in
vnnßer stat nutz vnnd fromen gewant vnnd haben davor uff alle vnnßer stat gutern

a) Hans Stockart von Mainz wurde vom Kurfürst Friedrich II. im J. 1456 als Münzmeister nach Leipzig berufen. (Abschrift
der Bestallungsurkunde im K. Haupt-Staatsarchiv zu Dresden.)
Cod. dipl. sax. II. b   38

nncz fromen zengehorungen geschoßin vnnd zeufellin vorkoufft uff einen widder-
koufft zewelff ß XIIII gr., vnnd er hat sollich gelt gegebin vnnd sollichen czinß
gekoufft zcu eynem almuß vor hnß arme lute vnnd eynem anhebin, ap ander innige
milde lute das zcukunnfftiglichen meren stercken vnnd beßern wurden. Vnnd wir
haben zcufolforunge sollichs almußen gesaczt vnnd gekorn zcewene besenßin burger
mit namen Nickel Schuman vnnd Conradt Kryetzelnor(?), die alle wochen itezundt,
die wyle deß czinßs nicht mehr ist, sybin hußarmen luten, die darczu ußgenommen
sint, gebin deß sonnabennds brot fleisch vnnd zcumuße alß vil sie deß vmbe sullich
gelt kouffin mogen; vnnd der armen lute sollin fireziehen syn, die sal man uff zewey
parttie teylen uff ein teil syben, vnnd wenne man eyne woche den ersten sobin das
almuß geteilt hat, so sal man eß die andere woche den andern sybin gebin vnnd
dornoch den ersten widder; wurde auch zcu dem almuß mehr gegeben vnnd gestuert,
das man mehr czinße kouffin muchte, so sollin die zcewene gekorne vorstehr vnnd
ire nochkommenn, die darczu geheischt werden, mehr darczu uffnemen uff deß rats
wolgefallin, vnnd wenne sie die uffgenommen habin, ßo sollin [sie] die dem rate
anttwortten, gefallen sie denne dem rate, so sal eß der rat bestetigen; deß glichen
sollin sie auch thun, wanne von den uffgenommen eyns adder mehr todißhalbin abe-
gehen adder abegesaczt wurde. Vnnd solliche uffnemunge vnnd auder schickunge
deß almußen sal geschehen mit wißßin vnnd volbortt deß gnanten Hans Stockarts,
dem wir vmbe syns grosßin ßyß wegen, den er darbey gethan bath vnnd tegelich
tut, sollichs behalden babin, das er zcukunnfftiglich noch fordern ßyß vnnd forderunge
darbey thun sal, alß er wol kan vnnd weiß. Vnnd wir haben vns an sollichin czyn-
ßen eynen widderkouff behalden; wurde eß sich denne begebin, das wir sollichin
czinß widder abekouffin wolden, vnd alßo der anheber deß almußes om noch synen
erbin darane nichts behalden, auch brieff vnnd sygel deßhalbin nicht begert hath,
sunder vns vnnd vnnßern nochkommen das uff vnnßir ßyß vnnd truwe gesaczt hath,
den armen luten getruwelich vorczustehen, das wir denne auch williglich uff vns
genommen haben, so wollin wir denne an andern enden vmbe sollich gelt alßo vehl
czinße kouffin, alßo vehl wir konnen an den bequemlichsten steten alß wir irkennen
mogen, vnnd wollin das auch mit sinem willen vnnd[1]) volbort thun die wile er lebitt,
vnnd vns darynne ßyßlich vnnd sorgfeldiglich bewyßen, alßo wir das vor gote dem
almeehtigen hoffin zcuuoranttwortten. Alßo denne von swachem gedechtniß der lute
die ding in ein zewyfel vnnd vnderstunden in ganez vorgeßeuheit fallin, deßhalbin
briefflich kuntschafft mit sigeln befestet vnnd bestetiget irstanden ist, die denne der
egedachte stiffter von vns nicht begert bath noch haben wil, sunder sollichs alles
genezlich zcu vns getruwelich uff vnnser wißßen gesaczt hat, das eß doch vnnßern
nochkommen wißlich sin magk vnnd zcukunnfftiglich nicht in eyn vnwissen komme,
so habin wir sollichs in vnnser statbuch schryben lasßin vnnd schryben das hirmit
daryn zcu eynem ewygen gedechtniß, dem almeehtigen gote zcu lobe vnnd den armen
luten gute vormunden zcusyne. (Geschehen noch gots geburt tusent vierhundert vnnd
dornoch in dem dryvnnßsechezichsten iare. Wir vormanen vnnd bitten auch vnnser
nochkommen mit ßyße, uff sollich gut werck der mildickeit ein ßyßßig uffsehen zcu-

----
1) Or. mit vnnd medert.

haben, disße schrifft ierlich zcuobbirleßen vnde daran zcusyn, das eß gehalden wirdet, daruß wir auch hoffin, eß solle gemeret vnnd gestercket werden, vnnd beladen ir gewißßin hirmit.[a])

Von anderer Hand: Anno 1464 hat der rath uffgenommen von Hanßen Stockarte 1ᶜ vnde IIII alde ß III gr., da vor hat der rat uff einen widderkouff vorkoufft zcu dem vorgeschreben almosen der armen lute V alde schog IIII gr. Anno 1465 hat der rath abir uff genommen zcu dem selbigen almoßen IIᶜ vnde II alde ß, do vor hat der rat uff eynen widder kouff vorkoufft X alde schog vnde II gr.

Von anderer Hand: Anno ꝛc. 1469 hat das willige almuß dem rate aber Iᶜ vnd IIII gulden geantwort, die der rath vffgenomen hat vff einen widderkauff, dafur sal der rath hinauß geben ierlich V gulden vnud IIII gr. Factum vff mitwoch noch Anthonii.

Nach dem Stadtbuch fol. 260 im Rathsarchiv zu Leipzig.

a) Am Rande von anderer Hand: Item die LII alde gr., die do zu dem almussen gehoren. sal man gebin XXVI vff Walpargis vnde XXVI alde gr. uff Michaelis.

No. 367. 1464. 13. Febr.

Nickel Pflug zu Zschocher und Nickel Pflug zu Knauthain belehnen Bartholomäus Kunz Bürger zu Leipzig und dessen Ehefrau mit dem Hofe bei dem Grimmaischen Thore.

Ich Nickel Fplugk rytter zw Schocher gesessen vnde Nickel Fplugk zvm Knuthayne gesessen gevettern wir bekennen —, daß wir mit guttem willen vnde wol bedachtem mutte, auch mit gutten vorrathte dem ersammen Bartolmeus Kuncz burger zw Lypczk gelegen habin vnde lyhin — zw rechtem erbe den hoff beye dem Grymmesschen thore off der ecken gelegen zw Lipczk, der vormals Hans Konniges gewest ist, vnde so vil also der von vnß zw lehin gehat hat, reychen vnde lyhin mit aller gerechtikeyt, also der von vnß zw lehin gehit. Auch habin wir durch sunderlicher gunst vnde bethe willen des obgenanten Bartholomeus Kuncz gelegen Margaretha Kunczynne seynem elichen weibe den obingenanten hoff —, also der von vnß zw lehin gehyt, — zw eynen lipgedinge —. Wurde eß auch sache, das der genannte Bartholomeus Kuncz ader Margaretha seyne elich weib ader ore erbin sölllichin hoff wider vorkeuffen wurden, so wollen wir obgenanten Fpluge den selbigeten orren keuffern williclichen leihen in aller masse, also sy das von vnß zw lehen gehat haben. Auch sollin sy ader ore erbin von vnß ader von vnßern erben den lehenen rechte volge thun, also offte vnde dicke alzo das zw valle kommet, so sullin vnde wollin wir vnde vnßer erben yn adir oren erbin dye lehene willichen an insage thun. Das alle vor vnde nach geschreben stucke disses briffes stete vnde gancz gehaldin werdin, haben wir obgenanter Fpluge vnßer yczlicher seyne insigel wissentlich an dissin briffe hengen lassen vor vnß vnde vnßer erben, der gegebin ist nach Cristi gebort thusent vier hundert dar nach yn dem vier vnde sechezigisten iare am mantage vor Valentini.

Nach dem Orig. im Rathsarchiv zu Leipzig mit den Siegeln der Pfluge an Pergamentstreifen.

35*

No. 368. 1464. 21. Febr.

Kurfürst Friedrich II. belehnt die Gebrüder Meseberg mit dem Fischzoll, Heringszoll und Nusszoll.

Wir Friderich v. g. g. hertzog zcu Sachsen etc. — bekennen —, das wir vmb flissiger bete willen Johansen, Leonharde vnd Heinriche Meseberg gebrudern vnsern burgern zcu Liptzk vnd lieben getruwen vnd iren rechten libeßlehenserben den fischezoll, heringezoll vnd nußezoll in vnser gnauten stat zcu Liptzk von vns zcnlehen rurende, inmaßen ir vater seliger doctor Jacobus Meseberg den innegehabt —, zcu rechtem lehen gereicht vnd gelihen haben etc. Hiebey sind gewest vnd getzugen die gestrengen vnser rete vnd lieben getruwen er Hans von Maltitz, er Jurg von Slinitz ritter vnd Johannes Statschriber vnser cantzler etc. Zcu orkunde haben wir gnanter hertzog Friderich vnser insigil an dißen briff wiessentlich heßen hengen, der gegeben ist zcu Liptzk am dinstag noch dem sontag als man singet in der heiligen kirchen Invocavit noch Cristi vnsers herren geburt tusent vierhundert vnd darnoch im viervndsechzigsten iaren.

Nach dem Orig. im Rathsarchiv zu Leipzig mit dem Siegel des Kurfürsten an einem Pergamentstreifen.

Dieselben empfangen die Belehnung mit den obigen Zöllen durch Kurfurst Ernst und Herzog Albrecht am 6. Mai (Montag nach Jubilate) 1464. Orig. im Rathsarchiv zu Leipzig.

No. 369. 1464. 17. u. 21. März.

Der Rath untersagt auf Vorstellung der Stadtfleischer versuchsweise und unter Vorbehalt des Widerrufs den Verkauf des durch die Lästerer geschlachteten Viehes in der Stadt.

Noch deme wir hantwercks meister der fleischauwer von den ganczen hantwercks wegen allirmeniglich vormals vor den ersamen vnd weißen hern des vorigen rats geweßt syn vnd ouch nehist vergangen muntlich vnd personlich gereth vnd gebetin habin etliche nwer weißheit, sich vns zcu besorgen yn sülchen hirnoch lutenden artickeln, anlangende vns an eynem vnd dy lesterer wonende vff dem lande am andern teile, also bitten wir allesampt uwer ersame wißheit mit dinstlichem vnd vndertbenigem vleisse, dy meher gnauten bauwer, dy sich nennen dy lesterer, wonende vff dem lande so ezu vndirrichten, als nhemlich dy, die das hantwerck ny gelart habenn vnnd nicht wissenn keynen rechten orspring noch teilung eins iezlichen vihes, das sy hir yn brengen, vnde sich doch ouch nicht darnff verstehen, ap is tüchtig adir vntüchtig, beynbrüchig adir wolffbeysig sey adir nicht, vnd ouch ap sy es wissen, den noch brengen sy sulch vntüchtig fleisch zcum marckte, also gemeynlich kelbir, dy acht adir XIIII tage aldt syn, der wir keyns vndir drien wochen schlaen toren, — denne groze sorge darbey ist, also nwer ersame weißheit vnde eyn yderman wol mercken kan, das manch mensche moechte essen, das her des todis infoste syn —. Wy den allin ist, sulchs eigentlicher vnde clerlicher zcu verschriben, were nch verdrißlich ezu leßen vnd ouch nicht not ist. Hir vmbe, ersamen weißen liben hern, bitte wir allesampt mit dinstlichem vlisse, »y also ezu vndirrichten. schlachtis halben dar vße ezu bliben, alzo nemlich dy in dem wiehbilde nicht wonhafftig synt vnde ouch vornemlich alle dy das hantwerk obgnant nicht gelart han. vmbe sulchir obgemelter ferlichkeit willen, noch deme denne ein sulchs nwer wißheit baß merekin kan denne wir nch verschrieben konnen; indeme das wir ouch »ere »bir ein sulchs mitsampt vnserem gesinde beswert werdin, also wenne vnsir eyner ndir vnsir gesinde kommen vff das lant, vihe zeu köiffen, do von vnd mit wir vns »werlich deneken ezu neren vnd vch vnsire gerechtigkeit diste vnuorficklich[er] reichen vnd gebin mochten, mag vnser keyner nichtill nicht von vihe veile vinden, wenne sy is allis selbir slachtin vnd yren nackharn eyner dem andern verkoiffen vmbe etlicher cleynodt wille, dy sie widder von sich reichen vnd gebin.« Nv sehit vnd merekit, liben hern, vff eyn sülchs müsse wir do hinden bleiben vnd verterbin, — das ir vns doch »e mögelich vergünstet also sülchen fröinden, dy wen »y marekt gehaldin habin hyn vß ezilen, so wir gut vnd böße alleezit gedeneken hynne ezu leiden —, wenne doch mercklicher vnkouff dar von kompt; danne wer thür köufft. muß ouch tüwre gebin, so sichs offte irgibt, das wir gennen zu neide vnd vns, darezu eyner ganczen gemeynen ezu schaden koiffen, an ezu sehue allis das wir noch ouch dy andern stete, [die] hiryn slachtin, nicht slaen törn daz vntüchtig gut ist. also rüdig trechtig wirbelsüchtig vnd ander stücke mehr, das »chentlich ist ezu schriben, das slachtin vnd brengin dy hir yn, dy des nicht irkennen konnen vnd ouch nicht gelart habin, vnd ouch wir, dy darezu gesuezt »yn, ein sülchen gebrechen des vihes, so iß ezu teilt ist, nicht konnen richten noch irkennen, so is billich were. Vnd hoffen, ilwere wißheit vnd vil andere hern vnde gemeyne mercklich sollen irkennen, so ir vns sulchir bethe nicht versagen wert. des wir vns allen ezu uch zu versehn, vnd versûchen ein iar ndir lengir, ap icht snlch vnkouff vermydden ndir irhöet wert; sundern ouch wurde ein sulchs nicht irkant vnd vor den gemeynen allez nicht wer, wolle wir vns redelich vnde rechtfertiglich yn den sachen halden widder abeezustellin. Sundern abir vmbe dy, die das hantwerck gelart habin, wonende yn deme wiehbilde, dy hy eryn slachtin vnd suleh vntuehtig vihe obgnant nicht tören slaen, werden sich wol halden noch geborlichkeit vnd guter alder gewonheit, das wir vns zu ön wol versehn. Nv bey den allen, vff das wir uwer ersamkeit vmbe ein sulchs nicht ezu vil mühen vnd uch vordrißlich were, bitte wir allesampt demittiglich mit dinstlichem vleisse vnde vndirthenigem gehorsam, vns sulchir obgemelter bethe vff diß mal nicht wollet versagen, vff daz wir vns bey uch diste bas yrneren michten, sint iß in warheit keyn nuez nicht ist, vnd hoffen gancz, uwere wißheit wert vns mit eynem sulchen nicht laßen vnd vns darezu helffen yn mit vorwilligunge zeu vermydene vil mercklichs vnkouffs, als ir wol vernhemen vnd irfinden wert, der dar vß kompt. Gedeneke wir vmbe uch allin vnde eynen iezlichen besundern gerne zu verdynen, vnd wo mit wir uch ezu willen dinste vnd wol gefalle »yn sollen, thu wir alleezit gerne. Datum mittewoch noch Oculi anno LX quarto.

Sabato post Laetare. Beslossen von allen dreen reten, das man eß mit ou versuchen mag; beß uff ein weslerruffen; wurde sichs irfinden, das der fleischkauff lichter würde vnde das bessir fleisch zeu marckte queme, so blibe eß also, wurde eß

(margin note: = gelovet)

sich nicht finden, so sollen sie eß abethun, vnde wenne man das wider abethun wert, so sollin die fleischhouwer solliche bethe nymmer mehir an den rath gelangen lassen.

Nach gleichzeitiger Niederschrift in den Fragmenten eines Rathsbuchs im Rathsarchiv zu Leipzig.

An der mittwochen noch Judica hat der rat den fleischhauwern mit vollbort drier rete noch irer fließigen bete zeugegebin vff ein vorsuchen, das nufort nymands heryn slachten solle, er sey denne in einem wichbilde gesessen vnde habe das hautwerck gelernt; wer in einem wichbilde gesessin ist vnde nicht gelernt hat, sal hirin nicht slachten. Vnde sulliche zeusage ist on geschehen von deßwegen, sie haben dem rate vorgehalden, geret vnde globet, sich solle irfinden, das das fleisch bessirs kauffs werden vnde bessir fleisch hiryn geslacht solle werden vmbe mancherley vrsache, die sie darezu vor hylden; vmbe deß willen haben eß on die rete zeugesagt vff ein vorsuchen, also lange als eß dem rate gefellet; vnde sollichs sal angehen noch dem nehstkumftigen iarmarckte.

Nach dem Rathsbuch fol. 102 im Rathsarchiv zu Leipzig. Der Eintrag ist später ausgestrichen worden.

No. 370. 1464. 10. März.

Am sonnabend post Oculi hat der rat gesaczt vnde den meckelern gesaget, das sie alhir keynen alden heringk sollen lassen vorkeuffen weddir den gesten noch borgern, sundir sal on sagen, das sie on wedder weg furen; was abbir ful vnde bose ist, das sollen sie thun dohen eß sich gebort.

Rathsbuch fol. 71b.

No. 371. 1464. 15. Apr.

Kurfürst Friedrich II. genehmiget, dass die Stadt Leipzig bei ausländischen Waaren ferrerhin vom Schock drei Pfennige Schlagschatz erhebe.

Wir Friderich vonn gottis gnaden hertzoge zw Sachsen, des hailigen Romischen reichs ertzmarschalh vnnd churfurste, lanndtgraue in Doringen vnnd marggraf zw Meissen bekennen vor vuns, vnnser erben vnnd thun kunth mit diesem briue allen den, die in sehen ader horenn lesen, wie das die ersamen weisen der rathe der stat Leypzck liben getrawwen an vnns haben gelangen lassenn, auch bewißlichen vnnd dutlichen vorgehaltenn, das vnnser stat Leypzck groß notturftigen buwes halben, schwerer nach reyß vnnd herfart, auch grosser sunnen geldes, die sie vnns zw vnnser landt notturft vnnd merglichen fromen vf zinse vfgewonnen vnnd selbschuldiglich vorschriben, auch vil der summen lange zcidt selbst vorzinst huben an widerstatung, in grosen vnradt, schwere schuldt komen sein, deshalben sie, wne es in zeiten nicht vnderstanden wurde, in schaden fallenn mochten, daraus sie mit treglichem vnnd billichem vornemen nicht komen mochten, habenn vnns irsucht flelych vnnd demutiglich gebeten, inen daraus zuhelffen, als wir das an vnnsern vnnd der vnnsern landt vnnd lewt schadenn thun mochten, vnnd die weise vorgehalten, nachdem bey inen in vnser stadt ein gemein niderlage ist vnnd dry[1]) iarmarckt, dohin

[1) Copbi des.]

zu seiner zeidt vill volckes vnnd außlendischer koufflewt komen, vnnd als man in
allen stetten, wue solch handel ist, einen schlageschatz hadt, der bey inen so schwa-
che vnd gering ist, als in keiner andern stadt, nemlich von den schogk ein pfennig,
vnnd haben vnns fort gebeten, solchen schlegeschatz zwhoen vnnd den einen pfennig
vff drey zuerstreckenn alles handels, der von frembden außlendischen lewten vsser-
halb vnnserm furstenthumb wonhaft geschehen wurde in kouffen verkouffen wechssel
vnd buten, das dennoch kein ander stett schlegeschatz geringe zu schatzenn ist.
Haben wir solch ir anbringen vnnd irsuchung notturftig, auch ir vorgehalten weise
billich moglich vnnd nutzlich erkanndt vnd mit tieffem vorrat, vleissiger vnnd zeiti-
ger betrachtung, auch vnnser rethe vnnd heymlichen willen vnnd wissen solch macht
gegebenn von vnnser furstlichen macht vnnd mildigkait, geben inen die hirmit in
craft dises brines, das sie in zukunftigen gezeiten von allem hanndel, aller ware vnnd
pfennigwert wie es nouen hadt nichts außgenomen von itzlichem koufman, der
ausserhalben vnnsers lieben bruders vnnd vnnser furstenthumb wonhaft ist, in den
merckten ader ausserhalben der merckt drey pfennig, die do in vnnserm fursten-
thumb genng vnnd gebe sein, zw schlegeschatz fordern vnnd nemen[*]) sollen, also sie
an inen von alders bißher einen gehabt haben, doch sol solch irhounge[2]) der zweier
pfennig stehen bis vff vnnser widerruffen, vnnd von denn vnnsern in vnnsers liben
bruders vnnd vnnserm furstenthumb woneud vnnd vnns zustehende mogen sie behal-
den vnnd nemen den einen pfennig von dem schock, als vor alders bißher gewest
vnnd von außlendischen vnnd inlendischen genomen ist; geben inen auch hirmit sol-
che macht, das sie vleissig daroh sein, wise vnnd wege vornemen vnnd satzung
machen mogen, dordurch inen solcher schlegeschatz vor foll volgen moge. Vnnd
ab der koufman ader ymands were, der ader die weren, [die] iren handel vsser-
halben vnnser stadt Leypezk gein Halle, Magdeburg ader in ander vmligeunde
frembde stedte legenn vnnd treiben wurden, dem ader den sol aller hanndel in vnn-
serm furstenthumb vnnd sunderlichen in den iarmerckten zw Leypzk verbotenn sein.
Vnnd auch ab[4]) an der vnnsern von Leipzck macht broch worde, so wollen wir
inen durch vnnser vogt vnnd amptlewt beholffen vnnd beraten sein, dodurch sie
solchs an jderman als obenberurt ist erlanngen mogen, doch birinne außgeschlossen
vnnser pristerschaft vnnd erbar manschaft, die domit vmbeladen sein sollenn, also
sie auch vor reeht vnnd alter gewonhait domit vmbeladen gewest seind, on alles
generde. Hirbey seindt gewest vnnd gezeugen die gestrenngen ernnebsten vnnd
achtbarnn Hugold[5]) von Schleinitz vnser obermarschalgk, er Nickel vonn Schonnberg
ritter vnnser lieben gemaheln hofmeister, Johannes Stadtschreiber vnnser cantzeler,
Hanns Marschalgk vndermarschalgk vnnd Hanns von Tuchern, vnnser rethe vnnd
heymlichenn lieben getrewen. Des zw vrkundt habenn wir gnanter hertzoge Fride-
rich zw Sachssen vnnser innsigel an disen briue wissenntlich lassen henngen. Gege-
ben vnnd geschehen zu Aldenburg am sontag als man singet in der heiligen kirchen
Misericordia domini nach Cristi vnnsers herrn geburt thausent vierhundert vnnd dar-
nach im vier vnd sechzigstenn iaren.

[1] Copb: mann. [2] Copb: crrunge. [4] Copb: als. [5] Copb: Huvold.

No. 372. 1464. 25. Mai.

P. Pius II. verleiht dem Cleriker Nicolaus Muffel die durch Erhebung des Dietrich von Bocksdorf auf den Naumburger Bischofstuhl vacant gewordene Mariencapelle auf dem Rathhause zu Leipzig.

Pius episcopus servus servorum dei dilecto filio Nicolao Muffelo clerico Bambergensis diocesis salutem et apostolicam benedictionem. Vitae ac morum honestas, alia quoque laudabilia probitatis et virtutum merita, super quibus apud nos fide digno commendaris testimonio, nos inducunt, ut tibi reddamur ad gratiam liberales. Cum itaque capella beatae Mariae virginis in praetorio oppidi Lipzk Merseburgensis diocesis, quae de iure patronatus laicorum existit et quam dilectus filius Theodericus de Bocksdorff clericus Numbergensis tempore promotionis per nos factae de eo ad ecclesiam Numburgensem tunc pastore carentem obtinebat prout obtinet per promotionem huiusmodi et munus consecrationis eidem electo impendendum, vacare speraretur, nos iuri patronatus huiusmodi hac vice duntaxat derogantes volentes tibi praemissorum tuorum meritorum intuitu gratiam facere specialem motu proprio non ad tuam vel alterius pro te nobis super hoc oblatae petitionis instantiam, sed de nostra mera liberalitate capellam praedictam, quae sine cura est et cuius fructus redditus et proventus quatuor marcarum argenti secundum communem aestimationem valorem annuum accipimus non excedunt, cum illam ut praemittitur aut per lapsum temporis de consecrandis episcopis a canonibus diffiniti seu alias quovismodo praeterquam per ipsius electi obitum vacare contigerit, conferendam et cum omnibus iuribus et pertinentiis suis donatione apostolica reservamus, districtius inhibentes venerabili nostro episcopo Mersburgensi ac illi vel illis ad quem vel ad quos ipsius capellae collatio provisio praesentatio seu quaevis alia dispositio communiter vel divisim pertinet, ne de illa contra reservationem huiusmodi disponere quoquo modo praesumant, ac decernentes ex nunc irritum et inane, si secus super his a quoquam quavis auctoritate scienter vel ignoranter contigerit attentari; non obstante, si aliquis super provisionibus sibi faciendis de huiusmodi vel aliis beneficiis ecclesiasticis in illis partibus speciales vel generales apostolicae sedis vel legatorum eius litteras impetrarit, etiam si per eas ad inhibitionem reservationem et decretum vel alias quomodolibet sit processum, quibus omnibus te in assecutione dictae capellae volumus anteferri, sed nullum per hoc eis quoad assecutionem beneficiorum aliorum volumus praeiudicium generari, seu si praefato episcopo Mersburgensi vel quibusvis aliis communiter vel divisim a dicta sit sede indultum, quod ad receptionem vel provisionem alicuius minime teneantur et ad id compelli non possint quodque de huiusmodi vel aliis beneficiis ecclesiasticis ad eorum collationem provisionem praesentationem seu quamvis aliam dispositionem coniunctim vel separatim spectantibus nulli valeat provideri per litteras apostolicas non facientes plenam et expressam ac de verbo ad verbum de indultu huiusmodi mentionem et qualibet alia dictae sedis indulgentia generali vel speciali cuiuscunque tenoris existat, per quam praesentibus non expressam vel totaliter non insertam[1]) effectus huiusmodi gratiae impediri valeat quomodolibet vel differri et de qua cuiusque[2]) toto tenore habenda sit in nostris litteris mentio specialis. Nulli igitur omnino hominum etc. Si quis hoc etc. Datum Romae apud sanctum Petrum anno incarnationis dominicae M.CCCC.LXIV octavo Kalendas Junii pontificatus nostri anno sexto.

Nach Barthel's Diplomatar. Lips. II. fol. 65b im Rathsarchiv zu Leipzig.
Mit vielen Fehlern gedruckt im dem Bericht d. deutsch. Gesellsch. zu Leipzig 1838. S. 25.

1) Barthel: vel tenor non insertam. 2) Barthel: cuiusque.

No. 373. 1464. 25. Mai u. 10. Juni.

Bischof Prosper (Escualensis[1]), vom Huesca?) zeigt dem Bischof von Merseburg und denjenigen, welchen die Verleihung der Mariencapelle auf dem Rathhause zu Leipzig zuständig ist, an, dass ihm durch Nicolaus Muffel ausser der für diesen ergangenen päbstlichen Provision (No. 372) eine Bulle folgenden Wortlautes ausgehändigt worden ist: Pius episcopus servus servorum dei venerabili viro episcopo Escualensi et dilectis filiis sancti Johannis novi monasterii Herbipolensis ac sanctorum Petri et Pauli Ciczensis Neunburgensis diocesis ecclesiarum praepositis salutem et apostolicam benedictionem. Hodie cum capella beatae Mariae virginis in praetorio opidi Lipczk Merseburgensis diocesis, quae de iure patronatus laicorum existit, per promotionem dilecti filii Theoderici de Buckestorff electi Neunburgensis per nos factam de eo ad ecclesiam Neunburgensem tunc pastore carentem per munus consecrationis eidem electo impendendum vacare speraretur, nos motu proprio capellam praedictam, cum illam ut praefertur aut per lapsum temporis de conservandis episcopis a canonibus diffiniti aut alias quovismodo practerquam per ipsius electi obitum vacare contingeret, conferendam dilecto filio Nicolao Muffell clerico Bambergensis diocesis cum omnibus iuribus et pertinentiis suis donationi apostolicae reservavimus, prout in nostris inde confectis litteris plenius continetur. Quocirca discretioni vestrae per apostolica scripta mandamus, quatinus vos vel duo aut unus vestrum, si et postquam dictae litterae vobis praesentatae fuerint, per vos vel alium seu alios capellam praedictam cum illam vacare contigerit ut praefertur, etiamsi actu alias quovismodo aut ex alterius cuiuscunque persona seu per liberam resignationem dicti electi aut alterius de illa extra Romanam curiam etiam coram notario publico et testibus sponte factam vacet, etiam si tanto tempore vacaverit, quod eius collatio extra Lateranensis statuta concilii ad sedem apostolicam legitime devoluta ipsaque capella dispositioni apostolicae alias specialiter reservata existat, et super ea inter aliquos lis, cuius statum praesentibus haberi volumus pro expresso, pendeat indecisa, dummodo tempore datae praesentium non sit in ea alicui specialiter ius quaesitum, cum omnibus iuribus et pertinentiis supradictis eidem Nicolao auctoritate nostra conferri et assignari curetis, inducentes eum vel procuratorem suum eius nomine in corporalem possessionem capellae iuriumque et pertinentiarum praedictarum et defendentes inductum amoto exinde quolibet illicito detentore ac facientes eidem Nicolao de dictae capellae frugibus redditibus proventibus iuribus et obventionibus universis integre responderi, non obstantibus felicis recordationis Bonifacii octavi papae praedecessoris nostri et aliis apostolicis constitutionibus nec non omnibus, quae in dictis litteris volumus non obstare, contrariis quibuscunque, aut si venerabili fratri nostro episcopo Merseburgensi vel quibusvis aliis communiter vel divisim ab eadem sit sede indultum, quod interdici suspendi vel excommunicari non possint per litteras apostolicas non facientes plenam et expressam ac de verbo ad verbum de indulto hniusmodi mentionem, contradictores auctoritate nostra

1) Die Handschrift hat durchweg Artualensis.
COD. DIPL. SAX. II. A.   39

appellatione postposita compescendo. Datum Romae apud sanctum Petrum anno incarnationis dominicae millesimo quadringentesimo sexagesimo quarto octavo Kal. Junii pontificatus nostri anno sexto.

Es ergeht demgemäss von Seiten des Bischofs Prosper an den Bischof von Merseburg und die Andern im Eingange Bezeichneten die Aufforderung, quatenus infra sex dies postquam praefatum — dominum Theodericum Bockesdorff munus consecrationis infra tempus de consecrandis episcopis a canonibus diffinitum suscepisse vel tempus huiusmodi lapsum fuisse dictamque capellam propterea seu per promotionem de persona ipsius — Theoderici ad — ecclesiam Newmburgensem — per dominum nostrum papam factam vacavisse et vacare ipsamque sic vacantem per nos aut per aliquem collegarum vel subdelegatorum nostrorum — domino Nicolao Muffel — collatam et assignatam — fuisse et esse noveritis immediate sequentes, — eundem Nicolaum Muffel principalem vel procuratorem suum eius nomine et ad corporalem realem et actualem capellaniae [possessionem] — ponatis et inducatis ac recipiatis, amoto exinde quolibet illicito detentore. *Kirchliche Strafen für den Fall des Ungehorsams werden angedroht, es wird die gesamte Geistlichkeit der Merseburger Diöcese angewiesen, in Stellvertretung des Bischofs Prosper* (cum ad executionem praemissorum ulterius faciendum nequeamus quo ad praesens pluribus in Romana curia praepediti negotiis personaliter interesse) *dem Nicolaus Muffel auf dessen Ersuchen an Ort und Stelle und bei den betr. Personen in näher angegebener Weise zu Erlangung der Capellanei behülflich zu sein.* Datum Romae in domo habitationis nostrae sub anno a nativitate domini millesimo quadringentesimo sexagesimo quarto indictione duodecima die vero decima mensis Junii pontificatus etc., praesentibus ibidem discretis viris dominis Thoma Donati presbityro Trinentensis, Johanne Muffel clerico Bambergensis diocesium testibus ad praemissa vocatis specialiter et rogatis.

Nach der Handschrift Rep II fol. 10a fol. 188 in der Stadtbibliothek zu Leipzig.

No. 374. 1464. 16. Aug.

Notariatsinstrument, wornach am 16. August in der kaiserlichen Stadt Nürnberg in der h. Geistcapelle im neuen Hospital Nicolaus Muffel der jüngere Domherr zum Neuen-Münster in Würzburg die Meister der freien Künste Johannes Sena, Seyfrid Dietherich, Steffan Schulz, Nicolaus Hessler u. Johannes Forchtel zu seinen Procuratoren bestellt hat — ad insinuandum pro eo et nomine ipsius — spectabilibus et providis magistro civium et consulibus civitatis Lipczensis nonnullas litteras provisionis apostolicae sibi de capella b. Mariae virg. in praetorio civitatis praedictae vacante ex nunc vel cum vacaverit per munus consecrationis — domini Theoderici electi et confirmati Neumburgensis per — papam modernum gratiose factas eosque monendum et requirendum vigore processuum eorundem sub poenis et censuris in eisdem contentis, ut possessionem eiusdem capellae libere evacuent et dimittant ipsisque sive eorum alteri nomine dicti constituentis tradant et assignent, ac recipiendum et se ad eandem induci petendum et obtinendum ac super recusantes et intrusione quorumcumque executores et subexecutores in huiusmodi processibus nominatos et subdeputatos accedendum talesque poenas et sententias contra eosdem in eisdem processibus fulminatas incidisse declarari petendum etc. Acta sunt haec — praesentibus ibidem discretis viris dominis Johanne Weytt et Erhardo Nachtigal presbyteris Bambergensis diocesis testibus etc.

Et ego Conradus Eythelstame de Amberg clericus Ratisponensis diocesis publicus sac. imp. auctor. notarius etc.

Nach der Handschrift Rep. II. fol. 10a fol. 194 in der Stadtbibliothek zu Leipzig.

No. 375. 1464. 25. Aug.

B. Johann von Merseburg bestätigt das von Nicolaus Volkmar, Pfarrer zu Taucha gestiftete Lehn auf dem Laurentiusaltar in der S. Johanniscapelle in dem Spital der Sondersiechen. (Vgl. No. 301). Gegeben — am sonnabunde noch sente Bartholomeus tage des heiligen aposteln.

Orig. im Rathsarchiv zu Leipzig.

No. 376. 1464. Nach dem 31. Aug.

Bürgermeister, Rath und Johannes Udriczsch, Professor der Theologie legen wider die päbstliche Verleihung der Rathhauscapelle an Nicolaus Muffel beim päbstlichen Stuhle Berufung ein.

Cum iniuria lacessitis et oppressis seque plus opprimi timentibus utriusque iuris indulgentia appellationis remedium venit in occursum, hinc est quod ego Nicolaus Gutteren syndicus et procurator providorum et honestorum proconsulis consulum et iuratorum opidi Lieptczk Mersburgensis diocesis et venerabilis viri Johannis Vdriczsch sacrae theoloyae professoris clerici praefatae Mersburgensis diocesis animo et intentione appellandi et provocandi dico et protestor, quod cum in pruetorio dicti opidi capella sit in honorem beatae Mariae virginis consecrata, cuius ius patronatus ad dictos dominos meos proconsulem consules et iuratos ex cius capellae institutione et etiam legittima praescriptione tauti temporis, cuius initium non est in memoria hominum, spectabat et hodie spectat et pertinet pleno iure, quae etiam capella ita qualificata et modificata est, ut scriba et secretarius dicti opidi pro tempore existens dumtaxat et nullus alius eidem praefici nec alteri conferri debeat, cum habilis sit ad beneficia ecclesiastica obtinenda, quod si scriba talis inhabilis sit, tunc alius non aliter instituendus est, quam usque si scribam aut notarium habuerint beneficiorum capacem, prout haec modificatio in instauratione canonice et licite adiecta est. Practerea huic capellae est aliud annexum onus et officium, quod cum alius a notario institutus sit, tunc ille alter eiusdem opidi syndicus generalis esse debet, prout hoc a multis retro elapsis temporibus praescriptionem inducentibus observatum est. In huius beneficii iurispatronatus quieta possessione a tempore instaurationis dicti beneficii usque nunc praefati domini mei fuerunt proconsul et consules pro tempore existentes prout hodie sunt, ita ut nullo unquam tempore quoquo modo per quempiam quavis auctoritate inquietati turbati aut impediti, sed illo iure semper freti fuerunt sicut quilibet alii patroni laici, quos sedes apostolica in iure suo turbare non consuevit, ut mos et consuetudo Romanae curiae habet, ne laicos a fundatione beneficiorum retrahat. Pridie tamen die Lunae vicesima septima Augusti nondum sex diebus elapsis dicti domini mei proconsul consules et iurati praedicti et die Veneris tricesima prima praefati mensis Augusti praenominatus dominus magister Johannes Vdriczsch sacrae theoloyae professor dictae capellae beneficiatus per quendam Johannem Seuß assertum

39*

procuratorem Nicolai Muffell[1]) requisiti fuerunt per processum et litteras executoria-
les reverendi in Christo patris et domini domini Prosperi episcopi Escualensis asserti
iudicis et executoris assertarum litterarum apostolicarum, ut dictum Nicolaum Muffel
ad ius et possessionem dietae capellae admittere debeant, quam sanctissimus dominus
noster dispositioni sedis apostolicae reservasset et provisionem de ea dicto Nicolao
Muffel fieri mandavisset, prout haec et alia in processu requisitionis latius asserc-
bantur contineri. Cum itaque illud beneficium tales qualitates et modos in se habet
et dominium nostrum sanctissimum latuit talis veritas illarum qualitatum, quam si
scivisset tales litteras non dedisset, fructus etiam istius beneficii excedunt quatuor
marcas argenti secundum communem aestimationem contra formam assertae gratiae
et provisionis factae, praeterea excentoriales litterae dicto domino Prospero ut asse-
ritur directae pro executione gratiosi in se continent, ut illa capella cum vacaverit
conferri debeat dicto Nicolao Muffel et cum in processu non constet de provisione
sibi facta et per consequens ad executionem processit antequam provisio sibi facta
fuit, cum etiam per hoc domini mei in iure suo contra longe observatam consuetu-
dinem Romanae curiae gravati sunt et verisimiliter timere habent, ut per hoc in
posterum per amplius gravabuntur, quia ille cui provisio fieri debet ut asseritur de
familia cardinalis Senensis est et ita iterum curiae vacare posset, per quod amplius
gravarentur vel saltem magnis laboribus et expensis ius suum conservare compelle-
rentur, quare per hanc dictam requisitionem dicti procuratoris ex causis praeexpressis
omnibus et singulis vel eorum altero praefatos dominos meos proconsulem consules
et iuratos in iure suo praemisso et praefatum dominum Johannem Vdriczsch capel-
lanum per eos praesentatum et investitum ad capellam eandem et me gravatos esse
sentiens timensque verisimiliter in futurum huius occasione cos plus posse gravari
ideoque ab illis gravaminibus iam factis et aliis ex iis sequendis et inferendis com-
minatis et comminandis nec non ab omnibus aliis et singulis exinde vel eorum occa-
sione vel praetextu secutis vel secuturis quocunque vel quibuscunque nominibus cen-
seantur contra praefatum patrem et dominum Prosperum et Nicolaum Muffel praefatum,
eorum procuratorem aut quoslibet alios eius et eorum nomine interesse putantes pro-
vocandum duxi et praesentis serie omnibus melioribus modo via iure forma et causa,
quibus melius et efficacius fieri possit, nomine dominorum meorum et meo coniunctim
et divisim et omnium subditorum ipsorum aut aliorum quarumcunque ecclesiasticarum,
vel saecularium personarum, quorum interest vel intererit quomodolibet in futurum,
cum omnibus nobis adhaerentibus vel adhaerere volentibus nunc et in posterum pro-
voco et appello in his scriptis ad sanctissimum dominum nostrum papam Pium et ad
eius sedem sanctam apostolicam aut ad illum et illos, [ad] quem vel quos de iure
fuerit appellandum, praesertim ad melius informandum sanctissimum dominum nostrum
praefatum de natura et qualitate istius beneficii et iure dictorum meorum dominorum,
quam forte iam informatus et per importunas preces demollitus est, apostolosque peto
rogo et requiro instanter instantius instantissime, si quis sit qui eos dare velit aut
possit, aut saltem a vobis notariis publicis testimoniales litteras posco, subiiciens
dominos meos praefatos et me, causam et statum causae huius nomine ipsorum

coniunctim vel divisim cum omnibus aliis quibuscunque nobis in hac parte adhaerentibus vel adhaerere volentibus resque et bona nostra et omnium nobis adhaerentium tuitioni protectioni et defensioni dicti domini nostri et eius sedis sanctae. Protestor etiam eandem appellationem meam prosequendum et insinuandum, ubi et quando fuerit oportunum, salvo iure addendi minuendi mutandi corrigendi et emendandi et aliis ut est moris et styli.

Nach der Handschrift Rep. II. fol. 10ᵃ fol. 192 in der Stadtbibliothek zu Leipzig.
Mit zahlreichen Fehlern gedruckt in dem Bericht d. deutsch. Gesellsch. z Leipzig. 1858. S 27 fg.

No. 377. 1464. 10. Oct.

ES sint uff hute mittwochen nach Dionisii von drien reten ußgesprochen eigintlichen vnd irkant vmbe den setzewin vnd kostwin den burgermeister zcugebin also hirnach folgit. Item eß sal hinforder mehr nymand win uff thun noch schenken, er sal dem burgermeister von itzlichim vaße sunderlichin als uffte er eyn vaß wyns uff thuet gancze gemeyne vnser stat zcu Lipezk vnser lieben getruwen vff huten datum diß brieffs vns eyne rechte erbhuldung globt gesworn vnd darnoch gebeten haben, yn ire altherkommene friheite gewonheite vnd gerechtikeit zceuernuwen vnd zeubestetigen, sie auch dabie zeubehalten vnd zeublibn laßen, inmaßen yn die vormals von vnsern vorfarn alteldern vnd von vnserm lieben herren vnd vater zeliger vnd loblicher gedechtniße gegeben vnd vorschriben sind wurden, also haben wir angesehen ire gatwillichkeit auch vlissige vnd billiche bete, vnd yn zeu vffkomen vnd gedienn derselbenn vnser stat solche ire altherkomende lobliche vnd ezymliche friheite gewonheit vnd gerechtikeit vornuwet vnd bestetigt, vornuwen vnd bestetigen yn die auch also geinwertiglich vnd gnediglich in vnd mit crafft dißes briues, die also vorbaß mehir zcuhaben, der noch hute der verschribungen yn vormals daruber von vnsern vorfaren vnd eldern gegebenn vnd auch noch altherkomenden loblichen vnd ezymlichen gewonheiten zeugebruchen vnd zeugenißen vnd keyne nuwekeite darinne vfftzubrengen, sundern domit zeuhalden inmaßen bißher geschen ist, dobie wir sie hanthaben behalden vand bliben laßen wollen glicherwiese als ander vnser stete eyne, doch vns vnsern erben vnd nochkomen

Nach dem Rathsbuch fol. 148 im Rathsarchiv zu Leipzig.

No. 378. 1464. 28. Nov.

Kurfürst Ernst und Herzog Albrecht bestätigen nach erfolgter Erbhuldung die Rechte und Freiheiten der Stadt.

Wir von gots gnaden Ernst des heiligen Romischen richs erczmarschalg kurfurste vnd Albrecht gebruder herczogen zeu Sachsen etc. bekennen —. Nochdem vnd als die ersamen wiesenn burgermeister ratmann vnd gancze gemeyne vnser stat zeu Lipezk vnser lieben getruwen vff huten datum diß brieffs vns eyne rechte erbhuldung globt gesworn vnd darnoch gebeten haben, yn ire altherkommene friheite gewonheite vnd gerechtikeit zceuernuwen vnd zeubestetigen, sie auch dabie zeubehalten vnd zeubliben laßen, inmaßen yn die vormals von vnsern vorfarn alteldern vnd von vnserm lieben herren vnd vater zeliger vnd loblicher gedechtniße gegeben vnd vorschriben sind wurden, also haben wir angesehen ire gatwillichkeit auch vlissige vnd billiche bete, vnd yn zeu vffkomen vnd gedienn derselbenn vnser stat solche ire altherkomende lobliche vnd ezymliche friheite gewonheit vnd gerechtikeit vornuwet vnd bestetigt, vornuwen vnd bestetigen yn die auch also geinwertiglich vnd gnediglich in vnd mit crafft dißes briues, die also vorbaß mehir zcuhaben, der noch hute der verschribungen yn vormals daruber von vnsern vorfaren vnd eldern gegebenn vnd auch noch altherkomenden loblichen vnd ezymlichen gewonheiten zeugebruchen vnd zeugenißen vnd keyne nuwekeite darinne vfftzubrengen, sundern domit zeuhalden inmaßen bißher geschen ist, dobie wir sie hanthaben behalden vand bliben laßen wollen glicherwiese als ander vnser stete eyne, doch vns vnsern erben vnd nochkomen

vnschedelichenn an vnsern herlikeiten friheiten gerechtikeiten vnd nutzungen, so wir
vff vnd in derselben vnser stat bie zu haben allis angenerde. Hiebey sint gewest
vnd getzugen Hugolt von Slinitz vnser obermarschalg, er Hans von Maltitz ritter,
Nickel Pflug, Johannes Statschriber vnser cantzler, Hans Metzsch vnser vndermar-
schalg, vnser rete heymlichen vnd lieben getruwen vnd ander vnser manne vnd die-
ner gloubwirdiger gnug. Zcu orkunde haben wir hertzog Ernst vnser insigel an
dißen brieff wissentlich laßen hengen, des wir hertzog Albrecht mit gebruchen. Ge-
geben zcu Lipezk am mitwochen noch Catherinae virginis noch Cristi vnsern herren
geburte tusent vierhundert darnoch im viervndesechtzigsten iaren.

Nach dem Orig. im Rathsarchiv zu Leipzig mit dem Siegel des Kurfürsten an einem Pergamentstreifen.

No. 379. 1464. 28. Nov.

*Kurfürst Ernst und Herzog Albrecht belehnen die Gebrüder Tummel mit der Mühle zu
Schönefeld und mit einer Holzmark.*

Anno etc. LXIIII° quarta post katherinae haben myne herrn Hansen Jacoffe Jurgen
vnd Nickeln Tummeln gebrudere vnd iren rechten libeslehens erben di e nachgeschriben gutere
mit namen die mol zcu Schonfelt *) mit XXIIII scheffeln korns ierliche zcinse vnd einre holcz-
marcke fur der stat Lipezk bie der fleischawer vihewcyde gelegen³) mit allen zcugehorungen
zcu rechten gesampten lehn gelihen. Testes Hugolt von Slinitz ubirmarschalk, er Hans von
Maltitz ritter.

Nach dem Cop. 58 fol. 121ᵇ im K. Haupt-Staatsarchiv zu Dresden.

a) Die Mühle zu Schönefeld ging von den Landesherren zu Lehn (vgl No. 50); im Betreff anderer Bestandstücke in dem Dorfe
waren die Herrn von Kebilitz Lehnherrn der Thümmel (vgl. No. 119 u. 167) b) Vgl No. 431.

No. 380. 1464. 26. Dec.

Matheus de Porta decretorum doctor, domini nostri [papae] capellanus et ipsius sacri palutii apo-
stolici causarum auditor, *durch P. Paul II. mit der Leitung des Verfahrens in der Appellationssache
des Johannes Udritzsch und in der Klagsache des Nicolaus Muffel entgegen Johannes Udritzsch
beauftragt, erlässt an die gesammte Geistlichkeit der Merseburger Diöcese unter den gewöhnlichen
Verwarnungen für den Fall des Ungehorsams den Befehl, den Johannes Udritzsch und andere
Betheiligte* (omnes alios sua communiter vel divisim interesse putantes et in executioue citationis
nominandos) *aufzufordern, am fünfzigsten Tage nach erfolgter Einladung vor dem päbstlichen Ge-
richtshofe in Person oder durch Bevollmächtigte zu erscheinen, auf die Klage des Nicolaus Muffel
sich einzulassen und zu antworten und nach Beendigung des Verfahrens einer Definitivsentenz
sich zu gewärtigen, nächstdem auch den Bischof von Merseburg, dessen Stellvertreter, Beamte,
Richter u. A. in der Stadt und Diöcese Merseburg zu bedeuten, während der Litispendenz jeder
eigenmächtigen Vornahme zu Ungunsten des Nicolaus Muffel sich zu enthalten.* Datum et actum
Romae in domo habitationis nostrae sub anno — millesimo quadringentesimo sexagesimo quinto
— die vero Mercurii vicesima sexta mensis Decembris pontificatus etc.

Nach der Handschrift Rep. II. fol. 108. fol. 197ᵇ in der Stadtbibliothek zu Leipzig.
Weitere auf diese Angelegenheit bezügliche Documente sind bis jetzt nicht aufgefunden worden, und es
bleibt somit zweifelhaft, welchen rechtlichen Ausgang der Streit um den Besitz der Rathhauscapelle genommen

hat. Wahrscheinlich setzte der Rath der jubstlichen Provision mit Erfolg Widerstand entgegen; der Name des Niculaus Muffel (welcher letztere aus einer angesehenen Familie des Nürnberger Patriciats stammte), findet sich in den städtischen Urkunden nicht weiter und in spateren Jahren hat Johannes Udrizsch wirklich die Altaristenstelle besessen, wie ein Eintrag in das Rathsbuch zeigt, laut dessen der Genannte am 1. Juni 1447 sein Altarlehn in der Capelle auf dem Rathhause zu Gunsten des Dr. Leonhardus Mensberg aufliess.

No. 381. 1464.

Der Rath lässt unter Vorbehalt des Widerrufs zu, dass die Kürschnergesellen zu einer Genossenschaft zusammentreten.

Anno domini :c. LX quarto hat der rat den gesellen der korsener zeugegebin, eine geselschaft zuhaben vnde eine sampnunge zeuhabin, alle firtel iars sleb vnder einander zeuschicken, zeuregiren vnde zeustraffen, doch das der rat die obirgewalt [habe] dareyn zeureden, das zeunorgunnen adder hernoch abezeustellen gancz noch deß rats wolgefallen. Sie habin auch eine vorezeichuunge gemacht eczlichir artikel, die der rat zeulest vff ein wolgefallen also lange eß dem rate ebent, auch also, ab der rat in eczlichir czyt vnde faren dur eyn nicht wurde reden, das sich der rat syns rechten der obirgewalt nicht moge vorsumen.

Nach dem Stadtbuche fol. 54b im Rathsarchiv zu Leipzig

No. 382. 1464.

Ist der rat mit volbort drier rete ein wurden vnde hat gesaczt, das hinforder nymands wedder burger noch gast vnbe vukauff keuffen sal solliche ware, die der gemeine vnde den hantwercken not ist, also nemlich pech, vnslet, smehr, flachs vnde deß glichen, eß sey daune, das er dry tage feyle gehat hath.

Nach dem Rathsbuch fol. 75b im Rathsarchiv zu Leipzig.

No. 383. (1464.)

Gutachten der von den drei Räthen niedergesetzten Rathsmitglieder in Betreff der Verbesserung und Vervollständigung der Wagordnung und der Mittel zu Erlangung erhöhter städtischer Einnahmen von den Kaufmannsgütern.

Gieratslaget von den aeeßßen, die die rete dorobber gesaczt haben, wie man den geringen slegeschaez vom schocke einen pfennig vollichir irlangen moge denne beß alher geschehen ist, vnde beslossen vnder on beß vff der rete wolgefallen also hirnoch folget.

Zeum ersten vff das keyn gut, das hir yn gefurt wirdet, vorslagen werde, so sal ein iezlicher torwertter flißlich vff sehen vff alle wagen, die vß vnde yn gefurt werden, vnde wenne ein furman centener gut adder anderlei cremerie waserley das ist gefurt brenget, so sal om der torwertter sagen, das er sollich gut selbst nicht abeladen sal, er sal eß auch nymands anders abeladen lassen denne der stat gesworne leder, bei einem schocke. Item das der furman grossern ernst deß irkennen mag, so sal iezlich wert sinem gaste dem furmanne sagen adder bestellen das om gesagt wirt, das er das gut selbst nicht abelade noch andere nicht abeladen lasße denne die geswornen leder bei der obgnanten busße eins schoek, vnde warne sie vorschaden. Item das die leder einen schriber vß der wagen zcu sich nemen, die die stucken, die der furman geladen hat, eigentlich vorezeichen, wie vehl ballen farndel vas vnde lagen gefurt vnde weß die sint. Item das der rat alle kaufflute vor sich vorbotte vnde on ernstlich sage, das sie keyn gut eß sey ballen vas adder lagen vffslahen, eß sei denne das man vß der wagen darezu bestelle von deß rats wegen vnde vorezeichenn, was guts darinne ist, vnde das sal man thun mit allem gute, wie das namen hat vnde wasserley eß sey, nichts vßgenommen ane gewant, also das vff dem slosße vorezeichnt wirdet, so sal eß im iarmarckte bei bliben, abbir vßirhalben den merckten sal man eß auch vorezeichen.[1]) Item ab der nicht hir were, dem das gut zenstunde, so sal man eß vorpitezirn beß das ymands herkomme, dem eß zengehoret, der sal eß denne auch domit halden vnde nicht vffbinden, eß sey denne das man dobei schicke also oben berurt ist.

Item wenne die satezungen an gehen, das man denne vorezeichen, was der kauffman in sinen gewelben vnde kellern vorhen guts alhir hath an allerlei ware vnde pfennigwert, Fenedisch vnde anders, wie eß sunderlich namen mag haben, also safrau pfeffer inngebern negelin ꝛc., syden gewant sammit gildentuch parchan lynwat bucksin Welisch tuch Engelisch vnde Prandisch tuch ꝛc., messir butel bireth vnde alle ander ware wie eß namen hath nichtes vßgenommen.

Item das der lager herre, der obbir iar hir lyt, syn gut, das hirinne kumpt, von stund wenne eß hiryn kompt vnde uffgebunden wert zennorkeuffen, vnde das er vor hirinne hat, miteinander vorrechte vnde vorslegeschatcze. Desßhalben vnde darumbe, das eß ein geringe gelt ist das sie geben, nemlich vom schoeke ein pfennyg, vnde man kan eß swerlich sust von on brengen ane vordacht vnde grosße muhe, das sie nu deß vnnordacht vnde man sich mit on nicht irren, sie auch zeu eiden nicht wysen dorffe, dunckt vns im besten geraten als oben berurt ist, das sie eß mitenander vorrechten also eß kommet.

Item wenne der lager herre vff einen marekt fert hir im lande vnde om gut vff den marekt queme, das er vnvorkauft hirinne brechte, so sal er eß auch vorezeichen lassen vnde vorrechten als oben berurt ist; vnde wurde er sprechen, eß were das vorige gut, das sal man on gleuben bei waren wortten.

Item das der kauffinan vssirhalben den merckten nicht anders keuffen noch vorkeuffen sal, denne als in der tafeln in der wage gesaezt ist, mit der messigung, die hirnoch auch begriffen ist, bei der busße darinne benant; dar vmbe man alle firtel iars mit on reden vnde bei irin eiden fragen sal.

Item das sie iren kauffgesten sagen, das iezlichir sin gut, das er von on keuft, in der wage vorrechte bei vorlyßunge deß guts.

Item ab gut her yn bracht werdet, das man nicht vffbindet, sal man vorpitezirn vnde also vorpitezirt vß der stat furen vnde zeu den heiligen [sweren], das eß vnuorkauft weg gehe.

1. Am Rande nachgetragen ohne Einweisungszeichen: vnde der, der das beuyt, sal an heimlich halden vnde werne vffnhern dem kauffmanne ren whade.

Item ab eß 'alle rete' nuteze dunckte, das man ein groß huß bestelte, darinne die wage were, darinne man auch vnderscheidungen machte mit kammern vnde gewelben, daryn man mit allem centener gute von erst farn, das darinne abeladen, das auch daryn legen vnde handeln solle vssirhalben den merckten mit keuffen vnde ˒ vorkeuffen vnde nerne anderswo. Item das zewene gesworne an der pforte deß huß sessen stetlich vnde das nymands groß truge adder yn furte, eß queme denne vor die, also eß in cezlichen steten ist. — Eß ist von den wechsen hen vnde weddir gewegen, eß dynet nicht vehl mehr denne zeu dem handel vssirhalben deß iarmarckts, der die czit geringe ist, vnde wurde velh geldes stehn, ein sollich groß huß zeu schicken; was eß yn brechte, steht uff einen vngewissen, vnde was man darinne mit dem kauffman thun mag, das kan man itezunt in iren herbergen auch thun. So wurde eß an vehln redelichen hußern vehln burgern auch einen schaden brengen ꝛc. vnde darvmbe ist daruff nichts beslossen.

Item in den iarmerckten so sollen die leder desde mehr gesellen zeu sich nemen, das sie alles gut abeladen, vnde so solle sie in der wagen mehr schriber finden, das sie eß vorezeichen lassen.

Item das der rat der gemeine ein sunderlich ernst gebot thu, das iczlich wert sinem gaste sagen sal, das er der stat sin gerechtikeit gebe der nedderlage yn vom schocke einen pfennyg, was syn sunderlich recht nicht hath, alle syns handels, er keuffe adder vorkeuffe, wessel adder bute, wie der handel namen hat.

Item vff das man in konde mag brengen, was iczlichir gekauft hat, vnde das man der stat das ire gebe, sal ein iezlich gast, der gekauft hat, syn gut nicht ynslahe, er neme denne den wirt dorezu, darvmbe ab man on vmbe mehr anreden wurde, das er von sinem wirte gezeugniß hette. Item das man alle creuer, die zeu buden stehen anezeichen vnde die ezedel in die wage gebe vnde on sagen sal, das sie in die wage gehen vnde ir gut vorrechten sollen, als oben berurt ist, vnde sich lassen vß thun.

Item das ein iezlichir, der gewant heer zeu marckte bracht hat, sollich gewant gar vorrechte, als eß vff dem slosße vorezeichent ist, es sey denne, das er bewysung habe syna wert adder eins yubinders, das er noch vnuorkauft gewant wedder weg fure, vnde das man irin slechten worten ane gezugniß nicht gleuben soll.

Item das ein iezlicher, was er wedder gekauft adder zeu sich gewechselt hath, auch vorrechten sal.

Item das die torwertter ein flißßig vff sehen [haben sollen], wenne man weddir weg fert, das ydermann bei alle sinem gute ein ezeichen habe, vnde frage on flißß-lich, weß das gut sei, wie vehl eß ist, wie er eß vorrecht hab, vnde das man sich beware bei vorlyßunge deß guts.

Item das man den marckt obhir noch mehr merrcktvoite hab, als man itezunt einen hat, die in die gassen vff vnde nedder, auch in die herbergen gehen vnde besehen, wo wuchs leder lynwat ysen senssen sicheln vnde deß glichen feile ist, vnde warnen ydernan, das man der stat ire gerechtikeit geb vnde laße eß in der wage vorezeichen.

Item das die meckeler alles gut vnde kauffmanschacz vssirhalben der merckte, das hiryn zeuuorkeuffen kompt, zeuuor den burgern, die mit der ware vmbegeben, anbyten ehr denne einem gaste. Item wenne die burger kauffmanschacz hirinne haben, so sollen die meckeler die geste, die der ware bedorffen, von erst an die burger wyßen als eß vor alder [gewest ist].

5 Item das man in die taffel setcz, das keyn gast dem andern gaste vmirhalben der merckte vnder einer halbin last herings vorkeuffe, abber einem burger mag man vorkeuffen bei tonnen.

Item das man von czehn, was deß vorkauft vorwechselt adder vorbutet wirdet, slegeschacz gebe als von bly vnde kuppffer, das hir vorkauft wirdet, alß es vor 10 hundert iaren vßgesaczt ist.

Item das die meckeler, wenne sie gut vßslahen vnde besehen, sollich gut selbst schatezen, richten vnde vorsetezen vngefraget einem ydermanne er sei burger addir gast, wenne sie irkennen, das eß nicht kauffmans gut ist. Item wenne eß nicht kauffmans gut ist, so sal man eß alhir nicht vorkeuffen wedder burgern noch 15 fremden, sundir man sal eß on heissen wedder wegk furen.

Item das man keinen alden heringk alhir, wenne der nuwe zeukommen ist noch Michaelis, vor kauffmans gut hir keuffen adder vorkeuffen sälle. Item was sie irkennen, das ganez boße ist, sal man nicht lassen weg furen, sunder alhir weg thun, als sich gebort.

20 Item das kein burger einen loßen kauff anslahen sal mit heringe adder fissche adder ander ware in sollichir wyse, das der gast dem burger das gut heer sentte zeuuorkeuffen vor deß burgers gut vmbe ein namhaftig gelt, was er eß turer gebe, das solde deß burgers sin ic., bey vorlysßunge deß guts dem gaste vnde XXX gulden, die der burger solle geben.

25 Item das die meckeler alle gut, was nicht fol ist, fissche vnde hering, packen sollen vnde nicht vorgunnen mit gelde zeuuorglichen. Item ab das gut vßgeslagen vnde nicht vorkauft vnde vngepackt were, so sollen sie eß glich wul packen, als sich gebort, glich ab eß vorkauft were. Item was hir gepackt ist, das sal man mit einem sunderlichen gemercke ezeichen. Item sie sollen auch scheyden vnde schat-
30 ezen, wenne ezälfisch bergerfisch laugen vnde lobbin nicht recht gescheiden were.

Item eß mag ein burger mit einem vßlendisschen gaste geselschaft haben vff ein auczal, der helfte eins drittenteils, mynner adder mehr, vnde sal deß slegeschacz vff sin auczal fry sein, die er an dem gute hat, abber das ander sal er vffrichtig vorrechten mit ezollen vnde gleiten vnsern g. hern, der stat vnde idermann als sich
35 gebort. Item der burger sal abbir in der geselschaft nicht anders handeln mit keuffen vnde vorkeuffen, denne als der gast handeln muchte noch lute der taffeln in der wage. Item was man on deß nicht gleuben adder ab man on vordencken wurde, so sal er eß voreiden, wenne man eß von om heischen wurde. Item der burger mag auch dorbei wol einen sunderlichen handel haben vnde domit thun in keuffen vnde
40 vorkeuffen als ein ander burger, der nicht geselschaft hath.

Item was in der staffeln stebt von Engelisschen tuchern, sal man darczu setczen Welsche vnd allerlei andere ture tucher. ³/₂ ʰ⁻·

Item den cremern zeusagen, das sie ware bei sich czyhen vnde in einen glichen kauff geben.

ᵞ Item fihr·hute czucker vnde nicht mynner ein gast dem andern, den burgern einen hut.

Item VIᶜ prußfisch. Item Iᵐ czalfisch, pummicheln vnde⎫
mußieben. Item ein stucke bergertisch, langen vnde nicht myn-⎬ bey ganczin kuppen.
ner ein gast dem andern   ᵛⁱⁱ·³ᵒ   ᵛⁱⁱ·ⁱ⁴   ⎭

ˡ⁰ Item nuneygen vnde spilelle bei ganczen tonnen ein gast dem andern vnde nicht mynner. Item der ware mag ein gast dem burger vorkeuffen wie vehl er wil, wenig adder vehl.

Item die pene deß iars firmal zeufordern, vff das dns man sie darnu wyße zeuhalden.

ⁱᵞ Item eß sal nymands getreide welcherlei das ist hirinne vorkeuffen, er habe eß denne also balde vff einem wagen bei sich zeugeweren, vnde sal eß in einem bleßchynne noch seckelin nicht feile biten als heß heer geseheen ist, pei busße XX gr. Item das kein burger noch gast kein getreide hirinne keuffen solle vff vorkauff vff zen schutten, die weile der wusch stickett, bei busße I ß. Item wenne der wusch ⁷⁰ nedder geleget ist, so mag ydermann kenffen vnde vff schutten noch sinem wolgefallen.

Solliche obgeschrebin geseteze habin die sechße begriffen noch irim besten irkennen, doch also, das der rat volle macht hat, dorbei zeuthune noch siner vorbesserunge zeuezulegen adder abeczunemen adder gancz zeunorlegen, vnde sie bitten, das eß on der ratt zeum besten kere, ab etwas vnbillichs vorgenommen were; sie ²·ᵞ wollen gerne vnderwysunge lyden vnde dem folgen, was der ruth darvinbe setezen vnde vorbesserunge irkennen wurde.

Nach dem Rathsbuch fol. 123 im Rathsarchiv zu Leipzig. Zu diesen Bestimmungen enthält ein Fragment eines Rathsbuchs (vgl. die Bemerkung zu No. 381) einen gleichfalls aus dem J. 1464 stammenden Nachtrag, welcher noch im 16. Jahrhundert in das b g. gelbe Buch Aufnahme gefunden hat:

Eß liit sere an dem, das man mag wissen, wie vehl gut berinn kommet, vnd eß liit dann forder au den ledern. Also ist von erst ein achtunge zeu haben, das man redeliche ledermeister hette, vnde sundirlich, das man einen burger zu einem ³ₐ oberledirmeister bestelle, vnde im jarmarckte mehr gesellen zeu on zeubestellen, vnde das man den ledern befelen solle, das sie alle kauffmanschacz auschriben lassen in der wage, sundirlich die farndel vnde alle balle vnde faß. Item das man auch sunderlich alle außen wine, sie sint der burger adder der geste, in der wage schriben laeße vnde geburlich slegeschacz von den gesten neme. Item das man die Friberger ³ᵞ kaufflute vnde ander kauflute vorbotte vnde ernstlichen sage, das ein ydermann von alle dem, das er keuft vnde verkeuft, sinen geburlichen slegeschacz gebe, eß werde in der wagen gewogen adder nicht.

Bereits im J. 1459 war von den drei Räthen ein Ausschuss von sechs Rathsmitgliedern beauftragt worden, statutarische Bestimmungen in Betreff der Wage zusammenzustellen und das Elaborat derselben hatte auch die Genehmigung der drei Rathe erhalten (Sie — die drei rete — sint onch eins wurden, das man die wage bestelle noch uffwysunge des vorezeichens, die die sechs vß den reten dar uff gemacht haben. Rathsbuch fol. 87. Hanse
40*

Marschalke ist die wage befolen in der masse, also die retz die wage reformiret haben noch lute der vorczeiche-
nung, die vß allen reten darczu geben sint. Ebendaselbst. Claus Rennaw gekorn zcu einem offscher rude vor-
ezeichener der rechnunge in der wage. Ebendaselbst.) Dafür jedoch, dass die oben mitgetheilte Aufstellung der
Sechs aus den drei Rathen, welche die auf Grund vorausgegangener (gleichfalls in das Rathsbuch aufgenommener)
Entwürfe zusammengestellte Schlussredaction bildet, erst aus dem Jahre 1451 stammt, spricht sowohl die Stelle,
an welcher sie sich im Rathsbuche vorfindet, als auch der Umstand, dass in einem der erwähnten Entwürfe ein aus-
drücklicher Hinweis auf den von Kurfürst Friedrich II. der Stadt überlassenen dritten Pfennig (No 571) sich
befindet. Es ist somit nicht unwahrscheinlich, dass, nachdem der Kurfürst wegen einer für ihn aufgenommenen
Summe von 3000 Fl. den dritten Pfennig dem Rathe versetzt hatte, (diese Veranlassung ergibt sich aus einer Notiz
des Rathsbuchs fol 282), Seiten des letztern eine Revision und Erweiterung der früher beschlossenen statutarischen
Bestimmungen über die Wage und den Handelsverkehr veranlasst wurde.

No. 384. (1464.)

Ansätze der Abgaben von Kaufmannswaaren und Handelsartikeln in der Wage.

Der slegeschacz in der wage sal also stehen.

Item von allem tonnen gute, eß sei hering, honnig, hecht, ander fisch, newn-
eugen, feygen, honnig, nusse, putter, kesse vnd allem andern gibbet man von der
tonne III den.

Item [der] wayn, der tonnen gut bracht [hat], wenne er ledig fert, gibbet IIII
den.; furt er was guts mit sich, das muß man vorslegeschaczen vom schocke einen den.

Item von dem hundert stoeckfissch, eß sei groß adder klein, aue bergerfisch,
I. den. Item bergerfisch, tolllen adder langen vom ß I den.

Item von einem blechfasse III den. Item czene, bly, knppfer vorkauft adder
vorwechselt vom ß I den. Item ein furman, der sollich adder anderlei gut durch
weg furt, IIII den., vom karren II den.

Item ein furman, der mancherlei stucken in dem jarmarkte furt, das vehheln
luten zensteht, sal von iczlichim stucke einen den. geben, ab es auch mynner denne
eins schocks wert were; ist eß eins ß wert, abber einen den., vnde was dorobber
ist yo vom ß einen den., vnde von dem czeichen gibbet er IIII den.

Item von allem centener gute vnde von sidenem gewande vnde guldenen
tuchern vom ß einen den. Item von einem fardel parchan VII gr. Item von einem
molatein I den., item vom wayne IIII den. Item von iczlichem stucke leynwath,
eß sei welcherlei eß sei, vom stucke I den. Item von einem ß sensen VI den.; item
von sicheln vom ß einen den.

Tuch recht. Item von inlendisschem tuch geverbeth adder graw yo vom
tuche III den. Item von einem Kinisschen tuche V den. Item von Welsschen, Lun-
disschen, Brucksschen tuchern vom ß I den. — Item ab tuch auch bei der ellen
enczeln vorkauft wirdet, was obbir II schillinge gekaufft wirdet, gibbet man I den.
Dasselbige sal man halden von allem andern gute, wie eß namen hat, beß uff ein
schockwert.

Wagegelt. Item was man weget, eß sei eins burgers adder eins gasts, gib-
bet man vom centener I den. Item stein gut gibbet der burger vom steine I heller,
abbir der gast gibbet vom steine I den. vnde darczu sin slegeschacz.

Item ein iezlich gast, der do gut nedderleget, gibbet zenuor IIII den. Item deßglichen gibbet man auch IIII den. wenne man gut leth. Salczwayne vnde weitwaine geben in der wage nichts nicht.

Item welch furman bret adder schindel durch furt, gibbet III den., item furt ᵳer bornholez, er gibbet einen den.; in der wage gibbet er nichts. Item let er bret adder holez hir abe, gibet er II den.; vnde keuft er korn adder getreide, er gibbet IIII den.; leth er nichts, er gibbet II den.

Item wer hauff, grutcze, erbeß, man vnde deßglichen vorkeuft bei einem scheffel, gibbet vom scheffel II den., vom J scheffel eynen den., was man darvnder ᵤ vorkauft, gibbet nichts nicht. Wer czyppeln adder knobelauch vff einem wayne brenget, gibbet vom waine II den., vom karren I den. Item wer knobelauch vnde czyppeln keuft bei schocken, gibbet von II schocken I den., von einem ß I heller.

Item wer do ein pfert vorkeuft adder keuft, gibbet IIII den., ein kuw II den., ein swyn einen den., zeege, schaff I hell.

Nach dem Rathsbuch fol. 123ᵇ im Rathsarchiv zu Leipzig. Ebenda fanden sich einzelne zusammengeheftete Blätter (Fragmente einer grösseren Sammlung von Raths-beschlüssen) vor, welche folgende auf den Schlagschatz sich beziehende Bestimmungen u. Ansätze enthalten:

ᵢᵣ Item ein iezlichir, der in vnsers gnedigen hern herczogen Friderichs*) vnde herczogen Wilhelms furstenthum sitczet, darff nicht mehr denne den alden slegeschaez geben vom schocke I den., er keufft adder verkeuft, verwechselt adder verbutet. Item ein vß lendisscher kauffman sal von dem alden schocke I den. geben vnde vom unwen ß dry den. von allem gute. das er keuffe adder verkeuffe, verbute adder verᵢₑ wechsel, eß sei danne, das das gut sunderlich gesaczt ist also hirnoch folget.

Item von vorlendisschen vnde Rinisschen tuchern von Ache adder Franckfurt ꝛc. zen geben I gr., vnde [man] sal on doch sagen, das man yn gutlich thut, man muchte wohl mehr nemen. Item von Leydisschen, Mechlischen, Landisschen ꝛc. zeugeben II gr.ᵇ) Item von geringen Behmisschen tuchern VI den. Item von guten ᵢᵣ Behmisschen tuchern I gr.

Item von grauwen tuchern im lande gemacht, wenne die hir von vßlendisschen gekauft werden, zen geben VI den., abber die verkeuffer, die im lande sitczen, sollen geben also vehl sie vor gegeben haben.

Item vßlendissche kaufflute, die geferbett tuch, Vorlendisch, Rynissch adder ᵥₐ schongewant keuffen, sollen also vehl geben also die verkeuffer geben, als oben irezalt ist.

Item von harras zeu geben von einem harres I gr. ein vßlendisscher, eyn inwaner J gr. Item von einer tonnen herings VI den. Item von einer tonnen hounyges vnde hechts zen geben I gr.

ᵥ Item die verkeuffer des gewandes sollen vorslegeschatzen alles, das on geschreben ist, es sey denne, das [sie] kuntschaft brengen eins ballenbinders adder ires werts adder sust redeliche bewißunge haben, das sie also vehl wegfuren also sie sagen, vnde iren slechten worten sal man nicht glenben. Item in der wyse sal

a) Kurfürst Friedrich starb 7. Sept. 1464. b) Item von geferbten tuchern, die nicht hodlich sys, vom turbe I gr item [von] kestli-hen tuchen II gr, vnde das man on dorbel sage, das man on gutlich thu, man muchte wol mer newern noch myns hern sleczunge Rathsbuch fol 123 Die desmülichen daselbst enthaltenen Ansätze sind von gleicher Höhe wie die oben mitgetheilten

man den keuffern, die gewant hir in slahen, nicht slechts gleuben, ab [sie] sagten, sie hetten nicht mehr wenne graw gewant adder nicht denn also adder also vebl, eß sei denne, das sie deß bewißunge haben adder bei iren eiden sagen, ab sie nicht bewißunge hetten; doch sal man yu sagen, das sie sich bewaren bei verlust des verawegen gutes.

Item wachs, wolle vnde ledder sal man vorrecht nemen von den vßlendischen, was der kauff brenget, von dem alden schock I den. Item von den inlendischen sal man nemen also man vor genomen hat.

No. 385. 1465. 10. Jan.

Kurfürst Ernst und Herzog Albrecht belehnen Hans und Wenzeslaus von Trupitz mit einem freien Hof in der Stadt und mit acht Äckern Holz und Wiesen.

Anno etc. LX quinto quinta post trium regum Torgaw han myne herrn Hansen von Trupitz, Wentzlaen sinem vettern vnd iren rechten libes lehnserbin diße nachgeschriben gutere in der pflege vund stat zcu Lipczk gelegin, mitnamen einen friben sedilhoff in der stat Lipczk in der Burgstrasse *) vnnd acht acker holtzs vnd wesen gein Lebnig **) gehorinde mit allen wirden vnd nutzen, als er den widder den bischoff zcur Numburg gekonft hat, zcu rechten gesampten lehn gebben, also ap Hans von Trupitz ane erbin abeginge, das alsdanne vnd nicht ehr sulche guter an Wentzeln sinen vettern vnd rechten libeslehnserbin komen sullen. Testes Hugolt von Slinitz ubirmarschalk, er Hans von Maltitz ritter ꝛc.

Nach dem Cop. 58 fol. 112ᵇ im K. Haupt-Staatsarchiv zu Dresden.

a- Das Lehhaus der Burgstrasse gegen die Schlossgasse. b) Lößnig, Par. Marktflecken

No. 386. 1465. 7. Febr.

Doctor Johannes Meurer, in der Landesfürsten schwere Ungnade und zu Gefängniss gekommen, aus welchem er nun aus Gnaden entlassen worden ist, leistet Verzicht auf das Bürgermeisteramt und den Rathsstuhl zu Leipzig, gelobt, sich weder an den Fürsten noch an deren Beamten zu rächen, auch keinen zu Wiederaufnahme seiner Sache sich darbietenden Rechtsweg zu betreten.

Ich sal vnde wil mich ouch der regyrunge der stat Lipczk durch keynen weg nymer mer anczihin, was aldo geschit rattis halbin nicht beredin nach dar widir thun, desshalbin ouch kein gespreche habin, nach sameunnge machin, nach ouch bey keyner sameunnge sein ap die genuchet wurde, darzcu nicht ratten nach helffen durch mich adir eyn andern u. s. w. Würde der eine oder andere Punkt des geleisteten Versprechens von ihm nicht gehalten werden, so sal vnde wil ich meynne — guedigen herren vnde yrrer gnadin erbin vorfallin sein libis vnde guttes —, wil mich ouch damitte rechtloß erloß libeloß vnde gutteloß wirdigk gewirkt habin —. Alles dieses hat er auch eidlich bekräftigt. Gegebin — am dornstage nach Dorothea.

Orig. mit dem Siegel im K. Haupt-Staatsarchiv zu Dresden.

An demselben Tage bekennt Dr. Johannes Meurer, dem Kurfürst Ernst und dem Herzog Albrecht 600 Gulden schuldig zu sein und verspricht 300 Gulden auf dem nächsten Ostermarkt, 300 Gulden auf dem nächsten Michaelismarkt zu bezahlen. Orig. im K. Haupt-Staatsarchiv zu Dresden.

No. 387. 1465. 10. Febr.

Anno domini ⁊c. LX quinto dominico die Circumdederunt haben meyne gnedigen hern Ditherichen Kawisch vnserm fischer zcu Lipczk vier acker landes fur dem Petersthore zcu Lipczk vff der Leymgrube gelegen gereicht vnd gelihen. Testes marschalg superior, er Jorge von Slinicz, Nickel Pflug. Actum Lipczk anno ut supra.

Nach dem Cop. 58. fol. 131 Im K. Haupt-Staatsarchiv zu Dresden.
Vgl No. 295. Weitere Belehnungen mit diesen 4 Ackern erfolgten 1478. 20. Juni und 1486. 12 Nov (Franz Kawisch) Im J. 1500. 1. Dec. eignete Herzog Georg der Stadt die von dem Fischer Franz Kawisch erkauften ,4 Acker Landes vor dem Petersthore auf der Leimgrube' zu freiem Erbgute. Orig. im Rathsarchiv zu Leipzig.

No. 388. 1465. 13. März.

Nachtzirkeler.

Vff mittewoche noch Reminiscere hat der rat ufgenommen eczliche soldener —, die des nachtiß zcirekeln sollin vunde wachen vnde uff das vleissigiste zcusehen, vnde worzcu man sie sust nutczen mochte, sollen sie noch geheisse des ratiß adder gerichtes nicht widder setczen, sundern sollen sich in irem dienste gehorsamlich halden; so sal der rath iczlichem gebin zu solde X gr. *Folgen die Namen der acht Nachtzirkeler; bei dem letzten derselben wird bemerkt:* dem sal man gebin XI gr. Der rat hat iczlichem gesellen gethan eyn panczer vnde eyn koller vnde dor zcu ydermanne eyn hut.

Nach dem Rathbuch fol. 169 im Rathsarchiv zu Leipzig.

No. 389. 1465. 19. März.

Anno domini ⁊c. LX quinto am dinstag noch Gregorii haben meyne gnedigen herenn Nicolao Mutner, Andrean, Margarethan vnd Brigitten Cristoffels Mutners seynes bruders zeligen nachgelassen souen vnde tochteren, seinen vetteren vnd muhmen vnd iren rechten eelichen erben menlichs vnde frewlichs geslechts ein huß in der Burgstrassenn vor vnserm slosse*) in vnser stadt zcu Lipczk gelegenn mit allen sinen friheitten ⁊c. zcu rechtem lehen semptlich gereicht vnde gelihen. Testes der obirmarschalg, er Hans von Malticz ritter. Actum Lipczk.

Nach dem Cop. 58 fol. 136ᵇ im K. Haupt-Staatsarchiv zu Dresden.

a) Vielleicht das Haus No. 17, welches auch sonst als vor dem Schlosse gelegen bezeichnet wird. Vgl. die Bemerkung zu No. 377.

No. 390. 1465. 30. Mai.

Der Rath gesteht Albrecht und Hans von Lindenau, welche die Anlegung eines neuen Weges zu Lindenau verstattet haben, für ihre Unterthanen vollständige Befreiung von Zoll, Weg- und Brückengelde zu und gibt Versicherungen in Betreff ihres nach der Stadt entlaufenden Gesindes.

Wir burgermeister vnnd rathman der stat Leiptzk bekennen ⁊c. Nachdem alß die gestrengen vehsten er Albrecht ritter vnd Hanns von Lyndenaw gnant durch beteydinge des gestrengen vehsten Nickel Pfluges zum Knawthayn mit willen vnd volbort vnsers g. h. von Merseburg vns zu eynem gemeynen nutze eynen weg vorgunst habenn zumachen durch etliche garten, die neben vnnser brucke, die bey dem kretzschmar leyth. gegunst vnd zugesagt habenn, dadurch man vß vnd eyn zu vnd von vns in aufflauff vnd ergissung der wasser aue schaden mag kommen, das denne bißher eine zeit aue grosen schnden nicht geschenn mochte vnd vil lewte am leibe vnnd an gutern schaden genommen haben, wir auch den leuten vmbe iren grundt vnd bodem willen gemucht haben, gereden vnd geloben wir zu forder erstatunge sulchs guten willen, das [wer] ir kretzschmar zu Lyndenaw zu seiner zeeit sein wirdet, frey macht sall haben, fremble byr, wenn er das durch vnsere stat zv furen bedarff zu notturft seins kretzschmars, vmsnst zufuren[1]; er vnd alle ander der ronn Lyndenaw leute zu Lyndenaw vnd in andern dorffernn darvmbe gesessen sollen dar zu frey, vnd .. zeolls ader wegegelts, auch brucke geldes ledig awß [vnd] ein faren, riethen ader gehen zu ewigen zeeiten, wy dicke yn des tages not ader eben sein wurde. Es ist auch beredt vnd beteydingt, ab den von Lyndenaw yr gesinde ader vndersessenn abetrunnig wurde vnd sich bey vns in vnser stat Leiptzk enthalten wolde, das wollen wir yn nicht vergonnen, sunder wollen den von Lyndenaw behulffen sein, das yr gesinde sich zu yn halde vnd yue vß diene, darnber so wollen wir sie bey vns nicht halden noch leyden, vnd desselbigen gleichen sollen die von Lyndenaw auch widderumbe thun kegen vns vnd den vusern vngenerlichen. Das alles [wir] on zusagen vor vns vnd vuser nachkomen in crafft diß brines, der mit vnserm hir vnden angedruckten ingesigel besigelt vnd gegeben ist noch gots geburt XIIII iar darnach in LXV iare am dornstage, nach dem sontage den man nennet Exaudi.

Nach einer ungenauen Abschrift aus dem 16. Jahrhundert in dem Stadtbuch fol. 26 im Rathsarchiv zu Leipzig. Dort ist auch das Gegenversprechen der Gebrüder von Lindenau eingetragen.

---

[1] Die Vorlage hat: durch vnser stat fremde byr zu notturft seins kretzschmars wenn er das bedarff vmsnst zu faren hat. Das Gegenversprechen: — zugesagt, das vnser kretzschmar zu L. mit biere, wenn er das durch ire stat vnfarn bedarff etc

No. 391. 1465. 4. Juli.

Artikel und Gesetze der Weissgerber. (Vgl. No. 138.)

Wir burgermeister vnnd gesworne rathmann der stat Lipczk thun zcu wissin yn dissin vnnsiren schrifften. Noch deme also die ersamen meister deß gauczen hantwereks der wißgerber eyne zcedele, die von yn allen gefolbortt ist wurden, vorgehalden vnnd vnnßiren rath darczu begert vnnd gebeten, on sollche artickel vnnd stueke darynne vorzcichent zcu zcugeben vnnd zcubestetigen, alßo anderen ynnungen vnnd hantwercken, alßo haben wir sollche puncte artickel vnnd gesetze mit vorrate der eldesten vnnd aller drier rethe vorhortt vnnd gnuglichin gemereket vnnd geben on sollche ordenunge vnnd gesetze zcu zeuhalden vnnd bestetigen on die beß uff vnnßir widderruffen, behalden vns auch die macht, sollich stueke vnnd puncte alßo hirnoch vorzcichent sint zu mehern, zcu mißigen vnnd zcu mynneren adder

die ganez abezcustellen, vnnd die geseteze vnnd artickel luten alßo hirnoch geschre-
bin stehet, haben yn die auch zeugeben, confirmiret vnd bestetiget uff eyn widder-
ruffen noch gots geburt tusent vierhundert vnnd yn funffvnndsechcziebsten am dorn-
stag noch visitationis Mariae.

Item zcu dem ersten mal, wenn ir bote vnnd gemeyne knecht vmbloufft vnnd
kompt widder yn des meisters hnß, der yn ußgesant hath, so sal er eyn licht
uffstecken eyns fingers lang, vnnd wer denne zcu des meisters huß nicht kommet
ehr das licht ußgehet, der sal das vorbußin mit sechs pfennigen.

Item wer do eyn meister werden wil, der sal das hantwerck an den meiste-
ren muten uff zewu morgensprache, nemlichen wenne die meister ir bir zusampne
haben. Auch sal der, der das hantwerck mut, from vnnd elich geborn syn vnnd
dem rate gut gnug zcu eynem burger vnd sal dem hantwercke darczu zeween gros-
schin. Item auch wer do eyn meister werden wil, der sal gefryet haben elich zcu
syn, eß sey denne das er eyns meisters son were. Item wer do auch eyn meister
werden wil, der sal der meister bote syn, alß lange heß das er eynen loßir kriget,
ußgenommen wer do eyns meisters son ist adder eyns meisters tochter nympt, der
sal davon gefryhet syn. Item auch sal eynes itzlichen meisters son syn hantwerck
gancz fryhe vnnd ledig haben, ußgeslosßin wachs zeugeben vnnd der kertezen zcu-
warttin, deß sal er nicht fryhe syn, abir ir bote sal er nicht syn.

Item auch so sal keyn meister des anderen gesinde setezin adder uffnemen,
eß sey denne das er mit wisßin von dem meister gescheiden sey, dem er zcuuor
geerbeit hath adder bey dem er geweßin ist.

Item auch so sal keyn meister uff dem marckte adder yn dem wochin marckte
fel kouffen, die er forder uß der stat vorkouffen wil, ußgenommen yn den iarmerck-
ten, bey eyner busßin eyns halbin steyn wachs.

Item auck ßo sal keyn meister den andern lugen straffin bey eyner busßin
zeweyer pfunde wachs, sundern wer do was widder den andern hath, der sal das
vor den meistern suchen vnnd syne sache aldo vorczelin, so sollin sie denne die
meister scheyden noch des hantwercks irkentniß, ap sie konnen. Item wer do buß-
fellig wirdet, der sal sie alßo balde geben vnnd ufflegen bey zeweyfeldiger busße.

Item wenne dy meister beyeinander synt, ßo sal man keynerley spil tryben
noch thun bey zeween pfunden wachs.

Item auch ßo sal keyn meister noch meisteryune dem andern yn synen kouff
fallin, wenne er fel adder was kouffin wil adder ym kouffe hath, bey eyner busße
zeweyer pfunde wachs.

Item werdo dem andern syn gesinde abespent adder entfrondet, den sal man
busßin noch der meister irkentniß.

Item wer eyne licke adder toden yn syme huße hath, der sal eß den botin
lasßin wisßin, das er vmmb loufft noch den gesellin vnnd vorbott sie zcu der figilien
vnnd selmesßin, vnnd wer zcu der eyn nicht enkommet, der sal busßin mit sechs
pfennigen, iß sey frawe ader man.

Item wer eynen leriungen uffnympt, der sal den meistern zewey pfunt wachs
gebin zcu den kerczin.

Item wer do auch eyn meister werden wil, der sal dem hantwercke gebin funffezig grosschin vnnd darczu zewey pfunt wachs, nßgenommen wer do eyns meisters son ist adder eyns meisters tochter nympt, der endarff sollicb gelt nicht engebin, abbir der kerezin sal er warttin vnnd das wachs gebin.

Item wer do die zewene iungsten meister sint uff dem hantwercke, die sollin der kertezin wartten vnnd anezlinden; er sey meister son adder nicht, so sal er davon vngefryhet syn.

Item wer do auch der meister heymlickeit wurde offinbaren, wenne sie bey den andern syn vnd ire heymlickeit mit einander handeln, das sie on konnen obirkommen, der sal dem hantwercke zewey pfunt wachs vorfallin syn.

An sollichen gesetzin puncten vnnd artickeln obinberurtt behalden wir der rath vnnßir macht, die zen engen, zeuwyten, abe adder zen zenthune adder die ganez adder eyns teyls abe zenthune.

Item[1]) es sal keyn meister vel dingen bye ezwen pfunden wachß.

Item welch meyster eynen leringen uff nymmet, der sal da by haben dy ezwene meyster des hantwerkes by ezewen pfunden wachß.

Item es sal keyn meyster keyn vel nicht kouffen in den boyten bye ezwen pfunden wachß.

Item es sal keyn meyster keyn fel zeu hußc vnde zeu hofe tragen, sunder so vil, her werkes denne geheyßen, bye eyme pfunde wachß.

Item welch meister bricht in der meister byre, der sal wandeln nach der meister derkentnisße. Item wen dy mayster zeu sampne gehn, zo sal man hoßen ane haben by der bnße VI ₰ uff des heyligen lichnams tag. Item uff das nilwe iar, wen dy meyster zeu sampne sint vnde das essen haben, so sal man hosen ane haben by der bnße VI ₰. Item die meister haben eintrechtig beschlossen vnd gemacht, das kein meister sol hinfur kein mortliche were in der meister bier tragen, sunder welicher ein were in des meisters hawß tregt, der sol es von stundan dem meister oder der meisterin zu behalten geben, bey der buß der meister erkentnis.

Item die meister haben gemacht, das hinfur ein itlicher meister sol geben I gr. auf ein weychfasten.

Des hantwercks harnisch ader hergereth. Item III krebs, II eysenhueth, II helleparten, I goller, I pickelhawben, III alte armprust, II poteßen, I hinterteil, I armschin.

Nach dem Orig. auf Pergament im Rathsarchiv zu Leipzig.

1) Die folgenden Artikel sind von verschiedenen Händen des 15. Jahrhunderts nachgetragen

No. 392. 1465. 6. Aug.

Kurfürst Ernst und Herzog Albrecht belehnen die Gebrüder Bautzschman mit einer halben Hufe Landes bei dem hohen Kreuze.

Anno domini ꝛc. LX quinto am dinstag noch ad vincula Petri haben meyne heren Hansen Bautzschman vnde sinen rechten libeblchußerben eine halbe hufe landes fur Lipczk bey dem hohen Crucze*) gelegen mit allen eren rechten friheitten vnde zeugehorungen zcu rechtem lehenn gereicht vnd gelyhenn. Wir haben auch mit ym semptlichen belehnt Petern vnde Jacoff Bauczschman sine brudere, also wurde Hans Bauczschman mit tode abegehem vnde rechte libeblchußerbin hinder ym nicht lassen, alsdanne sulche halbe hufe landes mit iren zeugehorungen an Petern vnde Jacoffen Bautzschman sine brudere komen sullen. Testes Hugolt von Slinitz vnsir obirmarschalgk, er Hans von Maltitz ritter, Hans von Mergental vnser canczler. Actum Lipczk anno ut s.

Nach Cop. G⁵ fol. 169ᵇ im K. Haupt-Staatsarchiv zu Dresden.

a) Vor dem Peterthore.

No. 393. 1465. 7. Aug.

Die Landesherren belehnen die Gebrüder Forster mit einer Hufe Landes bei dem hohen Kreuze und mit vier Ackern Landes in dem schwarzen Lande.

Anno domini ꝛc. LX quinto am mitwoch noch sente Sixten tage haben meyne guedigen herren Livyn, Heinriche vnd Gregor Forster gebruder vnd iren rechten erbin eyne hufe landes vor Lipczk bey dem hoen Crucze gelegen vnd vier acker in dem swarczen lande mit allen iren zeugehorungen zcu rechtem semptlichen lehen gereicht vnd geliben. Zeugen wie No. 392.

Nach Cop. 38 fol. 132ᵇ im K. Haupt-Staatsarchiv zu Dresden.

No. 394. 1465. 25. Sept.

Kurfürst Ernst und Herzog Albrecht reichen den Gebrüdern Jorg, Joachim, Andreas und Johann Hburg Bürgern zu Leipzig zu Lehn vier acker artlandis vor dem Grymmischen thore vnser stadt Lipczk nahe by sant Johannes spittal gelegen, eyne weße hinder dem Thiergarten midt den wegen, eyne hufe landeß hinder dem sicchhofe saud Johan, viervndvierczigstehalben groschen czins vff dem hantwerck der schuster vnd viervndvierczigstehalben groschen czins vff dem hantwerck der loher zcu Lipczk, wie sie das Alles bisher von Kurfürst Friedrich II. zu Lehn gehabt haben. Zeugen: er Hans von Maltitz, er Jurg von Slinitz, er Dittrich von Schonberg ritter —. Gebin zcu Dewin am mittwochen nach Mauricii —:

Concept (Copiale 10 fol. 89) im K. Haupt-Staatsarchiv zu Dresden.

No. 395. 1465. 28. Nov.

Kurfürst Ernst und Herzog Albrecht reichen Cunz Brußer Bürger zu Leipzig zu Lehn das dorff Alten mit gerichten uber hals vnd hant im felde vnd dorffe, das dorff Mockaw halb mit erbn gerichte, die Aldemburg mit funffczehen erben, drien schocken vnd sechß vnd funffczigstehalbe-

41*

groschen vnd anderthalb schog hünere; item ein schog groschen uff den altryssen in der stat Lipczk; item das kirchlehen zcu Schusen vnd zcwu hufen landes, die zcu der pfarre daselbst gehoren, vnd funftehalbe hufe artlandes mit der thamgrube ouch fur Lipczk gelegen vnd eine wese vor dem Ranischen thore, darezu wege vnd stege —, *wie er dies Alles bisher vom Kurfürst Friedrich II. zu Lehn gehabt hat*. *Zeugen:* Hugolt von Slinicz vnser vbirmarschalg, Nickel Pflug, Johannes Statschriber vnser cantzler —. *Gegeben* zcu Lipczk am donnerstage nach sant Katerin der heiligen iungfrauen tage —.

Barthel's Diplomat. Lips. IV. fol. 244ᵃ im Rathsarchiv zu Leipzig und Cop. 53 fol. 129 im K. Haupt-Staatsarchiv zu Dresden.

No. 396. 1465. 21. Dec.

Ordnung der Schuhmacherygesellen. ∮ 397.

Mid gunst wissen vnd willen eines erbarn hochweysen rad diser stad Leibzick vnd mid znstadtung eines erbarn handtwergks der schuster haben wir meister vnd gesellen der schuster mid wolbedachtem mud, mit sin vnd freyer wilkör solche hernach landende arttickel, di stet vest vnuerrucklich vnd vngehindertt zu haltten, verorduet vnd beschloßen wi hernach folget:

Als nemlich zwm ersten, daß wir meister vnd gesellen der schuster haben eine ordentliche herwrige verordnet vor di gesellen; welcher gesel hi in di stat kumpt, sol alda einkheren vnd den vatter oder mutter vm gottes vnd deß handtwergks willen pitten vm herwrige, vnd sol den vatter vatter heißen vnd die mutter mutter heißen, den son oder knecht mid er pruder heißen, de doehter oder maid sol er schwester heißen, bei der puß vier pfennig. Wan ein gesel mid dem vatter di malzeit ist, darvon sol er geben einen silbern groschenn. Eß sol auch ein idtzlicher gesel, der albi arbeitten wil, sich von dem vatter oder mutter laßen einpringen noch handtwergks pranch vnd gewonheitt bei der puß ein pfmtt waxs.

Eß haben auch meister vnd gesellen vor gut angesehen vnd vier alknechte erwelet, di selbigen sollen sampt den andern gesellen, di in arbet stehen, alle virzehen dage auf die herwrige kummen vm elf schlege vnd alda ein idtzlicher zwen pfennick zn pir aufflegen, welcher aber vor muls hi nicht had gearbett, der sol ncht pfennige schreibgelt aufflegen; wer aber solchs gelt nicht hedte, der sol zwene purgen setzen, in vierzehen dagen zu erlegen. Welcher gesel aber zu lang außen ist vber elffen, der sol pußen mid vier pfennigen; ist aber ein gesel ius meisters geschefft, so sol er sein pfennigk auf di herwrige schicken vnd sol vngepust bleiben; den ein mal gehet hin, aber daß einer wolt daß hantwerck verachten vnd nicht kummen, den sol man straffen vm ein pfunt waxs. Eß sol auch ein ider gesel seinen pfennigk selbs aufflegen, wer aber den pfennick in kreiß wurft, der sol pußen mid vier pfennigen. Eß sol auch kein gesel seine struf auf den disch zelen, da di meister vnd di alknechte sitzen, bei der puß vier pfennige.

Wan daß pir ist gepracht, so sol einer nach dem andern fein ordentlich drincken vnd einer dem andern die kanne antwortten vnd nicht selber nemen noch stehent drincken pei der puß vier pfennige. Eß sol auch kein groß geschrei gescheen vnd ninandt nanß gehen, weil di lade offen stehet, bei der gesellen straff. Welcher gesel fluecht oder gotlestertt, weil di lade offen steht, der sol pußen mid einem pfuntt waxs. EB sol auch kein gesel mid einer mordtlichen wehr vor die lade kummen pei der puß ein pfuntt waxs. EB sol auch ein ider gesel auf die quattemper vm elf schlege auf di herwrige kummen vnd acht pfennige quattemper gelt auflegen vnd acht pfennige spilpus pei der pus ein groschenn. EB sollen auch alle spil verpotten sein, ausgenummen pretspil vm ein heller oder pfennigk, bei der puß acht pfennige alle quattemper.

Wan sichs begibt, daß di gesellen beisammen sein in einer ortten, so sol ein idtzlicher seine wehr von sich geben vnd keine freie fraw in di vrten nicht furen noch vnberechnet darvon gehen bei der pus ein pfunt waxs. Den alknechten gepurt, di ortten abzunemen vnd den wirt mid ihrem gelt sampt der gesellen gelt zu friden [zu] stellen vnd [zu] bezalenn. EB sol auch kein gesel sich mid dem andern schlagen noch reuffen bei der puß ein groschen. Wen aber di alknechte fride gepietten zu haltten bei der gesellen straf, so sol man als balt frit haltten, so oft aber alß einer vber gepottnen frid schlagen wirt, so oft vnt vilmal sol er ein pfunt waxs zur puße gebenn. Welcher gesel eine kanne oder leuchte auf den andern ruckt oder zuckt, der sol pußen mid zwei pfuntt waxs. EB sol auch kein gesel sich vnderstehen, fride zu gepitten ane di alknechtte pei der puß ein pfuntt waxs. Es sol auch kein gesel den andern mid verechtlichen oder schmeligen wortten schemlen noch schmehen pei der pus ein pfunt waxs. Wurtte sich aber einer vergeßen vnd den andern einen schelm schelden, der sol pußen mid vier pfunt waxs an alle genade. Es sal auch der gescholdene nicht neben den vnsern auflegen, biß die sache ist verdragen wordenn. EB sol auch keiner den andern zu mutten zu drincken zu halben oder gantzen bei der puß vier pfennige, wirtt er in aber nodigen, so sol er pußen mid einem groschenn. Wenn sich aber einer vergeßen wurde vnd zu vil zu sich wurde nemen vnde wurde sich darnach vngepurlich verhaltten vnd wurde das poefel zureißen, der sol pußen mid einem pfuntt waxs. Wan ein gesel pußfellig ist vnd auf das negst auflegen nicht vor di lade kompt vnd sich anzeigt vnd seinen handel verdregt, derselbige sol zwifachtige puße gebenn.

Wan sichs begebe, daß ein gesel auß diser vnser pruderschaft, der alhi in arbt stunde, mit krancheit wurde angegriffen vnd selber nicht zerung hedt, dem sol man genuglich auß der laden leihen, doch mid verwilligung der meister; wurde ihm gott aber wider zu seiner gesuntheit helffen, so sol er solch geligen gelt widerum auf daß alker erst in di lade verschaffen; wurde er aber hinweck zihen one vorwißen der meister vnd gesellen, so sol der gedacht kranc wißen, daß er von einer gantzen pruderschaft sol vor vnduehdick gehalten werden so lang biß er sich mid den meistern vnd gesellen verglichen vnd zu friden gestelt hatt. Wurde er aber mid dot abgehen, so sol man sich an seinen nachgelaßner hab erholen, vnd ein ider gesel sol der leiche nach folgen bei der puß vier pfennigenn.

Wen ein gesel zum alknecht ampt beruffen wirt, so sol er sichs nicht widern bei der gesellen straf vnd sol alda dem vornempsten alknecht angeloben an stat vnd im namen einer gantzen pruderschaft, daß er den gesellen iunck vnd alt drewlichen

vnd wol vorstehen wolde nach seinem pesten vermugen vnd solche obgeschribne
arttickel stet vest vnd vnverrucklich zu verdedingen, druber zu haldten, zu haut-
haben vnd zu schutzen so lang vnd vil biß er von solcher pruderschaft abtritt, vnd
sol den meistern vnd gesellen zwei mal auf di quattemper peregnen.

Wer nhwn auß diser vnser pruderschaft sich wider solche idtzt droben ange-
zeigte arttickel, welche von einem erbarn hochweisen rad diser stat Leibzick beste-
diget vnd von einem erbarn hanttwerge der schumacher beschloßen, di selbigen den
gesellen befholen, stet vest vnd vnvorrucklich zu haldten, wurde auflenen, di selbigen
verachten vnd gering haldten, der sol wißen daß er vor keinen pruder diser vnser
pruderschaft sol gehaldten werden vnd sein pfennigk außgeworffen werden vnd sol
nicht neben den vnsern aufgelegt werden. Wen aber ein gesel were, der sich wurde
in andern vngepurlichen sachen vergeßen außerhalb diser oben angezeigte arttickel,
der selbige sol noch gelegenheit der sach vnd erkentnis der meister vnt gesellen
gestraft werden.

Gegeben[1]) vnd geschehen auf sant Donati(?) dagk dausent virhundertt vnt im
funfvntsechzigisten iar nach Cristi Jesu vnsers selichmachers gepurtt.

Nach einer Abschrift aus der ersten Halfte des 16. Jahrhunderts, welche beim Handwerke die Stelle des
Originals vertreten zu haben scheint (In Acten des Rathsarchivs zu Leipzig)

1) Or. her gepten.

No. 397. 1466. 22. Jan.

*Die drei Räthe gestatten den Verkauf von Kramerwaaren ausserhalb der Kramen in den
Bürgerhäusern.*

Vff mittewoche noch Fabiani et Sebastiani sint alle drie rethe eyntrechticlich
eyns wurden vnde beslossen, das nu hinforder eyn iezlicher burger vnde bargerynne
in sinem huße allirley cramerye feile habin mag, ap ouch die nddir die in den kra-
men nicht habir hetten, vnde die kremer sollin ouch nymants, der anderß burgir ist,
dorin haldin noch doran vorhindern. Conclusum ut supra.

Nach dem Rathsbuch fol. 84 im Rathsarchiv zu Leipzig.

No. 398. 1466. 29. Jan.

Kaiser Friedrich III. bestätigt den der Stadt Leipzig verliehenen Neujahrsmarkt.

Wir Friderich von gottes gnaden Romischer keyser zu allenn ezeitten merer des
reichs, zu Hungern Dalmocien Croacien ꝛc. kunig, herczog zu Osterreich zu Steir zu
Kerndten vnd zu Crain, herre auff der Windischenmarch vnd zu Portenaw, grafe
zu Habspurg zu Tyrol zu Phyrtt vnd zu Kyburg, marggraue zu Burgaw vnd launt-
graue im Elsass bekennen vnd tün kunt offennlich mit disem briefe, daz vns der
hochgebornn Albrecht herczog zu Sachssen lanntgrafe in Doringen vnd marggraue
zu Meyssen vnser lieber oheim fürste vnd rat dinuticlich hat gebeten, daz wir dem

hochgebornnen Ernsten des heiligen Romischen reichs erczmarschalkh, herczogen,
lanntgrauen vnd marggrauen der obgenanten lannde vnserm lieben oheim vnd cur-
fürsten seinem brüder vnd in den iarmarckt in ir statt Leypezik, der sich auff den
newen iars tag anhebet vnd acht tag nacheneinander weret vnd gehalten wirdet,
zuuernewen zubestetten vnd zu confirmirn gnediclich geruchten. Des haben wir
angesehen sein dimütig vnd zimlich bete, auch die getrewen mnnemen vnd nuczparn
dinste, die ir vordern vnd sy herczogen zu Sachssen, lanntgrauen in Doringen vnd
marggrauen zu Meyssen vns vnd vnsern vorfarn am reiche Romischen keysern vnd
künigen getan haben vnd sonnder der vorgenant Albrecht etlich zeit her in vnserm
keyserlichen hofe vnuerdrossennlich er teglich tut vnd hinfür wol tün mag vnd sol in
künfftig zeitt, vnd haben darumb mit wolbedachtem müte, gütem rate vnd rechter /
wissen den vorgenanten Ernsten vnd Albrechten gebrudern herczogen zu Sachssen ꝛc.
solichen iarmarckt auff denselben newen iars tag vnd die nechsten achttag darnach
gancz auß werende in der vorgemelten irer statt Leypezik, wie dann solher iar-
marckt in derselben irer statt bißher gehalten ist worden, confirmirt bestett vnd von
newes gnediclich verlihen vnd gegeben, confirmiren bestetten verleihen vnd geben in
den also zu der vorgemelten irer statt von newes von Romischer keyserlicher macht
volkomenheit wissenntlich in crafft diß briefs, vnd meynen seczen vnd wellen, daz
sy nw hinfür den egemelten iarmarckt in der vorgemelten irer statt Leypzk auff
den vorgenannten newen iars tag vnd die nechsten achttag darnach gancz auß werende
haben, halten, auch alle vnd yeglich kaufleüt vnd ander leüt, die dauon vnd darezü
ziehen vnd den besüchen, alle die guad recht freiheit frid gelaite scherm redlich
gewonheit ordnung vnd herkomen haben vnd alle vnd yeglich zimlich vnd gewond-
lich nuczung vnd gerechtikeit von solhem iarmarckt aufheben, der gebrauchen
vnd geniessen sollen vnd mogen vnd die leüt, die darezu vnd dauon ziehen vnd den
suchen, solichs alles bißher gebraucht vnd genossen haben von allermeniclich vnge-
hindert. Vnd wir gebieten darumb allen vnd yeglichen fürsten geistlichen vnd welt-
lichen grafen freyen herren rittern knechten haubtleuten vogten pflegern verwesern
burgermaistern ampfleuten richtern reten burgern vnd gemeinden aller vnd yeglicher
slosser stette mereckte dorffere vnd gepiete vnd sust allen andern vnsern vnd des
reichs vndertanen vnd getrewen, in was wirden states oder wesens die sein, von
obgemelter keyserlichen macht ernnstlich vnd vesticlich mit disem briefe, daz sy die
egerürten vnser lieb oheim vnd fürsten an solichem iarmarckt, auch vnser keyser-
lichen confirmacion bestettigung newer verleihung vnd begnadung nicht hindern noch
irren in dhein weise, sonnder sy der wie vorstet gerülich gebrauchen vnd geniessen
lassen, als lieb in allen vnd einem yeglichen sey vnser vnd des reichs swere vngnade
vnd darezu eyn pene nemlich fünffezigk marckh lotigs goldes zuuermeiden, die ein
yeder, der freuenlich dawider tete, halb in vnnser vnd des reichs camer vnd den
andern halben teil den offgemelten Ernnsten vnd Albrechten gebrüdern herczogen
zu Sachssen ꝛc. vnd irn erben vnablößlich zubeezalen verfallen sein sol. Mit vrkund
diß briefs besigelt mit vnserm keyserlichen maiestat anhangendem insigel, geben zu
der Newenstat am mittichen nach sannt Pauls bekerung tag nach Cristi geburde
vierezehenhundert vnd im sechsundsechezigisten, vnser reiche des Romischen im

sechsundezweineziginten, des keyserthumbs im vierezehenden vnd des Hungrischen
im sibenuden inren. Ad mandatum domini imperatoris
Vdalricus episcopus Pat. Cancellarius.

Nach dem Orig. im Rathsarchiv zu Leipzig mit dem Majestätssiegel des Kaisers an Fäden von braun-
rother Seide.
Born de iure stapulae ae nundinarum civitat. Lips. 1738. § 18 p. 28.

No. 399. 1466. 5. März.

*Die Rathe beschliessen die Abänderung einer alten gewohnheitsrechtlichen Bestimmung des
Bäckerhandwerks, die Bestrafung wegen zu kleinen Gebäcks betreffend.*

Vff mittewoche nach Reminiscere anno LX sexto, do alle drie rethe bei enan-
der waren, haben die rethe manchirlei handel rede vnde widderrede gehalden der
becker halben. Nochdeme vor hyn eyn ulde gewonheit vnde altherkommen geweßt
ist, wenne die siber geswornc meister der becker eynen addir melir ires huntwerges
strefflich gefunden haben, der adder die das broth zengeringe vnde cleyne gebacken
haben, den haben sie ir broth gesaczt vnde vorboten ir huntwerg in vier wochen
nicht zcu triben*), alßo sint die geswornen meister vor den sitezenden rath kommen
vnde haben dem rathe vorgehalden vnde yn clage weiße anbracht, das sie durch
solliche sutezunge vnde alt herkommene vnde gehaldene gewonheit faste beswert
werden, wenne dodurch so kommen die becker zcu vorterben vnde abenehnuunge ir
narunge vnde [durch] solliches sibern wert uynunt gebeswert wilder die gemeyne
noch sie. Also hat der sitezende rath mit flissiger betrachtunge vnde handelunge
yn beiweßen, ouch mit rate vnde volwort der andern ezwier rethe angesehen zcu
voran eyn gemeynen nutez vnde fromen, der dor vß, so der rath nicht zewifelt,
kommen vnde entstehen sal, ouch angesehen, das die bethe der vier meister des
huntwerges der becker vornunfftig vnd redelich geweßt ist, vnde haben gesaczt
gesaczt vnde vorwilliget, das nu hyn forder eyn iezlicher becker, der do syn broth
zcu cleyne vnde geringe machet, wenne dem durch die vir meister syn broth gesaczt
wirt, so sal er vir woche sibern, adder wil er backen, so sal er dem rathe zwenezig
groschen der höchsten vnde besten were zcu buße geben, vnde die wilkor sal alßo
zcu dem, dem syn broth gesaczt ist, stehen, ap er die vir wochen sibern adder die
XX gr. gebin wolle. — Dor noch haben die rethe geordent geordniret vnde gesaczt:
Wenne eym becker syn broth zcum andern male durch die meister des huntwergiß
gesaczt wirt vnde alßo zcum andern male strefich irfunden wirt, der sal dem rathe
abirmalß eyn guldin gebe vnde sal dor obir siber woche sibern addir sal dem rathe
zweue guldin geben, ap er syn hantwerg triben wil, vnde die wilkore sal abirmalß
zcu deme stehen, dem syn brot gesaczt wirt, ap er die ezweue gulden geben wil
adder syn hantwerg vir wochen entperen wil in obgeschrebener wyße. Wirt denne
dem selbigen beckir, dem syn werg alßo vormalß ezwier von den meistern geleget
waß, zcu dem dritten mal bei dem selbigen rathe, do eß öm vor bei vorleit waß,

abirmals vorleit, so sal der selbige beckir, dem syn werg also zcum dritten male vorleit wirt, dem rate gebin XX gr. der hochsten were, vnde dor obir sal er dem rathe geben drie guldin addir eyn nuwe schock der höchsten were addir sal vier wochen tihern vnde die wilkore der fyher addir der gnanten buße sal abirmalß zcu dem becker wie oben vornelt ist stehen, vnde alßo sal die straffunge her nach alle wege folgen, ap der beckir mehir denne obir die obgeschreben drie mal stretlich an sinem werg gefunden wurde. Disse wilkore vnde satezunge hat der sitzende rat gesaezt vnde geordeniret mit willen vnde volwortt der eldisten vnde der ander ezweier rethe vnde die wilkore vnde satezunge sal alßo bestehnde bliben biß uff der rethe widderrufen vngeuerlich.

Es sint drie rethe obir eynkommen, das eyn iezlicher beckir, wenne er gebacken hat so offte er becket, so sal er das broth vnde semmel addir waß er becket zcu benken tragen vnde das feyle haben, das di vir gesawornen meister irkennen mogin, ap eyn redelich brotkouff sei vnde blibe adder nicht, vnde das der rath sich oneh dor nach weiß zcuhalden vnde des eyn wyssen habe möge; vnde dy vier geswornen meister sollin dor bei vleiß thun vnde eyn gut uffsehen haben, vnde wenne sie etwaß gebrochß irkennen, sollin sie dem rathe nicht vorhelen, sundern zcu irkennen gebin.

Nach dem Rathsbuch fol. 3^b im Archiv des K. Bezirksgerichts zu Leipzig

No. 400. 1466. 7. Juni.

Rathsbeschluss in Betreff der Gesellenkassen.

Uff sonnabent nach Trinitatis — hat der sitzende rath mit den andern zeweien rethen, uff daß vngehorßam hynforder zcwyschen dem hantwerge vnde gesellen nicht entstehen dörffe vnde vormyden werde, gesatezt vmbe der buchßen halbin, dorynne die gesellin yr gelt habin besloßßen, daß die buchße mit dem gelde als die gesellen haben bey eynem meister deß hantwergeß syn vnde blyben solle, dor zcu denne daß hantwergk addir eyn meister deß huntwergiß einen vnde die gesellen vndir sich selbst den andern slosßeln habin sollin vnde anderß bei des rates straffung nicht haldin.

Nach dem Rathsbuch fol. 4. im Archiv des K Bezirksgerichts zu Leipzig

No. 401. 1466. 4. Juli.

P. Paul II. genehmigt auf Nachsuchen des Raths, dass diejenigen Beneficiaten der Georgenkirche, welche den Universitätsstudien obliegen, von der Verpflichtung zur persönlichen Residens befreit die gottesdienstlichen Handlungen durch geeignete Stellvertreter verrichten lassen.

Paulus episcopus servus servorum dei ad perpetuam rei memoriam. Iniunctum nobis apostolicae servitutis officium quo ecclesiarum et piorum locorum quorumlibet regimini praesidemus nos excitat et hortatur, ut votis illis gratum praestemus assensum, per quae viri ecclesiastici scientiarum volentes imbui documentis competens in suis oportunitatibus suscipiant relevamen. Sane. pro parte dilectorum filiorum consulum et proconsulum opidi Liptzensis Merseburgensis diocesis petitio continebat, quod in fundatione sex beneficiorum per consules proconsules seu privatas personas eiusdem opidi in ecclesia hospitalis sancti Georgii extra muros dicti opidi facta caveri dicitur expresse, quod obtinentes pro tempore dicta beneficia debeant inibi personaliter residere ac horis canonicis diurnis pariter et nocturnis in dicta ecclesia personaliter interesse, prout in eadem fundatione plenius dicitur contineri, et sicut eadem petitio subiungebat obtinentes pro tempore huiusmodi beneficia ut plurimum sunt dediti studio litterarum, quod in dicto opido viget generale, nec possunt absque maximo eorum dispendio personaliter in dicta ecclesia in divinis deservire, fructus quoque singulorum beneficiorum eorundem sex marcharum argenti secundum communem extimationem valorem annuum non excedunt; quare pro parte consulum et proconsulum praedictorum asserentium, quod ipsi veri patroni dictorum beneficiorum ex huiusmodi fundatione existunt et in hoc expresse consentiunt, nobis fuit humiliter supplicatum, ut super iis oportune providere de benignitate apostolica dignaremur. Nos itaque huiusmodi supplicationibus inclinati auctoritate apostolica tenore praesentium perpetuo statuimus et ordinamus, quod tam praesentes quam futuri beneficia huiusmodi pro tempore obtinentes litterarum studio huiusmodi pro tempore insistendo, sine tamen divini cultus praeiudicio vel diminutione, in dicta ecclesia non teneantur personaliter residere nec diurnis pariter et nocturnis officiis praedictis interesse nec ad id a quoquam inviti compelli possint, dummodo interim per idoneos substitutos faciant dictis beneficiis alias iuxta huiusmodi fundationem deserviri, decernentes irritum et inane, si secus super his a quoquam qnavis auctoritate scienter vel ignoranter contigerit attemptari, non obstantibus fundatione praedicta ac constitutionibus et ordinationibus apostolicis ceterisque contrariis quibuscunque. Nulli ergo omnino hominum etc. Si quis autem etc. Datum Romae apud sanctum Marcum anno incarnationis dominicae millesimo quadringentesimo sexagesimo sexto quarto Non. Julii pontificatus nostri anno secundo.

Nach dem Orig. im Rathsarchiv zu Leipzig mit dem Bleisiegel an roth- und gelbseidenem Faden.

No. 402. 1466. 29. Juli.

Bürgermeister und Rath geloben, dem Nickel von Bucksdorf und nach diesem laut der Stiftung des Bischofs Dietrich von Naumburg zu Berufenden (No. 363) jährlich und solange der Wiederkauf steht 40 Rhein. Gulden in zwei Terminen zu zahlen, nach Wiedereinlösung der Zinsen aber zu geeigneter Anlegung der Hauptsumme ihre Mithülfe zu gewähren.

Wir nachgeschreben Hans Stockart burgermeister, A. B. C. ꝛc. rathmann der stadt Leiptzk bekenn —, so als der erwirdige in gotuatter vnd herre herre Ditterich iezund bischoff zw Numberg die zeeit do er ordinarius was zw Liptzk vff vnserm ratßhuse vnd uff allen vnsern reuthen zinsen zufellen gefiessen vnde sunst uff allen

zugehorungen — zw der stadt Leiptzk gehorende — von vns vnde vnserm vorfarn
vierzeig gutte Reinische gulden gut an golde vnde schwere genug am gewichte ier-
liche renthe vff eynen rechten widerkauff gekanfft hatte vor sechs hundert gutte
Rienische gulden an golde, — die wir inn vnser stadt gemeynen nvtz vnd frommen
gekart vnd gewant hatten vnd hette[n] globit, im¹) sulche zeinse vff zwu tag zceit
des iares zubezcalen, nemelich zwenzeig gulden an golde ader also vil muntze, das
mann nach gemeynem lanfte eynen gulden vergenugen moge, vff Jacobi vnd dornach
die andern zwenzeig gulden vff purificationis Mariae —; in demselben kauffe wart auch
offinberlichen vnnd luterlichen zwischen em vnde vns ausgedruckt vnd beteydingt,
ab er sulche zinse vnd houptsumme ymande geben welde fremden ader freunden,
geistlichen ader wertlichen leuten, bey seynem gesunden leybe ader in seiner krancheit
in syme letzten willen ader testamente in kegenwertig glonbwirdiger luthe, den
do zugloben stunde reehte, das er gantz macht haben solde zuthun ane alle hinder-
niß syner erben vnd eynes itzlichen anders, so er das gelt mit seyner arbeit erwor-
ben hat, vnd weme er das geben wurde oder bescheiden, dem wolden wir ader
vnsere nachkommen eynen brieff darober geben vber die houptsumme vnd zinse in
allir mase vnd in sulcher forme, als wir om gegeben hattyn, als das er wol bewart
sin sulde vnd sicher aller anfechtunge erniß vnd intrag von eyme iderman, das em
alle iare syne zeinse von vns vnd alle vnsern nachkommelnngen werden sollen ane
allen verzog vnd ane allen synen schaden, so das vnser brieff, den er an dem ende
hyr ingezogen haben wil so vil im nodt ist vnd nicht furder, wol vßwiset. So er
dan nube betracht hat syner selen selickeit vnde ouch das er suleh gelt nicht hat
gewunnen nach genommen by vnd von der kirchen zw Numburgk, oeh nicht von
synem veterlichen erbe, sander hat das erwurben mit syner schweren arbeit ehe er
zw bischoffe gekorn wart, vnd darumb hat er by synem gesunden frischen leibe mit
wolbedachtem muthe sulch gelt vnd zeinse zw eyner milden sachen, — doch so behelt
er ym dieweile das er lebet dormethe zuthun vnd zulassen nach synem willen —,
gegeben gote zu lobe, siner vnd alle syner frunde vnd darzu allen glowbigen selen
zutroste, das sulche zeinse eyn studente hubin vnde vffheben sol vnnd darbie studi-
ren, nach luthe eynes brieffs, den er vor langen iaren hat lassen schriben vnde vns
eynen vnd synen frunden den andern gegeben, vnde hat vns gebeten, das wir sulch
gelt zeinse welden lassen zuschreiben demselben studenten in sulcher weyse als oben-
stehet geschreben, nemelichen Nickel von Bucksdorff synem vetter vnd dornach wenne
sulche zeinse nach luthe synes brieffs, den er vns gegeben hat, werden von vns
zngesagt vnd gelegen, vnd welden im darvbir eynen ganghafftigen brieff geben.
Das haben wir angesehen syne mogeliche bethe vnd ouch das wir vns gegen ehm
vorschriben haben, ab er sulche ezinse ymandes geben wurde fremden adir freunden,
das wir dem och welden geben dorober eynen guten brieff in sulcher [maße], das er
wol bewart sin solle, vnd dorumb so haben wir synem gutten vetter Nickele von
Bugstorffe vnd synen nachkommen studenten, dem aber den wir die zeinse vorhei-
sehen zusagen vnd verlihen werden nach lawt seynes brieffs, den er vns darvber
gegeben hat, diesen brieff gegeben, reden vnd globen denselbten studenten vor vns

¹) Or. ein.

vnd alle vnser nachkommen in crafft dieß brines, von vnsern stadtrenthen und zugehorungen alle [iar] ierlichen zwenczig gulden an golde ader sovil muntz als obin berurt ist auff purificationis vnd die andern zwenzig gulden uff Jacobi zugeben zu Leiptzk in der stadt, so doch das her vns eyne quittancie gebe, wie offt wir yn die zinse geben werden, vnuorkommert allir gericht vnd hern gebot geistlichs vnd wertlichs gerichts. Wurden wir aber sewmig werden mit der bezalunge, so globen wir em allen moglichen schaden, wie der zukommen mochte, zulegern vnd zugeben aue arg vnd allis geuerde. Doch so sol in der widerkauff derselbigen zinse zw vns stehen, wen wir die wieder abkeuffen wollen vor sechshundert gut Rh. gulden, vnd wen wir den widerkauff thun wollen, so wollen wir den thuen zw Leiptzk ader funff meile weges darumb, wo im das am[*]) aller bequemst duncket mit guttem golde schwere genug am gewichte vnd nicht mit muntze, so doch das [der] selbe studente dieselben sechshundert gulden nicht zu sich neme, sunde[r] solle die legen bey den rathe der stadt, do der widerkauff inne bescheen wyrt; solch gelt er den mit vnserm radt wider anlegen sol, das die stifftung nicht zngehe vnd vorterbe, wollen die auch hanthaben nach allem vnserm vormogen, wollen auch nymande gestattin, das er die vornichtige, sunder wollen die by all vnserm vermogen vortedigin beschirmen vnd vorschutzen keyn eynem itzlichin, das sie by crafft vnd macht bliben sal in mussen sie zum ersten gemacht ist; das globen wir zuthun by vnsern waren truwen in crafft diß brieffs. Unnde uff das wir obgnante burgermeister vnd radtmanne vnd gantz gemein der stadt zw Leiptzk vnd alle vnser nachkommennunge alle obgeschreben rede vnd globde stete vnde vnuorbrochen halden wollen vnd sollen, so haben wir vnser stadt ingesigel mit willen vnnd wissen an diesen brieff lassen hengen, der da gegeben ist nach Cristi geburt vierzehenhundert jar vnd dornach LXVI jar am dienstage nach Jacobi in fidem praemissorum. —

Nach einer Abschrift aus dem 16. Jahrhundert in dem Rathsbuch fol. 375 im Archiv des K. Bezirksgerichts zu Leipzig.

1) Or. ras

No. 403. 1466. 23. Aug.

Der Rath erneuert eine ältere Bestimmung über die den Bäckern nachgelassene Anzahl der zur Mast bestimmten Schweine.

Sabbato in vigilia Bartholomcai anno LX sexto hat der rath das gemeine hantwergk der becker besauth vnde on vom befelunge der andern rethe gesaget, das keyn beckir hyn forder mehir denne XIII swyn zcu sommer mastunge haldin solle noch der alden satezunge[*]), die vor alders dor uff von den rethen gesaezt ist, vnde welch beckir die satezunge mit haldunge der swein obirtreten wurde, der sal dem gerichte daß vorwandeln, also das der richter die obirigen swyn nemen moge addir ye von eyner maßt swyne eyn schogk, also denne die buße vor alders geweßt ist; vnde eß sal ouch hyn forder von befelunge der rethe keyn beckir widder suhen addir andir keynerlei mager swyn obir die gnante czall vil noch wenigk nicht

a) Vgl Nu 101.

enhalden bei der ehegnanten bußen eyns sehogkn, so offte er deß von dem richter obirkommen wirt. Vnde die rethe wollen solliche satezunge vor alders gescheen hir mit ganez vormwet habin vnde die stete vnde festielich von dem ehgnanten hantwerge der beckir bie der obgemeiltin pene vnde bußin gehaldin habin vnde die rethe wollin den, die solliche satezungin in zenkunftigin zeitin nicht haldin werden, an der buße, sie sint rich addir arm, in deme rathe addir bußin deme rathe, nichtis abiral zeugnte halden noch vorsehin.

Nach dem Rathsbuch fol. 7. Im Archiv des K Bezirksgerichts zu Leipzig.

No. 404. 1466. 30. Aug.

Der Rath untersagt den Schuhmachern unter Strafandrohung das Aufertigen von Schnabelschuhen.

Sabbato post decollationis Johannis — hatt der rath besanth das gemeine hantwergk der schustir vnde der rath hat ßu do yu bei wellin der anderun ezwien rethe irezelet vnde gesaget, das kein meister deß ehegnantin hantwergiß nu hynforder keyne spiecze addir snebilichte sehu nymandes widdir burgern addir burgerssonen, studenten addir kouffluten, widder frauwen noch innckfronwin nicht mehir machen sollin bei einer pene vnde buße eyns alden schogk der hochsten vnde besten were so offte vnde dicke die meister deß gnanten hantwerges einer addir mehir obir deß ratiß maß, das denne der rath dem hantwerge obirgeantwort vnde gegebin hat, machen wurden. Dor bei so habin die meister deß hantwergiß vor den rethen irezalet vnde geclagett, daß sie obirfuhertt werden mit snebelichten schuen, die man andirßwo außewendig der stat machet, deßhalben sie denne solliche satezunge swerlich gehaldin möchten. Hat der rath gesagt vnde wil, das nu forder solliche satezunge von dem ehgnanten hantwerge möge gehalden werdin, das eyn iezlicher, der do mit snebelichten schuen betretin addir keyn dem rathe besaget wurde, der selbige adder die were der adder die weren, sollin dem rathe sagen, wer die schu gemacht hatt vnde sal deme rathe den schuster namhafftig machin; wil abir der adder die alßo dem rathe besagt werden den schuster nicht namhafftig machin, so sal der addir die eyn sollich nicht wollin zeu irkennen gebin von den schuen zewene Rynissche guldin zenbuße gebin; wurden sie abir deß bekentlich ayn vnde den schuster namhafftig machin, sollen sie deme rathe eynen guldin zenbuße gebin. Actum ut s.

Nach dem Rathsbuch fol. 7b Im Archiv des K. Bezirksgerichts zu Leipzig
Dresdner gelehrte Anzeigen 1799. Stück 38 S 381.

No. 405. 1466. 30. Aug.

Revision der Handwerksartikel der Fleischer und Festsetzung der Befugnisse der Landfleischer.

Zcuwissen, nachdeme also die meistere des hantwergs der fleischhawer dem erbarn rate etzliche schriffte, darynne etzliche ordenunge vnde satzungen ires hantwerges vormeldit werden, nach des rats beger obirgeantwert haben, welche schriffte

vnde satzungen des egnanten hantwergs der rat mit guter betrachtunge gar vleißlich
verlesen vnd obirsehen hat vnde dieselben artickell vnde satzungen, inmassen die
obirgeantwert sein, mit wissen willen vnd volwort der andern zeweier rete eynsteils
also die an sich selbs luten bestehen lassen, eynsteils gemessiget vnde eynsteils
gantz abgetan vnd abgestalt haben, angesehen das die selben satzungen vnd artickell,
die do abgetan vnd abgestallt seint, widder des hantwerges eygen nutz vnde fromen
seint, dodurch auch redeliche personen, die ir hantwergk wol treiben vnde arbeitten
mochten, an irem hantwerge vnd irer narunge gantz vnbillich ane alle redeliche
vrsache verhindert werden, eyn solchs denne die rete allesampt inng vnde alte
vaste verduncket, darvmbe sie solche vordechtige vnd vornergliche artickell dersel-
ben satzungen, dadurch das hantwerg vnd etzliche personen es sein frawen ader
man, die also ane sache an irem hantwerge vnd irer narunge verhindert werden,
gantz abgestalt haben, vnnde die andern, die do zeukurtz ader zeulangk sein, mes-
sigen vnde hinzensetzen, die do aber redelich vnd vernunfftig seint an sich selbs
bestehen lassen, inmassen ernach folget:

Vnnde des ersten vf den ersten satz vnd artickell irer ersten satzungen,
welch satz also lutet: Nach guter alder gewonheit haben wir eine zensampue ruf-
funge dreymall im iare, die wir nennen morgensprache, darinne wir daune warttende
sein, ap ymants ußwendig adder hie in der stat mutende wil sein vnnser sunderlich
hantwerg fleischhawen; ist er fronde vnde vßwendig, so muß er muten iar vnde tag,
so doch das er sich vor der mutunge bewybet habe, angesehen das wir in solcher
zeeit vnbe sein wesen irforschunge gehaben mogen, ist er aber eyns meisters son
vnnsers hantwerges, so leyhet man im das hantwerg an der ersten morgensprache,
so fern ab er anders beyl vnde messer zeu seinem hantwerge furen kan. Vnd so
solcher sein hantwerg gewynnet, wie der benant ist, verbewt nun im, das er keyn
vntuchtig vihe slahen sall, also wirbelsuchtig, wolffbeissig, beynbruchig vnde trechtig
noch sant Andrestage vnd solchs bei vorliebung seins hantwerg ze.

Solchen satz uff die morgensprache, das die von dem hantwercke dristunt
gehalten wirt, lassen die rete an dem ende an sich selbst bestehen vnnde haben dem
hantwerck an dem ende darinn nicht; so aber die selbe satzunge darnach in sich
heldet vnde besagt, das ein itzlicher, der do das mutende ist, derselbe solle beweibet
sein vnd abdanne das hantwerg zeu dreyen morgensprachen, das ist in iar vnd tage
sein hantwerg muten ze., solche satzunge vnd solcher artickell, wie der das also
besagt, sal nufurder an dem ende nach erkentniß aller dreyer rethe gantz abgetan
sein vnnde hinfurder also gehalden werden, das ein itzlicher, der do sich bewybet
hat vnde der do eelich wurden ist, so der seins hantwergs wirt mutende sein, denne
selben sal man sein hantwerg zeu der ersten morgensprache, darnach so er sich
bewybet hat ader so er eelich wurden ist, volgen vnd zeustehen laßen; ist aber der
selbe frei vnd ledig vnde ein burger, der sall des hantwergis zeu dreyen morgen-
sprachen in iare vnd tage mutende sein, vnd wenne derselbe sich bewybet ader
eelich wirt, so sal im sein hantwergk vonstunt darnach gegeben werden vnd mag
denne des also 'ein ander meister von ydermann vnuorhindert gebruchen. Eyn solchs
haben die rete in des hantwerges besten also irkant vnde gesetzet, wenne dadurch

so wirt das hantwerg an redelichen vnd endelichen gesellen vnd meistern gemehirt vnd wynnet dadurch zeu, das eyner, der do relich ist vnd sich beweybet hat, also balde darnach zen seiner narunge vnd zen seinem hantwerge kommen moge, das er so lange zeit noch der mutunge sein hantwerg nicht sparen vnd verezihen darff. Sodanne das an sich selbs wol czumereken stet, deßhalben so wollen die rete nuhinfurder das in abgeschribener weyse gehalden haben von eynem iezlichen des gnanten hantwergs vnwiddersprechlich. — Darnach am ende vormeldit dieselbe satzunge, das nymant von irem hantwergke nach sant Andres tage keynerlei vihe slagen solle, das do wirbelsuchtig wolffbeißig beinbruchig ader trechtig sei bei verliesunge seyns werekis. Solchen satz an dem ende nemlich wirbelsuchtig vnd wolffbeisig lessit der rath mit den andern reten bei der selben pene vnd bussen bei verlust des hantwergs auch bestehena; so solche gebrechen an sich selbs boße vnd strefflich sint, deßhalben so blibt es bei solcher straffung billich. Aber vff das andern zewei, also nemlich vf beynbruchig, das denne obir iar strefflich ist, vnd trechtig, das man danne nach sant Andrestage nicht slahen sall. haben die rete eintrechtiglich irkant vnd erkennen geinwertiglich, das die pen vnd buße vff die zewei also nemlich vf beinbruchig, das danne obir iar stet, vnd vf trechtig vihe, das man noch sant Andres tage nicht slahen sall bei verlust des wergks vnd des hantwergs, zeuswer vnd zeugroß ist, das dorvmbe eyner, der daryune strefflich ader wie sich danne das begeben obirtretlich irfunden wurde, das der darvmbe solde yimmer vnd ewig seins wergs beraubt sein. Solche busse alezuhart vnd zeugestreuge ist, vnd das angesehen so hat der rath mit volwort geheille vnd beiwesen der andern zeweier reth vf die gnanten zewei stucke also vf beinbruchig vnd trechtig vihe gemessiget, das nuhinfurder ein iezlicher, der do solch vihe also beynbruchig, wenne er das obir das iar feyle haben wurde vnd darober befunden, vnd trechtig nach sant Andres tage besehen wurde, denne rate zewene Rh. gulden solde geben vnd vorfallen sei so offt vnd vil solch vleisch von den meistern bei in gefunden wurde anne alle gnade ader vorlassunge, vud solde darvmbe seins werekis der gnanten stucke halben nicht vorfallen sei, sundern das also obinberurt mit der bussen sich entledigen. Aber die busse vff die andern zewei also wirbelsuchtig vnd wolffbeissig sal noch der satzung an sich selbs bleiben bei verlust des werekes vff die geswornen meistere des hantwergs sollen hir bei iren eyden, so die denne dem rate getan haben, ein vlissig vffsehen vnd vermerecken haben, das ein solchs vngestrafft nicht bleibe, ap solch vleisch neulich beinbruchig vnd trechtig zeu marekte bracht wurde, vnnd wenne sie darinne laß sein wurden vnd an den rath zen der zeit gelangen wurde, so sollen sie solche busse selbst geben vnde deme rathe, das sie in irem zensehen leßlich weren gewest, vorfallen sein ane widderrede.

Der ander satz vnd artickell der obirgenntworten schrifte heldet in sich: Nymmet einer eyns meisters tochter des benumpten hantwergs, der hat sein hantwerg mit genommen, doch also das er sei inkomen ader ingeborn dem hantwereke glonbhafftige briefe brengen muß. Disse satzunge haben die rete an nichte vermerckt vnd darvmbe so lassen sie die an sich selbst ane keynerlei abenemunge ader zeusetzunge also bestehen.

Der dritte satz der egnanten schriffte vermeldit: Stirbet ein meister von seinem hantwercke vnd lest hinder im ein eelich weip, solch sein wip hat nicht furder das hantwerg zcu arbeitten noch tode ires mannes :c. Solliche satezung des hantwergs der fleischhawer haben die rete mit guter betrachtunge vnd redelicher vernunfft geachtet vnde den wol besonnen vnnd in seinem inhalde vorstanden vnd tun vnde stellen den satz, hinfurder den nicht mehir zcuhalden, gantz abe, so solche satzunge widder redeliche vornunfft vnd widder die meister des gnanten hantwergis am meisten vnd am grosten ist, so das ein iezlicher vorstendiger vnd vornemender man wol vormercken mag, wenne dudnrch so werden fromme redeliche frawen vnd witwen, die sich vnd ire kynt mit redelicher arbeit vnd treybunge ires hantwergs wol irneren mochten, an irer narunge verhindert, es mogen auch die meister des hantwergis adder ire sone, welche die haben, selden ader ymmer zcu wolhabenden wylen gekommen, also wol ezumercken stet. Es ist auch nicht not zcnvolfurne, vnd darvmbe der vnd ander redelicher vrsachen halben so stellen dy rete cyntrech-tiglich solche vormergliche satzunge gantz abe vnd wollen, das nu furder eine itzliche witwe des egnanten hantwergs, die zcit vnd wyle sie iren witwenstull vnuor-wandelt vnd vnuorruckt heldit adder ap sie einen andern man desselben hantwergs noch ires ersten mannes tode nemen wurde, ir hantwerg freye von idermanne vnuor-hindert glich einem andern meistere desselben hantwergs gearbeitten moge. Vnd dorvmbe so sal solch vnezemlich satzunge nufurder durch das hantwerg opgnant gantz vnd gar ane alle widdersprache abgetan sein.

Der virde satz vnd artickel der obirgenutworttin schriffte besaget: Hat eyn meister zcewene sone adder mehir, so hat der eldiste son, er sei bewybet adder nicht, so er beyll vnd messer gefuren kan sein hantwergk vnd der andern keyn. Nym-met aber der eldiste son ein weip darnach so kompt es vff den andern :c. Solche satzunge des virden artickels stellen die rete auch gantz abe das der furder nicht solle gehalden werden, wenn dadurch so wirt das hantwerg geswechet vnd vaste geengit, so wol zcumercken ist, wenn ye mehir endelicher lute, die zcu irem hant-wercke tuchtig weren, vunde sunderlich meisters sone zcu deme hantwerg qwemen, ye grosser nutz vnd fronien das hantwerg dauon haben mochte, so dadurch das hantwerg gemehirt vnd die baweren vff dem lande, die danne das hantwerg nicht gelart haben, herinne in die stat zcuslachten dempfet vnd vnder gedrucket wurden vnd wurden sich danne also dadurch in die stat zcnslachten selbs messigen vnd darnssen bleiben, das doch die meister des hantwerges, die pawer nicht erhin zcu-slachten, offte vnd vil, on das nicht zcnuorgonnen, an den reten gemutet haben, das sich doch yo einsteils, so solche satzungen nicht enweren, selbst weren wurde. Vunnd darvmbe so setzen die rete mit vnd von guter vernunfftiger betrachtunge, das es nu furder also solle gehalden werden: Welch meister des gnanten hantwergs zcewene ader mehir sone hette ader haben wurde, der eyne adir sie alle zcu irem hantwergke beyl vnd messer geturen konde, der ader die wienil der were sollen allesampt also-danne das hantwerg haben vnd des glichen irem vater addir eynem andern meister des egnanten hantwergs von ydermanne vnuorhindert gebruchen.

Der funffte satz vnd artickell besaget: Kein knecht sall noch thar in der

stat hynne nach vf dem steinwege keyn vihe nicht keuffen, angesehen das die alden
meistere in solchem vortail, die nicht ferre zeihen konnen, vorsorgt werden. Dissen
satz lassen die rete auch an sich selbs bestehen, das sie den also furder gehalen
mogen, so nichts vnbillichs darinne wirdet furgenommen.

Den sechsten satz, der also lutet: Wenne ein knecht in vngunst entleufft
ane rechte vrsache von sinem hern, darnach so thur derselbige knecht in vnser
innunge noch vf vnserm hantwergke in einem iare nicht arbeitten, so doch das die
sach des knechtis sei vnd nicht des hern. Disse satzung lassen die rete aber so
nach dem innhalde bestehen, so nichts vngeuerlichs darinnen ist.

Der sybende satz der egnanten schriffte also besagit: Item so mogen vnser
zewene addir vire zewischen ostern vnd Michaelis slahen ein rynt adir ein swein,
darzeu mag er slahen was sein gutduncken vnd tuchtig ist, angesehen das einer
den schaden, ab es vnuorkaufft blebe, nicht alleyne dorffe tragenn. Dissen artickell
leat der rath auch also an sich selber bestehen, so dach das ein itzlicher des hant-
werges moge ander clein vihe also lemmere schopße rnde kelbere also vil slahen, so
er zeuslahne vormag, von idermenniglichen vnfurhindert.

Der achtte satz also lutende: Wirt einer vnsers hantwerges vor dem hant-
wercke beclaget vmbe schulde ader zewytracht vnd orley, was er hirinne bekennet,
muß er in XIIII tagen vornugen adder legen im sein hantwerg. Solchen satz lassen
die rete ouch bestehen, so darinne nichts vnpillichs vorlutet wirt.

Der newnde satz, den lassen die rete auch an sich selbst bestehen vnde
setzen darwidder nichts, der sagt: Wer sich vnder vns, es sei fraw ader man, in
fleischbeucken schilt vnd rucket mit wortten, welchir irkant wirt bruchlich, muß dem
hantwercke geben zewei pfunt wachs. Solche satzung billich ist, lassen es die rete
darbei auch bliben.

Der zeehende vnd letzte satz vnd artickell der obirgeantwortten schriffte in
sich heldet: Kein knecht noch meister enthoren nicht mitenandir hautiren noch
gemeinschafft haben, es sei danne das do irkant wirt, das sich der knecht zeum
hantwercke wenden wil vnd sich beweybet. Dissen satz laßen die rete auch also
bestehen vnd wollen darwidder nicht setzen, sundern den also an sich selbst bliben
vnd in macht bestehen lassen.

Ober disse satzungen, inmassen die obin furmeldit sint, haben die meister der
fleischhawer ein ander gewonheit vnd satzunge vnder sich, der sie denne den reten
in iren schrifften obirgeantwert nicht gesatzt nach dem rate zeuerkennen geben haben.
Die gewonheit ist also, das keyn knecht keynem meister vf irem hantwercke ouch
keyner frawen, sie sey witwe ader nicht, keynerlei fleisch widder zen marckte nach
zen becken hawen thar, es sei der meister keginwertig ader nicht, sundern wil der
meister, ap er anders das fleisch nicht selbir hawen wil, adder dy fraw, ap der
meister nicht inheymisch adder zenhuße were, das fleisch gehawen haben, so muß er
adder die frawe das einen andern meister von irem hantwercke zeuhawen bitten,
der ir denne solch fleisch zen hawen mag; magk abir die fraw darzeu eyns meisters
nicht bekomen adder vermogen, der ir das fleisch zenhilbe, so muß das fleischs also
in sich selbst vngehawen bliben vnd thar ir das durch iren knecht nicht zeuhawen

lassen, das sie das zeu marckte ader zeu bencken getragen vnd verkauffen mochte, sundern sie muß das wie obinfurmelt also bei sich behalden vnd legen lassen. Solche satzunge vnd gewonheit nach erkentniße der rete gautz vnezinlich vnd widder alle vornunfft ist vnde des hantwergs eygen vngedeyen vnd vorterben, darvmbe denne solche vnezinliche gewonheit nu hinfurder ganntz abgestalt sall sein, vnnd nachdeme so obinberurt ist witwen zeugegeben wirt, das sie nach tode irer menner onuorhindert tryben vnd arbeitten mogen, so sall anch eyne witwe ader snst auch eine itzliche frawe vf dem hantwercke nu furder inncht haben, die anders gesynde vnd knechte hat, das ir ein knecht fleisch zeu bencken vnd zeu marckte hawen mag vnd sall, vnd deßglichen so mag auch ein knecht seinem meister tun von eyne itzlichen des gnauten hantwergs vnfurhindert.

Disse opgerurtten satzungen sollen die virmeister des hantwerges, die zeu der zeit sein ader sein werden, zeu allen morgensprachen dem gantzen hautwercke iung vnd alt vorkunden vnd lesen lassen, das ein itzlicher meister des hantwerckes solche ohgeschriben punckt vnd artickell vnfurbrochlich halde, nachdeme die von den reten iubesten gesatzt vnd erkant ist warden, vnd ap solche satzungen durch die meister des egnanten hantwergkes durch einen ader mehir nicht gehalden, sundern gebrochen wurde, so offte das gescheen wurde, so vil vnd offte das obirtreten wurde, so sall das hautwerg denne rate X gute schog der hochsten vnde besten were vorfallen sei, vnd der rath, der do zeu der zeit, so sich solche obirtretunge irgeben wurde, [sein wirt,] sall solche pen vnd buße von dem hantwercke ane alle gnad nehmen.

Also denne darnach die meistere des egnanten hautwerckes in iren schrifften furbrengen altberkomene gewonheit, die fleischhawer vf dem lande, die man lesterer nennet belangent, von den sie denne, also sie in iren schriften vermelden, obir solche altherkomen gewonheit swerlichen obirlast vnd gedrucknisse lyden, domit sie an irer narunge abenehmen vnde von den gnanten lesterern geswecht werden, haben die rete solche punckt vnd artickell, inmassen die von den obgnanten meistern irezult werden, zeu hertzen genomen vnd die mit vleisse obirsehen vnd gemerckt vnd haben nach vlißsiger betrachtunge eyntrechtiglich beslossen, das es die fleischhawer bussen der stat vnd vf dem lande, die do pflegen fleisch herinne in die stat zeu bringen, halden sollen inmassen hernach volget. Eyn solchs denne dem hantwerge vnd den meistern zeu nutz vnd zen gedien vnd irhebunge irer narnng gesatzt vnd gewillet ist, daruff sie danne ein vffsehen haben sollen, welcher lesterer deme also nicht nachkomen wurde, mogen sie nach irer gewonheit, so sie denne von alders bißher gehabt haben, darvmbe bussen 2c.[*]

Des ersten[b]), das die lesterer nuhinfurder kein fleisch kleyner hawen sollen denne als sie das zeu marckte bracht haben ader hrengen werden vnd also selbst sollen sie es ouch verkeuffen vnd anders nicht, doch mit solchem beisatze, inmassen hernach volget. Item so sollen die gnanten lesterer keyne klawe nach halbe bewlt hinfurder hawen, es sei danne das sie vf das wenigste daran lassen vor eynen halben groschen fleisch, inmassen denne das vor alder auch gewest ist. Item so sollen

* Der auf Vorstellung der Stadt … vom 17. … Marz 1564 gefasste Rathsbeschluss … No. … den vorschwenlichen Ausschluss der Lesterer betr … war nach dem Obigen bereits wieder aufgehoben worden. b Die folgenden Bestimmungen finden sich zum grossen Theil schon in der Ordnung vom 7 April 156 … No. XLII.

sie auch nach alder gewonheit rintfleisch swinenfleisch vnde bockfleischs nicht vnder eyne halben groschen hawen. Item so sollen sie auch lammesbuche gantz verkeuffen vnd vngerißen, es were denne das ir zewene eynen lammeßbuch gekaufft hetten, also denne mogen on die lesterer zenryssen vnd zenteylen ane wandell. Item so sollen die lesterer kalpfleisch vnd schopßenfleisch kleyner nicht zenhawen danne zeu virteiln, so denne das fur aldern auch gewest ist. Item so soll hinfurder nymandis keynerlei vihe cleyne ader groß hir in der stat keuffen, es sei danne sache, das er mit deme, dem er das vihe abekeuffen wirt adder wurde, fur den burgermeister vnd rath, der do die zeit ist ader sein wirt, kome vnd denne aldo mitsampt sinen verkeuffern dem burgermeister vnd rate gerede vnd globe, das er solch vihe, das er hir in der stat gekaufft hat, widder herinne in die stat slachten wolle, vnd wurde der lesterer des also obirkommen, das er sinem globde also nicht nach qweme, so solde er denne furder dieweil er lebte nymmer mehir herinne slachten vnde solde also des marcks mit slachten vnd des fleisches herin zenbringen darben vnd entperen. Item so sollen die meister des hantwerges alles erkante vnd besehne vleisch, das do vntuchtig ist, in das hospitall tragen lassen, doch also das sie sich deß glichen auch kegin iren gewercken halden, inmassen denne das obinbestymmet ist. Item so soll auch keyn lesterer keynerlei fleisch nicht velschen widder mit zceichen noch mit vter absznydunge, vnd welcher des obirfundig wurde, sollen die meistere, also bißher gewonlich ist gewest, bussen vnde straffen. Es sollen auch die lesterer nach die meister hirinne in der stat nach alder gewonheit keyn kalp slahen vnder dreyen wochen. Item es sollen die lesterer keynerlei fleisch, das sie zeu marekte bringen, in keynem reyne noch vngewitter, als danne das von aldern auch gewest ist, nicht entdecken; sie sollen auch von Ostern biß vff Michaelis nicht lenger feile haben denne biß zeu zewelffen. Item es sollen auch die lesterer, inmassen das auch vormals gewest ist, noch sante Andres tage keyn trechtig vihe nicht slachten, in solcher weise, so denne das dy meister alhy auch vnder sich halden vnd satzunge haben. Aber gesling hewbt vnd andere cleynot mogen die lesterer, so denne das bißher gewest ist, wol her in furen vnd verkeuffen von ydermanne vnuorhindert; sie mogen auch obir die zewene merckte, die sie in der wochen haben, in den inrnerekten frey von ydermanne vnuorhindert feile haben, inmassen denne das furmals durch die rete auch ußgesatzt vnd irkant ist wurden.

Diß ist geordent vnd gesatzt wurden vom rate zeu Lipczk mit willen vnde volwort der andern zeweyer rete vnd gebotten also zenhalden noch gots geburt M CCCC° im LXVI iare am sonnabende noch Bartholomaei.

Solcher satzunge vnd ordenunge der rath dem egnanten hantwercke vnde meistern aller stucke punckt vnd artickell eyne abschrifft vnder des rats secret vnd sigil gegeben hat, das also vnfurbrochlich vnde vnuorrucklich stet vnd veste zenhaldene; es behelt im auch der rath hiebei, die obgerurtten satzungen punckt vnd artickell zendewiten, uszculegen, die zeu mehirn ader zen mynnern ader auch gantz zenandern, nachdeme der rat zeukunfftiglich vor das loblichste nutzlichste vnd bequemlichste der gemeynen zeu nutz irkennen wurde. Ad laudem dei amen.

Nach dem Rathsbuch fol. 14b fz. im Archiv des k. Bezirksgerichts zu Leipzig.

No. 406. 1466. 3. Nov.

Beschluss der drei Räthe über die Aufbringung des den Landesherren auf dem Landtage zu Oschatz bewilligten städtischen Steuerbeitrags von 3000 Gulden.

Vff montagk noch omnium sanctorum anno domini M°CCCC°LXVI° sint die rethe alle drie iungk vnde altt zcusampne komen vnde habin aldo vndir enandir gehandelt vnde geratslagit vnde eczliche weghe vorgenommen, noch deme alßo der rath vnde die statt vnßern gnedigen hern von Sachßin hern Ernßten vnde hern Albrechte gebrudern vff diß zcukunfftige iar eyne ganeze volle stuhere gehen sall, so denne daß uff dem lanttage zcu Osschacz uff dornstagk yn den pfingestheiligen tagen iren gnaden zcugesaget vnde vorlasßin ist wurdin, wo von doch der rath vnde die statt zcusammpne brenge werde. — Vnde nach mancherlei handel vnde vorgebunge, der do vorgehaldin vnde vorgegebin ist wurdin, haben die rethe vß den wegen allen einen wegk vßgeezogen vnde vor sich genommen, den ouch vor den besten irkant, do durch ouch die gemeine vnde der rath nach irem bedfneken nicht solde besweret werden, vnd das selbige vornemen vnde der wegk, do durch man sollich geltt irlangin möchte, ist der ynmasen ernach folget. Nach deme alßo eine margk, die ein iczlicher burgir, er sei uß der gemeine addir yn rath, deme rathe pfleget zcugescho ß e zcugeben, wff V groschen der hochste were gesaczt ist, daß man nu wider die margk mit eynem groschzen der nuwen were erhöe vnde die margk wider uff VI gr. der besten were seteze, wellicher groschzen XX einen Rynischzen gulden thun, eyn sollichee denne nymandiß vß der gemeine gros besweren mag. Wenne solde der rath noch lute vnde ynhalde vußir gnedigen hern von Sachßin schrifte eyne sollich e summa geldis von den burgern vß der gemeine alßo hoch vnde so vil ein iczlicher zcengescho ß e stehit addir durch andire weghe yn nemen vnde fordern, do durch so wurde die gemeine gar sere beswert, es mochte ouch die gemeine eyn sollichee gar swerlich vßrichten. Eyn sollichee angesehen haben die rethe mit gutir vleisßiger betrachtunge, yn maßen sie die vorgenommen habin, den aller lichsten vnde beqwemesten wegk vßgesommen vnde betrachtet der statt vnde der gemeine zcugute vnde habin gesaczt vnde setezen geynwerticlich eyne margk, die man pfleget dem rathe zcugescho ß e zcugeben, uff VI gute groschzen der besten were, der do XX eyn R. guldin gelden, vnde dor bei sall die margk nuforder blibin vnde bestehin; die moneze styge addir falle, so sal man forder den gescho ß nach der beßten monez vnde nach goldiß anczall nemen, yn maßen denne vor iaren ouch geweßt ist.

So wil alßo denne der rath sollich e summa geldiß der III™ guldin, die man vnsern gnedigen hern zcu stuhir gebin sall nach obgeschrebener zcensage vnde vorheyschunge iren gnadin vff dem opgnanten tage zcu Osschacz geschen, von synem eigen gelde vßrichten vnde vnsern gnedigen hern beczalen, daß nymants uß der gemeine ichtes zcu sollicher stuhir gebin dorffe, sundern die gemeine sal alßo ane alle beswernnge blibin.

Dor uff habin die rethe die gemeine uff mittewoche noch omnium sanctorum vor sich vorboth vnde yn irer geynwertikeit alle punct vnde artikel obinberurt leßin lasßin, alßo haben sie eyntrechticlich dor yn gewilliget vnde deme alßo zeuthume den rethen zeugesaget, vnde habin dorzcu den rethin allin inugk vnde alltt vleyßiglich gedancket.

No. 407. 1466. 3. Nov.

Beschluss der Rathe über die Erhebung und die Höhe der städtischen Abgaben von Wein und Meth.

Es habin die opgnantin rethe anno et die quibus supra forder gerathslaget vnde der statt, dem rath vnde der gemeyne zcu nutcz vnde zcu gedien irkaut alßo vinbe das wynscheuken, vnd setczin vnde irkennen keynwerticlich, das do nuhynforder eyn iezlicher, der do mit wyne vmbe ghet hantiret vnde den scheuket, dem do wyn addir methe wirt yngeleit, wie vil des ist addir syn wert, der sal sollichin nyddirgeleiten wyn addir methe, so der nyddir geleit wert, gancz vnde gar vorslegeschatezen vnde vorrechten; es werde der wyn von deme, der ön bey sich hat, widder uß gancz vorkouffet addir werde vorschauckt addir sust vßgetrunken, wie daß zcukommen mag, so sall es den rath an synem slegeschaczeze vnde an siner gerechtikeit nichtiß hyndern, eß sall dem rathe, wie oben vormeilt, der slegeschacz do von gancz vnde vorfoll gefallen, es were denne das einer, der den wyn nydder vnde bei sich geleit hette, sollichen nydder geleiten wyn widder uß sinem kellire busßen die statt an andern ende bei siner kostt vnde czerunge vnde uff syne eigene ebenthure an fromde stete addir laut schickte, sollichin wyn solde der selbige frie vnuorslegeschaczt vffladin vnde hyn wegk schicken vnde dorffte do von dem rathe nichtiß gebin: süst, wie oben vormeilt ist, sal ein iezlicher syne wyne vor foll, so er die bei sich geleit hat, vorslegeschartzen, ye den eymer mit so vil groschin, alßo vmbe vil pfennige eyn nösßil gegebin vnde vorschankt wirt, vnde do von sal man nymande nichtiß widdir gebin, vßgenommen alleyne die hochen wyne alßo Malmasier Reynfall rude Welsche wyne, do sal eyn iezlicher, der die schenkett, von dem eymer nicht mehir gebin denne VIII groschzen der hochsten vnde besten were. Item so sal eyn iezlicher, der do behirwyne bei sich leit, die behirwyne die helfte vorslegeschatezen vnde die andern helfte vmbe sust behalden.

No. 108. 1466. 3. Nov.

Beschluss der Rathe, das Verbot der Einfuhr fremder Biere in die Stadt betreffend.

Anno et die quibus supra haben die opgnantin drie rethe gerathslaget vnde einen mercklichen handel gehabt vnd gehalden alßo vmbe den byerkellir, doran denne der statt, dem rathe vnde der ganczen gemeine große treffliche macht gelegen ist, vff das sollich keller hynforder zu guten stantt vnde wesin gehalin werde, so er denne von den alden selligiß gedechteniß mit großem vleiß vnde uffsehen ist gehalden worden, vnde die rethe habin eyntrechtig beslossen, das eß nnforder alßo sall gehaldin werdin, das nymands yn der statt, er sei student burgir addir gaßt, keynerley fromde noch vßlendissche bier, daß er andirs wo gekouft hette, nicht sall erbyn yn die statt furen noch brengen lasßin, eß sal ouch durch den burgirmeister noch den rath nymande erbyn zcufforne vorhangen noch zcugegebin werde widdir zeu wertschaften hochcziten, noch zeu ersten messen, noch zeu keynerlei sachin, eß were denne daß einem burgire vngeferlich zeu synen eren addir wertschafften addir hochcziten eyn vaß fromdes bier geschankt wurde, denne vnde sust nicht so möchte er daß lasßen heryn füren, doch daß er das thete mit willen wisßin vnde gunst eyns burgirmeisters, der zeu der ezit syn wurde, vnde daß er dem burgirmeistere bei sinen waren worttin sage wurde, das öm sollich bier geschankt were vnde daß er daß nicht gekouft noch kouffen hette lasßin addir öm zenkouffene bestaltt; so om denne daß der burgirmeister irloube wurde, mochte er daß zeu siner wyrtschafft erbyn füren lasßin, alßo doch das sollich bier dem rathe vorslegeschaezt vnde vorrechtet würde, dor nach syn vil addir wenigk were, also das man gebe von eynem vasse X gr. der besten were, item von eym vertil V groschin der hochsten were vnde von einer thonnen III gr. der bestin were. Yn sollicher maße sall eyn iczlicher, der do frömde bir wil heryn füren vnde denne das geschankt wert, denne rathe vorrechtin vnde vorslegeschatzen, abir sust gekouft bier sall nymandes herynfuren noch brengen widder zeu hochcziten noch sust, sundern wer do bier habin wil zeu synen wertschafften, der magk sich deß yn rats kellir irholen vnde dor ynne nehmen. Vnde uff das nnforder alßo feste gehaldin werde, so haben die rethe den thorwerthern allen vnde iczlichim zu besundirheit befolen, eyn gut vleisßigk uffsehin zeuhabene uff die wayne vnde uff die fahirlitte, die do zeugecziten sollich frömde bier heymlich vnde vorborgen yn die statt brengen :c.

Nach dem Rathsbuch fol. 9° im Archiv des K. Bezirksgerichts zu Leipzig.

No. 109. 1467. 21. Febr.

Die drei Räthe setzen das Maass der Honig- und Häringtonnen fest und bestimmen die Maklergebühren beim Häringhandel.

Sabbato post Invocavit LXVII. Es haben alle drie rethe inngk vnde altt geratslaget vnde handel vndir enander gehot alßo vmbe das maß der thonnen, die do die kouffilite mit honyge vnde heriuge alher yn die statt brengin, die denne eyn teyls zcu cleyne sint vnde nicht des rats vnde stat masß halden. Alßo habin die rethe eyntrechticlich besloßßen, das es mit den thonnen vnde ouch mit den halbin thonnen bei dem alden maxse blibin solle vnde wo die meckeler thonnen mit heringe addir honige betreten, die do zcu cleine weren vnde des raths vnde der stat masß nicht enhetten, so sollin sie das straffen ynnussen vormals gewönlich geweßt ist. Vff das abir die lüthe eyns sollichen mogen in wissen kommen vnde des eyne warnunge krigen, haben die rethe beslosßin, das man der halben an die stete Herczpergk, Kolo, Berlyn, Prenczlow, Sprenberg vnde Brandemburg schryben solle vnde die rethe der chegnantin stete zcu bitten, eyn sollichs forder an andere stete zcuschryben vnde zcuvorkundigen, vff das sich ydermenniclich vor schaden wysßle zcu huten vnde zcubewaren. Die rethe habin ouch beslosßen also von der meckeler wegin, das die meckeler nu hynforder von einer thonnen uffzcuslahen von einem borger nicht mehir denne einen nuwen pfennigk vnde einen heringk nehmen sollin, abir von einem guste mögin sie von einer thonne uffzcuslaen nehmen III alde pfennige vnde eyn heryngk.

Nach dem Rathsbuch fol. 15 im Archiv des K. Bezirksgerichts zu Leipzig

.

No. 410. 1467. 26. Febr.

Festsetzung der Befugnisse der Barbiere und Bader, welche mit Genehmigung des Raths fortan zwei gesonderte Innungen bilden sollen.

Fer. 5ta post Reminiscere LXVII° sub doctore Nic. Pistoris. Nach deme alß sich die barbirer vnde bader mit wysßen willen vnde volwortt des raths mit iren ynnungen vnd hantwergen von enander gescheiden vnde gesundert habin, hat der rath mit wisßen willin vnde eyntrechticlicher beßlysunge der andern zewier rethe, uff daß die gnantin hantwergk barbirer vnde bader eyns das andire an siner narunge nicht zcu nahent grife nach dor an vorhyndere, gesatzt vnde setezin das hirmit geynwerticlich nu hynforder von den gnantin hantwergen alßo zcu halden yn maßen hyr nach folget.

Vnde deß erstin uff die barbirer orden vnde setezen sie: Wer der barbirer hantwergk inunnge adder bruderschafft gewynnen wil, das der selbige zcu voran burger syn solle vnde sall dem hantwerge zcwey pfunt wachß zcu enthaldunge der kertezen vnde dor zcu eynen guldin an golde zcu enthaldunge anders gereths, daß denne das hantwerg hat, gebe vnde eher denne das geschiet sal nymants keyn buxße nach becken vßhengen nach wunden bynden adder losßin noch barbiren. Aber doch dennoch so mogin die badere becken vßhengen die tage so man badet, alßo denne bißher gehaldin ist. Ouch qweme eyn gut wundeartezt her, der magk ym iarmarkte ouch acht tage vor vnde nach adder ouch fordir nach irkentenisse deß rats buxßen vßhengen vnde wunden bynden, süst sal das nymandes thun denne die barbirer, die do vndir sich brudirschafft vnde ynnungen haben. Es sall ouch keyn parth der gnantin hantwerk barbirer vnde bader ichtes nuwes keyn dem andern gedencken addir vornehmen hynder dem rathe addir des raths willin vnde wisßin, daß do vormalß nicht gewest were adder noch zeukunfftig syn mochte ane irkentenisße des raths vngeferlich.

Nach dem Rathsbuch fol. 16 im Archiv des K. Bezirksgerichts zu Leipzig.

No. 411. 1467. 26. Febr.

Vereinigung der Innungen der Gürtler und Nadler.

Es sint ouch anno die quibus supra die zewey hantwergk nemlich gortiler vnd nablener, die denne iezlichs yn sunderheit vnßern gnedigin hern von SachßIn vnde der statt ꝛc. nachreyßen vaste zeuswach waren vßzeurichten vnde andire dinste mehir zeu thune, zeusampne yn eyne ynnunge gesatezet, vff das sie ire dinste vnßern hern vnd ouch der statt dester baß vßrichten vnde beiderseit deste lichter getragen mogin. Vnde das ist ouch gescheen mit willen des raths vnde der eldisten vnde ouch der gnanten hantwerge beider ꝛc.

Nach dem Rathsbuch fol. 16 im Archiv des K. Bezirksgerichts zu Leipzig

No. 412. 1467. 20. Juni.

Sabbato post Viti — hat der rath irloubet Matthes Korßener in der Petirstraße vnde vorgunst, daß er syn haß in synem hofe mit schindeln addir brethen decken mag, vff daß ym an synem gebude vnde kellern nicht schaden bringe, aber yn iare vnde tage sall er eß mit czigeln decken, daß hat er dem rathe gereth vnde gelobit.

Nach dem Rathsbuch fol. 18 im Archiv des K. Bezirksgerichts zu Leipzig.

No. 413. 1467. 27. Juni.

Verpflichtung der Bewohner von Mockau und anderer Dörfer, von einem in der Stadt gehelten neuen Rade an den Thoren eine Abgabe zu entrichten.

Item sabato post Johannis baptistae LXVII° sint drie rethe beieinander geweßt vnd haben do beslosßin, das su hyn forder die von Mockaw[a]) vnd ander dorffer mehir ye von eynen nuwen rade, so sie daß yn der statt holen werden, eß sei angestoßen addir nicht, so sollin die gebu-were do von gebin eyn nuwen pfennig an den thorn, allßo denn daß vor iarn ouch gewonheit geweßt ist, also die eldesten allß wissenlich ist vnde von sich gesaget habin.

Nach dem Stadtbuch fol. 51 im Besitz der deutschen Gesellschaft zu Leipzig.
Mittheill. d. deutsch Gesellsch. I S 121.

a) Mockau, Par. Cleuden

No. 414. 1467. 27. Juni.

Polizeiliche Vorschriften für die Weinschenken.

Vff sonnabent nach Johannis baptistae anno ꝛc. LXVII haben die dry rethe iungk vnde altt'cyntrechtielich besloßin, nff daß vnfuher vnde schaden, der offtmalß yn den wynkellern gescheen, vndirstanden werde, so sall keyn wynschenke hynforder keine offenbare frauwe, do von denne vndir den studenten vnde hantwerks²¹⁄ knechtin vil zeweytrechte mit slahen morderie vnde andir vnthat mehir [gescheen], yn keynem keller an keynen orten nach zeechen nicht sal sitczen lasßin noch wyn ufftragen lasßin, sundern vsßewendig deß hußes vnde deß kellers mug der schenke den selbigen farnden franwen wol wyn vorkouffen ane buse. Item so sall ouch eyn iezlicher wyn schenke wenne man die rats glocken lüthet keynen gast, er sei borger student addir hantwerger, yn dem keller an der czechin nicht halden. So sall ouch eyn ixlicher wynschenke syn kellir obir das Cavete nicht lassin offen stehin, sundern eß sei sommer adder wynter, wenne man daß kuffethe luthet, so sall eyn iezlich schenke den kellir gesloßin haben.ᵇ) Vnde so offtmalß disser punct vnde artikel eyns addir mehir obir griffen wurde, so sollin die schenken von sollicher obirgriffunge dem rathe eyn schog der bestin mónez zcu busse gebin.²³⁷⁄

Es haben ouch die rethe beslossin, daß eyn ixlicher wynschenke dem borgirmeister, so offte vnde dicke er eyn kuffen wyn vßgeschankt hat, von dem schenken xynen setczwyn, also daß denne vor alders her geweßt ist, gebin sall, vnde daß wollin die rethe von eynem ixlichin wynschenken gehalden haben.ᵇ) Vnde diße oppgeschrebene punct vnde artickel sint den schenken vnde iren dynern vom sitczenden rathe vorkundiget vnde gelesßin wurdin anno die qno supra, dor bey der oppgnantin buße eyns schoks vesticlich zcu halden.

Nach dem Rathsbuch fol. 19 im Archiv der K. Bezirksgerichts zu Leipzig.

Juramentum der weinschencken.

Ich swer, das ich keinen wein schencken wil, eß sey dan das er gesatzt sey alß eß sich geburdt, vnd das ich die selbigen wein vnuerfalt vnd vnuermischt nicht anders dan sie aufgethan wurden schencken wil ader mit wissenn nicht wil verhengenn einem andernn zuthuenn vngeferlich, alß mir got helff ꝛc.

Nach dem „gelben Buch" fol. 109 im Rathsarchiv zu Leipzig.

a. Vgl. No. 198 b) Vgl. No. 577

No. 415. 1467. 30. Juli.

Kurfürst Ernst und Herzog Albrecht leihen der Frau Ilse, Hans von Cospitz Ehefrau, ausser andern Besitzungen auch das fryhe hub zcu Liptzk in der Borggassen zu rechtem Leibgedinge.

Cop. 58 fol. 319 im k. Haupt-Staatsarchiv zu Dresden.

COD. DIPL. SAX. II 8   14

No. 416. 1467. 12. Dec.

Herstellung der neuen Rathsstube.

Anno domini LXVII° sabbato post Nicolai sub doctore Nicolao Pistoris proconsule et suis consulibus ist vorbracht vnd vorant wurden die nuwe rats stuben vnde der burgermeister vnde rathmanne haben sich uff obgnante zeit tag vnde iar wie oben bestymmt dor eyn vnd yn ire rathsstube gesatczet: vnde die zeyt sint buwemeister gewest Heinrich Stange vnde Jacoff Sommer, vnde der rath hat von der decken zculegen alleine gegebin L guldin.

Nach dem Rathsbuch fol. 26 im Archiv des K. Bezirksgerichts zu Leipzig.

No. 417. 1467. 19. Dec.

Die drei Räthe verbieten die Ausfuhr des in der Stadt gebackenen Brotes und den Aufkauf des Getreides zum Wiederverkauf.

Sabbato post Luciae LXVII° in praesentia trium consulatuum von corn weg führen, item von kornkouffe.

Item Es hat an die rethe gelanget, wie die fromden fuhirluthe, die do vß andern stetin herkommen, daß broth bei gantzen fuhern hynwegk füren, das der gemeyne großin schaden brenget, ouch in der gemeine groß geschreye machet. Also habin die rethe inng vnde alt beslosßin vnde nach den vir heckermeistern gesant vnde yn gesaget vnde von der rethe wegin geboten, daß anforder keyn beckir keynem fuhrmanne keyn broth uff nicht vordyngen sall, ouch kein broth nicht bei fuhern hynwegk laden bei einer buße eynß guten nuwen schogks, so offtmalß die becken eynß addir mehir obirtreten vnde nicht halden würde. Es wollen ouch die rethe also ernstlich gehalden haben vnde von wellichem ein solliches obirgriffen wurde die opgeschrebene buße vnnorschonet nehmen. Vnde diez ist von den reten allin ewig also zcuhalden eyntrechticlich beslosßen.

Item es sal nymant korn weyße addir hafern vorkouffen, es sei denne das ym sollich korn selbir gewachsen sei, so mag er es ouch fromden fuhirlütin vorkouffen; deß glichen sal man ouch an gersten koufe halden. Ouch sal kein burger gerste kouffen vnde selbir hynwegk füren uff gewyn vnde abenthüre, vnde wer daß obirgriffen wurde, daß der rath ynnen wurde, der sal dem rathe gebin zcubuße eyn schog der bestin möneze; vnde app der rath dem vorkönffere deß nicht gestehen welde, das im das korn selbist gewachßen were, so sall der vorkouffer sich deß uff den heiligen rechtfertigen vnde irhalden, das im daß korn selbst gewachsen were, addir app der vorkoufer daß nicht thun welde, so solde er gliche wol deme rate zcu buße eyn schog der besten möneze vorfallen sei.

Nach dem Rathsbuch fol. 26 im Archiv des k. Bezirksgerichts zu Leipzig.

No. 418. 1467.

Ausmessung des Stadtgrabens.

Es hat der rath die wassergraben vmbe die statt gehende messen lassin, wie vil die an eckern haben, so hernach folget. Item der erste am slosgraben anzuheben biß an die Thomasbbrocke hat eyn halbin acker. Item der andere hynder den Thomebern eyn halben acker. Item der dritte von der Thomeßer gemach biß an den tham bey die vyhehofe eyn halben acker minus VI ruten. Item der virde von dem thamme biß an das Rausche thor virde halben acker. Item der funffte vom Ranstetischenthore biß hynder Unßir liben frauwen hol funfftehalben acker. Also behalden alle der statt wassergraben zeende halben acker wasßer.

Nach dem Rathsbuch fol. 22ᵇ im Archiv des K. Bezirksgerichts zu Leipzig.

No. 419. 1468. 18. Juni.

Nickel und Katharina Schumann zeenden dem Georgenhospital 4 Acker Wiesen bei Möckern zu.

Nickel Schuman vnde Katherina syn elich wip sint irschynnen vor dem siezenden rate vff sonnabent nach Corporis Christi LXVIII° vnde haben aldo dem rate vffgelassen vier acker weßen hynder Möckeryn gelegin vnde haben die geeygent vnde gegebin nach irer beider tode zen dem hospitall sante Jorgen, also zcennornehmen, daß sie sollicher weßin die wyle sie beyde lyben vnde leben also biß her nutezen vnde gebruchen wollen, wenne sie ahir beide todeshalbin vorfallen sint, so sollin solliche weßen bei dem hospital blybin vnde irer beider frund vnde erbin sollin doran nichts haben. Vnde der burgermeister hat die vfflassunge von in von des hospitals wegin vffgenommen vnde Nickel Schuman vnde Katherina syn elich wip haben die willielich vorlasßin.

Nach dem Rathsbuch fol. 31ᵇ im Archiv des K Bezirksgerichts zu Leipzig.

No. 420. 1468. 25. Juni.

Vertrag mit den Bewohnern der Neuen Strasse wegen Anlegung eines Steges.

Sabbato post Johannis baptistae LXVIII°. Es sint vor drie rethe kommen vnd irschynnen die anekebner gemeynlich uff der Nuweustraße vsßewendig der stat vnde haben die rethe vleissielich gebetin, in eyner pforten vnde stegk zcumachen. Haben die rethe angeseen ire bethe, daß die redelich ist vnde auch die besßerunge, die dor vß den lütin an iren hüßern vnde erben entstehen mag vnde habin in zeugesaget, daß sie in eyns stegeß vorgonnen vnde machen lasßen wollin, also das sie eyn vlissig vßsehen haben, das die statgraben nicht vorslemmet addir mit vnflate

44*

vorfollet werden vnde ouch daß sie dem rathe hynforder iren geschoß glich andern bürgern zewier des iartes gebin vnde gereichen, das sie sich denne also zeuthune vor dem rathe vorwylliget haben.

Nach dem Rathsbuch fol 35 im Archiv des K. Bezirksgerichts zu Leipzig.

No. 421. 1468. 28. Sept.

Der Rath erlässt strafrechtliche Bestimmungen für das Bötticherhandwerk.

Vff mitwoch noch Mauricii anno domini ꝛc. LXVIII sint fur den rath kommen die hantwercksmeister vnd das gantz hantwerck der botticher beyde meister vnd gesellen von etzlicher sache vnd vngehorsams wegen, die dann der rath biegetan vnd disse ordenung gemacht hat vmb besserung ader vffkomens willen des hantwercks, domit hinfur gehorsam gehalten werde, also lawtendt: Wenn vnde zcu welcher zeeit die hantwercksmeister, die iezunt sein ader hernoch sein werden, einen itzlichen meister des hantwercks besenden vnd fure sich furdern werden, vmbe was sachen willen das sei, so sollen sie vnd itzlicher besundern furkomen vnd gehorßam bewiesen, es sei dann das er mit redelichen notsachen beladen sei, domit er furhinderung bewiesen moge; welcher aber von eygenem mutwillen ussen blibe vnd nicht redeliche entschuldignnge hette vnd also vngehorsam funden wurde, deme sollen die meister vonstunt sein hantwerg legen; so denn der vngehorßam an rath gelangt, sal vnd wil der rath sunderlich straffung tun, domit gehorßam nne allis widderreden gehalten werde. Wurde auch irgent ein geselle mutwilliken vffstehen vunde seinem meister sein arbeit dornidder slagen vnd im nicht arbeiten wellen, der keyne redeliche vrsache furbringen kan, worvmbe er nicht arbeiten welle, der sal vonstunt aß der stadt gehen vnd das hantwerck zcu arbeiten nymmer mehir widder herinn kommen. Factum sub Johanne Stockart et suis consulibus.

Nach dem Rathsbuch fol. 36 im Archiv des K. Bezirksgerichts zu Leipzig.

No. 422. 1469. 10. Jan.

Festsetzungen in Betreff der Tilgung der berechneten städtischen Forderungen an die Landesherren.

Zcummercken das vff dinstag noch Epiphanias domini anno ꝛc. LX nono zewischen vnsern gnedigen hern von Sachssen vnd dem rate zcu Lipezk vmbe alle scholde gulde inname ußgabe gelyhen gelt angewiste stewer vnd alle andere stucke das anrurende durch den obermarschalg Hugolden von Slinitz, Johnnsen von Mergental cantzler, Hansen Stockartten burgermeister, Hansen Trupitz, Paweln Keyser, Cuntz Sydenhefter bawmeistern vnd magister Johan Schober statschriber eyne entliche gruntliche rechnunge getan wurden ist nach luwt der enrochgeschriben rechnungs zeedeln, also danne der cantzler der glichen auch zeedeln behalten hat, den sol man mohinfur nachgehen vnd sich der halten, auch sal dem rathe die nßstehendt schult an mynen gnedigen hern nach lawt der zcedeln bezalt werden. Vnnd was vnsere gnedige hern dem rate hinfur vßs nawe abborgen, schuldig werden ader gelt zcuweysen wurden sall man ernoch vßs nawe schriben, domit disse rechnunge bei mucht bleibe vnd nicht geirret werde ꝛc.

Disse nachgeschriben schulde sint meine gnedige hern dem rate zcu Lipezk schuldig. Item V^m gulden von III^c XLVIII gulden ierlicher rente zcu Aldemburg bei in zculosen.ª) Item I^m gulden vff die reyse gegen Nuremberg gelyhen. Item XII^c gulden gelyhen. Item VII^c gulden doctor Peter seliger. Item III^c XLVIII gulden iurrente Aldemburg, darinne sich meyne hern gesatzt haben. Item LXII gulden XIIJ gr. vor LXXX^x III^c vnd XX gilbelstein. Item XXXI gulden fur XIII vas Numburger bier. Summa VIII^m III^c XLI gulden XIIJ gr.

Zeumerken, was meyne gnedige hern an solcher ohgnanten schulde beezalt haben: Item stnt Aldemburg III^c Rinische gulden. Item lautstewermeister zcu Aldemburg IX^c LXXII ß X gr., facit II^m IX^c VLJ Rinischen gulden. Item secundo modo lautstewermeister zcu Aldemburg I^c LIII ß LVII gr., facit IIII^c LXIIII gulden XVII gr. Item die burger zcu Coldicz I^c Rinische gulden, facit XXXIII ß XX gr. Item die lautstewermeister zcu Colditz I^c XXVIIJ ß, facit III^c LXXXIIJ gulden. Item lautstewermeister zcu Colditz L gulden, facit LXVI ß XL gr. Idem XII ß nß der camuern, facit XXXVI gulden, das auch zcu der lautstewer Colditz gehöret. Item die lautstewermeister zcu Lybenwerde III^c gulden, facit I^c ß. Idem nß der camern XVII ß XXX gr., facit LIIIJ gulden, das auch zcu der lautstewer Libenwerde gehoret. Item lautstewermeister Ilburg III^c gulden. Item lautstewermeister Borne VI^c LXJ gulden IIII -ↄ I heller. Item die lautstewermeister zcu Lipezk IIII^c LXXVIII ß XXVIII gr., facit I^m IIII^c XXXV gulden vnd VII gr.

Summa summarum des beezalten gelts VII^m III^c XCVIII gulden V gr. IIII -ↄ I heller.

Nach schult der von Lipezk vnd beezalung meyner gnedigen hern bleiben ire gnaden dem rate IX^c XLIII gulden vnd VII gr. Sollen disse nachgeschriben beezalen, nemlich die lautstewermeister zcu Borne VI^c LXJ gulden IIII -ↄ vnd I heller, facit II^c XX ß X gr. IIII -ↄ I hell. Item die lautstewermeister zcu Lipezk sollen daran I^c gulden beezalen. Item die lautstewermeister zcu Colditz sollen daran I^c gulden beezalen, die sie mynen hern zcunil gerechent haben. Item die lautstewermeister zcu Aldemburg sollen daran LXXXII gulden beezalen vnd XVIJ gr.

Summa IX^c XLIII gulden VII gr., et surgit.

Actum Lipezk feria 3ª post Epiphanias domini anno ꝛc. LX nono praesentibus marschallo, cancellario, burgermeister Stockart, Trupitz et notario magistro Schober.

Sequitur eyn ander rechnung.

Zeu mereken meyne gnedige hern sint dem rate zcu Lipezk I^m gulden gelyhens geldis, so Peter Bantzschnnan gein Missen brachte, schuldig gewest. Daran hat der cantzler von irer gnaden wegen von stunt Bantzschman III^c gulden beezalt an

ª) Ueber die Entstehung dieser Forderung vgl. No. 284.

golde; also weren ire gnaden deine rate noch VII^c an dem selben gelde, facit II^c ß
XXXIII ß vnd XX gr. hoer were. Darnff haben ire gnaden dem rate angewist
III^c XXXIII ß vnd XX gr. von den nachgeschriben amptlewten. Item vom muntz-
meister Lipezk XXXVI ß XL gr. Item vom amptmun Swinitz vnd Lochaw I^c vnd
XL ß hoer. Item vom amptman Trebitz I^c ß. Item XXXVI ß XL gr. vom camer-
meister nß der camer geantwert, also bringt es an der summa zeusampne III^c XXXIII ß
vnd XX gr. Donen hat sich der rath beezalt II^c vnd XXXIII ß vnd XX gr., facit
VII^c gulden, vnd die ander obermuß nemlich I^c ß mynen hern zeustehent hat der
rath zen winkauff gein Burgaw geantwert. Et surgit.

Actum Lipezk feria 3^a post Epiphanias domini anno zc. LX none praesentibus
marschallio, cancellario, burgermeister Stockart, Trupitz et notario magistro Schober.

Sequitur aber ein ander rechnunge.

Item meyne gnedig hern haben V^c ß hoer, facit XV^c gulden, zenn rate zen
Lipezk geborget vnd gein Pirne geschicket.   Summa per se.

Zen mercken was an den selben V^c ß beezalt ist vnd wie man die noch vol-
lent beezalen sol. Item die von der Zeane haben dem rate zen Lipezk geantwert
XIII ß, facit XXXIX gulden. Item die von Wittemberg haben dem rate zen Lipezk
geantwert IJ^c gulden. Item die von Wittemberg sollen dem rate noch L gulden
antwurten, als der marschalg in befolhen hat. Item die von Nymeck haben dem
rate geantwert XI ß hoer, facit XXXIII gulden. Item so hat der rat zen Lipezk
vom rate zen Hertzperg entpfangen IIII^c vnd LXVI gulden. Item der rat zen Dreß-
den sal dem rate zen Lipezk darzen noch beezalt I^c gulden. Item der muntz-
meister zen Lipezk sal dem rate I^c vnde XXXIX ß vnd XXXIX gr., facit XVIII
gulden XIX gr., beezalen, solch gelt auch von dem lantstewergelde von Turgaw
komen ist. Item so sollen die lantstewermeister zen Turgaw vff eynen brief II^c
XLIII gulden vnd XI gr. hoer muntz beezalen, facit LXXXI ß XI gr.

Summa V^c ß hoer ader XV^c gulden. Et surgit.

Actum Lipezk die et anno quo supra.

Wanne das angewiste gelt noch nßstehent also gefellit, so ist die sache gantz
slecht, vnd was man vnsern gnesligen hern lyhen wirdet, muß man ernoch schreiben
vnd nffs nuwe rechen.

Vnd disse obgeschriben rechnunge ist gemenander vorzezedelt, vnd des rats
czedeln legen in dem gewelbe in eyner laden.

Nach dem Rathsbuch fol. I^b im Archiv des K. Bezirksgerichts zu Leipzig

No. 123. 1469. 11. Febr.

Der Rath übernimmt die Controlirung einer Anleihe für die Landesherren.

Vff sonnabent noch Dorothear virginis anno zc. LX none seint alle drey rete bei enan-
der gewest vnd geratslagt vff das aubringen vnser gnedigen hern von Sachssen, iren gnaden
ins rats namen vnd vff den schein, ab es dem rate solde, X ader zwelff tusent gulden vff irer

gnaden vortzinsunge koste vnde schoden vffezugewynnen inwendig in eyme halben iare, des der
rat vor die ipuhe haben vnd aller sach gantz schadeloß gehalten werden solle, also danne das
alle drey burgermeister von vnsern gnedigen hern selbs gehort vnd den reten volliglicher ent-
dackt vnd zcu erkennen geben haben, vnd do eyns wurden vnd besloßen, das man deme also
stat geben vnd irer gnaden zcymliche vnd redeliche bete erhoren vnd das gelt iren gnaden mit
allem vleiß nbrichten vnnde zcuwege bringen solle, dieweyl ire gnaden das selbs vorczinsen, zcur
zeit widder abelosen vnd den rath das gantz schadeloß halten wollen. Factum sub Hansen
Stockart proconsule et suis consulibus die et anno quo supra.

No. 424. 1469. 11. Febr.

Rathsbeschluss in Betreff des Weinhandels.

Item es haben alle drey rete vff das winschencken vnd vff den slegeschatz,
den ein itzlicher der do winschenckt geben sall, auch vff das visirn vnd wie sich
der visirer muhinfurder kegin eynem itzlichen winschencken halden sal geratslagt
inmassen ernoch volgt:

Item waserlei weyne hie zcu Lipczk ingelegt werden, es sei von burgern ader
gesten, sall man dem visirer zcuwissen tun, der sal die clar in sein buch schreiben,
waser wyne ader auch wie vil lagen ader eymer es sein. Item solch wyne, die also
von burgern ingelegt werden, sie werden verschanckt, in hewsern getruncken ad-er anders
wie sie vortan werden, so sal man von itzlichem eymer als manchen groschen zcu slege-
schatze geben als das nossell pfennige gildet, weren es aber hoche weyng, davon
solde man vom eymer ader von der lagen VIII gr. geben; wurde aber ein burger
seine weyne wegfuren adder eyme andern burger verkeuffen, donon dorffen sie beyde
nichts geben, aber dem visirer sollen sie es zcuwissen tun, der sal das deme eynen
ußtun vnd dem andern, der in kawfft hat, anschriben, vff deme selben sal man danne
des slegeschatzes warttenn, so ferre er den auch nicht wegfuret ader gantz vor-
kenffet. Wurde aber eyn fremder eynem burger mit gantzenn lagen ader eymern
abekeuffen, donon dorffte der burger nichts nicht geben, aber der fromde solte donon
tun also ein fromder vnd also das hernoch volgent im andern blate an sinem ort
eygentlich geschriben stet. Item wenne solche vormnderunge der weyne geschiet, so
sal man das vor allen dingen dem visirer sagen ehir danne die weyne geladen ader
weggefurt werden, das der visirer sehe, was weyne ader wie groß die vas seint,
das deme rate vnd yn in deme außtun des visirers buche recht geschee, vnnde wer
das nicht tete vnnd welde darnach sagen, es were von vergessenheit gescheen, das
solde allis nicht helffenn, sundern er solde von den, die er dem visirer vorswegen
hette, zcewifeltigen slegeschatz geben.

Item der visirer sall auch alle iar ein nawe buch machen, das sal weren von
eynem sant Michels tage biß zcum andern sant Michels tag, vnd sal die nawen
moste adder weyne in das alde buch nicht schreiben, vnnd was also von den alden
weynen in dem alden buche deme rate zcu ende des iares vom visirer obirgerechent

wirt, das sal danne gantz vor slegeschatzt werden vund solde nicht daran hindern,
ab sie dar nach gantz ußvorkaufft adder wegkgefurt wurden, vff das der rath eyn
mall im iare mit eyme itzlichen zcu eyner gantzen beslißlichen rechnunge komen
mag. Vnd ist gnug domit, das der burger ein gantz iar frei ist, nemlich von eynem
herbist zcum andern, das er mag an allen slegeschatz seine weyne gantz uß ver-
keuffen adder wegfuren, auch das angesehen, das der alden weyne nicht vil von
eynem iare in das ander pflegt obirzcubleiben.

Es sull auch keyn burger eyme gaste zeugate seinen weyn vorschencken bei
vorlust der weyne, sundern gantz mag er sie im verkeuffen, doch also das dem rate
vom keuffer vnnd vorkeuffer, ap sie anders beyde frende seint, dafur vnd donon
gefalle vnd getan werde alß sich geboret.

Wer in dissen vorgeschriben stucken eynem ader mehir geferlichkeit suchet
ader suchen wurde, dadurch dem rate sein slegeschatz entzcogen wurde, das wil der
rath also straffen, das sich eyn itzlicher darnach wisse zcurichten vnd zcuhuten,
domit er dem rate in obgeschribener masse sinen slegeschatz gebe vnd reiche an
allis geverde, also dann billich ist.

Auff die frenden.

Item so die fremden ire weyne hie zcu Liptzk nidder legenn wollen, sollen
sie das dem visirer alßbalde zcuwissen tun, wievil lagen ader eymer vund was
weyne es sein, so sal der visirer das in sein buch schreiben, also dann vnd nicht
ehir mogen sie die den burgern ader fremden vorkeuffen, doch also das der frende, er
keuffe ader vorkeuffe, dem rate donon gebe vnd pflege also hernocher volget. Item
von Mulnnsir vnde Reynfall sal ein yder fremder geben von eynem eymer III gr.
hoer vnd von Welschwin adder Passewner II gr. hoer; ist es aber Elsasser, Rinisch
ader Franckenwin, so sal er geben von eynem eymer I groschen vnd von luntwein
eyme eymer III den. Vnd alle vorgeschriben furanderung der weyne sal gescheen
mit wissen des visirers, der sal in sinem buche ußtun so vil der verkeuffer ver-
kaufft hette vnd constant den slegeschatz in vorgeschribener weyse von beyden
parten nemen, ab sie anders beyde frende sein, ist aber der eyne ein burger vnd
der ander fremde, so gibt der burger nichts zc., sundern man sal es im anschriben
vnd forder domit halden, als das an seinem ort mit den burgern eigentlich gezcei-
chent ist vnd geschriben stet.

Item vormerckt, die geistlichen vnd erbarn lute sein mit disser satzung vnd
ordenung nicht beladen, wenn sie geben nichts.

Item die weyn, die vorkaufft vnd weggefurt werden, sall man die zceichen von
dem visirer nemen; wurde aber neben dem weyne ander ware mit gefurt, donon salte
man es in der wage mit den zceichen halten, also ab keyn weyn dobei were. Wurde
aber ein frender seinen win vmorkaufft vf sein selbs ebentewer gewyn vnd furlust
vffladen vnd widder wegfuren, das er dann denne visirer bei seinen truwen sagen
sal, der solde das zceichen nicht von dem visirer nemen vnnde der visirer sal sonst
in sinem buche ußtun vnd sust nichts nicht danon nemen dann sinen lon, das ist
von deme eymer I hellir.

Item welch fremder in den obgeschriben stucken eyne ader mehir sumig wurde ader mit des visirers buche nicht bewiesen konde, weme er seinen win vorkaufft ader selbs weggefurt hette ader wie die sust vortan weren, der adder die sollen deme rate das vorhussen von yedem eymer, den er also vorswigen wurde ader vorswigen hette, eynen Rinischen gulden vnableßlich, dafur sich ein yeder zcuhuten wisse. Actum sub Johan Stockart proconsule et suis consulibus sabbato post Dorotheae virginis anno domini 2c. LX nono.

Nach dem Rathsbuch fol. 61 im Archiv des K. Bezirksgerichts zu Leipzig

No. 425. 1469. 28. Febr.

Wiedereinlösung der an Sophia vom Lohe und an deren verstorbenen Gemahl verkauften Jahrzinse.

Vff dinstagk nach dem sontage Reminiscere sub Johanne Trupitz proconsule et suis consulibus anno ut supra LX nono hat der rath frauwen Sophien vom Lohe, er Wedekindeß vom Lohe nachgelassen wytwen solliche [zcinse] vnde iarrenthe, so die guante frauwe vnde ire erben bei dem rathe stehende vnde gekonfft hatte, nemlich des iares II' vnde XXIIII Rh. guldin abgeloßt vnde vmbe III'' II' vnde XII guldin houptgeldeß wedder abgekoufft vnde ir uff obguanten tag bezzulet*), das golt denne von iren wegin vfgenommen vnde entpfangen haben Baltisar von Arras vnde Caspar Marschalk zcu Ocztorff ir bruder. Vnde sollich golt der ierlichen czinße sint von vnser gnedigen hern von Sachssen iarrenten mit irer gnadin vnde irer gnadin vater seligen wyssen vnde volwort vorkoufft vnde ouch widder abgeloßet worden, vnde der rath darff hynfürder sollich summa nicht von sich gehin noch gerrichen, eß sei denne daß sollich summa heuptgeldeß der III'' II' vnde XII guldin von vnßern gnedigen hern von Sachßen wedder vmbe gebin vnde bezzalet wurde. So bath der rath die vorschrybunge, also mau der frauwen vnde iren erben gethan hatte, widder zcu sich bracht mit sampt den brifen vnser gnedigen hern, die denne alle zcusampne gebunden vnde in die alden kisten ym gewelbe neben andir abgelobte brife geleit sint 2c.

Nach dem Rathsbuch fol. 67 im Archiv des K. Bezirksgerichts zu Leipzig.

a) Vgl. No. 412 u. 476

No. 426. 1469. Vor dem Ostermarkt.

Der Rath schliesst, um das Tuchmacherhandwerk aufzubringen, mit auswärtigen Meistern des Handwerks und mit Färbern Verträge wegen Uebersiedelung nach Leipzig ab.

Zenmercken das alle drey rete mit tiefem zeitigem rate tieff vnnde treffliche bewegung vnd ratslagung gehabt haben vmbe das hantwerg der tuchmacher, wie man das zcenfurdern eren arm vnde reich gemeynlich zcu vffkomen vnd gedien brengen mochte 2c. vnnd haben wege für sich genomen vnd gedacht, wie man fremde meyster des hantwerckes, die mit farbe vnd andern zcen den tuchen gehorendt vmbe zcugehen wissen, bei sich vnd aller brechte, vnde haben deren etzliche vff genomen inmassen hernoch volget, die danne dem rate sich noch dem ostermarckte herzcuwenden glewblich zcusag getan haben. Zenm ersten ist man mit Hansen Weller

COD. DIPL. SAX. II. 8. 45

¶ 370/ vnd Marcus Renfftel von Zewickaw, die sich noch dem ostermarckt mit behnsunge
alher setzen vnd wenden wollen, eyns worden, das yn der rath solch hilff vnd vor-
tail tun sal, nemlich sal der rath ir iglichem zeweyhundert gulden vier iar leyhen
vnd ir itzlichem behnsung mit der myte zewey iar vorsorgen vnd ußrichten, darzu
5 sal der rath ir iglichem zewo furen herabe tun, domit sie ir hußgereth vnd geczaw
herabe bringen mogen; auch sollen sie vier iar schos vnd herffart frey sitzen, dar-
zeu sollen sie das ferbehuß drey iar frey haben darinne zeuferben, doch so sollen
ander burger vnd hantwercksmeister des gemelten hantwercks diezceit auch frey
haben zu selbs zeuferben, aber vmbe lon sollen die zewene alleyne ferben. Auch
10 sal der rath yn beyden das burgerecht vnd hantwerckt frey schicken, vnd so sie
herkomen sal der rath ir ydem zeur ersten hußstewer funff scheffel korn geben vmbe
sust, aber vmbe gelt sal der rath ir itzlichem XXX scheffel korn ye den scheffel
vmbe XX gr. vorgeslagener muntz vorkenffen vnd werden lassen, soln sie beczalen.
Petern Meltzern auch von Zewickaw hat der rath des glichen zeugesagt, ußgeslossen
15 das ferbehuß sal den obgeschriben alleyne vmbe lon zeuferben zeustehen. Cuntzen
Bocher vnd Cuntzen Doler von Zewickaw hat der rath somil zeugesagt also Petern
Meltzer obgeschriben. Hansen Mosser von Zewickaw hat der rat volkomlich alßuil
zeugesagt also Hansen Weller vnd Marcus Renfftell. Nickeln Renfftell vnd Hans
Steynmetzen von Zewickaw hat der rath halb alsouil zeugesagt also Cuntzen Bocher
20 vnd Cuntz Doler. Mattes Kirstan von Rochlitz hat der rath zeugesagt II° gulden
zeu lyhen vier iar zeuhilff seiner narunge, (sint bereyt Baldrian dem huter vff sein
huß gegeben), darzeu sall er VIII iar gantz frey sitzen, auch sall ym der rath
sein burgerecht vnd das hantwerg frey schicken. Endem aber II° gulden geliben,
facit totum IIII° gulden, sal er in iar vnd tage beczalen. Mattes Kirstans gesellen,
25 der mit ym herzcihen wirdet, sal der rath auch sein burgerecht vnd das hantwerg
freye schicken, darzen sal im der rath, wanne er sich besetzen wirdet, zeuhilff seyner
narunge L Rinisch gulden leyhen.*)

Nach dem Rathsbuch fol. 46ᵇ im Archiv des K Bezirksgerichts zu Leipzig

a: Im Vorlaufe des Jahres nahm der Rath noch zwei auswärtige Färber auf. Rathsbuch fol. 45ᵇ: Vß nannebent noch Peter
et Pauli ij Jalli dem farber, der vom Hayne aber komen vnd srihen will, zeu blßff seiner narunge gelyhen V ₤ heer wer an mania,
sal er dem rate in iar vnd tage wider geben — Fol 49ᵃ: Vf sannabent noch bleinilsffs — hat der rath 1ße-hannssen aynen farber vom
Hayne mit sanner Mattes Forwer gnant rede zeu zeugesagt drie iar fry sen sitzen ane geschos, herffert vnde alldrey beswartinge, vnde
der obir hat ym der rath zeugesaget VIII scheg sealthem vnde auch aynen farbekswil zeumarkln lassein vnde VI scheffil corn zeugebin
vnde docobir muhir nichts e. s w

No. 427. 1469. 25. Mai.

*Kaiser Friedrich III. widerruft zu Gunsten der Stadt Halle das der Stadt Leipzig ertheilte
Jahrmarktsprivilegium (No. 398).* ᵗ ᵇ ᵇ

Wir Friderich von gottes gnaden Romischer keyser zuallenczeiten merer des
reichs, zu Hungern Dalmacien Crdacien 2c. kunig, herczog zu Osterreich vnd zu
Steyr 2c. entbieten den ersamen vnsern vnd des reichs lieben getrewen burgermeister
vnd ratt der statt zu Halle in Sachssen vnser gnad vnd alles gut. Ersamen lieben

getrewen. Nach dem in der gemelten statt Halle auff den newen iars tag vnd acht-
tag darnach von alter ein iarmarckt gehalten vnd gepraucht worden ist vnd aber
auß ettlichem furnemen, auch in crafft ettlicher vnser keyserlichen brief, so doch von
vns auff anbringen vnd mit versweigung solicher alten herbrachten gerechtikeitt des
5 gemelten ewern iarmarckts erlangt vnd außgegangen sein sollen, der selb ewer iar-
marckt abezutreiben vnd zu swechen vnd ein ander new iarmarckt zu Lipezk zu
haben furgenomen wirdet, vnd aber ench von dem gemelten ewern alten herbrachten
iarmarckt vnd gerechtikeitten zu dringen vnd den selben zu schaden vnd abezutrei-
ben ander anffrichten zulassen vnser meynnng vnd will nye gewesen vnd noch nit
10 ist, darumb so haben wir solich furnemen des gemelten newen iarmarcktz zu Lipezk
furgenomen widerrufft vnd abgestellt nach innhalt vnser keyserlichen brief daruber
außgegangen. Vmb das dann vnser vnd des heiligen reichs statt Halle bey dem
egemelten irem alten herbrachten iarmarckt dester bas bleiben mag vnd daran nit
verhindert noch beswert werde, so empfelhen wir euch von Romischer keyserlicher
15 macht bey den pflichten, damit ir vns vnd dem heiligen reich gewandt seyt vnd
darezu einer pene nemlich hundert marck lottigs goldes vns in vnser keyserlich
camer vnablesslich zu beczaln ernstlich vnd vestielich mit disem brief gepiettend, das
ir den obgemelten iarmarckt zu Halle hinfur als von alter herkomen ist vestielich
halten hanthaben schuezen vnd schermen vnd euch vnser vorberurt keyserlich brief
20 noch ander furnemen vnd handlung, so dawider beschehen wer oder werden mocht,
gar nichtz irren noch verhindern lassen, als ir vns dem heiligen reiche vnd euch
selb solichs schuldig vnd pflichtig seyt. Daran tut ir vnser ernstlich maynnng vnd
gut genallen. Geben zu Grcez am funffundezwenezigisten tag des monads May nach
Cristi gepart vierezehenhundert vnd im nennundsechezigisten, vnser reiche des Romi-
25 schen im dreissigisten, des keyserthumbs im achtzehenden vnd des Hungerischen im
eindlifften iarenn.

Nach dem Orig. auf Papier im Rathsarchiv zu Leipzig. Das auf der Rückseite aufgedruckt gewesene
kaiserliche Siegel in ruthem Wachs ist abgefallen.

Der Text des kaiserlichen Schreibens, welchen v. Dreyhaupt Beschreibung d Saalkreises II. S. 415 nach
einem Transsumt des Probstes vom Kloster Neuwerk v. 23 Aug. 1469 mittheilt, weicht von der an den Rath zu
Leipzig gelangten Ausfertigung mehrfach ab.

No. 428. 1469. 25. Mai.

*Kaiser Friedrich III. benachrichtigt Bürgermeister und Rath der Stadt Leipzig von der erfolgten
Wiederherstellung des Hallischen Neujahrsmarktes und ordnet unter Widerrufung des ertheilten
Bestätigungsbriefes (No. 398) die Abstellung des Leipziger Neujahrsmarktes an.*

Wir Friderich von gottes gnaden Romischer keyser u. s. w. embieten vnsern
vnd des reichs lieben getrewen burgermeister vnd ratt der statt zu Lyptzk vnser
gnad vnd alles gut. Lieben getrewen. Wir sein warlich vnd glaublich vnderricht,
30 wie wol die ersamen vnser vnd des reichs lieben getrewen burgermeister vnd ratte
der statt zu Halle in Sachssen bißher vnd lenger, dann in menschen gedechtnüß sein
mug, einen iarmarckt daselbst ierlich auff den newen iarstag vnd acht tag darnach

45*

gehabt herbracht gebraucht vnd genoßen haben, auch in von vns vnd vnsern vorfarn
am reiche — bestett vnd confirmirt, nicht destmynder sey darüber bey kurtz ver-
gangen iarn zu den obgemelten zeitten vnd tagen ein iarmarckt bey euch zu Lyptzk
zu halten furgenommen vnd darauff den vermelten iarmarckt zu Halle nicht ferrer
5 sonder zu Lyptzk zu besuchen vermeinte swere gebott besehen, dadurch die obge-
nanten von Halle von dem yetzgemelten irm iarmarkt vnd alten herbrachten gerech-
tikeitten zudringen vnd daran zuuerletzen vnd zu beschedigen vnderstanden werden,
deshalb dann newlich zu besterckung desselben furnemens auff anbringen vns getan
etlich vnser keyserlich freyheit vnd gebottbriene, darnn wir doch gestalt grund vnd
10 gelegenheit der sachen nit vnderricht gewesen, außgegangen sein vnd doch dabey,
damit nyemand in vnbillich weg nit beswert vbergriffen noch von alter billicher
gerechtikeit entsetzt wurdt, darnn verhornng auffzunemen vnd nach billichem zuhan-
deln zwischen den hochgebornen Ernsten vnsern vnd des heiligen Romischen reichs
ertzmarschalh vnd Albrechten gebrudern hertzogen zu Sachßen ꝛc. vnsern lieben
15 oheim curfursten vnd fursten, den die gemelt statt Lyptzk zugehort, vnd den ege-
nanten von Halle auff vnser lieben frawen liechtmeßtag nechst vergangen tag fur
vns gesatzt haben*), den die obgenante von Halle gehorsamlich besucht vnd ir alt
herkommen vbung vnd geprauchung des gemelten iarmarckts, auch freiheitten vnd
bestettigung in von vns, vnsern vorfarn vnd dem heiligen reiche darüber geben fur-
20 bracht vnd mercklich beswerung, so in durch das furnemen des iarmarckts bey euch
dawyder vnderstanden zugezogen werd, scheinbarlich vnd clerlich zu erkennen gege-
ben laßen haben. Wann sich nu nyemand dem andern sein iarmarckt zunemen,
denselben zu schaden vnd abgang ander aufzurichten vnd an altten herbrachten
gerechtikeiten zuuerhindern, noch vnser keyserlichen maiestat solichs zuzelaßen oder
25 zu gestatten geburt, auch durch die gemelten vnser keyserlichen freyheit vnd gebott-
briene deßhalb außgegangen vnser keyserlich meynung vnd wille nie gewesen vnd
noch nit ist, das die yetzgenanten von Halle deshalb des gemelten irs alten herbrach-
ten iarmarckt vnd gerechtikeit vnd mit newen furgenommen iarmerckten
in zuuerhinderung schaden vnd abbruch derselben irer iarmarckt vnd gerechtikeit
30 also beladen vnd beswert werden sollen, darumb aus gutter bewegnuß vnd schuldi-
ger pflicht vnser keyserlichen maiestatt so haben wyr mit wolbedachtem mut, guten
ratt vnd rechter wissen solich vorgemelt furnemen des gemelten iarmarckts bey euch
furgenommen vnd was bißher darauff demselben iarmarckt zu besterckung durch
vnser keyserlich maiestatt oder ymanbs ander mit brienen gebotten oder in ander-
35 wegk besehen were oder wurt, auß was vrsachen oder schein sich das begeben hat
oder mocht, gantz auffgehabt widerrufft vernicht vnd abgetan, also das solichs ferrer
in einich weise nit gebraucht geübt oder gehalten werden, sonder meynen vnd wel-
len von vnser keyserlichen macht, das die egenanten von Halle bey irm vorgemelten
alten herbrachten iarmarckt vnd gerechtikeiten bleyben, die haben nutzen nießen vnd
40 gebrauchen sollen vnd mugen von euch vnd allermenniglich vnuerhindert. Vnd
gebieten euch darumb von obgemelter vnser keyserlichen macht, auch verliesung ewr

a) Die Aufforderung des Kaisers an den Rath von Halle, eine Botschaft mit Unterweisung wegen ihres Jahrmarkts auf Sonn-
tag nach Lichtmess an ihn abzusenden, d. d. Kreis Samstag v. N. Jarsfesttag Unser lieben Frauen Liechtmess u. s. w. etc.

gnaden freyheiten lehen vnd gerechtikeiten, so ir von vns vnd dem heiligen reich oder ymands andern habt, vnd darzu eyner pene nemlich hundert marck lottigs goldes halb in vnser keyserlich camer vnd den anderuhalb teyl den obgenanten von Halle als beschedigten vnableßlich zu bezalen ernstlich vnd vestielich mit dißem briene, 5 das ir furderlich vnd on alles verzihen nach antwurtung dis brienes solich egemelt furnemen des vorberurten vermeinten newen iarmarckts bey euch zu Lyptzk zu haben vnderstanden, auch yetzgemelt vermeint gebott vnd handlung darauff beschehen abstellet, der ferrer nicht vbet noch gebrauchet noch andern zetun gestattet, sonder die egenanten von Halle bey irn egemelten iarmarckt vnd herbrachten gerechtikeiten 10 gerulig on irrung vnd eintrag bleyben, den als von alter herkomen ist allermenieklich suchen vnd gebranchen laßen vnd sy noch ander daran nit beswern noch bekumbern in einich weise. Daran thut ir vnser ernstlich meynung vnd gut geuallen. Dann wo das also nit beschehe, so wurden wyr darumb vmb vberfarung der vorberurten pene vnd in anderwege wider euch furnemen handeln vnd ergen laßen, 15 als sich in solchem geburt; darnach wißet euch zu richten. Geben zu Gretz am funff vnd zwentzigisten tag des monads May nach Cristi geburde vierzehen hundert vnd im newn vnd sechtzigisten, vnser reiche u. s. w.

v. Dreyhaupt Beschreib d. Saalkreises S 141 nach dem Transsamt des Probstes vom Kl. Neuwerk v. 23. Aug. 1469.

Das Schreiben des Kaisers an Kurfurst Ernst und Herzog Albrecht gleichen Inhalts und zum grossen Theil gleichen Wortlautes bei v. Dreyhaupt a. a. O S. 443.

No. 429. 1469. 26. Mai.

Ausschreiben Kaiser Friedrichs III., die Wiederaufrichtung des Hallischen und die Abstellung des Leipziger Neujahrsmarktsprivilegiums betreffend.

Wir Friderich von gottes gnaden Romischer keyser zu allen ezeitten merer des reichs, zu Hungern Dalmacien Croacien zc. kunig, herezog zu Osterreich vnd zu 5 Steyr zc. embieten den erwirdigen hochgebornnen wolgebornnen edeln ersamen vnd vnsern vnd des reichs lieben getrewen Johannsen erczbischouen zu Maydburg, Rudolffen zu Wirczburg, Jorigen zu Bamberg, Heinrichen zu Newnburg, Teylen zu Merspurg vnd .. zu Halberstatt bischouen, Fridrichen marggrauen zu Branndemburg vnsern vnd des heiligen Romischen reichs erczcamerer vnd burggrauen zu 10 Nurmberg, Wilhelmen herezogen zu Sachssen lanndtgrauen in Duringen vnd marggrauen zu Meissen, Albrechten, Johannsen marggrauen zu Branndemburg vnd burggrauen zu Nurmberg, Heinrichen vnd seinen sunen zu Meckelnburg, Ericken vnd Wartislaen zu Stettin zc. herezogen, Jorgen zu Anhalt. Heinrichen zu Swarczemburg, Günthern, Gebharten vnd Volraten zu Manssfeld vnd Johannsen zu Beichling grauen, 15 Brunen herrn zu Quernfort, auch burgermeistern retten vnd gemeinden der stett Regenspurg Augspurg Lubeck Nurmberg Franckfort am Meyn Ertford Bamberg Brunswigk Maydburg Göttingen Hanouer Lübeck Hildesheim Halberstatt Mülhausn, Northausen Presslaw Görlitz Nordling Stralsund vnd Stettin vnd sust allen anndern

vnsern vnd des reichs vndertanenn vnd getrewen in was wirden statten oder wesens
die sein, den diser vnser brieue oder glauplich vrkund vnd transsumpt dauon fur-
kumbt gezaigt wirt oder damit ermant werdenn. vnser gnad vnd alles gut. Erwir-
digen hochgebornnenn wolgebornnenn edeln ersamen lieben andechtigen ohaim chur-
5 fursten fursten vnd lieben getrewen. Wir seinn warlich vnd glauplich vnderricht,
wie wol die ersamen vnser vnd des reichs lieben getrewen burgermeister vnd ratte
der statt zu Halle in Sachssen bisher vnd lennger dann in menschen gedechtnuss
sein mug einen iarmarckt daselbs ierlich auf den newen inrs tag vnd achttag dar-
nach gehabt herbracht gebraucht vnd genossen haben, auch in von vns vnd vnsern
10 vorfarn am reich loblicher gedechtnuss Romischen keysern vnd kunigen bestett vnd
confirmirt, nicht destmynder sey daruber bey kurczuerganngen iarn zu den obgemel-
ten zeiten vnd tagen ein iarmarckt zu Lypezk bey sechs meyll wegs von Halle
gelegen zuhalten furgenommen worden, deshalb dann zubesterckung desselben fur-
nemens auf anbringen der hochgebornnen Ernsten vnsers vnd des heiligen Romischen
15 reichs ertzmarschalhs vnd Albrechts gebrudere hertzogen in Sachssen, landtgrauenn
inn Duringen vnd marggrauen zu Meissen vnser lieben oheim churfursten vnd fur-
sten etlich vnser keyserlich gebottbriene, darinn wir doch gestallt vnd gelegenheit
der sachen nach irm stannd nit vnderricht gewesen, ausgeganngen vnd darauf, den
vermelten iarmarckt zu Halle nit ferrer sonder zn Lypezk zubesuchen, vermeint
20 swere gebott beschehen seinn, dardurch die obgenannten von Halle von dem yetz-
genannten irm iarmarckt vnd alten herbrachten gerechtikeiten zn dringen vnd daran
zuuerleczen vnd zubeschedigen vnderstannden werden sollen. Wann sich un nye-
mand dem andern sein iarmarckt zunemen, denselben zuschaden vnd abganng ander
aufzurichten vnd an alten herbrachten gerechtikeiten zuuerhindern, noch vnser keyser-
25 lichen maiestat solichs zuzelassen oder zugestatten geburt, auch durch die gemelten
vnser keyserlichen gebott vnd brief desshalb aussgeganngen vnser keyserlich meynung
vnd wille nit gewesen vnd noch nit ist, daz die yeczgenanten von Halle deshalb
des gemelten irs alten herbrachtenn iarmarckts vnd gerechtikeit entseczt vnd mit
newenn furgenomen iarmnerckten in zuuerhindrnng schaden vnd abbruch derselben
30 irer iarmerckt vnd gerechtikeit also beladen vnd beswert werden solten, darumb
aus guter bewegnuss vnd schuldiger pflicht vnser keyserlichen maiestat so haben
wir mit wolbedachtem mut, guttem ratte vnd rechter wissen solich vorgemelt furne-
menn des vorberurten iarmarckts zu Lypezk furgenomenn vnd was bisher darauf
demselben iarmarckt zubesterckung durch vnser keyserlich maiestatt oder yemands
35 ander mit brieffen gebotten oder in ander weg bescheenn wer oder wurd, aus was
vrsachen oder schein sich daz begeben het oder mocht, gancz aufgehabt widerrufft
vernicht vnd abgetan, also daz solhs ferrer nit gepraucht gelibt oder gehalten wer-
den sollen oder mugen in einich weyse, vernichten widderrufen vnd tun solichs abe
von Romischer keyserlicher macht volkomenheit wissenlich in crafft diss briefs, vnd
40 seczen vnd wellen von derselben vnser keyserlichen macht, daz die yeczgenantenn
von Halle hinfur als von alter herkomen ist den vorgemelten irn altherbrachten
iarmarckt vnd gerechtikeit haben, sich der gepraudenn nuczen niessen vnd damit
furnemen hanndeln tun vnd lassen sollen vnd mugen on allermenigklichs irrnng

eintrag vnd widerrede. Vnd gebieten euch darumb allen vnd yeden besonnder von yeczgemelter vnser keyserlichen macht vnd darzu einer peue nemlich hundert marck lottigs goldes halb in vnser keyserlich camer vnd den andern halb teil den egenanten von Halle als beschedigten vnableslich zubezalen ernstlich vnd vestielich mit *5* disem brief, daz ir solich egemelt furnemen des vorberurten vermeinten newen iarmarckts zu Lypzek zuhalten vnderstanden, gannez crafftloss vernicht vnrechtlich vnd vntuglich halten, den ferrerr nit vben oder gebrauchen vnd sollos mit allen vnd yeden den ewern vnd anndern ernstlich zetun schaffen vnd bestellen, sonnder die obgenanten von Halle bey irm egemelten altherbrachten iarmarckt vnd gerechtikeit *10* von vnser vnd des heiligen reichs wegen hanuthalben schuczen schermen, den als von alter herkomenn ist iu wirden wesen vbung besuchung vnd gebrauchung halten vnd sy dabey gerulich bleiben lassen vnd nit gestatten, das sy von yemand daran beleidigt verhindert bekumbert oder beswert werden, auch selbs nit tut in einich weyse; daran tun ir alle vnd yede besonnder vnser ernstlich meynung vnd gut *15* gefallen. Dann ob sich yemand hierin inn vngehorsam erzaigte, gegen den oder denselben wolten wir mit den egemelten penen vnd in ander wege furnemenn hanndeln vnd ergeen lassen, als sich in sollhemm geburn wurd. Darnach wisse sich ein yeder zurichten. Geben zu Greez mit vnserm keyserlichen anhanngendem insigel besigelt am freytag nach sannd Vrbans tag nach Cristi geburde vierezehenhundert *20* vnd im newnundsechtzigisten, vnser reiche des Romischen im dreyssigisten, des keyserthumbs im achtzehenden vnd des Hungrischen im eindliften iaren.

Nach dem Orig. im Rathsarchiv zu Leipzig mit dem kaiserlichen Siegel an einem Pergamentstreifen Die Fassung des kaiserlichen Ausschreibens vom 25. Mai bei v Dreyhaupt a. a O S 440 fg weicht z Th von der oben mitgetheilten ab.

No. 430. 1469. 17. Juni.

Die drei Rathe setzen fest, dass fortan Jeder, der das Bürgerrecht erlangt, gehalten sein soll, sich binnen Jahr und Tag in der Stadt sesshaft zu machen.

Vff hewt sonnabent anno quo supra nach sant Veitztag sint alle drey rete vnd die eldisten zcusampne komen vnde merglich bewegen, was vnrats der stat von alle den ihenen, die burger werden, sich nicht besetzen, handel vnd narunge glich *25* besessen burgern treyben, aufferstehe, vnnd darvmbe eyns wurden vnd eynnutiglich beslossen, wollen das auch vestiglich gehalten haben, das nu zcufurdern zceyten nymants, wer der sein wurde ader welchs hantwergks ader stants er were, der sich in disse stat wenden, burger werden vnd sein narunge mit handeln vnd wandeln herinne suchen wolde, mit nichte noch anders vffgenomen werden sall, er sage deune *30* dem rate glewblich vnd mit waren worten zcu, das er sich in iar vnd in tage nidersetzen behußen vnd behofen wil, vff das er ein hußbeseßner burger werde mit eygener erbeschafft, vnnd daruff moge er sich neren, handeln vnd wandelen als ein burger; wer do aber burger wurde vnd sich byunen iare vnd tage als obgemelt ist nicht besetzte behußte adder beerbte, der sall noch vßgange iaris vnd tage nymmer fur ein burger gehalten werden, auch sein burgerrecht vorloren haben vnd domit gantz abesein. Vnnd vff das sich ein ydermann darnach halte, so sall ein itzlicher burgermeister zeu seiner zeit ein solchs alle den ihenen, die burgere werden wollen, zeuerkennen geben vnd furhalten, auch vestiglich in ire eyde bynden, domit sich ein ydermau darnach gerichten vnd fur schaden bewaren kan. Factum sub Hansen Trupitz proconsule et suis consulibus anno, et die quibus supra.

Nach dem Rathsbuch fol. 70ᵇ im Archiv des K. Bezirksgerichts zu Leipzig.

No. 431. 1469. 1. Juli.

Aufstellung einer Fleischtaxe.

Vff sonnabent nach sant Peter vnd Pawelstag der hiligenn zewelffbotenn anno domini ꝛc. LX nono sint alle drey rete mitsampt den eldisten bei einander gewest vnd mit grossem vleis der gantzen stat vnd gemeyne zeu nucz vnd fromen geratslagt, wie man weise vnd wege finden vnd furgenomen mochte, domit man einen' feindlichen vnd beqwemen — vleischkauff mit allem vleische, der eyne zeit bißher vast swer vnd uß der weise gewest ist, georden vnnd gesetzen mochte, vff das die fleischauwer vnd die lysterer, die das fleisch zeu marckte bringen, vnd auch ein yderman, der das von in keuffen muß, zeukomen vnd erleyden mochten, vf das nymande vorsetziglich ader generlich zeunahe gegriffen wurde, vnd haben daruff vß riefem tiefem rate eyntrechtiglich in dem allerbesten mit wissen vnd volwort der fleischhawer beslossen vnd den fleischkauff, nachdem als eyn iglichs vleisch gut ader bose ist, also geordent vnd gesatzt nach wirken an seinem kauffe also er noch volget vnd geschriben stehit, vnd woln das kein fleisch anders denne noch dem pfunt vorkaufft werden solle ꝛc.

Item gut rintfleisch von guten gemesten rindern das gut ist soln die fleischhawer vnd flesterer anders nicht danne noch dem pfunde verkeuffen vnd das pfunt tewrer nicht danne vor V nawe heller geben; woln sie es nehir geben mogen sie tun. Es sal auch von den burgern vnd inwonern der stat nymant tewrer danne vmbe V nawe hell. als vorgemelt ist keuffen bei des rats straff. Were aber fleisch vf dem marckte ader in den baucken, das do geringe vnd nicht gut vleisch were, das danne zewene des rats neben den vier geswornen meistern der fleischhawer mit vleis achten besehen vnd schatzen sollen, wie es nach sinen wirden an deme kauffe bestehen moge, wie es dieselben setzen vnd erkennen, das man es geben vnd keuffen solle, da sall es bei bleiben vnd nicht anders danne nach der satzunge vnd irem erkentniß vorkaufft werden, vff das nymant mit dem vleischkauff betrogen werde.

Item gut schopßen fleisch sall man anders nicht danne bei dem pfunde keuffen vnd das pfunt nicht tewer danne vmbe III nawe eʒ; mag es aber ymant leichter ader nehir keuffen, lest man gescheen.

Item das swinen fleisch, das danne auch gut sein sal, sall man anders nicht danne nach dem pfunde keuffen vnd das pfunt nicht tewer danne vmbe III nawe eʒ; mag mans leichter gekeuffen, lest man gescheen.

Item so sall man das kalpfleisch, das danne auch gut sein sal, anders nicht danne noch dem pfunde keuffen vnd vorkeuffen vnd das pfundt nicht tewer danne vmbe II nawe ɉ; magk es ymant nehir gekeuffen, das ist vugeuerlich.

In der weise soln die zewene des rats neben den viermeistern vom hautwercke der fleischhawer ein getrewis vlissigs vff sehen haben vf allis vleisch welcherlei das sei, ab es noch der satzunge vnd ordenunge des rats bestehen moge vnd ap es gut dafur sei, were es aber zcu geringe, so haben sie auch macht, das noch seinen wirden zcusetzen.

Die obgeschriben ordenunge vnd satzunge mit dem vleischkauffe haben die rete im besten erkant gesatzt vnd geordent vnd woln, das die vestiglich gehalten werden solle, auch das der vleischkauff anders nicht dann noch dem pfunde beyde von den fleischhawern vnde lesterern, auch von allen vnd itzlichen inwonern der stat, die es keuffen, sein vnd geschecen solle bei vormydunge swerer straffung, die im der ath hirober beheldit.

Nach dem Rathsbuch fol. 71 im Archiv des K. Bezirksgerichts zu Leipzig.

No. 432. 1469. 7. Aug.

Kaiser Friedrich III. widerruft das der Stadt Halle ertheilte Jahrmarktsprivilegium und genehmigt aufs Neue die Abhaltung des Leipziger Neujahrsmarktes.

Wir Friderich von gottes gnaden Romischer keyser zuallennezeitten merer des reichs, zu Hungern Dalmacien Croacien ꝛc. klinig, herezog zu Osterreich zu Steyr zu Kerundten vnd zu Crain, graue zu Tyrol ꝛc. embietten vnsern vnd des reichs lieben getrewen burgermeister vnd rate der stat zu Hall in Sachsen vnser gnad vnd alles gut. Lieben getrewen. Als wir vormals den hochgebornnen Ernsten des heiligen Römischen reichs erezmarschalh vnd Albrechten gebrüdern herezogen zu Sachsen, lanndtgrauen in Düringen vnd marggrauen zu Meissenn vnsern lieben oheimen churfürsten vnd fürsten angesehen ir diemüttig vnd zimlich bete, auch getrew annem vnd nuezber dinste, die ir vordern vnd sy vns vnd vnsern vorfaren ame reiche vnd sonnder der yeezgenannt herezog Albrecht ettlich zeit in vnserm keyserlichen hofe vnuerdrossenlich getan hat vnd hinfür in künfftigen zeitten wol tun söllen vnd mögen, den iarmarckt in irer stat Lypezk, der sich auf den newen iarstag anhebt vnd achttag nach einander weret vnd gehalten wirdet, wie dann der bey weilent loblicher gedechtnuss herezog Friderichen irm vater gehaltin vnd in erblichem anfal auf dy in freyer vbung vnd gebrauchung herbracht ist, confirmirt bestet vnd von newem gnediclich verlihen vnd gegeben, euch auch darauf einn benannten tage nemlich vnser lieben frawen liechtmesse nechstuergangen, vns des iarmarckts, so ir euch auf denselben newen iarstag zuhalten vnd zugebrauchen vndersteen, auch deshalb freyheit vnd gerechtikeit, so ir darüber zu haben vermeinet, durch ewer erber botschafft fürzebringen vnd vollige vnderrichtung zutun, gesezt vnd die weil desselben iarmarckts vncz auf ferrer vnser geschefftte nicht mer gebrauchen noch vben gebotten haben.

innhalt vnser keyserlichen gebotbriefe darüber ausganngen, hat vns der vorgemelt
herezog Albrecht vnser oheim vnd fürste darauf zuerkennen geben, wie ir auf ver-
meinte vnderrichtung in crafft ettlicher anderr vnserr keyserlichen gebotbriefe deshalb
newlich ausganngen die obgenannten von Lypezck von dem yeczgemelten irem iar-
markt vnd vnsern keyserlichen gnaden vnd freyheiten, so sy darumb von vns haben,
zudringen vnd daran zuuerkeezen vnd zubeschedigen vnd ewern iarmarckt damit
zubestercken vnd zukrefftigen vnderstanndet, dardurch in vnd herczog Ernsten sei-
nem bruder vnserm churfürsten, so sölichem also nachgegangen, an iren niderlegen
zollen gleitten vnd andern gerechtikeiten merckliche beswerung abpruch vnd verhin-
derung zugeezogen wurde, vnd vns darauf diemütielich angeruffen vnd gebetten, ine
hierinne gnediclich zufürsehen. Wann nw die obgerürten gebotsbrief, darinn wir
dann gestalt grund vnd gelegenheit der sachen nicht genuezlich vnderricht gewesen,
on vnser sonnder bewegnuss ausganngen seinn, vnser meynung auch vnser wille
nye gewesen vnd noch nit ist, daz die obgemannten vnser churfürst vnd fürst der
oder einicher annder gebotsbriefe halb, so villeicht von vns erworben wurden, des
gemelten iarmarckts in irer stat zu Lypezk entseezt vnd also an vnsern keyserlichen
gnaden vnd freyheiten, damit sy von vns gnediclich begabet seinn, verleezt vnd ver-
hindert werden solten, sonnder sy dabey hanndthaben schliezen vnd schermen wellen,
darumb so haben wir nach zeittigem rat, aus gutter bewegnuss vnd rechter wissen,
auch damit mer vnrat vnd widerwerttikeit, so deshalb villeicht in dem heiligen rei-
che entsteen vnd erwachsen möchte, vermitten blibe vnd aus andern redlichen für-
gehalten vrsachen vns darezu bewegende sölich vorgemelt fürnemen des gemelten
ewers iarmarckts zu Halle vnd alles das bisher demselben vermeinten iarmarckt zu
besterckung durch vnser keyserlich maiestat oder yemand annders mit priuilegien
freyheiten briefen gebotten oder in anndern wege beschehen oder ausganngen were
oder hinfür in künfftigen zeitten durch einiche priuilegien freyheiten gnaden oder
bestettigung, welcher wort wynn oder lautte die weren, geschehen möchte, aus was
vrsachen oder schein sich das bisher begeben het oder nu hinflir begeben wurde,
mitsambt allen vnd yglichen andern freyheiten vnd gnaden gebotten vnd briefen, da
mit ir an ewerm vermeinten iarmarckte beerefftiget vnd die gemelten vnser chur-
fürste vnd fürste an dem benannten irem iarmarckt zu Lypezk verleezt oder verhin-
dert werden möchten, die wir dann hierinne, als ob sy gannez benennet vnd von
wort zu wort besonnder vnd eigentlich hiemit begriffen weren, für gannez gemelt
haben wellen, ganez aufgehabt widerrufft vernicht vnd abgetan, also das sölich für-
nemen ewers vermeinten iarmarckts zu Hall ferrer in einich weise nicht gebraucht
geübet oder gehalten werden solle, aufheben widerruffen vernichten vnd abtun von
Romischer keyserlicher macht mit gutem rate vnd rechter eigentlicher wissen in
crafft diss briefs alle vnd ygliche priuilegia freyheit bestettigung briefe vnd gebotte,
so darauf erlanngt weren oder hinfür von vns oder ymand annders in einich weise
erlangt wurden welcher wort oder lautt die gesein möchten, wir yecz alsdann vnd
dann als yecz als übergriffennlich dem vermelten iarmarckt zu Lypezk crafftloß vnd
vntüglich erkennen vnd ercleren, meynen seczen vnd wellen von yezberürter keyser-
licher macht, daz die obgemelten vnser churfürste vnd fürste bey irem vorgemelten

iarmarckt zu Lypczek vnd vnsern gnaden vnd freyheiten beleiben, die huben niessen
vnd gebranchen sollen vnd mögen von euch vnd allermeniclich vnuerhindert. Vnd
gebietten euch darumb von obgemelter vnser keyserlichen macht, auch bey verliesung
ewer gnaden freyheiten leben vnd gerechtikeiten, so ir von vns vnd dem heiligen
reiche oder ymand anderr habet, vnd darezu einer pene nemlich hundert marck lot-
tigs goldes halb in vnser keyserlich camer vnd den anndern halben teil den obge-
nannten vnsern churflirst vnd flirste vnd den von Lypezk als beschedigten vnablesslich
zuberzaln ernstlich vnd vestlielich mit disem briefe, daz ir furderlich vnd on alles
verezichen nach dem vnd euch diser vnser briefe geanntwort oder verkündt wirdet
sölich vorgemelt gebotte, ander priuilegii vnd brief, so den selben vnsern churfürsten
vnd fürsten vnd den von Lypezk an irem iarmarckt zuuerleezung abpruch vnd ver-
hinderung komen möchten, abstellet, der ferrer mit übet noch gebrauchet noch ann-   ) b /
dern zetun gestattet, sonnder die obbenannten von Lypezk bey irem gemelten iar-
marckt vnd vnsern gnaden vnd freyheiten geruhlich on irrung vnd intrag bleiben vnd
den von allermeniclich suechen vnd gebrauchen lassen vnd sy noch ander daran nicht
besweren noch beklimbern in einich weise. Vnd tutt darinn nicht anndern als lieb
euch sey vnser vnd des heiligen reichs swere vngnade, auch die obgemelten pene
zuuermeiden; dann wo das also nit beschech vnd wir deshalb ferrer angelanngt
wurden, so wolten wir vmb überfarung der pen vnd in annder wege wider euch
fürnemen handeln vnd ergeen lassen vnd sich in söllichem rechtlich zutun gebüren
wurde; darnach wisset euch zurichten. Mit vrkund diss briefs besigelt mit vnserm
keyserlichen anhanngendem insigel. Geben zu Grecz am eritag vor sannd Lauren-
ezen tag nach Cristi gepurde vierezehenhundert vnd inun newnund sechezigisten,
vnser reiche des Romischen imm dreissigisten, des keyserthumbs imm achtzehenuden
vnd des Hungerischen im eindlefften iarenn.

Ad mandatum domini imperatoris in consilio.

Nach dem Orig. im Rathsarchiv zu Leipzig mit dem kaiserlichen Siegel an einem Pergamentstreifen
Ein Transsumt dieser Urkunde durch Bischof Thilo von Merseburg vom 31 October 1469 im Rathsarchiv
zu Leipzig mit dem Siegel des Bischofs an leinener Schnur.

No. 433. 1469. 7. Aug.

*Kaiser Friedrich III. gestattet die Abhaltung des Leipziger Neujahrsmarktes und setzt das der
Stadt Halle ertheilte Privilegium ausser Kraft.*

Wir Friderich von gottes gnaden Romischer keyser zuallenezeitten merer des
reichs, zu Hungern Dalmacien Croacien :c. kunig, herczog zu Osterreich zu Steyr zu
Kernnden vnd zu Crain, herre auff der Windischenmarch vnd zu Portenaw, grafe
zu Habspurg zu Tyrol zu Phyrt vnd zu Kyburg, marggraue zu Burgaw vnd lanut-
graue im Elsass bekennen vnd tun kunt offennlich mit disem briefe allen den, die
in sehen oder horn lesen, als vns die hochgebornnen Ernnst des heiligen Romi-
schen reichs erezmarschalkh vnd Albrecht gebrudere herczogen zu Sachssen, lanut-

46*

grauen in Doringen vnd marggrafen zu Meyssen vnnser lieb oheimen curfurste vnd
furste haben zuerkennen geben, wie wol wir ine vormals den iarmarckt in irer statt
Lypezck, der sich auf den newen iarstag anhebt vnd acht tag nach einander weret
vnd gehalten wirdet, wie dann der bey weilent loblicher gedechtnuss herezog Fri-
drichen irem vater gehalten vnd in erblichen anfall auf sy in vbung vnd gebrauch
herbracht ist, confirmirt bestet vnd von newen gnediclich verlihen vnd gegeben vnd
darauf vnnsern vnd des reichs lieben getrewen burgermaister vnd rate der statt zu
Halle in Sachssen ein benanten tag, vns des iarmarckts, so sy auff denselben newen
iars tag zuhalten vnd zugebrauchen vnderstannden, durch ir erbere botschafft vollige
vnderrichtung zetun, auch desshalb freyheit vnd gerechtikeit, die sy darumb znhaben
vermeinen, furezubringen gesetzt vnd desselben iarmarckts furbaser vuez auff ferrer
vnser gescheffte nicht mer gebrauchen noch halten geboten haben, innhalt vnnser
keyserlichen gebotbrief daruber auszgegangen; nicht destominder haben die gemelten
von Halle sich in crafft etlicher ander vnnser keyserlichen gebotbriefe, darinne wir
dann grund vnd gelegenheit der sachen nicht genuezlich vnderricht gewesen, auch
on vnser sonder benellnuss aufgegangen sein, die obgenanten von Sachssen von
dem yeezgemelten irem iarmarckt vnd vnnsern keyserlichen gnaden vnd freyheiten,
so sy deßhalb von vns begnadt sein, zudringen vnd daran zuuerleezen vnd iren iar-
marckt damit zubestercken vnderstanden, ine an iren nyderlagen zollen vnd andern
gerechtikeiten nicht zu cleinem abbruch beswerung vnd verhindrung, dardurch sy sich
dann mercklich beswert zu sein beduncken vnd ine darinne furzusehen, auch bey
solchen vorgemelten vnnsern gnaden in getan zu hanthaben begeret haben; das wir
angesehen haben solich der obgenanten vnser curfursten vnd fursten zimlich bete,
auch getrew annem vnd nuezpar dinste, die ir voruordern vnd sy vns vnd vnsern
vorfarn am reiche vnd sonnder der vorgenant herezog Albrecht etlich zeitt in vnserm
keyserlichen hofe vnuerdrossenlich getan hat vnd hinfur in kunfftigen zeitten wol tun
sollen vnd mogen, vnd haben darumb vnd auß andern redlichen vrsachen vns dar-
ezu bewegende nach zeittigem rate wolbedachtem mute vnd auß guter bewegnuß
solh vorgemelt furnemen des gemelten iarmarckts zu Halle vnd alles, das bißher
demselben vermeinten iarmarckt zu bestereckung durch vns oder yemand anders mit
priuilegien freiheiten briefen geboten oder in ander wege bescheheen oder außganngen
were oder hinfur in kunfftigen zeitten durch einich priuilegi freyheit gnad oder
bestettigung, welher wort oder laute die wern, auß was vrsachen oder schein sich
solichs bißher begeben hette oder nw hinfur begeben mochte, dardurch die egemelten
vnser curfurste vnd furste an dem vorberurten irem iarmarckt zu Lypezck verleezt
vnd verhindert werden mochten, die wir dann hierinne als ob sy ganez von wort zu
worte hiemit in disem vnserm brief begriffen weren fur ganuez gemelt haben wellen,
ganuez aufgehabt widerrufft vernicht vnd abgetan, also daz solich furnemen des ver-
mainten iarmarckts zu Hall ferrer in einich weise nicht gebraucht genbt oder gehal-
ten solle werden, auffheben widerruffen vernichten vnd abtun das alles von Romi-
scher keyserlicher macht volkomenheit wissenntlich in crafft diß briefs von yeez
berurter macht vnd wissen, erkennende alle vnd yeglich freyheit brief vnd gebotte,
die zu besterekung des vorgemelten iarmarckts zu Halle außganngen wern oder

hinfur außgeen wurden, so ferre die dem iarmarckt zu Lypezck zuuerhindrung vnd
zuuerlezzung oder abbruch komen mochten, yeez als dann vnd dann als yeez ganez
vntuglich vnd crafftlos, sonnder meynen seezen vnd wellen auß eigrm wolbedachtem
mute mit rechter eigentlicher wissen vnd auß volkomenheit vnnser keyserlichen macht,
der wir hierinne gebrauchen vnd gebraucht haben wellen, daz die obgenanten vnser
curfurste vnd furste bey irem vorgemelten iarmarckt zu Lypezk vnd vnnsern keyser-
lichen gunden vnd freyheiten bleiben, die haben niessen vnd gebrauchen vnd dawi-
der noch dise vnser declaracion keynerlay aufzug vnd exception stat haben solle
oder moge, als ob sy mit beruffung der parthey vnd rechtlicher erkantnuss von vns
außgnnugen were, all vnd yeglich abganng vnd gebruch, so sich villeicht form vnd
zierlicheit halben der gerichte vnd rechten in diser vnser declaracion begeben hetten,
von egedachten bewegnuss, keyserlicher macht volkomenheit vnd wissenntlich erful-
lende. Mit vrkund diß briefs besigelt mit vnser keyserlichen maiestat anhangendem
insigel. Geben zu Greez am erichtag vor sant Laurenczen tag nach Cristi geburde
vierczehenhundert vnd im neunundsechezigisten, vnser reiche des Romischen im drei-
sigisten, des keyserthumbs im achtzehenden vnd des Hungrischen im aindlefften iaren.

Ad mandatum domini imperatoris in consilio.

Nach dem Orig. im Rathsarchiv zu Leipzig mit dem Siegel des Kaisers an Fäden von braunrother Seide.
Lünig Reichs-Archiv. Pars spec Cont. IV. T. II 1. p. 638
Ein Transsumt dieser Urkunde durch Bischof Thilo von Merseburg vom 31. Oct. 1469 mit dem Siegel
des Bischofs an leinener Schnur im Rathsarchiv zu Leipzig

No. 434. 1469. 7. Aug.

*Ausschreiben des Kaisers Friedrich III., die Aufhebung des Hallischen Jahrmarktsprivilegiums
und die Wiederherstellung des Leipziger Neujahrsmarktes betreffend.*

Wir Friderich von gottes gnaden Romischer keyser zuallennezeitten merer des
reichs, zu Hungern Dalmacien Croacien ꝛc. kunig, herczog zu Osterreich zu Steyer
zu Kernnden vnd zu Crain, grafe zu Tyrol ꝛc. embieten allen vnd yeglichen cur-
fursten fursten geistlichen vnd weltlichen grafen freyen herrn rittern knechten haubt-
lenten amptlenten burggrauen vogten phlegern verwesern schultheissen burgermaistern
richtern reten burgern vnd gemeinden aller vnd yeglicher slosser stette mereckte
dorffere vnd gepiete vnd sunst allen andern vnnsern vnd des reichs vndertanen vnd
getrewen in was wirden states oder wesens die sein vnser gnad vnd alles gut. Er-
wirdigen hochgebornnen wolgebornnen edeln ersamen vnd lieben getrewen. Als wir
vormals den hochgebornnen Ernnsten des heiligen Romischen reichs erczmarschalkh
vnd Albrechten gebrudern herezogen zu Sachssen, lanntgrauen in Doringen vnd
marggrauen zu Meyssen vnnsern lieben oheimen curfursten vnd fursten, angesehen
ir dinnstig vnd zimlich bete nach getrew anneme vnd muczper dinste, die ir voruor-
dern vnd sy vns vnd vnnsern vorfarn am reiche vnd sonnder der yeezgenant her-
ezog Albrecht etlich zeit in vnserm keyserlichen hofe vnuerdrossenlich getan hat vnd

hinfur in kunfftigen zeitten wol tun sollen vnd mogen, den iarmarckt in irer statt
Lypczek, der sich auf den newen iarstag anhebt vnd acht tag nach einander weret
vnd gehalten werdet, wie dann der bey weilent loblicher gedechtnuss herczog Fri-
drichen irem vater gehalten vnd in erblichem anfal auf sy in vbnng vnd gebrauch
gebracht ist, confirmirt bestet vnd von newes gnediclich verlihen vnd gegeben vnd
darauf vnnsern vnd des reichs lieben getrewen burgermaister vnd rate der statt zu
Halle in Sachssen einen benanten tag vns des iarmarckts, so sy sich auf den selben
newen iars tag zuhalten vnd zugebrauchen vnderstannden, durch ir erbere botschafft
vollige vnderrichtung zetunde, auch freyheit vnd gerechtikeit, die sy darumb zuhaben
vormainen, furezubringen gesezct vnd desselben iarmarckts darauf vncz auf ferrer
vnser geschaffte nicht mer gebrauchen noch vben geboten haben, innhalt vnser key-
serlichen gebotbriefe daruber aussgeganngen, hat vns der vorgemelt herczog Albrecht
vnnser oheim vnd furste zuerkennen geben, wie die gemelten von Hall in Sachssen
auff vermaint vnderrichtung in crafft etlicher annder vnnser keyserlichen gebotsbriefe
deßhalb nenlich aussgeganngen die obgenanten von Lypczek von dem yeczgemelten
irem iarmarckt vnd vnnsern keyserlichen gnaden vnd freyheiten, so sy darumb von
vns haben, zudriugen vnd daran znuerkezcn vnd zubeschedigen vnd iren iarmarkht
damit zubestercken vnd zubeereifftigen vnderstanuden, dardurch im vnd herczog Ern-
sten seinem bruder vnnserm curfursten, so solichem also nachgegangen, au iren
nyderlegen zollen geleiten vnd andern gerechtikeiten mercklich beswerung abpruch
vnd verhindrung zugeezogen wurde, vnd vns darauf dimuticlich augerufien vnd gebe-
ten, ine hirinne gnediclich zufursehen. Wann uw die vorberurten gebotsbriefe, dar-
inne wir dann gestalt grund vnd gelegenheit der sachen nicht genezlich vnderricht
gewesen, on vnuser sonnder benelhunss aussgangen sein, vnser meynnng auch vnd
wille nie gewesen vnd noch nit ist, daz die obgenanten von Sachssen der oder eini-
cher ander gebotsbrief halb, so villeicht von vns erworben wurden, des gemelten iar-
marckts in irer statt zu Lypczek entsezct vnd also an vnsern keyserlichen genaden
vnd freiheiten, damit wir sy gnediclich begabt haben, verlezct vnd verhindert werden
solten, sonnder sy dabey hanuthaben schnezen vnd beschirmen wellen, vnd haben
darumb nach zeitigem rate, auß guter bewegnuß vnd rechter wissen, auch damit
mer vurat vnd widerwertikeit, so deßhalb villeicht in dem heiligen reiche entsteen
vnd erwachssen möchte, vermiten bleibe vnd auß andern redlichen vrsachen vns dar-
czu bewegende solh vorgemelt furnemen des gemelten iarmarckts zu Halle vnd alles
das bißher demselben iarmarckt zu besterckung durch vnser keyserlich maiestat oder
yemands ander mit priuilegien briefen geboten oder in ander wege beschehen oder
aussganngen were oder hinfur in einich weise beschehen wurde, auß was vrsachen
oder schein sich das begeben hette oder in kunfftigen zeitten begeben möchte, mit
sampt allen vnd yeden andern freyheiten vnd gnaden, dardurch die bemelten von
Sachssen an dem berurten irem iarmarckt zu Lypczek verlezct vnd verhindert wer-
den möchten, die wir dann hierinne, als ob sy von wort zu worte hiemit begriffen
wern fur ganez genuck haben wellen, ganez aufgehabt widerruft vernicht vnd abge-
tan, also daz solichs ferrer in einich weise nit gebraucht geubt oder gehalten wer-
den, verkunden vnd ereleru mit gutem rate, rechten eigentlichen wissen, auß vol-

komenheit vnser keyserlichen macht in crafft diß briefs alle vnd yeglich prinilegia freiheit briefe vnd gebot, die daruber erlanngt wern oder hinfur von vns oder yemand anders in einich weise erlanngt wurden, yecz als dann vnd dann als yecz als dem gemelten iarmarckt zu Lypczck vbergrifflich auffgehabt vernichtet abgetan vnd vnkrefftiget, als dann das alles vnnser keyserlich briefe deßhalb an die obgenanten von Halle außgeganngen eigenutlicher innhalten. Darumb so emphelhen wir euch allen vnd yedem besonnder von Romischer keyserlicher macht mit disem briefe ernnstlich gebietende, ob die yeczgenanten von Halle oder ander von iren wegen solh vorberurt vnser keyserlich gebotsbriefe verachten, vngehorsam sein vnd die vorgenanten von Lypczek an dem gemelten irem iarmarckt in crafft der voranßgeganngen vnd durch vns abgetanen vnd veruichten geboten prinilegien vnd briefen oder in ander wege irren zuuerhindern vnd zubeschedigen vnd iren iarmarckt damit zubecerefftigen vndersteen wurden, daz ir dann solh furnemen, auch der vorgemelten der von Halle prinilegien gebot vnd aunder brief, so den von Lypczek an dem gemelten irem iarmarckt zuuerleezung abpruch vnd verhindrung komen mochten, gancz fur crafftloss vntuglich vnd veruicht halten vnd nit gestatten, daz derselb iarmarckt zu Hall ferrer an dem gemelten newen iarstag durch die ewrn gesucht werde, auch den selbs nit suchen in einich weise, sonnder darob sein, auch mit den ewrn schaffen vnd bestellen wellet, damit die obgenanten von Lypczek bey irem obgemelten iarmarckt geruelich on irrung vnd .intrag bleiben vnd der von allermeniclich gesucht werde vnd sy noch ander daran nicht beswern noch bekumbern lassen in einich weise. Daran tut ir vnnser ernnstlich meynnng vnd dancknem gut geuallen, gegen euch vnd ewr yedem in sonnderheit gnediclich zuerkennen. Mit vrknnd diß briefs besigelt mit vnserm keyserlichen anhanngendem insigel. Geben zu Greez mit vnserm keyserlichen anhanngendem insigel am erichtag vor sannt Larennezen tag nach Cristi geburde vierezehenhundert vnd im neunundsechezigisten, vnser reiche des Romischen im dreissigisten, des keyserthumbs im achtzehenden vnd des Hungrischen im aindlefften iaren.

Ad mandatum domini imperatoris in consilio.

Nach dem Orig. im Rathsarchiv zu Leipzig mit dem Siegel des Kaisers an einem Pergamentstreifen.
Ein Transsumt dieser Urkunde durch Bischof Thilo von Merseburg vom 31. October 1469 mit dem Siegel des Bischofs an leinener Schnur im Rathsarchiv zu Leipzig

No. 435. 1469. 20. Sept.

Rathsbeschluss in Betreff der Brau- und Malzhäuser.

Vff mitwochen vigilia Mathei apostoli so hat der sitzende rat in bei wesen der eldisten vnd der andern zeweyer rete beslossen, das nu hinfur keyn burger ader inwoner der stat, die brawe vnd melczluser haben, keyns hinder deme rate vnd ane lawbe gunst vnd willen des rats nicht abebrechen adder vorgehen lassen sall in keyneweiß bei pen vnd busse des rats, die der rath bei sich beheldet. Factum sub Hansen Trupitz proconsule et suis consulibus die et anno quo supra.

Item es haben auch die rete vff den tag denselben, die do braw vnd maltz-
huser haben, ir braw vnd melezlon gebessert nach deme sie von rate begert vnd
gebeten haben vnd haben in zeugesagt vnd erlewbt, das ein meltzer von eyme maltze
XL gute gr. nemen sall vnd mag vnd ein brawer von seinem brawhuß XVI gr.,
vff das sie ire brawe vnnde meltzhuser desterbaß erhalden mogen vnd nicht zeugehen
ader wuste stehn lassen dorffen; doch stet diß biß widderruffen vnd vorandern der
rete, wenne es die zeeit gebe, das sie mynner nemen konten, das mans auch tete
vnd gescheen ließe. Actum die et anno quo supra.

Nach dem Rathsbuch fol. 72^b im Archiv des K. Bezirksgerichts zu Leipzig.

No. 436. 1469. 23. Sept.

Der Rath bestätigt die Handwerksartikel der Holzschuhmacher.

Vff hewt sonnabent nach Mathaei apostoli anno ꝛc. LXIX sint die meister vom
hantwercke der holtzschuer vor den rath komen vnd desse nachgeschriben punckt
vnd artickel zeubestetigen gebeten, die danne die rete mit vleis obirsehen, eygentlich
gemerckt vnde dem egnanten hantwercke also bestetigt haben, dieweil sie nicht
vnpillichs darinne finden noch verstehen, vnd woln das sie vom hantwercke vestiglich
gehalten werden sollen.

Zeum ersten sall eins meisters son sein vol hantwerck vngewonnen haben,
das arbeitten vnd gepranchen, so fern ab er des hantwerges ist, vnnde eyns meisters
tochter die helffte. Auch so sollen die inngsten zewene meister der kertzen warten
vnd keyner des vertragen ader vßgeslossen sein bei VI pfennigen, so offt er das
vorsewmen wurde. Item eine fraw noch tode ires mannes sall ir vol hantwerck
haben vnd mit gesinde halden vnd arbeitten solange biß das sie widder zeu eelichem
stande vnd leben kome. Item es sall kein meister mehir danne zewene knechte vff
dem hantwercke halden, hat er aber einen lehriungen, so sall er zeu dem iungen
eynen knecht vnd nicht zewene haben vnd halden bei II pfunden wachs, so offt es
geschee. Item es sall kein meister keynen iungen zeulernen anders danne vff zewei
iar vffnemen, so sall auch ein itzlicher leriunge zewey iar lernen vnd den meistern
II pfunt wachs zeu den kertzen geben; ouch sall nymant keynen vmeelichen leren.
Item es sall auch nymant meister werden, er habe denne zewei iar nochenander
vngeteilt bei eynem meister gelart; item so sall keyner fur einen gesellen dynen noch
erbeitten, er habe denne zewey iar vßgelernet. Item wer meister werden will vnd
nicht bewibet ist, der sall das hantwerck in eynem iare drey wichfasten nach einan-
der von den meistern muten, so danne sal mans im reichen; ist er aber bewibet, so
sal mans im zeustunt zeu der ersten mutunge reichen vnd in darzeu vffnemen. Item
wer danne also meister werden wil, der sal sein hantwergk nach gewonheit bewie-
sen; wert er danne des hantwerges tuchtig erkant, als danne sal er geben XX gute
gr. in die buchsse vnd den meistern IIII pfunt wachs vnd darneben den meistern
XV gr. zeu er collacien.

Item es sall auch keyns meisters frawe, die an iren eren beruchtigt were, gehen zeu den andern frawen zeu irer sanlunge. Item es sal nymant einer dem andern sein gesinde abspenen nach auch widder des andern willen nicht halden bei 11 pfunt wachs. Item wenne ymant vß dem hantwercke vorstorbe vnd mit tode abginge, so sal man der leych zeur kirche vnd widder heym zeubegrabenn vigilien seluessen vnd zeubegengniß noch volgen bei bussen eyns pfunt wachs. Item ein iezlich meister sal ein itzliche wichfaste geben 11 gr. vnnde 1 geselle 1 gr. ader der meister selbir. Item ap ein geselle lagerhafftig vnd krangk wurde, dem sal man uß der buchssen leihen das er zeunotturfft habe, das sal er widder beczalen so er frisch wirt, adder sich des widder irholen an seinen cleydern ader frunden. Item so ein meister denne hantwercke zeu eyme furweser gekoren wert, der sall es nicht abslahen adder widdersprechen bei eyme pfunt wachs. Item der meister sall bestellen die kertzen zeutragen vff des hiligen waren lichnamstag vnd das lon uß der buchsse nemen. Item so der meister nach den andern des hantwercks ader eyme allein sendit in des hantwerckes sachen ader geschefften, 'sal eyn itzlicher vnfurhindert zeu im kommen bei 4 pfunt wachs. Item es sall nymant den andern in samlungen logen straffen noch mißhandeln in keinweiß bei 1 pfunt wachs. Item die meister des hantwercks sollen alle iar ein mall vff sant Michaelis marckt loesen vmbe die stete vff dem marckt vnd in iarmerckten zeustehen. Item es sall kein meister fraw ader gesinde noch nymant dem andern seine kunfflewte von seiner bude zeu sich ruefen ader zeihen bey 1 pfunt wachs.

Die obgeschriben puneckte vnd artickell sint furwilligt durch alle drey rete biß vff widderruffen des rats vnd woln die von meistern gesellen vnd eyme itzlichen des hantwerckes so obingemeldit ist gehalten haben bei den obgnauten pen vnd bussen vngenerlichen. Actum sub Hansen Trupitz proconsule et snis consulibus anno et die quibus supra.

Nach dem Rathsbuch fol. 73ᵇ im Archiv des K. Bezirksgerichts zu Leipzig.

No. 437. 1469. Michaelismarkt.

Veranstaltungen der drei Räthe zu Verhütung des Handels mit gefälschten Gewürzen.

Zeunmercken das alle drey rete vf den marckt Michaelis anno ꝛc. LX nouo eynß worden sein vnd beslossen haben, nuhinforder vff alle vnd igliche merckte zeukunfftiglich ein vlissige vff sehen zeuhaben, das von keyme kauffmann gefelscht gut vorkaufft ader feyll gehalten werden solle, vnd furauß die mit saffran ingeber vnd andern wurtzen, die man betriglich machen kont, vmbegehen vnd zeuhandeln pflegen, vnnd haben darnmbe geordent vnd gesatzt Fritzen Pfister, Lamprechten von Kronenberg vnnd Hansen Feuchtwangern uß den reten neben vnd mit den andern krumern in der stat gesessen, in den selben merckten vmbe zeugehen vnd zeuzeusehen, das kauffmans gut weherunge feyl gehalten vnd vorkaufft werde, alß es denn dieselbenn wol wissen vnd kennen; des glichen wage vnd gewichte glich zenhalten. Die denne

deme also getan vnd bei dissen nachgeschriben mitnamen Nickel Meister von der
Newenstat, Hansen Swaben von Erffurt, Rottichern Spiß von Magdeburg, Lamprech-
ten Distelfincken, Heinrichen Dobtede von Buell, Bornschewnen vnd sinem knecht
vnd der frawen Cristoffen von Eschwe vnd Hansen Koche von Erffurt etzlichen
saffran funden vnd den genommen vnd vfs rathuß getragen haben, deßhalben das
sie meynen nicht kauffmans gut sei, den sie Balgir nennen vnd den lewten zcu
zeiten fur ort vnd andern saffran vorkeuffen vnde gebenn dann er an sich selbs
ist; das die rete ein vnpillichs vnd betriglichs sein beduncket vnd dar vmbe diesel-
ben alle, fur sich gefordert vnd mit in nach notturfften daruß geredt, die dann von
sich sagen vnd antwert geben, sie gebens vnd vorkeuffens vor das, das es sei, vnd
solle ins betrig wol geschen, das die rete nicht meynen, hat ir itzlicher seinen
saffran selbs angriffen vnd dem rate douon IIII lot wegen mussen, den die rete
genommen vnd vff die schaw gein Nuremberg geschickt haben zcuerkennen lassen,
wie sie damit bestehen mogen vnd ab es kauffmans gut sei, vnd den andern vorpitz-
schirn vnd in ir beheltniß setzen lassen, auch hantglobde von in bei schult vnd
lautrechte genommen vntz solange das der saffran widderkommen vnd sie sich kegin
den reten gerechtfertigt haben, das sie zeugesagt haben zcewisschen hir vnd dem
nawen iarßmarckt. Factum sub Hansen Trupitz et ꝰnis ut supra.

Nach dem Rathsbuch fol. 75 im Archiv des K. Bezirksgerichts zu Leipzig.

No. 438. 1469. 13. Oct.

Der Rath bestellt einen öffentlichen Ankläger.

Eß hat der rath vff sonnabent nach Dionisii eynen vfgenommen mit namen
Veit Pißker genant von Kotzstelitz, das der selbige dem rath vnd gerichte alle pyn-
liche forderunge, zo der rath widder die mißtetigen luthe zeuthmen hat, fordern sal,
alß sich denne yn pynlichen sachen zeuthmen geboret, vnd so sal ym der rath ie
von einer iezlichen forderunge gebin X hoche groschin.

Nach dem Rathsbuch fol. 75ᵇ im Archiv des K. Bezirksgerichts zu Leipzig.

No. 439. 1469. 3. Nov.

Der Rath nimmt einen Färber aus Zwickau zum Bürger auf. (Vgl. No. 426.) j. tr.

Vff sonnabent noch omnium sanctorum anno domini ꝛc. LXIXᵒ hat der rat einen ferber
von Zcwickaw mit namen Hans Rymer gnant vffgenomen vnd im zeugesagt, das burgerrecht frey
zcu schicken vnd vier iar noch einander frey sitzen lassen mit schossen vnd wachen herffarten ꝛc.
Auch so wil sich der rath bei dem hantwercke der tuchmacher befließigen, das im das frey
geben vnd gelihen werde. Factum sub Hansen Trupitz anno quo supra.

Nach dem Rathsbuch fol. 75ᵇ im Archiv des K. Bezirksgerichts zu Leipzig.

No. 440. 1469. 30. Dec.

Der Rath überlässt dem Handwerk der Wollenweber gegen Abtretung des Hauses über dem Loche eine Abtheilung des Wagegebäudes.

Wir nachgeschrieben Hanns Trupitz die zeit burgermeister, Thile Hertwigk, Hans Schlautitz, Hans Pantzschman, Benedict Moller, Ludwig Schiban, Conradt Funck, Hans Konigk, Nickell Wolff, Augstin Schultz vnd Hans Feuchtewanger geschworne radtmanne der stadt Leiptzck bekennen —. Nachdem die ersamen meister deß handtwergs der wolleweber bey vns in vnser stadt mit eyntrechtiglicher vorwilligung, auch auß wolbedachtem freyen muthe vnd redlicher vornunfft vns vnd vnser stadt vnd gemeyne das hanß vber dem loche gelegen[a], das denn die genanten meister vnd handtwerg der wolleweber lange zeit vnd jahr in yrer besitzung vnd gewehr gehapt haben, vmb den vntersten söller, der vber die vnterste trinckstube vnd vber die wage gehet deß hanses vber dem radtskeller[b], inmassen sie das itzunt innehaben vnd hinfurder ewiglich fur sich vnd yre nachkommen innehaben sollen, gewechselt vnd gegeben haben, solchs vntersten söllers desselbigen hauses denn die genanten meister der wolleweber vor sich vnd alle yre nachkommen gebrauchen mogen vnd sollen nach aller yrer notturfft, also das sie yr gewandt vnd tuch, das sie selbst machen, doruff alle marckttage vnd auch sonst alletzeit so yne das fugsam ist feyl haben, auch yr gewandt doruff dene, die das von yne bey der elen kauffen wollen, schneiden mogen, das wir yne dann sonderlich zugesagt haben, doran sie dann nymant irren noch vorhindern sal. Wir vnd vnser nachkommen sollen vnd wollen sie auch dorbey festiglich handthaben vnd schutzen nach alle vnser vormoge, das sie solche yre gerechtikeit an dem genanten söller deß obgenanten hauses haben vnd behalten sollen mitsampt solcher freiheit, das sie zu dem schniete mit yren tuchen doruff stehen mogen, das dann also die andern zwene rethe mit vns voljhawortt vnd gewilliget haben, also doch das die genanten meister der wolleweber vns vnd vnsern nachkommen in solch hanß, so sie vns donor geben vnd eyntrechtiglich vorwechselt haben, keynerley inspruche wider durch sich noch yre nachkommen nicht thun sollen, sondern solch hanß sal deß radts zu ewigen zeitten sein vnd bleyben, als sie sich dann deß vor vns williglich vbergeben vnd vortziegen haben; deßgleichen sal der söller deß handtwergs zu ewigen zeitten auch widerumb bleyben. Es ist auch in besonderheit dorbey bered vnd von vns obgenanten burgermeister vnd radtmannen in beywesen der andern zweyer rethe vorwilliget worden, was in zukonfftigen zeitten an dem hause der wolleweber söller zubawen nodt sein vnd thun wurde, das wir vnd vnser nachkommen solch gebeude vff vnser selbst kost vnd lohn thun sollen vnd dem handtwerge fertigen lassen. Vnd deß zu mehrer sicherheit, auch stetter vnd vehster haltung aller obengeschrieben stuck punct vnd artickell haben wir obgenanten burgermeister vnd radtmann vor vns vnd vnser nachkommen

---

a) Ueber dieses Haus vgl. die Bemerkung z. No. 34. b) Dies e. g. „alte Rathswange", Markt No. 4. Vgl. Vogel Leipz. Chron. s. 165.

vnser stadtsecret hierunten an wissentlich hengen lassen, der gegeben ist nach Christi vnsers lieben herren geburdt tausent vierhundert vnd im sibentzigsten iahre vff sonnabendt nach Nativitatis Christi.

Nach dem Copialbuche I. fol. 152 im Rathsarchiv zu Leipzig (mit der Bemerkung: Auß der tuchmacher hauptbriue hirein geschrieben Anno domini 1517.)
Vogel Leipz. Annal. S. 60.

No. 441. 1469.

Befragung der Müller über die Höhe der Schutzbreter in den drei Mühlen vor der Stadt.

Eß hat der rath besant die moller in allen drien molen vnde sie gefraget, wie hoch die schutz breth an iczlicher möl syn sollen. Vnde sie haben gesaget, vnde sunderlich der vß der Barfußen möl, daß dy zewu molen der Thomßer vnde der Barfußenmöl die schutzbreth einer ellen hoch vnde eyns dhumens breit hoch syn sollin vnde hocher nicht; vnde diß ist wol vnde eigentlich zcu merken, wenne dem rathe macht doran gelegen ist. Abir die schuczbreth an der Angirmöl sollen funff vertil hoch syn, also die moller gesaget haben, daß hat sache dorumme, daß die selbige möl nydderer denne der andern eine gelegin ist, aber der rath hat dem mollir yn der Angirmöl deß also nicht wollen gestehen, sundern ym gesaget, das die rethe dorobir ratslahin wollin vnde eß sal stehen zcu irkentenis deß rats.

Nach dem Rathsbuch fol. 67 im Archiv des K. Bezirksgerichts zu Leipzig.

No. 442. 1469.

Annahme eines Rathsbarbiers.

Vffgenommen meister Hansen den barbirer zcu des rats barbirer vnd man hat im zcugesagt sein gewonliche cleydung, darzcu sein tranckgelt am abscheiden des rats; darvmbe sal er alle des rats dyner, wo die in des rats geschefften gewundet werden, mit wunterzcwey vffs vlissigst vorsorgen vnde vmbe sust bynden, vnd man sal ym geben zcu lone II hor ß.

Nach dem Rathsbuch fol. 61 im Archiv des K. Bezirksgerichts zu Leipzig.

No. 443. 1469.

Kurfürst Ernst und Herzog Albrecht überweisen dem Rathe, welcher auf ihr Nachsuchen einen jährlichen Zins von 222 Rh. Gulden für 4000 Rh. Gulden verkauft und diese Summe an sie eingezahlt hat (sollich gelt — [wir in] — vnser herschafft offinbarn vnde schinbarn nutz zcn der reyße, die wir itzunds zcu vnserm gnedigen herrn dem Romischen keyser in sachen vnser herschafft nutz belangen gewant haben —), den dritten Pfennig des Schlägeschatzes, den wir bey yn in der wage haben von vblendisschen kauffwten, die bey yn keuffin vnde vorkeuffen, das sie den dritten pfennig zcu iren zcween innebehablen sollen vnde domitt solliche ierliche zcinse betzalen; etwanige Ausfälle sollen aus der fürstlichen Kammer oder sonst wie gedeckt werden, Ueberschüsse den Landesfürsten zu Gute kommen.

Copiale 58 fol. 37.b im K. Haupt-Staatsarchiv zu Dresden.

No. 444. 1470. 8. Jan.

Heinrich von Schlettstadt, Commissar des päbstlichen Legaten Rudolf Bischofs von Breslau hebt das wegen Anwesenheit der Böhmen und ihrer Begünstiger in der Stadt Leipzig ausgesprochene Interdict wieder auf.

Henricus de Sletzstadt sacrae theologiae lector ordinis fratrum praedicatorum a reverendissimo in Christo patre ac domino domino Rudolpho episcopo Wratislaviensi sanctissimi in Christo patris et domini nostri domini Pauli divina providentia papae secundi ad Bohemiae et Poloniae regna et Alemaniae partes cum potestate legati de latere legato misso commissarius deputatus venerabili ac religioso patri domino Johanni Grundeman praeposito monasterii sancti Thomae apostoli in Lipczk salutem in domino et praesentibus fidem indubiam adhibere. Sententias nostras interdicti et suspensionis divinorum per nos in opidum Lipczk ob praesentiam Bohemorum fautorumque haereticorum lutas post eorundem a loco praefato recessum triduo lapso iuxta tenorem bullae apostolicae ac declarationem dominorum legatorum desuper factam auctoritate apostolica nobis in hac parte commissa tollimus et relaxamus ipsaque divina officia proxima quinta feria datam praesentium sequenti continue et immediate mane reassumenda concedimus et indulgemus. In cuius rei testimonium sigillum nostrum duximus subimprimendum. Datum Lipczk anno domini millesimo quadringentesimo septuagesimo die tertia post Epiphaniae.

Nach einer gleichzeitigen Abschrift im Cod 1092 fol. 821 der Univ -Bibliothek zu Leipzig.

No. 445. 1470. 13. Jan.

Bürgermeister und Rath verkaufen an die erbaren Magister Steffanus Fortune, Magister Johann Taymuth, Magister Heinrich Elling von Stendal und Simon Smed Altaristen der Kirche zu S. Georgen 45 Rh. Gulden für 900 Rh. Gulden auf Wiederkauf.

Orig. im Rathsarchiv zu Leipzig.

No. 446. 1470. 13. Jan.

Kaiser Friedrich III. zeigt dem Kurfürst Ernst und dem Herzog Albrecht an, dass er in Streitsachen zwischen ihnen und Bürgermeister und Rath der Stadt Halle wegen eines Jahrmarktes, so bisher daselbst — auff den newen iarstag gehalten worden —, dawider ir ettlich brieue vnd freyheitn von vns erlanget —, dem Markgraf Friedrich von Brandenburg Auftrag ertheilt habe, — euch der vorgemelten sachen vnd irrung halb zu verhorn, fleiß zu thn, der gutlich zu vereynen, souern das aber gutlich nit sein möcht vns gestalt vnd gelegenheit der sachen zu vnderrichten. ferrer darinn nach zymlichen wesen zu handeln —. Geben zu Wien am sambstag vor sant Anthonien tag.

v Dreyhaupt Beschreib. d Saalkreises II. S. 446.

No. 447. 1470. 3. Febr.

Der Convent des Petersklosters zu Merseburg bewilligt dem Rathe zu Leipzig unter gewissen Bedingungen die Erbauung einer Brücke bei Ehrenberg und die Anlegung eines Weges aus dem hinter Wahren und Ehrenberg gelegenen Holze (Burgaue).

Wir Heinrich abt, Johannes prior vnd das gantze conuent des closters sancti Petri vnd Pauli bye Merßeburgk gelegin bekennen —, das wir zcu synne habin genommen vleißige bethe der erßamen wyßen burgemeister vnd rath der stad Lypzk vnser liben herren vnd frunde, in eynen wegk vorgunnen vß yrem holcze hinder Wareu*) vnd Irrenbergk[b]) gelegin durch das selbte vnsere dorff Irrenbergk biß vff den vßinbar dorffweg, vnd wen wir dar ynue nicht alleyne der stad von Lypzk, sundern ouch vnßers eygen closterß vnd vnßer armen leuthe mergklichen nutz vnd frommen erkandt habin, habin vns des guttlich vortragen vnd obir eyn kommen in moßen hirnach geschrebin ist. Nemelich habin wir vorgunst vnd vorhengit, vorgunnen vnd vorhengin mit crafft disßes briffes, das dye erßmmen wießeun burgemeister vnd rath der stad Lipezk mogen machin eyne brucke, dye sye dann gereyth alzo gemacht habin, obir das wassir im dorffe Irrenbergk, dye selbigite bruck betryfft an eynem ende eynen wegk, der do czwuschen czweyeu wusten hoffestetin gehit, vnd vff dem andirn ende rureth eynen weßeufleck gnant eyn kabel, wilche kabil wir zu nuch gegebin habin vnd gebin mit crafft disßes briffes czu dem selbigeten wege, dy sye vus denn vnd vnßerm conuente mit sechtzig Rinschin gulden wol zcu duncke beezalt vnd vorgnnget habin; ouch mogen sye der obgnanten czweyer hoffestete holcz zcu-legin vnd zcufaren gebruchen alleweyle dy wuste legin, wen sye abir widder gebuet werden, sullen dy von Lypzk gleich wol zcwuschen beyden hoffestetin eynen gerumen wegk behalden byß vff den dorffweg. Ouch habin sich dy von Lypzk vor-tragen mit Benedictus Muller zcu Belitz[c]) vnmb eyn weßinfleck von der gnantin kabil byß in des rathis holcz vnd yn dor vor gegebin sechs hoche schog groschin, do wir denn ouch den vnsere volborth vnd willen als rechte lehnhern zcu gegebin vnd geynwertig gebin vnd volborten mit wysßen vnd rathe der gemeyne Irrenbergk vnd Belitz. Vnd ist bereth, dye von Lypzk vff dy gnautin brucke sullen setzen eynen slack mit eynem starcken schloße, dor czu zewene schlosßil syn sullen, den eynen sal habin der von Lypzk forster, der denn alle czüt zeu Irrenbergk wonhaftig syn sal, den andirn der muller adir eyn andir zeu Irrenbergk besessen noch orde-nunge des aptis, vnd sullen nymmudes uff schlysßen noch faren noch reythen laßin, dan alleyne zcu notdorfft der von Lypezigk. Ouch ab fede addir orleyge im lande uff stunde, do goth vor sey, do von dem Merßeburgischen lande schadin irstehin mochte, wann denn wir addir vnnßere nochkomen dye von Lypzk addir yre forster dor vmb irsuchen lasßen, sullenn dye von Lypezigk bestellen, [das] von sulcher brucke abgethan werde so vyl noth ist, biß so lange daß widder frede werde. So

a) Wahren. Eph. Leipzig   b) Ehrenberg. Par. Gundorf. — Ueber die Erwerbung dieses Holzes durch die Stadt vgl No. 69.   c) Göhlitz. Par. Gundorf.

sullen vnd mogen ouch dye nachkebur zeu Belitz vnd zeu Irrenbergk der brnchken vnd des wegis zeu yrer fietryfft vnd weßewachs uff yren gutern noch irer notdorfft gebrnchen, doch ane schaden des ratiß holtz. So ist ouch do bye bereth, so der rath wyl laßen holtz howen furen addir vordlyngen, sal der rath des aptis hoffemeister zeu Guntorff[d]), forster addir gesynde vnd des gotzhuß luthe zeum ersten anbytenn laßen, wollen sye dann alzo vyl als andir leuthe do von nehmen, so sal yn der [rath] das vor andirn vorgunnen; so dann der rathe dem muller etzliche stemme holtzis zeu synem gebnwe syner bethe halbin vffte gegebin hadt, sal sich der rath hynne forder geyn ym noch guttlich erezeygen. uff vorbethe eines aptis zeu sente Petir. Vnd ßo des closterß leuthe uß denn funff dorffern in der eptye gelegin nemelich Belitz, Irrenbergk, Guntorff, Burchußen*) vnd Rigmarstorff[f]) in der stad Lypczk habin mußen wegepfenninge gebin, das sullen sye hynforder uß den selbigen funff dorffern zeu gebin ewiclich vortragen syen; des closterß leuthe mogin ouch hinforder yn des rathis holtze graßen gehen, do von die graßehuner gebin, in moßin das bis her gehalden ist. Vnde zeu stetir vehester haldnnge allir vnd itzlicher obgeschrebin stucke punckte vnd artikel habin wir obgnanten abt prior vnnd conuent vnsere eptye vnd conventus ingesegil wissintlich an dißen briff thun hengin.

Vnd wir Theodericus zeu Huyßburgk vnd Hermann zeu Berge bye Magdeburgk, epte der closter Halbirstedisch vnd Magdeburgis bistums, visitatores des gnanten closterß sancti Petri vnd Pauli by Merßeburgk gelegin im capitel der obsernaucien von Burßfelde zeu Mentze in sente Jacoffs closter im nehsten gehalden von bebistlicher macht[i]) bekennen mit dißem vffinbriffe, das dißße kouff vnd vortracht, so dißßer bryff inne heldet, mit vnßerm wissen vnd willen gescheen ist, vnd wann wir andirß nicht erkennen denn mercklichen nutz vnd fromen des obgnanten closterß vnd syner vndirsossin, so wir des eygentlich vnd genuglich vnderricht syen, gebin ouch hir zeu vnßern willen vnd vollorth, bekrefftigen vnd bestetigen den von sunderlicher bebistlicher macht vnßerm capittel dor obir gegebin vnd habin des durch bethe der wirdigen geistlichen hern Heynrichs aptis, prioris vnd conuentus obgnant vnßer lieben bruder vnnd frund vnßir beyder segil zeu bekenetniß an dißßen briff thun henge, der gegeben ist noch gotis vnßers hern geburt thusent, virhundert dor noch in deme sobintzigisten iare an sente Blasii tage des heyligen mertererß.

Nach dem Orig. im Rathsarchiv zu Leipzig mit den vier Siegeln an Pergamentstreifen.

d) Gundorf. Kph. Leipzig. e) Borghausen, Par. Gundorf. f) Rückmarsdorf, Kph. Leipzig.
i) Or. macht gehalden.

No. 448. 1470. 25. Febr.

Kurfürst Ernst und Herzog Albrecht beurkunden, dass der Rath zu Leipzig die vordem von ihrem Vater an Sophia vom Lohe und deren Kinder, an Caspar von Hagewitz und den Domprobst zu Brandenburg und dessen Capitel wiederkaufsweise um 5800 Gulden verkaufte städtische Jahrrente im Betrag von 150 Schock der höchsten und besten Münze in der Weise von den genannten Käufern gelediget hat, dass er vff yren eygen gloubben vnd bey yren gleubbern uff yrer stadt 150 Schock um 9000 Gulden auf Wiederkauf verkauft, mit 5800 Gulden die verkaufte

*Jahrrente bei den genannten Käufern geledigt und 3200 Gulden in die fürstliche Kammer ein-
gezahlt hat, also das sie vns ie ein gulden mit zweuezigen vorgenuget vud geben haben, dy vor-
hin zcu viezrhen ader fuufczehen stunden vnd gegeben waren. Die Fürsten verschreiben, vff das
sy nw solchs guten vns wolgefellig vnd danckbar erzeiget sicher wyderstatunge haben mogen,
dem Rathe die Jahrrente von 150 Schock für !000 Gulden, um welche Summe sie dieselbe zu
jeder Zeit zurückkaufen können.* Datum Dresden am sontage nach Mathiae apostoli.

Copiale 59 fol. 20 im K. Haupt - Staatsarchiv zu Dresden.

No. 449. 1470. 28. Febr.

*Kurfürst Ernst und Herzog Albrecht bekennen, dass der Rath zu Leipzig von iren (des Raths)
gleubern innwendig vnd vßwendig der lande auf ihre Veranlassung 7800 Rh. Gulden auf einen
jährlichen Zins von 468 Rth. Gulden ausgewonnen und ihnen ausgezahlt habe; sie weisen den
Rath wegen Hauptgeld und Zinsen an Amt und Pflege Delitzsch, und der Geleitsmann zu Delitzsch
soll, bis die Fürsten die 7800 Gulden von dem Rathe zurückgekauft haben werden, jährlich zu
Johannis und Weihnachten je 234 Gulden un den Rath auszahlen.* Gegeben — Dresden — an
der mittewochen nach Exsurge.

Concept und Copiale 59 fol. 90 im K. Haupt - Staatsarchiv zu Dresden

No. 450. 1470. 2. März.

*Kurfürst Ernst und Herzog Albrecht verkaufen den dritten Pfennig vom Schock von den Waaren
ausländischer Kaufleute unwiderruflich und erblich für 6000 Rh. Gulden an die Stadt und
bestätigen derselben den vollen Schlagschatz.*

Wir von gots gnaden Ernst des heiligen Romischen reichs ertzmarschalck,
kurfurst vnd Albrecht gebrudere herezogen zcu Sachssen, lantgrauen in Dhuringen
vnd marggrauen zu Meissen bekennen —. Nach dem die ersamen der rat der stadt
Lipczk vnnser liben getruwen von yrer gemeynen stadt wegen in der wage bey yn
von alders her einen pfennig vom schocke alles kouffmanschacz halben von den
inlendisschen vnd vßlendisschen kouffluten zcu slegeschneze zcunemen gehatt vnd
dornoch mercklicher vrsach halben von dem hochgebornen fursten hern Friderich dy
ezeit herezogen zcu Sachssen vnnserm liben hern vnnd vater seliges gedechtniß zweue
pfennige zcu dem ersten pfennige, den sie so lange ezeit gehat haben, zcu slege-
schacz von yezlichem handel vnd kouffmanschacz vom schock zcunehmen von den
vßlendisschen konflenten vßwendig vnsers liben vettern herezoge Willehms vnd
vnserm furstenthumb wonende vff ein widerkeuffen irlanget vnd irworben hatten nach
bemelding eines furstlichen briues dem gnanten rate von vnserm hern vnd vater
dar (ihr gegeben*), vnd wir obgnanten Ernnst vnnd Albrecht gebrudere herezogen
zw Sachssen etc. nach tode des gnanten vnsers hern vnnd vaters des dritten pfen-
niges in der gnanten wage zcu Lipczk vnns vnderwunden vnd vndirstanuden vnd
dan ezlich iare von dem gnanten rat entpfangen vffgenomen vnd des gebrucht habenn,

a. No. 374.

donon vns denne der rath gnugliche rechnunge vnd beczalung getann hat, haben wir
vor vnns, vnser erbiu vnd nachkomen vß redelichen sachen vns dorezu bewegende
vnd mit gntem vorrate vnnser rete gemeinglich dem gnanten rath vnnser stadt Lipezk
vnd der ganczen gemeyne doselbst solchen dritten pfennig in der wage bey yn, des
wir also eine zeit genuezt vud gebraucht haben, erblich vnd ewiglich vorkaufft vnd
vorkouffen yn solchen dritten pfennig hirmit geinwertielich vor vns, vnser erbin
vnd nachkomen vnd haben in den gegeben vor sechstansent gute Reinssche gulden,
die vns denn der gnante rath zeu Lipezk von irent vnd irer gemeynen stadt wegen
nnezlichen vnnd wolezudancke geben vnd beczalt haben vnd wir die forder in vnser
lande gemeynen nuez vnd fromen schinbarlich gewand vnd gekurt haben, sagen sie
ouch solcher obgnanten suman houptgeldes der sechstansent gulden quidt ledig vnd
loß vor vns, vnser erbin vnd nachkomen, gereden vnd globen vor vns, vnser erbin
vnd nachkomen, den gnanten rat vnd gemeyne stadt Lipezk bey solchem dritten
pfennige nebin vnd mit den andern zweien pfennigen, dy sie in der wage gehat
vnd herbracht haben vor bey vnd ouch noch vnsers liben hern vnd vaters leben,
nue forder vnnd ewicklich sie vund yre nachkomen gernelich zeubleiben, der selbi-
genn dreyen pfennige von den vßlendisschen kouffluten zeu nuezen vnd zengebran-
chen lassen an allen intrag vnd vorhinderung, wy die von vns, vnsern erbin vnd
nachkomen ader ymants gescheen mochte. Wir bestetigen becrefftigen, vnd confirmi-
ren yn anch dor ober solchen slegeschaez der dreyer pfennige, der sie einen lenger
den menschen gedechtniß gehat, eynen in vnser liber her vnd vater gnediclich gege-
ben vnd wir yn den dritten hirmit vorkaufft huben von den außlendisschen kouff-
luten von vnser furstlichen macht vnd mildikeit zeu ewigen czeiten, das sie solche
drey pfennige von yezlichem anßlendisschin kouffmann vnd einen pfennig vom schoeke
von den inwonern vnsers liben vettern herczogen Wilhelms vnd vnsern furstenthumb
vnd landin vnnorhindert haben vnd der vnwiderrufflich von vns, vnsern erbin vnd
nachkomen vor sich vnd ire gemeyne stadt nuezen vnd gebruchen sullen vnd mogen,
in massen sie das langeczeit gehalden, herbracht vnd vnsers liben hern vnnd vaters
briff besaget, doch also der selbige vnsers hern vnd vaters briff obber die zwene
pfennige von dem außlendisschen kouffman obbir den dritten, den sie langeczeit vor-
hin hatten, der einen wir selbst eine ezeit ingenomen, gegeben ein widerruftin bestim-
met, so haben wir egnanten herczoge Ernst vnd herczoge Albrecht gebruder sc. nu
fort fur vns vnd vnser erbin vnd nachkomen dem gnanten rat vnd der gemeynen
stadt Lipezk solchen slegeschaez allo vnwidderrufflich vnd ewig zennemen vnd zeu-
gebruchen gewilliget, beerefftiget vnd vß vnser furstlichen macht bestetiget vnd con-
firmirt, bestetigen vnd confirmiren in das also geinwerticlich inkrafft dises briffs
truwelich vnd vngenerlich, der dreier pfennige von den auslendisschen vnd den eynen,
den sie vorlangest gehabt haben von den inlendisschen, ewiglich zeugebruchen. Wir
sollen vnd wollen anch den egnanten rath vnd gemeyne stadt Lipezk bey solcher
yrer gerechtikeit, der sie eins teils obir menschen gedechtniß gehat, ein teil yn von
vnserm liben hern vnd vater vnd vns selbst gnediclich gegeben vnd eins teils hirmit
vorkaufft haben, hauthaben schuezen schirmeu vnd verteidigen, yn auch hulff vnd
beystandt thun gein wem yn das not sein ader thun wurde, das sie dy erblich vnd

ewiglich vor sich vnd ire nachkomen nehmen habenn vnd gebruchen mogen inmassen
ohin berurt vnd bemeldet ist an ydermans vorhinderung, in dem allen alle generle
vnd argelist vsgeslossen vnd hindan gesazt. Hiebey vnd obir sint gewest vnd
geczugen die gestrengen vnd achtbarn vnser rete vnd liben getruwen Hugolt von
Sleiniez vnser obirmarschalk, er Caspar von Schonberg, er Ditterich von Schonberg
ritter vnser vndirmarschalk, Tieze von Miltiez vnser liben gemaheln hofmeister, Jo-
hannes Schibe doctor vnser canczler, Hans von Mergental vnser lantrentemeister
vnd ander mer gloubwirdige. Zcu warem bekentnis, mcher sicherheit vnd steter
ewiger haldung haben wir obgnanter herczog Ernst kurfurst vnser furstlichen maie-
stat insigel vnden an disen offen briff wissentlich hengen lassen, des wir herczog
Albrecht hiran mit gebruchen, der gegeben ist zcu Dresden nach Cristi vnsers liben
hern geburt tusent virhundert dornoch im sibenzigsten iaren am freitage noch dem
suntage Exsurge.

Nach dem Cop. 30 fol. 21ᵇ im K Haupt-Staatsarchiv zu Dresden und dem Copialbuch I. fol. 127 im
Rathsarchiv zu Leipzig.
Schneider Chron. Lips. ſ 125 und Lünig Reichs-Archiv P. spec. Cont. IV. T. II. p 586 mit unrichtigem
Datum

No. 451. 1470. 19. März.

*Dr. Nicolaus Pistoris Burgermeister, Heinrich Stange, Dr. Valentinus Smedeberg, Jocoff Sommer,
Claws Rennawe, Steffan Bleeker, Polycarpus Storm, Benedict Moller, Nickel Wulff, Jacoff Tom-
mell, Fritz Pfister und Hans Craß Rathmann und Geschworne der Stadt Leipzig verkaufen mit
Genehmigung der Landesfürsten, mit zeitigem Rathe aller dreier Räthe, mit Willen und Wissen
der Aeltesten und der ganzen Gemeine dem erbarn Sebastien Obicht 15 Rh. Gulden für 300 Rh.
Gulden unter Vorbehalt des Wiederkaufs zcu eyme altar vnd geistlichen lehen in der kirchen
des spittals zcu sant Jorgen fur dem Ranischen tore — gelegen, das der wirdig er Mertten
Schindell seliger gestifft hat —. Gegeben — vff montag noch dem suntag Reminiscere —.*

Orig. im Rathsarchiv zu Leipzig.

No. 452. 1470. 31. März.

*Die Räthe bestellen vier Rathsmitglieder aus den drei Räthen zum Verhör und zur Entscheidung
der Rügensachen.*

Sabbato post Oculi. Der sitezende rath mit sampt den andern zeweien rethen
haben betracht vnde gehandelt, wie der rath lychtfertiger vnde mancherlei hadder sachen
[halben] an thun vnd geschefften deß rats vaste verhindert wirt, dor vmbe der rath vire
vß den rethen, die man die vir manne nennen sall, solliche vnde andire sachen mehir
zcuuerhoren, uff daß do der rat ouch der stat gemeinen nutz versorgen mag, gesatzt
hat. Nemlich haben die rethe vß dem sitezenden rathe zewene dor zcu gesatezt vnd
geben, also nemlich Policarpus Storm vnd Jacoff Thommel, vnd uß den andern zewien
rethen Nickel Blesin vnde Ludewigk Schyban, die denne sollichc vnde andere sachin

verhoren sollin vnde die luthe uß iren gebrechen nach irem besten verstentenisse
vnd vernemen scheiden vnde entrichten, vnde web in gebruch addir vehil wurde,
sollin sich die gnanten vyr man an dem rathe addir an den scheppin irholen.

Nach dem Rathsbuch fol. 79* im Archiv des K Bezirksgerichts zu Leipzig.

No. 453. 1470. 20. Mai.

*Kurfürst Ernst und Herzog Albrecht reichen zu rechtem Erbe Haus Mogenhofer Bürger und Ka-
tharina Feuchtwangerin, dessen Schwester, Bürgerin zu Leipzig eyn halbe hufe landis in dem
felde vnd flure vor Lipczk fur dem Grymischen thorr gelegen vnd daruff eyn halb schog gro-
schen ierlichs zcinses, vnd dartzu aber eyn halb schog groschen an zcween vierteln landis eyner
hufen, der Nickel Bergershayn eyn viertel vnd Levyn Forster burgere zcu Lipczk auch eyn
viertel zcu der obgnanten halben hufen gehorig iezt inne haben vnd ir ierlicher XV gr. ierlichen
von sinem virtel landes Hanßen Mogenhofer vnd Katherinan siner swester zcinset, als Heinrich
Mogenhofer ir vater zcliger die vff sie bracht vnd geerbet had*) —, doch vnschedelich frauwen
Margarethan irer mutter, Heinrich Mogenhofers — nachgelassener wittwen an irem lipgedinge,
das ir von vnserm lieben herrn vnd vater zcligen an der --- halben hufe vnd schocke geldis —
zcu iren lebtagen verschriben ist —. Testes canczler, er Casper von Schonberg, N Pflug. Zcu
orkunde ꝛc. Actum Lipczk dominica post Jubilate.*

Nach dem Concept (mit dem Datum dominica Jubilate) und dem Cop. 59 fol. 287b im K Haupt-Staats-
archiv zu Dresden

a) 1451 17. Juli (dominica Alexi)) lieh Kurfürst Friedrich Heins Mogenhofer Bürger zu Leipzig eine halbe Hufe Landes a
1 Sch. Geldes) 2., welche derselben von Heinz Winter erkauft hatte, zu rechtem Erbgute. Cop. 15 fol. 181 im K Haupt-Staatsarchiv
zu Dresden.

No. 454. 1470. 7. Juni.

Der Rath berichtet über seine Bemühungen, für die Landesherren 1000 Gulden aufzubringen.

Irluchten hochgebornnen furstenn. Vnßere gehorßame vndertenige dinste sint
vwernn gnaden zcuvor an bereit. Gnedigin liben hern. Wir bethen vwer gunaden
uf die zcugeschigktenn schrifte vnwer gnaden der twsennt gulden zcu der beczalung
der dreytwsent gulden dem hern Rvßen vf mitwoch noch Trinitatis zcu Friberg zcu-
thunn*) an vuns begert vwern gnaden biß vf Jacobi schirstkommend zcalihenn demu-
tiglich wißenn, das wir sollichs goldes iezcunt nicht vorhandenn haben, ouch nicht
wißen vf so korceze zeit so slechtiglich zcubekomenn. Doch gnedigenn herrn so
sint vuns an eynem ort vonn cynerr personen uf ein widderkouf twsennt guldenn
uf Trinitatis schirstkomennd zcu betzalenn uf gutenn wahn zcugesagt wurdenn, alzo
wir denn hoffenn vuns alzo denn sollich golt werdenn sulle; werdenn wir denn das
vf gnannte zeit irlaugenn, wollen wir vwern gnaden gnedigin hern sollich twsennt
gulden vf den tag der betzalunge nemlich vf mitwoch noch Trinitatis bie vnuser

a) Heinrich Reuss von Plauen hatte den Fürsten ein Darlehn von 3000 Gulden, Pfingsten 1170 zurückzuzahlen, gemacht und
der Rath zu Leipzig, welcher für diese Schuld wie für weitere 8000 G bei andern Gläubigern Bürgschaft übernommen hatte, hatte einen
fürstlichen Brief mit der Versicherung ,owrb g-lt die obgnante tagezezll olbet zcu bezcalen vnd den zcu zeu Lipczk zcur vorschrei-
bunge allerdings aus schaden vnd vuentgulden zcu haiden. Cop. 50 fol. 13

eigen gewissen botschaft noch uwer gnnaden begir gein Fribergk schigkenn, ap vnn
anders sollich golt betzalt wird; wurde vnns abir die betzalunge der twsennt gulden
vf benantenn tag nicht gescheen, so wollen wir uwernn gnnaden den meisten wir
vmmer konnen adir mogen vßgerichten gein Friberg vnnd ie nicht vnder funf adir
sechs hundert gulden zenschigken, doruf sich uwer gnnadenn gewißlich alzo vorlaßenn
mogenn. Vnnd wes wir uwern gnaden zeu gehorßnnen vndertenigen diusten wer-
den sullen, finden vnns uwer gnaden altzyt bereit vnnd thunn das vnnordrosßenn
gerune. Gegeben vnder vnnßerm secret vf donrstag noch Exaudi anno ꝛc. LXX^{mo}.

Der rath zeu Lipezk.

Den irluchten hochgebornnen fursten vnnd hern hernn Ernst kurfur-
stenn vnnd hern Albrechte gebruderm hertzogen zeu Sachßen, lantgrauen in
Doringenn vnnd marggrauen zeu Mißenn vnnsern gnedigen liben hernn.

Nach dem Orig. im K. Haupt-Staat-archir zu Dresden.

Am 26 Juli (donrstag noch sant Jacobstag) zeigte der Rath den furstlichen Brüdern an, dass es ihm
gelungen sei ꝛeu notturft vnser stadt vnd zeu enthaklunge gemeynes nutzes bei Hans von Berge Rathmann zu
Gotha 1000 Rh. Gulden gegen 50 Gulden jährlichen Zins aufzunehmen, dass er denselben ausser einer Verschrei-
bung des Raths auch einen furstlichen Ginst- und Willebrief zugesagt habe und bat um Uebersendung des letztern
durch den Ueberbringer dieser Zuschrift (Orig. im K. Haupt-Staatsarchir). Die Ausstellung des Gunstbriefes
erfolgte denn auch zu Dresden am 28 Juli (Cop. 59. fol. 518. ebendas).

No. 455. 1470. 1. Oct.

Artikel und Gesetz der Leinweber.

Wir burgermeister vnnd gesworne rathmanne der stadt Leiptzk bekennen
vnnde thuen knudt mit disßem vnnserm offinbrine gein ydemenigilichenn, das wir den
erßamenn meistern der inunngenn des hantwercks der leyneweber allhie bey vnns
alle vnnde igliche stucke puuckte vnnde artickell hirnachgeschriebenn, die sie vnn-
der sich vnnde vff irenn hantwercke zeuhalten von newenn reformirt gesatzt vnnde
gewilliget haben, von ihrer vleißigenn bethe vnnde gemeynes nutzes wegen, so daruß
kommenn sall vnnde mugk, auch contirmirt vnnde bestetiget haben, das die hinfur-
der von allenn vestiglich vnnde vnobergreiffenlich sollen gehalten werden innaßenn
hirnach volget vnnde stuckenweiß eygentlich nßgedruckt vnnde beschriebenn ist ꝛc.

Czum erstenn azo einer das hantwerck gewynnen will vff dem breyten, der
sall vnnd muß drey schillinge pfennige zeu mueten vflegenn vnnd einen schillingk
pfennige zeuleihen vnnde deme hantwercke daruff zewenntzigk grossen geben vnnde
zewey pfundt wachs zeu den kertzen, ein pfundt wachs zeu der bruderschafft zeu
sant Pauell vnnde sechs grossen zeu eyme braten vnnd drey pfennige zeu bechern,
vnnde alßdanne mag er drey gezeawe in seinem eygen hawsze, miete ader wonunge
setzen vnnde anrichtenn vnnde anderßwo nicht, vnnde so er das vierde getzeaw
haben wolde, so sall er das gewynnen mit zeehen grossen, vnnde wer deme rate
zeu burger gut gnugk ist, der sall auch deme hantwergke gut gungk sein zeu eyme

innungesmeister, vnde der selbe sall alzo der iungste meister bißolange das ein ander
noch im kompt allewege des hantwerckes kertzen warten, die anbornen vnnde vßle-
sehen wo vnnde wanne das not ist zeu geburlicher zeeit bey pen vnnde buße eines
halben pfunt wachs, vorsewmpte er abir das mit freuell ader eygenem willen, so
sall er ein gantz pfundt wachs geben: darzeu sall er den meistern, wanne sie bier _f_
miteinunder haben, yr byr vfftragen so lange man sein darzeu bedarff, er sall auch
von des hantwergks wegen, so es kompt, der erste in die herffart sein, vnnde wanne
er seinen wochelon ader solt vordynet hat, darnach so sall er der zeeehe loß sein.
Vnnd ap der entginge ader wegzceoge, so sall der do vor im der iungste vß deine
hantwercke was widder in seine statt treten vnnde die ding wie obengeschriebenn _10_
volenden vnnd thuen.

Es sall auch ein itzlicher meister ein from elich weib haben, die sich ymmer
fromlich vnde erlich gehalden hat.

Wer do lergesinde vffnehme ader vffnemen wolde, der sall es furhin vor das
hantwergk brengenn, dafur gereden vnde zeuhant zeweypfuntt wachs zeu den kertzen _15_
geben lassen vnnde ein gantz iaruß lernen vnnde von im zcewentzig grosschen zeu-
lernen nehmen ader sall ein iar vnbe das ander lernen vnnd darzeu auch from elich
geporn sein. Wanne ein fromder qweme vnde begerte das hantwergk zeubesenden,
der sall den hantwergksmeistern einen uawen grosschen geben. Es sall auch kein
meister dem andern sein gesinde entwenden ader abespenen, es sein knechte knap- _20_
pen ader meyde, bey einem pfunt wachs.

Auch wer do meister ist vnde sein hantwergk hat, der sall rechte elemaß
haben bey eine pfunde wachs; hette einer aber betrigliche eelemaß, des er vbirfun-
den wurde, das sall er dem hantwergke vorwandeln.

So auch die meister bei einander sein, sall nymandt ane lawbe vß deme _25_
gespreche gehen bei eine pfundt wachs zeu den kertzenn. Czu den vier begeng-
nissen ierlichen zeu santt Paucll, so zeu allen quatembern gehalden werden, do sall
ein yderman zeukomen bei der busz zeu vigilien vnud selnessßen, vnnd vonß die
iungsten meister riher vnnde der aller iungste sall die kertzen vnd liecht anbornen
vnnd vßlesehen wie furstet bei eyme halben pfunde wachs; vnnde ein itzlich meiste- _30_
rinne vnnde die iungsten vier meister sollen kommen zeu des meisters hawß vnnde
mit zeu vigilien gehen, des morgens sollen abir meister vnnd meisterinnen zeu den
selmessen komen vnde eyns oppfern vnd nach dem ampt mit dem meister heym
gehen bei buße sechs pfennige. Wer das oppfer vorsewmpt gibt drey pfennige,
wer es abir gar mit freuell ließe gibt ein halbpfundt wachs. _35_

Sturbe auch ein meister ader meisterinne, so soln alle die des hantwerckes
sein vnd vff dem getzawe arbeiten zeu der beigraft komen ehir man die leiche erhe-
bet bey der buße ein meister sechs pfennige, die meisterinne ader ein knappe drey
pfennige, vnde do vigilien vnnd selmessßen vßwarten vnnd eins oppfern bei der fur-
berurten buße. Vnnde wanne ein meister ader ein meisterinne vorsterben wurde, so _40_
sall der meister ader die meisteryn, die am leben bleibet, dem hantwergke ein pfundt
wachs zeu den liehten geben; sundern vorstorbe einem meister ader meisteryn ein
kindt, die sollen dem hantwergke ein halb pfunt wachs geben.

Wer do auch des hantwergks gebrawchen will, der sall bei der morgensprache
sein, so verne er anders ein meister ist, bei buß eyns pfunt wachs; ließ ers abir
freuelich, so ist die buß zewey pfunt wachs. Es haben auch die meister wilkore
des inres hier zeukonffen zeu irer morgensprache vnd des heiligen leichnams tage
5 vnde so sie mawe meister setzen; wer sich hirinne vngeburlich hielde mit vnzeym-
lichen worten, den sall man bussen runde straffen mit eyne pfunt wachs, er mocht
sein auch alzo begynnen, er solde das vas mit bire widder follin, vnd sollen yren
gesatzten meistern gehorsam sein bei der selben busse. Vnd in dem selben bier-
trincken sall ein itzlicher sein gewer, es sei groß oder cleyne, von im legen bey der
10 buß vier grosschen zeu des hantwerekes harnasch, vnde ein itzlicher sall sein gelt
zeu dem bire in vierzechen tagen betzalen bei eyme pfunt wachs.

Item sturbe ein meister vnde die frawe neme einen andern man, der nicht
des hantwercks were vnd wolt die frawe das hantwerck trieben lassen vnd er ein
anders, das sall nicht sein, sundern er sall es gleich eime andern von eyme meister
15 lernen vnd gewynnen wie obinberurt ist bey vorlust des hantwerekes; blebe abir die
frawe ane man, so hat sie yre hantwergk alzo yr man hatte. Eyn eingeborn kint
eins meisters, es sei knecht oder magt, das hat sein hantwergk vor foll, doch alzo
das das frawenbilde einen des hantwerekes neme, der do von eyme meister gelart
habe, were das nicht, so sall ers noch von eyme meister lernen; wolt er abir ein
20 ander hantwerck trieben vnd das weip das ire auch trieben lassen, sall nicht sein
bei vorlust des hantwerekes.

Es sall auch nymant garn heisschen noch bitten, es sei man weip oder
gesinde, bei eyme pfunt wachs, vnde so eyme vngewunden garn in sein huß qweme,
sal er pfeiffen bei eyme halben pfunt wachs.

25 Es sall auch nymant die heymlicheit des hantwercks, sein oder ander meister
offinbaren bey eyme pfunt wachs, vßgenomen was do widder den rat der stadt
were sall man dem rate nicht vorswigen. Szo sich die meister zeusampne vorboten
vnde eyme gebot gethan wurde vnd er vßßen bliebe vnd welde sich anders danne
mit erhafftiger nodt entschuldigen, sall nicht sein bey eyme pfunt wachs.

30 So auch ein knappe gewandert kommet, so balt er vff sitzet so sall er zewene
pfennige zeu den kertzen geben, brenget er ein weip mit ym, so sall er in viertze-
hen tagen kunde brengen, das es sein cheweip sei; er sall auch bey eyme meister
im wichbilde gelart haben. Begebe sichs auch, das ermechmals fremde zeichner oder
die sich des hantwerekes gebrauchten erein in die stadt oder dafur qwemen, sollen
die innunge mithalten bei vorlust ires hantwercks. Wurden auch einer, zewene oder
mehr disse satzunge wilkore vnde innunge nicht halten, deme oder den sall sein
hantwerck gelegt sein solang das er sich mit dem hantwercke vortrage.

Auch nochdem sich das gemelte hantwergk zeu vilmaln groß vnd fast becla-
get hat, wie sich die dorffweber in dießer stadt gein den luten sere zeu dießen vnd
40 in die hoßer gyngen vnd selber darinne das garn von yn holten, da durch sie sere
bedranget beswert vnd zeu vorterplichen schaden gedrungen, so man dem selben
nicht furkomen wurde, so konten sie sich forder nicht mehr von yrem hantwercke
behelffen noch enthalden, noch vil weniger die vffgesatzten pflichte, als sie von dem

hantwercke der stadt thuen mußßen, vßrichten noch ertragen, dorvmbe sie gebeten
haben, das hantwergk darinne gnediglich zcunorsorgenn: alzo haben wir angesehen yre
zcemliche vnd billiche bethe vnde haben dorvmbe vff dem marckte offintlich vorkun-
digen vnd vßruffen lassen, das uwnhinforder kein dorffweber mehr das garn hirinne
selbist in der stadt holen noch durch einen andern das zcu holen bestellen sull, ⌐
vnd welch dorffweber das zcuthuen nicht meyden, sundern es were man ader frawe,
der ader die solchs hinforder thuen vnd dar vbir betreten wurden, den ader die
mogen des hantwercks meister ader dem das vnd darvff ein vffsehen zcuhaben von
dem hantwercke befolen wurde mit dem garne vffhalden vnd das garn vff vuser
rathuß antworten lassen; das wir vns nach vuserem irkentnisse zcu straffen behal- ⌐⌐
den haben.

Do mit disse ding vnd ordenung alzo auch bey macht mogen behalden wer-
den ezu vrkunde vnd das wir obgnanten burgermeister vnd rathmanne der stadt
Leiptzk die meister des hantwerckes der leyneweber mit dissen obingeschrieben
stucken puncten vnd artickeln begabet befreihet vnd zu die bestet haben, auch von ⌐⌐
yn vnd iglichem die biß vff vuser widerruffen vestiglich gehalten haben, sie des
auch wo es zu notturfft ist schutzen vnd hanthaben wollen, so haben wir vuser
secret an dißßen vußern brieff wissentlich thuen hengenn, der gebenn ist vff montag
noch sant Michaels tage nach vusers hern Cristi geburt der mynnertzall im sibent-
zigstenn iarenn.   ⌐⌐

Nach dem Orig. im Rathsarchiv zu Leipzig. Das Siegel ist abhanden gekommen. Unten am rechten
Rande die Bemerkung: Alteratio huius litterae est facta de mandato dominorum de consulatu sub Jacobo Tommel
proconsule et suis consulibus anno domini &c. LXXVI^{to} quarta feria post Viti.

No. 456. 1470. 12. Oct.

Kaiser Friedrich III. beauftragt den Herzog von Braunschweig und Lüneburg, nachdem Mark-
graf Friedrich von Brandenburg der an ihn ergangenen Aufforderung (No. 446) nicht nach-
gekommen ist, (der — villeicht seiner krankheit vnd gescheft halb darinne nicht hat handeln
mugen), in der Streitsache zwischen dem Kurfürst Ernst und Herzog Albrecht und Bürgermeister
und Rath der Stadt Halle in Betreff des Neujahrsmarktes die Parteien auf einen bestimmten Tag
vorzuladen, [das du] sy der gemelten sachen vnd irrung halb nach ordnung der recht in allen
iren furbringen, gerechtigkeiten vnd notdurft engegeneinander eigentlich vnd gnugsam verhörest
vnnd dann mit vleiß versuechest, sy deßhalb mit einander gutlich zuuereinen vnd dich darinne
also beweisen, damit einicher parthei beswerung der sach verrer an vns anlangung zetun nicht
not sein werde —. Geben zu Gretz am zwelften tag des moneds Octobris —.

v Dreyhaupt Beschreib. des Saalkreises II. S 416

No. 457. 1470. 26. Nov.

Aufbesserung des gistlichen Lebens auf dem Laurentinaltar in der Johanniskirche.

Wir hernachgeschriben mit namen doctor Nicolaus Pistoris burgermeister, Heinrich Stange, doctor Valentinus Smedberg, Jacoff Sommer, Steffan Blecker, Claus Rennaw, Policarpus Storm, Benedictus Moller, Nickell Wolff, Jacoff Thommell, Fritz Pfister vnd Hans Craß rathmanne vnd gesworne der stat Lipczk bekennen —, nachdem der wirdig er Nicklaß Volgmar pfarrer zeu Tuche fur er zeit bei vns nemlich im viervndsechzigsten iare der mynnern zeale noch der geburt Cristi acht ß gr. ierlicher zeinse fur l[c] vnd XXXVI ß gekaufft vnnd vnseru furfaren die zeit am rate beezalt hndte zeu dem lehen des altars sant Laurentii, das do in der kirchen zeu sant Johanse fur vnser stadt gestifft confirmirt vnd bestetigt ist vff drey ewige messen wochenlich zeuhalten, allis noch inhalt der briefe darober begriffen vnd gegeben[a], das er solche zeinse mit gebessert vmle von vnserm rathuse von alle vnsern iargulten inkomen vnd zeinsen noch mehlr darzeu kaufft hat, das er ierlichen newnezehen Rh. gulden bringet, die wir im vor IIII[c] vnd XLIIII Rh. gulden hewbtgeldes an golde geben haben; zeu den XIX gulden hat der erbar prister er Jacoff Byrschroter seliger vorzeitenn pfarrer zeu Kleburg[b]) zeu dem vorgnanten lehen noch V gulden ierlicher zeinse auch von vns zeu einer ewigen vilgen alle suntage nach mittage vnd zeu einer ewigen selmessen, die alle mantage darnach zeu sant Johanse vff demsellben altar gehalten sal werden, gekaufft, die wir im fur hundert Rh. gulden gegeben haben, das also ierlichen zeusampme in eyner summa XXIIII Rh. gulden oder souil nuutz, domit man die gulden beezalen mag ierlicher zeinse vnd an der hewbtsumma IIII[c] vnd XLIIII Rh. gulden, darvmbe die zeinsen gekaufft sein, bringet, die wir im vff einen rechten bestendigen widderkauff verkaufft — haben —. Gereden vnd globen hiruff, die gemelten XXIIII Rh. gulden ierlicher zeinse denne altaristen des gnanten altars sant Laurentii — vff zewo tagzzite des iares — zeugebenu, nemlich XII gulden vff Walpurgis vnd XII gulden vff Michaelis etc. Es sal auch der altarista — von denselben zeinsen bestellen, das alle suntage nach mittage die vilge gesungen vnd am mantage darnach die selmesse vnd die andern zewo messen sust in der wochen, welche tage er geschickt ist, vnd die virde messe allerwege am sonnabend vnuorsewnlich vnd vnableßlich gehalten werden ader die selber halten. Auch hat der gemelte er Nicklaß Volgmar das ius patronatus desselben altars vns also eyme rate ader vnsern nachkomen am rate in getrawen befolhen vnd ingetan, das nach bequemickeit, so es zeu falle kompt, eyner erbaren personen zeuleyhenu, es auch hanthaben vnd schutzen, domit es in die ere gotes vnd sant Laurentii zeu ewigen tagen enthalten vnd woluorgesehen werden moge. Dobei hat er vns auch die sunderliche gunst getan, ap wir ader vuser nachkomen die XXIIII gulden ierlicher zeinse vff vns nicht lenger behalten ader geben wolten, das wir die fur die hewbt-

a: Die Urk. des Raths über diese Stiftung (No. 301) ist vom 2. Mai 1455, die Bewilligung des Bierhofs von Merseburg-No. 373 vom 27. Aug 1462

b) Markkleeberg, Kph. Leipzig.

summa widder sollen abekeuffen vnd loesen, wanne vns das fugsam sein wirdet. doch also das wir an gewissen enden die bewbtsumma widder anlegen vnd absonil zeinses widder zeu dem altar kenffen vnd vleis haben sollen, das dasselbe altar damit wohuorsorget vnd vorgesehen werde ane generde. Zeu vrkundt etc. haben wir vnser stat ingesigel an dissen vnsern brieff wissentlich tun hengen, der geben ist zeu Lipezk noch Cristi gebnrt XIIII^c vnd darnach in sybenczigsten jarenn vff man-tag nach sant Katherinan tage der heiligen Jnncfrawen.

* Nach dem Rathsbuch fol. 306^b im Archiv des K. Bezirksgerichts zu Leipzig.

No. 458. 1471. 4. Nov.

Kurfürst Ernst und Herzog Albrecht schlichten einen zwischen den Räthen und Hans von Trupitz und Tile Hertwig wegen einer Rechnungsablegung entstandenen Streit.

Wir von gots gnaden Ernst vnd Albrecht gebruder herezogen zeu Sachssen ¿c. bekennen in disem vnsern brine. Noch dem wir zwisschen den rethen zeu Lipezk. Hans von Trupicz vnd Tyle Hertwige eyner rechunge halben meregliche irrnnge vormerckt vnd wir die gnanten gebrechin, auch dy rechunge von beyden teiln gnng-lich vorhort vnd sint ingetruwen vnd zemorsicht, das sye sich vff allen teiln dorynn als frome luthe ghalden, das wir auch nicht anders wissen, dorvnb so haben wir dy sachen von allen teiln zeu vns genomen vnd sye alle der gebrechin, dy sich der sach halben zwisschen yn vorlanffen haben, gutlich geeynt vnd gericht. Vnnd vff das furder zweitracht vnd vneynikeit, dy sich zwisschen yn erheben vnd yr aller. auch vnser gemeyn stadt vnradt dorus flissen mocht, vormyden blebe, so haben wir gescluafft, das dy gnanten Trupicz vnd Hertwig des rats vnd des schopfen ampts mussig gehen sollen, solchs wir nicht dorvmb gethan, das dy genanten Trupicz vnd Hertwig sich also vorhandelt hetten, ader vffnndig worden wer, dorvmb sy solden entseczt werden ader das yn solchs yren eren ader lewmut zeu nahen sein ader dodurch solden getadelt werden, das vnser meynunge nicht ist, auch das solchs von keinem teil dem andern ader yren erbin in vngut soll vffgeruckt ader zeu wider-wertikeit geeffert werden, vnd wa wir das erfunden, von welchem teil das geschen were, den wolden wir darvmb straffen, das er vnser swerer vngenade dorynn vor-merken selde. Sunder ab wir der gnanten rechunge halben furder vnderrichtung haben wolden, sal vns Trupicz vnd Til Hertwig thun, wenn wir sye dorezu fordern werden, des sy sich alwege zenthun erboten haben, doch was sy dem rathe gelige-ner sebult ader snndelichs vffgenomens geldes sebuldig, dy nicht beczalt adir vnder-richtung gethnan konnen, das sy dy in des rats mecz vnd fronen gewandt hetten, das sullen sy dem ratd beczalen, doch sal das vff dy gnanten rechung nicht geerzo-gen werden. Des zenorkund habin wir vnser ingesigel ¿c. Actum Leipezk anno ¿c. LXX primo feria secunda post Symonis et Jude.

Nach dem Cop. 59 fol. 32^a im K. Haupt-Staatsarchiv zu Dresden.

No. 459. 1471. 12. Dec.

Kurfürst Ernst und Herzog Albrecht bekennen, das Schloss Ostrau, die Städte Leipzig, Naunhof Grimma und die Gerichtsstühle zu Rotha und auf dem Graben bei Leipzig von dem Bischof und dem Stift zu Merseburg zu Lehen empfangen zu haben.

Wir von gots gnadenn Ernst des heiligen Romischen reichs ertzmarschalgk kurfurst vnnde Albrecht gebrueder hertzogen zeu Sachssen etc. bekennen vnde tun kunt mit dissem vnserm offenn briffe allermenniglich die yn sehen oder horen lesen. Nochdem als vnser eldirn vnd vorfarn loblicher gedechtnis etzliche ire guter von dem stiffte vnde den bischonen zeu Merßburg zeu lehen gehat, als haben wir auch solche gutere mitnamen wir hertzog Ernst als ein hertzog zeu Sachssen das slos vnde gerichte Ostra*) vnde wir beyde die stat Liptzk, Nuwenhoff slos vnnde stat, Grymme stat mit allen iren zeugehorungen vnde zewene gerichts stule mitnamen den gericht-stul zeu Rotaw vnde den gerichtstul vff dem grabin der gnanten stat Liptzk von dem eruwirdigen in got vater hern Tylen bischone zeu Merßburg vnde dem stiffte derselbigen kirchen zeu rechtem lehen entpfangen vnd vffgenommen mit vrkunde dißs briffs, der mit vnserm hertzogen Ernsts anhangendem inusigel, des wir hertzog Albrecht hiran mit gebruchen, besigelt vnde gegeben ist zeu Liptzk am dornstag nach conceptionis Mariae noch Cristi vnsers hern geburt tusent fihrhundert darnach im eynvndsibintzigsten iarenn.

Nach dem Orig. im K. Haupt-Staatsarchiv zu Dresden mit dem Siegel des Kurfürsten an einem Pergamentstreifen.

a) Ostrau, Kreis Bitterfeld

No. 460. 1472. 29. Jan.

Rathsbeschluss die Trennung der Aemter eines Stadt- und eines Schöppenschreibers betr.

Vff mitwoch nach Pauli conversionis — sein dii rete alle drei bii enander gewest vnd haben der ergangen sach halben, darinne vast vnd vil vorsewmligkeit gescheen, auch Trupiz vnd Hertwiges halben vil rede vnd handell gehabt vnd dem schydenitz, so vnser gnediger herr von Saczsen zewischen yn getan vnd dii beide vom rate vnd scheppenstull entsatzt haben, vnd rat gehalten, wii man solch gebrechen oder vnrat [abethue], domit der in kunfftigen gezyiten nicht mehr erstehen noch erhort werden dorffte. Vnd der burgermeister Stockart hat den grunt der sachen in gemeinen worten erzalt, des ym der stadschreiber magister Johannes Schober zengevallen vnd bei seinem eide gesagt hat, es konne anders nicht gesein, so ein stadschreiber des rats vnd onch der scheppen warten solle, es muste vorgeß oder vorsewmlichkeit in den dingen gescheen. Darauff der burgermeister vnd dii hern des rats alle bewegt vnd des zeufurkomen eyn worden sein vnd beslossen, das hinfur dii schreybereyen sollen geteilt sein, also das der rat hinfurder halten vnd haben [soll], der dem rate gewertig vnd anders nicht denn des rats gescheffte warten vnd noch befehill der bawemeister des rats inname vnd ußgabe, ouch was sust von rats wegen not were beschreiben solte, den solt der rat allenthalben alsonor vnd also einen stadschreiber halten vnd im seinen gewonlichen insolt geben, so solten die scheppen ouch ires ampts zcu geborlicher zeit wartten vnd yren eygen schreiber haben, den wolt der rat dem scheppenstull zcu gut alle inr I. alde Bo. geben, doch also das er dem rate, den personen des rats also eyn syndicus vnd [in] latinischen sachen, wo sein not were, gewertig vnd dinstlich were. Actum ut supra sub Johanne Stockartten et suis consulibus.

Nach dem Rathsbuch fol. 96 im Archiv des K. Bezirksgerichts zu Leipzig.

No. 461. 1472. 13. März.

f. 90 Tile Hertwigs Urfehde.

Ich Thiel Hertwig burger zw Leipzck bekenne mit diesem meinem offen brine meiner eigen hanndtschrifft, den ich auß redlicher vornunfft vnnd rechten wissenn, da ich frey vnnd ledig geganngen vnnd gestannden habe, gegeben habe, nach dem ich mercklicher vrsachen halben inn des erbarnn vnnd weisen ratis zu Leipzck zucht vnnd gehorsam genomen vnnd komen was vnnd auff vleissige bearbtigen vnnd mittel der achtparnn vnnd gestrenngen doctor Johannis Schibenn cantzlers vnnd Nickel Pflugk hawptmanns zw Leipzck darauß komen vnnd gelassenn bin, das ich dem egnanten dem rathe einen rechten orfrede gethan vnnd geschworen habe vnnd vmb solchs, das also an mir[1]) nymmer mehr zu ewigen gezeiten weder mit gericht geistlichen ader werntlichen ader an gericht weder die obgnanten den rat ader sunderliche person des rathes ader burger vnd inwoner ader ire diener vnnd vorwanten etzwas vornehmen will weder durch mich selbst ader ander, auch nymanden vorgonnen ader gestatten, das etzwas weder sie deßhalben furgenomen soll werdenn, das auch [nach] alle meinen vermoegen weren vnnd abwenden will, vnnd soll mich des auch nicht halden noch gebrauchenn, ab es von ymands geschehe, das ich auch weder solche meine vorwilligung keiner anruffung der vbergewalt vnnsers heiligenn vaters des babsts ader irer legaten, der keiserlichen gewalt gebrauchenn will, damit ich dauon absoluirt ader restituirt mocht werdenn, noch keiner erwerbnug, wie die geschehenn mocht, gebrauchenn, auch solches nymer mehr in rathe vernewen[2]), sundern alßo ein gerichte vnnd betheidigte sache haldenn. Das ich alßo zw haldenn leiplichen zw denn hailigenn mit vfgeracktlichenn fingerun geschwornn habe, vnnd doruber inn allen anndern sachen, die ich zw dem egnanten rathe ader iren burgernn dienern vnnd vorwanten gewynnen mocht, mir an glich[3]) vnnd recht vor iren nehstenn geordennten gerichten genugen will lassen trawlich vnnd an alle geuerde.

Vnnd wir nochgeschribenn doctor Valentinus Schmidbergk vnnd Peter Stennger burger zw Leipzck bekennen auch hirmit, das wir vor den egnanten Thilen

---

1) Hier scheinen einige Worte, wie vorgenomen worden ist oder dergl. zu fehlen. 2) der ... 3) gleich.

25*

Hertwig burge sein wurden, das er solchs alles stet vnnd vehat haldenn soll, vnnd
werden dafur burge hirmit in crafft diss brines; wo er aber daran bruchig [wurde],
soll vnnd mag der rathe egnant an vnns daran als vill habenn als sich zubabenn
geburet, darwider wir vnns nicht setzenn noch mit keiner insage behelffenn sollenn
noch wollen, alles trawlich vnnd ongenerde. Mit vrkundt diss brines, der mit vnn-
ser itzlichem innsigel vorsigelt vnnd geben ist am freitag nach Laetare anno im
LXXII iare.

Nach dem Copialbuch I fol. 99 im Rathsarchiv zu Leipzig.

No. 462. 1472. 1. Juli.

Vertrag mit dem Panzermacher.

Mitwoch nach Petri Pauli hat der rath meister Bosen den pantzermacher vffs nawe zu-
sag getan, das er hinfur vor sein person schoßfrey sitzen sall, dach also das er den alten schoß,
der do vorsessen ist, aber ehten vnd beezalen, auch dem rate vnd des rats dynern ire pantzer —
harnasch vnd gerethe bessern bussen reynigen vnd fegen sall, donen darff man im auch nichts
lonen noch geben, also er sich des furwilligt vnd den rath darvmbe gepeten hat.

Nach dem Rathsbuch fol. 100 im Archiv des K. Bezirksgerichts zu Leipzig.

No. 463. 1473. 8. März.

Schreiben der Landesherren an den Rath, die Tilgung einer Restforderung des letztern betr.

Von gots gnadenn Ernst kurfurst 2c. vnnd Albrecht gebruder herczogen zeu Sachssen,
lantgraffenn in Doringenn vnnd marcgraffenn zeu Missenn.

Liebenn getruwenn. Als ir vns vff vnnser vleissige begerunge zewey tussent
Reinische gulden zeu gutem dancke gelihenn habet, doran wir uch in dreyen rech-
nungen des vngelds achthundert fiervnnd drissig Reinisch gulden einen grossehenn
drey pfennige vnnd einen heller durch vnnsern lautrentmeister rath vnnd heyndli-
chenn liebru getruwenn vff vnnser geheisse haben aberechenn lassenn, vnnd im ferrer
entpfolenn, vff die zeukuufftige rechnunge des vngeldes schirstkomemde den zeinß, so
ir donen gebenn habt, auch vbirreichenn vnnd genediglich betzalenn sal, so bleiben
wir uch noch tausent hundert funff vnnd serhezig Reinisch gulden zeweenvndzewen-
eig grossehen einen pfennig vnnd einen heller schuldig. Habenn wir durch fur-
brenngen vnnsers lautrentmeisters gemerckt, das es uch swer sey, solch gelt also
enczelnn zeu beezalenn; sint vns itzundt sachenn zeugefallenn, dor zeu wir gelt
habenn mussenn, doran vns etwas gelegenn ist, das wir uch zeur uhesten rechnunge
des vngeldes nichts abegerechenn konnen, als wir sust mit gnaden zeuthun geneiget
weren. Auch das ir solchs geldes in einer summa betzalt vnnd vorgenuget werdet,
dorvumb begeru wir von uch mit vleisse gutlich, wollet vns solche obgemelte

schult uch noch pflichtigk biß vff den ostermarckt bey uch schirstenn obir ein iar stehennn lassenn, alsdann wollenn wir uch solcher summen oben berurt vff einmal bar betzalenn lassenn vnnd auch den zcinß, der dornff in solcher zceyt gehenn wirt, ane abebruch genediglich, wie wir vor von vns habenn sagenn lassenn, entrichten. Dornoch ir uch wist zcu richten, des wir vns ane alle voranderunge halden, ir auch thun werdet, kompt vns von uch zcu sunderlichem dancke; wollenn das auch genediglich erkennen. Gebenn zcu Dressdenn am montag noch Invocavit anno domini 2c. LXX tertio.

Dem rathe zcu Leiptzk vnnsernn lieben getruwen.

Nach dem Orig. im Rathsarchiv zu Leipzig.

No. 464. 1473. 4. Juli.

Kurfürst Ernst und Herzog Albrecht weisen den Rath zu Leipzig, welcher für sie 3000 Rh. Gulden gegen anderthalbhundert Gulden jährlichen Zins aufgenommen, an den Rath zu Torgau; derselbe soll daselbst jährlich 150 Gulden in zwei Terminen auf einen Wiederkauf halten und jeder neu eintretende Rath zu Torgau soll vor Antritt seiner Amtsführung dem Rathe zu Leipzig die Zahlung genannter Summe geloben; das Wiedereinlösungsrecht wird vorbehalten. Gehm zu Dresdenn am sontag noch visitationis Mariae.

Cop. 59 fol. 77 im K. Haupt-Staatsarchiv zu Dresden.

No. 465. 1473. 9. Sept.

Kurfürst Ernst und Herzog Albrecht ersuchen den Rath um die Sendung einer Anzahl Tischtücher, Handtücher und Tische an das Hoflager zu Rochlitz.

Von gots gnaden Ernst kurfürst 2c. vnd Albrecht gebrudere hertzogen zcu Sachssen 2c.

Lieben getruwen. Als ir wist das der hochgeborne furste her Wilhelm hertzoge zcu Sachssen 2c. vnnser lieber vetter vff diesenn nehstenn sonnabende in freuden vnd lust etliche tage mit vns zcu iagen alhie erscheinen wirdet, des wir vns so kortz zcu disem male alhir nicht vorsehenn hetten, vnd vns gebrechen darzcu sechtzigk gute tischtucher, zcehenn gute hanttucher vnd drissigk fiereckichte tische, begern wir von uch mit gantzen vliß, ir wollet vns noch anweysunge vnßer amptlewte bie vch solchir tischtuchere hanttuchere vnd tische vff morgen fritag vnuorhalden vff vnser burgk zcu mittage schigken vnd vns des so kortz nicht wegern, angesehen das vns die sachen ouch kortz ankomen, vff das vns nicht beschympffunge darinne begegne, vnd zcu diesem male in keine weyse geandern komen. Kompt vns von vch sunderlichen zcu gutem dancke. Gehm zcu Rochlitz am dornstage nach Nativitatis Marie anno 2c. LXXIII.

Dem rathe zcu Lipczk vnnsern lieben getruwen.

Nach Barthels verabelten Nachrichten v. Leipz. fol. 73 im Rathsarchiv zu Leipzig.

No. 466. 1173. 21. Oct.

Kurfürst Ernst und Herzog Albrecht fordern den Rath auf, ihre Beamten bei den Vorbereitungen
zu der bevorstehenden Ankunft des Herzogs Wilhelm sammt Gemahlin am fürstlichen Hoflager zu
Leipzig auf Erfordern zu unterstützen.

Von gots gnaden Ernst kurfurst ?c. vnd Albrecht gebrudere herezogen zcu Sachssen.

Lieben getruwen. Vns zewifelt nicht ir wist, das der hochgeborne furste her Wilhelm
herezoge zcu Sachssen ?c. vnser lieber vetter mit siner liebe gemahel bye vns vnd vnser liebe
gemahel in lybe fruntschafft vnd freude vff Martini schirst komende zcu Lipezk irschynen werdit.
Also haben wir vnser retben heymlichen lieben getruwen Hansen von Merginfal lautreutbmeister,
Nickeln Pfluge vnserm amptman daselbist befolen, was zcu sulcher gastunge not ist in kuchen,
in keller stallunge herberge vnd lager vnd allis das dye notdurfft furdert nichtis utgeslossin
vfzcurichten. Begern wir von uch mit vlife, ab sie zcu vns adder andern in den selbigin sachin
eynicherley botschafft bedurfften adder in andern sachen die genante gastunge belangende
an ruffin wurden, das vns zcu erin, uch zcu genadin vnd ouch uch fuglichin zcu thune were, in
dem wollet zcn deßim male vliß nicht sparen, daran wir an uch keyn zcwifeln haben. Das wol-
len wir keyn uch genediclichin irkennen vnd tut vns daran sunderlichin zcugutem dancke. Ge-
gebin zcu Dreßden am dornstage nach Galli anno domini ?c. LXXIII.

Dem rathe zcu Lipezk vnsern liebin getruwen.

Nach dem Orig. im Rathsarchiv zu Leipzig

No. 167. 1173. 19. Nov.

Kurfürst Ernst und Herzog Albrecht belehnen Hans Bautzschmann mit einer halben Hufe
Landes vor dem Petersthore zwischen dem hohen Kreuze und der Stadt.

Anno domini ?c. LXX tertio am freitag sant Elisabeth tag habin mein gnedige hern
Hansen Bautzschman burger zcu Liptzk vnd synen libeßlehnterbin ein halbe huffe artlandes
vor dem Peterstor zcwuschen dem hoen crewtz vnd der stat gelegen, die Kuntzen Brusers zeli-
gen vnd noch synem tode syner söne gewest vnd der achtpar doctor Jo. Bruser von sein vnd
siner bruder wegen vor vns uffgelassen hat, zcu rechtem lehn gelihen. Testes er Heinrich von
Miltitz, er Heinrich vom Einsidel ritter, doctor Johannes Schybe vnser cantzler, Heinrich von
Schonberg, Nickel Pflug ?c. Actum Liptzk ?c.

Nach dem Cop 59 fol. 35bb im K. Haupt-Staatsarchiv zu Dresden

No. 468. 1471. 30. März.

Burgermeister und Rath bekennen, dass der Rathsverwandte Fritz Pfister 900 Rh. Gulden ein-
gezahlt und eine Stiftung begründet habe, wonach 100 Scheffel Korn unter gewissen Bedingungen
unter Arme ertheilt werden sollen.

Wir hirnachgeschreben mit namen magister Johannes Schober, burgermeister,
Andres Wandergerne, doctor Valentinus Smedeberg, Paull Keißer, Bartholomeus

Hommelshain, Conradt Stouffnöll, Nicolaus Bergerßhain, Peter Bantzschman, Hans Cruß, Thomas Schobell, Jorge Brunßdorff vnd Nickell Rewdenitz gesworne rathmann der stadt Liptzk bekennen alle eintrechtiglichen vor vns vnd alle vnser nachkomen vnd thuen kundt mit dißem vnserm offinbrine vor allermeniglichen, die ön schen horen adir leßen, das wir mit wolbedachten muthe vnd redelichem vnd gewöntlichem rathe der andern zeweier rethe vnd sunderlich mit gunst willen vnd wissen vnser eldesten vnser stadt zeu gute vnnd zeu sunderlichem vor rathe nutze vnd frommen von vnser vnd der gantzen gemeynde wegen bie vns recht vnd redelich verkoufft haben vnd verkouffen in crafft dißes brines vff einen rechten bestendigen widderkouff hundertt scheffel korns vff allen vnd itzlichen vnser stadt gutern zcinsen renten schoßen gnißßen zeufollen inkommen vnd zeugehorung wie die namen [haben], die wir itzundt haben adir zeukaunfftiglich gewynnen mogen nichts nicht vßgeslosßen, zeu einem testamentt vnd zelegerethe adir zeu eyner loblichen ordenung zeu mylden sachen, alz der erßame vnd vorsichtige Fritzsch Pfister vnßers raths frundt vnd eydtgnosße sunderlich dem almechtigen ewigen gote zeu lobe vnd ere vmbe seiner zelen salickeit vnd zeu troste vnd hulffe frommen hußarmen luthen vßgesatzt hat vnd bestalt, vnnd wir haben solliche hundert scheffel korn ierlichen von vnserm rathuße zeu reichen gegeben vnd vff einen rechten bestendigen widderkouff vorkoufft vor nucnhundert Reinissche gulden an golde, die vns der obgnante Fritzsch Pfister an bereitem golde gutlich vnd wolzendancke vorgunget vnd betzalt hat, die wir danne forder in vnser stadt merglichen nutz vnd frommen kuntlichen gekart vnd gewant haben, vnd sagen yn hirmit sollicher vffrichtigen vnd redelichen betzalung der nucnhundertt Reinischer gulden vor vns vnnd vnser nachkommen queydt ledig vnd loß. Sollichc 10 scheffel korns gereden vnd globen wir obgnanten burgermeister vnd rathmann bie vnsern guten waren trauwen fur vns vnd alle vnsre nachkomen alle iar ierlichen von vnserm rathuße zeu reichen vnd zeu geben vff sante Mertens tag schirstkaunfftig von dato diß brines antzuheben vnd alzo forder alle iar ierlichen vff die itzt gemelte tagetzeit so lange vnd alle die weile sie nicht abegekoufft werden, inmaßen hirnachgeschreben stehit vnd abs ein sollichs der gemelte Fritzsch Pfister in seinem testamentt geinwertiglich adir in dißer seiner ordenung zeu mylden sachen clerlich vßgesatzt vnd geschafft hat. Alß nemlich sollen vnnd wollen wir obgnanten burgermeister vnd rathmann vnd vnser nachkommen zeu ersten von den selbigen hundert scheffell korns vff tagetzeit obenbestympt des gemelten Fritz Pfisters tzweier swester kindern als nemlich Merten Weydeman dem tuchscherer vnd burger allhir zeu Liptzk vnnd frauwen Cristinen seiner swester itzundt Steffan Ladewiges nuch mitburger allhir zeu Liptzk chewibe vnd allen yren erben, die von den selbigen tzweien seiner swester kindt clichen gestammet vnd geboren sein vnd noch zeu kunfftiglichen von yn mochten geboren werden, zewentzig scheffel korns so lange vnd alle die weile sollichte hundert scheffel korns nicht abegekoufft werden gutlichen ane allen vortzug reichen vnd gebenn, vnnd die andern obigen achtzig scheffell korns wollen vnnd sollen wir vnd vnßer nachkommen auch ierlichen vff die gemelte tagetzeit geben vnd reichen zewentzig personen vnd sunderlich hußarmen luthen, die vor adir in vnser stadt besesßen vnd geswornc burger sein dißer stadt, eß sein hantwerekes lute adir nicht vnd forderlichen den, die ein gut erlich geruchte, gute forderung vnd ein loblich getzugnisse von yren nackeburn adir andern frommen luten yres lebens weßens vnd standts haben werden, auch meher vnd forderlichen den, die eleine kinder hetten vnd so einer vil adir wenig eleiner kinder hette adir die tzeit haben wurde, darnach sollen vnnd wollen wir vnnd vnnser nachkommen ym auch eine antzall des selbigen korns der achtzig scheffel geben vnd reichen. Auch sollen vnnd wollen wir burgermeister vnd rathmann obenbemelt alle vnßir nachkommen sollich korn der achtzig scheffel nicht geben adir reichen luthen, die das willige almoßen zeu sautt Nicklas vff dem kirhoff haben adder neuen wurden, auch keiner personen die mit einer pfrunden adir sust in dem hospitall, elostern adir anderßwo vorsorget were, noch keiner personen, die das almoßen vor den kirchthorn, vff kirchoffen adir sust offinberlichen in der stadt allhir zeu Liptzk bitten wurde, sundern alleine lußarmen luthen, die alzo wie oben bemeldet ist geschickt sein sollen, sunderlich die sich des betteln schemen vnd doch des korns nöthurfftig sein werden sollen vnd wollen wir vnd vnßere nachkommen sollicher obirge achtzig scheffel kornes ierlichen reichen vnd geben. Wir haben auch vor vns vnd vnser nachkommen einen rechten widderkouff hirinne behalden, sollich hundert scheffel korns mit so vil goldes als wir dorvmbe entpfangen haben widder abe zeu losen, wanne ein solliches dem rathe am bequemsten sein wurde, vnd so wir adir vnßer nachkommen sollich hundert scheffel korns mit der summa des howptgeldis widder abekouffen adir abeloßen wurden, so sollen vnd wollen wir vnde vnser nachkommen die nuhe vnbe gots willen haben vnd schaffen, das sollichge summa des howptgeldis an ander gewiße ende, do es sicher were, in sollicher maße widder sall angeleget werden. Auch hat der gemelte Fritzsch Pfister geschafft vnd geordent, das sollich testament vnd disse ordenung zeu den mildeu sachen durch keinen weg vnd sunderlich durch die abeloßung adir einen kouff sal geteilt werden, alzo das seiner swester kindt obenbemelt adir yre erben die macht nicht haben sollen, das einer vnadir yn alleine adir zeusampue vff yre antzall des selbigen korns die abeloßung fordern vnd nehmen mochten, sundern die howptsumma des selbigen testaments sal alzo ewiglich bie eyn-ander vngeteilt bliben. Auch meher so bekennen wir obgenante burgermeister vnde rathmann für vns vnd vnser nachkommen, das der offtgemelte Fritzsch Pfister vor sich vnnd seine rechte leibes erben sollich gewalt vnd vollemacht bie disser orde-nung behalden hat, das er adir seine rechte leibes erben tzehen personen, den sollich almoßen vnd korn vff yre furbethe sall gegeben werden, bestellen wollen vnd mogen vnnd die andern tzehen sall der rath nach seinem besten irkeutnisse vnd redelichen wolgefallen innmassen obenberurt ist bestellen. Vnnd wir haben vns verwillet, so hinfurder eyns der armen luthe von den tzehen, die Fritzsch Pfister obenbemeldet adir seine rechte leibes erben bestellen wurden, abegehen wurde, das danne Fritzsch Pfister adir seine rechte leibeserben ein anders an die statt zeu bestellen macht haben, doch alzo das er adir seine leibes erben den adir das einem burgermeister ernenne, vnd das sall ym adir seinen leibes erben vff zeu nehmen nicht versaget werden. Were es aber sache das Fritzsch Pfister vnd seine leibes erben alle todes-halben abegehen wurden, das got lange wende, so solde der rath die selbigen tzwentzig personen alle nach seinem besten irkentnisse vnd redelichem wolgefallen, doch in sollicher masße wie obenberurt ist macht haben zcu bestellen. Desgleichen solde auch der rath. ap des gemelten Fritz Püsters swesterkint obenbestympt adir yre rechten leibeserben vnd fordere leibes erben alle vorscheiden vnd todeshalben abegehen wurden, die tzwentzig scheffel korns. alzo sie genommen hetten. den armen luthen inmassen wie obenbemelt ist macht haben zcu teilen vnnd zcu geben. alle argelist vnd geverde hirinne vßgescheiden vnd hyndan gesatzt. Zcu vrkunde vnd vehstir sicherheit, das alle artickel vnd punckt dißer ordenung vnd briffes stete gantz vehste vnd vnuorruecklichen sollen gehalden werden. so haben wir obgnanten burgermeister vnd gesworne rathmann vnser obgnanten stadt groß insigell an dissen vnsern briff wissentlich lassen hengen, der gegeben ist zcu Liptzk vff mitwochen noch Judica noch vnsers liben hern Cristi geburt virtzehenhundert vnnd darnach im virvndsibentzigsten iaren.

Nach dem Rathsbuch fol. 331ᵇ fg. im Archiv des K. Bezirksgerichts zu Leipzig

Fritz Püster, wahrscheinlich ein Süddeutscher, welcher nach Leipzig übergesiedelt war. Im J. 1172 12. Mai bestellte er vor gehegter Dingbank und vor Richter und Schöffen den Rath zum Vormund seiner Kinder für den Fall seines Todes. weil er seine angebornen frunde vnd swertmagen nicht alhir. sonder usserhalben den landen wonend habe. dieselben sein frunde auch innen ader ub den landen mit irer eygyn narunge. tun vnd geschefften sonst] zcu schicken haben. Rathsbuch fol 164.

No. 169. 1474. 2. April.

Vertrag mit dem Vorsprechen.

Vff sonnabendt in vigilia Palmarum anno LXX quarto ist der rath mit Andres Frameter dem vorsprechen eyns wurden, das er alle dingtage alhir solle syn vor gerichte vnud einem burger reden vmbe einen groschen, der on vor gerichte findet, wer ôn abir do heym vordingen wil, von dem mag er nehmen drei adir viber groschen vngenerlich vnnd nicht meher nach dur obir. Er sall auch für keinen gast redden widder einen burger, vnnd des raths vnnd gerichts sachen, die man pynlich adir sust zcufordern hat, sal er dem rathe adir gerichte vmbe sust reden ane sunderlich lon. Dor. vmbe sal om der rath geben XX gr. zcu fuerwereke, eyn sommerkleidunge alßo einem andern dyner des raths, viber scheffel korns vff Martini, eyn fuder haw, das sal er selbir lassen holen nach anweißung der buwemeister, die zcu itzlichem iare syn, vnnd sal darczu scloß wachfrei vnnd herffart frei sitezen; vnnd das sal stehen so lange das eß beiden teiln behaget. Vnnd hat die ezeit seinen gewonlichen eidt zcu seinen ampt vor dem sitezenden rath gethan, einem yder mann sein sachen noch seinem besten vormogen zcu reden x.

Nach dem Rathsbuch fol. 123 im Archiv des K. Bezirksgerichts zu Leipzig

No. 470. 1474. 15. Sept.

Kurfürst Ernst und Herzog Albrecht fordern den Rath auf, durch verschärfte wohlfahrtspolizei-
liche Vorschriften den eingerissenen Missbräuchen und Unordnungen bei dem Weinhandel und
bei dem Verkauf der Medicamente in den Apotheken zu steuern.

Von gots gnaden Ernst kurfurst ꝛc. vnd Albrecht gebrudere hertzogen zeu Sachssen,
lantgrafen in Doringen vnd marggrauen zen Miessenn.

Lieben getruwen. Wir haben zeu vilnaln vornommen in vnser stadt by vch
im weynschencken vil vnordenunge vnd vngeborlickeit mit vorfullung vnnd vormi-
schung der weyne gevbet, da durch sich vil lewt bedlagen, das sie des halb mit
krauckeit befallen, das auch in den apotecken vil stuck zeur artztey dynendt so
langezceit vorhalden werden, das sie solch crafft als sie haben sollen nicht behalden,
vnd doch gleichwol vor gut, auch die vnd andere artztie au gemeynem ernt obir-
sweng tewre gegeben werdenn zeu beswerunge gemeyns volks, do mit auch die ertzt
betoret vnd zeu vilnaln gesuntheit zeu irfolgen vorhindert werden. Wanne denne
weddir solch schedelich ding notorfft ist zeugedencken, begern wir von vch mit
ernst, das ir solchs mit ordenlicher satzung vnd geboten vorkomet, setzet vnd
gebietet, das man alle weyne, eß sey Malnasir, Reinfall, Walschweyn, Elseßer, Ri-
nischweyn, Kotzberger, Saleweyne ader wie die namen haben von den weynschencken
vnd irem gesinde vnnormischt vnuormenget, auch vnteuperiret geschenckt werden
bey einer hartten pen, die ir vch dar vff zeu setzen voreynigen werdet, das auch der
ader die die weyne schencken ader zeu schencken irn dynern befelen wurden alle
iar zeusage vnd globde, ap ir auch irkennet ein notorfft sein, ire eyde darzeu thuen
sullen, sich solcher satzunge, als ir vch der voreynigen werdet, zenhalden; doch so
ein weyn von furen ader langem lager die farbe vorließen, das man yn denne ein
farbe aue zeuthuhung schedelicher dinge wedder machen moge aue generde. Das ir
auch da vor scitt, schaffet vnd bestellet, das man vß den apotecken kein alt vorlegen
materie vnd stuck zen artztie gehorentt, es sie slecht ader zeusampne gesatzt, das
voraldert vnd vortorben ist, noch gemeyn lanteruter, wasßer vnd ole, die ir recht
art vnd weßen nicht enthalden haben, noch sust keinerley, das sein geburlich crafft
nicht hat, nicht vorkouffen, sundern gute vnwe togeliche ding haben schicken vnd
bestellen solle; das auch die doctores alle iar eins zen einer zeeit, als sie sich des
vorenygen sollen, in die apotecken gehin vnd die materialien eigentlich beschen vnnd
was sie erkennen nicht rechtfertig vnd tugentlich sey vor legen vnnd dem apotecker
sagen, das beyseitt zeu legen vnd eß nicht zeu vorkouffen; das auch nymandes in
dem vnslag der stucke vnd materialien, die man vß der apotecken nympt, obirsatzt,
sundern das die apotecken solch artztie vmbe ein gewontlich gelt anslahen noch
gemeynem rate der doctores, nicht noch eins doctors allein sunderlicher satzunge,
einen zeimlichen gewyn nehmen vnd die lewte alzo nicht obirtewren, alzo eine zeeit
gescheen ist, vnd das ein itzlicher apotecker alle iar, wenne ein rat ander ampt vnd
hantwerger bestetiget, sein recht auch thue, das alzo zenhalden vnd in seinem ampte

truwelich vnd vngenerlich zeu handeln. Vnd so es darnach ußfundig, das solche
alzo nicht gehalden wurdt, wollit vch alßdanne mit geburlicher straff dorinne nottorff-
tiglich betzeygen, das sich die andern vleißigen rechtlich zeuhandeln vnd vor schaden
zeuuorhuten; wo vch in dem bruch vnd wir von vch irsucht wurden, wollen wir vch
gnediglich dar obir hanthaben vnd vortheidingen, auch ap eß sein selbist vnser straff
irkennen lassen. In dem allem guten vleis vorwenden, als wir vns zen vch vor-
sehen; dar an tut ir vns zeu gutem dancke. Geben zeu Dreßden am dornstage nach
Exaltationis crucis anno domini :c. LXX quarto.

Dem rate zeu Leiptzk vnsern lieben getruwenn.

Nach gleichzeitiger Abschrift im Rathsarchiv zu Leipzig.

No. 471. 1474. 17. Oct.

Der Rath beschliesst die Erbauung eines neuen Thurmes am Rathhause.

Anno domini LXX quarto vff montag post Galli sub magistro Johanne Schober procon-
sule et suis consulibus hat dye czeit der sitczende rath in beyweßen der eldesten gemeynlich
allen vnnd der ander zweyer rete eyntrechticlich nach czeitlichen vnnd gutem rate besloßen, das
der rath vnd die stadt eynen nawen torm fur das rathuß vnnd fur dye treppen, alß itczunt die
scheppen stoben stehit, zeu ere vnseren guedigen hern von Sachsen vnnd yrer gnaden stadt,
auch vmbe sunderlicher ezyrheit vnnd merglichen nutzs willen dißer stadt, alß da von der stadt
irschiinen vnnd komen mochte, alß dann darvff die czeit gerattslaget ist wurden, anlegen vnnd
bawen sall, vnnd der sitczende ratt, der itzunt in dem obengeschreben iare sitczett, der sall zeu
dem fundament vnnd anheben den vorrat an wacken vnnd an steinen vnnd was darczu vnd zeu
sollichem anheben deß fundaments notdorfftig sin wirt bestellen vnnd schicken vnnd der nach-
volgende ratt vnnd deß selbygen rats bawemeister sollen vff dye nehste zeukunfftige faste, so
der vorrat vorhanden sein wurde, deß selbygen torms fundamentt legen laßen vnnd den alzo
forder bey einem iczlichen rate, so vil des der ratt ane sunderliche beswerung gethuen mag,
laßen vffuren. Vnd ein sollichs ist auch die czeit vnnd sunderlichen dorvmbe beslossen wurden,
das eczliche hern des rats vnnd auch sust ander lewthe meher dem rate darczu mit furen vnnd
gelde stewr thuen wollen.

Nach dem Rathsbuch fol. 128 im Archiv des K. Bezirksgerichts zu Leipzig.

No. 472. 1474. 20. Dec.

Vorschriften in Betreff des Fischhandels.

Die marcktmeistere sollen nicht zeulaßen adir gestaten, das die fremden die fische, so
sie vff den kauff alher brengen, vor den thoren am wasßer nymands verkauffen, sundern alleine
vff dem marckte feyll haben vnd verkauffen sollen, vnd so ymands des obirfundig vnd seine
fische vor den thoren vnd an dem wasßer verkeuffen wúrde, der sall die fissche vorlorn haben
adir sal dem rate zeur buße 1 schock guter moutz geben ane widderrede. Vnd so sie die
fissche vff den markt brengen, so sollen die marktmeister ein vffsehn haben, das der vorkeuffer
eine ydermau, der fisch keuffen will, seine notdurfft selbst inlegen vnd die kauffer in des vor-

keuffers vasbe nicht greiffen laßen, noch das einer alleine adir selbander die fische alle obir yre notdurfft, so sie der vff eine malezeit adir zewen bedorfftig, kauffen. Conclusum est sub magistro Johanne Schober proconsule et suis consulibus de consilio seniorum et aliorum proconsulum et consulum aliorum duorum consulatuum anno ꝛc. LXXIIII° in vigilia Thomae.

Nach Barthel's verm. Nachr. v. Leipzig fol. 42ᵇ im Rathsarchiv zu Leipzig.

No. 473. 1475. 10. Jan.

Magister Johannes Schober Burgermeister, Andres Wandergerne, Doctor Valentinus Suardeberg, Paul Kaiser, Bartholomäus Hommelshain, Conrad Stouffmul, Nicolaus Bergershain, Peter Bautzschman, Hans Craß, Thomas Schabell, Jorge Brunßdorff und Nickel Rosschuitz Rathmann und Geschworne der Stadt Leipzig verkaufen mit Rathe der Aeltesten und mit Genehmigung der andern beiden Rathe Fritz Pfister ihrem Rathsfreunde und Eidgenossen 100 Rh. Gulden an Golde rechter Landeswährung jährlicher Zinse auf einen Wiederkauf für drittehalbtausend Rh. Gulden. Gegeben — zcu Liptzk — vff dinstag noch Erhardi des heiligen bischoues.

Rathsbuch fol 38b im Archiv des K. Bezirksgerichts zu Leipzig.

No. 474. 1475. 5. Febr.

Kurfürst Ernst erledigt einen nach Erlass der Münzreformation bei dem Rath zu Leipzig entstandenen Zweifel in Betreff der Berechnung des Ungeldes von den in der Stadt gebrauten Bieren.

Ernst von gots gnaden hertzog zcu Sachßen ꝛc. kurfurst, lantgraue in Doringen vnd marggraue zcu Mißlenn.

Lieben getruwen. Als wir vch vff anbringen nehist an vnsern canezler durch etzliche die uwern gethan vnd forder durch sein schrifft an vns gelanget geschribin, das wir vch in kurtz bey vnser eigen botschafft antwort thun wolden, dem nach ist vnser befehl, nach dem alzo in der vßschreibung vnd ordenunge vnser nuwen muntze vnder anderm ein artickel alzo inne heldet, das man vmbe vnsere nuwen sillberin groschen vnnd vmbe keine andere groschen vmbe alle habe vnd gut kouffen vnd vorkouffen vnd den in allen hendeln, wie man irdencken mag, zcu aller betzalung vor einen groschen geben vnd betzalen sall, vnd es des vngeldes halben von dem gebrwde bey vch alzo vorlassen vnd obirkomen ist, das man vns ye von eynem gebruwe funfftzig groschin zcu vngelde gebin sall, das ir solch vngelt, das sich von solchem gebruwe bey vch geboret, nach vnser nuwen muntze nemen sollit funfftzig der nuwen groschin ader under groschin vnd muntz so uil, do mit man funfftzig nwe groschin vorgnugen mag; aber vmbe das vngelt, das sich vom weyne, den die burger, vnd weyne vnd bire, als ir in uwerm der statt keller schencket, geboret, wollin wir vch hier nach auch vornehmen lassen, welcher maß das genommen vnd betzalt sall werden. Vch darnach habt zcu richtenn, guten vleis in dem vorwenden, kompt vns von vch zen gutem dancke. Gebin zeu Roehlitz am sontage Esto michi anno domini ɔc. LXX quinto,

Dem rate zeu Leiptzk vnßern lieben getruwen.

Nach gleichzeitiger Abschrift im Rathsarchiv zu Leipzig.

No. 475. 1475. 5. Febr.

Kurfürst Ernst beauftragt den Rath unter Beziehung auf einen früher ergangenen Befehl darüber zu wachen, dass die Leichen aus den Vorstädten (ausgenommen die von der Hallischen Brücke und der Neuenstrasse) und aus den in die Stadt eingepfarrten Dorfschaften auf dem Friedhofe zu S. Johannis beerdigt werden.

Ernst von gots gnaden hertzog zeu Sachssen ɔc. kurfurst, lantgraue in Doringen vnnd marggraue zeu Miessen.

Lieben getruwen. Nochdem ir vnser begirunge nach durch vnsern obirmarschalk an vch gelanget ein statt zeu begrebnisse der vorsteter vnnd dorffer, die in die stadt pfarrechten, geordent vnnd weyhen habt lassen, gelanget an vns, das sich die nackburschafft der vorstett vnd dorffer wedder solch vnser ordenunge vnnd geschefft vndersteben, selbist greber vff dem kirchhoffe in der stadt zeu machen vnnd die irn do selbist zeu begraben, das vnsers willens nicht ist, vrsachhalb als ir vormals vornommen habet. Hirvmbe begern wir von vch mit ernst, ir wollet noch notdurfft dar wedder gedencken, das solchs alzo nicht geschee, sunder dem, als ir vnser meynunge vormals vornommen, nochgegangen vnd kein vorsteter ane vff der Hellischen brück[a]) vnnd Nuwestrasse, die vff erbeigen statgnte wönen vnd fol burgerrecht gleich den in der stadt womendt thuen mußen[b]), noch kein dorffman der dorffer, die in die stadt pfarrechten, vff der pfarrenkirch hoffen in der stadt begraben werden, wanne wir das alzo vnd nicht anders gehat wollen haben, guten vleis hirinne vorwenden, als wir vns des zeu vch vorlassen, kompt vns obir ernst meinunge zeu gutem dancke. Geben zeu Roehlitz am sontag Esto michi anno domini ɔc. LXXV°.

Dem rate zeu Leiptzk vnsern lieben getruwen.

Nach gleichzeitiger Abschrift im Rathsarchiv zu Leipzig.

a) Die Gerberstrasse. b) Vgl No. 436.

No. 476. 1475. 1. Apr.

Haus von Lindenau verkauft an Bartholomäus Hommelshain Bürger zu Leipzig 7 Acker Busch-holz (das „Niederholz"), welche bischöfl. Merseburgisches Lehn sind, und 13 Acker Holz (,der Cammermeisterin Holz') hinter der Ziegelscheune an der Viehweide vor Leipzig für 125 Rhein. Gulden.

Ich Hans von Lindenaw doselbist gesessenn bekenne —, das ich durch mei-ner notdurfft vnnd anligenden sachen halben — dem ersamenn fursichtigenn Bartho-

Iomaco Hommelshain burger zcu Leiptzk, allen seinen rechten libeslehns erbenn
semptlich vnnd einem itzlichen besunderen — durch einem volstendigen kouff, alzo
der gestrenge vnnd ernvehste Nickel Pflug amptmann zcu Leiptzk zc. vnnd die ersa-
menn wolwiseenn burgermeister vnnd rathmann der itztgemelten stadt die zceit zcwus-
sehen vnns gemacht beredt vnnd betheidinget haben, zcu einem rechten erblichen
lehen vorkoufft habe — zcwey holtzer, eins gnant das Nyderholtz von seben ackern
von meinem gnedigen hern dem bisschone adir thumstiffte zcu Merseburg zcu lehen
rurende vnnd das ander gnant der Cammermeisterin holtz von dreiitzehen ackern
hinder der zceigelschwenn an der viheweide vor der gemelten stadt Leiptzk gele-
gen*), das denn von mir vnnd meinen rechtenn lehnserbenn vnnd erbnehmen zcu
lehen ruret, mit allen yren nutzungen zcugehorungen vnnd gerechtigkeiten zcu besit-
zen zcu gebrawchen vnnd zcugniissen nach seiner vnnd seiner libeslehns erbenn
nötdurfft nutz vnnd frommen —, vnnd habe om solcher beider holtzer yden acker,
so des zcu sampne zcwentzig acker sein sollen, gegeben fur tzwentzig Reinissche
gulden an golde rechter landeß werung, alzo doch das er nach lawt des betheidinges
vnnd kouffes, als der gestrenge vnnd ernvehste Nickel Pflug vnnd die ersamenn
wolweisen burgermeister vnnd rathmann zcu Leiptzk zcwusschen vnns vortheidinget
vnnd gemacht haben. in den gantzen kouff hynnach funffvnndtzwentzig gulden an
golde Reinisscher geben sall, dorumb das ich om die gemelten dreiitzehen acker
gnant der Cammermeisterin holtz von mir, meynen erben vnnd erbnehmen zcu lehen
rurende vff dißmall lediglich ane enycherleie lehnware, die danne ernachmals da
von zcu geben nemlich drie gute schog vnnd nicht meher, so offte solch holtz nehst
bestimpt hinforder zcnfalle kommen vnnd ich, meine erben adir erbnehmen das vor-
lihen wurden, in solchem kouffe darvff gesatzt vnnd vertheidinget ist wurden, gely-
hen habe nach lawt eines lehnbrines ym dar ober gegeben. Welchs kouffgeldes
danne als er mir fur solche beide holtzer obenbemelt geben hat an einer summa
brenget vierhundert vnnd funffvnndtzwentzig gulden an golde Reinisscher, die er mir
danne gutlich vnnd wolzcudancke vor dem rate zcu Leiptzk vorgnuget vnnd betzalt
hat, vnnd sage yn solcher viher hundertvnndfunffvnndtzwentzig gulden Reinisscher
— gantz qweidt ledig vnnd loß —, gerede vnnd globe darbie, das ich vnnd alle
meyne rechten erben vnnd erbnemen dem gnanten Bartholomeo Hommelshain vnnd
seinen rechten leibeslehns erben solcher vorkouffter holtzer — ein rechte gewehre
sein sollen vnnd wollen u. s. w. Vnnd das solcher kouff mit sampt allen oben-
geschreben pnncktcn vnnd artickeln dißes brines gantz stete vnnd vehste von aller-
meniglich dar an vnvorhindert vnnd vnuorbrochlich — gehalden werde, so habe ich —
meyn insigell vor mich, meyne erben vnnd erbnemen vunden an dissen meynem offinn-
briff — hengen lassen, der gegeben ist nach Cristi geburtt vnsers hern viertzehen-
hundert vnnd darnach im funff vnnd sibentzigstem iaren vff sonnabent in der heili-
genn osterlichenn wochenn.

Nach dem Orig. im Rathsarchiv zu Leipzig mit dem Siegel an einem Pergamentstreifen.

*) Dieses Holz kauten im J. 1456 Albrecht, Hans und Burkart liebrhder von Lindenau dem Rath unter Vorbehalt des Wieder-
kaufs verkauft (No. 329) und später wahrscheinlich wieder eingelöst.

No. 477. 1475. 1. Apr.

Hans von Lindenau belehnt Bartholomäus Hommelshain mit 13 Ackern Holz, der Cammermeisterin Holz genannt.

Ich Hanns von Lindenaw doselbist gesessen bekenne —, das ich dem ersannenn fursichtigenn Bartholomaeo Hommelshain burger zcu Leiptzk vnnd allen seinenn rechtenn leibeslehnserbenn das holtz gnant der Cammermeisteryn holtz hinder der ezigelschwnenn an der viheweide vor der stadt Leiptzk gelegen, des denne dreietzehen acker sein sollen, vnnd von mir vnnd meynen erbenn zcu lehen rurende mit allen seinen rechtenn nutzenn wirden zeugehornngen vnnd in allermasse, als ich das selbist innegehabt beseßen vnnd redelichenn herbracht gebrawcht vnnd gnossenn, alleine die lehen vffgeslossenn, die ich dar an vor mich vnnd meyne rechte lehns erbenn vnnd erbnehmenn habe behaldenn, zcu einem rechten erblichen lehen gereicht vnnd gelyhen habe, — das mit seinen gerechtigkeiten vnnd zeugehorungen — furbaßaieher von mir vnnd meynen rechtenn erbenn zcu rechten lehenn zcuhaben —, den lehen auch alzo offte die zcu falle kommen rechte volge zcuthnen —, bescheidenlich doch alzo, ap — Bartholomaeus Hommelshain — todeshalben abegeben wurde, das danne solch holtz — an seine rechten leibeslehns erben kommen vnnd fallen sall —, vnnd so sie danne solchen lehen volge thuenn vnnd die lehen — von mir, mynen erben adir erbnemen synnen adir muthen wurden, das ich, meyne rechten erben adir erbnemen yn solch holtz — gutlichen — vorreichen vnnd lyhen vnnd allewege so offte ich, meyne erben adir erbnehmen yn semptlich adir itzlichem bannderenn die lehen thuen wurde, nicht meher danne drey gute schog zcu lehenwahre von yn heisschen vnnd nehmen sall. Czu vrkunde habe ich vorgemelter Hans von Lindenaw — meyn insigell vnnden an dissen meynen offinbrieff — hangen lassen, der gegebenn ist nach Cristi geburt vnnsers hern vihertzehenhundertt vnnd darnach im funffvnndsibentzigstenn iaren vff sonnabendt in der heiligen osterlichenn wochenn.

Nach dem Orig. im Rathsarchiv zu Leipzig mit dem Siegel an einem Pergamentstreifen.

No. 478. 1475. 1. Apr.

Der Rath setzt den Preis der Ziegelsteine fest.

Anno :c. LXXV^ten vff sonnabendt post Pascae hat der sitzende rat mit sampt den andern zweyen reten beslossen, das man den burgern in der stadt y das tawsent zcigells fur I fl. vnd I gr. silbern also vor gescheen ist vnd nicht tewrer, vff das die stadt im bawe gebessert vnd in eynem bawehelichen weßen zcu czyrheit nutz vnd fromen der stadt gehalden vnd von fewrßnoten vorwaret werde, geben soll. Sundern deß sint die drey rethe cyntrechtiglich eyns wurden, das hinforder dye bawemeister des rats den clostern byonen der stadt adir nebst vor der stadt gelegen das tawsent zcigels nicht leichter dann fur XXX nawe silbern grosschen vorlaten sollen, abir andern freuden lewthen, so anderßwu in andern steten adir dorffern gesessen, sollen die bawemeister den zcigell nicht anderß denn das tawsent fur I ßo der besten monez vorkauffen vnd geben, inmassen ein sollichs vorhyn also allewege gehalden ist wurden.

Nach dem Rathsbuch fol 134 im Archiv des K Bezirksgerichts zu Leipzig.

No. 479. 1475. 7. Juni.

Der Rath trifft Bestimmungen über die Verwaltung des von Hans Stockart gestifteten, von diesem wie von Peter Schwabe Münzmeister zu Colditz, von Fritz Pfister, Martin Römer zu Zwickau und Marcus Müntzer zu Nürnberg durch Zuwendungen vermehrten milligen Almosens für Hausarme.

Wir hir nachgeschreben mit namen Ludewig Schiban burgermeister, Hans Bautzschman, Nickel Bleßen, Hans Konig, Contz Funcke, Lamprecht von Cronenburg, Bartel Sommerfelt, Jorge Brußdorff, Nickel Rewdenitz, Peter Fohell, Mattes Wegil rathmanne vnd gesworne der stadt Leiptzk bekennen —, daz wir den hußarmen luten des willigen almoßen als man eines yden sontages zeu sannt Nicklas pfleget zeu geben, des Hans Stockart der alde burgermeister ein stiffter vnd erster anheber gewest ist*), zeu reichen alle iar schuldig sein zcehen schog viervndzcewentzig grosschen der hochen montze, darzcu denne Peter Swabe montzmeister zeu Colditz zeweyhundert alde schog auch gegeben hat, die in den itzt gemelten zcehen schocken vnd viervndzcewentzig grosschen mitbegriffen sein. Vnd forder vnd mehr so bekennen wir obguanten burgermeister vnd rathmanne, daz wir darnach so man schreib nach vnsers lieben hern Cristi geburtt viertzehenhundert vnd im dreyvndsebentzigsten iaren vff dinstag nach dem sontage Misericordia domini von dem vorgnanten Hanßen Stockarten dreyhundert vnd von Fritz Pfister hundert Reinisch gulden an golde auch entpfangen haben, do mit das selbige almoßen zcewentzig gulden des iares gebessert, vnnd darnach haben wir auch von Merten Römers burgers zeu Zewigkaw vnd Marcus Müntzers wegen von Nuremberg zeweyhundert gulden ingenommen, da durch das vorgemelte almoßen vff zcehen gulden des iares auch gebessert wurden ist, vnnd das vns itzundt vff data dißs briues der gnante Hans Stockart dartzu auch einen brieff widder obergeantwort vnd geben hat, der do besaget obir funffvndzcewentzig gulden Reinisch ierlicher zcinse, alz wir ym vff einen widderkowff mit funffhundert gulden abezcenloßen schuldig warn, vnd hat sich do mit der selbien funffvndzcewentzig gulden zcinses vnd aller gerechtigkeit, die er des selben briues halben bett gehaben mogen, gantz vbergeben vnd alzo mit den selbien funffvndzcewentzig gulden das willige almoßen ierlichen wie vorgeschreben stehit gebessert. Vnnd darvmmb nach allem inhalde, wie vorgeschreben bestimpt ist, bekennen wir obgnanten burgermeister vnd rathmanne vor vns vnnd alle vnser nachkommen, daz wir von allen vnser stadt nutzungen zcinsen renthen zeufellen zeu vnd ingehorungen vnd allen gerechtigkeiten zeu dem willigen almoßen obirall sechßvndachtzig Reinisch gulden vnd vier grosschen ierlicher zcinse, die vff zcwu tagetzeit des iares, nemlich zeweyvndviertzig gulden Reinisch vff Walpurgis vnnd die andern zeweyvndviertzig gulden Reinisch vff Michaelis, vff Michaelis schirstkomende auzceheben zeugeben schuldig sein, ader sovil montz als der gulden zeu yder tagetzeit gelden wirdet, alzo das zeu den willigen almoßen viervndachtzig gulden ierlichen gefallen sollen, vnd das macht zeu einer yden wochen des iares zeweyvnddrissig grosschen vnd dreypfennige der hochen montze ye vor einen grosschen eifftehalben pfennig zeu

*) Vgl. No. 306

401

rechen, als die itzundt stchit vnd gesatzt ist worden adir der vorgeslagen móntz sibenvnddrissig groschen vnd sechs pfennige solcher groschen, als der itzundt dreyvndzewentzig vnd drei pfennige vor ein gulden gesatzt sein; vnnd vor so vil geldes sollen die vorsteher, so wir dartzu gesatzt haben adir zeukunfftiglichen setzen werden, den hußarmen lewten brot, fleisch vnd zenunsße zeu einer yden wochen vff das aller beqwemste den selben armenlewten zen nutze kouffen vnd bestellen vnd das darnach in viervndzewentzig teill teilen vnd einem yden armen, der do viervndzewentzig sein sall, zen santt Nicklas adir wô das der rat nach seinem besten erkentnisse bestellen wurde sein teill reichen vnnd geben, vnd alzo wurde einem yden armen mensche vor vierzcehenn pfenninge brot fleisch vnnd zenunsße geboren vnnd zeu einer yden wochen dreipfennige oberig bliben; sunndern in der fasten sal man yn vor das fleisch heringe geben. Vnnd ap auch der gulden hinforder zeu yder zeinßtzeit mehr adir mynner danne er itzundt gildet geklen wurde, so sall es doch alzo geschickt werden, das zen einer yden wochen vor ein gulden an golde vnnd vor tzwelff groschenn hocher móntze vnnd dreypfennige der groschen der tzwentzig ein gulden gelden adir nach gebur so vil ander móntze, alz die zeeit ganhufftig sein wurde, brôt fleisch vnnd zenunsße den hußarmenlewten gekoufft werde, alzo das yn dar an kein abebruch gescheen solle. Auch haben wir vns hiran einen rechten widderkouff behaldenn yden gulden mit zewentzig gulden Reinisch widder abetzulossen, vnnd so danne der gnante Hans Stockart seine erben noch nyuuandt anders solchs hewhtgeldes in seinen nutz zeuhaben begerendt ist, ßo haben wir die muhe dem almechtigen gote zeu lobe vnnd ern vnnd den hußarmenlewten zen nutz vnnd frommen vff vns genommen, das wir adir vnser nachkommen solch hewhtgelt, das do brenget sibentzehenhundert vnnd sechs gulden Reinisch, so wir das mit den zcinßen abelegen vnnd widder abekouffen wurden, an ander ende do eß sicher were mit willen vnd wissen Hansen Stockarts adir seiner erben widder anlegen sollen vnnd wollen. Wir haben vns auch vorwillet gein ym, so hinforder eins der armen lewte abegehen wurde, das der rat ein anders an die statt zeubestellen habe, vnnd wanne danne darnach aber eins abegehen wurde, das denne Hans Stockart itzundt vnnd ernuchmals seine erben ein anders an die statt zeubestellen habe, vnnd alzo eins vmmb das ander sall gethan bestalt vnnd gehalden vnnd solch almoßen sall ye rechten hußarmen lewten vnnd nicht nach gunst auch nicht entzeln lewten, die widder man weib, auch die nicht vngetzogen kinder haben, gereicht vnnd gegeben werden. Eß ist auch des vorgnanten stifftera begir gewest, das vff den tag so der alde rath abegehen vnd der nawe rath vffgehen wurde, das alß danne eine abeschrifft vnnd copie diß briues deme nawen rate geleßen vnnd dadurch der nawe rath sull erinnert werden, das sie yn die armen lute lassen entpfolen sein, das wir denne vor vns vnd vnser nachkommen dem almechtigen gote zeu lobe vnnd ern vnnd vnsern hußarmen luten zeu nutze vff vns genommen haben in verhoffenung, das das willige almoße dadurch von iare zeu iare solle gebessert werden; vnnd dorvmmb so sall von den zeweien gulden vnnd vier groschen, so obir der armenlute zeinß nemlich der viervndachtzig gulden oberig sein, dem alden burgermeister der do abegehet ein halb stobichen vnnd dem nawen burgermeister vnnd seinen rats-

COD. DIPL. SAX. II. 5   51

frunden des nawen rats vnd auch dem stadtschreiber einem yden ein halb stobichen Reinisch adir Franckenwein hinheym geschickt werden. Vnnd nachdem denne der gnante Hans Stockart des vorgeschriben almoßen ein erster stiffter vnd anheber gewest ist vnnd das auch darnach mit achthundert gulden Rinisch wie vorgeschreben stehit gebessert hat, ßo haben wir ym vnd seinen erben dissen brieff gegeben, vff das zcu langen tagen disse ding icht in einen zeweifel addir zcumall in ein vorgessenheit kommen, da durch vnser inßarmenluten kortzung adir abebruch gescheen mochte, vß gescheiden alle argelist vnnd generde. Czu vrkunde vnnd vehster sicherheit, das alle artickell vnnd punckte diß briues stete gantz vehste vnnd vnuorbruchlich sollen gehalden werden, so haben wir obgnanten burgermeister vnnd gesworne rathmanne vnser obgemelten stadt groß insigell an dissen vnnsern offinbrieff wissentlich lassen hengen, der geben ist zcu Leiptzk vff mitwochen nach Bonifacii nach vnnsers lieben hern Cristi geburt viherzcehenhundert vnnd darnach im funffvnndsibentzigsten iaren.

Nach dem Orig. im Rathsarchiv zu Leipzig mit dem Stadtsiegel an einem Pergamentstreifen.

No. 480. 1475. 10. Juni.

Kurfürst Ernst und Herzog Albrecht belehnen Ulrich Klafhammer mit einer halben Hufe Landes vor dem Petersthore.

Anno domini ıc. LXXV[o] am sonnabende noch Bonifacii haben meine gnedige hernn Vlriche Klafhamer burger zcu Liptzk vnd seinen rechten libeß lenßerbem ein halbe hufe artlandes adir ackers for sand Peters thure zcu Liptzk gelegen mit solchin eren ıc., lumassen er die von Hanße vnnd Sewalt Wurtzen gekaufft*), zcu rechtem lehn gereicht vnd gelihen. Testes er Ditterich von Schonberg ritter hofemeister vnnd Nickel Pflug zcu Liptzk amptman. Actum Liptzk ut supra.

Nach dem Cop. 59 fol. 424 im K. Haupt-Staatsarchiv zu Dresden.

a) Vgl. No. 89 A.

No. 481. 1475. 7. Aug.

Kurfürst Ernst uud Herzog Albrecht gestatten dem Rath die Vereinigung der durch Graben von Ziegelerde auf der Stadt Eigen entstandenen Wasserlachen zu einem Teiche und überlassen demselben die in jenen bisher von ihren Fischern ausgeübten Fischereigerechtsame.

Von gottis gnaden wir Ernnst des heyligenn Romischen reychs ertzmarschalgk kurfurst vnnd Albrecht gebrudere hertzogenn zcu Sachssen, lantgrauen in Doringen vnd marcgrauen zcu Missen bekennen —. Noch dem dy ersamenn der rate vunser statt Leyptzik vnnd libenn getruwen vorgenomenn haben eynen teych vff der viheweyde bey vunser stat Leyptzik vor dem Peters thor neben der slinckbrucke hinder dem iunckfrawencloster an dem orte vnnd dorbey als sy vormals tzigel erde habenn graben lossen*), donon auch doselbist vill grubenn vnnd lachenn sind worden, dorinne obir iare wasser gestannden hatt, do grundt vnd bodem der statt eygenthum,

a) Der grosse Teich in dem s. g. Schimmel'schen Gute (Floosplatz No. 44.) Ueber das an diesem steasende Kahar'sche, dann Hansauge'sche Grundstück vgl. No. 130. Im J. 1573. 10. Mai verkaufte Erasmus Clausebeck Gaasszewge genannt an den Rath auf seinem Haus Hof Garten und ,helder' vor dem Petersthore ,vänder das ruhe teichen' gelegen und von dem Rath zu Lehn rührend einen Jahrzins von 5 Rh. Gulden. (Rathsarchiv zu Leipzig.)

wie wol eß in vbung herkomen ist, wenn dy wasser groß wurden vnd in dyselbigen
gruben vnd lachen getretten, das vnnßer fischer, dy wir zcu vnnßerm gehege gehatt,
dem wasser gefolget vnd dornoch so es auch cleyn ist worden dyselbigen lachen
alleyne zcu fischenn gehapt habenn, einen grossen teych zcumachen vnd den mit
teimmen vnden vnd oben auch vff den seytenn wo das notorfft ist zuuorwaren, vnnd
vnns demutiglich irsucht vnnd gebeten, yn das gnediglich zcugonnen vnd zcugestatten
vnd solichs als vnnser fischer dem wasser geuolget vnnd derhalbenn in den lachen
alleyne zcu fischen gehatt haben zcu obirgeben vnnd den teych zcubuwen vergunnen
wolden, haben wir ir truwe anneme dinste, dy sy vnnd ire vorfarn vnnßern eldern,
auch vnns selbist offt zcudaneke gethon vnd vnnßern erben vnd nochkomenn hinfur
thun sollen vnd mogin, auch das wergk an sich selbist, das an dem orte ein mereck-
lich fischerey angericht mag werdin, das dem orte nutz vnd not ist, so man sich
aldo fisch swerlich erholenn magk, augeschin, das wir zcufordern geneygt sind, vnd
habenn awß rechtem wissen, mit wolbedachtem mute, auch mit vorgehaptem rathe
vnnser rethe dem egenannten dem rate vnnser egenanntenn statt Leiptzik zcu dem
obgenanten vornemen vnd wercke vnnßer gunst vnnd guten willen vnd volbort geben
vnnd vnnßer gerechtikeyt, dy wir aldo gehapt, das vnnßer fischer vnnßers geheges
alleyne vnd nymants meher dy lachen haben mogen fischenn, awß rechtem wissen
obbirgeben, geben zcu dem vorgenomen buwe vnnd wercke vnnßer gunst willenn
vnd volbort vnd obirgeben vnd vortzyhen vnns des obgerarten hergebrochten rechts
fischunge der lachenn hirmit, das sy solichs an dem gebuwe nicht hindern noch
irren, sunder sy vnd ire nochkomen sollin hinfur folle gewalt vnnd macht haben,
sollichen teych zcumachen zcuolbringen vnnd hinforder zceuthaklen zcutemmen oben,
in der mitte vnd vnden vnd an welchen enden eß sy bequem bednicht, auch das wasser
daryn zculoßsenn vnnd wedder abzcusteehen wenn eß ire notorfft ist, vngeuerlich
von vnns vnnßern erben vnd nochkomen vnnd allermenniglich vngehindert; vnd ap
eß sich begebe, das der tamme an einem adder meher enden außbrechen adder dy
fließ, so die groß wurden, den zceuryssen wurden, wie das zceuqweine, das denn vnn-
ßer fischer vnnßers geheges, das wir an den wassern dy daran stossen haben, dy
zcu ytzlichir zceyt sein werden. kein gewalt noch macht habenn sollen als eß vor-
mals gewißt, dem wasser in den teych zceufolgenn noch darinne in lachen ap dy
blihen wurden adder sust zceufischen, sunder der ratte der egenannten statt Leyptzik
sal selbst folle macht habenn doselbist zceufischenn vnnd den teych widder antzu-
richten vnd zcu buwen noch irer notorfft vnnd wie eß yn bequem sein wurde,
getrewlich vnnd ane geuerde. Hirbey vnnd obir sind gewest vnnser rethe vnnd
libenn getrnwen Hugold von Slinitz vnnser obirmarschalgk, Dittrich vonn Schonberg
ritter hoffmeister, er Heinrich vom Einsidel ritter, doctor Johannes Schybe vnnser
cauntzler, Nickel Pflugk zcum Knuthain hewptmann zcu Leyptzik Pezaw Born vnd
ander mehir gung glawbwirdig. Zcu orkunde mit vnnßerm hertzogk Ernusts anhan-
genden insigel, des wir hertzogk Albrecht hirzcu mit gebruchenn, besigelt vnnd
gegebenn zcu Leyptzik noch Cristi vnnßers herren geburt virtzehinhundert darnoch
im funffundsibentzigistenn iare am montage Donati des heiligenn beychtigers.

Nach dem Orig. im Rathsarchiv zu Leipzig mit dem Siegel des Kurfursten an einem Pergamentstreifen

No. 482. 1475. 12. Aug.

*Kurfürst Ernst und Herzog Albrecht beurkunden, dass sie auf Nachsuchen des ewemaligen
Bürgermeisters Hans Trupitz die bereits verglichene Irrung zwischen ihm und Tile Hertwig
einerseits und dem Rathe andererseits (No. 458) wieder in Verhandlung genommen, schliesslich
aber den früheren Vergleich hergestellt haben.*

Vonn gots gnadenn wir Ernnst des heiligenn Romischin reichs ertzmarschalk
kurfurst vnnd Albrecht gebrudere hertzogenn zu Sachssenn — bekennen —, Nach-
dem im iare als man der mynner zealt im einvndsibintzigisten iar schreib zwuschen
den reten zu Liptzk eins vnnd Hannßen Trupitz die zeit burgermeistere doselbst vnnd
Tylen Hertwig des andern teyls irrung vnnd gebrechen eyner rechnung halben, die
er des iars als man im nmvndsechtzigisten iar zealte vnnd er burgermeister gewest
getan hette, entstanden vnnd also sie sich des vndereinander nicht vertragen vnnd
mit der sachen vor vnns komen, haben wir sie nach gunglicher vorhorunge sollicher
gebrechen, so sich zwuschen yn vorlauffen hatten, gutlichen entricht vnnd geeynet,
vnnd uff das furder zweytracht vnd vneynickeit, so sich zwuschin yn irheben vnnd
yrer vnnd gemeyner stat vorat daruß entstehen muchte, vormyden bleib geschafft,
das die gnanten Trupitz vnnd Hertwig des rats vnnd des scheppennmts mussig
gehen sollen, nicht das sie das also vorhandelt vnd nßfundig were, das sie des ent-
satzt solden werden, sunder obgerurter vrsach halben furder vurat, der vß dem
gebrechen entstehen muchte, zuvormyden, also vußer schidt daruber gegebin das
weyter vßnret, des sich Trupitz vnnd Herdwig eine zeit gehalden, vnnd obir eine
zeit ernach hat vns der gnante Trupitz zu vilmaln ersucht angelegen vnd demu-
tiglich gebeten, yn zu furder vorhorunge, dodurch er vns rechtfertigung seiner
rechnung zuthun vortrauwet, komen wolden lassen, wenn er zu der fordern zeit
obireylet, sich nach gnughafft nicht entsonnen hette. Also haben wir nach
manichfeldiger irsuchung sine demutige bete angesehen vnnd yn nß sunder-
lichen gnaden einen tag zu sullicher vorhorung vnnd vnderrichtung gein Liptzk
geleget vnnd den dreyen reten dortzu beschiden, doselbist hat her etzliche rede vnnd
vnderrichtunge gethan zu vormeynter rechtfertigung der erst gethanen rechnung, die
die rete nicht zulissenn, sunder do widder gereth, vnnd also sich sein vnnd der
dreyer rete zu Liptzk rede vnnd widderrede faste einen gantzen tag begaben vnd
sich zu nicht entlichs schickten vnnd nach yr beyder teyl vornemen in dem handel
eyner guten zeit notturfft gewest, vnnd so wir das vff die zeit anßzuwarten ander
vnser geschefft halben nicht gethan kunden, auch wenig entlichs vornmrckten, vnnd
uff das sich der gnante Trupitz nicht beclagen, das er in seinem vornemen nicht
gunglich muchte gehort werden, so haben wir ym die zeit vß guter vorbetrachtung
vnnd rat vnnßer rete gemeynlich, die wir mehruteyl auß vnnßern landen die zeit bey
vnns hatten, vorgehalten vnd eine willekor gegebin, wulde er dornff stehn, das er
den reten gungliche vnnderrichtunge thun vnnd das zuthune wuste, do durch man
vorstunde, das sine vnnderrichtunge gunglich weren vnnd die rete ym die mit rede-
licher weiße nicht vorlegen kunden, so wulten wir ym einen andern tag dortzu

irnennen, selbst dobey sein ader zcum mynsten vnser treffeliche rete eyne gute zcal dortzu schickenn vnnd bestellen, das er nach alle siner notturfft in sulcher siner vnderrichtung solt gehort werden, des glichen die drey rete zu Liptzk auch; erfunde sich denn, das er vnderrichtunge tete, das man vorstunde, das es gnuglich were vnnd die drey rete zu Liptzk billich ein gnuge hetten, das wulten wir vnnd die drey rete zu Liptzk gern derfaren vnnd ym wolgonnen, wurd es ym aber febeln, des er denn den von Liptzk yren schaden, den sie in sollicher siner rechnunge mangelten, legen vnnd des vorsicherunge thun, ader ap er es bey der richtunge, so wir vormals in den sachen zwuschin den dreyen reten zu Liptzk, ym vnnd Tilen Herdwige getan hetten, wolde bliben lassenn, zu welch der eyne er kißen wurde, das sult ym zugelassenn vonn vnns vnnd den dreyen reten gnediglich vnnd getruwelich zugehalten werden. Doruff der gnante Trupitz sich mit sinen frunden dorumbe zu besprechen die mecht ein bedencken nam, vnnd also er des morgens nach sinem besprechen vnnd bedencken widder vor vns qwam, hat er vonn der vnderrichtung abegestalt vnnd in vnßern vorigen beteiding zuhalden gewilligt, dar bey wirs vußern teyl, auch der dreyer rete zu Liptzk, der wir vns also der vnnßern dortzu mechtigitten, auch bleiben lissenn, vnnd wullen, das sollciche beteydigung, die zwuschen den dreyen reten zu Liptzk vnnd den gnanten Trupitz vnd Tylenn Herdwigke vormals gescheen vnnd von Trupitz vorgnant vff ein nawes bewilliget stete vnnd veste von den teylen vnobirgriffenn bey vormeydung vnßer swerer vngnade gehalten solle werden. Hirbey sind gewest vnußer rete vnnd libenn getruwen Hugolt vonn Slinitz obirmarschalk, er Ditterich vonn Schonberg hoffmeister, er Caspar von Schonberg lantvoyt zu Missen, er Heinrich von Einsidel zcum Gnanstein rittere, Bernhart von Schonberg lantvoyt zu Sachssenn, Nickel Pflugk heuptman zu Liptzk vnnd ander glaubwirdige vnßer rete vnnd mann mehr. Zu vrkunde mit vnßerm hertzogen Ernsts anhangendem insigel, des wir hertzog Albrecht hiran mittegebruchen, vorsigelt vnnd geben zu Liptzk am sonnabint nach Laurencii nach gotis geburt viertzehenhundert dornach im funffundsibentzigisten iaren.

Nach dem Orig. im Rathsarchiv zu Leipzig mit dem Segel des Kurfürsten an einem Pergamentstreifen. Das Concept zu dem an Hans Trupitz ergangenen Schreiben mit der Aufforderung, auf dem seinem Autrage gemäss festgesetzten Tage in Leipzig sich einzustellen, vom 21 Juli 1175 im K Haupt-Staatsarchiv zu Dresden Es heisst darin u. A.: Also du vns in berlei vergangen zeuickennten geldu hast, wie du in dem handil — sere beswert werest vnnd das dir gantz vnrecht gescheen were, des du vns clare vnderrichtung vorbrengen wuldest, vnnd gebeten, das wir dir doruff kegin den gnanten reten vnde Stackart ein tag bescheiden wulden, doruff wir dir vor vnnserm hertzogen Albrecht wegryten zcu Lipzck antwort gelan haben, das wir des handels zcwuschen den reten zcu Lipzck vnnd dir wol ingedenck weren vnnd was wir deßmals zcwuschen yu vnnd dir - gehandilt, hetten wir in deynem besten getan, so denn daßmals des rats gebrechen kegen dir vnnd ein merdliche summe geldes, die in dem iare also du burgermeister gewest antbgegebin was, vnde nicht vorsten konden, das dir in der stat noch vnde bestes komen werre, vnde darvmue von dir also die ezit eynem burgermeyster vnderrichtunge begerten, dadurch sie vorsten konden, wie es vmme dy somme geldes ein gestalt hette, die du vns vnd yu daßmal nicht hettest getan konpen; so du denn vu gemeynt werest, das du solch vnderrichtung wol getan kondest, horten wir gerne vnd gunsten dir das wol, wir ketten aber gerne, das du dich wol bedechtest, wes du doch vnderstundest, denn so es zcu eynem solchen qwerue vnnd dn der vnderwillung nicht getan kondest, wurde vns nicht gefallen, auch nicht geloeten, dorinne als furmals zcuhandeln, sundern vns kegen dir bewelsen, als sich nach gelegenheit der sachen vnd in eyme solchen zcutun geburt; vnd du dorubir funder doruff bestundest vnd hatest, dir der sachinhalbin tage zcu seticen, das wir vns vff dyu bete vnd vnnser vnderrichtung nach gewilligt habin u. s s — Ebenso ist das Concept des Schreibens (o. T.) an Hans Stockart im K. Haupt-Staatsarchiv erhalten, worin dieser als Bürgermeister des Jahres, aus welchem die Irrung der Rathe mit dem abgetretenen Bürgermeister Hans Trupitz datirt, zum Erscheinen auf dem Tage in Leipzig aufgefordert wird.

No. 483. 1475. 5. Sept.

Kurfürst Ernst und Herzog Albrecht ordnen an, dass bei der bevorstehenden Ausprägung der neuen Münze eine oder zwei Personen des Raths dem Münzmeister zur Beaufsichtigung beigesellt werden. — Dieselben verstatten den Bürgern und Lagerherren die Sperber- und Habichtbeize auf Hühner und Wachteln innerhalb und ausserhalb des fürstlichen Hasengeheges um Leipzig.

Von gots gnaden Ernst kurfurst ꝛc. vnnd Albrecht gebruder hertzogen
zeu Sachssen ꝛc.

Lieben getruwen. Alzo wir itznnt bestalt haben, das vnser muntzmeister vnser nuwen muntz bey uch zeu Leiptzk slahen sall, ist vnser begerung, das ir zewene ader einen redelichen man vß uwerm rat darczu ordent, der allezceit bey vnserm vffezuher bey dem vffezyhen sey vnnd helffe zcusehen, das vnser muntz an dem vffzeihen an der wage vnnd zeall recht sey, vnnd der selbigen vnnser muntze an grosschen pfenning vnnd hellern von einem itzlichen werck nehmen vnnd in ein ysern buchsse zeu der probirung legen lasse, darzcu zeweue slussel sein sollen, den einen ir der rat ader die die ir der rat darczu ordent, vnnd den andern der muntzmeister haben sullen, solchs allis nach inhalt der vorzceichung, so wir vnnserm vffzeiher haben antworten lassen, geschen sall. Das nicht anders haldet, ist vnnser ernste meynung vnd thut vns daran wolzeu dancke.

Wir haben Nickel Pflnge houbtmann zeu Leiptzk vnserm rat vnd lieben getruwen geschrieben, das wir vff uwre vleißige bete vnnsern burgern vnd den lagerhern bey uch, die ire lust mit beyßen vormeynen zeu haben, das wir yn sulchs beißen mit sperbern vnnd hebichten an hünern vnnd wachteln in vnserm haßegehege vmbe Leiptzk gleicher weiße als vsserhalben des gehegs vngeuerlich vorgunst vnd gestat haben, das er yn sulchs von vnser wegen auch vorgonnen vnd gestaten sulle vnd das Hansen Beyer vnserm forster sagen, das er sie daran auch vnuorhindert lasse. Vch wissen darnach zeu richten. Geben zeu Schellenberg am dinstag noch Egidii abbatis anno ꝛc. LXXV°.

Dem rate zeu Leiptzk vnsern lieben getruwen.

Nach gleichzeitiger Abschrift im Rathsarchiv zu Leipzig.

No. 484. 1475. 5. Sept.

Kurfürst Ernst und Herzog Albrecht fordern den Rath wiederholt auf, die über das Begräbniss der Verstorbenen aus den Vorstädten und aus den in die Stadt eingepfarrten Dorfschaften erlassenen Vorschriften (No. 475) streng zu handhaben und Ungehorsame in Strafe zu nehmen.

Von gots gnaden Ernst kurfurst vnnd Albrecht gebruder hertzogenn
zeu Sachßenn ꝛc.

Lieben getruwen. Nachdem vnd als wir vch furmals des begrebnisse halben geschreben, entpfolen vnd geboten habenn, das kein vorsteter vnd die von den dorffern, die in die pfarkirchen gein Leiptzk gehoren, in der stadt, sundern an dem ende fur der stadt darzcu geordent vnd geweyhet solt begraben werden, verstehen wir, das sich des etzliche obir solche vnsere ordenunge vnd gescheffte widdersetzig vnnd vngehorsam ertzeigen, das vns nicht enwenig befremdet. Begern dorvmbe von vch ernstlichen, das ir vnsern forigen schrifften nach obir solche vnsere ordenunge vnd gescheften haldet, das den alzo nachgegangen vnd hinfur keyn todt corper, ane vff der Hellischen brucke vnd Nuwestraße, vß den furstetten vnnd dorffern in vnser stadt vff den kirchhoffen, sunder fur der stadt an dem ende darzcu geordent begraben werde. Vnnd ap sich in dem ymandes widdersetzig machen, sich an vnsere ordenunge nicht keren vnd die vorachten, den ader die dorvmbe in straffunge nemet vnd des in keinerweiße anders haldet bie vormydunge vnnser vngnaden; kompt vns obir ernst meynunge zcu dancke. Gieben zcu Schelbergk am dinstag noch Egidii anno ꝛc. LXX quinto.

Dem rate zcu Leiptzk vnsern lieben getruwenn.

Nach gleichzeitiger Abschrift im Rathsarchiv zu Leipzig

No. 485. 1475. 30. Oct.

Kurfürst Ernst und Herzog Albrecht geben ihre Ansprüche auf die behauptete Lehnsqualität einzelner Häuser in und vor der Stadt auf, nachdem der Rath an Eidesstatt versichert hat, dass diese über Menschengedenken zu Stadtrecht gehört haben.

Wir von gotsgnaden Ernust des heiligenn Romischin reichs ertzmarschalk kurfurst vnnd Albrecht gebruder hertzogenn zu Sachssen —. Nachdem als vormals an vns getragen ist, das die hußer in der Burgstrassen, hinder dem slosse zu Liptzk von dem Petersthor an vff dem sloßgraben alle biß an die ecke, do itzt Trupitz wont vnd das huß neben vußerm marstalle, do itzt doctor Thomas Lam wont, auch ein hauß hart an dem Rannischin thore usserhalb der egnanten stadt gnant vff dem tiehe, das etwann Vits von Waßungen gewesst, frey lehinguter sein solden vnnd von dem rate zu statrechte getzogen, deßhalben das burger vad huntwercker dorvff gesessen weren, vnd wir den rate der egnanten stadt verbott, sie dorumbe angeret vnnd etzlichin vrkunden, die wir dorumbe gehabt haben, horen lassen, dortzu sie denne geantwort, das es nicht mynner were etzlich hußer doselbst, nemlich eins, das die von Hugewitz, doch nicht yr stall hinder demselbigen huße gelegin, vnd eins das Nickel Pflugk vnnd das eckehuß, das Trupitz noch hat, lehenguter geweest vnnd noch weren, aber die andern alle weren erbeigen vnd hetten ye vnd ye als lange als sie gedencken vnd bericht wurden zu statrecht gehort, wern vor gericht vffgelassenn vnnd vorlegen; so were das huß vor dem Rannischen thore der stat zcinßgut, dorvff sie alle iare einen namhafftigen zcinß gehat vnnd noch hetten. Vnnd nach dem wir es zu yn gesatzt, was sie sagen torsten bey den pflichteun als sie vnns gewant sind, das yn dorumbe bewust were, dobey wolden wirs lassen bleiben, vnnd sie dorvff bey yrer vorigen antwort gestanden vnnd bey den eiden vnd pflichten also sie vnns vorwandt gesaget, das sie nicht anders wenne als obinberurt davon zusagen wusten, bekennen wir vor vns, vnser erben, das wir es nach sollicher yrer ußsage vnd bekentniß dorbey haben bliben vnnd vnser spruch zu sollichen hußern fallen lassen, also das sie vnnd yre nachkomen sich sollicher hußer zu yrer stat recht als ander erbeygen guter, die zu statrecht legen vnnd zum statgerichte gehoren, voun vns, vußern erben vnnd nachkomen vnnd allermenniglich vngehindert hinfur zu ewigen gezeiten gebruchen sollen vnnd mogenn, allis treuwelich vnnd angegnenrde. Hirbey vnnd obir sind gewest vnnd getzugen die gestrengen Hugolt vonn Slinitz vußer obermarschalk, doctor Johannes von Weissenbach thumtechant zu Missen xc., er Ditterich von Schonberg ritter hoffmeister vnd ander meher gnug gloubwirdiger. Zu vrkunde mit vußerm hertzogen Ernnsts anhangenden insigel, des wir hertzog Albrecht hirtzu mitte gebruchen, besigelt vnnd geben zu Liptzk am montag nach Simonis vnnd Judae nach Cristi vußers liben herren geburt viertzenhundert dornach ym funffvnndsibentzigisten inren.

Nach dem Orig. Im Rath-archiv zu Leipig mit dem Siegel des Kurfursten an einem Pergamentstreifen. Ueber die Hauser in der Schlossgasse und Burgstrasse vgl. die Bemerkung zu No. 277. Bezüglich des Hauses gnant vff dem tiche können Zweifel entstehen; wahrscheinlich ist jedoch an den Teich in der grossen Funkenburg zu denken. Nach dem Stadtbuch von 1359 entrichtete possessor horti et piscinae prope et foris salvam Rausstedensem jährlich ein Schock kleiner Groschen zu Erbzins (S. 117). Bei diesem Grund-stück führte die Teichbrücke vor dem Wegeholze (über dieses vgl. No. 33 A.) über den Schengraben. (Die weiter zuruckliegenden Brucken waren die Schustenbrücke, b. z. T. die s g. gespreogte Brücke und die Brücke bei der Augermuhle, Stadtb. 121 fg.) Nach Ausweis des Stadtbuchs befanden sich bereits im 14 Jahrhundert andere Gärten und wenigstens noch ein Teich rechts vom Schengraben bis an das ausere Hannstadter Thor, der Garten des Thurwarters (S. 117), demGarten des Fischers Petrus (S. 117; dabei omni anno de domo et piscina ad viam XX praecisos grossos); 1363 hatte Johannes Padernaz die Wegegarten auf 6 Jahre gepachtet (S. 119).

No. 486. 1475. 30. Oct.

Kurfürst Ernst und Herzog Albrecht genehmigen, dass die Pflug die Lehen über die Häuser von der Ecke der Ritterstrasse bis an das Grimmaische Thor und ein Haus auf dem Schlossgraben an den Rath verkauft haben und vererben diesem die Häuser als Stadtgüter.

Wir von gots gnadenn Ernnst des heiligen Romischenn reichs erczmarschalk kurfurste vnnd Albrecht gebrudere herczogen zen Sachssenn — bekennen —, das vor vnns komen sind die gestrengen Nickel Pflug zeum Knuthayn iezt hewptmann zen Lipczk, Heinrich Pflug zen Zeebicker vnnd Hans Pflug zen Szchocher vnnser liben getrauwen vnnd habin vnns zenirkennen gebin, wie sie ire lehun, so sie obir eczlich hußer in der stad Lipczk, gein dem closter predinger ordens obir an der ecken gelegen zen der rechten hand als man in das groß collegium gehit biß an das Grymmisch thor habin, vnnd eyn huß vff dem slos graben bey der von Hugewicz huße von vnns zen lehn rurende[*]) denn ersamen dem rate doselbst zen Lipczk vorkoufft noch besagunge der briue doruber gegebin vnnd gebetin habin, solch ir vorkoufft gerechtikeit von yn vffzunemen; so habin vnns die egnanten der rath zen Lipczk demuttiglich gebetin, yn vnnd iren nachkomen solch guter gnediglich zeunorerbin, sich der als erbguter recht ist zengebruchen. Also habin wir ire demutige

a) Vgl. No. 485

bete, auch vlissige trawe auneme dinste, als die gnauten Pfluge, auch die von Lipezk vnnseru furfarnn, vnserm hern vund vater vnnd vnns vfft truwelich getaun habin, tegelich thun vnnd ernoch thun sollen, angeschin vund die lehun von den gnauten Pflugen vffgenommen vnnd solch guter, die vormals lehnguter gewest sind, dem rate vnnser stad Lipezk nuß rechten wissen vnnd wolbedachtem mute vorerbit vnnd voreigent in der bestenn forme vnnd masse als von rechte gescheen mag, vorerbin vnnd voreigen auch yn vnnd iren nachkomen solch guter hirmitte geinwertiglich vnnd gnediglich —, solch hußer als der stad erbguter zeuhabin, der zeugnissen vnnd zeugebruchen, domitte zeu schaffen vnnd zeubestellen, als mit erb vnnd eigen gutern recht vnnd gewonheit ist —. Hirbey vnnd obir sein gewest die gestrengen vnser rete vnnd liben getruwenn Hugold von Sliniez obirmarschall, Bernhard von Schonberg landtvoit zeu Sachsaen, er Caspar von Schonberg ritter landtvoit zeu Missen vnnd ander glau[b]wirdiger mehr. Zeuorkunde mit vnnserm herczogen Ernnste anhangendem ingesigell, des wir herczog Albrecht hir zeu mitgebruchen, wissentlich besigelt vnnd gebin zeu Lipezk am montage noch Simonis vnnd Judae noch Cristi geburt vierezenhundert dornoch yn funffundesibinezigisten iareun.

Nach dem Orig. im Rathsarchiv zu Leipzig mit dem Siegel des Kurfürsten an einem Pergamentstreifen

No. 487. 1475. 26. Dec.

Kurf. Ernst und Herzog Albrecht entscheiden die Irrungen zwischen dem Thomaskloster und dem Rathe wegen des Begräbnisses zu S. Johannis.

Wir von gotis gnaden Ernst des heiligen Romischen reichs ertzmarschalk kurfurst vnnde Albrecht gebrudere hertzogen zeu Sachssen — bekennen —, das wir die wirdigen hernn Johanßen Falkenhain probst zeu sant Thomas zeu Leiptzk vor yn vnd sein conuent vnnd die ersamen burgermeister vnd rethe der stat Leiptzk vnser lieben andechtigen vnd getruwen der gebrechen, so des begrebnis halben zeu sant Johans vor der gnanten stat Liptzk vff vnser geschefte vnnde beger mit den vff den dorffern vnnde in den fursteten, die nicht foll burgerrecht haben, vßgeslossen die uff der Nawenstrassen vnde der Hellischen brucken, die danne in vollem burgerrecht sitzen, fuigenommen, zewuschen yu geweest ist, gutlich geeynt vnde gescheiden haben, eynen vnnde scheiden sie hirmit in vnd mit crafft diß briffs inmassen hirnach folget. Zeum ersten so sal der probst eynen prister in sinem closter orden, der zeu allerzeit vff das begrebnis der toden so offt das not sein [wirdet] wartten, die toden vff dem kirchoff zeu sant Johannes vor vnser stat Liptzk zeu der erden bestaten vnde ander ampte, also das sinem pfarrecht zeusteht, vßrichten vnd das an nichte, was in deßhalbin zeubestellin zeustehit, gebrechin lassen; darkegen vnnde fur solche muhe sal der gnante probst vor sich vnd das closter zeu ewigen gezeiten zeu widerstatung zeum ersten allis opffer, das zeu aller zeit zeu den messen vff die altare gefallen wirdet, gantz haben vnd darnach alle bescheidenheit, die der kirchen doselbist zeu sant Johans bescheiden werden, vnd allis, das in die stocke, ap die in der kirchen wern adir hinfur gesetzt, gefallen wurde, darzcu allis tuch, das vff die parn gelegt, vnde allis geluchte, das zcu den parn, dem drissigsten vnnde andern begengnissen geschickt wurde, zcu aller zeit die helffte nemen, vnd darzcu sall der probst vnnde der rath itzlichir einen setzen, die sulch legaten adir testament innemen vunde sammeln vnde itzlichem sein teill gebin souil ym zeugehoret. Was auch uff die drey feste mitnamen uff den tag der kirchweyhung, Johannis baptistae vnd Laurencii mit der taffeln erbeten addir uff dieselbigen tage sust dorinne geopfirt wurde, dorau sal der probst vnnde alle zcukunfftige probste von des closters wegen zcu ewigen gezeiten den virden teill vnd der prister, der uff die gemelten drey fest preligen wirdet, darzcu auch vß der taffeln ein groschen haben, darkegen sal der gnunte probst vor sich vnnde das closter zcu ewigen zeiten die prister, die uff die gemelten drey feste die gotlichen ampt vorichten, vnd den custodem, alß danne vormals von den spittelmeistern gescheen ist, mit essen vnd trincken versorgen: was alsir sust ubir inr ane uff die drey tage mit den taffeln erbeten ader dorinne geopfert wurde vnd den armen luten doselbist in der kirchen, dofur ader in der stat zcu aller zeit erbeten addir sust bescheiden wirdet, do sall der probst nichts an haben, sundern man sal das vor die armen lute vnd der kirchen zcu gut behalten. Es sall auch der rath mit den altaristen der gnanten kirchen, die itzunt sein ader in zcukunfftigen zeiten werden mogen, bestellen, das sie sich zcu der zeit mit den gestifften messen zcuhalden, wanne sie die sust nach irer zcal vnd nach laut irer fundacion schuldig sein werden zcuhalden, vff ein namhafftige stunde des tags, der sich der probst mit seinem convent voreynigen wirt, nach des probsts vnderwisung, so er begrebnis haben vnd ir bedorffen wurde, halden sullen; auch sullen sich die gnanten altaristen keins tricesimum adir vigilien adir das dem pfarrechte zcu nahe were vnderwinden; vnd dortzu sall der rath itzt vnnd uff eynmall dem probst hundert Rinische gulden gebin. Der rath sall auch die kirche mit gebewde ordinaten altertuchern lichten vnd ander zcirheit, wein vnd brot zcu den ampten der messen versorgen vnd eynen custos bestellen, der zcu aller zeit zcu den messen vnde andern ampten der kirchen dynte, vunde das die kirche glich alsonor in des rats handen bliben, auch das inspatronatus vbir die gnante kirche ane alle inrede, wie sich die nw hinfur von dem adir einem zcukunfftigen probste begebin mochte, behalten, vnd sullin hirnadw sulchir gebrechin vnd allis vnwillens, der sich in der sachin zcuuschin yn begebin vnde gemacht hette, gutlich gericht vnde gescheiden sein. Des zcu vrkunt habin wir dissen schilt gezewifacht vnnd itzlichem teill einen vnder vnserm hertzogen Ernsts anhangendem insigil gegebin, des wir hertzog Albrecht hirau mit gebruchen, der gegebin ist zcu Liptzk nach gots geburt tausent virhundert darnach im sechsundesibintzigsten inren am dinstag nach dem nawen inrs tage.

Nach dem Orig. im Rathsarchiv zu Leipzig mit dem Siegel des Kurfursten an einem Pergamentstreifen. Von dieser Urk. sind drei Ausfertigungen und eine gleichzeitige Abschrift auf Pergament vorhanden. Vogel Leipz. Chron. S. 128 — Schöttgen u. Kreysig diplom. Nachl. I. S. 86. — Reinhard de iure circa sacra p. 371

No. 488. 1476. 27. Febr.

Der Rath ersucht die Landesfürsten um Bestätigung des neu erwählten Rathes.

Durchluchtigenn hochgebornenn fürstenn. Vnnsere vnnordrossenn willige vnnd gehorßame vnnderthenige dinste sein vwern gnaden allezeeit zeuuoran bereit. Gnedigen lieben hern. Nachdem wir vff disse zeeit nach alder gewonheit einen rath pflegen zeukießen vnnd zenerwelen, haben wir disse nachgeschriebenn vff vnsere beste gewissen mit nannenn Jacoff Tommell zeu burgermeister, Heinrich Stangenn, Policarpus Storm, Benedictum Moller, Nickell Wolff, Augsten Schultzen, Fritz Pfister, Jacoff Blaßbalg, Lefinum Forster, Bartell Sommerfelt, Matthias Wegill vnnd Tilemannen Guntherode zeu geswornen rathmannen vwrer gnaden stadt vff diß zeukunfftige iar gekorn vnnd erwelet, mit dinstlichem vleiße demutiglich bittende, vwre gnade wollen disse selbigenn gekornen gnediglich confirmirenn vnnd bestetigenn, der gemeyne bey vns ernstlich gebieten, ôn diß iar vß gehorßam vnnd gefolgig zeusein anstadt vwrer gnade, dadurch die stadt in eintracht vwern gnaden zeu eren vnnd vnns allen zeu nutz vorgestanden mag werden. Das wollen wir vmb vwre gnaden allezeeit gehorsamlich vnnd mit demutigem willen gerne vordynen, vnnd womit wir vwern gnaden zeu gehorsamenn vnnd vnderthenigenn dinsten werden solten, findet vnns vwre gnade allezeeit bereitwillig vnnd gehorßam. Geben vnnder vnnßerm secrett vff dinstag noch Estomihi anno ꝛc. LXXVI°.

Der rath zeu Leiptzk.

Den durchluchtigen hochgebornen fursten vnd hern hern Ernste kurfursten ꝛc. vnnd hern Albrechte gebrudern hertzogen zeu Sachssen, lantgrauenn in Doringen vnd marggraffen zeu Miessen vnsern gnedigen lieben hern.

Nach dem Orig. im K. Haupt-Staatsarchiv zu Dresden.

Das obige Schriftstück liefert für Leipzig das älteste Zeugniss für das Erfordernis landesherrlicher Bestätigung des neu eintretenden Rathes; im Rathsarchiv beginnt die fortlaufende Reihe der Rathsbestätigungen mit dem Jahre 1480. — v. Langenn Albrecht d. Beherzte S 368 A. 1 verzeichnet die Städte, für welche sich dergleichen Bestätigungen aus den Jahren 1470–1478 im K. Haupt-Staatsarchiv vorfinden; für Dresden beginnen dieselben nach Ausweis der im dasigen Rathsarchiv aufbewahrten Documente bereits mit dem Jahre 1366.

No. 489. 1476. 2. März.

Nickel, Heinrich und Hans Pflug belehnen Jacob, Jorg und Nickel Gebrüder die Thummel mit Gütern und Gefällen, welche der Bürgermeister Jacob Thummel von Heinrich Pflug gekauft hat.

Ich Nickel Pflugk uff die czeit amptman ezu Liepezk Pegaw vnd Borune, ezum Knuthnym vnd wir Heinrich vnd Hans Pflugk ezu Zebicker vnd Zschocher gesessen bekennen —. Nach dem der erbar vnd fursichtige Jacoff Thomel burgermeister ezu Liepezk vor sich vnd alle seine leibes lehens erben mit gunst willen vnd wissen der durchluchtigen hochgebornnen fursten vnd hern hern Ernst kur-

52*

fursten ꝛc. vnd hern Albrechts gebrudere herczogen czu Sachssen lantgroffen in Do-
ringen vnd marggraffen czu Meissen vnßer genedigen lieben hern mir Henrichen
Pfluge oben bemelt czwey schog geldis ierlicher czinße der besten monez in meiner
genedigen hern lande ganghafftig ader dar fur ein lehenpfert uff Volckmerßdorff ᵃ),
das denne mir czu meinem teile gefallen ist vnd itzundt die Pudernaße genant inne-
haben vnd besitzen, vnd die lehen an eynem kollstucke an Selderhußer ᵇ) anger
gelegen, das do Thomas Schobel burger czu Liepczk innehat, auch die lehen an
etzlichen ackern mit czweyen grossehen ierlicher czinße bey der Tucher wege ᶜ)
gelegen, als itzundt Symon Tyeze czu Selderhußen innehat vnd besiezet, recht vnd
redelich abegekaufft vnd mir solchs allis czu gutem dangke bezalt hat, das wir
dem genanten Jacoff burgermeister, Jorgen vnd Nickel gebrudern die Thomell
genant burgern czu Liepczk vnd allen yren rechten leibes lehens erben die obin-
geschreben czinße vnd guter von vnß czu lehen rurende semptlich bekant gereicht
vnd gelehen haben. — die furbas meher von vnß vnsern erben vnd erbnehmen czu
rechtem gesampten lehen czuhaben czubesiezen, der czugebruchen vnd czugeniessen
mit allen vnd iczlichen eren nuczen wirden dinsten czinße freiheiten vnd gerechtig-
keiten —, als wir die redelich herbracht selbest gebraucht vnd genossen haben, also
doch das die genanten czwenne gebrudere mit namen Jorge vnd Nickel Thommel
aller erst wan der egenante Jacoff Thommel or bruder ane leibes lehns erben vor-
scheiden vnd abegehen wurde vnd nicht ehir an den obingeschrieben czinsen vnd
gutern vor sich vnd yre leibeslehns erben die lehne volge vnd die gebrauchung dar
an haben sollen, azo wollen vnd sollen wir vnd vnßer erben sie vnd yre erben
hanthaben schuezin vnd vortheidingen bey solchen yren lehen czu bleiben, auch
vnßer genedigen hern gunstbrieff dar obir czuschicken, also das den lehen so offte
die czufalle komen rechte volge geschee, als lehen gliter recht vnd gewanheit ist,
ane geverde. Bey dissen lehen sint gewest als geczugenn die erbarn vnd vehsten
Henrich von Crostewicz czu Doliez vnd Henrich Pflugk czu Ytern gesessen. Czu
vrkunde so haben wir obgnanten Nickel Henrich vnd Hans die Pfluge genant vet-
tern vnd gebruder vnßer insigele vnd eyn iczlicher sein eygen insigel vor sich seine
erben vnd erbneuen wissentlich an dissen brieff hengen lassen, der geben ist nach
Cristi vnßers hern gebort vierczehenhundert vnd darnach im sechs vnd sebinczige-
sten iare am sonnabende nach Estomihi.

Nach einer gleichzeitigen Abschrift im K. Haupt-Staatsarchiv zu Dresden.
Am 12. März (dienstag nach dem sontag Reminiscere in der heiligen vasten) ertheilten Kurfürst Ernst
und Herzog Albrecht zu dem Kaufe ihre Genehmigung.

a) Volkmarsdorf, Par. Schönefeld b) Sellerhausen, Par. Schönefeld c) Weg nach Taurba, bph. Leipzig

No. 490. 1476. 10. März.

*Steffan Freiberger Burgermeister, Caspar Lindenau, Nickel Pecsolt, Mattes Ulich, Andres Auner,
Steffan Voit, Simon Rößeler, Hans Neffe, Johans Strenczrl, Caspar Hertel, Hans Grauben, Gre-
gor Schreiteler, Johannes Allezvi, Johannes Freiberger, Gregor Windisch, Paul Eckart, Donat*

Vetterman, Hans Helbig und Michael Schultz geschworne Rathmann des neuen und alten Rathes der Stadt Chemnitz geloben auf Anweisung des Kurfürsten Ernst und des Herzogs Albrecht dem Rath der Stadt Leipzig, welcher für die Fürsten bei Hans Federvangel Bürger zu Zwickau 3000, und bei Anderen weitere 1000 Rhein. Gulden aufgenommen und als Selbstschuldiger sich verschrieben hat, die fällig werdenden Zinsen im Betrag von 200 Gulden solange der Wiederkauf stehen wird jährlich in zwei Terminen zu Johannis und Weihnachten jedesmal mit 100 Gulden von den landesherrlichen Jahrrenten einzuzahlen. Gegeben — Kempnicz am sontag Reminiscere in der fasten.

Orig. mit dem Siegel der Stadt Chemnitz im Rathsarchiv zu Leipzig.

No. 491. 1476. 12. März.

Kurfürst Ernst genehmigt, dass der Bürgermeister Jacob Thummel 4 Schock Groschen j. Z. auf der Petzscher Gütern vor dem Hallischen Thore von dem Jungfrauenkloster zu Weissenfels auf Wiederkauf erkauft hat.

Wir Ernst von gots gnaden hertzog zcu Sachssen des heiligen Romischen richs ertzmarschalk vnd kurfurst — bekennen fur vns [vnd] den hochgebornen fursten hern Albrechten auch hertzogen zcu Sachssen ꝛc. vnsern liben bruder —, nachdem Jacoff Thummel vnser burger zcu Liptzk vnd liber getruwer vier schock groschen jerlicher zcinße uff der Petzschir gutir vor dem Hellischen thore vnser stat Liptzk nebin den wesen gein Schonfelt gehorinde gelegen widder die wirdigen eptischynne, vicaria vnd gantze sampnunge des iungfrawen clostern zcu Wissennels mit verwilligung des erinwirdigen in gotuaters des hern Heinrichs bischofs zcu Numburg vnsers liben hern vnde frundes vff einen rechten widderkouff gekoufft hat nach laut vnd innehald der kouff darubir gegeben, das wir als landisfursten, vnder den sollich guter gelegen sind, deß gnanten Jacoffs demutiger bete halben zu solchim kouff vnnde widderkouff vnser gunst vnd guten willen gegebin habin —, also das der gnante Jacoff Tommel vnd noch synem tode syn erben vnd erbnemen sollichin zcinß vnd gekowfte gerechtikeit vff der Peczschir guter — geruelich innehaben besitczen, der genyssen vnde gebruchen magk alle die wiile sollich zcinße vnde gerechtikeit von deß obbestympten iuncfrawen clostern wegen zcu Wissenfels von ym vnde synen erben nicht weddergekawft wirdet —. Zcu vrkunde —. Datum Lipczk am dinstage noch Reminiscere ꝛc. 76.

Nach dem Concept und einer gleichzeitigen Abschrift in Cop. 59 fol. 62b im K. Haupt-Staatsarchiv zu Dresden.

Ueber Petzscha vgl. No 15. — Die nach erfolgter Wiedereinlösung der Petzscher Güter absichtlich sehr verstümmelte Wiederkaufsverschreibung der Agnise von Schilingen Aebtissin, Ilse von Michen(?) Vicaria und des Convents des Clarenklosters zu Weissenfels ist im K. Haupt-Staatsarchiv noch vorhanden. Es sind in derselben die Namen von 7 Conventen erhalten, auch die Beträge der jährlichen Zinse einiger andern ersichtlich, deren Namen auf dem später abgeschnittenen Theile der Urkunde standen. Erwähnung findet ausserdem eine Gebühr des Richters vff der Peczschenmarck , die ym wanne her ymand .. beleihunge .. (Weiteres fehlt)

No. 492. 1476. 9. Juli.

B. Tilo von Merseburg bestätigt den von Kurfürst Ernst und Herzog Albrecht zwischen dem Probst und Convent des Thomasklosters und dem Rath zu Leipzig wegen des Begräbnisses zu S. Johannis abgeschlossenen Vergleich unter wörtlicher Einrückung der fürstlichen Urkunde (No. 487). Gegeben — am dinstage nach Kiliani martyris

Orig. mit dem kleinern Siegel des Bischofs im Rathsarchiv zu Leipzig.

No. 493. 1476. 9. Juli.

B. Tilo von Merseburg belehnt Bartholomäus Hummelshain Bürger zu Leipzig mit 7 Ackern Holz am Niederholz bei Lindenau gelegen, welche Hans von Lindenau demselben verkauft und aufgelassen hat (vgl. No 476). Gegeben — vff dinstag nach Kiliani martyris.

Orig. mit dem Siegel des Bischofs im Rathsarchiv zu Leipzig.

No. 494. 1476. 4. Sept.

Der Rath bestätigt die von der Nachbarschaft auf der Hallischen Brücke (Gerberstrasse) beschlossenen wohlfahrtspolizeilichen Satzungen.

Vff mitwochen nach Egidii anno ꝛc. LXXVI⁰ ist die nackerbarschafft vff der Hellischen brucken vor den rat komen vnd haben gebeten, disse hernachgeschribin satezunge, die sie vnder sich gewilkort haben, yn zw bestetigen vnd darnach, das die nicht moge in ein vorgessen komen, in des ratsbuch zwschreiben. Also hat der rat derselbigen nackerbarschafft solliche satezung vnd wilkor bestetiget vnd gewilliget vnd befolen ins ratsbuch also zwschreiben also hirnach volget.

Item wer nicht kommet zw den nackebern, wann man gebewt, der sall geben zur busse VI ₰. Item wer sich weigert zw wachen sall geben IIII gr. Item wer nicht wasser fur die thorn setzt, so man das geboten wirdet, der sall geben VI ₰ zur busse. Item wer bernchtigette vneliche lewte heldet, sall den nackeburn eine tonne biers geben. Item wer sich weygern wurde, in den graben zuarbeiten nach gewonlicher alder weise der nackerbarschafft, der sall geben zur busse IIII gr. Item wer die fawlen gruben nicht reyne heldet als sich geburt, sall geben zur busse IIII gr. Item wer seine fewermewrn nicht vnd richtig heldet adir bewart, der sall den nackebarn geben IIII gr. zur busse. Item nymandts sall flachs adir geröst hanff do heyme brechen noch bei sich legen bey IIII gr. Item nymandt soll lohe in stuben adir vff den öffen derren bey IIII gr. Item wer die graben nicht vffwirffet in seinem hoffe adir dye ayzeucht, sall geben zur busse IIII gr. Item ein ydermann sall die zehewne behulden bey werden. Item wer schedeliche thyer heldet, sall geben IIII gr. zur busse.

Nach dem Rathsbuch fol 111 im Archiv des K. Bezirksgerichts zu Leipzig

No. 495. 1476. 26. Oct.

Der Rath lässt der Petzscher Nachbarschaft nach, ihr Vieh zugleich mit dem Stadtvieh durch den Stadthirten austreiben zu lassen.

Vff sonnabendt nach Severini anno etc. LXXVI° hat Lorentz Poßman der Petzscher richter in vollernacht der nackebarschafft doselbst vor den rat komen vnd hat erzalt, das sich die nackebarschafft der Petzscher marke yres hirten vnd yrer vihetrifft vnd huten halben vnderredt haben, also das yn fast swer ist hynforder einen eygen hirten zu halden mancherley sachen halben, als sie darinne betracht haben, vnd haben gebeten, das yn der rat hynforder vorgunnen wolde, yr vihe von der stadt hirten zu treiben lassen, vnd haben auch gewilket, das eß mit yren vihe in allermaße als mit der stadt vihe sall gehalden werden ane alle widerrede. Das hat yn der rat also zugescheen lassen vorgunst vnd zugesaget, das yre vnd der stadt vihe zusampne vnder eynem gemeynen hirten moge gebracht werden. Actum ut supra.

Nach dem Rathsbuch fol. 111 im Archiv des K. Bezirksgerichts zu Leipzig.

Nach einer aus nicht nachweisbarer Quelle stammenden Notiz aus dem J. 1384 bei Barthel verm. Nachr. v. Leipz. fol. 171 haben die Petzscher vordem ihre eigene Viehweide vor dem Ranstädter Thore gehabt, welche noch in dem genannten Jahre als die Petzscher Weide bezeichnet wurde. (Nach Barthel die Petzsch Wiesen bei der Funkenburg.)

No. 496. 1477. 10. Sept.

Katharina Rynaweynn, Peter, Bartel, Nickel, Bernhard und Anna deren Kinder Mitbürger und Einwohner der Stadt Leipzig verkaufen an den Rath und sunderlich den ersamen Nicolaen Bergershayn vnd Fritzen Pfister in vormundeschafft vnd als spittelmeistern des hospittals zcu sant Johannsen vor der — stadt Liptzk gelegen auf ihrem Hause in sant Katherinen straßen gein der wagen vbir gelegen auf einen Wiederkauf 10 Rh. Gulden j. Z. für 200 Rh. Gulden. Czu vrkunde — mit vnsers vatern Petern Rynawn zeligen anhangendem insigel besigelt —. Geben — vff mittwochen nach Nativitatis Mariae — .

Orig. mit dem Siegel an einem Pergamentstreifen im Rathsarchiv zu Leipzig

No. 497. 1477. 11. Sept.

Nickel Pflug für sich und seine Vettern begibt sich der Lehen über die an den Rath verkauften Häuser (No 486).

Vff dornstag nach Nativitatis Mariae anno etc. LXXVII hat Nickoll Pflugk der heubtman vor sich vnd von wegen seiner vetter, die semptlich mit ym belehent sein, die leuthe in den heuseren an dem Grymmischen thore gelegen mit den lehen vnd aller gerechtigkeit, so er vnd seine vettern an den selbigen bewßern gehabt vnd dem rate verkaufft haben, zu den zweyen heußern vff dem stoßgraben gelegen an den rat geweiset vnd hat sie darbey yrer gelobde vnd eyde loß gesaget. Darauff hat der burgermeister magister Johannes Schober den selbigen leuten von rats wegen zu der lehen vor den rat bescheiden, die selbigen hewser von dem rate vnnbhynforder in lehen zcuentpfahen etc.

Nach dem Rathsbuch fol. 115 im Archiv des K. Bezirksgerichts zu Leipzig.

No. 498. 1478. 14. Jan.

*Kurfürst Ernst und Herzog Albrecht geben dem Rath auf, die vormals erlassenen luxuspolizei-
lichen Vorschriften streng zu handhaben und den Bau des Gewandhauses nach Möglichkeit
zu fördern.*

Von gots gnaden Ernnst kurfürst ꝛc. vnnd Albrecht gebrudere herczogenn zu Sachßnn,
lantgrauen in Doringen vnd marcgranen zu Meißnn.

Liebenn getruwenn. Wir werdenn bericht, das die ordenung vnd sueczunge,
so ir der cleidung hochzeit vnnd ander halben uf vnnser geschefte in vnnser stat
vnder den burgernn bei uch gesaccezt vnnd gemacht, auch ander ordenung vonn eccz-
lichenn bey uch voracht vnd groblich obirfarnn, das vonn uch nachgelaßnn, das
vnns, so das gescheen, vnnd das ir uch an dem gewannt hawße, das ir vorzeeiten
mit vnnser gunst willen vnnd befehl zeubawen furgenomen, zeubawen gar leßlich
irtzeigt habt, das vns nicht vnbillich befreudet, so wir denn befundenn, das sich die
mergkte vonn den gnaden gots vonn iare zu iare bessern, deßhalben sulch haws
notdurft ist, vnns vnnd gemeyner stadt, so das gebauwet ward, merglicher nuccz
dor aws erwachßin mucht. Dorumb ist vnnser ernnste begerung, das ir obir sollicher
ordenung vnnd sueczung, so ir uf vnnser befehl vormals gemacht, vnnde aller ander
ordenung vnnd saeczunge, die vor alder vnnd lobelich herbracht seyn, vestiglichenn
haldet vnnd ernnstlichenn straffet, dor inn nymannts, obir den ir pillich zeugebitenn
habt, verschonet; vnnd ap die buss vormals vonn uch uf sollichs gesaccezt zu geringe
were, so wult die erhohen vnnd wie vor der gemeynn zugut ernnstlich nehmen, uf
das sollich ordenung saeczung deste sorgfeldiger vnnd vleißiger gehaltenn werdenn,
wenn wir in vnnser regirung vnnd allen den vnnsern ordenung wollen gehabt haben,
dadurch mann eynen stanat vor den andernn, alßo das herkomenn, auch billich ist.
erkennenn vnnd halten muge, vnnd das durch sollicke boze hoffart vnnd vnerkennt-
ligkeit der lewte der almechtig got nicht erzcornnet, dodurch wir seiner grundelosenn
gute, die er vnns vnnd allen den vnsern in vnnserm regimennt in allen stuckenn
so mannichfeldiglich mildiglichenn vorlihenn vnnd gegebenn hat vnd teglichenn thut,
des wir vnnd die vnnsernn pillich erkentlich vnnd dangbar sein, nicht entzogenn
vnnd derhalbenn in sein straffung komenn dorffenn; vnnd das ir das angehaben
haws zeu dem hanndel notdurftig an allen abbruch ufs furderlichst das vnnmer
gesein kan mit ganeczem vleiß anfbrenngit vnd bereitet, als ir das wol gethun
konnet. Vnnd uf das ir sollich haws deste statlicher vnnd furderlicher bereitenn muget,
so ist vnnser begerung, das ir allen burgernn bei uch saget, das sie sich mit oren
gehewdenn diß kunftig iar vnnd so lannge bis das ir das haws vorbringt enthaldenn,
vnnd allen zeigel, den ir kont gemachen vnd in uwirn offen gebornen lassen, zeu
nicht anndern komenn lasset, sundern den alleyne zeu bauwunge des hawses gebraucht,
bis das ir das hawß bereitet. Euch in den allen gehorßamlich vnnd vleissig vnnd
nicht sewnlich vormerckenn laßnn, ist vnnser ernst meynung, wollen das vonn uch

bey vormeydung vnuser sweren vngnad nicht anuders gehat habenu; kumpt vnns
von uch zeu gutem danck. Gebenn zu Dresdenn am mitwoch Felicis in Pincis anno
domini ꝛc. septuagesimo octavo.

Dem rate zw Leiptzk vunsernn liebenu getrauwenu.

Nach dem Concept im K. Haupt-Staatsarchiv zu Dresden.
Ueber das im J. 1481 erbaute Gewandhaus vgl Vogel Leipz. Chron. S. 146

No. 499. 1478. 5. März.

Hans Streck überweist durch letztwillige Verfügung dem willigen Almosen 100 Gulden.

Vf den tag hat Jacoff Blaßbalg von wegen Hanßen Strecken seines swagers zeligen dem
rate hundert gulden Rh. geantwort, die er zu dem willigen almoßen bescheyden hat, die sall
der rat den armen luten zugute anlegen vnd vmbe ein zinß vßthuen vnd den armen leuten da
fur zu dem willigen almoßen ein zinß keuffen. Sollich hundert gulden hat der rat Nickel Romer
dem schuster am Hellischen thore gethan vnd hat ym da fur vf seinem hauße vf einem rechten
widderkauff V gulden Rh. ierlicher zinße abegekauft, die sall er dem rate halb vf Michaelis vnd
die ander helffte vf Walpurgis bezcalen, da von man ierlich eine schussell vbrichten sall, die
nympt Wilhelm von Creutzen vf der Aldenburg, der des ersten von Strecken gelassen erben vnd
freunden vorbeten ist worden.

Nach dem Rathsbuch fol 148 im Archiv des K Bezirksgerichts zu Leipzig

No. 500. 1479. 2. März.

*Der Rath überlässt an Tilemann Guntherode einen Raum vor dem Barfüsserthore um einen
jährlichen Zins.*

Zumercken das der rat mit vorwillung der ander zweyer burgermeister vnd der eldi-
sten Tilemannen Guntherode deme kochenmeister eynen rawm bey deme ahmhawße*) vor dem
Barfußenthore zwuschen der cloaken vnd seinem nauwen hauße vnd fischkasten gelegen vmb ein
ierlichen zinß nemlich X gr., die er deme rate ierlichen vf weynachten geben sall, gelassen vnd
vßgetan hat mit sollichem bescheyde, das er den nicht weither noch verner dann biß an den
andern pflogk von der cloaken nehmen sall vnd sall das wasser gantz verblancken biß an das
ahmhawß vnd zu beiden seiten die brucke biß an die cloake, vnd das also im bauwelichen weßen
halden, das daß wasser nicht verschut werde. Vnd ab der rat des rawms zukunftiglich bedorffen
wurde zu eincherley seinen sachen, so sall er den dem rate an alle widerrede widder abetreten.
Actum sub Jacobo Tommell proconsule et suis consulibus vf dinstag nach Invocavit anno ꝛc.
LXXIX°.

Nach dem Rathsbuch fol. 154 im Archiv des K. Bezirksgerichts zu Leipzig.

a) Haus in welchem Spreu oder Streh aufbewahrt wird ,mhd. am, om; bei Luther ahm, vgl. Diefe Wörterb. s. Dr. M Luthers deutsch Schrift. S. 48)

No. 501. 1479. 15. Apr.

Der Rath verpachtet sehn Acker Landes und eine Wiese hinter der Ziegelscheune vor dem Petersthore und die dabei gelegene Sandgrube.

Der rat hat Anthonius dem marcktmeister die X acker artlandes vnde den weßefleck hinder der zigelschwnen vor sant Petersthore gelegen, als der rat mit der zigellschwnen vnd leymgruben von der eptischen vnd dem closter zu sant Jorgen vmbe ein jerlichen zinß nemlich vmbe 11 ß erblich angenommen hat[a]), forder vormyt vf newn iar vnd sall dem rate ierlich vf Martini da von geben 1 ß silbern montz vnd sall wol zusehen, das der sautwerffer Bartel Hofemann den leymen vnd sant nach rate mitz vnd fromen des rats werffe. Im sall auch der zinbs die IX iare nicht geringert werden, ab wol dem acker vonn dem sautwerffen abegeben wurde. Er sall auch alle iare dem rat XX satz weyden setzen, vnd wanne die aufkomen, so sal der rat der gebrauchen vnd die hauwen lassen. Actum 5a feria pascae anno ꝛc. LXXIX.

Item der rat Bartell Hofemann die santgruben vormyt des iars vmbe XX gr., die er dem rate davon zu zinße geben sall, vnd sall den sant werffen vnd von einem fuder, das vier pferde furen, nicht meher danne ein halben gr., vnd von einem, das III ader zwey pferde furen, III ₰, nehmen, vnd sall der gemeynen den leymen vmbe sust graben vnd geben.

Nach dem Rathsbuch fol. 154b im Archiv des K Bezirksgerichts zu Leipzig

a) Vgl die Urk v 1 Nov 1479 (No. 507.)

No. 502. 1479. 24. Mai.

Friedrich und Christoffel Korbitz belehnen Jorge Brunsdorf Bürger zu Leipzig mit neun Ackern Wieswachs hinter dem Schlosse.

Wir nachgeschriben Friderich vnd Cristoffil Korbitz gebruder bekennen —, das wir Jorgen Brunßdorff burger zen Liptzk — newn acker weßewachs hinder dem slosse zen Liptzk nebin vnd hinder dem tirgartten daselbst gelegen —, in allirmasse Heinrich Stange der eldir zeligir weilant burger zen Liptzk solcher acker sechs vormals vnd der gnant Brunßdorff vnd sein vater die andern drey von vnserm vatir Fritzsch Korbiß zen lehin herrbracht vnd solche obgnante sechs acker weßewachs nach tode Stangen in anefallis weiße an den gemelten Jorgen Brunßdorff kommen vnd gefallen sint, zen rechtem manlehen gereicht vnd gliben habin —. Hiebey sein geweest vnd gezeugen die erhafftigen Johannes Huffener apotecker zen Dreßden, Lorencz Stumpff vnser gnedigen hern obircantzlieschriber vnd ander glaubwirdiger mehir. Zen orkunde mit meinem Friderich Korbitz anhangendem insigil, des ich Cristoffil hirau mitgebruche, versaigelt vnd gebin zu Dreßden nach gotz geburt tausent virhundert vnd im newn vnd sibintzigsten iare am montag nach dem sontag Exaudi.

Nach dem Concept im K Haupt-Staatsarchir zu Dresden.
Ueber den Thiergarten vgl. die Bemerk. zu No 277.

No. 503. 1479. 10. Juli.

Dir Rathe nehmen drei Stadtpfeifer in Dienst.

Vf sonnabendt nach Kiliani anno 2c. LXXIX° haben alle drey rete eintrechtiglich zu eren der stadt vnd allen burgern zu nutz vnd frommen zu spielleuten vnd dynern vfgenommen meister Hanßen Nayll mit zweyen seinen sönen vnd haben im zu iar solde geredt vnd zugesagt ierlich XL alde schog zu geben vnd ydem eyn hofegewant gleich den reitenden knechten, vnd yn gesatzt, das sie von keynem burger, deme sie zu seyner wirtschaft oder andern seynen eren pfeiffen werden, nicht obir XI. groschen fordern vnd nehmen sollen, vnd wo sie gemeynen burgern vnd armen luten pfeiffen wurden, von den sollen sie nicht meher danne eyn halb schog nehmen. Vnd sollen daruber nichts mehr haben, widder herberge noch holtzgelt, auch vmbe das nauwe iar zu keynem burger gehen vngeuerlich. Das haben sie dem rate also zuhalden auch geredt vnd gelobt, vnd die wapen, die yn der rat wil machen lassen, sollen sie dem rate widder antworten, wanne sie von des rats dinste scheiden werden.

Nach dem Rathebuch fol. 1°7 im Archiv des K. Bezirksgerichts zu Leipzig.

No. 504. 1479. 23. Aug.

Vertrag des Dr. Johannes Ewderitzsch mit den Spitalmeistern zu S. Georgen wegen Aufnahme des Gerbers Rudiger Freitag in das Spital.

Doctor Johannes Ewderitzsch ist mit dem spittelmeistern zu sant Jurgen vor den rat komen vnd hat von wegen Rudiger Freitages des gerbers vf der Nauwenstrassen anbracht, wie daz sich der selbige Rudiger in das hospital mit seyner habe vnd gute geben wolle, vnd gebeten yn ufzunehmen nach laut vnd inhalde eynes instruments von eynem offinbaren schreiber derhalben begriffen, also hat ym der rat zugesagt also nach inhalde des instruments aufzunehmen, also hat der egnante doctor von seynetwegen dem rate geantwort des ersten XVIII Vng gulden, faciunt XXIII Rh. VIII gr., item LXXI Rh. gulden, item IIII swert schock, faciunt V gulden. item X schock LVI gr. an freyschildichten groschen, faciunt XXIIII gulden Rh., summa totius zusampne faciunt hundert vnd dreyvndzwenzig gulden Rh. VIII gr. Vnd der gnante Rudiger hat darzu dem hospitall eyn hawß vf der Nauwenstrasse gelegen gegeben vnd geeygent, das sollen die spittelmeister verkeuffen vnd das gelt, daz dafur gefellet, mit sampt dem obengeschriben gelde mit wissen des rats dem hospital zu gute anlegen vnd zinße dafur keuffen. Vnd sollen yn in das hospitall nehmen vnd eyne kammer eynthuen vnd versorgen mit eyner pfrunden, vnd sollen ym von den zinßen die weile er lebt zu besserung seyner pfrunden alle wochen III gr. geben vnd des iars, wanne er des not durftig syn wirdet, eynen grauwen rog keuffen, vnd wanne er vorstirbet, so sal man yn in dem hospitall mit vigilien vnd selmessen gleich eynem andern, der im hospital vorstirbet, zu der erden bestaten vnd die spittelmeister sollen ym darnach hundert collecten pro defunctis bey den vicarien daselbst bestellen in den messen inzulegen; darnach sollen die zinße mit der heubtsummen vnd alle varnde habe, die er in das hospital bracht hat vnd lassen wurde, dem hospitall ewiglich volgen vnd des hospitals bleiben, daz danne seyne nehsten frunde also gewilliget vnd dar an gantze vorzicht gethan haben nach laut des gerichtsbuche. Geschehen vf montag in vigilia Bartholomaei anno 2c. LXXIX.

Nach dem Rathbuch fol. 159° im Archiv des K. Bezirksgerichts zu Leipzig.

53*

No. 505. 1479. 23. Aug.

Der Rath setzt eine obervormundschaftliche Behörde ein.

Vff montag in vigilia Bartholomaei — hat der rat mit vorwillung der eldisten beslossen, das nwnhinfur der rat vmmundigen kindern zu gute einen hern vß dem rate vnd sust einen adder zwene vß der gemeyne zu vormunden setzen sall, die des dißde baß gewarten vnd durch sie dißde forderlicher vnd trewlicher mochte gevormundet werden.

Nach Barthel's verm. Nachr. v. Leipzig fol 161 im Rathsarchiv zu Leipzig.

No. 506. 1479. 16. Oct.

Contze Funcke überweist dem willigen Almosen 100 Gulden.

Vf sonnabendt Galli anno ꝛc. LXXIX hat Contze Funcke der montzmeister zu dem willigen almoßen deme rate geantwort vnd bezalt hundert gulden an montze, die sal der rat fur eynen armen menschen anlegen vnd etzliche zinße zu eyner schusselen eynes armen menschen dor vmbe keuffen vff widderkauf, sollich arm mensch sal Contze Funcke, sein eheweib vnd seyne leibeßerben die weile sie leben macht haben zu nennen, vnd wene sie darzu bestellen werden. deme sal der rat die weile sie leben sollich willig almoßen vf eyne schussell zu geben lassen verpflicht vnd verbunden sein, wanne abir Contz Funcke, seyn eheweib vnd yre leibeßerben versterben vnd todeßhalben abegehen wurden, so sall darnach der rat vollemacht vnd gantze gewalt haben, zu sollicher schussell eyn arm mensch zukießen, wen sie wollen vnd des notdurftig seyn wurde von allermeniglich vnuerhyndert. Sullich hundert gulden hat der rat Peter Bantzschmann getan vnd von ym dafur vf eyn widderkauff vf seinen garten vnd forwerge vor dem Hellischen thore gelegen vnd uf andern seynen gutern gelegen in der stadt wichbilde gekauft zu dem willigen almosen fünff gulden Rh. zinßs, die er ierlich die weile dißer widerkauf stehit vnd von ym ader seynen erben vnabgelobet bleibt 11J gulden vf Walpurgis vnd die andern 11J gulden Rh. vf Michaelis darnach volgende deme rate reichen vnd geben sall ane allen verzog vnd geuerde, vf Walpurgis schirst komende anzuheben; vnd hat gelobt dem rate daruber seyne verschreibung zugeben. Geschen vf montag Lucae evangelistae anno ꝛc. LXXIX*.

Nach dem Rathsbuch ful. 160 im Archiv des K. Bezirksgerichts zu Leipzig.

No. 507. 1479. 1. Nov.

Kurfürst Ernst und Herzog Albrecht bestätigen den Vertrag des Rathes mit dem Nonnenkloster zu S. Georgen, wornach letzteres die Ziegelscheune vor dem Petersthore nebst 10 Ackern dabei gelegenen Feldes gegen einen jährl. Zins abgetreten hat.

Von gots gnaden wir Ernnst des heiligen Romischen reichs ertzmarschalk kurfurst vnnd Albrechtt gebruder hertzogen zu Sachssen, lantgrauen in Duringen vnnd marcgrauen zu Meissen bekennen —, nachdem vnnßer lieben getrawen der rate zu Lipczk mit der eptisschin vnnd gantzen sampnunge des iungfrawen cloasters vor

vnnßer stat daselbst zu Lipezk vmb zcehen acker, so dem genanten iungfrawen clo-
ster zugestanden hinder der zeigelschunen vor sant Peters tor gelegen, zu vnnßerm
vnnd der stat gebewde notturfft dyenend ein vertracht gemacht haben nach laut vnnd
anweißunge der briue vndereinander daruber volzcogen, vnder anderm inhaldend, das
der rate obgenant dem genanten iungfrawen closter hinfur alle iare ierlich zu ewigen
zceiten fur sulche zcehen acker mitsampt der zeigelschunen vff Michaelis zwey
schock groschen der besten muntze die zceit in vnnßern landen vnnd furstenthumen
ganghaftig geben vnnd reichen sullen vnnd der rate sulle sulche zcrben acker mit-
sampt der zeigelschunen hinfur ewiglich zu erbeigen behalten, der nach aller notturfft
zugebrauchen, das wir zu sulchem contract vmnßer gunst vnnd guten willen gegeben
haben —. Zuurkund mit vnnßerm hertzogen Ernnsts anhangendem insigell, des wir
hertzog Albrecht hirzu mitgebrauchen, wissentlich besigelt vnnd geben zu Lipezk
nach Cristi vnnßers herrn gepurt tausentuierhundert vnnd darnach im newnund-
siebenutzigisten iaren am montage allerheiligen tage.

Nach dem Orig. im Rathsarchiv zu Leipzig mit dem Siegel des Kurfürsten an einem Pergamentstreifen

No. 508. 1480. 30. Apr.

Heinrich Heylgestadt Pfarrer zu S. Jacob gelobt dem Abt des Schottenklosters zu Erfurt Gehorsam,
Erhaltung und Besserung der Pfarrgebaude und Förderung der Pfarrleute. (Vgl. No. 35).

Ego Henricus Heylgestadt rector sive plebanus parrochialis ecclesiae sancti
Jacobi extra muros opidi Lipezk Merseburgensis diocesis per praesens manus meae
propriae scriptum notum facio universis et singulis praesentium inspectoribus prae-
sentibus et futuris, me fecisse debitam reverentiam obedientiam et subiectionem reve-
rendo patri domino Cornelio abbati monasterii sancti Jacobi Scotorum Erffurdensis
Maguntinensis diocesis dictae ecclesiae meae sancti Jacobi collatori ac praeceptori
meo sincerissimo tamquam capellanus suo domino facere et promittere tenetur ac
praesentibus facio et promitto ipsumque dominum meum abbatem ac suos fratres
conventuales iuxta meam facultatem et possibilitatem in omnibus promovebo ac par-
rochiam sancti Jacobi Lipczensis praedictam in suis aedificiis et structuris similiter
pro meo posse emendabo et in esse conservabo, censuales homines eiusdem ecclesiae
promovebo et contra debitum in nullo molestabo seu turbabo. Et si in praemissis
excessivus repertus fuero quod absit, tunc correctioni et emendationi domini abbatis
praeceptoris mei praedicti me spontanee submitto et eandem humiliter et devote susti-
nebo, fraude et dolo in his penitus et omnino semotis. In cuius rei testimonium hanc
litteram manu mea propria scriptam puscheto sive signeto meo appenso sigillavi.
Datum et actum anno domini M°CCCCLXXX° die ultima mensis Aprilis.

Nach dem Orig. im Rathsarchiv zu Leipzig mit dem Siegel an einem von der Urk selbst z. Th. los-
getrennten Pergamentstreifen.

No. 509. 1480. 1. Mai.

Paul Keyser Bürger zu Leipzig und Ilse dessen Ehefrau verkaufen an Bürgermeister und Rath zu dem reichen almoßen als vorstehern desselbigen willigen almoßens 5 Rh. Gulden j. Z. für 100 Rh. Gulden auf ihrem Hause in der Peterstrasse unter Vorbehalt des Wiederkaufs. Gegeben — am montage nach Cautate.

Orig. mit dem Siegel Paul Keysers im Rathsarchiv zu Leipzig.

Nach einer am untern Rande der Urkunde angebrachten Notiz stammten diese 100 Gulden ebenso wie die nach der folgenden No. angelegten (wie sich auch dort bemerkt findet) aus einem Legate des Thomas Krug.

No. 510. 1480. 19. Juni.

Heinrich Voit Bürger zu Leipzig und Dorothea dessen Ehefrau verkaufen an den Rath zu dem reichen Almosen 5 Rh. Gulden j. Z. für 100 Rh. Gulden auf ihrem Hause in der Grimmaischen Gasse) unter Vorbehalt des Wiederkaufs. Gegeben — am montage nach Viti.*

Orig. mit dem Siegel Heinrich Voits im Rathsarchiv zu Leipzig.

a) Dem Heinrich Voit war dieses Haus (jetzt Grimmaische Strasse No. 11) im J. 1469 von seiner Ehefrau zugebracht worden.

No. 511. 1480. 28. Sept.

Balthasar Schultz Mitbürger zu Leipzig verkauft an den Rath zu Leipzig alze vorwebern vnde vorstehern der spitall vnde willigen allmußen doselbist 10 Rh. Gulden auf 15 Ackern Wirsen zu Grossschocher für 200 Rh. Gulden unter Vorbehalt des Wiederkaufs. Gegeben — am dornstage vor Michaelis.

Orig. mit dem Siegel des Balthasar Schultz im Rathsarchiv zu Leipzig. Ebendaselbst findet sich auch der Gunstbrief der Landesherren vor.

No. 512. 1480. 4. Nov.

Hans Wolkenstein Bürger zu Leipzig und Kunigunde dessen Ehefrau verkaufen dem Rathe von des hospitals wegen zu sant Jurgen vor der gemelten stadt — gelegen als vorstehern vnd vorwebern desselben — auf ihrem Hause in der Grimmaischen Gasse kegen sant Paul obir gelegen) — auf einen Wiederkauf 10 Rh. Gulden für 200 Gulden Hauptgutes, welche Rudiger Freytag der Gerber zu dem genannten Spitale gegeben hat. Gegeben — auf sonnabendt nach Simonis et Judae apostolorum.*

Orig. mit dem Siegel Hans Wolkensteins im Rathsarchiv zu Leipzig.

a) Jetzt Grimmaische Strasse No. 16. Das Haus Ritterstrasse No. 47 war ein hierzu gehörendes Mietshaus.

No. 513. 1481. 29. Jan.

H. Tyle von Merseburg reicht Hans und Nickel Homelshain Bürgern zu Leipzig 7 Acker Holz im nidern holtz bei Lindenau, welche ihr verstorbener Vater Bartholomäus Homelshain von Hans

von *Lindenau vordem erkauft (No. 476) und auf sie rererbl hat, zu rechtem semptlichen manli-*
chen lehen. *Zeugen:* die ernvehsten gestrengen vnd erhaftigen er Friderich von Trotha ritter,
meyster Johann Reynhart vnd er Laurentius Margenfelt vnnser lieben getrawen. — Geschehen
vnd gegeben — vff montag nach conversionis Pauli.

Copialbuch I. fol XX im Rathsarchiv zu Leipzig.

No. 514. 1481. 16. März.

Nicolaus Berngershain Bürger zu Leipzig und Brigitta dessen Ehefrau verkaufen dem Rathe
von des hospitals wegen zu sandt Jurgen — als vorstehern vnd vorweßern desselben hospitals
auf ihrem *Holze hinter Wahren gelegen und von dem Rathe zu Lehn ruhrend auf einen Wieder-*
kauf 5 Rh. Gulden für 100 Rh. Gulden Hauptgutes, die Merten Schultze nemlich sechtzig gul-
den an golde mitsampt etzlichem holtze vnd weßen bey seben ackern zur Großen Peße *(Grossa-*
pissna, Par. Liebertwolkwitz) gelegen vnd Steffan Bleckers kindern driezendehalben groschen zinßen
vnd frauwe Clara die lange Mattibyn gnant vierezig gulden an golde zu dem — hospital gege-
ben —. Gegeben — auf freitag nach dem suntage Invocavit.

Orig. mit dem Siegel N Berugershaius im Rathsarchiv zu Leipzig.

No. 515. 1481. 17. März.

Peter Radebergk Bürger zu Leipzig und Anna dessen Ehefrau beurkunden, dass sie die Verpflich-
tung zu Zahlung von 5 ½ Rh. Gulden j. Z., welche der verstorbene Bartel Sommerfelt unter dem
22. Mai 1479 an den Rath von des hospitals wegen zu sandt Jurgen als vorstehern vnd
verwesern desselben *auf seinem Hause im Bruell für 100 Rh. Gulden auf Wiederkauf verkauft*
hat, bei Erwerbung dieses Hauses mit übernommen haben. Gegeben — auf sonnabend nach
Invocavit.

Orig. mit Peter Radebergks Siegel im Rathsarchiv zu Leipzig.

No. 516. 1481. 18. Mai.

Kurfürst Ernst und Herzog Albrecht reichen dem Rathe 7 Acker Holz im Niederholz, welche
derselbe von Hans von Leutzsch erkauft hat, zu Erb- und Stadtgute.

Vonn gots gnaden wir Ernnst des heiligen Romischen reichs ertzmarschalk
kurfurst vnd Albrecht gebrudere hertzogen zu Sachssen — bekennen —, das wir
vnsern lieben getrauwen dem rate vnd gemeine vnser stat zu Liptzk vmb yrer tra-
wen annemen dinste vnd vleissigen bete willen — siben acker holtz ym Nidderholtz
an der gemelten stat viheweide neben der Kammermeisterin holtz gelegen von vns
zu lehn rurend —, in allirmasse Hans von Lewtzsch die von vuns redlich zu lehn
herbracht innegehabt vnd gebraucht, yn die nu verkauft vnd zu vnsern handen auf-
gelassen, zu erb vnd stat gut gereicht vnnd verlihen haben mit allem rechten,
so vnns doran zuuorleihen vnd zuuorerben geburt —. Hirbey sind gewest vnd

getzewgen vnnser rete vnnd lieben getrauwen Hugolt von Sleinitz vnser obermar-
schalh, er Caspar von Schonberg ritter vnd ander vnser manne vnd diner glawb-
wirdiger gnug. Zu vrkunde mit vnuserm hertzogen Ernsts anhangendem insigel, des
wir hertzog Albrecht hirtzu mitgebrauchen, wissentlich vorsigelt vnd geben zu Liptzk
nach gots geburt tausent vierhundert vnd dornach im einvndachtzigisten iaren am
freitag nach Jubilate.

Nach dem Orig im Rathsarchiv zu Leipzig mit dem Siegel des Kurfürsten an einem Pergamentstreifen.

No. 517. 1481. 24. Juli.

*Hans und Leonhardus Meseberge Gebrüder Bürger zu Leipzig verkaufen dem Rathe von wegen
des hospitals sinte Georgen auf ihren Erb- und Lehngütern in und vor der Stadt 25 Rh. Gul-
den für 500 Rh. Gulden unter Vorbehalt des Wiederkaufs. Gegeben — am dinstage noch Marine
Magdalenae.*

Orig. mit den Siegeln der Meseberge im Rathsarchiv zu Leipzig.
Nach dem landesfürstlichen Gunstbriefe v. 19. October 1481 (Orig. im Rathsarchiv) verkauften die Ge-
brüder Meseberge 25 Gulden auf ihrem Dorfe Reudnitz in der Pflege Leipzig.

No. 518. 1481. 17. Sept.

Innungsartikel der Gerber.

Wir burgermeister vnd geschworne rathsmanne der stadt Leiptzigk bekennen
vnnd thuen kundt mit diesem brine gegen iedermenniglichen, die in sehen horen oder
lesenn, das wir den ersamen meistern des handtwergs der gerber alhier bey vns
alle vnnd itzliche stucke puncte vnd artickel hier nach geschriebenn, die sie vnder
sich vnd auf iren handtwerge zuhaldenn vonn neues reformiret gesatzt vnd gewilli-
get habenn, von irer vleissigen bitte vnnd vmb gemeines nutzes willenn, so doraus
kommen sol vnd mag, ihn allen vnd dem handtwerge zu gute auch confirmiret vnd
bestettiget habenn, das die hiufur von allen vestiglich vnnd vnuorgreifflich sollen
gehalten werdenn inmassen hernach volgt vnnd stuckweis eigentlich vsgedruckt vnd
beschrieben seint. Nemblich zum ersten: Welcher meister einen knecht zu der lehre
vordinget vnnd aufnimpt, der sol den handtwerges meister vnnd einen aus den acht
meistern dartzu nehmenn vnnd der lerknecht sol dem handtwerge alsdan zu bandt
zwey pfundt wachs gebenn vnd dem lermeister anderthalb schock, dauon sol der sel-
bige lermeister, der den lerknecht aufnimpt, wan derselbige lerknecht ausgelernet
hat dem handtwerge zehen groschen gebenn, entlieff aber der knecht seinem meister
aus der lere, so sol er keinen andern lerknecht in einem iare aufnehmen. Item es
sol kein geselle des handtwercks gewercke werden, er habe dan zwey iar auf dem
handtwerge gelart nach des handwercks gewonheit, oder wo er anderswo nur ein
iar gelernet hett vnnd alhier des handtwercks gewerck werden wolt, so sol er dem
handtwerge zuuoraus in die buchsse funf gulden gebenn vnd sol darnach vmb sein

meisterrecht dem handtwerge alle gerechtigkeit thun vnd gebenn gleich einem andern meister des handtwercks geburt hat zugebenn. Item so eine gewercken knecht eines andern gewercken des handtwerges tochter, die aus dem handtwerge ist gewest vorelicht, zu der ehe nehmen wurde, der sol dem handtwerge ein schock groschen, vier pfundt wachs vnd ein halb viertel biers gebenn; so aber einer frauen auf dem handwerge ir man verstorben were vnnd sie wurde einen gerber knecht wider zu der ehe nehmen, die sol ir handtwerck halb haben. Wen aber ein meister stirbet vnnd lesset ein sohn oder mer, der ader die das handtwerck bey ime nicht gelart noch gearbeit habenn, der ader die sal ader sollen bey einem andern meister ein iar lernenn.

Item welch gewercke des handtwercks nicht kumpt, wen der meister den gewerk zusammen gebiethen lesset vnnd das handtwerck beyeinander were, das sol er dem handtwerge mit sechs pfennigen vorbussenn. Item es sol kein gewercke wen es beieynander ist einicherley mortliche were mit im tragenn noch bey im habenn bey der busse eins halben pfundts wachs. Auch sol niemandt wen das handtwerck beyeinander ist sein wort reden vor dem handtwerge ane des meisters laube, auch bey peen eines halben pfundt wachs. Item wen des handtwergs meister als den einen aus den gewercken aus dem handtwerge hiess antwortenn vnnd der wurde nicht antwortten, der sol solchen vngehorsam mit zweien pfundt wachs vorbussenn, vnnd welch gewercke dem handtwerge vngehorsam were, den der meister entweichenn hiesse, also wen er entwichen were, das er freuelichenn weg ginge vnnd bliebe viertzehen tage aussen, der sol darumb dem handtwerge zwey pfundt wachs vorfallen sein vnnd gebenn; so er aber ein viertell iars oder lenger aussenbliebe, so sol er solchs darzu vnnd ein itzlich viertel iars mit einem pfundt wachs vorbussen. Item wen auch das handtwerck mit iemandes in dem handtwerge zu schicken hat, es sey mit einem meister oder gesellenn, so soll kein gewercke in desselben kegenwertigkeit im zu angehore fur im bitten ader reden, bey peen eines halben pfundt wachs. Item wen auch der handtwergs meister, so das handtwerck beieinander ist, iren zweien ader merern, die sich miteinander zweieten ader schuldenn, friede gebieten wurde vnnd die wurden den friede nicht haltenn, so offte in alsden der friede gebotten wurde vnnd sie den darnach vberfurenn vnnd nichten hieltenn, so offte sol der vberfarer des friedes itzlicher besundern das dem handtwerge mit einem halbenn pfundt wachs verbussenn. Item welch gewercke auch alsden den andern in dem handtwerge lugen strafte ader liegen hiesse, der sol dem handtwerge ein pfundt wachs zur busse vorfallen sein vnd geben; wer aber solchs dem obersten meister thet, der sol damit zwey pfundt wachs vorbussen. Item ab sich irer zweie ader mer, wan das handtwerck beieinander were, zweietenn, ader in des handtwercks bier miteinander rufftenn, so sol ir itzlicher zn peen zwey pfundt wachs gebenn, wo sie sich aber sunst in gemeinen bier miteynander schlugen, hieben ader stechen, so sol ir itzlicher dem handtwerge ein vhas bier gebenn, wenn sie aber das thetea, so sie sunst beieynander weren, vnnd nicht gemeine biere hetten, so sol ein itzlicher dem handtwerge eine tonne bier verfellet habenn, doch so sol dem rathe vnd dem gerichte hierinne vnd daruber seine straffe furbehalten sein.

Item ein itzlicher gewercke, wen er vor dem handtwergsmeister vmb schulde,

die er dem handtwerge ader andern von lederkauffe pflichtig were, beclagt wurde
vnnd er die schuldt bekente vnud der meister setzte im eine zeyt den eleger zube-
zalen. vnnd so das von im in derselben zeit nicht geschehe, so sol er alsden leidenn,
das im der handtwergsmeister sein handtwerck niderlegtte, bis das er den eleger
betzalt ader seinen willen erlanget habe, doch so sol im der handtwercks meister
die frist zu der betzalunge vnder viertzehen tagen nicht setzenn, sondernn sol seinen
vleys ankeren, im die frist zu der betzalunge zuerlangenn aufs lengeste, so er das
vber die viertzehen tage von seinem glaubiger gehaben magk.

Item wen der gewercken einer aus dem handtwerge eine leiche haben wirdet,
so sol ein itzlicher gewercke der leiche volgenn von dem hause bis zu dem begreb-
nus vnnd in die kirche vnnd von der kirche zu dem hauss, bey peen vnd busse
sechs pfennige; vnnd so es gefiele, das einer die leiche auf einem marcktage haben
wurde, so sol man alsden den lederkauff thuen auf dem marckte vmb der gewercken
gelt. Item wen auf dem handtwerge eine leiche ist, so sollen die iungsten vier mei-
ster die leiche vnnd die andern viere darnach die licht tragenn, bey peen vnd buss
eines pfundt wachs; vnnd ob eines gewercken tochter oder sohn, die das sacrament
entpfangenn hetten, vorstorbe, den sol man die kertzen gleich einem alden auch auf-
steckenn vnd haldenn, auch bey peen vnd busse eines halbenn pfundt wachs.

Item die vier iungen meister, den die kertzen geburen zuwartten, sollen zu
allen festen vnd wen sich das geburt die kertzen aufstecken vnnd der vleissig
wartten, vnnd wan das vorseumpt wirdet, so sol der eldiste vnder ihn, der den
schlussel hatt, mit zweien pfundt wachs vnud die andern itzlicher, welcher vnter ihn
von dem eldesten die laube nicht hette, mit einem pfundt wachs vorbussen.

Item wer der gewercken kalck oder korren scheffel holet vnnd den vber
nacht beheldet, der sol iede nacht zwene pfeninge dorvon gebenn.

Item es sol kein gewercke des handtwercks geselschaft haben ader machenn
auf den buel noch auf dem marckte, bey peen vnd busse eines pfundt wachs. Item
wer rauchleder auf dem buel ader vnder den fleischauerinn keuffet, der sol es hin-
weg tragen ader ein zeichen darauf legenn, bey busse eines halben pfundt wachs.
vnnd welcher gewercke selber eine handt auf dem marckte ausschutten ader aut-
binden wurde, der sol das mit einem halben pfundt wachs verbussenn. Item es sol
auch keiner von den gewercken einen namen vor den andern bauck dieweile er mit
im keufeth, auch keiner dem andern seinen kauffman entwendenn, bey peen vnd
busse eines halben pfundt wachs. Item es sol auch kein gewercke zwene keufe bey
seiner banck haldenn, es sey ane rohe ader garleder, bey peen eines halben pfundt
wachs. Item wen das handtwerck leder im kauffe hat ader keuffen wil, welche
gewercke alsdenn ginge vnd vbersetzte das leder dieweil das handtwerck ader die
meister einer ader mer darumb zukeuffen darbey bestalt hettenn vnnd etzliche von
des handtwercks wegen darumber weren vnd derselbige gewercke des ein wissen het
ader im von des handtwercks knechte ein vorbot geschehen were, der sol das dem
handtwerge mit dreien pfundt wachs vorbussenn, keufet er es aber darnber in freuel.
so sol er das dem handtwerge nach dem schaden, der dem handtwerge daruon ent-
stehet, vorbussen vnd vorbessernn; wo aber des handtwergs meister ader die, die

das handtwerck dartzu geschickt hett, dauon gingen, so sol es einem iderman zukeuffen frey sein. Item wen das handtwerck ader die meister vber vier funf ader sechs meilen wegs leder feil wisten, so sol ein itzlicher meister, wen das die meister heischen ader beuelen vnnd togelich dartzu erkennen, an die stelle ziehen vnnd solch leder dem handtwerge zu gutte kauffenn vnnd sich des nicht weigern, bey peen zwei pfundt wachs. Item welch gewercke das leder von dem anfdecker alhier in der gruben keuffen wil, der sol es dem handtwerge ader dem handtwergsmeister zuuorhin sagenn, also das das handtwerck allewege den vorkauf daran haben vnd behalden sol, wo aber das handtwerg das auf denselben tag der vorkundignng nicht keufen wolte, so sol es demselbenn ader andern furbas zukeufen frei sein; vnnd wer es in der gruben keufet, der sol dem handtwerge vom leder drey pfeninge gebenn, ader auf dem marckte sol es einem iderman frey sein zukeuffen; vnnd wer das alda selbst keufet, der sol dem handtwerge nichts vorpflicht sein dauon zugebenn.

Item es sol kein gewercke keinem schuster wider fel noch leder gerben ane von dem vihe, das er in sein haus geschlagen hett, bey vorlust seines handtwergs, vnnd wer auch sonst lohe garleder ader fel gerbet, der nicht des handtwergs ist, er sey binnen ader aussnerhalben der stadt gesessen, der sol das nach des raths erkeutnus vorbussen. Item man sol auch keinem knechte mer dan zwei fel in den kalck bringen lassenn vnnd die sollen von ym nicht hoher vorkaufft werden dan eins vor zwene groschenn, wurdenn sie aber begriffen, das sie daruber theteun, so mag das handtwerck dieselben knechte straffen, vnnd ein itzlicher sol ihe von zweien fellen, die von im vber diese satzung in den kalck bracht werdenn, ein halb pfundt wachs vorfallen sein.

Item es sol auch niemandt vnder der marcktzeit treugenn; wer das thet, der sol einen zober mit wasser bey der hort haben vnnd sol sie nicht lassen vber nacht stehenn bey busse funf schillinge pfennige; welche gewercken aber vnder marckzeit vor des seigers achtenn ader vnder dem begegnis treugen wurde, der sol dem handtwerge ein pfundt wachs zur busse gebenn. Item welch gewercke des handtwergs meister ader ire zinsleute straffet, es sey an byere fleische leder ader sunst an andern keuffenn, das vmb des besten willen geschiedt, der sol zu peen geben zwey pfundt wachs. Item es sol kein gewercke die fel dingen bey peen zwey pfundt wachs, wurde es im aber insonderheit verbotten vnnd das von im nach dem vorbot nicht gelassenn, so sol er das dem handtwerge mit vier pfundt wachs vorbussenn. Dar-neben hat der rath dem handtwerge zugesagt, solchs dergleich bey den andern handtwergen als bey kurschnern fleischauern weisgerberan vnd beutlern zunorfugen, das solchs vnter ihn auch also gehalten werdenn, auch das kein lesterer einicherley fleisch alhier in der stadt furen soll, es sei den das er die leder vnnd fell von dem vihe, das er zum marckte zuuorkeuffen geschlacht hat, mit sich brenge.

Item es sol auch ein itzlicher gewercke, wen man gemein bier hatt, zwene groschen zu einem fasse gebenn vnnd zu einem viertel biers einen groschen bey, peen eines halben pfundt wachs, vnnd das handtwerck sol in iare nicht mer dan ein gemeine bier habenn also nemblich auf vnsers herren leichnamstag gleich andern handtwergenn, vnnd darmit sollen auder gemeine bier, auch das gemeine essen, so

51*

sie sunst miteinander gehabt habenn, hinfur gantz abegethan sein. Item wan das handtwerck bier hat, so sollen die schenckenn das bier holen, wen sie es ein meister heisset, vnnd welche gewercke aue laube des meisters ader der schencken bier ausliesse, der sol zu peen zwey pfundt wachs gebenn. Wer auch das bier mit mutwillen vorgeust, es sey meister ader knecht, der sol zu peen ein pfundt wachs vorfallen sein, dergleichen sol der auch ein pfundt wachs gebenn, der sich von vbertrincken vnlustig machet vnnd sich in dem gemeinen bier damit vngeburlich hielte. Item welch gewercke mer biers hienein fordern vnd tragen liesse den im geburte, der sol zu peen vnd busse vier groschen in die buchsse gebenn.

n)   Item es sol auch kein gewercke von keinem schuster rauch leder ader fel kauffen ader beuthen, bey peen vier pfundt wachs. Item auch sol der meister einem itzlichen meisters sohne sein handtwerck leihen, wen er dem handtwercke zwey pfundt wachs darumb gibet. Auch habenn die gewerckenn des handtwergs gewilliget, das ein itzlicher meister alle weichfastenn zu den kertzen drey pfennige geben soll.

Doch so behehlet im der rat vor sich vnd alle ire nachkommen alle vnd itzliche stucke vnnd artickel dieser obengeschrieben gewilkorten satzung vnd ordenung nach seinem gefallenn, wen das die notturfft erheischen wirdet, zu andern, zu mindern ader zubesserun nach der gemeinen stadt vnnd des handtwergs nutz vnd frommenn. Zue vrkundt vnnd das wir obgenanten burgermeister vnd rathmanne der stadt Leiptzigk die meister des handtwergs der gerber mit diesem obengeschrieben stucken puncten vnd artickeln begabet, die bewilliget vnnd in die also bestetiget, auch das wir die von in allen vnd einen itzlichen besundern bis vf vnnser widerruffen vestiglich gehalten haben, sie des auch, wo es in die notturft ist, schutzen vnd handthaben wollenn, so habenn wir vnser stadtsecret vnden an diesenn brieff wissentlich thun hengenn, der gegebenn ist nach Christi vnnsers hern geburt tausent vierhundert darnach in dem ein vnnd achtzigistenn iarenn am tage sancti Lamperti.

Nach dem Zunftbuch I fol. 60—65 im Rathsarchiv zu Leipzig

No. 519. 1182. 1. Febr.

Frentzel Sachsse Bürger zu Leipzig und Anna dessen Ehefrau verkaufen dem Rathe von wegen des lehens der capellen auf dem rathose — also patronen vnd vorwesern derselben capellen auf ihrem Hause in der Peterstrasse kegen sandt Peters collegio obir gelegen auf Wiederkauf 6 Rh. Gulden für 100 Rh. Gulden Hauptgutes, als Hanns Steffan dem rate — von des vorberurten lehens wegen abegelöset vnd damit sein hauß vnd forwergk — vor dem Grymmischen thore gelegen — gefreyet hat. Gegeben — freitag in vigilia purificationis beatae Mariae virginis.

Orig. mit Frentzel Sachses Siegel im Rathsarchiv zu Leipzig.

No. 520. 1482. 14. Febr.

Ordnung und Gesetze der Salzheker.

Vff donerstag nant Valtens tagk anno domini xc. LXXXII^{ten} syndt beyeinander gewest die meister der saltzhackenn vnd dise hernach geschryben stucke punckte vnd artickel vnder eynander znhalden gemacht verordent vnd bewilliget bey pen vnd buße wie hernach vorzeychent ist.

Zvm erstenn. Wer inn der saltzhacken innunge komen wil, der sol geben zwene gulden lteynischs zn besserung vnd enthaldnnge des harnischs vnd zwey pfundt wachs zu den kertzen, vnd sal das thun so balde er dye innunge gewynnett.

Item die iungsten zwene sollen zn allen herlichen grossen festen die kertzen anbornen vnd wyder außlesschen alles zu rechtter zeytt, bey bnß VI alt ₰. Item wer die leycht versevmet, der sol geben drey alt ₰ znbnß.

Item wer an zweyen enden feylh hat oder an zweyen enden vorkenfft, der sal ydeß mal I ₰. wachs znbnß geben. Item wer dem anderen eynen kauffman abzeucht der vor ime steth, der sol geben 3 ₰. wachs zu buse, wn er das mit zweyen oberwunden wirdt.

Item wo sich ir zwene mit eynander hadern ader eyns dem anderen an seyne ere rethte, der sol geben 3 ₰. wachs ane alle widderrede vnd dem radt 1 ß vorfallen, so oft das klageweyß an den rad gelangen wirdt. Item wer vnder dye waltwagen gehet vnd in sein saltz anbeuth, der sol so offte er das oberfnnden wirdt geben 3 ₰. wachs zu buß. Item wer dem andern seyn gut vornicht oder verspricht, der sol geben 3 ₰. wachs zu buse.

Item wenn die eldestenn meyster die gewerckenn zu geparlicher zeyt zu sampne verbothen vnd zu fordern lassen, welcher alßdan ane redeliche vrsache vssen bleyben vnd nicht komenn wirdt, der sol VI ₰. znbnß geben. Item es sollen auch alle saltzhacken auff den nechsten freytag nach des heyligen waren leychnam tag ire maß eychen lassen, da mit eynem ydem recht maß gegeben vnd nymants betrogen wirdt. Item es ist auch verwilligt, das man das groß maß sol geben vor IIII gr., das mittel maß vor VII alt gr. vnd das kleyn maß vor XII alt ₰, vnd das sal kegen ydermeniglich, auch vnder den saltz hackenn selbst also gehaldenn werden, vnd were das obertretten vnd oberfundenn wurde, sall 3 ₰. wachs zu buse gebenn. Item welcher vnder denn saltzhackenn an andern tagen dann an marcktagen nemlich dinstag freytag ader sonnabent, wenn man fleysch feylh hat vffin maerckte, feylh wurde haben, sol so offte er das oberfunden wirdet II ₰. wachß zu buse geben.

Item welcher vnder den saltzhacken dise hir vorgeschriben stucke puncte vnd artickel widerspricht, sal geben I ₰. wachs zu buse.

Dyse obenvorzeychente stucke puncte vnd artickel seynn denn saltzhacken vonn allen dreyen rethen vonn newes bestetigt vnd biß vff der rethe gefallenn vnd widerruffenn vnd nicht verner zugelassenn vff dinstag nach Luciae anno xc. im XCV^{ten}.

Petrus Freytag notarius scripsit.

Nach dem Orig. im Rathsarchiv zu Leipzig.

No. 521. 1482. 16. Febr.

Die drei Räthe beschliessen, auf die Verwendung des Obermarschalks Hugolt von Schleinitz hin an Hans von Traupitz und Tile Hertwig und deren Familien, in Betreff des zweitgenannten jedoch nur bedingungsweise, Einladungen zu dem Fastnachtstanze auf dem Rathhause ergehen zu lassen.

Zu wissen, nachdem der gestrenge vnd ernvehste ern Hugolt von Steinitz vnsers gnedigen hern von Sachßen obir marschalk Hanßen von Traupitz vnd Tilen Hertwig gegen dem rathe dißer stadt Liptzk gutlich vorschrebin vnd den rat vleissig gebeten hat, sie, ire weiber vnd kinder zu der frewden des fastnachts tantzes vnd den frolickeiten der burger vnd burgers sone zu bietten, das alle drei rethe daruf meher dann eyns vorsambt gewest sind vnd mancherlei davon geratslaget, vnd haben entlich vf ein mittel, so yn die eldisten aller dreier rethe vorgeslagen haben, beslossen vnd eintreglich gewilliget, vf das des marschalks vnd ander vnser gnedigen hern rethe schrift vnd beger nicht veracht werden dorfft vnd die rethe in den sachen yn etwas zu wilfarung gescheen ließen vnd doch auch die eldisten hern, die bei Hanßen von Traupitz vnd auch bessundern bei Tilen Hertwigs sachen vnd bei vorhörung irs handels vnd sunderlich Tilen Hertwigs bekentenus gewest weren*), nichts zu nahend yn zu schympf ader vorhönung durch die rethe vorwilligit vnd zugelassen würde, das man Hansen von Trupitz, sein weib vnd kinder itzunt vnd hynfur gleich andern burgern zu solchen frolickeiten vnd frewden des fasßnacht tantzs, so der rath den also wie bi her gescheen ist wurde halden, bietten sall, desgleichen sal man auch Tilen Hertwig vnd sein weib vnd sein kinder auch bietten laben, doctor Smedeburgk sal aber denn rethen gereden vnd geloben, das Tile Hertwig zu sulchen frolickeiten vnd frewden des fatnacht tantz nicht kommen, noch alher vf das rathauß zu den zceiten zu sulchen frewden vnd der geselschaft zugehn, sundern sich der hynfur also meyden, vnd sal nicht meher dann sein weib vnd kinder zu sulchem tantze vnd frewden kommen lassen, das denn der doctor also gewilliget angenommen vnd geredt vnd gelobet hat, das er solches also halden solle vnd auch das er dor vnib hynfur keynerley anregung thuen sal auch nicht thuen laßen bey den rethen, sundern sal es bey dissem besließ aller dreier rethe vnuerendert laßen bleiben, also das hynfur in den rethen von sulcher sache wegen keyn vnwille erwachsen noch entstehen dorffe. Gescheen vf sonabendt nach Valentini anno ic. LXXXII.

Nach dem Rathsbuch fol. 173 im Archiv des K. Bezirksgerichts zu Leipzig.

a) Vgl. No. 456, 463, 482.

No. 522. 1482. 11. Nov.

Erzbischof Stephan von Riga, päbstlicher Legat gelobt vor Notar und Zeugen eine dem Rathsherrn Jacob Blasbalch schuldende Summe von 100 Rh. Gulden bis Weihnachten zurückzuzahlen.

In nomine domini amen. Anno a nativitate eiusdem millesimo quadringentesimo octuagesimo secundo indictione quintadecima die vero Lunae undecima mensis Novembris pontificatus sanctissimi in Christo patris et domini nostri domini Sixti divina providentia papae quarti anno duodecimo in mei notarii publici et testium infrascriptorum praesentia constitutus reverendissimus in Christo pater dominus dominus Steffanus sanctae ecclesiae Rigensis archiepiscopus ac sedis apostolicae cum potestate de latere legatus non vi dolo metu fraude seu aliqua sinistra machinatione circumventus, sed ex eius scientia et libera voluntate palam et publice confessus fuit et in veritate recognovit, se obligatum fuisse ac obligari et teneri nobili viro Jacobo Blasbalch consuli Liptzensi in centum florenis boni auri et iusti ponderis, quos idem Jacobus sibi amicabiliter in prompta pecunia concessit et mutuavit, quos quidem centum florenos Renenses auri seu eorum verum valorem dictus reverendissimus dominus archiepiscopus debitor sub sua bona fide sine aliqua dilatione infallibili infra hinc et natalis domini dicto Jacobo creditori solvere et restituere seu cuicunque alteri cui voluerit promisit sine contradictione et impedimento quibuscunque sub poena et obligatione omnium bonorum suorum et ecclesiae suae Rigensis mobilium et immobilium praesentium et futurorum, et casu quo solutio in termino praefixo crastinaretur, extunc idem reverendissimus dominus archiepiscopus praedicto Jacobo istos centum florenos Renenses ut ex banco vel mercatoribus quibuscunque sub suis et praefatae suae ecclesiae Rigensis interesse recambiis expensis et dampnis recipiendi et de eisdem recambium faciendi plenam concessit auctoritatem, renuncians propterea saepe memoratus dominus archiepiscopus debitor omnibus et singulis exceptionibus et defensionibus, quibus contra praemissa vel praemissorum aliquid venire posset et in aliquo se tueri, super quibus omnibus et singulis praedictus Jacobus creditor requisivit sibi per me infrascriptum notarium confici instrumentum et instrumenta. Acta sunt haec Liptzek sub anno indictione die mense et pontificatu quibus supra, praesentibus ibidem nobili et honorabili viris dominis Georgio Brunsdorff civi Liptzensi et Thoma Lummel vicario Merßeburgensi testibus ad praemissa vocatis atque rogatis.

Signum notarii — Et ego magister Thomas Moller clericus Misnensis diocesis publicus sacris apostolica et imperiali auctoritatibus notarius etc.

Nach dem Orig. im Rathsarchiv zu Leipzig mit dem Siegel des Erzbischofs an einem Pergamentstreifen.

No. 523. 1483. 13. Apr.

Vertrag zwischen dem Kloster Seusslitz und dem Rathe wegen eines Raumes bei der Barfussmühle. welchen der Müller sich angemasset und zur Mühle gezogen hat.

Wir Margareta von gotis gnaden geporne herezogynne von Sachßen, eptischyn zcu Sewzelicz vnde die ganteze samnunge des closters bekennen —. Nach dem der andechtige Pawlus gardian vnßers closters ezwischenn den erbarren weißen burgemeister vnde ratman der stadt Lipezigk eins vnde Baltazaren vnnsern möller yn der Barfußen möll vor der stadt do selbst gelegenn des andern. teils irre irrunge vnde gebrechenn, so sie eines bawes halbenn, den der selbige Baltazar müllner do selbest hat gethonn, vff Petri vnde Pauli nest vorschynnen mit beider parth wyßen vnde willenn betedingetht vnde sie alzo geschiden hat, nach dem Baltazar müller vff den graben eine bleiche odder wanth von vnwes wydder des rates zcu Lipezigk willenn vnde wolworth vff der stadt graben vnnd obir ire reynnen, die auser dem stadt graben gehenn, gesatezet vnde dor nebenn vnde dor vnuder das waßer hynuabe ynn dem gemeynnen fryenn fleische etzliche phele gesthoßenn vnde von dan selbigenn gemeynnen frygenn fleische zcu seynner behawßung cynnen rawm, do hyn vormols die stadt, wan mann die stadt grabenn phlegete zcu rawmen vnde zcu fegenn eynner gemeynnen stadt zcu gute iren schlam hat geschottenn vnde furren laßenn, geczogenn, den ausgefullet, geebent vnde do von eynnen hoff zcu seiner behawßunge gemacht, vorblangket vnde dor vber inn dem waßer eynnen fischhelderr mit eynner waschebangk zcu seynem nuteze vnde der stadt zcu aberoche irrer freiheit gesatezet hatte, das der rat von der gemeynen stadt wegenn dem genanten Baltazar vnnserem muller vnme bete willen vnsers gardiaus, auch vnserem closter vnde vnnß zcu gute ein solliches alzo vorgunnenn zcu statenn alle seynne nachkommenn vnde besitezerr der selbigenn moll, die weile [sie] sulches rawms gebrawchen, dem rate vnde gemeyuner stadt Lipezigk do von alle iar ierlichenn vff Martini zcehenn groschen zcynais ane vorczogk vnde wyder rede geben vnde reichenn sollenn, vnde wen der rat die graben leth fegenn vnde auch andere reynnenn zcu der stadt notdorfft nutez vnde fromnenn legenn wil, das der ratd die selbige want vunde bleichenn magk abebrechenn laßenn, vnde wan das gesche, so sal der gnante Baltazar muller vnde yder besitezer vnde ynnehaber der selbigen moll dor wydder nicht sein nach reden, sundern sall vorphlicht vnnde vorpundenn sein, die selbige wandt mit seynnes selbist kost ane hulffe vnde zcu thun des raten wydder zcu machen, auch dem rathe zcu statenn, den schlamm auß deme grabenn vff den selbigenn rawm wie vor zcufuren laßen, vnnde ab der selbige rawm das waßer hynnabe mit dem schlamm zcu hoch geschott vnde befurth, alzo das der rath erkennenn wurde, das es dem muller an seynner stobenn schaden brechte, so sal der muller dem rate gestaten, den schlam auß dem grabenn vff seynne wieße bie der moll inn die lachenn vnde vmbe heer vff die wieße zcu furrenn vnnde sich des inn keynne weiße werrenn noch weigern. Er sal onch dem rate die phorte, die durch die gesateze wanth gechet, zcu seiner notdorfft, das mann zcu denn reynnenn kommenn moge, allewege wan das der rath addirr ymandes von des rathes wegen begerrit offenn adder dem rate dorezu eynnen schlußel gebenn, vnde der muller magk die want von seynnne hawße biß vff die moll czyhenn vnde den selbigen rawm, vff das der denthe hausch befridet werde, gantez vormachenn, doch azo sal er Jacuffen Belen adder wer das selbige gut innehabenn vnnde besitezenn wurde neben der molle vnde des raten reynnenn durch die wandt eynne thor mit eynme abetrith vff das waßer laßen, die Jacoff Belenn vnde eyn yder besitezer des selbigen gutes, das ytezundt Jacoff Belen besitezet, selbest beschließenn sal, vff das der vff eynme schyffe zcu seynnne gute nach seynner notdorfft auß vnde inn kommenn moge. Dar kegenn hat auch vnnser gardian von vnßern closters wegenn dem rate vnnde der gemeynnenn stadt Lipezigk zcu gesaget, das die stadt der drier groschen ierliches czynes, die sie vnnß vnnde vnnßerme closter ierlichenn von eynnne rawm vnde gartthenn neben irem verbehawße vor dem Rantstedtischenn thore an der stadt grabenn gelegenn biß her gegebenn vnnde gereeht habenn, hynfurbaß nicht meher gebenn noch reichenn sollenn, sundern sollenn der zcu reichenn vnde zcu gebenn zcu ewigenn geezeithen gantez gefreiget seyn, vnnde vnnßer moller itezundt adder ein lxlicher besitezer durch rechte ankunfft der selbigenn vnnßer [moll] sal vns vnnde vnnßerme closter die selbigen drie groschenn furth meher zcu ewigenn geezeithen gebenn vff Michaelis stete mit vnßern andern czynßenn vnnde iarrenthenn

vnde zcu vnnßern lebin, das wir haben obir vnnßer möll, mit aller czugehorrunge
adder zeugehorrunge zcyhenn, wir auch allen newen rawm mit aller vorbhangkungen
des hoffes mitsampt dem fyschheldere vnde wasch bangk von vnß vnde vnnßerme
closter auch stete zcu lebin rúrende vnnde bleiben sal, doch dem rate an seynnen
vorberurten czynschen vnde gerechtikeit an schadden, vnde das lebin obir den abe-
gnanten garthen sal der rath der stadt Lipczigk nv̄ zcu ewigenn geezeitten dor
kegen wydder behalden. Das wir zcu solchem schiede vnnde vortracht vor vns
vnde vnßers closters wegenn vnnßern gunst vnde willen gegeben habenn vnde geben
den also dar zcu geinwertigkinn vnde mit krafft dytßes briffes ane gewerde czu
vrkunde vnde waren bekentniße, so habe wir das yngesigill vnnßer eptye, das ynge-
sigill vnnßer sampnunge vnd das yngesigill vnnßers gardians labenn heugenn an
dyßen vnnßern vffen briff, gegeben nach Cristi gepord tausent wirhundirt dornoch
ym dem drie vnde achezigisten inre dominica misericordias domini.

Nach dem Orig. im Rathsarchiv zu Leipzig mit den Siegeln der Aebtissin des Convents und des Gardians
an Pergamentstreifen.

No. 521. 1483. 26. Juni.

Hans Schwabe's Vertrag mit dem Rathe wegen seiner Kaufkammer unter dem Rathhause.

Ich Hanns Swabe burger zu Liptzk vnnd Appolonia meine eliche hußfrauwe
bekennenn - -, das wir den ersamenn vnnd fursichtigen weysenn burgermeister vnnd
rate der stadt Liptzk vnnser kammer vnder dem rathuße vnnd bouen*) gelegenn
vorkaufft vnnd yn dieselbe kammer vor hundert guldenn Reinisch gegebenn, welche
hundert guldenn sie vns dann auch barober gutlich vnnd wol zudancke bezealt —
habenn —. Auch habenn vuns — burgermeister vnnd ratmann der stadt Liptzk
solche vnnser vorkauffte kammer darnach vormitt, also das wir vnnser erbenn vnnd
erbnehmen yn zu dem zeinße, so sie vorhynn darufte habenn, ierlichenn funff gul-
denn zinß auff zwo tage zceit ernach bestimpt, nemlichenn auff weynachtenn vnnd
Johannis gebenn sollenn —, so lange vnnd die weile solche mithe stehenn vnnd wir
solche obgedachte vnnser kammer mit solchenn hundert guldenn obenberurt nicht
widder zu vuns loßenn vnnd keuffenn wurdenn. Doch hat vuns der rath nach dem
obgerurtenn kauffe solche gunst vnnd zusage gethann, wo wir vnnser erbenn ader
erbnehmenn byunenn zcehenn iarenn die gemelte vnnser kammer vonn yun widder-
keuffenn woltenn vnnd yun solche hundert guldenn widder gebenn wurdenn, das
vuns der rath inn solcher zceit den widderkauff darann zustatenn sal vnnd wil, vnnd
wo wir aber den widderkauff byunen der gemeltenn zceit der zcehenn iar nicht
thuenn vnnd solche verkauffte kammer mit solchenn hundert guldenn houptguts nicht
widder zu vuns keuffenn wurdenn, alsdann so sal der rath die selbe vnnser kammer
also vor die hundert guldenn zu einem erblichenn kauffe behaldenn ane vnnser, vnn-
ser erbnehmenn vnnd auch sust eins ydermannes rechtliche innsprache —. Zw
vrkunde vnnd bekentnis habe ich obgemelter Hanns Swabe vor mich, Appolonienn

meine eliche hußfrauwe, vnnser erbenn vnnd erbnehmenn mein pitzschaff gebrechenn
halbenn eins innsigels au dissenn vnnserun brieff wissentlich thuenn hengenn, der
gegebenn ist zu Liptzk nach Cristi vnnsers herrnn geburt tawsendt vierhundert dar-
nach im dreyundachtzigstenn iarenn am dornstage nach Johannis Baptistae.

Nach dem Orig. im Rathsarchiv zu Leipzig mit dem Siegel an einem Pergamentstreifen.

No. 525.　1483.　27. Juli.

Der Rath, auf Klage des Pfarrers zu S. Jacob vor den herzoglichen Amtmann gefordert, beruft
sich auf ein Privilegium, zufolge dessen er von der Gerichtsbarkeit der Amtleute befreit sei und
nur vor dem Landesherrn zu Recht zu stehen habe (vgl. No. 5.)

Durchlauchter hochgeborner furste vnnd herre, vnnser vndertenig gehorßam
vnnd willigenn dinst sein qwern furstlichenn gnaden mit vleiß alle zceit zuuorau
bereit. Gnediger lieber herre. Vnns hat der achtpar doctor Johannes Breuser uwer
gnaden amptman alhir zu Liptzk zuerkennen gebenn, wie das der apt zu den Schot-
ten zu Erfurdt vonn wegenn seins capellaus des pfarrers zu sandt Jacof bey vnns
zu Liptzk ann uwer furstliche gnade clagende bracht, wie das wir im inn sein
gerichte geduldenn vnnd seine leute vngehorßam gemacht habenn soltenn, von des
wegenn im nwer furstliche gnade benohlenn hett, beydenn teylenn furzubescheydenn,
die sache zuuorhoren, die gutlich ader rechtlich zuentscheydenn. Vnnd alß er sol-
chem nwer gnaden benehl hat nachgehenn wollenn, habenn wir zu bericht, wie daz
wir vonn nwer furstlichenn gnaden vnnd uwer gnaden vorfarnn des gnediglich befrey-
het weren, alß denn nwer gnade wol ein wissen hett, daz wir vor ym alß einem
amptman nicht stehenn dorften, sundernn so vnns imands im schuldenn hett, der must
vns vor nweren gnadenn selbst rechtfertigenn; auch so wir nicht wustenn, das der
pfarrer eynichirley sundern wir widder ynn clagen hetten, vnnd er auf vnser rede,
so wir vnnser gebrechen halbenn mit im gehabt, ein bedacht genomen vnnd vonn
vnns gutlich gescheidenn were, sich daruff zubedenckenn vnnd vns inn einer standen
ader zweyen daruff widder ein antwort zugebenn zugesagt, vnd er vnns inn dem also
kegen nwir furstlichen gnaden vorlagt hatt, ließenn wir vnns bedunckenn, daz eß
von im vnbillichen geschenn were, alß wir vwern furstlichenn gnaden getrauweten zu
vnderrichtenn, vnnd habenn yn gebeten, solchs nicht in vnwillenn uffzunehmen noch
vns zuuormerckenn, daz wir yn darinne vorachtenn, denn alleine das vns nicht fugenn
wolt zu abebruche vnnser befreyhunge vor im zugestehen, bittende darnebenn, das er
dadurch die sache biß uf uwer gnaden zukunft gernehte gutlich beruhenn zulasenn,
des er sich denn also biß an uwer gnade zuthuenn bewilliget hat ꝛc. Darunnb, gne-
diger herre, bittenn wir gar demutiglich, vwer furstliche gnade wolle vnns bey vnn-
ser befreyhunge gnediglichenn hanthabenn vnnd die sache, so der pfarrer bey vnns
zu sandt Jacoff widder vnns vormeynt zuhabenn, biß zu uwer gnadenn zukunfft auch
gnediglich beruhenn zulassenn, allßdenn, wo vnns der pfarrer nicht vormeynt clageloß
zulassenn vnnd eynichirley spruche widder vnns zu habenn, wollenn wir yn der-

halbenn vor nwer gnadenn, so nwer gnade erkennenn wirdet wir des pflichtig sein
werdenn, zu den selben seinen schulden antwortenn, vund was nwer gnade in dem
erkennen wirdet, wollen wir vuns nach uwer gnaden erkentnis allewege gehorsam-
lichen haldenn, also doch das der selbige pfarrer vns auch vor nwer gnaden wid-
derumb des rechten sey, alß wir des ein vnzweyfelich vorloffen tragenn, uwer gnade
yn des wol weyßenn wirdet. Daz wollen wir vmbe uwer furstliche gnade mit vnsern
vndertenigenn gehorsamenn dinsten allezeit willig seynn zuuordienen vnd bitten des
uwer gnaden gnedige antwort. Geben vnder vnßerm secret am sontage nach Jacobi
anno domini ꝛc. LXXXIII°.

Der rath zu Liptzk.

Dem durchlauchtenn hochgebornen fursten vnd herrn hern Ernsten ꝛc.
kurfursten herzcogenn zu Sachsenn landtgrauen in Doringen vnd marggrauen
zu Mießen vnnserm gnedigenn liebenn herrnn.

Nach dem Orig. im K. Haupt-Staatsarchiv zu Dresden.

No. 526. 1484. 4. März.

Kramerordnung.

Wir burgermeister vund geschworne ratmanne der stadt Leyptzk bekennen
vund thun kunt mit diesem briue vor allermenniglich, die in sehen oder horen lesen,
das wir den ersamen gewerken der cramerinnunge alhir bey vns alle vund itzliche
stucke gesetz vnnd artickel hernach geschrieben, die wir in zugelassen vund sie
selbst vnnder sich in irer innunge zuhalten gewilkort, von irer vleissigen bete vnnd
vmb gemeynes nutzes willen, so darauß komen sal vnnd magk, in allen vnnd der
innunge zugute confirmiret vnnd bestetiget haben, confirmirn vnnd bestetigenn in [die
in] vund mit krafft diß brieffs, das die hinfur von allen vestiglich sollen gehalten
werden in massen hernachuolget vnnd stuckweys eigentlich hirinne beschrieben steht.

Zum ersten das diese hernnchgeschrieben stucke vnnd pfennigwert zuuorhan-
deln in yre innunge gehorn sollen vnnd in zugelassen sint, also nemlich alle spetze-
rey vnnd wurtz wie die namen haben mugk, dartzu Venedische seife, allerley Kol-
nische pfennigwert vnnd birreit, seydentuch, zendal, taffent ꝛc. geworeht seiden ding,
getzwirnte borten, offen seyden, getopelte Kolnische beutel mit seyden schnuren, auch
getopelt semische beutel geferbt vnnd vngeferbt, auch semische senckel, vßlendische
Schwebische geferbte leywannt, wie dieselbe geferbt ist, auch bogkeschin, wumsin
vnnd weyße Swebische leywannt, bawmwollen, halb bawmwollen vnnd beuteltuch
geferbt vnnd vngeferbet, parchant, wachs entzln awßtzuwegen. Vnnd sulche oben-
geschrieben pfennigwert in ire innung gehorende sal nyemands entzln außwegen
nach bey der ein vorkeuffen wider in gewelben kamern nach an offen laden, er sey
dann burger vnnd habe mit in die innunge gewonnen, außgeschlossen die hant-
werger vnnd burger, die sulche pfennigwert als semisch vnd beutel, auch senckel

56*

vnnd dergleich selbst darauß machen konnen, vnnd die innleger vnnd sampts kewffer, die in irn herbergen vnnd gewelben solche obenberurte pfennigwert vorkeuffen vnnd vorhandeln mogen, doch sich nicht anders damit zuhalden dann nach laut des rats gesetzen vnnd der tafeln in der wage hangende bey des rats pen vnnd busse darinne begriffen. Derhalben sal auch keyne netterin offen laden halten vnnd keyn ellennoß von seyden, leynwant oder anderm, nach gewegne war hynder der innnuge vorkewffen, awßmessen vnnd hynwegen, sundern welche netterin den leuten vmb lon arbeiten, die mogen wol an eynem offen laden sitzen, den leuten vmb ir. lon arbeiten vnnd machen was in bracht wirt, vnnd auch eyne hawbe, tzwn oder drey vnnd des gleichen, was sie auf den kauf arbeyten, an iren laden oder fennster hengen ane der cramer insage vnd vorhinndernis. Auch sollen hierynne die drey marggkttage vor vnnser lieben frawen tage lichtmesse anßgeschlossen seyn, auf den nach alder gewonheit eynem iden frei seyn sal vnnd bleiben wachs zuschlahen vnnd entzeln awßzuwegen vnd zuuorkewffen. Vnnd darumb wo die kramermeyster ymandes daruber, der die vorberurten pfennigwert in die innnuge gehorende, auch anders dann die gesetz der tafel in der wag hangende besagen, er wer gast oder burger, der mit yn nicht innnuge hette, betreten vnnd in oder sie des vberkomen wurden, euntzeln awßwegen oder bey ellennoß vorkeuffen wurden, den oder die sollen vnd mogen sy nach alder gewonheit durch erkenntnis des gerichts vnd mit dem froneboten pfenden, sich alsdann mit dem pfant geyn gerichte wenden; der oder dieselbigen vbertreter sal itzlicher besundern alsdann den cramern sulchs mit zweyen pfunt wachs vorbussen vnd solchs auch kegen dem gericht oder vnns dem rate nach des gerichts oder vnsern erkentnis abetragen; vnnd darumb das der richter in den froneboten vorleyht mit den cramermeistern vmbtzugehen vnnd wo es not seyn wirt zupfenden, so sollen sie derhalben alle iar ierlich vor fastnacht dem gericht zweyntzigk vnnd dem fronen acht groschen der besten mnntz reychen vnnd geben. Sie sollen auch in vnnd außerhalben den mercken auf die partyrer vnnd Schottenn eyn vleyssigk aufsehen haben, das die rechtfertige war an spetzerey oder andern vorhandelen vnnd vorkawfen, vnnd wo sie imandes betreten vnnd ankomen wurden, der nicht rechtfertig vnd kaufmans gut feyl hette oder vorkeuffte, den sollen sie dem rate getreulich offenbarn. Darnach ist in zugelassen, wer do innnuge mit in gewynnen wil, der ader die sal in yn ire lade drey gulden Reinisch vnnd vier pfunt wachs zu yren kertzen geben, doch mogen sie demselben daruber guten willen ertzeigen darnach sy erkennen, das seyn notturft erfordert, vnnd sulchs sal zu yrem gefallen stehen. Auch haben sie sich vadereynander vorwilligt, das hinfur nyemandes von irer innnuge am marggkttage als tzwir in der wochen mer dann eyne bude auf den margkt setzen vnnd feylhaben, auch das hinfur keyner alle tage vf dem margkte zu buden stehen sal, besundern das eyn itzlicher am marggkttage nach dem andern, als der iungste nach dem eldisten, inmassen er in die innnung komen ist vnnd darnach er pfennygwert feyl hat, ordentlich stehen sal, bey busse tzweyer pfunt wachs. Vnnd ab auch imandes vnder in den kramermeistern sulcher busse halben honsprechen wurde oder sie mit scheltworten oder dergleichen vbirfarn vnnd sich also vngehorsamlich wider sie ertzeigen oder setzen wurde, die sollen den gewerken darumb eyn pfunt wachs zur busse voruallen seyn, doch dem rate vnnd gerichte an seyner oberkeyt vnnd strafe vnschedelich. Vnnd ab imandes vnder in yn eynichem es were mit worten oder wercken vorgrieffen oder myshandeln wurde, das dem rat oder gerichte zustrafen geburte, das sollen sie nicht vorschweigen, sundern an vnns den rat oder das gericht gelanngen lassen vnnd vnuorhalden offenbaren, bey des rats ader gerichts strafe vnnd busse. Wurde auch imands, der oder die mit ine nicht innunge hetten, in der wochen ausserhalb den tzweien margktttagen auf dem markte zu buden stehen vnnd feylhaben vnnd sulchs von den cramermeistern an den rat getragen, wo dann der rat erkennet, das es den gewerken oder andern burgern an irer narunge schaden ader abbruch tet ader das sie zu sulchen zeiten nicht offen buden oder feylen kauf auf dem marckt haben solten, wirt sich der rat nach gelegenheit der zeit geburlicher weise wol wissen darynne zuhalten vnnd wu es not seyn wirdet sulchs vmb nutz willen der gewerken zuuorbieten lassen. Item wann imands aus den gewerken oder innunge vorstirbet, so sollen die iungsten vier gewerken die leich zu dem grabe tragen, iglicher bey busse eyns pfunts wachs, es sall auch eyn itzlicher gewercke, der oder dy mit in yn der innunge ist, so ym oder yr das von den meistern vorkundigt wirt, der leych von dem hawße, darynne es vorstorben ist, bis zu dem begrebnis vnnd in die kirche nachuolgen vnnd hernachwider aus der kirchen zu der behawssunge, darynne es vorstorben ist, bey busse sechs pfennige, auch bey der seelmesse vnnd opfer sein vnnd bleiben, bey gemelter busse sechs pfenning. Item wann dy meister die gewerken zusamme vorbotten lassen, welcher dann inheymisch ist vnnd in eyner stunde, die yme gesatzt, an die stelle, dohin er vorbott wirt, nicht kombt oder vrloub von den meistern gebeten hat oder bittet, derselbe gewerke sal sechs pfennuige zur busse vorfallen seyn, welcher aber freuelichen vnnd vngehorsamlichen aussen bleiben wurde, der sal den gewerken eyn pfunt wachs zur busse geben. Wurde sich aber ymands weygern sulch busse zugeben vnnd sich den meistern vnnd gewerken damit widersetzig machen, dem oder den mogen die cramermeister, doch mit erloubnis des rats ader gerichts, seynen handel nyderlegen, solange biß das sich der oder dieselbige mit den gewerken vmb solchen vngehorsam vnnd vnbilliche weygerunge nach erkentnis des rats vortragen hat, doch sal sulche vorberurte strafunge der gewerken dem rate vnnd gerichte an seyner oberkeyt vnnd gerechtigkeyt wie vorgemelt ist keynen abbruch tun. Es sall auch widder diese vnsere bewilligunge vnnd satzunge nyemands von den gewerken diser ynnunge ane vnser wissen eynicherley ander satzunge vnnde nawickeyt aufbringen, vnnd der rat behelt yme auch hirynne vor sich vnnd alle yre nachkommen alle vnnd itzliche obbeschriebene gewilkorte stuck punct artikel vnnd satzunge zu allen tzeiten nach seynem geuallen, wann das die notturfft erheyschen wirt, zu andern zumyndern oder zubessern nach der gemeynnen stat vnnd gewerken nutz vnnd fromen, auch die gantz wider abtzutun ane der gewerken widerrede. Zcu vrkunde vnnd das wir obegenannten burgermeyster vnnd ratmanne der egenanteim stat Leyptzk die gewerken dieser obgemelten innunge mit diesen obgeschrieben stucken puncten vnnd artikeln begabet gefreyt vnnd in die bis auf vnser widerrufen vestiglich zuhalden bestetigt haben, sie des auch wo es in notturft ist

438

schutzen vnnd hanthaben wollen, so haben wir vnser stat secret an diesen vnsern brief tun hengen, der gegeben ist auf donnerstag nach dem sontage Estomihi nach Cristi vnsers herren geburt tawsent vierhundert darnach in viervndachtzigsten iaren.

Nach Abschriften aus dem 16. Jahrhundert im Rathsarchiv zu Leipzig.

No. 527. 1484. 17. März.

Cornelius Abt des Schottenklosters zu Erfurt verkauft an den Rath zu Leipzig die Rechte seines Klosters an der Parochie St. Jacobi vor dem Ranstädter Thore.

Cornelius dei gratia abbas monasterii sancti Jacobi Schottorum Erffurdensis ordinis sancti Benedicti Maguntinensis diocesis recognoscimus ac pro nobis nostrisque omnibus et singulis in futurum successoribus publice harum serie litterarum profitemur, quod dum monasterium nostrum in abbatiali nedum verum et ipsi adiacente ecclesia sancti Jacobi Schottorum parrochiali in opido Erffurdensi aedificiis et structuris ligneis ac lapideis ruinosum quasique ad plenum ex vetustate assumpta inn ruinam passum ac in casum prolapsurum non sine minori animi nostri amaritudine conspicimus ipsumque aliquot annis quibus praefuimus eidem paulatim et non mediocriter ruere ac deficere vidimus prout videmus in dies, nec habentes unde praefatum monasterium cum sibi coniuncta ecclesia de facultatibus propriis reparari et in suis aedificiis restaurari valeat quomodolibet, hac igitur futuris ipsius monasterii dispendiis et perpetuae desolationi quae verisimiliter timetur consideratione moti et quantum viribus nostris possumus obviare et succurrere affectantes exercitium iurisdictionis temporalis et feodum, prout monasterium nostrum usque hactenus ante valvam quae Ransteter thor nuncupatur extra muros opidi Lipezk Merseburgensis diocesis circa ecclesiam sancti Jacobi ibidem in quindecim aut pluribus cureis et areis cum omnibus suis attinentiis dependentibus et connexis obventionibusque et suis proprietatibus possedimus unacum iure ad dictam ecclesiam sancti Jacobi cum eam vacare contingat praesentandi nihil sublato aut dempto, citra tamen causas sanguinum, prout ad nos et praedecessores nostros quieta et pacifica possessione spectabant et pertinebant, de nostri capituli consensu voluntateque expressa reverendi in Christo patris et domini domini Tilonis episcopi Merseburgensis tanquam eius loci ordinarii iusto venditionis titulo providis viris proconsulibus consulibus consulatui et toti communitati antedicti opidi Lipezk et eorum successoribus in perpetuum iure hereditario possidendum pure et simpliciter omni conditione abiecta pro trecentis florenis Rinensibus per se in auro legali solutis ac per nos in usum monasterii pro aedificiorum suorum restauratione expositis vendidimus et praesentibus vendimus omneque ius dominium et proprietatem nobis hactenus inibi competens competentes et quae competebant abiicientes et illi clare ac manifeste renunciantes ac ea et eas in praefatos proconsules consules consulatum et communitatem Lipezensem, qui sunt et qui pro tempore erunt, omnibus via iure modo et forma quibus possumus et debemus melioribus nihil nobis aut nostris successoribus quomodolibet iuris dominii proprietatis aut actionis inibi reservatis, quibus praetacti emptores eorumque successores in huiusmodi iurisdictionis temporalis exercitio feodo iure praesentandi et bonis aliis praeexpressatis a nobis successoribus nostris aut quoquam alio turbari inquietari seu molestari quavis occasione debeant, perpetuo et irrevocabiliter transfundentes, quin imo ad maiorem huius venditionis nostrae cautelam validitudinem et subsistentiam atque aevis futuris temporibus firma et valida subsistat omnibus gratiis privilegiis indultis exemptionibus libertatibus litteris et munimentis quibuslibet nobis aut monasterio vel ordini nostris de et super praedictis bonis indiciis iureque praesentandi et dictam ecclesiam dum vacat conferendi per quoslibet summos pontifices sedis apostolicae legatos archiepiscopos episcopos reges et principes alios tam spirituales quam saeculares sub quacunque verborum forma quomodolibet datis et concessis palam publice et manifeste renunciandum, eas et ea abiiciendum et eis tam coniunctim quam divisim cedendum duximus, renunctiamus abiicimus et cedimus easque et ea in emptores praefatos eorumque successores ex toto perfecte ad plenum et integraliter transferimus in his scriptis, tradentes et assignantes in eorumdem emptorum suorumque successorum plenam puram et liberam facultatem potestatem superioritatem et dominium omnes et singulos hactenus nostros apud dictam sancti Jacobi ecclesiam extra muros Lipezenses commorantes subditos colonos et feodatarios quotquot sunt una cum bonis suis ad nos nostrumque monasterium usque in praesentiarum pertinentes et qui pertinebant quibuscunque nominibus censeantur, absolventes eosdem et quemlibet eorum ab omnibus et singulis suis iuramentis fidelitatibus et infeodationibus, in quibus nobis et monasterio praefato retroactis temporibus obnoxii et astricti videbantur ac eos et quemlibet eorum ad praetactos proconsules consules consulatum et totam communitatem Lipczensem ac successores suos tamquam eorum veros legitimos et indubitatos feodorum suorum et iuris praesentandi dominos maiores et superiores remittentes in his scriptis, nihil ut praemittitur iuris superioritatis potestatis facultatis aut actionis nobis aut successoribus nostris in praemissis reservantes, omni dolo fraude machinatione aut suspicione mali penitus et omnino seclusis. In quorum evidens testimonium has litteras nostro subtus appenso sigillo communivimus, non nostrumque capitulum proprio carens sigillo eius occasione ad praemissa inconcusse servanda obligantes. Datum et actum Nuunburg anno a nativitate domini millesimo quadringentesimo octuagesimo quarto indictione secunda [die] Mercurii decima septima mensis Martii pontificatus sanctissimi in Christo patris et domini nostri domini Sixti divina providentia papae quarti anno tertiodecimo, praesentibus ibidem venerabilibus viris dominis Henningo Goden artium magistro et Reymberto Reymberti presbytero Havelbergensis et Paderburnensis diocesium testibus ad praemissa adhibitis et vocatis.[1])

Nach dem Orig. im Rathsarchiv zu Leipzig mit dem Siegel des Abts Cornelius an einem Pergamentstreifen.

1) Orig. praesto additibus et vocatis.

No. 528. 1481. 17. u. 18. März.

Der Cleriker Henning Gode, Beauftragter des Abt Cornelius überreist dem Rathe den Besitz der Parochie S. Jacobi und entlasst den Pleban und die Parochianen ihrer geleisteten Eide.

In nomine domini amen. Anno a nativitate eiusdem millesimo quadringentesimo octuagesimo quarto indictione secunda die vero Mercurii decima septima mensis Marcii hora vesperorum vel quasi pontificatus etc. in mei notarii publici testiumque infra scriptorum ad id specialiter vocatorum et rogatorum praesentiis personaliter constitutus reverendus in Christo pater dominus Cornelius abbas monasterii sancti Jacobi Scottorum Erffordensis — principalis pro se ipso et eius monasterii nominibus — fecit constituit creavit et solempniter ordinavit suum verum legitimum et indubitatum syndicum et procuratorem actoremque factorem negotiorum suorum infrascriptorum gestorem ac nunctium specialem et generalem — venerabilem virum dominum Henningum Gode artium magistrum in decretis baccalarium clericum Huvelbergensem praesentem et onus syndicatus et procurationis huiusmodi in se sponte suscipientem ad ipsius domini constituentis nomine et pro eo omnes et singulos subditos colonos censitos censuales reddituarios et homagiales quotquot sunt ante valvam quae Ransteter thor nuncupatur extra muros opidi Lipczk Merseburgensis diocesis ad praefatum dominum abbatem constituentem et eius monasterium hactenus pertinentes providis viris magistris civium consulibus consulatui et toti communitati dicti opidi Lipczk tanquam suis veris dominis feodi maioribus et superioribus cum omni iure dominio superioritate et proprietate, prout retroactis temporibus ad praefatum abbatem et eius monasterium spectabant, assignandum deputandum demonstrandum exhibendum et remittendum ipsosque et eorum quemlibet subditos colonos et censitas de quibuscunque fidelitatibus infeodationibus et iuramentis per dictos subditos domino abbati et suo monasterio quomodolibet factis et praestitis ex toto absolvendum et quietandum ac ius praesentandi ad ecclesiam sancti Jacobi extra muros praefati opidi Lipczk cum et quotiens eam in antea vacare contigerit unacum universitate subditorum praefatorum in dictos magistros civium consules consulatum et communitatem iure perpetuo et hereditario possidendum et retinendum transfundendum et omni iuri huiusque abbati et suo monasterio competenti renunciandum etc. Acta fuerunt haec in civitate Numburgensi in domo providi Johannis von Werda civis ibidem praesentibus ibidem ante dicto Johanne von Werda et Blasio Breiting laicis Numburgensis et Merseburgensis diocesium testibus ad hoc vocatis et requisitis.

Insuper eisdem anno indictione mense et pontificatu omnibus quibus supra, die vero Jovis decima octava mensis Marcii mane hora tertiarum vel quasi providis viris dominis burgimagistris consulibus et consulatu opidi Lipczensis in stuba consulari et eorum loco solitae praesidentiae consulariter ad sonitum campanae ut moris est congregatis et coram eis in mei notarii publici testiumque infra scriptorum ad id vocatorum et rogatorum praesentiis constitutus personaliter antedictus venerabilis vir dominus et magister Henningus Gode de Huvelbergk supradicti reverendi patris domini abbatis Scottorum syndicus et procurator et ea fretus facultate honorabilem virum dominum Heinricum Heilgenstad plebanum ecclesiae sancti Jacobi extra muros Lipczenses, custodem eiusdem ecclesiae Nicolaum Hoffeman, Clementem Flexchauwer, dictam die Sieberin, Margaretham Steynen, Martinum Steynsetzer, Gerdrudim Kritzen, dictam die Butelern, Johannem Yrlich, Fridericum Fiddeler, Mathiam Eckman, Michaelem Dreßden, Martinum Knefel, Valentinum Studencz, Polentz, Sidenbandt, Martinum Buer et totam communitatem plateae Scottorum cum suis omnibus et singulis bonis et possessionibus agris pratis lignetis silvis pascuis aquis et aquarum decursibus nihil dempto quod ad abbatem et suum monasterium quondam spectabat, una cum exercitio iurisdictionis temporalis iureque praesentandi praeexpressato ad providos proconsules consules consulatum et totam communitatem saepetacti opidi Lipezk tamquam veros patronos dominos feodi et collatores demonstravit exhibuit et remisit ac ad se iure hereditario perpetuo spectaturos deputavit, eos nihilominus et quemlibet eorum de quibuscumque fidelitatibus homagiis promissis et iuramentis quomodolibet dicto domino abbati aut suo monasterio factis et praestitis penitus et ex toto absolvendum duxit et absolvit, de et super quibus omnibus et singulis praemissis praefati proconsules consules et consulatus me notarium publicum infra scriptum quatenus eis ex his unum vel plura publicum vel publica tot quot forent necessaria seu quomodolibet oportuna conficerem instrumentum et instrumenta debita cum instantia requisiverunt. Acta fuerunt haec Lipezk sub anno indictione diebus locis horis et pontificatu omnibus quibus supra, praesentibus ibidem venerabili et discreto viris dominis Bartolomaeo Apt artium magistro et Petro Fritag clericis Numburgensis et Warmiensis diocesium testibus ad praemissa vocatis rogatis et requisitis.

Signum notarii. Et ego Reymbertus Reymberti clericus Paderburnensis diocesis publicus sacris apostolica et imperiali auctoritatibus notarius etc.

Nach dem Orig. im Rathsarchiv zu Leipzig

No. 529. 1484. 28. März.

Kurfürst Ernst und Herzog Albrecht versprechen, dass aus der Seiten des Raths erfolgten Ausantwortung des wegen peinlicher Verbrechen in Haft genommenen Hans von Warin für die Zukunft keine rechtlichen Folgerungen zu Ungunsten der städtischen Gerechtsame gezogen werden sollen.

Vonn gots gnadenn wir Ernust des heiligenn Romischen reichs erczmarschalk kurfurst vnd Albrecht gebruder herczogenn zu Sachssenn —. Nachdem vnser lieben getrawen burgermeister vnd radt vnnser stad Lipezk einen erbarn knecht gnant Hans von Warin begangener vbeltat halben, dorumb sie yn peinlich heltenn straffen mogen, in yrem gefengnus gehabt, aber durch seiner freunde vnd geslechts smehe vff gethann bete zuhortweyden vns den zu vnser begere in vnser straffe gegeben vnd vberantwurt, bekennen offtintlich an diesem briene —, das wir den vnsern vonn Lipezk vorgnant dargegen zugesagt vnd vorsprochen haben, sagen zu vnd vorsprechen geinwertiglich, das sollich geschehen vberantwurten des vorgnanten gefan-

COD. DIPL. SAY II. 8   56

gen yn vnd iren nachkommen hinfurdt vff ewickeit nicht vffgernckt werden, snndern yn an yren herbrachten freiheiten gerechtickeitenn vnd gewonheiten vnuorgriffenlich vnd ane schaden sein vnd bleiben sall, dadurch sie keine vorkurczunge leiden. Mit vrkund diess brines vnder vnserm herezogen Ernnsts fur vns beide hirnngehangenem ingesigel vorsigelt. Geben zu Lipezk vff sontag Laetare anno domini millesimo quadringentesimo octuagesimo quarto.

Nach dem Orig. im Rathsarchiv zu Leipzig mit dem Siegel an einem Pergamentstreifen

No. 530. 1484. 8. Apr.

Das Generalcapitel der Schottenklöster genehmigt den Verkauf der Parochie S. Jacobi an den Rath zu Leipzig.

Nos Dauid Ratisponensis praesidens, Thomas Herbipolensis, Cornelius Erffurdensis, Mauricius Constanciensis monasteriorum abbates, N. prior consecrati Petri extra muros Ratisponenses ordinis sancti Benedicti unionis Hibernicensis sive Scotorum et einsdem nationis generale capitulum repraesentantes uniuersis et singulis Christi fidelibus praesens hoc scriptum intuentibus videntibus et legi audientibus notum facimus, quod venditionem iurisdictionis temporalis et eius exercitii una cum, iure praesentandi ad ecclesiam parrochialem sancti Jacobi extra muros opidi Lipezk Merseburgensis diocesis per reverendum patrem dominum Cornelium abbatem monasterii sancti Jacobi Scotorum Erffurdensium Maguntinensis diocesis nostrae unionis ordinis et nationis membrum providis viris dominis proconsulibus consulibus consulatui et toti communitati dicti opidi Lipezensis perpetuo possidenda initam factam et contractam ac pro hoc suo monasterio uti sua apud nos fideli relatione deposita intelleximus de ulteriori et fructuosiori statu et profectu providerit et fructificauerit in omnibus suis punctis clausulis et articulis litterasque desuper editas et factas in omnibus et per omnia amplectimur et de nostra mera scientia consensu unanimi et totius nostrae unionis voluntate pro dicto abbate Scotorum Erffurdensium suisque successoribus et natione Ybernica praesenti et in futurum adveniente ac nobis praesentibus dei nomine laudamus ratificamus approbamus et confirmamus, nihil nobis aut successoribus nostris unioni aut ordini in dictis bonis venditis et in melius commutatis reservari, sed potius omni iuri et actioni nobis ordini aut successoribus nostris et nationi huius occasione competenti privilegiis gratiis libertatibus et immunitatibus quibuscunque datis undecunque erogatis pure et simpliciter renunciantes et renunciamus per praesentes, omni dolo et fraude penitus seclusis. In quorum evidens testimonium sigillum nostri generalis capituli et unionis praesentibus est appensum. Datum et actum Ratisponae anno domini millesimo quadringentesimo octuagesimo quarto die vero Jovis octava mensis Aprilis.

Nach dem Orig. im Rathsarchiv zu Leipzig mit dem wohlerhaltenen Siegel an einem Pergamentstreifen.

No. 531. 1484. 25. Mai.

Margaretha Aebtissin zu Seuslitz belehnt Jacob Blosbalg mit einem Garten bei der Barfussmühle.

Wir Margareta von gotis gnaden gebornne herczogin zen Sachschen ꝛc. vnnde eptischin zeu Sewzelicz bekennen —, das wir dem ersammen vnde weißen Jocoffe Blosbalge, Amplonia seynner elichen hawsfrawen, alle seynnen erben vnde erbnemen die lehen thun vnnde eynnen [gorten] bie Lipczigk gelegen an dem stadtgraben hinder [der] Barfußen mól, welchen gorten der vorgnante Jocoff Blosbalg vff gericht recht vnde redellich obegekawfft hat vnnde wól zeu dangke beezalt dem rechten natúrlichen erben, der sich denne sulches erbes vnde gorten gewßerd vnde vorezycht gethon hat vnde hinfordt mer alle seynne gerechtikeit obirgeben hat, noch dem alzo sich noch erbes lewffte ezemmet mit aller bilehikeit, vnußer gerechtikeit nu* vnde zeu ewigen geczeiten vnscheddellichen, die lehen thun vnde lyhen mit sulcher vnnderscheit den gorten, do weylle Jocoff Blosbalg mit seyme elichen weibe, seynne erben vnde erbnemen sulch erbe vnde gorten ynnehaben, sollen sie ierlichen vnnserm closter reichen vnde geben seynnen geborlichen czynsch, nemellich vff Michaelis czwentczigk gude groschen der besten landis were. Des zeu worer orkunde vnde mer sicherheit haben wir das yngesigil vnnsers amptis der eptie* vnder dyße schrifft loßen henge, gegeben noch Cristi gebort tawsent virhundirt dor noch yn dem virvnndeachezigisten iure am dem tage saneti Vrbani.

<small>Nach dem Orig. im Rathsarchiv zu Leipzig mit dem Siegel der Aebtissin an einem Pergamentstreifen. Im J. 1563. 6. Febr. verkaufte das Kloster Seuslitz an den Rath die Zinse, Gerichte und Gerechtigkeiten auf der Mühle hinter dem Barfüsserkloster gelegen, die Zinse und Gerichte uber den Baumgarten zwischen dieser Mühle und dem Ranstadter Thor am Stadtgraben gelegen, das Nauendorff mit Gerichten, Diensten, Lehnware und Zinse und Gerichte ,vff den lewten bewern vnd gutern kegen sandt Georgen hospitall ober gelegen' für 1200 lth. Gulden. (Orig im Rathsarchiv zu Leipzig.)</small>

No. 532. 1484. 16. Juli.

Der apostolische Nuntius in Deutschland Bartholomäus de Maraschis Bischof von Civita Castellana genehmigt den zwischen dem Thomaskloster und dem Rathe der Begräbnisse wegen abgeschlossenen Vertrag (vgl. No. 487.)

Bartholomaeus de Maraschis episcopus Civitatiscastelli ad Almaniam ac universam et singula provincias civitates terras et loca Germaniae sacro Romano imperio illiusque electoribus subiecta apostolicae sedis cum plena potestate legati de latere nuncius et orator dilectis nobis in Christo proconsulibus et consulibus opidi Lipptz Merßeburgensis diocesis salutem in domino sempiternam. Ea quae concordia terminantur firma debent et illibata persistere et ne in recidivae contentionis scrupulum relabantur apostolico conuenit praesidio communiri. Exhibita siquidem nobis nuper pro parte vestra petitio continebat, quod olim inter vos et dilectum nobis in Christo praepositum monasterii saneti Thomae opidi vestri Lipptz Merßeburgensis diocesis

56*

super sepelitione corporum defunctorum ex nonnullis villis et suburbio dicti vestri opidi sub eiusdem parrochialis ecclesiae sancti Thomae parrochia pertinentium pro eo quod tempore suspicionis pestilentiae delatio funerum mortuorum huiusmodi ad humandum in cimiterio dictae ecclesiae, quae semper manifeste nulla hora excepta fieri consueverat, vobis et incolis eiusdem vestri opidi terrorem incutiebat, dilectorum nobis in Christo nobilium virorum Ernesti sacri Romani imperii principis electoris et Alberti eius germani Saxoniae ducum ad id etiam accedente consensu ea intervenit compositio sive concordia, quod de cetero tunc huiusmodi corpora mortuorum ex dictis villis et suburbio non in dicto cimiterio vel alio loco ipsius vestri opidi, sed extra illud in cimiterio hospitalis sancti Johannis humari et sepeliri deberent, nonnullis etiam ad id aliis adiectis conditionibus ac modis et formis prout in litteris auctenticis superinde confectis dicitur plenius contineri, quam quidem concordiam sive compositionem a nobis apostolico petiistis munimine roborari. Nos igitur, qui apostolicae sedis omnimoda potestate legati de latere fungimur et auctoritate, vestris supplicationibus inclinati concordiam sive compositionem ipsam sicut rite et sine pravitate facta est et ab utraque parte sponte recepta et hactenus pacifice observata facultatis nobis concessae vigore auctoritate apostolica confirmamus et praesentis scripti patrocinio communimus. In quorum fidem praesentes litteras fieri et nostri sigilli fecimus appensione communiri. Datum in coenobio Novi operis Magdeburgensis diocesis anno a nativitate domini millesimo quadringentesimo octuagesimo quarto decimo septimo Kal. Augusti pontificatus sanctissimi in Christo patris et domini nostri domini Sixti divina providentia papae quarti anno tertio decimo.

Nach dem Orig. im Rathsarchiv zu Leipzig mit dem Siegel an rothseidener Schnur

No. 533. 1484. 16. Juli.

Der apostolische Nuntius in Deutschland Bartholomäus de Maraschis Bischof von Civita Castellana genehmigt den Verkauf der Parochie S. Jacobi an den Rath (No. 527), ius instituendi personam idoneam ad dictam ecclesiam ordinario loci non autem alicui alteri in perpetuum reservando —. Datum in coenobio Novi operis — anno 1484 decimo septimo Kal. Augusti —.

Orig. im Rathsarchiv zu Leipzig.

No. 534. 1485. 6. Juni.

Claus Geyse's des Visirers Stiftung zur Corporis Christi-Messe in dem Georgenhospital.

Auff montag nach Bonifacii anno domini zc. LXXXV ist Claus Geyse der visirer vor den rath kommen vnnd doselbst mit freyhem willenn vnnd wolbedachtenn muthe gote dem almechtigenn zu lobe vnnd sunderlichem dem heiligenn waren leichnam zu ere vnnd wirdickeit sulch XX guldenn an golde, alß er uff der kauffkammer vnder der schoppennstubenn an der ecke bey dem loche gelegenn stehend hatt, dem spittal zu sand Jurgenn zu der messenn corporis Christi doselbst gantz vnnd gar geeigendt vnnd gegebenn mit solchem bescheide, das deribenige, der sulche kamer zur zeeit innehabenn, diewoil er snlch XX guldenn nicht abelegenn wirdet. dem hospital zu der gnauten messenn ierlichenn I guldenn Reinisch zinß reichen vund gebenn soll, vnud so danu die gnante kamer vorkaufft vnud der keuffer solchenn guldenn ierlichn zeinß mit den gedachten XX guldenn, daz er denn also zuthuenn macht sal habenn, abeloßen vud die kamer also freyhen wurde, so sollenn alßdann die spittelmeister, die zur zeeit seynn ader zukunfftiglichenn seynn werden, solche XX guldenn houptguts au gewisse ende vnd stelle, do daz spittel an der houptsumma vnnd zinsenn vorsorget werde, widder anlegenn. Solche gabe hat Hanns Wurtzenn, des die kamer itzt ist, vor dem rathe also zugelassenn. auch gewilliget, den spittelmeistern solchen gulden zinß, dieweil er den mit XX fl. nicht widder abekeuffenn wurde, zu reiehenn vnd zugeben ꝛc.

Nach dem Rathsbuch fol. 216 im Archiv des K Bezirksgerichts zu Leipzig.

No. 535. 1485. 23. Juni.

Die Vereinigung einzelner Häuser zu einem grösseren Grundstück wird durch Beschluss der drei Räthe untersagt.

Vff donerstag in vigilia Johannis baptistae anno ꝛc. LXXXV. habenn alle drey rethe eintrechtig beslossun, nachdem in vorgangenenn zeyten etzlich burger etzlich erbe an sich brucht vnd dye zu yren erben getzogenn vnd yre bewßer vnd erbe domit gegrosset vnde albo auß zweyen erben eyns gemucht haben, dodurch dan dem rathe vnd gemeyner stad mercklich abebruch geschenn vnd seyne gerechtikeit eutzogen wurden ist, daß hiufur niemant er sey weru er wolle sollu zu gelassenn werden, daß her meher auß zweyen erbenn eyns machen moge, nach eyn anders zu seynem erbe zihenn ader in sollicher gestalt an sich brengenn moge, sundern sollichs sal alßo auff beslis aller dreyer rethe steth vehest vnd vnuorbruchlich gehalden werden ꝛc. Actum die et anuo quo supra.

Nach dem Rathsbuch fol. 214 im Archiv des K. Bezirksgerichts zu Leipzig.

No. 536. 1485. 28. Aug.

Kurfürst Ernst und Herzog Albrecht reichen dem Förster im Rosenthal ein Haus bei der Angermühle zu Erbgute.

Anno ꝛc. LXXXV. am sontag Augustini haben meynu gnedige hern Nickel Richter holczforster im Rosental, Barbaran Richterin seiner swester, iren erben vnd erbnemen ein hawß vor dem Rosental bey der mole an dem slage vor Lipczk vnd dem Ranischen thore gelegen mit alle seynem vmbfange vnd zugehorunge zu rechtem erbgute gereicht vnnd gelihen, donon sollen sie mein gnedigen hern vnd iren erbenn ierlich zwen gute groschen der besten landwerunge vf dus slos zu Lipczk zu zinse geben. Actum Lipczk anno et die ut supra.

Nach Cop. 62 fol. 146 im K. Haupt-Staatsarchiv zu Dresden.

No. 537. 1485. 27. Oct.

Rathsbeschluss in Betreff des Fleischeerkaufs.

Der rath hat den fleischaweru vff yre vleyssigen bete willen vorgunst vnd zu gelassenn, daß sie den slag ober sollen vnd mogen vff den freytag fleisch veyhel habenn vnd nicht lenger, vnd ßo der slagk eyn ende hat, alßdan sollen sie wider vff sonnabendt mit dem fleische veyl haben vnd daß wie vor gewest halden. Actum donerstag in vigilia Simonis et Judae anno ꝛc. LXXXV°.

Nach dem Rathsbuch fol. 216ᵇ im Archiv des K. Bezirksgerichts zu Leipzig.

No. 538. 1485. 10. Nov.

Vereidung eines Mäklers.

Vff donerstag in vigilia Martini ꝛc. LXXXV°. hat der rath an Hanß Roten stadt Tiburtium Vnuorserdt zu meckler aufgenomenn, vnd hat dorzu seynen gewonlichenn eydt gethan, sich an dem dinst trewlich zu halden kegen dem reichen vnd dem armen vnd kein gut, daß do nicht gebackt ist alß sich geburdt, vngebackt hinwegk furen lassenn, vnd kein gut mit dem halben zirckel ader ander vorslagen gut vorguuen weyl ader vorkauffen lassenn, gantz trewlich vnd ane geferde ꝛc.

Nach dem Rathsbuch fol. 217ᵇ im Archiv des K Bezirksgerichts zu Leipzig

No. 539. Ohne Jahr.

Die Ordenung der Buchssenschutzenn vnd Geselschafft.

Nachdem vund als sich bisher vnter den buchssen vnnd armbrostschutzen diser stadt Leiptzk vnordenung vnd leichtfertigkeit halbenn vil vnwillens gezenks vnd schaden begeben, derhalben denne dieselbe geselschafft der schutzen gemeynem nutze, auch inn selbst zeu schympff vnd nachteil fast nbegenomen, hat der rath derselbigen geselschafft vnd sunderlich den buchssenschutzen vf ire begere vnd ansynnen dise ordenung gebenn vnd bestetiget, die sie auch angenomen vnd bewilliget. Der rath wil, das die alzo vnuorrugklich vnd stetiglich von inn sal gehalten werden; ab ymandt disse ordenung vberfaren vnd die nachgeschribenn stuck vnd artikel aus mutwillen mergklich vbertreten wurde, den wil der rath vbir angezeigte bussenn inhalts disser ordenung selbst straffen.

Czum erstenn hat die geselschafft vnd bruderschafft der buchssenschutzenn von dem rathe eyn hoßentuch Leydisch ader Amsterdam alle sontage, anzenheben vff der Pauler ablas nach Ostern biß auff den sontag. so man den Michels iarmarckt außlewtt. Man sal auch vme des raths cleynot nicht schissen, es syn denne XII ader XIIII schutzenn der bruderschafft vorhanden, vnd wer das hoßentuch gewynt, der sal alle sontage vorpflicht sein zeu schissen, es entschuldige dann vnn redeliche vrsach mit wissen des meisters, bey pen 1 silbern groschen. Item des raths cleynot gewynnet nymandt, er sey dann burger vnd auch bruder in der geselschafft. Es sol aber nymandt, zeu erlangen die bruderschafft, meher dann 1 fl. vorpflicht sein zeu geben. Item des raths cleynot ader hoßentuch sal mit dreyen schlissen gewunnen werden; were es aber sach, daß keyner den schyrmen treffen wurde, der vormals dasselbige nicht gewunnen hette, so sal das der beste schoß nehmen, der vor gewunnen hatt.

Es sal auch ein itzlicher, der do wil mit schissen umb der geselschafft cleynot ader andere beywetten, VIII newe pfennige inlegen, vnd eyn sulch gelt sol eyn itzlicher gebenn vnd inlegen, ehe er den andern schoß thut, es sey zcu beywetten ader ander cleynot. Vnd wer do wil mit schissen vmb des raths cleynot ader ander cleynot, der sal frey aus der hant schissen vnd die buchssen nicht ansetzen an die achsel, auch nicht die arm in die scitten noch vff die hufft, bey busse I gr.

Item wer vmb des raths cleynot schissen wil, der sal eyne eygene buchs haben, welcher der nicht [hat] vnd der meister in von rathswegen fordert, der sal, so offt vnd dicke er vberfundigk wirt, geben IIII gr. zcu busse in die buchssen.

Item welcher zcwey gelott schewst, der sal dy buchssen vnd den schoß vorloren haben. Auch welcher an den stand kompt vnd anschlet vnd schewst pulffer ane gelott, des schos ist vorloren; schewst er aber gelott ane pulffer vnd zcwir eyn rewmet(?), des schos ist auch vorloren. Item welcher in die hutten an den stand kompt vnd im die buchssen drey mal vorsaget, der hat den schos vorloren; desgleichen gehet ime die buchssen abe, dieweile er in der hutten ist, der hat den schos auch vorloren.

Item wan der schirmen auffgehangen ist, sal sich nymandt meher vorsuchen im schranck bey der hutten, bey busse I gr.; es sal auch nymandt ane lewbe zcu ader vor den schirmen gehen ane des meisters erleubnys, bey busse VIII new pf.

Item welcher den schirmen trifft, der sal hynaus schreien, das sein namen geschriben werde. Heisset er aber seinen schos zcu schlaen vnd wirt nicht geschriben, des schos gewynnet nichts vnd ist vorloren. Auch welcher den schirmen trifft vnd schewst nicht dardurch, der hat den schos vorloren, es sey dann das er treffe die leisten, den nagel ader este; steht vff erkentnys der meister. Desgleichen welcher schoß fusset vnd darnach trifft den schirmen, des schoß ist auch vorloren.

Item es sal nymant kein cleynot auß der hutten tragen, er habe denn das vorgelozet bei busse I gr. Es sal auch nymant förbas meher beywetten, denn zcu dreyen cleynoten, bey vorlisunge der cleynot, dar zcu er gewett hat.

Item alle die geschossen haben sollen den meistern nachfolgen vor die herberge, ader sal eynen an sein statt bestellen, der einen schutzen vortretten magk, vnd nicht einen iungen ader einen schuler, bey busse I gr., vnd ein itzlicher, der vff der trinckstuben wil mit zcechen, so man vor die herberge kompt, der sal zcechen vmb einen gr. ader sal geben II new pf.

Item ab sich etwas vnbillichs, als frenel, auffrur ader ander vnfugk an dem stand, in der schysshutten, anff der trinckstuben begeben wurde, alzo das eyner den anderan freuelich lugen straffet ader mortliche were vber ein ander zucken ader was gleichs frenels were, den sal seine straffe vor die meister komen, vnd nach derselbigen vnd ander darzcu vorordenten erkentnys sal er busse leiden, doch dem rathe vnd gerichten vnschedelich; das dem rathe vnd dem gerichte angesaget vnd nicht vorhalden sal werden, bey des raths busse.

Item welcher den krantz behelt, so man den schyrmen trifft, so mancher schoß darvber geschihet alßo manchen pfennigk sal er in die buchssen legen, vnd wer den andern warnet, sal auch ßo vil zeu busse geben. Item ßo einer den andern, ßo er schissen wil ader geschossen hat, honet spottet ader anschreyet, sal I gr. zeu busse vorfallen seyn vnd geben nach erkentnys der meister.

Es sal auch einer anff den andern nicht beywetten ader vor in gelt zeu den cleynoten inlegen, bey vorlisunge derselben cleynotten, darzeu sie geschossen ader gewett haben.

Item es sal auch nymant auff des raths teiche schissen noch porssen bei des raths busse, nemelich I gutes schock gr.

Item wenn die meister der geselschafft zeusamen gebietten, darzeu sal ein itzlicher komen bey buße I gr., es were dann das sie vff anzunnen ader erfordern des raths zeusamen vorbott vnd alsdann vngehorsamlich vßbleibe, der sal von dem meister vmb I gr. vnd vom rathe nach erkentnys gebußet werden. Item wer den meistern ader der bruderschafft bussen ader ander gelt schuldigk ist vnd nicht geben wil, der sal forder nicht bruder erkant werden, er habe denne die busse ader ander schult beczalt vnd außgericht.

Item ein itzlicher, der ein ezinnen gefesse gewinnt von der gesellen cleynot ader auß der beywetten, so er dasselbige cleynot nicht haben wil, so sal das der kannengisser widder nehmen, vnd der es gewinnet sal vorlißen an eynem halben stohichen I gr., desgleichen von einer schussel, die auch so gut were, I gr., aber von einer kannen ader schussel der kannen geleich I gr., von einem nossel ader schussel dem geleich IIII pf., vnd dasselbige cleynot sal er vbergeben in der hutten vnd nicht so er das hat heym getragen vnd das zeustossen ader zeuriben. Es sollen auch die kannengisser ein itzlich stugk ader beywetten vorezeichen, wie vil das wigett.

Item es sal auch nymant keyn were tragen vff die trinckstuben, noch in den graben vnd schisshutten, bey busse I pfd. wachs, so offt vnd dicke er obirkomen wirt. Item es sal auch nymant spilen vff der trinckstuben noch in der hutten, bey busse I pfd. wachs.

Item die buchsenschutzen lassen nach, das die armbrustschutzen, ab der etliche mit den buchssen mit yne auch schissen wollen, das die mit yren schissen vortretten mogenn in itzlichen rennen, damit sie widder zeu irer geselschafft der armbrostschutzen komen mogen. Item alle armbrostschutzen, die auch mit den buchssen schissen, sollen selbst mit den buchsenschutzen vor die herberge gehen ader einen, der do eins schutzen statt vorweßen ader vortreten mag, vnd nicht einen iungen ader schuler, vor sich schickenn, bei busse I gr.

Nach einer Abschrift aus dem 15. Jahrhundert im Rathsarchiv zu Zwickau gedruckt in dem Bericht d Deutschen Gesellschaft zu Leipzig 1844. S. 22 fg.

Die Zwickauer Büchsenschützenordnung aus den „achtziger Jahren des 15. Jahrhunderts", welcher die obige Ordnung als Grundlage gedient hat, stimmt mit derselben fast wörtlich uberein. Vgl. angef. Bericht S. 22